Max Reinhardt in Berlin

Max Reinhardt um 1930

Max Reinhardt in Berlin

Herausgegeben von
Knut Boeser und Renata Vatková

Edition Hentrich
Frölich & Kaufmann

Inhaltsverzeichnis

Stätten der Geschichte Berlins, Band 6
Herausgeber Knut Boeser und Renata Vatková

Edition Hentrich im Verlag Frölich & Kaufmann, Berlin
Satz und Druck: Druckhaus Hentrich, Berlin
Reproduktion: Meisenbach, Bruns & Stauff GmbH
Buchbinder: Buchbinderei Bruno Helm, Berlin
ISBN 3-88725-166-0

Kapitel 1

Max Reinhardt

Aufsätze
Reden
Briefe
Interviews

Über ein Theater, wie es mir vorschwebt

1901

Was mir vorschwebt, ist ein Theater, das den Menschen wieder Freude gibt. Das sie aus der grauen Alltagsmisère über sich selbst hinausführt in eine heitere und reine Luft der Schönheit. Ich fühle es, wie es die Menschen satt haben, im Theater immer wieder das eigene Elend wiederzufinden und wie sie sich nach helleren Farben und einem erhöhten Leben sehnen.

Das heißt nicht, daß ich auf die großen Errungenschaften der naturalistischen Schauspielkunst, auf die nie vorher erreichte Wahrheit und Echtheit verzichten will! Das könnte ich nicht, auch wenn ich wollte. Ich bin durch diese Schule durchgegangen und bin dankbar, daß ich es durfte. Die strenge Erziehung zu unerbittlicher Wahrheit ist aus der Entwicklung nicht mehr wegzudenken, und es gibt keine, die an ihr vorübergehen kann. Aber ich möchte ihre Entwicklung weiterführen, sie auf anderes anwenden als auf Zustands- und Umweltschilderung, über Armeleutgeruch und die Probleme der Gesellschaftskritik hinaus, möchte denselben höchsten Grad von Wahrheit und Echtheit an das rein Menschliche wenden, in einer tiefen und verfeinerten Seelenkunst, und möchte das Leben auch von seiner anderen Seite zeigen als der pessimistischer Verneinung, aber ebenso wahr und echt auch im Heitern und erfüllt von Farbe und Licht.

Ich denke nicht daran, mich auf ein bestimmtes literarisches Programm festzulegen, auf den Naturalismus so wenig wie auf ein anderes. Ich fühle freilich, daß die mir höchste Kunst unserer Zeit, die Tolstois, weit über den Naturalismus hinausgewachsen ist, daß im Ausland Strindberg, Hamsun, Maeterlinck, Wilde ganz andere Wege gegangen sind, in der deutschen Kunst Wedekind und Hofmannsthal andere Wege gehen; und ich spüre überall neue, junge Kräfte im Wachsen, auf neuen Wegen. Was es in unserer Zeit an neuen Begabungen gibt, von welcher Seite sie mir zuströmen, sie sollen mir willkommen sein. Ich werde auch das Experiment nicht scheuen, wenn ich an seinen Wert glaube: Was ich *nicht* machen werde, ist das Experiment um des Experimentes willen, Literatur um der Literatur willen. Ich kann nur machen, woran ich glaube. Mit dem Mißerfolg, mit dem Achtungserfolg ist weder dem Autor, noch dem Theater gedient, und nicht der hilft einem Dichter, der ihn spielt, sondern nur der, der ihm zum Siege über das Publikum verhilft, der ihn durchsetzt.

Freilich ist mir das Theater mehr als eine Hilfskunst anderer Künste. Es gibt nur *einen* Zweck des Theaters: *das Theater*, und ich glaube an ein Theater, das dem Schauspieler gehört. Es sollen nicht mehr, wie in den letzten Jahrzehnten, die rein literarischen Gesichtspunkte die allein herrschenden sein. Es war so, weil Literaten das Theater beherrschten; ich bin Schauspieler, empfinde mit dem Schauspieler, und für mich ist der Schauspieler der natürliche Mittelpunkt des Theaters. Er war es in allen großen Zeiten des Theaters. Das Theater schuldet dem Schauspieler sein Recht, sich von allen Seiten zu zeigen, nach vielen Richtungen zu betätigen, seine Freude am Spiel, an der Verwandlung. Ich kenne die spielerischen, die schöpferischen Kräfte im Schauspieler, und ich hätte manchmal nicht übel Lust, etwas von der alten Commedia dell'arte in unsere allzu disziplinierte Zeit zu retten, nur um dem Schauspieler wieder von Zeit zu Zeit die Gelegenheit zu geben, zu improvisieren und über die Stränge zu schlagen.

Ich werde an meine Schauspieler die höchsten Ansprüche stellen. Wahrheit und Echtheit verstehen sich von selbst: aber ich verlange mehr. Ich will schöne Menschen um mich haben; und ich will vor allem schöne Stimmen hören. Eine gepflegte Kunst der Sprache, wie es sie einmal am alten Burgtheater gab, nur nicht mit dem Pathos von damals, sondern mit dem Pathos von heute. Ich werde mir den besten Vortragsmeister holen, und ich werde selbst nicht müde werden, an dieser Aufgabe zu arbeiten, bis ich es erreicht habe, daß man wieder die Musik des Wortes hört.

Ich denke mir ein kleines Ensemble der besten Schauspieler. Intime Stücke, deren Qualität sich von selbst versteht, von guten Schauspielern gut gespielt; bis in die kleinste Rolle nicht mit einem guten, sondern mit dem dafür besten Schauspieler besetzt und so sorgfältig einstudiert, daß die stärksten und auseinanderstrebendsten Individualitäten wie in einem Akkord zusammenklingen. Das ist es, was ich mir zum Ziel gesetzt habe.

Erinnern Sie sich an jene köstlichen Wiener Abende, die wir im Bösendorfer Saale erlebten, wenn das Rosé-Quartett Kammermusik von Haydn, Mozart und Beethoven spielte? Etwas Ähnliches möchte ich erreichen. Das, was mir vorschwebt, ist eine Art *Kammermusik des Theaters*. Man muß es so weit bringen, daß die Besten des Publikums sich sagen: In dieses Theater kann man immer gehen, was auch gespielt wird; man kann sich darauf verlassen, daß hier nur das Beste und auf die beste Art geboten wird.

Und dann, wenn ich mein Instrument so weit habe, daß ich darauf spielen kann wie ein Geiger auf seiner kostbaren alten Geige, wenn es mir gehorcht, wie ein gut gespieltes Orchester dem Dirigenten, dem es blindlings vertraut, dann kommt das Eigentliche: Dann spiele ich die *Klassiker*. Sie sehen mich erstaunt an? Ja, ich halte die Klassiker für den heiligsten Besitz des Theaters. Ich sehe in den Werken der klassischen Dichter den naturgegebenen eisernen Grundbestand des Repertoires. Und für mich beginnt Schauspielkunst erst da, wo sie sich in den großen klassischen Aufgaben bewährt. Alles andere ist

Kinderspiel dagegen: Sie ahnen nicht, wie leicht es im Grunde ist, die naturalistischen Stücke gut darzustellen: ich getraue mir, auch begabte Dilettanten so weit zu bringen. Schauspieler ist einer erst, wenn er bewiesen hat, daß er Shakespeare spielen kann. Ich will *Shakespeare* spielen, und ich bin meiner Sache vollkommen sicher. Gewiß, ich kenne den Geruch von Langeweile, der den üblichen Klassikeraufführungen anhaftet, und ich verstehe das Publikum, wenn es draußen bleibt; ich weiß, welche Patina von Pathos und leerer Deklamation eine erstarrte Hoftheatertradition über diese Werke gelegt hat. Dieser Staub muß weg. Man muß die Klassiker neu spielen; man muß sie so spielen, wie wenn es Dichter von heute, ihre Werke Leben von heute wären. Man muß sie mit neuen Augen anschauen, mit derselben Frische und Unbekümmertheit anpacken, wie wenn es neue Werke wären, man muß sie aus dem Geiste unserer Zeit begreifen, mit den Mitteln des Theaters von heute, mit den besten Errungenschaften unserer heutigen Schauspielkunst spielen. Der edle, alte Wein muß in neue Schläuche gegossen werden. Und, glauben Sie mir, er wird schmecken.

Von den Klassikern her wird ein neues Leben über die Bühne kommen: Farbe und Musik und Größe und Pracht und Heiterkeit. Das Theater wird wieder zum festlichen Spiel werden, das seine eigentliche Bestimmung ist. Theater ist Reichtum und Fülle, man wird wieder den Mut haben, sich auszubreiten, man wird aufatmen, von der strengen Zucht der Sparsamkeit, von der engen Kunst des Sich-verkneifen-müssens für eine Weile befreit zu sein. Ich kann Ihnen nicht sagen, wie ich mich nach Musik und Farbe sehne. Ich habe die Absicht, die besten Maler heranzuziehen, ich weiß, wie sie darauf warten und wie sehr sie die Sache des Theaters beschäftigt, und ich möchte, wie man für jede Regieaufgabe den geeigneten Regisseur sucht, jede Rolle mit dem geeignetsten Schauspieler besetzen, für jedes einzelne Werk den geeignetsten, womöglich den einzig geeigneten Maler ausfindig machen.

Man müßte eigentlich *zwei Bühnen nebeneinander* haben, eine große für die Klassiker und eine kleinere, intime, für die Kammerkunst der modernen Dichter. Schon damit die Schauspieler in keinem Stil erstarren und sich an beiden Darstellungsarten abwechselnd erproben können. Und weil es in manchen Fällen notwendig sein wird, moderne Dichter wie Klassiker und gewisse klassische Werke mit der ganzen Intimität moderner Seelenkunst zu spielen.

Und eigentlich müßte man noch eine dritte Bühne haben, lachen Sie nicht, ich meine es in vollem Ernst, und ich sehe sie schon vor mir, eine ganz große Bühne für eine große Kunst monumentaler Wirkungen, ein *Festspielhaus*, vom Alltag losgelöst, ein Haus des Lichts und der Weihe, im Geiste der Griechen, aber nicht bloß für die griechischen Werke, sondern für die große Kunst aller Zeiten bestimmt, in der Form des Amphitheaters, ohne Vorhang, ohne Kulissen, vielleicht sogar ohne Dekorationen, und in der Mitte, ganz auf die reine Wirkung der Persönlichkeit, ganz aufs Wort gestellt, den Schauspieler, mitten im Publikum, und das Publikum selbst, Volk geworden, mit hineingezogen, selbst ein Teil der Handlung, des Stückes. Mir war der Rahmen, der Bühne und Welt trennt, nie etwas Wesentliches, meine Phantasie hat sich seiner Despotie nur ungern gefügt, ich sehe in ihm nur einen Notbehelf der Illusionsbühne, des Guckkastentheaters, aus den spezifischen Bedürfnissen der italienischen Oper hervorgegangen und nicht für alle Zeiten gültig, und alles, was diesen Rahmen sprengt, die Wirkung erweitert und steigert, den Kontakt mit dem Publikum verstärkt, ob nach der intimen oder nach der monumentalen Seite hin, wird mir immer willkommen sein. Wie mir alles willkommen sein wird, was die ungeahnten Möglichkeiten des Theaters zu vermehren geeignet ist.

Zwischendurch müssen wir natürlich, von Zeit zu Zeit, aber immer wieder, reisen; müssen das im engen Kreise Erworbene uns in anderen Städten, anderen Ländern, anderen Kontinenten bestätigen lassen. Um nicht in der sicheren Anerkennung eines allzu vertrauten Publikums auszuruhen und zu erstarren; um gezwungen zu sein, vor neuen Ohren, neuen Menschen, die nichts von uns wissen als ihren unmittelbaren Eindruck, uns zu erneuen; um das fremdsprachige Echo zu hören, das Schauspielkunst braucht, wenn sie sich reif fühlt, die Welt zu erobern. Und dann auch, weil ich persönlich mich nirgends so wohl fühle wie auf Reisen.

Max Reinhardt

Deutsches Theater zu Berlin Direktion Max Reinhardt

An das Königl. Polizei-Präsidium den 16. Oktober 1906
Abteilung Th. I
z. Hd. d. Herrn Regierungsrat
von Glasenapp
Hochwohlgeboren

Die Direktion des Deutschen Theaters erlaubt sich, für die Bühne der Kammerspiele des Deutschen Theaters um die Aufführungsgenehmigung für beiliegendes Stück *„Frühlings Erwachen"*, eine Kindertragödie in 5 Akten von Frank Wedekind, zu ersuchen. Da die Aufführung schon in nächster Zeit erfolgen soll, bittet sie, die Entscheidung freundlichst nach Möglichkeit beschleunigen zu wollen.
Wir bitten, folgende Gesichtspunkte, die uns bei der Aufführung dieses Dramas leiten, zu berücksichtigen. Es handelt sich in diesem Fall um einen Dichter von heute bereits anerkannter großer Bedeutung für die dramatische Produktion der Gegenwart und um ein Werk, in dem seine literarische Kraft und Eigenart am allerstärksten und allerdeutlichsten zum Ausdruck kommt. Wir glauben, daß eine Bühne erst dann ihre hohe künstlerische Mission erfüllt, wenn sie einem Dichter die Möglichkeit schafft, das, was ihm am tiefsten am Herzen liegt, sagen zu können. Ferner halten wir es für eine gar nicht genug ernst zu nehmende Pflicht einer künstlerischen Anstalt, Dichtwerken, die die ausgetretenen Gleise verlassen und der Bühne neue Formen erschließen, die Möglichkeit der Aufführung zu gewähren. Das ist hier der Fall. In diesem Kunstwerk handelt es sich nicht bloß um ein neues Stoffgebiet, sondern auch um ganz neue Formen der psychologischen Darstellung, und die Probleme (die intellektuellen und sinnlichen Kämpfe der heranwachsenden Jugend) werden mit so viel sittlichem Ernst, Ehrlichkeit, Größe und tragischer Wucht behandelt, so fern und von einer Frivolität, so gänzlich frei von jeder häßlichen Spekulation, daß jede Verletzung eines empfindlichen Schamgefühls vollständig ausgeschlossen erscheint. Die Bühne darf schließlich nicht an so ernsten Problemen vorübergehen, auf die so viele Tragik des täglichen Lebens zurückzuführen ist; und überdies ist es hier dem Dichter gelungen, die speziellen Probleme dreier Einzelfälle schließlich zu einer tragischen Wucht mit so tiefen allgemeinen Perspektiven zu steigern, daß es schon um des grandiosen Schluß-Aktes willen allein eine künstlerische Sünde wäre, das Stück der Bühne zu entziehen.
Wir können uns bei unserer Wertschätzung dieses Stückes auf eine Reihe von Meinungsäußerungen hervorragender Autoritäten stützen. Professoren wie Geheimrat Professor Dr. Erich Schmidt, Dichter wie Gerhart Hauptmann, Männer von so tiefem künstlerischem Ernst und so verschiedener Weltanschauung wie Direktor der Nationalgalerie Professor Dr. von Tschudi und Maximilian Harden, Publizisten aller Parteischattierungen haben sich über Wedekind's „Frühlings Erwachen" in ähnlichem Sinne ausgesprochen.
Das Stück ist seit ca. 15 Jahren im Buchhandel, hat mehrere Auflagen erlebt und ist in allen möglichen literarischen Kreisen und Blättern ausnahmslos günstig diskutiert und besprochen worden.
Anschließend an diese literarischen Gesichtspunkte glauben wir, daß sich aus dem spezifischen Charakter der von uns geplanten Aufführung einige andere Gesichtspunkte ergeben, die bei der Freigebung des Werkes von ausschlaggebender Bedeutung sein dürfen.
Erstens. Es handelt sich nicht etwa um eine breite Öffentlichkeit, sondern um die Kammerspiele, ein Theater, das nur ca. 300 Personen fassen wird und durch die Höhe der Preise die exklusivsten Gesellschaftskreise als Publikum haben wird. Überhaupt sind die Aufführungen des vorliegenden Stückes zunächst für die Abonnenten der Kammerspiele projektiert.
Zweitens sind auch Rücksichten wirtschaftlicher Natur für uns maßgebend, da wir den Abonnenten der Kammerspiele ein bisher unaufgeführtes Werk von Wedekind in Aussicht gestellt haben und durch den neuerlichen Verzicht auf diesen Autor den Verlust von Abonnenten riskieren würden.
Drittens hoffen wir dadurch, daß alle Rollen dieses Stückes mit erwachsenen Schauspielern besetzt sind, jede Möglichkeit einer peinlichen Wirkung zu beseitigen.
Viertens glauben wir durch alle bisherigen Leistungen unseres Ensembles den Beweis erbracht zu haben, daß bei uns eine diskrete, von jeder rohen oder allzu drastischen Wirkung freie Darstellung eine selbstverständliche Voraussetzung ist und daß der Stil unseres Ensembles nur rein künstlerische und vornehme Wirkungen kennt. Die Direktion des Deutschen Theaters hat bei häufigen Gelegenheiten und auch noch in jüngster Zeit den Beweis erbracht, daß sie – selbst in Fällen, wo ihr ein Verzichtleisten ein großes künstlerisches und materielles Opfer bedeutete, den Wünschen der Zensur Rechnung trägt. Sie beruft sich hierbei auf die Leitung der Theaterabteilung des Königl. Polizei-Präsidiums. In der Frage des „Frühlings Erwachen" ist sie überzeugt, daß sich die Behörde ihren wirklich ernsthaften Argumenten nicht verschließen wird.
Aus allen diesen Gründen bitten wir um Freigabe des Werkes.
Beiliegend
1.) handschriftliches Gutachten von:
Geheimrat Professor Dr. Erich Schmidt
Gerhart Hauptmann
Geheimrat Professor Dr. von Tschudi, Direktor der Königl. National-Galerie

Maximilian Harden, Herausgeber der „Zukunft"
Professor Dr. Oscar Bie, Herausgeber der Neuen Deutschen Rundschau
Karl Strecker, Kritiker der Täglichen Rundschau
Dr. Arthur Eloesser, Kritiker der Vossischen Zeitung
Dr. Max Osborn, Kritiker der Nationalzeitung
Dr. Monty Jacobs, Kritiker des Berliner Tageblattes.

2.) übersichtliche Zusammenstellung aus vorerwähnten Gutachten.

Ergebenst
Max Reinhardt

Max Reinhardt während der Probe, Zeichnung von E. Orlik

Rede zur Eröffnung der Schauspielschule des Deutschen Theaters Berlin
1905

Wir sperren heute die Türen unseres Hauses weit auf und heißen alle herzlich willkommen, die hier etwas lehren und lernen können.
Wir wollen hier junge Menschen bilden.
Menschen, die jene drei Wände des Theaters mit ihrem Leben erfüllen sollen.
Menschen, deren Phantasie stark genug ist, ihrer Scham eine vierte Wand aufzurichten, wenn sie ihr Innerstes und Tiefstes entblößen.
Menschen, deren beflügelter Pulsschlag die Zeit verrückt, die alle Schrecken des Daseins in drei Abendstunden bannen können, die mit dem ersten Klingelzeichen zu leben beginnen und sterben, wenn der Vorhang fällt. Die so tief getroffen werden vom Worte des Dichters, daß ihr eigenes Leben erstarrt, während ein fremdes Leben in ihnen zittert und jubelt, jauchzt und schreit (nach des Schöpfers Geheiß).
Ihnen sei dieses Haus geweiht.
Wir wollen Sie mit allem Rüstzeug unserer Kunst versehen, Ihre ersten Schritte leiten und ihnen die leidenschaftliche Liebe schenken, die uns für diesen Beruf erfüllt.
Der Wunsch, hier zu helfen, hat Künstler, die im Herbst ihres Lebens stehen, aus ihrer Ruhe aufgescheucht. Sie kommen mit rührender Opferfreudigkeit, um uns die reifen, köstlichen Früchte ihrer Erfahrung zu bescheren. Ich danke Ihnen und allen Freunden, die gekommen sind, unser Werk zu fördern. Ich grüße endlich die Jugend, der dieses Haus gehört. Ich grüße alle Klärchen, Gretchen und Käthchen, alle Fränze, Würmer und Fauste und all die jungen Könige und Prinzessinnen, die noch verkappt und unerkannt unter uns sitzen. Bald aber teilt sich der Vorhang, und es wird offenbar, wessen Krone am hellsten funkelt.
Ihnen fühle ich mich am nächsten. Mein Herz ist voll von froher Hoffnung wie das Ihre, und das Lampenfieber schüttelt mich wie Sie, denn es ist die erste Rede, die ich in meinem Leben halte ...
Heute, da wir in das „Deutsche Theater" einziehen, mahnt uns die ruhmreiche Vergangenheit dieses Hauses, auch für die Zukunft zu sorgen, die von dem Schauspieler wieder eine höhere Kultur fordern wird. Dazu haben wir uns hier zusammengetan.
Wir, die wir selbst noch jung und auf dem Wege sind, können Ihnen keine abgeklärte Weisheit geben, aber heiß von der Arbeit wollen wir hierher eilen, Ihnen unsere neuen Erkenntnisse mitteilen, Ihnen neue Wege weisen und Ihnen die dunklen Geheimnisse des Theaters deuten.
Wir können heute nur sagen, was wir wollen. In einem Jahre werden wir zeigen, was wir konnten.

Etwas über meine Methode

Ein Interview
1911

Der Vertreter eines Londoner Blattes hatte eine Unterredung mit ihm. Sonderbar berührt es den Interviewer, daß dieser theatralische Weltbürger weder Französisch noch Englisch spricht. Reinhardt hat in seiner arbeitsreichen Laufbahn bisher nicht Zeit gefunden, sich mit fremden Sprachen zu beschäftigen. „Aber ich will mir viel Mühe geben, Englisch zu lernen, solange ich hier bin", sagte er. Mit den Vorbereitungen, die bisher für die Aufführung getroffen sind, ist Reinhardt sehr zufrieden, besonders die Umbauten in dem Riesenraum der Olympia befriedigen ihn.[184]

Ich sehe darin das ideale Theater der Zehntausend, das zu schaffen stets eines meiner Ziele gewesen ist. Die ungeheure Arena eignet sich trefflich zur Gruppierung und Bewegung großer Massen, deren natürlicher Ausdruck, so weit der Zuschauer aus einiger Entfernung in Betracht kommt, das Pantomimische ist. Und die Pantomime ist der eigentliche Wesenszug in der Aufführung des „Wunders". In Berlin hatte ich meinen großen Zirkus. Aber die oblonge Gestalt der Olympia macht sie noch geeigneter für unsere gegenwärtigen Bedürfnisse. Vor vier Tagen war die Olympia noch ein Raum wie eine Eisenbahnhalle; in zehn Tagen wird sie eine weite gotische Kathedrale darstellen. Das „Wunder" ist die größte Aufführung, die ich unternehme. Sie ist viermal größer als die „Oedipus"-Aufführung, die ich in München leitete. Neben anderen Dingen will ich den größten Wert auf die archäologische Genauigkeit legen. Sie wollen etwas über meine Methode wissen? Ich habe eigentlich keine besondere Methode. Zuerst studiere ich das Manuskript des Autors mit der größten Sorgfalt durch, jede Einzelheit beachtend, jede Situation so weit als möglich ausarbeitend. Aber damit ist die Arbeit kaum halb getan. Nun komme ich in die Probe und empfange von der Szene, von den Schauspielern, von den verschiedenen Bewegungen meine Inspiration. Bis zum letzten Augenblick bin ich mit diesen Ideen beschäftigt. Es wird Sie vielleicht überraschen, zu hören, daß bei einer meiner Aufführungen wichtige Änderungen noch vorgenommen wurden, eine halbe Stunde, ehe die Vorstellung begann. Innerhalb einer Woche oder höchstens ein oder zwei Tage mehr hoffe ich das ganze Ensemble vom letzten Statisten bis zu den Trägern der Hauptrolle zusammenzuhaben. Ich persönlich rechne nicht damit, eine einzige richtige Nachtruhe zu haben, bis die Olympia zur Premiere ihre Pforten öffnet.

Max Reinhardt, Lithographie von Oskar Kokoschka, 1912

Von der modernen Schauspielkunst und der Arbeit des Regisseurs mit dem Schauspieler
1915

Ich habe mich bisher an das Wort gehalten: Bilde Künstler, rede nicht. Ich finde, daß gerade in unserer Zeit mehr *über* die Kunst gesagt wird, als *in* ihr.
Just das flüchtigste, luftigste Geschöpf der Kunst aber, das Theater, wird, fürchte ich, leicht den schimmernden Staub seiner Flügel einbüßen, wenn man es aus seiner eigentlichen Atmosphäre in den Vortragssaal verpflanzt ...
Ich konnte, ganz offen gestanden, dem Reiz nicht widerstehen, in einer Zeit, da mit dem Kriegsbeil alle Gegensätze ausgegraben und aufgerichtet werden, über etwas zu sprechen, das uns allen gemeinsam ist und uns alle verbindet.
Die *Kunst* ist ein wahrhaft neutrales Land und ihre Güter sollten jederzeit, ohne Rücksicht auf Nationalität, ein- und ausgeführt werden. Nur schlechte Kunst sollte allerdings immer als Bannware deklariert werden.
Gott hat die Welt erschaffen, aber der Mensch, den er nach seinem Ebenbilde schuf, hat sich eine *zweite* Welt erschaffen, die Kunst.
Die großen Kunstwerke ragen über allen Menschenstreit in Höhen, wo ein ewiger Friede sie vereint.
Immer wird es in irgend einer Form Krieg geben. Es liegt tief in der menschlichen Natur, und in jedem Blutstropfen bekriegen sich feindliche Gewalten. In solchen Zeiten mögen sich Wolken und Nebel tief ins Tal senken und vorübergehend unser Auge verdunkeln. Wir scheinen dann nur den Blick für das Allernächste frei zu haben. Aber einmal wird die göttliche Stimme wieder rufen, es werde Licht. Die Wolken werden sich teilen. Aus dem Chaos wird die Welt wieder neu erschaffen sein, und wir werden wieder unsere ewigen Gipfel besteigen und die anderen, fremden Gipfel sehen und grüßen.
Aber die großen, ewigen Werke, so hoch sie in den Himmel ragen, wurzeln tief in ihrer heimatlichen Erde und empfangen von ihr die zeugenden und treibenden Kräfte. Deshalb würde die Kunst furchtbar verarmen, wenn die nationalen Eigentümlichkeiten, um die letzten Endes aller Streit geht, nicht gepflegt und gehütet würden.
Wir waren in Deutschland nie so verblendet, chauvinistische Schranken aufzurichten gegen fremde Kunst. Noch in allerletzter Zeit haben bei uns moderne französische Maler dominiert, das russische Ballett, das eine absolute Vollkommenheit darstellt, italienische Schauspieler, von denen die Duse wohl als die größte Menschendarstellerin unserer Tage angesprochen werden darf, und auch neuere englische Dramatiker, wie Bernard Shaw z.B., dessen Helden mit dem Geiste unserer Zeit erfüllt sind, haben Eingang und Geltung bei uns gefunden, und ihre Spuren in Deutschland hinterlassen.
Freilich, wenn germanische, wenn stammverwandte Kunst an unser Herz schlug, läuteten unsere tiefsten Glocken. Björnson und Ibsen, die beiden großen Söhne dieses Landes, die vor dem norwegischen Nationaltheater aufgerichtet stehen als Wahrzeichen von hochfliegendem Idealismus und tief grabender Lebensweisheit, haben sich auch auf unseren Bühnen ein unvergängliches Denkmal gesetzt. Es ist kein Zufall, daß Ibsen die Bühnen in Deutschland weit mehr als in irgendeinem andren Land beherrscht, eine neue Epoche des deutschen Theaters hervorrufen und ihr seinen Geist einhauchen konnte.
Mein Vorgänger Otto Brahm hat es sich zur Lebensaufgabe gemacht, Henrik Ibsen dem deutschen Volke nahezubringen, und er hat diese Mission rühmlich erfüllt.
Ich selbst bin in seinen Werken aufgewachsen und habe ihm zu Ehren und unter seinem Zeichen die Kammerspiele des Deutschen Theaters errichtet.
Ein anderer, skandinavischer Dichter, eine stammverwandte, eine wahrhaft faustische Natur, August Strindberg, der wie von einem bösen Geist durch alle Höhen und Tiefen des Lebens geschleppt wurde, bis zu seiner Erlösung, hat von seinem furchtbaren geistigen Ringen bleibende Dokumente dem deutschen Theater hinterlassen. Die Bühnen Berlins wetteifern heute, seine Werke darzustellen.
In diesem nordischen Repertoire ist ein neues Geschlecht von Schauspielern groß geworden. Sie haben sich von allem fremden Einfluß befreit, die das Theater mit seinem Weltrepertoire natürlich am längsten konservierten. Sie sind die Ersten, die sich bewußt auf sich und ihre norddeutsche Art gestellt haben, und sie haben damit auch den Darstellungsstil für unsere deutschen Dichter Kleist, Hebbel und besonders für Gerhart Hauptmann begründet.
Im Anfang war alles viel zu deutlich, mußte es wahrscheinlich sein, zu forciert, zu sehr von der feinen, nebligen Atmosphäre befreit, aber wahrscheinlich war das gut so für die ABC-Zeit der modernen Dichtung.
Der Schauspieler erachtete es als seine Aufgabe, dem Zuschauer schon im ersten Akt mimisch zu verraten, was der Dichter erst im letzten enthüllt wissen wollte und hob so die notwendige Spannung auf. Ein abgestorbenes Pathos geisterte in seinen Reden und beeinträchtigte die Lebenswahrheit, und ein fremder wenn auch glänzender Elan verhüllte wie eine totale Maske das schwerfällige aber tiefere deutsche Wesen.
Dieses Wesen hat er sich wiedererobert und mit ihm den Mut zu sich selbst.
Der Typus jenes Schauspielers, der sich proteusartig verwandelt, der unter Aufgabe seiner eigenen Persönlichkeit hurtig

und selbst unkenntlich in die verschiedensten Gestalten und Masken zu schlüpfen vermag, ist wieder zurückgetreten hinter die starken Naturen, deren Glück es ist, sich selbst geben zu können, die nicht von außen her gestalten, sondern von innen heraus, die, weil sie fest in ihrem Erdreich wurzeln, dem Dichter nicht nur das Erlebnis im *Stück*, sondern ihr ganzes Leben mitbringen.

Die Persönlichkeit ist das Höchste in aller Kunst und nur von ihrem Umfang hängt ihre Bedeutung ab. Auch auf der Bühne hat es immer starke Persönlichkeiten gegeben, nie aber waren sie notwendiger, als für die Gestalten der nordischen Dichtung.

Man hat mit erzählt, daß Ibsen mit den Menschen, die er schuf, jahrelang lebte, mit ihnen spazierenging und sich mit ihnen auch über Dinge unterhielt, die weit ab von dem zusammengeballten Inhalt des einzelnen Werkes lagen, daß er sie schließlich vollkommen zu objektivieren vermochte.

Sie haben alle ihr eigenes, seltsam wirkliches Leben, es rollt sich vor dem erstaunten Auge weit hinter dem Drama auf, wenn ihr Schöpfer sein Licht darauf fallen läßt, und es sprudelt heiß aus der Tiefe, bei welchem Wort man auch immer anbohren mag.

Als Ibsen einmal gefragt wurde, ob der Tischler Engstrand in den „Gespenstern“ das Asyl wirklich angezündet habe, soll er gesagt haben: Das sei dem Manne wohl zuzutrauen.

Deshalb muß der Schauspieler für derartige Aufgaben etwas mitbringen, was eigentlich dem Wesen des Schauspielers widerspricht, eine gewisse Undurchsichtigkeit, die erst im entscheidenden Moment transparent wird. Der Schauspieler muß sein Geheimnis haben, und er muß es bewahren können, nicht aber, wie das oft geschah, gleich zu Anfang dem Publikum zuflüstern: Gebt acht! Ich bin dämonisch. Oswald darf natürlich nicht schon im ersten Akt wahnsinnig erscheinen. Ich habe große italienische Schauspieler gesehen, die den Wahnsinn vom ersten Akt an spielten und mit glänzender Schauspielerei ein vollendetes klinisches Bild gaben. Sie waren wundervoll wahnsinnig. Aber dann müssen alle anderen Personen des Werkes auch wahnsinnig sein, da sie das gar nicht merken. Damit wird schließlich das ganze Stück verrückt. Der Eilert Lövborg in „Hedda Gabler“ soll nicht schon im ersten Auftritt als das vollkommene, dem Trunk verfallene Genie wirken, wie er gewöhnlich gespielt wurde, mit schwarzumränderten wilden Augen, künstlerisch verworrenem Haarschopf und genial vernachlässigter Kleidung. Er ist ja auf dem Wege zu einem anderen Leben, wird fürsorglich von seiner Freundin Thea Elvstedt betreut und wahrscheinlich auf den ersten Blick eher soigniert und fast ängstlich erscheinen. Allmählich erst wird uns der Darsteller ahnen lassen, daß die tadellose Haltung keine allzu sichere Grundlage hat.

Wichtiger als sein Haarschopf wird der Träger sein, der Mensch, dem man die Bedeutung und die Tragik der Gestalt glaubt, wenn er äußerlich unscheinbar ist, um so besser, möcht ich fast sagen. Wir wissen ja, daß große Menschen nicht immer auch körperlich groß sind, daß nicht alle bösen Menschen rote Haare haben und nicht alle Trinker rote Nasen. Auf der Bühne hat sich tatsächlich eine Primitivität erhalten, die nur im Märchen berechtigt ist, wo die Hexen noch grüne Augen haben und auf einem Besenstiel reiten. Die wirklichen Hexen sind schön, blond und sanft und dekuvrieren sich erst um Mitternacht.

Die Undurchsichtigkeit, die früher sicher als ein entscheidendes Manko angesehen wurde, ist eines der kostbarsten und keuschesten schauspielerischen Mittel. Sie erweist sich im nordischen Drama als unentbehrlich und muß daher vom Regisseur besonders gepflegt und gehütet werden.

Ein für den Fachmann ungemein interessantes Gastspiel der Frau Dybwad in Berlin hat mich in diesen Bestrebungen bestärkt und mit den wertvollsten Erkenntnissen bereichert. Der nordische Schauspieler hat, wenn er auf sich selbst gestellt ist, seinen eigenen unbeirrbaren Rhythmus, einen unvergleichlichen Mut zur Stille, und seine schwere Natur senkt sich in den stärksten Momenten lieber in die Tiefe (unter den Worten), als daß sie sich mit den Worten in die Höhe emporschwänge.

Ein italienischer Lazzaroni ruft mit verblüffendem Talent und solchem theatralischem Furor seine Zeitungen aus, daß die Nachrichten ordentlich dramatisches Leben bekommen. Es ist freilich eine andere Frage, ob sie dadurch wahrer werden.

Wir können jedenfalls nichts besseres tun, als die uns angeborenen Eigenschaften zu entwickeln, und in der Schauspielschule, die dem Deutschen Theater angegliedert ist, bin ich nicht nur darauf bedacht, die Technik der Ausdrucksmittel gründlich zu lehren, sondern vor allem das Persönliche, Einzigartige in dem jungen Nachwuchs aufzuspüren und zu entfalten und hüte mich, es durch noch so glänzende Vorbilder zu unterdrücken. Diese Arbeit muß auf der Bühne fortgesetzt werden, denn viele finden erst später den Weg zu sich selbst. Die Natur bringt in ihrem unerschöpflichen Reichtum nicht zwei ganz gleiche Lebewesen hervor und das ärmste hat noch seine nur ihm zugehörende Eigenart, die reizvoller und fruchtbarer ist als ein ganzes Schema von Fertigkeiten und Fixigkeiten.

Arge Zufälle haben unser Gastspiel in Christiania gefährdet und eigentlich zu einem Torso gemacht. Wenn es uns trotzdem gelungen sein sollte, auch etwas von dem zu *bilden*, was ich hier *rede*, würde mich das mit stolzer Genugtuung erfüllen ...

Wir waren beglückt, ein so gut geschultes, feinnerviges und hellhöriges Publikum zu finden. Halten Sie das, bitte, nicht für eine bloße Höflichkeit.

Theater ist eine zusammengesetzte Kunst und kann nicht wie andere Künste für sich selbst existieren. Es besteht überhaupt nur, wenn es aufgenommen wird und gut aufgenommen wird.

Das mächtige, aufwühlende Erlebnis, zu dem sich (unter glücklichen Umständen) ein Theaterabend verdichten kann, das sogar im Stande ist, die gewaltigsten Ereignisse des Tages

für einige Stunden zu verdrängen, das braucht nicht nur einen großen Dichter, gute Schauspieler, einen vernünftigen Spielleiter, sondern auch ein erlesenes Publikum. Es braucht Talent, die Dinge zu erzeugen und Talent, sie zu empfangen. Fehlt die Zeugungskraft oder die Kraft der Empfängnis, so kann nichts Lebendiges entstehen und das Ganze schrumpft zusammen zu einem körperlosen leeren Schattenspiel.
Es gibt Abende, an denen nicht das Schauspiel, sondern das Publikum durchfällt. Der Schauspieler braucht den Kontakt und er spürt ihn an tausend geheimnisvollen und beglückenden Zeichen.
Man wende nicht ein, daß der Schauspieler so restlos in seiner Rolle aufgeht, daß er das Publikum, ja sich selbst vergißt und nicht mehr weiß, daß er auf der Bühne steht. Ja – vielleicht der schlechte Schauspieler, der Dilettant. Der gute gewiß nicht.
(Das ist ein Märchen und kein schönes. Es wäre peinlich und indiskret, einem Menschen zuzuschauen, der sich ganz in seinem Schmerz auflöste, ohne diesen künstlerisch zu gestalten. Es wäre etwas Zufälliges, Abstoßendes, das gar nichts mehr mit Kunst zu tun hätte.)
Der wahre Künstler kann nie vergessen, daß er berufen ist, die Geister und Herzen seiner Zuhörer zu entzünden, zu entflammen. Er ist sich in seinen höchsten Momenten der Wirkung durchaus bewußt, und er braucht dieses Bewußtsein wieder, um eben zum Höchsten zu gelangen.
Man kann hier, wie in vielen Dingen, am besten von den Kindern lernen. Sie werden fast alle mit der menschlich erreichbaren Genialität geboren und üben sich unbewußt in allen Dingen. Schade, daß diese geniale Sicherheit später wieder verloren geht.
Wenn mein kleiner Junge aus einem Sofa und zwei Stühlen mit einer beneidenswerten Primitivität eine Eisenbahn konstruiert, so fordert er von mir, daß ich ebenso unbedingt daran glaube, wie er. Dieses Glaubensbekenntnis belohnt er aber dann mit einer erstaunlichen Fülle von schauspielerischen Leistungen. Er ist Zugführer, Maschinist, Reisender, Gepäckträger und Lokomotive in einer Person. Er lebt sich vollkommen in diese verschiedenen Rollen hinein, trifft alle ihre Bewegungen und Verrichtungen und prustet und faucht wie eine leibhaftige Maschine. Er glaubt absolut daran, und es beglückt ihn zu sehen, daß ich auch daran glaube. Aber in seinem heißesten Eifer vergißt er nicht einen Augenblick, daß alles nur ein Spiel ist, ein heiteres, seliges Spiel.
In diesem alltäglichen kindlichen Vorgang liegt die einzige Wahrheit für die Schauspielkunst. Die Seligkeit des künstlerischen Spiels ist der Zauberteppich, auf dem der Schauspieler in fremde Lande und Zeiten und in fremde Seelen getragen wird.
In diesem Fluge gehen die letzten Türen seines Wesens auf, und ein Mysterium wird sichtbar. Im Herzen des Schauspielers thront der Wille des Dichters, reguliert seinen Pulsschlag, macht sich seinen Körper untertan und lenkt seine Empfindungen auf fremde, nie beschrittene Pfade.
Doch in die stärkste Erschütterung, in den wildesten Zorn, in den tiefsten Schmerz mischt sich die selige Heiterkeit des Spiels und das Bewußtsein von dem Partner im Zuschauerraum, der es aufnimmt und selbst mitspielt. Diese Bewußtheit ist auch der natürliche Schutz für den Schauspieler. Wie könnte er sonst die tausend Schicksale ertragen, von denen ein einziges hinreicht, ein Menschenleben zu zerstören.
Auf den Proben, die der Aufführung vorangehen, ist der Regisseur der einzige Zuhörer und Zuschauer, jener unentbehrliche Partner im Spiel. Nur daß hier die Wechselwirkung sich noch stärker, konkreter, aktiver gestaltet. Er muß feminin empfangen und zugleich maskulin befruchten können und zuletzt noch, ganz neutral, sich als Spiegel verhalten, der dem Schauspieler ein getreues Bild seiner Leistung zurückwirft. Denn der Schauspieler kann sich selbst nicht hören und sehen und da er ganz persönlich der wesentlichste Teil seines Werkes ist, kann er nicht davor zurücktreten, wie der Maler vor sein Bild, der Musiker, der Bildhauer, der Dichter vor seiner Schöpfung.
Aber der einzelne Schauspieler ist nur ein Teil des Ganzen und der Regisseur muß alle Teile in seiner Hand haben und sie harmonisch ineinander fließen lassen.
Er soll die Ströme und Bäche und auch die stillen Wässerlein in ein einziges großes Bett leiten. Er muß die Tiefen und Untiefen genau kennen und das Schiff der Dichtung ungefährdet hindurchzusteuern wissen.
Er muß sie alle unter einen Hut kriegen, und es kommt bisweilen vor, daß das nicht so ganz leicht ist.
Wir wollen sehen, wie er es anfängt.
Zuerst empfängt er die Dichtung bei sich zu Hause, im stillen Kämmerlein. Voll Andacht und mit inbrünstiger Liebe gibt er sich restlos dem Werke hin und lauscht auf jedes Wort und auch auf das, was hinter den Worten steht. Er versetzt sich ganz in die Zeit des Dichters und bleibt dabei doch ein Kind seiner eigenen Zeit, unbewußt mit ihren Kräften erfüllt *(ein Instrument, das der Tag gebaut hat).* Gleichwohl können sich auf seinen Seiten tausendjährige Werke wie die antiken Dramen beleben. Denn das ist unser Beruf: die Werke, die wir geerbt haben, immer wieder von Neuem zu erwerben, um sie zu besitzen. Das heißt: sie aus dem Geiste unserer Zeit wieder neu zu gebären. Unser Shakespeare ist ein *anderer* als der vor 400 Jahren, und schon der heutige Ibsen hat ein anderes Antlitz als der vor zwanzig Jahren, da der Naturalismus noch in voller Blüte stand. Werke jedoch auszugraben und auszustellen, ohne sie wieder beleben zu können, ist Leichenschändung oder, um es höflicher auszudrücken, die Sache von Museen oder Hoftheatern. Das lebendige Theater kann nur lebende Werke brauchen, gleichviel, ob sie der Gegenwart oder der Vergangenheit angehören. Doch wir wollen, wenn Sie einverstanden sind, zu dem Regisseur zurückkehren. Der hat sich inzwischen mit seiner Phantasie, denn das ist der Universalschlüssel, die Pforten der Dichtung aufgeschlossen und ist in tiefe Schächte hinabgestiegen, dort, wo die Mütter hausen, an den geheimnisvollen Ort, wo alles Lebende

entsteht und wo auch der Dichter sein Werk empfangen hat, denn nur dort ist es mit allen Wurzeln auszugraben.
Er starrt lange ins Dunkel. Dann hellt es sich allmählich auf. Weite Landschaften werden sichtbar, tiefe Wasser und schneebedeckte Berge, dann wieder endlose Gänge und düstere Zimmer, steile Treppen, mondbeschienene Wiesen mit weißen wallenden Nebeln, die wie Elfen am Boden hingleiten, und Wälder mit gespenstischen Schatten. Die Schatten lösen sich, bewegen sich, kommen auf ihn zu, nehmen menschliche Gestalt an. Er hält den Atem an, diese zauberische Welt nicht zu trüben. Das Herz des Suchers klopft hörbar und findet ein zartes, aber vielfältiges Echo in den Gestalten, die ihn umgeben. Da bewegen sich die blassen Lippen, fangen an zu sprechen, erst wie von ferne, dann immer näher, vernehmlicher. Die Sprache klingt fremd, und doch errät er sie.
Mit einem Mal erkennt er jubelnd, daß sie Fleisch von seinem Fleisch, Blut von seinem Blut sind und daß sie fühlen wie er selbst. Die trennenden Zeiten schwinden, der Tag bricht herein.
Plötzlich sind seine Schauspieler da, seine eigenen Schauspieler, die er kennt wie seine Tasche. Sie drängen sich in seine Gedanken, greifen nach den geisterhaften Wesen, wollen sich mit ihnen befreunden, vermählen, stoßen sich wieder ab, gruppieren sich anders, ziehen die Gestalten nach oben ins Licht.
Seine geistige Bühne bevölkert sich, füllt sich, kreißt und gebiert mit einem Zauberschlag eine neue, wundervolle Welt. Noch ist sie in zarte Schleier gehüllt, aber sie atmet bereits, singt, schwatzt und jubiliert. Mit trunkenen Augen, mit zitternden Händen, die Augen voll von sphärischer Musik, schleicht er an seinen Tisch und schreibt seine Visionen nieder, ins Buch neben die Worte, die sich mit Blut füllen. Er schreibt fieberhaft, gejagt, gehetzt, was er erlebt hat: neben jeden Satz eine Bemerkung, eine Note, einen Tonfall, und dann wie alles aussehen und wie alles klingen soll. Eine vollkommene Partitur – sein Regiebuch. Da steht das Werk plastisch aufgebaut. (Vor seinem geistigen Auge.) Das ist die Glückseligkeit der Konzeption. Jetzt kommt das Umsetzen in die Wirklichkeit, die Verkörperung. Nun beginnen die Wehen und Ängste, die Widerstände.
Tief erregt und beklommen setzt er sich vorne auf die Bühne, sein Buch in den bebenden Händen. Trübe leuchtet die Lampe am Regiepult. Im frühen Zwielicht stehen Kulissen aus verschiedenen vergangenen Stücken da, lächerlich sinnlos zusammengestellt, bunt bemalt wie alte Kokotten, mit gefällig grinsendem Flitter behangen, bereit, sich dem Nächsten hinzugeben. Der Regisseur fröstelt, er starrt hoffnungslos in Staub und Moder.
Alles hat er sich wieder einmal so groß ausgedacht. Unbarmherzig dumm engen die drei Wände den Schauplatz ein, und statt der vierten Wand gähnt der leere Zuschauerraum.
Wie soll hier seine Geisterwelt erstehen, der rauschende Wald, der ragende Dom, die endlose Heide? Der *Maler* sagt: einfach malen. Die Leinwand ist geduldig. Ja, aber der lebendige, plastische Mensch vor der toten Fläche! Der bewegliche Körper vor einem unveränderlichen Bild. Das geht nie zusammen. Der Schauspieler soll sich an die Wand drücken können, an die Säule lehnen, seine Stirn an die Fensterscheibe pressen. Die kleinen Elfen müssen zwischen hohen Bäumen schweben. Der Theatermeister wendet sich ab und verbirgt ein infames Lächeln. Der Kassierer steckt seinen Bleistiftstumpf in den Mund und schmiert lächerliche Zahlen auf einen Zettel, und der Regisseur beißt die Zähne zusammen und schluckt und schluckt.
Er zieht feindselig seine Uhr. Die Schauspieler kommen. Morjen! Dumm, vergnügt, ahnungslos. Andere fröstelnd, mißvergnügt, verschlafen. Feinde. Alles Feinde. Da rotten sich schon einige Unzufriedene hinter einer durchlöcherten Wand zusammen. Sie tuscheln und blättern verächtlich in ihren Rollen. Natürlich wollten sie just die anderen Rollen spielen, müssen es selbstverständlich, wenn es mit rechten Dingen zuginge. Ja, unbegreiflich diese Besetzung! Alle sind klüger, alle würden es besser machen als der da vorne, am Pult.
Die Tragik des Schauspielerloses steigt aus der Versenkung auf. Er darf sich nicht wie andere Künstler seine Aufgaben selbst wählen, nicht spielen, wozu er Lust hat, nicht schaffen, wenn er in Stimmung ist. Alles wird ihm kommandiert von dem da vorne.
Nicht nur *sein* Erfolg oder Mißerfolg regen ihn auf, auch der Erfolg der Kollegen hat entscheidende Bedeutung für ihn, kann ihn schädigen, entwerten unter Umständen.
Niemals kann er an eine Gerechtigkeit glauben, die zu seinen Ungunsten entscheidet, ohne den Glauben an sich zu verlieren. *Den* aber braucht er, sonst ist er *selbst* verloren!
In allen Ecken zischelt es, flüstert es, und der da vorn hört alles, ach, er kennt ja das alles. Das alte Lied. Er schluckt und schluckt. Aus allen Himmeln ist er gefallen und sitzt tief im Staube. Er würgt an seinem Ekel. Rückwärts gähnt einer ostentativ und kaschiert es durch eine gesungene Tonleiter.
Er bezwingt sich und fängt an. Der Inspizient ruft die Schauspieler zusammen. Sie kommen aus den Winkeln hervor, mit kühlem, vornehmen Erstaunen, als wüßten sie nicht, wozu, fangen an zu lesen, ohne die blasseste Ahnung oder auch mit ostentativer Gleichgültigkeit und niederschmetternder Überlegenheit. Alles wird wieder kalt, tot, ferne.
Der da vorne bleibt, beginnt zu sprechen, vorzusprechen, zu erläutern, sein Bild ein wenig zu enthüllen. Schweigend hört der Schauspieler zu. Sein Feind spricht, will ihm wieder was aufoktroyieren, was ihm nicht liegt.
Er bedauert, leider eine andere Auffassung zu haben.
Aha. Was denn für eine.
Nun kommt ein Schwall törichter Worte. Sie werden höflich angehört. Das irritiert ihn, er bleibt stecken, zuckt verlegen die Achseln.
Ein anderer zeigt sich dankbarer, beflissener, es ist zufällig der, der die große Rolle hat.
Er erkennt freudig, daß sein eigenes Wesen da aufgebaut ist,

Schwedische Zeitungskarikatur, 1921

E. Orlik

daß die Sache aus ihm heraus gedacht ist. Ein glückliches Lachen steckt ihm in der Kehle, kitzelt ihn in der Nase. Kinder, Kinder! Ein Fußbreit gewonnen. Hoffnung keimt auf. Er nimmt einen Anlauf, wird wärmer, den Einen überredet, den Anderen zwingt er, den Mißvergnügten überzeugt er von der Wichtigkeit der verachteten Rolle. Dem Vierten geht von selbst langsam ein Licht auf.
Der da vorne redet sich in Hitze, arrangiert, erklärt, spielt vor, malt aus, begeistert sich, reißt die Anderen *mit sich fort.*
Er sucht vor allem Freude zu verbreiten, denn das ist die Atmosphäre, die er braucht, Heiterkeit, Spiellust, Übermut. *Er lobt und schmeichelt, das wirkt wie warmer Regen auf die Gemüter. Sie tauen langsam auf.* Schon lächeln sie, dehnen sich, strecken sich, legen sich ins Zeug, lassen sich willig führen. Er stellt sich zufrieden, überrascht, sagt, es wäre wundervoll, vollkommen! Höchstens das eine Detailchen wäre eventuell noch zu bemerken: Dieses eine Detailchen ist nichts weniger als Alles. Er schlüpft in jeden hinein, sucht ihn aus sich herauszutreiben, ihn zu steigern, hier mit vielen Listen, da mit Bitten, dort mit Strenge. Dazwischen muß auch geschnauzt werden, Krach gemacht werden, ein richtiges Theaterdonnerwetter. Sie spitzen die Ohren, auch die Anderen natürlich, die sich getroffen fühlen.
Der Träge erhitzt sich noch nicht für die Rolle, aber über die schlechte Behandlung, tut nichts. – Hauptsache ist, daß er endlich in Hitze ist; so kann er gebogen, gemodelt werden. Denn nur in der Glut ist er zu formen, gleichviel auf welchem Wege sie erzeugt wird.
Ein satter Bürger ist da, hat gut gefrühstückt, seine Steuern bezahlt, sein rundes Sümmchen auf der Bank. Er trägt eine tadellose Krawatte und neue Lackschuhe, in denen er sich wohlgefällig spiegelt. Er soll einen wahnsinnigen König spielen. Er sieht auf die Uhr, sein Mittagbrot wartet. O glückliche Zeit, da der Komödiant noch ausgeschlossen von der bürgerlichen Gesellschaft ein abenteuerliches Leben führte, das ihn leicht bereit machte, den Sprung in eine phantastische Welt zu machen. Wie soll dem wohlbeleibten Herrn in den engen Lackschuhen dieser Sprung gelingen, da er, wie Sie vielleicht schon erraten haben werden, nicht gerade ein Genie ist. Es kann ja nicht lauter Genies geben. Und gäbe es nur solche, so würde niemals gemeldet werden, daß die Pferde gesattelt sind und der Wagen schon vorgefahren ist, und das wollen wir doch erfahren.
Auch kleinere, bescheidenere, dienende Talente sind notwendig auf diesen Brettern, die die Welt bedeuten. Der Komiker tritt auf, er macht seine Kiste auf und zieht die ofterprobten

alten Mätzchen hervor, um seine neue Rolle damit zu schmücken. Dem da vorne fährt der Schreck in die Glieder, aber er muß sich kugeln vor Lachen. Der Komiker braucht das Gelächter. Es wirkt auf ihn wie Alkohol, wie ein Narkotikum. Er muß immer dieses Geräusch im Ohr haben, und er verschafft es sich um jeden Preis. Steht er nicht auf der Bühne, reißt er unausgesetzt Witze, nur um der Menschen Lachen zu hören. An dem Tage, an dem dieses Haha, Hoho, Hihi verstummte, würde es mit ihm zu Ende sein. Ein anderer alter Herr kommt, ein kostbares Original, wie ein seltsam funkelnder Stein, jedes Geschmeide zierend und belebend. Aber er hat kein Gedächtnis mehr. Er steuert gerade auf den Souffleurkasten los, erfindet tausend Listen und Ausreden, um seine Schwäche zu verbergen, die doch stadtbekannt ist. Ihm ist jedoch die alte, ausgestorbene Gabe des früheren Schauspielers zu eigen. Er kann blendend improvisieren, wenn er in Not ist. Sein Hirn wuchert und erzeugt ein Extempore nach dem anderen.

Zwischen diesen Menschen, von denen eben jeder natürlich auch seine entscheidenden Vorzüge hat, gehen die Proben dahin, wochenlang. Der Spielleiter schwirrt unermüdlich zwischen ihnen herum, wie eine Biene, er summt und brummt und sticht und saugt. In diese Schwächen, Lächerlichkeiten und seltsame Fehler ebenso wie in alle Vorzüge und in die tausend Eigentümlichkeiten, an denen die menschliche Natur so verschwenderisch reich ist, muß er sich versenken und *das* daraus nehmen, was zum Bau seiner Welt notwendig ist.

Und sie entfalten sich alle in der Wärme der Arbeit und geben willig ihr Bestes, und manche, die Auserwählten, entwickeln Dinge von überraschender, betäubender Schönheit (und je stärker die Sonne der Freude leuchtet, desto glühender werden die Farben). Und er zieht Fäden von einem zum andern, er baut luftige Brücken und Bogen und Gänge in die Tiefe. Er hebt und fördert, versenkt, befestigt und erleuchtet. Hundert Hände strecken sich plötzlich aus dem Dunkel und bauen und bauen. Der Scheinwerfer blitzt auf, seine grüne Glasscheibe ernüchtert *keinen* da oben. Im Gegenteil! Sie zeugt Leben wie das göttliche Licht und gewährt dem Theatermenschen alle Schauer und alle Traumseligkeit wirklicher Mondnächte. Der Beleuchter zieht seine Hebel, wirft wie in guten Bildern sein Licht auf das Wesentliche, Wichtige; läßt vieles im Halbdunkel und manches ganz im Finstern. Es muß noch Platz für die Phantasie der Zuschauer bleiben, denn *der* muß auch mitspielen, erraten, ergänzen, ausgestalten. Und der Mensch stolpert nun in kindlicher Glückseligkeit zwischen diesem Spielzeug herum und wähnt sich *gerade* im Mittelpunkt der Welt. Verstummt ist Krieg und Kriegsgeschrei. Nichts ist im Augenblick wichtiger als er! Die ganze Welt blickt mit gespannter Erwartung nur auf ihn, weckt ihn aus dieser Somnambulität, – stößt ihn aus diesem Schlafwandel – und er fällt ohnmächtig zu Boden. Ja, wie der Bildhauer seinen Stein, so muß der Regisseur sein Material kennen, seine Tücken und Schönheiten. Und wo gäbe es wohl ein schwierigeres, wo aber auch ein herrlicheres Material als den Menschen, wenn er menschlich und individuell behandelt wird. Dann blüht zwischen allem Tand das Schönste auf, was die Erde hervorzubringen vermag, die menschliche Seele. Selbst noch im *Statisten,* der nur im Halbdunkel wirken darf, zittert eine *Seele,* wenn die Fieber der Entstehung in den Nerven aller Mitwirkenden rasen, und *sein* Wille vereint sich *unbewußt* mit dem *bewußten* Willen der *Anderen,* und dieser Wille haucht unserer Scheinwelt lebendigen Odem ein und siehe da – sie bewegt sich! Sie bewegt sich wirklich! dreht sich um sich selbst – und zugleich um die Sonne, von des Dichters Gnaden. Sein Sachwalter hienieden aber – der Spielleiter – rennt nun ruhelos um diesen kleinen Erdball im Kreise herum, er hängt noch durch tausend Stränge mit ihm zusammen, spürt jede Erschütterung, alle Lust und alles Weh am eigenen Leibe.

Als der Krieg ausbrach, waren wir bange um diese Welt, wir besorgten, daß die furchtbare Realität der Gegenwart die Welt des Scheins aus ihren Angeln heben würde. Es hat sich aber bald offenbart, daß die Kunst ein selbständiger Himmelskörper ist, der zwar von der wirklichen Welt Licht und Dunkelheit empfängt, aber diese Gaben der irdischen Welt als *göttlichen Segen* wieder zuteil werden läßt. Wir wissen nun, daß die Kunst ihre eigenen Bahnen wandelt, unversehrbar, wie ein ewiges Gestirn.

Daß diese Erkenntnis heute in Deutschland *allgemein* ist und unangefochten regiert, daß die Güter der Kunst bei uns gehütet und gepflegt werden, wie im tiefsten Frieden, daß in dem furchtbaren Sturm unserer Tage dafür noch Kräfte frei sind, darauf blicken wir, warum soll ich es nicht frei bekennen, mit einem gewissen Stolz! Diese Tatsache birgt aber noch eine Hoffnung in sich, für *unsere* Kunst, *für das Theater! Es kann* aus dieser ernsten Prüfungszeit geläutert und mit tieferer Würde hervorgehen, und wenn die kommende Zeit des Friedens ihm *vielleicht neue* große Aufgaben stellt, kann es in Anbetracht seiner unvergleichlichen Macht auf die Gemüter sich aus den Niederungen der bloßen Unterhaltung erheben und ein bedeutender Faktor im öffentlichen Leben werden, wie zur Zeit des antiken Theaters.

Regisseur Max Reinhardt bei der Arbeit um 1912

Über seine Kunst

Ein Interview
1916

In der letzten Zeit habe ich mit Reinhardt mehrmals über seine Kunst gesprochen. Unser letztes Gespräch wurde mit großer Offenherzigkeit geführt, es wurden weder Bedenken noch Kritik oder Zweifel zurückgehalten. So kann man mit Reinhardt sprechen – eine Eigenschaft, die bei einem so bedeutenden Vertreter der Bühnenkunst vielleicht seltsam erscheint.

Mit besonderem Scharfsinn sprach er selbst über die Irrtümer seiner Jugend. Niemals hat einer seiner Kritiker diese so genau durchschaut und scharf formuliert. Mit der Fähigkeit der verfeinerten Selbstanalyse eines in der Wiener Atmosphäre aufgewachsenen Künstlers beschreibt er objektiv den Charakter, die Neigungen und die Entwicklung seiner eigenen künstlerischen Persönlichkeit. Die beste Einführung zu seiner Kunstreise durch unser Land scheint mir, ihn mit seinen eigenen Worten sprechen zu lassen.

„Wie ist eigentlich die Entwicklung vom Schauspieler zum Regisseur vor sich gegangen," fragte ich.

Eigentlich zufällig, nicht aus einem inneren Drang heraus. Ich wollte Schauspieler sein und bin es noch. Jetzt spiele ich allein alle Rollen. Mit etwa zwanzig Jahren war ich beim Deutschen Theater. Dort mußte ich immer alte Männer spielen. Das lag so in meiner Person. Ich erschien zu den Auftritten mit einem angeklebten Bart. Ich war stolz auf mein Repertoire, in dem ich so viel Verkleidungskunst zeigen konnte. Auf die Dauer kam ich dann zu der entgegengesetzten Anschauung. Nicht die Verkleidung macht die Kunst des Schauspielers aus: Im Gegenteil. Er muß sich selbst in der Rolle geben, der Figur seine Persönlichkeit leihen. Ein Schauspieler, der in der Rolle immer derselbe scheint, ist kein guter Schauspieler. Mit Schminke ist er nicht dazu zu machen. Ich wurde also unzufrieden: Was erst mein Stolz war, wurde auf die Dauer zu einer Qual.

Es kam noch mehr hinzu. Es war gerade die Blütezeit des Bühnennaturalismus. Immer spielte ich in zerissenen Kleidern, schmutzig und verschmiert. Abend für Abend mußte ich – das ist wirklich wahr – auf den Brettern Sauerkohl essen. Ich wollte auch einmal etwas anderes, etwas Schöneres und Lustigeres spielen. Wir hatten damals einen Klub mit fröhlichen und talentvollen Freunden. Manchen künstlerischen Scherz erlaubten wir uns untereinander als Gegenstück zu all der Düsternis in unserer Berufskunst. Daraus entstand unsere Vereinigung „Schall und Rauch".

Du weißt, wieviel Anerkennung wir dafür erhielten. Parodien und Witze, hauptsächlich den Eingeweihten eine Freude, genügen aber sicher nicht, um auf die Dauer einen Saal zu füllen, und nicht, um ein Künstlerleben auszufüllen. So kamen wir ganz von selbst zu unserem Kleinen Theater. Ich wurde also sozusagen ganz unwillkürlich auf den Weg gebracht, der mein Lebensweg geworden ist. Als es einmal so weit war, wünschte ich mir bald eine größere Bühne. Eine Aufführung von „Nachtasyl" verhalf mir zum Neuen Theater. Dann kam wieder das Deutsche Theater. Es gab viele Mitbewerber. L'Arronge, der berühmte alte Schauspieler, der darüber zu befinden hatte, teilte mir anläßlich einer Aufführung des „Sommernachtstraum" den Beschluß mit, es mit mir versuchen zu wollen.

Als ich mich dort gut und sicher eingearbeitet hatte, verlangte es mich neben meiner großen Bühne nach einer kleinen, sehr intimen Einrichtung für leise Kunst. Ich gründete die Kammerspiele. Dabei bin ich teilweise einen falschen Weg gegangen. In meinen intimen Kammerspielen wollte ich an den Schauspielern die größte Freude erleben, möglichst vollendete Aufführungen und ein ideales Publikum. Ich glaubte, das könnte mir in Berlin vielleicht gelingen. Zu den ersten Vorstellungen jedes Stückes lud ich eine ausgesuchte Schar von besonders kunstsinnigen, feinfühligen Menschen ein. Die Kritiker aber ließ ich draußen, weil diese, von Berufs wegen skeptisch und beim Zuschauen zugleich zur Arbeit gezwungen, sich nicht so völlig dem Geist der Empfindung hingeben konnten, den ich mir wünschte. Diese Versuche endeten mit einer Enttäuschung. Das beste Publikum für einen Schauspieler ist das große Publikum, die allgemeine emotionelle Masse, das habe ich schließlich einsehen müssen.

Und dann kam der Zirkus?

In der Tat. Aber erst mußte ich noch einen anderen Irrtum einsehen. Ich war in der Richtung weitergegangen, die die Meininger eingeschlagen hatten. Ich strebte nach einer Vollendung des Dekors. Ich verpflichtete Maler mit berühmten Namen an meine Bühne und wollte die Illusion für das Publikum nahezu vollkommen machen. Damit erzielte ich aber einen gerade umgekehrten Effekt. Die Leute kamen, um auf

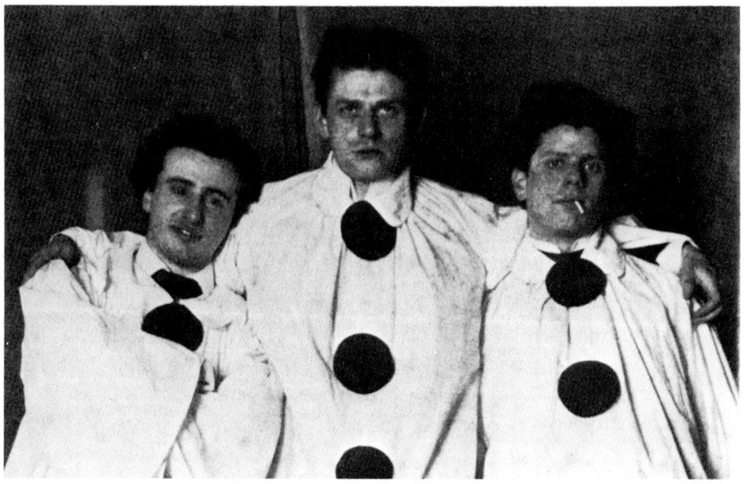

Mit F. Kayßler (mitte) und M. Zickel (links) im Kabaret „Schall und Rauch", 1901

„Schall und Rauch", Kleines Theater unter den Linden

meiner Bühne die echten Bäume zu betrachten; das war eine Neuerung, die sie mehr beeindruckte als die Kunst, die wir zu bieten hatten. Aber ich ließ mich dadurch zunächst nicht entmutigen.

Später sah ich dann ein, daß ich, vom künstlerischen Standpunkt aus betrachtet, auf dem falschen Wege war. Was ich angestrebt hatte, war nicht das Wesentliche in der Schauspielkunst. Denk einmal an den Dialog, in dem Romeo und Julia die Pracht des Gartens beschreiben. Muß man diese nun auch noch außerhalb von Shakespeares herrlicher Lyrik dem Zuschauer vor Augen führen? Wenn man dies wollte, müßte man dafür einen Maler haben, der etwas schaffen könnte, das der Beschreibung von Shakespeare ebenbürtig wäre. Gelingt dies nicht, dann sind alle Anstrengungen, die Vision sichtbar zu machen, bloße Stümperei! Gelingt es aber, dann ist es eine Verschwendung. Ist es notwendig, zugleich mit den höchsten Offenbarungen der Dichtkunst auch die höchsten Offenbarungen der Malerei zu vermitteln? Als ich das begriffen hatte, mußte ich andere Wege suchen. Damals sah ich ein, daß es für einen Schauspieler das Herrlichste ist, das Publikum unmittelbar, allein durch seine Kunst mitzureißen. Sein Genie muß die Illusion erschaffen. Glücklich zu nennen waren die Schauspieler in England zur Zeit der Königin Elisabeth, die sich auf einer gebrechlichen Bühne, dürftig kostümiert, durch die Menge der auf den Brettern sitzenden Edelleute hindurch Bahn brechen mußten: das war ein Kernpublikum, das für nichts anderes als die persönliche Kunst der Schauspieler Augen hatte.

Von diesem Augenblick an war es mein Ziel, die Wertschätzung der Kulisse, die ich selbst ins Leben gerufen hatte, wieder rückgängig zu machen. Im Vordergrund mußte die persönliche Kunst des Schauspielers stehen. Ein erstes Mittel dazu meinte ich im Zirkus gefunden zu haben. Ich hatte dort die große emotionelle Masse zum Publikum. Und was das Dekor betrifft, so mußte ich mich dort notwendigerweise mit dem Nötigsten behelfen. Es war keine ideale Lösung, das gebe ich zu. Man kann es sogar, wenn man so will, einen Versuch mit untauglichen Mitteln nennen. Der Pferdegeruch war hinderlich; mancher nahm Anstoß an den großen Scheinwerfern, die aber schon rein technisch die einzig mögliche Beleuchtung waren; zur Füllung des großen Raumes waren viele Statisten erforderlich. Es gab so allerlei, was das Publikum störte. Man begriff auch meine Anstrengungen, mein Hauptziel, nicht. Ich hoffe nicht, daß der Krieg mein Ideal, ein Theater zu bauen, wie ich es mir erträume, unmöglich machen wird ...

Aber welchen Platz nimmt dann in Deiner Kunst die Pantomime ein?

Eine Schauspielerliebhaberei, wenn Du so willst. Ich sehe die Schauspielkunst von der Warte des Schauspielers aus, daher liegt die Pantomime auf meinem Weg.

Unsere Vorstellungen dauern viel länger als früher. Die persönliche Kunst des einzelnen Schauspielers gewinnt immer mehr an Bedeutung. Er bringt mimisch seine Auffassung in das Stück hinein; er versucht, dessen Psychologie zu verdeutlichen, zu kommentieren. Es ist also die Pantomime in immer stärkerem Maße auf unsere Bühne vorgedrungen. Ist dann nicht der Wunsch des Schauspielers begreiflich, einmal ein Stück zu spielen, in dem seine Kunst, ja, seine eigene Art und Weise des Ausdrucks, das einzige Mittel ist? Ich komme nicht als Literat, sondern als Schauspieler zur Bühne. Ich sehe die Stücke als Schauspieler. So führt beispielsweise eine Operette von Offenbach mir die schönsten Visionen von Bühnenmöglichkeiten vor die Augen. Dann wird es mein Ideal, sie zu verwirklichen; mein Bühneninstinkt ist noch größer als mein Interesse für Literatur; dafür bin ich nun mal Schauspieler.

Aber sie sind auch ausgezeichnet miteinander vereinbar, diese beiden Dinge. Da ist zum Beispiel Shakespeare, der große Schauspieler, der gleichzeitig ein gewaltiger Dichter war. Seine Stücke sind für mich das herrlichste. Aber, wer nicht selber Schauspieler ist, kann Shakespeare nicht so nachempfinden wie wir: Er merkt nicht, wie sehr der Dichter als Schauspieler gefühlt hat, wie sehr er seine Kunst mit den Augen des Schauspielers gesehen hat. Das allein müßte ausreichen, um der ganzen Bacon-Fabel den Garaus zu machen. Aber sehen Sie doch selbst. Kann ein anderer als ein Schauspieler diese Reihe von Narren geschaffen haben, die durch seine Werke gehen, der bittere Narr wie in „König Lear", der närrische Späße macht, während er bitterlich um seinen König leidet? Einen solchen Narren kennt nur der Schauspieler, der Abend für Abend, gleich, in welcher Stimmung, seine Späße dem Publikum verkaufen muß. Das weiß wohl jeder, das ist eben so. Aber wie geht diese Gestalt, immer wiederkehrend, durch das gesamte Werk von Shakespeare! Allezeit so vor Augen stehen konnte sie nur einem Schauspieler in den Verhältnissen, in denen sich Shakespeare damals befand. Die Melancholie der Komik, die inzwischen zu einer bekannten Nuance in der Literatur geworden ist, kennen wir Schauspieler als eine der ergreifendsten Regungen in unserem Beruf. Für uns ist sie Wirklichkeit, eine Regel ohne Ausnahme, soweit die wahrhaft großen Komiker in Betracht kommen.

Brief an Felix Hollaender

L. F. H.,
passen sie auf, hier rollt eine ganze Fuhre junger deutscher Geisteskinder zu Ihnen und donnert an Ihre Tür. Zwischen Nacht und Grauen sind sie auf die Schwelle unseres Findelhauses gelegt worden. Sie sind so gut wie angenommen (oder so schlecht wie). Keiner weiß, von wem, niemand weiß, wieso, kein Mensch hat's gesehen. Kahane hat, denk' ich mir, ehe er aufatmend den Laden schloß, seinen Topf mit gezuckerten Absagen, die er schonend in halbe Zusagen einzuwickeln pflegt, zum Fenster hinaus geschüttet und ist dann selig auf einer schwarzen Zigarre an die Ostsee geritten. Inzwischen ist der gefährliche Samen aufgegangen. Kahanes liebevoll austeilende Natur hat eine ganze Dichtergeneration in gute Hoffnung gebracht. Bahr, Fulda, Stucken, Zweig zwinkern mich seit Wochen aus allen möglichen Notizen und Briefen an, als ob sie etwas mit mir hätten. Dazu kommt der junge Hasenclever von übermorgen. Hier haben sie die Bescherung. Die Lektüre hat mich zwar völlig eingeebnet, um mich zeitgemäß auszudrücken; ich habe sie aber heldenmütig bestanden, ohne mich zu übergeben. Fangen Sie mit Fulda an, so lange Sie bei Kräften sind. Die Poeten sind es offenbar nicht gewesen, als Sie diese Kinder zeugten. Es sind Spätgeburten einer lasterhaften Senilität. Bahr hat sich an Goethe begeistert, Stucken an Wagner, Fulda an sich selbst. Den biblischen Zweig hat Kahane auf meine Veranlassung schon seufzend hinauskomplimentiert. Gott helfe uns weiter. Im Übrigen will ich Ihrem Urteil nicht vorgreifen. Lesen Sie selbst. Hasenclever muß sogar, trotzdem ich sein Opus als eine jugendliche Verfehlung an Hofmannsthal und an unserer Oedipus-Aufführung ansehe, ernsthaft erwogen werden, weil sich dieses Chaos noch lichten kann. Der Vollkommenheit wegen muß ich hinzufügen, daß Stucken wieder schüchtern und höflich mit der bewährten Kugel gedroht hat. Ich fürchte aber, sie wird in dem furchtbaren Morden dieses Weltkrieges ihr Ziel verfehlen. Mich schreckt sie nicht mehr. Der Heldentod hat sich überlebt.
Übrigens beneide ich Sie aufrichtig um Ihren wundervollen Optimismus in Bezug auf Deutschland. Ich fürchte nur, er wird sich als ebenso grundlos erweisen wie der vor drei Jahren. Michel hat ein wenig unruhiger und lauter geschnarcht als sonst, und die Deutschen in der Schweiz (und auch sonst wo) hielten das schon für einen Revolutionssturm. Schon lutscht er wieder friedlich an dem Revirements-Pfropfen. Michaelis wird das Kind schon schaukeln. Indessen geht der Krieg stumpfsinnig weiter, statt Kartoffeln und Brot werden uns Siegesnachrichten in den Mund gestopft, und im kommenden Winter werden wir am eigenen Leibe erfahren, wie unentbehrlich Licht und Wärme sind. Dafür dürften wir uns daran erbauen, daß, wie Sie hoffentlich gelesen haben, die Kriegsgerichtsräte Wolff und Frankfurter mit dem eisernen Kreuz dekoriert wurden „für Tapferkeit vor dem Feind" (als wie idex.) und daß August überall hinrennt, wo blutig geschafft wird (natürlich wenn's vorbei ist) und sich stolz und finster verbeugt. In dem Dutzend trauriger Köpfe, die augenblicklich die Welt regieren, will es nicht Licht werden, und deshalb muß weiter geschlachtet, weiter geblutet und gehungert werden, während sich die Staatslenker unermüdlich und ernsthaft mit Zeitungsmist beschmeißen. Aber die fürchterlichste Erkenntnis für mich ist es, daß es ja gar keine Rolle spielt, ob Autokratie oder Demokratie herrscht. Die Republikaner sind doch im Affekt dasselbe. Die Tyrannei kommt ja nicht von oben, sie ist nur die Folge eines tiefwurzelnden Bedürfnisses der Masse, das gar nicht auszurotten ist. Ob der Diktator Rickelt oder Napoleon, Kerenski oder Marat, Venizelos, S. M. oder Erzberger heißt, ändert letzten Endes nichts an der elementaren Tatsache, daß die Menge beherrscht, geknechtet, regiert sein will von irgendetwas, das sie nicht begreift. Wenn sie revolutioniert, tut sie es nur, weil sie wieder jemand dazu zwingt und knechtet, nicht für Freiheit, Gleichheit, Brüderlichkeit. Freiheit und Brüderlichkeit schalten sich gegenseitig aus und sind in dieser Welt nicht möglich, und Gleichheit? Es gibt nicht zwei gleiche Lebewesen in der Natur, und wäre es denn wünschenswert, daß es sie gäbe? Diese Begriffe sind nur andersgeartete Mordwaffen für die Tyrannei, aber nicht minder gefährlich wie Kaiser, Nation, Vaterland u.s.w. Es hat nichts Blutigeres gegeben als den Pariser „Wohlfahrtsausschuß". Die das wirkliche Kreuz auf dem Rücken tragen haben keines auf der Brust. Ich kann alles gegenwärtige und vergangene Geschehen nicht anders sehen. Einer sagt: Aug um Auge, Zahn um Zahn, der Andere: Liebet Eure Feinde wie euch selbst. Die Menge macht sich aus allem eine Religion. Wie die Kirche aber ihre Feinde geliebt hat, wissen wir. Irgend ein Besessener verrenkt die Glieder, wackelt mit dem Bauch und die ganze Welt tanzt wie besessen Tango, einer schreit, wir müssen unser Land, unsere Brüder, unsere Existenz verteidigen, und alle Menschen sind automatisch bereit, alles Land zu verwüsten, die Brüder zu ermorden, die Existenz zu vernichten. Ein bornierter Professor flötet: Weltfriede, und das von ihm regierte Volk flötet mit, im nächsten Augenblick schwingt er den Säbel, und ein ganzer Erdteil stürzt sich ebenso fanatisch und ohne Not in das Blutbad. Sie schießen sich die Augen aus, fetzen sich die Gedärme aus dem Leib, vergiften sich mit Gasen und hungern sich gegenseitig aus. Es gibt nichts Grauenhaftes was die Menschen nicht tun würden, wenn es ihnen einer vormacht oder befiehlt. Kennen Sie das Engadin? Ich meine, sind Sie schon hier herumgewandert, wie ich es jetzt täglich mache? Es ist viel-

leicht das Schönste, was es auf der Welt gibt. Die Krone dieser Schönheit ist das Fektal oberhalb Sils Maria, wo ich vor ca. zehn Jahren schon einen Sommer verlebt habe. Heute war ich wieder da und war ganz trunken von all der Herrlichkeit und dem unbegreiflichen Frieden da oben. In der prallen Sonne lag (nach einem reichlichen Mittagbrot, ich sah den gedeckten Tisch) ein deutscher Internierter. Ich fragte ihn: „Na hier ist es wohl schöner als im Schützengraben?" Er starrte mich erst verständnislos an, dann sagte er: „Nee, danke für Backobst (wörtlich). Da ist mir der Schützengraben lieber." Nun starrte ich ihn an. „Ja, aber um Gotteswillen, Sie wünschen sich wirklich in diese Hölle zurück?" Es war ein einfacher Soldat. Keine Spur etwa von patriotischer Begeisterung. Gleichmütig zuckte er die Achseln. „Na, die Annern duhns doch auch." – Trotzdem wünsche ich leidenschaftlich, dieser grauenhafte Wahnsinn würde endlich von einem schöneren Wahnsinn abgelöst werden und die „große Zeit" hätte ein Ende. Aber wir müssen eben auf den neuen Messias, der wahrscheinlich auch ein Tyrann sein wird, warten. Ich sehe ihn noch nicht, auch nicht in der Demokratie. Oder glauben Sie, daß Scheidemann oder Liebknecht oder Ledebour das Heil bringt? Tolstoi sagt irgendwo, der Krieg wird nicht mit Pulver gewonnen, sondern durch die, die das Pulver erfunden haben. Kühlmann hat was davon, aber wird er sich der deutschen Helfferiche erwehren können? Die einzig wahren Genies von Gottes Gnaden – und damit grüße ich Ihre Frau – sind die Kinder. Wir sollten uns von ihnen regieren lassen.
Damit die beigepackte Literatur Sie nicht vollig niederdrückt, lege ich noch drei amüsante Notizen über Moritz Barnowsky bei. Ich bin in's Schwatzen geraten, vernichten Sie diesen Brief, bitte, ehe Sie die Grenze passieren. Heute habe ich Paul Kornfeld gelesen. Ich bin erschrocken.

Sils [Maria] 15. August 1917

Leben Sie wohl
Ihr Reinhardt

Rede zur Übergabe der Direktion des Deutschen Theaters, der Kammerspiele und des Großen Schauspielhauses an Felix Hollaender

1920

Heute, am 1. Oktober, lege ich die Direktion des Deutschen Theaters nieder und auch der beiden anderen Häuser, die ich gebaut habe neben dem Deutschen Theater und für das Deutsche Theater. 26 Jahre lebe und arbeite ich in dieser Stadt, die wie keine andere die Arbeit heischt und krönt. Acht Jahre war ich Schauspieler in diesem Hause, achtzehn Jahre Direktor. Diese Jahre waren reich beladen für mich mit Mühen und Sorgen, mit Kampf und freundlichem Gelingen, mit all den beglückenden Erfüllungen und schmerzlichen Unvollkommenheiten, die einem Menschenwerk beschieden sind (und ganz besonders, wenn dieses Werk auf viele Menschen gestellt ist).
Die Zeit, die jetzt abgeschlossen hinter mir liegt, umspannt ein so weites Feld wirklichen und unwirklichen Lebens, ist so tief gefurcht von tausendfältigen Schicksalen, daß die Kammern meiner Erinnerung bis zum Giebel gefüllt sind.
Trotzdem ist mir dieses Vierteljahrhundert verflogen wie ein einziger Spielabend. Vor wenigen Stunden, dünkt mich, ist der Vorhang aufgegangen, und nun lasse ich ihn an einem entscheidenden Wendepunkt fallen. Zwischen Aufgang und Niedergang schwebt eine Welt, die ich mir aufgebaut habe, nichts anderem als meinem eigenen Drange folgend, bis zuletzt in einem traumhaften Spiel, das in früher Kindheit begann.
In die zauberhafte Welt des Theaters, die zwar von der wirklichen Welt Licht und Leben empfängt, aber ihre eigene Achse hat, um die sie sich dreht, ihre eigene Bahn, in der sie wandelt (wie nur irgend ein Gestirn im Universum), in diese Welt habe ich Sie hineingezogen. Ich habe Sie geholt aus der Schule, aus anderen Berufen, von anderen Theatern. Ich habe Sie gesucht und ausgesucht mit der Besessenheit eines Sammlers, mit dem gläubigen Fanatismus eines Feueranbeters, um mit Ihnen zu spielen, zu bauen, Sie und mich in Flammen zu setzen, um mich mit Ihnen zu erheben in eine höhere Luftschicht, in der das Leben, wunderbar gespiegelt und zugleich wunderbar wirklich, lebenswert ist.
Heute, da wir uns gewissermaßen in einem Zwischenakt, vor dem Vorhang zusammenfinden, drängt es mich, Ihnen, meine lieben Spielkameraden, zu danken und Ihnen einmal zu sagen,

daß ich Sie geliebt habe (ein Direktor soll mit Liebeserklärungen sparsam sein, aber ich darf ja nun diese Klausur durchbrechen): Sie waren liebenswert. Nicht immer, ich sage es ebenso unverhohlen, im Gedränge der Büros, wo die materiellen und ideellen Güter verteilt werden, aber immer da oben, auf der Bühne, wenn im (heiligen) Feuer des Spiels Ihr inneres Wesen sich (läuterte und) offenbarte. Jeder Mensch ist irgendwo und irgendwann schön, schöpferisch und göttlich, jeder Mensch kommt zur Welt, sie sich neu zu erschaffen (wenn er nicht vorher an irgendein Kreuz genagelt wird). Uns war die Macht gegeben, auf unserer Bühne Wasser und Erde, Luft und Licht zu erschaffen und Menschen zu formen nach unserem Ebenbilde. Wir konnten eine eigene, höhere Wirklichkeit zeugen mit der jedem Menschen eingeborenen Kraft des Willens, deren Allmacht aber noch nicht erforscht ist und deren Spur zum Mysterium der Schöpfung führt. (In der Glut seiner höchsten Augenblicke wird der Schauspieler transparent, und was dann durch ihn sichtbar und fühlbar wird, ihm selbst unbewußt, kommt von den Urelementen unseres Daseins.) Er kann sie heraufbeschwören mit der auf einen Punkt gerichteten Willenskraft, kann seinen Körper von innen heraus verändern, kann Schmerz und Freude, statt sich von ihren blinden Zufallserscheinungen überwältigen lassen, in sich und auch in Anderen aus eigener Macht hervorrufen.

So haben Sie hier auf unserer Bühne ohne Not geweint, waren ohne Anlaß lustig, ohne Zweck gütig, ohne Bosheit böse und mit innerer Glückseligkeit unglücklich, bis zu Tränen erschüttert und erschütternd – und das alles um nichts, um Hekuba. In diesem Sichzerreißen um nichts, das ein leiser Druck des Willens unendlich lächerlich oder unendlich erhaben machen kann, in dem inbrünstigen Ernstnehmen des Spiels, in der spielenden Überwindung des Ernstes, in dem steten Wissen, daß alles ein Spiel ist, leuchtet alle Herrlichkeit der Menschen, die mit dauernder Kindheit begnadet sind.

Ich konnte Sie beschwören mit den Zaubersprüchen unserer Dichtung und durfte erschreckt und beglückt erkennen, wie zu Ihrem Innern eine Türe nach der andern aufsprang, die Ihre Scham so lange zugehalten. Mit klopfendem Herzen habe ich Sie dann aus sich heraustreten sehen, wie Gott Sie geschaffen hat. Denn Ihnen brauche ich es nicht zu sagen, daß die Schauspielkunst nicht die Kunst des Scheins, sondern der (letzten, unmittelbarsten, lebendigsten) Wahrheit ist, daß der Schauspieler sich nicht maskieren, sondern demaskieren muß, daß er nicht die Aufgabe hat, eine Rolle zu spielen , vielmehr sich selbst zu geben und daß alle Verstellung nur das Unterhalb dieser Kunst bedeutet. Das, was der Künstler *ist,* beglückt uns letzten Endes, nicht das, was er *macht.* Die Schauspielerei an sich ist kein seltenes Talent. Jeder Mensch besitzt und übt es. Jeder Mensch ist Schauspieler von Natur, aber nicht jeder Schauspieler ist Mensch von Natur, und das ist das Entscheidende.

Wenn ich heute meine tiefe Scheu vor feierlichen Reden überwinde und Ihnen mit all diesen Worten zu danken versuche, so geschieht es nicht, um einen höflichen Brauch zu erfüllen, sondern weil ich gerne ausdrücken möchte, wie ich im Grunde zu Ihnen stehe und *daß* ich mich und *wodurch* ich mich von Ihnen wahrhaft beschenkt fühle.

Und so danke ich allen, die diesem Hause angehören und dafür mit mir und unter meiner Führung gearbeitet haben, in Haupt- und Titel- und Nebenrollen, denen, die Heil riefen und denen das Heil beschieden war, den sogenannten großen Tieren und den kleinen, die zu melden hatten, daß sie gesattelt seien, den Nothelfern im Kasten, die den Schwimmern das rettende Wort zuwarfen, den Inspizienten, die für Ruhe und allerlei Unruhe hinter den Kulissen zu sorgen hatten, dem braven Wilhelm Noster, der mir das erste Auftrittsstichwort in diesem Haus zurief und der selbst auf ein zu frühes Stichwort abging, rufe ich meinen Dank ins Grab nach. Den oft heimgesuchten Mitarbeitern in den Büros danke ich und den vielen Unsichtbaren in den Versenkungen, auf dem Schnürboden, in den Maschinenräumen, Werkstätten, Schneidereien und Garderoben, den Malern, Musikern und denen, die Sonne, Mond und Sterne auf- und niedergehen ließen nach unserem und von denen ich mit Stolz weiß: Sie taten es nicht, weil sie dafür bezahlt wurden, sondern weil sie verstrickt waren in diese vielgestaltige und so wundervoll überflüssige Welt. Das danke ich Ihnen, daß unsere tägliche Arbeit festlich gewesen, daß Sie immer wieder mit Lust und Liebe dabei waren, mit jener köstlichen, unbezwinglichen Spielwut, die uns so viel zu schaffen macht.

Und wenn ich bedenke, welche Rolle mir selbst wohl in diesem Spiel zukommt, so möchte ich am liebsten der Lampenanzünder gewesen sein, der das Licht hinter den Worten der Dichtung, das Licht in den Herzen der Schauspieler, vor allem aber die Lichter der Freude ringsherum anzündet, ohne die unsere Arbeit zu einem traurigen Gewerbe herabsinkt.

Was diese Welt den anderen bedeutet, die sie von unten betrachten, hängt im Wesentlichen von ihrer Einstellung ab, wie weit auch sie willig und fähig sind, sich in das Spiel zu fügen. Nur an glücklichen Abenden – es sind nicht immer die Premieren –, wenn auch im Zuschauerraum spielfrohe Kameraden sind, die sich freudig und fruchtbar mit uns vereinen, erfüllt sich das Wunder des Theaters.

Deshalb wird das Urteil unserer Betrachter wechseln und vielgestaltig sein wie sie selbst. Wir dürfen uns nicht davon beirren lassen, selbst wenn es, ich sage es mit der gebotenen Ehrfurcht, gedruckt ist. Es kann, so hoch es stehen mag, niemals Ziel und Zweck des Spiels sein, nur eine mehr oder minder angenehme, eine mehr oder weniger respektable Begleiterscheinung. Wer seinen Kurs nicht in sich selbst hat, sondern ihn aus Einzelurteilen von rechts und links feststellen will, wird bald in die Lage jenes Mannes aus der Fabel kommen, der ängstlich aufhorchend und gehorchend seiner Wege zieht mit Kind und Esel. Die Rollen in diesem Gleichnis zu verteilen, überlasse ich dem Besetzungsbüro.

Meine Welt zu suchen, bin ich einst in dieses Theater gekommen, diese Welt nach meinem Willen zu verwirklichen, bin ich später aus diesem Theater gezogen, habe einen sicheren Platz verlassen, eine unvergeßliche Freundschaft zerrissen, einen sehr wackligen Direktionssessel in „Schall und Rauch" bestiegen, um dort Macht und Mittel zu holen, mein Theater aufzubauen. Heute, abermals an einem Scheidewege, verlasse ich den inzwischen sehr ansehnlich gewordenen Platz und schlage, ohne nach links und rechts hören zu können, die mir bestimmte Richtung ein, um mir die Arbeit, zu der ich mich berufen fühle, unversehrt zu wahren.

Eine neue Zeit ist angebrochen, eine Zeit des Umsturzes und des Neubaus. Wenn ich Ihnen sage, daß ich damit auf mehr als die Hälfte meines bisherigen Einkommens verzichte, werden Sie mir glauben, daß ich meinen Entschluß wohl überlegt habe und daß materielle Gründe nicht ausschlaggebend waren.

Die Erschütterungen, unter denen die ganze Welt leidet, haben das Theater nicht unberührt gelassen. Alte Gesetze wurden zerbrochen. Sie waren gewiß verwittert, wurden auch kaum noch irgendwo dem Buchstaben nach befolgt und konnten naturgemäß vor den Forderungen der Zeit nicht mehr bestehen. Aber man hat sie verworfen, ohne Kraft, neue lebendige Gesetze an ihre Stelle zu setzen. So entsteht zwischen Umsturz und Aufbau eine verhängnisvolle Zeit der Anarchie und Rechtsunsicherheit, und ich brauche Ihnen nicht zu sagen, wie sehr auch unsere Welt davon bedroht ist. Ohne Regeln gibt es auch kein Spiel. Durch alle Risse des schwankenden Gebäudes dringt der Film mit seinen materiellen Lockungen und verführt selbst die besten Elemente. Sie verkaufen ihre Seele um viel schmutziges Papier und haben nicht einmal Zeit, den Besitz zu genießen. Sie weisen die größten Rollen zurück, sie verlassen die Proben und kommen abends vollkommen erschöpft und übermüdet zu den Vorstellungen, wenn sie überhaupt kommen. Sie wissen, daß ich nicht übertreibe, es steht schlimmer, als ich es hier und heute sagen mag.

Zuletzt besinnt sich die Stadt, daß sie, im Gegensatz zu allen anderen Städten, noch nichts für ihre Theater getan hat (die ihrerseits nicht ohne Bedeutung für die Stadt waren), packt sie an der Gurgel, wirft sie in einen Topf mit Bierwirtschaften, nimmt ihnen einfach ein Drittel der täglichen Gesamteinnahme weg, ohne sich um die andauernd steigenden Ausgaben und die ebenso sinkenden Einnahmen zu kümmern und tut das gerade diesen Theatern, während z.B. die Theater in Charlottenburg oder die mit Millionen subventionierten Stadttheater von der Steuer bis heute befreit bleiben. Diese und andere Dinge sind in ihrem Ernst wohl angetan, die unerläßliche Freude an der Arbeit zu dämpfen. Nicht, als ob ich glaubte, daß nun alles endgültig zu Grunde gehen würde, aber wir sind unleugbar auf einer abschüssigen Ebene. Ich hoffe, daß die Elemente unseres Berufs, die die Kunst und das künstlerische Theater lieben, sich zusammentun und wenigstens in der Frage des Films zunächst Ordnung schaffen. Aber dazu bedarf es der ganzen Kraft der führenden Persönlichkeiten und schöpferischer, legislativer Begabung. Diese Verhandlungen mit Kommissionen, Genossenschaften, Verbänden, Behörden, die Auseinandersetzungen mit den einzelnen Schauspielern nehmen sehr viel Zeit in Anspruch und lassen sich keineswegs in die Stunden nach langen aufreibenden Proben zwängen. Deshalb und weil ich mich in der Arbeit auf der Bühne notwendiger glaube und glücklicher weiß, gab es für mich keine Wahl. Also nicht um eine schwedische Malerei zu kaufen (ich wüßte nicht, was mich, wenn ich gerade diesen seltsamen Wunsch hätte, an seiner Erfüllung hindern könnte), nicht deshalb, weil ich ausländische Gastspiele machen will (die habe ich ja immer in früheren Jahren, als die Grenzen noch leicht passierbar waren, in viel reicherem Maße gemacht, ohne die Direktion aufzugeben), nicht um Farmer in Südamerika oder Schokoladenfabrikant in der Schweiz zu werden, sondern um unverdrossen und frei meiner mir notwendigen Arbeit zu leben, die dem Deutschen Theater nach wie vor verbunden bleibt.

Ich habe mein Haus wohl bestellt. Mit den drei Theatern glaube ich nicht nur Dichtung der Vergangenheit, vielmehr den zukünftigen Entwicklungsmöglichkeiten der Dichtung und der Schauspielkunst Raum bereitet zu haben. In zweiter Linie galt es für mich, das Deutsche Theater, dessen vornehmster Ruhm es ist, als einziges repräsentatives künstlerisches Theater, ohne fürstliche, staatliche oder städtische Beihilfe aus seiner eigenen Leistung heraus zu bestehen, durch den Bau des Großen Schauspielhauses auf eine so breite und sichere Basis zu stellen, daß es auch in den Bedrängnissen einer neuen Zeit gesichert ist. Ein Theater ist nach meiner Überzeugung nur lebendig, wenn es sich selbst erhalten kann. Alle andere Kunst kann einsam sein und warten. Das Theater existiert nicht, wenn es nicht sofort aufgenommen wird. Daß im Großen Schauspielhaus die Forderungen an Dichtung, Schauspielkunst und auch an den Zuschauer noch nicht ganz erfüllt sind, weiß ich ebenso gut oder besser als seine Beurteiler. Das ist nicht von heute auf morgen möglich. Aber es beirrt mich nicht, denn ich weiß aus den vielen Jahren meiner Tätigkeit, daß sowohl Dichter und Schauspieler, die ich eingeführt und eingesetzt habe (und just nicht die schlechtesten), ihre Zeit brauchten. Das Große Schauspielhaus lebt. Weit über eine Million Zuschauer hat bei kaum einjährigem Bestehen das Haus erfüllt. Tausende und Abertausende, denen das Theater bisher verschlossen war, haben dort klassische und neue Dichtung gesehen. Wir können das Schicksal dieses Hauses getrost der kommenden Zeit überlassen – keine Kraft ohne Widerstand!

Ich kann die drei Häuser mit gutem Gewissen meinem Nachfolger übergeben. Meine Lebensarbeit und die meines Bruders, alles, was ich mir an ideellen und materiellen Gütern erworben habe, steckt in diesen drei Theatern und bleibt darin. Wenn ich es Felix Hollaender, meinem langjährigen Mitarbeiter, übergebe, so drücke ich damit mehr als mit bloßen Worten mein Vertrauen aus. Wenn ich Sie bitte, dieses Vertrauen zu teilen, darf ich es mit gutem Grunde tun, in hohem Maße davon abhängig zu machen, daß er dieses Vertrauen rechtfertigt.

Ich glaube an ihn!
Sein unvergleichliches Temperament, seine Zähigkeit, seine unverbrüchliche Treue, seine unvergleichliche Erfahrung, seine intime Vertrautheit mit allen entscheidenden Faktoren dieses Hauses, seine leidenschaftliche Liebe zum Theater lassen mich das Beste hoffen. Er übernimmt einen schweren Posten in schwerer Zeit, und allein kann er es nicht machen. Aber er findet einen Stab ausgezeichneter Mitarbeiter und ein unvergleichliches Ensemble. Er wird für jeden von Ihnen immer zu sprechen sein und Ihre Wünsche hören. Sie müssen ihm helfen, wenn Ihnen an dem Bestand dieses Theaters liegt, dessen Stammtafel die stolzesten Namen deutscher Schauspielkunst trägt und das im In- und Auslande eine unbestrittene Geltung hat.
Auf jedem von Ihnen ruht die Verantwortung, und damit übergebe ich dieses Haus nicht nur ihm, der es führen soll, sondern zugleich Ihnen, für die er es führt.

Über die Bedeutung des Schauspielers
1924

Heute und für alle Zeiten muß der Mensch im Mittelpunkt aller Schauspielkunst stehen, der Mensch als Schauspieler. Wo der Schauspieler zugleich dramatischer Schriftsteller ist, hat er die Kraft, eine Welt nach seinem eigenen Bild zu schaffen und so das Drama zu seiner höchsten Lebensform zu erwecken – wie Shakespeare und Molière. Wer auch immer irgend etwas mit dem Theater zu tun hat, sollte Schauspieler sein. Ob er die Schauspielkunst ausübt oder nicht ist die zweitrangige Frage. Viele große Stückeschreiber, Schauspiellehrer und Theaterdirektoren waren Schauspieler, ohne doch je auf der Bühne gespielt zu haben. Nur wenn der Regisseur, der Theaterdirektor, der Dichter, der Lehrer der dramatischen Kunst, der Bühnenbildner, der Musiker, nur wenn sie alle Schauspieler sind, wenn jeder auf der Bühne und jeder im Zuschauerraum Schauspieler ist und am Spiel teilnimmt, dann und nur dann erfüllt das Theater seine höchste Sendung.

Über die Kunst des Theaters
1924

Die Bühne stellt die mächtigste und direkteste Kunstgattung dar. Die mächtigste, weil sie sich nicht nur an den Einzelnen, sondern an die Öffentlichkeit wendet, und weil sie die Macht hat, diese Öffentlichkeit zu beherrschen und zu beeinflussen. Jede andere Kunstgattung geht von der Voraussetzung aus, daß derjenige, der sie aufnimmt, ein gewisses Maß an Vorkenntnissen mitbringt, ein musikalisches Gehör, ein geschultes Auge und so weiter. Jede andere Kunstgattung wendet sich daher vorwiegend an den Einzelnen, während das Theater nichts voraussetzt und sich in seinen besten Aufführungen zugleich an den kultiviertesten Einzelnen und an die breite Masse wendet. Niemand wußte besser und empfand schärfer, was in der dramatischen Kunst entscheidend ist, als Shakespeare. Mit einem Gedankenschatz, der von keinem anderen Kunstwerk erreicht wird, besitzt „Hamlet" die Kraft, den höchsten intellektuellen Forderungen standzuhalten. Das Drama berührt die tiefsten menschlichen Probleme, und doch fesselt es zugleich den einfachsten und naivsten Zuschauer durch seine mitreißende und intensive Haltung und dadurch, daß es der Welt den Spiegel vorhält.
Das Drama ist die direkteste Kunstgattung, weil es weder Buchstaben noch Töne, weder Stein noch Holz noch Leinwand als Ausdrucksmittel benutzt, sondern den Menschen selbst. Es lebt und stirbt mit dem Schauspieler auf der Bühne. Und doch ist es unsterblich, weil seine Quelle in einem elementaren und leidenschaftlichen Bedürfnis liegt, das dem Menschen angeboren ist und immer wieder mit ihm geboren wird. Es manifestiert sich selbst in dem Kind, dessen Spiel aus schöpferischer Freude lebt, und es ist in dem Erwachsenen lebendig, ob er nun Künstler oder Zuschauer ist. Es ist sozusagen ein unbezähmbares Bedürfnis, sich selbst zu verwandeln, eine dämonische Regung, sich selbst zu offenbaren. Alle, die im Theater sind, – ob auf der Bühne oder im Zuschauerraum – bemühen sich, bewußt oder unbewußt, sich selbst zu überwinden, sich zu vergessen, über sich hinauszuwachsen. Sie suchen die Ekstase, den Rausch, den ihnen sonst nur die Droge geben kann. Es wäre schwer zu verstehen, weshalb der Staat und andere mächtige Einrichtungen, die es sonst als ihre Aufgabe betrachten, alle anderen Kunstgattungen zu fördern, lediglich das Theater vernachlässigen sollten, da es doch für sie von unvergleichlichem Nutzen sein kann. Es ist daher schwer zu verstehen, warum sie ungeheure Summen für Bibliotheken, Museen, Schulen und andere Einrichtungen des Erzie-

hungswesens ausgeben, jedoch den Wert des Theaters geringschätzen, seine bloße Existenz dadurch gefährden, daß sie unmäßige Steuern erheben und damit dieses wunderbare Instrument den Spekulanten überlassen, die daraus ein mehr oder weniger gewinnbringendes Geschäft machen. Im antiken Griechenland und in Rom war es der Staat, der das Theater unterstützte und es mit der größten Sorgfalt kultivierte. Die Aufführungen jener Theater waren Festspiele für die ganze Nation, zugleich Vergnügen und zugleich Gottesdienst. Die Kirche, der wir die größten Meisterwerke aller Kunstgattungen verdanken, von der zugleich der Wiederaufbau unseres heutigen Theaters ausgegangen ist, muß mit ihrer wunderbaren Eingebung die Kraft des Dramas erkannt haben, als sie in weiser Hochachtung neben die heiligsten Dinge das profane Schauspiel vom Teufel und dem Kaufmann stellte, um gleichsam noch den Einfältigsten unter ihren Einfluß zu bringen. Erst dem Puritanismus späterer Tage gelang es, das Drama wieder aus der Kirche zu vertreiben.

In Europa waren die Wiener Oper (getragen vom kaiserlichen Hof), die Comédie Française, die von Ludwig XIV. gegründet worden ist, und das Burgtheater starke Bollwerke des künstlerischen Theaters. Viele deutsche Herrscher rückten das Theater geradezu in den Mittelpunkt ihres Interesses, und es war das kleine herzogliche Theater in Meiningen, von dem zu seiner Zeit eine Reform der dramatischen Kunst ausging. In England blühte das Theater niemals reicher als unter Königin Elisabeth, und das größte Genie des Theaters, Shakespeare, war von einem überraschend großen Kreis dramatischer Schriftsteller umgeben. In Amerika haben jedoch weder die Regierung noch irgendeiner der zahlreichen philantropischen Industriekapitäne das Theater beschirmt. Dieser Umstand erklärt viele der grundlegenden Unterschiede zwischen dem europäischen und dem amerikanischen Theater. Wenn ich das sage, heißt das nicht, daß ich bedingungslos die Unterstützung des Theaters durch den Staat oder irgendeine andere Instanz befürworte. Der Einfluß, den diese Instanzen dadurch auf das Theater gewinnen würden, hat auch seine Nachteile. Die Oper mit ihrem riesigen und komplizierten Apparat aus Sängern, Musikern, Tänzern und Chor kann nur schwer ohne zusätzliche finanzielle Mittel gedeihen. Andererseits sollte ein Schauspielhaus meiner Meinung nach in der Lage sein, sich ohne Unterstützung selbst zu tragen, selbst wenn es ein hochkünstlerisches Programm bietet. Die größten Nachteile treten natürlich dann auf, wenn bloße geschäftliche Gesichtspunkte vorherrschen. Mehr als ein halbes Jahrhundert lang und unter drei künstlerischen Leitern – L'Arronge, Brahm und mir – hat sich das Deutsche Theater in Berlin allein an künstlerische Grundsätze gehalten, hat es sein Hauptinteresse immer darauf gerichtet, ein wertvolles Repertoire aufzubauen, ein ständig wechselndes Programm zu bieten, junge Talente anzuziehen und ein erstklassiges Ensemble zu bilden. Während dieser ganzen Zeit arbeitete es ohne jede finanzielle Unterstützung vom Staat, von der Stadt oder von privaten Mäzenen; und es hat sogar noch beachtliche Gewinne erwirtschaftet.

Meiner Meinung nach sollten heute vermögende Männer die Plätze von Königen und Fürsten einnehmen und auf einer vernünftigen Grundlage ein Theater aufbauen, das allein seinen künstlerischen Zielen folgen kann, frei von allen kommerziellen Gesichtspunkten. Damit würden sie für das Gemeinwohl mehr bewirken als dadurch, daß sie Bilder kaufen. Außerdem würde es sie erheblich weniger kosten, weil ein Theater, das nicht in erster Linie auf das Geschäft orientiert ist, sein Geschäft am besten betreibt. Mit einem solchen Theater sollte eine Schule verbunden sein, die die künftigen Schauspieler ausbildet; das Theater sollte seinen eigenen künstlerischen Stab, ein ständiges Ensemble, seine eigenen Werkstätten haben, wo Bühnendekorationen und Kostüme unter vergleichsweise niedrigen Kosten hergestellt werden. Das Deutsche Theater in Berlin und das Moskauer Künstlertheater wurden auf diesem Grundsatz aufgebaut. In Rußland werden diese allgemeinen Grundsätze noch durch die tiefe, nahezu religiöse Hingabe des einzelnen Künstlers an die große Sache verstärkt, eine Haltung, die zu so hervorragenden Leistungen der Russen geführt hat.

Den extremen Gegensatz zu diesem Standpunkt bildet das Star-System, das den Aufbau eines künstlerischen Theaters unmöglich macht. Der einzelne Star, der das Theater mit seinen Launen tyrannisiert, der finanziell und künstlerisch alles und jeden um sich herum unterdrückt, der nicht an guten Stücken, sondern an Starrollen interessiert ist, ist der gefährlichste Feind der wesentlich auf Gemeinschaftsarbeit aufbauenden Theaterkunst überhaupt. Der Star, der seinen Platz heute hier, morgen dort findet, der von allem den Rahm abschöpft, gestattet nichts und niemandem, neben ihm emporzukommen, und der rein geschäftlich orientierte Manager, der mit diesem Star spekuliert – diese beiden sind die fürchterlichsten Plagen, die das Theater mit seinem Verfall bedrohen.

M. Reinhardts Arbeitszimmer im Deutschen Theater

Der Schauspieler und seine Rolle

Eine Unterredung
1926

Frage: Soll der Schauspieler über oder in der Rolle stehen?
Antwort: Wir suchen im Theater, wie in jeder Kunst, zuletzt immer nur die Persönlichkeit, und je stärker und größer diese ist, um so zufriedener sind wir. Wenn der Schauspieler als Persönlichkeit in eine Rolle untergehen sollte, nicht selbst in Erscheinung treten würde, so wären unsere Erwartungen enttäuscht. Die Schauspielkunst ist eine Kunst der Enthüllung, nicht der Verwandlung! Sich mit Maske, Ton, Gang und Gebärde äußerlich verwandeln, also etwas anderes darstellen, als man wirklich ist, scheint mir da unterhalb der Schauspielkunst zu sein. Der Schauspieler macht schon eine Verwandlung durch, in ein fremdes Schicksal, aber nicht in einen anderen Menschen. Er taucht in seiner Rolle unter, und wenn er auftaucht, ist er natürlich kein anderer Mensch geworden, aber er ist erfüllt mit einem fremden Schicksal, bewegt von fremden Leidenschaften und Erlebnissen. Das Glück des Schauspielers ist die Ekstase dieser Verwandlung, das Glück des Zuschauers ist die Enthüllung der Persönlichkeit.
Frage: Sind die Rollen in den modernen Stücken leichter zu spielen als die der Klassiker?
Antwort: Diese Frage ist zu bejahen. Das klassische Drama stellt durch seine Form besondere Anforderungen an das technische Können der Schauspieler. Es ist in manchen Teilen der Spiegel und Abdruck seiner Entstehungszeit und, weil es das ist, heute oft nicht mehr lebendig. Shakespearesche Gestalten z.B. sind nicht nur aus dem Englischen ins Deutsche, sondern auch aus dem englischen Wesen in die deutsche Art, aus dem sechzehnten Jahrhundert in die Gegenwart zu übertragen. Andererseits freilich ist ihr innerer Gehalt so reich und unsterblich, daß jede Individualität darin Spielraum hat.
Frage: Ist heute noch eine Klassifizierung der Rolle möglich (z.B. Heldenvater, komische Alte, muntere Liebhaberin)?
Antwort: Eine derartige Klassifizierung halte ich heute für überflüssig. Zwar läßt sich nicht bestreiten, daß man von einem Schauspieler ohne weiteres sagen kann, ob er etwas Väterliches, etwas Heroisches oder Sentimentales hat, ob er ein Komiker oder Liebhaber ist, aber diese Bezeichnungen sind natürlich unzulänglich und bedeuten höchstens eine Terminologie für Theateragenten.
Frage: Kann der Darsteller ein minderwertiges Bühnenwerk zum Erfolg führen?
Antwort: Große Schauspieler, hauptsächlich in Italien, aber in früherer Zeit auch in Deutschland, haben manches Werk, das heute wertlos erscheint, zu großem Erfolg geführt. Zwar konnten sie diesen Stücken über sich hinaus kein dauerndes Leben verschaffen, aber wenn sie selbst darin standen und spielten, so war es sicher, daß sie starke Wirkungen hervorbrachten. Große Schauspieler haben deshalb solche Stücke immer gesucht, weil ihnen diese mehr Platz zur Entfaltung persönlicher Eigenschaften boten. Bei der Duse war es mir stets gleichgültig, in welcher Rolle sie auftrat. Es hat eher gestört, wenn sie ein wertvolles Stück spielte, etwa ein nordisches Drama, das ihrem Wesen fremd war. Wichtig war immer nur, die Duse zu sehen. Schwache Stücke kommen der Neigung der Schauspieler entgegen, über die Rolle hinauszugehen, sie neu, sie für sich, für ihre Art zu gestalten. Die größten Glücksfälle des Theaters waren ja Schauspieler, die zugleich Dichter waren, Shakespeare und Molière. Viele Schauspieler heißen die Gelegenheit willkommen, die ihnen eine selbständige Textgestaltung erlaubt. Pallenberg zum Beispiel hat wohl einen dominierenden Anteil an dem, was er in der „Familie Schimek" spricht. Früher war dem Schauspieler durch die Stegreifkomödie eine reichere und legitimere Möglichkeit dazu gegeben.
Frage: Wie weit wirkt die häufig wiederholte Darstellung ein und derselben Rolle auf die Leistung des Schauspielers?
Antwort: Die Frage läßt sich nur individuell entscheiden. Else Lehmann kann hundertmal ein und dieselbe Rolle spielen, und sie wirkt trotzdem immer in derselben Vollendung. Die Leistungen anderer Schauspieler lassen in der Serie des wiederholten Auftretens nach, werden schwächer oder zum mindesten ungleich. Josef Kainz ist dafür ein Beispiel; er hatte nicht die Laune, eine Rolle so und so oft mit voller Hingabe zu spielen. In Frankreich und England, wo das Serientheater dominiert, bleiben aber nicht nur die Schauspieler, sondern ganze Vorstellungen unverändert. Der deutsche Schauspieler ist heute noch schwer dazu zu bringen. Das Ziel des künstlerischen Theaters kann nur w e c h s e l n d e s R e p e r t o i r e und s t ä n d i g e s E n s e m b l e sein, aber das ist heute ein großer und kaum erschwinglicher Luxus.
Frage: Darf sich der Schauspieler in einer sogenannten Parade-Rolle außerhalb des Ensembles stellen?
Antwort: Das muß natürlich verneint werden; denn das widerspricht dem Sinn des Theaters. Auch in einem Quartett darf sich kein Musiker, selbst wenn er ein noch so großer Künstler ist, außerhalb des Ensembles stellen. Er muß sich in die Harmonie des Ganzen einfügen.
Frage: Wie stellt sich der Darsteller zu einer Rolle, die ihm angeblich nicht liegt?
Antwort: Der Schauspieler ist manchmal Irrtümern unterworfen. Weil er sich selbst nicht auf der Bühne sieht, hat er auch nicht die Möglichkeit, vor seinem Werk zurückzutreten. Er ist ja selbst der wesentlichste Teil dieses Werkes. Deshalb wünschen sich die Schauspieler oft Rollen, die sie nicht spielen können, und umgekehrt glauben sie, daß sie manche Rollen nicht spielen können, mit denen sie dann oft gezwungen den größten Erfolg erzielen.

Frage: Kommt der heutige Darsteller ohne Schminke und Perücke aus?
Antwort: Die Perücke hat längst nicht mehr die Bedeutung, die ihr einstmals zukam. Auch der Gebrauch der Schminke ist sehr reduziert, sie wird von den Herren nur wenig benützt, und die Frauen können sich auf der Bühne nicht mehr schminken, als sie dies ohnehin im Leben tun. Man wird bestimmt binnen kurzer Zeit nicht nur ohne Schminke und Perücke auskommen, sondern man wird auch – mit Ausnahme im historischen Drama – auf das Kostüm verzichten. Hamlet wurde einmal vor sieben Jahren nicht gerade im Frack, aber in einer Art zeitlosen Kostümes, das ganz gut in die heutige Zeit gepaßt hätte, gespielt. Man sollte eigentlich eine neue Tracht für die Schauspieler erfinden, die den Kleidern von heute nahekommt, aber doch zeitlos bleibt und zeitlos wirkt.
Es wurde die Beobachtung gemacht, daß besonders nordische Schauspieler auf den Proben, wo sie nicht in Kostümen spielten, stärker wirkten, als in der Aufführung. Dem nordischen Schauspieler würde eine Tracht, die seinem Körper angepaßt ist und in der er sich vollkommen unbeschwert fühlt wie in einem heutigen Anzug, sehr nützen. Stil und Dekoration sind den Schwankungen und Richtungen der Zeit unterworfen; trotzdem bleibt die Sorge um sie von untergeordneter Bedeutung. Wahrscheinlich wird einmal das Licht für die Inszenierung eine entscheidende Bedeutung gewinnen.
Der Unterredung gab Max Reinhardt mit folgenden lapidaren Worten den Abschluß:
Es gab noch keine Zeit, die über so viele gute und große Schauspieler verfügen konnte, wie es heute der Fall ist. Aber wir haben nicht genug Dichtungen, die für das Theater geschaffen wurden.

Konstantin S. Stanislawski und M. Reinhardt im Deutschen Theater, 1928

Rede zum 25jährigen Jubiläum als Theaterdirektor
1927

Meine Damen und Herren. Bitte, erwarten Sie keine wirkliche Rede von mir. Ein eingeborener Theatermensch wie ich es bin, findet manchmal schwer den Weg in die Wirklichkeit – ganz besonders, wenn diese Wirklichkeit so pathetisch und beinahe so unwirklich ist wie das Theater.
Ich glaube, ich könnte einem anderen die dankbare Rolle des Jubilars ganz gut einstudieren. Aber mir liegt sie nicht sehr. Alle, die mich näher kennen, wissen, daß ich am wenigsten jubiliere, wenn ich reden muß. Seit gestern werde ich geschüttelt von einem hohen Fieber, von einem tausendkerzigen Lampenfieber.
Aus der traumhaften Dämmerung der Knabenzeit bin ich nach Berlin gekommen, in die klare, scharfe, schlaflose, traumlose Luft dieser Stadt – hergeholt von meinem großen stillen Vorgänger in diesem Haus, von meinem Lehrer Otto Brahm.
Wenn ich schon damals den Zauberstab des Theaterdirektors in meinem Tornister getragen habe, so ist mir das jedenfalls gar nicht bewußt gewesen. Ich bin mit den friedlichsten Absichten hergekommen. Ich wollte spielen. Ich wollte die Kinderspiele, die meine Jugend erfüllten, hier weitertreiben. Aber der breite Strom von Arbeit, der mitten durch diese Stadt fließt, der stürmische Wind, der hier weht und jeden Augenblick umspringt – haben mich gepackt und mich mit meinem Spieltrieb in eine wahrhaft dramatische Atmosphäre gerissen.
Im jähen Wechsel habe ich Zuspruch und Widerspruch erfahren, und immer war Kampf um mich. Gott sei Dank.
Deshalb bin ich einigermaßen verwirrt durch die einmütige Anerkennung, die mir im Augenblick zuteil wird.
Ich weiß, daß es hauptsächlich die Überzahl meiner Arbeitsjahre ist, die Sie heute entwaffnet. Aber, wenn ich von der allgemeinen Zustimmung, die sich jetzt so feierlich dokumentiert, die fünfundzwanzig abziehe, bleibt noch ein beglückender Rest, in dem ich eine wirkliche Neigung zu erkennen glaube. – Und dafür danke ich Ihnen.
Ich danke Ihnen, Herr Minister, für die Auszeichnung, die Sie mir durch Ihr Erscheinen erweisen, und für Ihre schönen bedeutungsvollen Worte. Es scheint mir ein verheißungsvolles Zeichen dieser Zeit, daß der Kultusminister dieses Landes nicht mehr ausschließlich nur die Kunst pflegt, die unter staatlicher Obhut gedeiht, sondern daß er auch einem privaten Bühnenleiter sein Interesse und seine wertvolle Förderung schenkt.
Ich danke Ihnen, Herr Oberbürgermeister, für die Ehre Ihrer Anwesenheit und für die überaus freundliche und gewichtige Anerkennung meiner Arbeit. Wenn ich die große Freude, die ich darüber empfinde, in Lustbarkeitssteuer umrechnen und zahlen sollte, so würde das meine Mittel wohl weit übersteigen. – Mein Dank ist arm dem Oberhaupt einer Stadt gegenüber, der ich meine ganze Entwicklung verdanke.
Ich danke Ihnen, hochverehrter Tristan Bernard. Sie kommen offiziell zum ersten Mal nach Berlin, aber Sie sind bei uns schon lange zu Hause. Wir sprechen verschiedene Sprachen und doch sprechen wir hier täglich Ihre Worte. Es ist am Ende nur eine Schlafwagenfahrt, die Sie gemacht haben, aber dieser Weg schien noch vor nicht allzulanger Zeit hoffnungslos weit. Die Bedeutung Ihres Hierseins erhöht die Festlichkeit dieses Abends außerordentlich, aber sie geht über diesen Anlaß weit hinaus.
Ich danke Dir, lieber deutscher Dichter Gerhart Hauptmann, daß Du da bist, heute und überhaupt, ebenso Ihnen, Professor Slevogt, Ihnen, Herr Dr. Kerr, Ihnen, unserem berühmten holländischen Kameraden, Herrn de Vries, und den vielen erlauchten Gästen, die den Glanz ihres Ruhmes in dieses alte Haus getragen haben.
Ihnen, lieber Herr Intendant Jessner, danke ich ganz besonders für die ritterliche Gesinnung, die Sie von Anfang bei jeder Gelegenheit und auch heute wieder durch Inhalt und Wärme Ihrer Rede an den Tag gelegt haben.
Lieber Kollege Barnowsky, ich danke Ihnen gleichfalls für die Herzlichkeit Ihrer Worte. Wir sind nie Feinde gewesen, aber wir haben auch nicht immer so freundschaftlich zueinander gestanden wie heute. Wir wissen ja, wenn es im Theater zu Ende geht, kriegen sich die Leute.
Ihnen, verehrter Herr Präsident Rickelt, Ihnen, mein lieber Moissi, lieber Winterstein, lieber Otto, die Sie im Namen der Schauspielerschaft gesprochen und mir diese kostbare Adresse überreicht haben, Ihnen, den Schauspielern selbst und meinen treuen Mitarbeitern, die sich scheu verborgen halten und doch einen sichtbaren Anteil haben an dem, was geworden ist. Ich danke Ihnen allen für Ihre Liebe und erwidere sie in meinem Herzen.
Den Schauspielern brauche ich das erst gar nicht zu sagen. Sie wissen, daß uns die eigentlichste wesentlichste Arbeitsgemeinschaft verbindet. Wir haben zusammen gejubelt und geweint, gehaßt und geliebt, haben uns verwandelt und enthüllt, sind tausend Tode gestorben und immer wieder auferstanden, zu neuem Leben, zu neuem Spiel.
Der Weltkrieg kam, die Revolution, dann die Inflation und andere Gespenster einer Zeit, über die glücklich der Vorhang gefallen ist – wir konnten immer spielen, durften spielen! Das ist ein hohes unverlierbares Glück, das uns verkettet. Das klingt vielleicht etwas pathetisch. Aber ich darf hier schließlich eine Episode einflechten – unscheinbar an sich, bedeutungsvoll in meiner Erinnerung.

M. Reinhardt bei der Probe

M. Reinhardt als deux ex machina auf der Berliner Staatsbühne – „Steig hernieder, göttlicher Max, und erlöse uns von dem Defizit!" Tröstet Euch, ich bin schon allgegenwärtig!"

Herr Professor Max Reinhardt auf dem Blumenweg / An der Schleppe: Die Dramaturgen

Zeichnung von E. Schilling, 1930

Der Krieg war eben ausgebrochen. Die Welt stand in Flammen. Das Chaos war da. Die Theater spielten weiter, ohne zu wissen, was der nächste Tag bringen würde. Da wurde meinem alten Freunde, dem Schauspieler Biensfeldt, eine kleine Rolle zugeteilt. Er wollte sie nicht spielen. Er kam zu mir und fragte erregt, was wohl die Welt dazu sagen würde, wenn er diese Wurzen spielen müsse. Ich mußte ihn überreden, in diesem Fall keine Rücksicht auf die Welt zu nehmen, die damals andere Sorgen hatte. Aber ich spürte: im Grunde hat er recht. Es war kein lächerlicher Größenwahn. Das lag dem bescheidenen Menschen immer fern. Wenn der Schauspieler nicht mehr glauben kann, daß er im Mittelpunkt steht, daß die Augen aller Welt auf ihn gerichtet sind, was auch immer draußen geschehen mag, dann hört das Spiel eben auf. Und deshalb sollte man uns zugutehalten, wenn wir unsere Leiden und Freuden am Theater oft wichtiger nehmen, als das den anderen oft berechtigt erscheinen mag.

Und nun, zuletzt, danke ich Ihnen, den Freunden dieses Hauses, meinen Freunden. Ihr Platz ist im Zuschauerraum, und das ist ein wichtiger Platz in unserem Spiel, nicht nur, weil er bezahlt wird (was ja gewiß eine erfreuliche und notwendige, leider nicht immer zuverlässige Nebenerscheinung ist), vor allem aber deshalb, weil die Kunst des Theaters nur existieren kann, wenn sie aufgenommen wird.

Ein Kollege hat einmal gesagt: wir Theaterdirektoren kämpfen einen schweren Kampf ums Dasein – des Publikums. Dieser Kampf ist heute ein geradezu entscheidender Endkampf für das Theater geworden. Denn: Dichter, Schauspieler, Musiker, Maler, Regisseure, Kritiker, Dramaturgen machen allein noch kein Theater. Zwei können es machen: Einer, der spielt und einer, der es aufnimmt. (Beide müssen um Hekuba weinen können.) Mit ihrer jeweiligen Begabung steigt und fällt die Kunst des Theaters.

Daß Sie heute so zahlreich erschienen sind und so herzlich Anteil an dieser Feier nehmen, bestärkt mich in dem Glauben an die Zukunft des deutschen Theaters. Und dafür danke ich Ihnen ganz besonders.

Über das ideale Theater
1928

Wenn ich vom Theater der Zukunft spreche, möchte ich vor allem einmal feststellen, daß ich den *Regisseur* für eine provisorische oder besser vorübergehende Erscheinung in der Weiterentwicklung des Theaters halte.
Den idealen Zustand hätten wir meiner Ansicht nach dann erreicht, *wenn der Bühnenautor auch Schauspieler wäre,* so wie es bei Shakespeare und Molière der Fall war, oder wenn er wenigstens so viel Theater verstünde, daß er seine Stücke selbst inszenieren könnte.
Die Tatsache, daß Shakespeare nur mittelmäßiges Bühnentalent nachgesagt wird und daß Molière unzweifelhaft ein hervorragender Schauspieler war, hat dabei nichts zu sagen. Beide kannten das Theater und seine Seele von Grund auf und waren nicht allein imstande, ihre Stücke in Szene zu setzen – nein, sie wußten sie auch auszugestalten und zu verändern, wie die Umstände es gerade verlangten. Sie ließen ihre Stücke erst im Verlauf der Proben richtig wachsen und gegenständlich werden, sie paßten sie den Bedingungen des Theaters, für das sie sie inszenierten, und vor allem den mitwirkenden Schauspielern mit großem Geschick an. Auch, daß Molière seine Stücke für sein eigenes Unternehmen und Shakespeare sie für Burbage schrieb, ist von keinerlei Bedeutung. Die Hauptsache ist, daß die Dichtungen dieser beiden großen Dramatiker für das Theater geschrieben wurden und oft erst auf der Bühne entstanden.
Wenn der Regisseur heutzutage nötig ist, um die Kluft, die zwischen den Autoren und den Interpreten ihrer Werke gähnt, zu überbrücken, so ist das ganz einfach eine Folgeerscheinung der traurigen Tatsache, daß die Bühnenschriftsteller ihr Handwerk nicht verstehen. Sie schreiben ihre Werke in der Einsamkeit ihrer Studierstuben und überlassen es dem Regisseur, ihre toten Stücke in *die lebendige Sprache der Bühne* zu übersetzen. Das geringste, was man von ihnen verlangen könnte, wäre, daß sie wenigstens *selbst* fähig sein müßten, den Schauspielern ihre Gedanken einzuflößen, wenn es schon überhaupt nötig ist, ein Bühnenstück zu übersetzen und lebendig machen zu müssen.
Vor allem sollten sich die Bühnenautoren einmal von dem festeingewurzelten Vorurteil befreien, daß es unter ihrer Würde ist, für das spezifische Talent eines gewissen Schauspielers eine allein für ihn bestimmte Rolle zu schreiben. Das wäre ja gerade der ideale Zustand, und so müßte ein Bühnenschriftsteller immer arbeiten! Er müßte die verschiedenen Rollen den mitwirkenden Schauspielern auf den Leib schreiben. Aber um dieser Aufgabe gewachsen zu sein, muß er eben selbst etwas vom schweren Handwerk der Schauspieler verstehen.
Und wie sieht nun eigentlich die neue Bühne aus, deren Entwicklung der moderne Autor mitmachen und für die er schreiben müßte? Er *müßte* schreiben ... ja, denn leider ist es heute noch nicht so weit, und das neue Theater wächst und entwickelt sich unabhängig vom Schriftsteller und läßt ihn weit hinter sich zurück. Und bevor er sich nicht aufrafft und Anstrengungen macht, die neue Richtung zu verstehen und sich in sie einzuleben, wird er die Bühne der Zukunft auch nicht erobern können.
Mit dieser Bühne ist nicht jener Raum hinter dem viereckigen Ausschnitt, die *Rahmenbühne,* gemeint, die sich zu Ende des achtzehnten und zu Beginn des neunzehnten Jahrhunderts entwickelte. Von der Enge und Abgeschlossenheit, die die Bühnen jener Zeit charakterisieren, hat sich das moderne Theater freigemacht, und wenn wir das Theater der alten Kulturvölker, der Griechen und Römer, betrachten, so sehen wir, daß auch sie keinesfalls hinter einem engbegrenzten viereckigen Ausschnitt spielten. Ihre Theater waren von Künstlern für Künstler gemacht, und das natürliche Verlangen des Schauspielers, gesehen und gehört zu werden, veranlaßt ihn, sein Publikum möglichst dicht um sich herum zu versammeln. So rückte die Bühne Shakespeares nach dem Beispiel der griechischen und römischen Theater immer mehr in die Mitte des Zuschauerraums vor, bis schließlich der Schauspieler sein Auditorium zu beiden Seiten und vor dem Podium versammelt hatte. Die Erscheinung, daß sich im achtzehnten Jahrhundert die Szene hinter einen Rahmen zurückzog, beruht wohl auf der Tatsache, daß es in jener Zeit keine großen Dramatiker und überhaupt wenig gute Schauspieler gab. Das Schauspiel war damals langsam von Oper und Ballett verdrängt worden, und für beide erwies sich die Rahmenbühne als geeignet und völlig ausreichend. Aber heute, da das Drama seine Wiedergeburt erlebt, beginnt das Szenenbild aus dem engen Rahmen herauszutreten und sich in den Zuschauerraum zu erstrecken.
Und mit der Bühne wird auch der *Schauspieler* wieder in die Mitte des Publikums gerückt, seine Gestalt wird plastisch und erhält drei Dimensionen, während sie auf der Rahmenbühne zweidimensional war und vor dem gemalten Hintergrund nur als Silhouette agierte, wenn sie nicht gar mit ihm in ein undeutliches Ganzes verschwamm. Aber auch das Szenenbild muß, wie der Schauspieler, plastisch werden und Gestalt annehmen. Die Kulissen dürfen nicht länger wie bisher ständig wechselnde flache Attrappen sein; sie müssen greifbar, gegenständlich und glaubhaft werden. Der Balkon, von dem aus Shakespeares Julia mit ihrem Romeo spricht, muß ein wirklicher Balkon sein.
Die architektonisch aufgebaute Bühne, die als fest und kompakt errichtetes Ganzes mit wechselndem Szenenbild aufgeführt wird, muß die Flächenszenerie mit ihrer Aufeinanderfolge gemalter Kulissen verdrängen.

Aber es kommt nicht allein darauf an, die Bühne in den Zuschauerraum vorzurücken und die Kulissen gegenständlich zu machen, sondern auch die ganze überlebte Tradition, daß Bühne und Zuschauerraum zwei voneinander streng getrennte Reiche sind, muß ausgemerzt werden. Jede Möglichkeit, den Schauspieler in innige Berührung mit seinem Auditorium zu bringen, muß wahrgenommen werden. Der Zuschauer darf nicht den Eindruck haben, daß er bloß ein unbeteiligter Außenstehender sei, sondern man muß ihm die Suggestion aufoktroyieren, daß er in innigem Zusammenhang mit dem, was auf der Bühne vorgeht, steht, und daß auch er seinen Teil an der Entwicklung der Vorgänge hat. *Ebenso muß der Vorhang verschwinden.* Die Schauspieler sollten, wenn immer es nur möglich ist, durch den Zuschauerraum auftreten. Auch muß der Zuschauerraum oder wenigstens ein Teil von ihm in Übereinstimmung mit der Bühne dekoriert werden.

Sicherlich wird auch die Rahmenbühne fortbestehen. Denn man wird sie immer für einzelne Theaterstücke großer Schriftsteller, die ihre Werke nur für diese Bühne schrieben, brauchen. Aber die Rahmenbühne ist nicht die Bühne der Zukunft und der Dramatiker der Zukunft wird seine Schauspiele nicht für einen so beschränkten Raum schreiben.

Ich glaube nicht, daß den Schauspielen, die vor 30 Jahren aktuell waren und die man „soziale Dramen" nannte, ein langes Leben beschieden sein kann. Auch die sogenannten „Ideen-Dramen", die vor ungefähr 15 Jahren so sehr in Mode kamen, werden nicht mehr lange ihr Publikum finden. Sicher werden die Werke, die der Genius eines Ibsen einerseits und der überragende Geist eines Bernard Shaw andererseits schufen, noch lange über die Bühne gehen. Aber das moderne Schauspiel wird weder das „soziale" noch das „Ideen-Drama" sein.

Ich wurde neulich gefragt, ob die Stilbühne im Theater der Zukunft eine große Rolle spielen wird. Meiner Ansicht nach hängt das ganz vom Autor ab. Wenn der Schriftsteller weiter auf seiner Meinung beharrt, daß die Gestalten seines Stückes eine Menge trivialer und – was noch ärger ist – dramatisch irrelevanter Dinge tun und sagen müssen, um eine realistische Atmosphäre zu schaffen, so wird es ganz unmöglich sein, sein Stück stilisiert zu inszenieren. Wenn der Regisseur ein Theaterstück mit „Stil" inszenieren soll, so muß vor allem erst einmal der Schriftsteller Stil haben und seine Stücke von all den überflüssigen Details einer falschen Realistik, die nichts mit der künstlerischen Wirklichkeit zu tun hat, reinigen.

Große Entwicklungsmöglichkeiten sind voraussichtlich dem Film beschieden. Aber er hat eigentlich nichts mit dem Theater zu tun, denn er umfaßt ein ganz anderes Gebiet der darstellenden Kunst. Er steckt heute noch in den Kinderschuhen. Er begann sich in seinen ersten Anfängen ungeheuer rasch zu entwickeln. *Die Stagnation,* die wir heute *auf dem Gebiete des Films* konstatieren müssen, ist also keine ganz belanglose Sache. Er scheint auf einen falschen Weg geraten zu sein, auf dem seine zukünftige Entwicklungsmöglichkeiten nach den bisherigen Prinzipien in Frage gestellt sind. Wohin soll all dieser Überschwang noch führen? Diese Massenaufzüge, diese Tollkühnheit in akrobatischen Leistungen, diese Riesenbauten und die Wunderleistungen unheimlich dressierter Zirkustiere! Natürlich wird niemand die großen Verdienste einiger weniger genialer und individueller Schauspieler, Chaplin, Griffith und Coogan, die sie sich um diesen jungen aufblühenden Zweig der Kunst erworben haben, ableugnen. Aber sie sind Pioniere, die ersten, die vielleicht wissentlich, vielleicht auch nur instinktiv, eine Brücke von der großen Filmindustrie zur wahren Filmkunst schlugen. Und ihre Leistungen kann man nicht der ganzen Filmproduktion als Verdienst zuschreiben, sondern sie müssen als die wunderbaren Leistungen einzelner Künstler betrachtet werden. Sie allein vermögen uns einen Begriff von all den unerschöpflichen Möglichkeiten zu geben, die in der Filmkunst schlummern.

Welche Gründe aber sind für die Unfruchtbarkeit, die ihre Entwicklung derzeit hintanhält, maßgebend? So wie der Film in seiner gegenwärtigen Form besteht, arbeitet er nicht mit eigenen Mitteln und eigenen Kräften, obwohl beide in großen Mengen und reichlich vorhanden wären. Er sucht auf fremdem Boden Wurzel zu fassen und sich zu entfalten. Er ist heute noch ein Parasit und absolut kein ungefährlicher Parasit.

Die Musik, die aus Opern, Konzertstücken und Tanzliedern ihre Melodien entleiht, kann den Film nicht von seiner unglücklichen Stummheit retten, zu der er durch mangelnde Einheit der Komposition und auch durch die Art, wie er vorgeführt wird, verdammt ist.

Oft fehlt sowohl der Inszenierung als auch der Darstellung jede künstlerische Note. Der Film müßte sich eine neue individuelle Art der Ausdrucksmöglichkeit schaffen. Er müßte neue Wege für seinen Aufbau, für die Art seiner Vorführung finden und seine Begleitmusik müßte aus neuen Kompositionen geschaffen werden. Er müßte auf seinem eigenen Boden Wurzel fassen und sich durch eigene Kräfte, ohne sich mit fremden Federn zu schmücken und sich überall etwas auszuborgen, emporarbeiten. Er muß sich eine eigene Basis schaffen, so daß er imstande ist, sich ohne überflüssiges Beiwerk und ohne Zwischentexte als harmonisches Ganzes zu behaupten.

Gastspiel des Deutschen Theaters Berlin in New York

Ein Gespräch mit Peter Hamecher
1928

Am Sonntag ist Professor Reinhardt von seiner amerikanischen Reise zurückgekehrt. Das war für mich die willkommene Gelegenheit, ihn wieder einmal zu sehen und zu begrüßen. Ich traf ihn mit Edmund, dem brüderlichsten der Brüder, vor dem Deutschen Theater, und er lud mich ein, ihn am anderen Mittag im Hotel Esplanade zu besuchen.
Und nun saßen wir beisammen in dem hübsch eingerichteten Hotelzimmer und sprachen miteinander. Das heißt: zumeist sprach Max Reinhardt. Er war noch voll von den amerikanischen Eindrücken, und seine ruhige, langsam die Worte formende Stimme erhob sich unter der Erzählung manchmal zu temperamentvoller Begeisterung. Reinhardt ist ein guter Sprecher in der Unterhaltung. Er erfährt die Dinge bildhaft und weiß sie bildhaft wiederzugeben. Es ist ein Vergnügen, ihm zuzuhören.
Wir redeten zunächst von dem Zustand der Berliner Theater. Berlin war unter den Großstädten vor dem Krieg und während des Krieges fast die einzige Stadt, die wirklich Theaterkultur und Theaterinteresse hatte. Überall herrschte schon die Serie und das Zufallsensemble, als die Berliner Theater noch ihre Repertoires und ihren Schauspielerstamm hatten. Der Wandel der Verhältnisse hat nun auch hier zerstörend und ändernd eingegriffen. Man mag das alles bedauern; aber man kann sich nicht gegen eine Entwicklung stemmen, sondern man muß die Zustände zu nutzen suchen.
Aber mich interessierten in diesem Augenblick weniger die Berliner Theaterverhältnisse als Reinhardts amerikanische Erlebnisse und Eindrücke. Genauer müßte man sagen: New Yorker Erlebnisse und Eindrücke; denn die vier Monate, die Reinhardt drüben war, weilte er in der Riesenstadt. Er war ja nicht zum ersten Male in Amerika, und sein Name war bekannt genug. Der Empfang war glänzend. Der Bürgermeister begrüßte ihn. Imposant war die Fahrt durch die Stadt, zwischen den stockenden Automobilen hindurch, geleitet von Schutzleuten mit Sirenen. Am Abend gab es eine große Feier im Theater, bei der der deutsche und der österreichische Geschäftsträger zugegen waren und der Universitätspräsident eine Rede hielt.
Bei seinen früheren Aufenthalten in Amerika hatte Reinhardt Pantomimen, wie „Mirakel“ und „Sumurûn“, aufgeführt. Diesmal brachte er ein neues: ein Schauspielrepertoire. Auf den ersten Proben war er etwas beunruhigt. Man probierte den „Sommernachtstraum“; aber bei den Scherzen der Rüpel blieb alles still. Die geladenen Gäste verzogen keine Miene. Reinhardt fürchtete, daß sich die Schauspieler bei der Aufführung durch solche mangelnde Aufnahme deprimieren ließen. Aber am Abend der Aufführung brach zur größten Überraschung Reinhardts beim ersten komischen Wort brausender Beifall aus.
Die deutschen Theater in New York haben schwer zu kämpfen; aber für das Reinhardt-Gastspiel hatten sich die deutschen Elemente gesammelt. Doch auch die Anteilnahme der nichtdeutschen Kreise war außerordentlich stark, und Reinhardt konnte bei der Gelegenheit feststellen, wie sehr sich die Stimmung Amerikas Deutschland gegenüber gebessert habe. Großen begeisterten Erfolg hatten auch die Matineen, die man Mittwochs für amerikanische Schauspieler gab.
Mit dem künstlerischen Effekt der Tournee war Reinhardt sehr zufrieden. Wirtschaftlich kam man, trotz des starken Zuspruchs, allerdings nicht auf die Kosten. Die Reise und der Apparat verschlangen zu viel. Die großen Erfolge waren „Dantons Tod“, „Sommernachtstraum“, „Der lebende Leichnam“. Für „Kabale und Liebe“ fehlte der Boden des Traditionellen.
Ich fragte Reinhardt, welcher von den Darstellern bei den Amerikanern am meisten Anklang gefunden habe. Er sagte, das sei alles sehr merkwürdig gewesen. Zuerst habe man den „Star“ gesucht und habe Moissi, nach seinen Erfolgen im „Lebenden Leichnam“, diese Rolle zugeschoben. Allmählich aber sei den Leuten doch der Begriff eines Ensembles aufgegangen, und Hartmann, die Thimigs, Wallburg und wie die Darsteller alle hießen, seien überaus gefeiert worden.
Ich wollte nun gerne wissen, welches Verhältnis das amerikanische Publikum zum Theater überhaupt habe. Ein ständiges deutsches Theater würde sich, nach Reinhardts Aussage, nicht halten können. Aber das Gastspiel und seine Erfolge bewiesen, daß man sehr viel erreichen könne, wenn man dem Publikum etwas biete, und die Behauptung, daß nur das Komische in Amerika wirke, sei ein Märchen. „Der lebende Leichnam“ habe die allerstärkste Wirkung getan. Seiner Überzeugung nach sei die Aufnahmefähigkeit und Empfänglichkeit drüben nicht geringer als bei uns.
Doch nun das Problem Amerika, der amerikanische Mensch! Reinhardt wird zusehends wärmer. Eines der stärksten Merkmale Amerikas sei die Jugend. Sie sei ganz unbeschwert von Vergangenheit. Was einen überwältige, sei nicht so sehr die Großheit, als was er die Kindlichkeit nenne.
Von stärkster Wirkung sei auch die Architektur New Yorks. Hier komme eine neue Schönheit herauf. Die neue Architektur sei nicht gesucht worden, sondern sie sei eine Schöpfung der Not gewesen, mit dem Zweck der genauesten Raumausnutzung. Ihre Schönheit sei eine unabsichtliche Schönheit ersten Ranges. Man müsse sie genießen, wenn man von der großen Wasserwüste sich der Stadt nähere, und der Eindruck sei direkt erschütternd, märchenhaft. Ein ähnlicher märchen-

Die Aufführung „Dantons Tod", 1920

hafter Eindruck sei auch der Broadway. Am Tage sehe man nur Einzelheiten, nur Scheußlichkeiten: Lichtreklame an Lichtreklame. Aber am Abend sei das eine Lichtflut, die leuchte und springe, ein berauschender Traum aus den tausend und ein Nächten.

Gefesselt habe ihn auch der amerikanische Tanz. In jedem Stück werde getanzt. Wie der Virtuose des Klaviers das Wunder mit den Händen schaffe, so schaffe man hier das unbegreifliche Wunder mit den Füßen. Diese amerikanische Kunst des Tanzes sei stark und zukunftsreich, und es fehle nur das verbindende Genie, das diese Dinge in das Kunstwerk einordne und die Einheit schaffe.

Was Amerika sonst von Musik, Malerei, Theater habe, sei von Europa übernommen. Für die höhere Kunst sei man noch nicht über die europäischen Formen hinausgekommen, und man spiele etwa Shakespeare in einem pathetischen Stil, den man in Europa als tiefste Provinz ansprechen würde. Eine eigene Art habe man nur im musikalisch leichten, mit Tanz verbundenen Spiel herausgebildet. Nur das selbstverständlich Leichte, Spielerische, habe den Charakter des Selbständigen. Jedenfalls sei es noch nicht gelungen, und das sei das große Problem des Theaters –, das höhere Drama mit den neuen unbändigen Kräften, die vorhanden sind, zu füllen. Von den modernen Theaterdichtern lobte Reinhardt O'Neill, von dem augenblicklich zwei Stücke Abend für Abend aufgeführt werden: „Marco Polo" und „Strange interlude" („Seltsames Zwischenspiel"). Die Spieldauer des letzteren Stückes sei fünf Stunden, und es sei jeden Abend ausverkauft, trotzdem es keine einzige komische Szene enthalte.

Reinhardt sieht in Amerika wohl das Land des Geldes. Aber er sieht in Amerika in vielen, zum Teil für unser Gefühl grotesken Formen, ein anderes: den Wunsch und Willen, sich über das Materielle zu erheben. Was den Krieg seinerzeit so populär machte, war nicht so sehr der Haß gegen Deutschland, als die große Sehnsucht nach dem Abenteuer. Und er sieht drüben noch anderes, das ihm starke Hoffnung ist. Er wurde fast Dichter voll phantastischer Einbildungskraft, als er seinen Zukunftstraum schilderte: Amerika, der gewaltige Weltmarkt, das Weltzentrum. Hinüber und herüber fliegen die Flugschiffe. Die Leute aber, die am Tage mit ihren Waren kommen, werden am Abend sich nach Unterhaltung sehnen. Theater werden sein, unerhörte Möglichkeiten für die Kunst. Ganz Neues wird dort entstehen und die Welt beherrschen.

Seine eigene Zukunft will Reinhardt allerdings nicht auf Amerika stellen, wenigstens nicht in der Form eines Definitivums. An eine Wiederholung des Gastspiels denkt er nicht; es kann und darf nur ein einmaliges bleiben. Was seine Filmverpflichtungen anbetrifft, so ist der Zeitpunkt ihrer Erfüllung noch nicht festgelegt; es ist noch keine Einigung über das Buch erzielt. Doch die amerikanischen Projekte zunächst beiseite! Sein nächster Plan ist die Inszenierung eines jungen deutschen Werkes in Berlin, und diese Absicht vernehmen wir gerne.

Damit war unser Gespräch wohl erschöpft. Wir plauderten noch ein wenig über seine meisterhafte Inszenierung der „Dorothea Angermann", über diesen und jenen Schauspieler. Dann ein Händedruck und ein Lebewohl. Am gehobenen Gefühl aber, das mich belebte, merkte ich, wie der große Zauberer mich wieder einmal eingefangen hatte.

Deutsches und amerikanisches Theater

Ein Gespräch
1929

Zwischen deutschem und amerikanischem Theater ist ein Unterschied wie zwischen Tag und Nacht. Das liegt an den Stücken wie am Publikum. Der Amerikaner hat sein Publikum ganz anders erzogen. Sonst wäre es auch nicht denkbar, daß ein Stück wie „Abbies Irish Rose" („Dreimal Hochzeit") über sechs Jahre den Broadway von New York und die gesamte Provinz beherrschen konnte. In Berlin ist das Stück trotz amerikanischer Reklame nur etwas über 100mal gegangen. Die Reklame ist beim Amerikaner eben alles, ist der Bluff, der die Leute in Erstaunen setzt und sie sagen läßt: „Donnerwetter, das Stück muß gut sein, das spielen sie ja immer noch." Und sie spielen es immer mit der gleichen Besetzung, ihr Ensemble wird nie auseinandergerissen, wird gleich gut und stark sein nach der 500. Aufführung wie nach der Premiere.

Nun liebt der Amerikaner insbesondere Sensationsstücke oder sentimentale verkitschte Liebesromane, denn er will nach des Tages Last vergessen und entweder Mund und Nase aufsperren, lachen oder weinen können. Er braucht das Leben, denn er ist noch ein Kind oder will es wenigstens außerhalb des „business" sein. Und er stellt sich das „Leben" entweder sensationell oder versüßt vor, jedenfalls immer so, wie er es nicht erlebt.

Der deutsche Theatergänger ist der kultivierte Mensch, der etwas genießen will, was er nicht jeden Tag sehen oder erleben kann, er fühlt sich in einem Stück wohl, das wie „Verbrecher" das tiefste Elend und Dunkel des typischen Hinterhauses zeigt, oder er versucht aus kultivierten Ehe-Komödien Rückschlüsse auf sein eigenes Erleben zu ziehen oder vielleicht daraus zu lernen.

Weshalb halten sich aber die Stücke bei uns nicht so lange wie drüben? Weil sie schlecht sind? Nein, im Gegenteil, wir haben selten einen Theaterwinter mit so guten Stücken gehabt wie den letzten Winter 1928/29. Aber *unsere Theatergemeinde ist zu klein.* Das liegt sicher zum Teil an der großen Geldknappheit und an der Arbeitslosigkeit. Aber nur zum Teil. Wir haben daneben *zu viel Kinogänger.* Amerika auch, aber alle Kinobesucher gehen drüben auch mal ins Theater. Theater ist eben in Amerika gleichbedeutend mit vollkommenstem Kunstgenuß, den das Kino nicht bieten kann.

Ein Teil unseres Publikums geht wiederum nur der *Schauspieler wegen* ins Theater, und ein Stück, in dem seine Lieblingsschauspieler nicht spielen, ist einfach nicht sehenswert. Die Kritik verlangt von uns Ensemble-Bildung und Abbau des *Starunwesens.* Was aber sollen wir tun, wenn das Publikum diesen oder jenen Star sehen will und sonst einfach dem Theater fern bleibt!?

Auch die Berliner Gruppe junger Schauspieler, die mit „Revolte im Erziehungshaus" in den Vordergrund trat, wird eines Tages Stars haben, wenn sie nicht schon jetzt eine Startruppe ist. Und die „Dreigroschenoper" dankt ihren Serienerfolg ebenfalls nur der guten Besetzung.

Am schwierigsten liegen die Verhältnisse bei den *Provinztheatern,* und hierin unterscheiden sich die deutschen wenig von den amerikanischen. Obwohl es in Amerika keine städtischen Theater gibt, da alle Theater sich in Privathänden befinden.

Das Provinztheater hat heute besonders schwer zu kämpfen, um sich sein Publikum und seine Existenz zu halten. Wechselnder Spielplan, Operette, Schau- und Lustspiel, mitunter noch Oper, und wenigstens eine Premiere in der Woche sind an der Tagesordnung und verlangen ununterbrochene, interessierte Arbeit eines meist schon überlasteten Ensembles. Allerdings macht sich hier der Vorteil der Ensemblebildung bemerkbar, und durch das Aufeinandereingespieltsein wird vieles ermöglicht, was in Berlin von vornherein unmöglich ist.

Vom heutigen Theater

Betrachtungen
1929

Der Regisseur hat heute nur deshalb eine so starke Position, weil wir wenig dramatische Produktion im eigentlichen Sinne des Wortes haben. Die meisten Stücke sind Literatur, die nicht aus dem Bühnenboden gewachsen ist. Bei solchen Stücken ist ein Mittler, der Spielleiter, unbedingt nötig. Er wird um so entbehrlicher, je theaternäher der Dichter ist. Shakespeare und Molière haben ebensowenig Regisseure gebraucht wie Nestroy und Raimund. Dieser Zustand scheint mir die höchste Erfüllung des Theaterspielens.

Wenn in das moderne Theaterstück soziale und politische Ideen hineingetragen werden, so halte ich das für einen großen Gewinn der Bühne. Es ermöglicht uns auch, von den ewigen Liebesgeschichten, Dreieckstücken und ähnlichen seichten Problemen wegzukommen, in die die französische Dramatik von heute fast ausnahmslos noch verstrickt ist. Daß wir durch den Weltkrieg und die Revolution hindurchgegangen sind, kann und soll man auch den Theaterstücken anmerken. In der „Heiligen Johanna" von Shaw kommt eine Szene vor, in der drei Männer über rein politische Dinge debattieren. Man riet mir, sie in der Berliner Aufführung zu streichen. Ich tat es nicht, und diese Szene hatte den stärksten Erfolg des Abends.

Ein Schauspieler, der immer ganz er selbst ist, braucht deshalb auf die weitestgehende Wandlungsfähigkeit nicht zu verzichten. Er soll sich vielmehr derart intensiv in jede Rolle hineinleben, daß er sich in einem sonderbaren Prozeß der Autosuggestion auch körperlich wandelt. Aber diese Veränderung soll nicht durch Kostüm- und Schminktricks erreicht werden, sondern durch das veränderte Erleben einer veränderten Rolle. Das typische Beispiel: Werner Krauss, der legitime Erbe Mitterwurzers und Dawisons. Er lebt sich derart intensiv in jede Rolle hinein, daß er sich in einem sonderbaren Prozeß der Autosuggestion auch körperlich wandelt. Ich habe ihn hinter den Kulissen genau beobachtet. Montag war er Schigolch in „Lulu", ein langer, hagerer Patron. Dienstag war er der Sekretär in Rittners „Unterwegs", ein vollgefressener Dickwanst. Aber die Veränderung war nicht durch einen umgehängten Bauch erzielt, sondern durch das veränderte Erleben einer veränderten Rolle. Hier rührt die Schauspielerei an die tiefsten Dinge der heutigen Forschung.

Auch der begabteste Schauspieler braucht heute die Schule, denn er muß heute vom Handwerk mehr verstehen als früher, muß überdies singen, tanzen, turnen, fechten können, lauter Dinge, die gelernt werden müssen. Vor allem aber muß er sprechen lernen. Das Sprechen wurde in den Zeiten des Naturalismus fast mit Absicht vernachlässigt. Heute aber wird ihm die eminente Wichtigkeit wieder zuerkannt, die ihm gebührt. Auf die gute Vorbildung, die junge Künstler früher in den kleinen, aber reich subventionierten Hoftheatern erhalten haben, muß der heutige Nachwuchs verzichten, denn mit den Höfen sind auch die Hoftheater verschwunden, auch haben sich die Spielpläne in den Landestheatern geändert. Bei aller körperlichen Ausbildung und Vielseitigkeit ist mir natürlich der Schauspieler mit starker Empfindung der liebste. Das einzige Ziel des Theaters zu allen Zeiten war und ist, Leben auf die Bühne zu bringen, aber Leben ohne Herz ist kein Leben. Darum muß man den jungen Menschen, der empfindungsfähig ist, Mut machen, zu sich selber zu kommen, den weitesten Weg, den es für einen Künstler gibt, zurückzulegen, den Weg zum eigenen Selbst. Denn das ist das Einmalige, wie es ja nicht zwei Menschen gibt, die sich völlig gleichen.

Rede über den Schauspieler
1930

Das Theater ringt heute um sein Leben. Nicht so sehr aus wirtschaftlicher Not, die allgemein ist. Er krankt vielmehr an der Armut des eigenen Blutes. Weder durch literarische Nahrung, die ihm lange fast ausschließlich zugeführt wurde, noch durch rein theatralische Rohkost ist ihm aufzuhelfen.
Die Gegenwart hat eine verschwenderische Fülle starker Schauspieler auf den Sand geworfen. Noch stehen sie in wunderbarer Blüte. Aber das einzig belebende Element theatralischer Dichtung sickert dünn und unsere wahrhaft dramatische Zeit spiegelt sich nur schwach in ihr. Die menschliche Schöpferkraft strömt jetzt durch andere Betten. Im Augenblick. Aber wir leben in diesem Augenblick.
Das Heil kann nur vom Schauspieler kommen, denn ihm und keinem anderen gehört das Theater. Alle großen Dramatiker waren geborene Schauspieler, gleichviel, ob sie diesen Beruf auch tatsächlich ausübten.
Shakespeare ist der größte und ganz unvergleichliche Glücksfall des Theaters. Er war Dichter, Schauspieler und Direktor zugleich. Er malte Landschaften und baute Architekturen mit seinen Worten. Er hat es dem Schöpfer am nächsten getan. Er hat eine zauberhafte, vollkommene Welt geschaffen: die Erde mit allen Blumen, das Meer mit allen Stürmen, das Licht der Sonne, des Mondes, der Sterne; das Feuer mit allen Schrecken und die Luft mit allen Geistern, und dazwischen Menschen. Menschen mit allen Leidenschaften, Menschen von elementarer Großartigkeit und zugleich von lebendigster Wahrheit. Shakespeares Allmacht ist unendlich, unfaßbar. Er war Hamlet und König Claudius, Ophelia und Polonius in einer Person. Othello und Jago, Falstaff und Prinz Heinz, Shylock und Antonio, Zettel und Titania und das ganze Gefolge von lustigen und traurigen Narren lebten in seinem Innern. Sie sind alle Teile seines unerforschlichen Wesens. Er selbst schwebt wie eine Gottheit darüber.
Das Theater kann, von allen guten Geistern verlassen, das traurigste Gewerbe, die armseligste Prostitution sein. Aber die Leidenschaft, Theater zu schauen, Theater zu spielen, ist ein Elementartrieb des Menschen. Und dieser Trieb wird Schauspieler und Zuschauer immer wieder zum Spiel zusammenführen und jenes höchste, alleinseligmachende Theater schaffen. Denn in jedem Menschen lebt, mehr oder weniger bewußt, die Sehnsucht nach Verwandlung.
Wir alle tragen die Möglichkeiten zu allen Leidenschaften, zu allen Schicksalen, zu allen Lebensformen in uns. „Nichts Menschliches ist uns fremd." Wäre das nicht so, wir könnten andere Menschen nicht verstehen, weder im Leben noch in der Kunst. Aber Vererbung, Erziehung, individuelle Erlebnisse befruchten und entwickeln nur wenige von den tausend Keimen in uns. Die anderen verkümmern allmählich und sterben ab.
Das bürgerliche Leben ist engbegrenzt und arm an Gefühlsinhalten. Es hat aus seiner Armut lauter Tugenden gemacht, zwischen denen es sich recht und schlecht durchzwängt.
Der normale Mensch empfindet gewöhnlich einmal im Leben die ganze Seligkeit der Liebe, einmal den Jubel der Freiheit, er haßt einmal gründlich, er begräbt einmal mit tiefem Schmerz ein geliebtes Wesen und stirbt am Ende einmal selbst. Das ist zu wenig für die uns eingeborenen Fähigkeiten, zu lieben, zu hassen, zu jubeln, zu leiden.
Wir turnen täglich, um unsere Muskeln, unsere Glieder zu stärken, damit sie nicht einschrumpfen. Aber unsere seelischen Organe, die doch für eine lebenslängliche Arbeit geschaffen sind, bleiben ungebraucht und verlieren daher mit der Zeit ihre Leistungsfähigkeit. Und doch hängt unsere seelische, geistige, ja sogar unsere körperliche Gesundheit auch von der unverminderten Funktion dieser Organe ab. Wir spüren unverkennbar, wie ein herzliches Gelächter uns befreien, ein tiefes Schluchzen uns erleichtern, ein Zornesausbruch uns erlösen kann. Ja, wir suchen oft mit unbewußter Begierde solche Ausbrüche.
Unsere Erziehung freilich arbeitet dem entgegen. Ihr erstes Gebot heißt: Du sollst verbergen, was in dir vorgeht. So entstehen die sattsam bekannten Verdrängungen, die Zeitkrankheit der Hysterie und am Ende jene leere Schauspielerei, von der das Leben voll ist.
Wir haben uns auf eine Reihe allgemeingültiger Ausdrucksformen geeinigt, die zur gesellschaftlichen Ausrüstung gehören. Diese Rüstung ist so steif und eng, daß eine natürliche Regung kaum mehr Platz hat. Wir haben ein oder zwei Dutzend billiger Phrasen für alle Gelegenheiten. Wir haben gebrauchsfertige Mienen der Teilnahme, der Freude, der Würde und das stereotype Grinsen der Höflichkeit. Bei Hochzeiten, Kindestaufen, Begräbnissen wird aus Händeschütteln, Verbeugungen, Stirnrunzeln, Lächeln ein gespenstisches Theater gemacht, dessen Gefühlsleere erschreckend ist.
Der gesellschaftliche Kodex hat selbst den Schauspieler, also den berufsmäßigen Gefühlsmenschen, korrumpiert. Wenn man Generationen zur Unterdrückung der Gemütsbewegungen erzieht, bleibt schließlich nichts mehr, was zu unterdrükken oder gar zu erlösen wäre.
Die Natur verleiht jedem Menschen ein besonderes Gesicht. Es gibt ebensowenig zwei Menschen, die einander vollkommen gleichen, wie es an einem Baum zwei Blätter von absoluter Kongruenz gibt. Aber im schmalen Flußbett des bürgerlichen Lebens, vom Alltag hin und her gestoßen, werden die Menschen schließlich so abgeschliffen wie runde Kieselsteine. Einer sieht wie der andere aus. Sie bezahlen diesen Schliff mit ihrer persönlichen Physiognomie.
In den Kindern spiegelt sich das Wesen des Schauspielers am reinsten wider. Ihre Aufnahmefähigkeit ist beispiellos, und der

M. Reinhardt als Engstrand in Ibsens „Gespenster", Deutsches Theater 1900

als Luka in Gorkijs „Nachtasyl"

als Itzig in „Graf von Charolais"

Drang zu gestalten, der sich in ihren Spielen kundgibt, ist unbezähmbar und wahrhaft schöpferisch. Sie wollen die Welt noch einmal selbst entdecken, selbst erschaffen. Sie sträuben sich instinktiv dagegen, die Welt durch Belehrung in sich aufzunehmen. Sie wollen sich nicht mit den Erfahrungen anderer vollstopfen. Sie verwandeln sich blitzschnell in alles, was sie sehen, und verwandeln alles in das, was sie wünschen. Ihre Einbildungskraft ist zwingend. Das Sofa hier? Eisenbahn: schon knattert, zischt und pfeift die Lokomotive, schon sieht jemand beglückt durch das Coupéfenster die zauberhaftesten Landschaften vorbeifliegen, schon kontrolliert ein strenger Beamter die Fahrkarten, und schon ist man am Ziel; ein Gepäckträger schleppt keuchend ein Kissen ins Hotel, und da saust bereits der nächste Sessel als Automobil geräuschlos dahin, und die Fußbank schwebt als Flugzeug durch alle sieben Himmel.

Was ist das? Theater, idealstes Theater und vorbildliche Schauspielkunst. Und dabei das klare, immer gegenwärtige Bewußtsein, daß alles nur Spiel ist, ein Spiel, das mit heiligem Ernst geführt wird, das Zuschauer fordert, Zuschauer, die stumm ergeben und andächtig mitspielen. Dasselbe ist beim Schauspieler der Fall. Es ist ein Märchen, daß der Schauspieler jeden Zuschauer vergessen könnte. Gerade im Augenblick der höchsten Erregung stößt das Bewußtsein, daß Tausende ihm mit atemloser, zitternder Spannung folgen, die letzten Türen zu seinem Inneren auf.

In der frühesten Kindheit des Menschen ist die Schauspielkunst entstanden. Der Mensch, in ein kurzes Dasein gesetzt, in eine dicht gedrängte Fülle verschiedenartigster Menschen, die ihm so nahe und doch so unfaßbar fern sind, hat eine unwiderstehliche Lust, sich im Spiel seiner Phantasie von einer Gestalt in die andere, von einem Schicksal ins andere, von einem Affekt in den anderen zu stürzen. Die ihm eingeborenen, aber vom Leben nicht befruchteten Möglichkeiten entfalten dabei ihre dunklen Schwingen und tragen ihn weit über sein Wissen hinaus in den Mittelpunkt wildfremder Geschehnisse. Er erlebt alle Entzückungen der Verwandlung, alle Ekstasen der Leidenschaft, das ganze unbegreifliche Leben im Traum.

Wenn wir nach dem Ebenbilde Gottes erschaffen sind, dann haben wir auch etwas von dem göttlichen Schöpferdrang in

M. Reinhardt als Pfarrer, R. Ritter als Waldschrat, H. Müller als Nickelmann, J. Kainz als Heinrich in Hauptmanns „Die versunkene Glocke", Deutsches Theater 1896

M. Reinhardt als Mephistopheles in „Faust", 1900

M. Reinhardt als Engstrand in „Gespenster", Kammerspiele des Deutschen Theaters 1906

uns. Deshalb erschaffen wir die ganze Welt noch einmal in der Kunst, mit allen Elementen, und am ersten Schöpfungstage, als Krone der Schöpfung, erschaffen wir den Menschen nach unserem Ebenbilde.
Ich glaube an die Unsterblichkeit des Theaters. Es ist der seligste Schlupfwinkel für diejenigen, die ihre Kindheit heimlich in die Tasche gesteckt und sich damit auf und davon gemacht haben, um bis an ihr Lebensende weiterzuspielen.
Die Schauspielkunst ist aber zugleich die Befreiung von der konventionellen Schauspielerei des Lebens, denn: nicht Verstellung ist die Aufgabe des Schauspielers, sondern Enthüllung.
Wir können heute über den Ozean fliegen, hören und sehen. Aber der Weg zu uns selbst und zu unseren Nächsten ist sternenweit. Der Schauspieler ist auf diesem Weg. Mit dem Licht des Dichters steigt er in die noch unerforschten Abgründe der menschlichen Seele, seiner eigenen Seele, um sich dort geheimnisvoll zu verwandeln und, Hände, Augen und Mund voll von Wundern, wieder aufzutauchen.
Er ist Bildner und Bildwerk zugleich; er ist der Mensch an der äußersten Grenze zwischen Wirklichkeit und Traum, und er steht mit beiden Füßen in beiden Reichen.
Die autosuggestive Kraft des Schauspielers ist so groß, daß er nicht nur innere seelische, sondern ohne technische Hilfsmittel tatsächlich auch äußere körperliche Veränderungen hervorzubringen vermag. Und wenn man an jene vielbesprochenen Wunder denkt, die sich zu allen Zeiten und an vielen Orten ereignet haben, wo einfache Menschen die Passion mit so starker Einbildungskraft erlebten, daß ihre Hände und Füße Wunden aufwiesen und daß sie wirklich blutige Tränen weinten, so kann man ermessen, in welch rätselhafte Gebiete die Schauspielkunst führen kann. Es ist dies derselbe Prozeß, den Shakespeare beschreibt, wenn er sagt, daß der Schauspieler sichtlich Miene, Gestalt, Haltung, das ganze Wesen verändern und um ein fernes oder erdichtetes Schicksal weinen – und weinen machen kann.

Rede beim Festbankett des Vereins „Berliner Presse" anläßlich des 25jährigen Jubiläums als Direktor des Deutschen Theaters Berlin

1930

Meine Damen und Herren! Mein Geschick hat die Rolle, die es mir in den Schoß geworfen, in den letzten Akten so überraschend ausgebaut, daß ich davon ganz betroffen und benommen bin.

Mein Platz ist hinter den Kulissen, und ich weiß nicht, ob und wie ich der Aufgabe gewachsen bin, die mir diese Reihe von schönen Tagen und besonders der heutige Abend stellen.

Ich bin kein Mann der Improvisation und habe mir deshalb einige Notizen gemacht, aber sie erscheinen mir armselig angesichts der überwältigenden Fülle von Ehrungen, die mir zuteil geworden sind.

Ich bin ein alter Grenzjäger auf der schwankenden Linie zwischen Wirklichkeit und Traum. Mein ganzes Leben habe ich auf diesem schmalen Grenzpfad zugebracht und Güter herüber und hinüber geschmuggelt. Der Weg führte hinauf, hinunter und ist in der letzten Zeit so steil gewesen, daß ich einigermaßen außer Atem gekommen bin. Dieser Lebensabschnitt, der mir heute die höchste Freude schenkt, hat mir vor Jahresfrist das Schwerste auferlegt. Er hat mir den Bruder genommen, und ich erbe heute die Ehren, die, so wahr ich hier stehe, zum großen Teil ihm gebühren.

Solche Kurven kann das menschliche Herz nur bewältigen, wenn wir zwischen Schlaf, aus dem wir kommen, und dem Schlaf, in den wir gehen, nicht ganz nüchtern werden und wenn wir das Traumhafte aller Wirklichkeit bewußt machen.

So erlebe ich es wie einen Traum, daß ich fünfundzwanzig Jahre, mehr noch, eigentlich seit meiner Kindheit ununterbrochen gespielt habe, zu meiner eigenen Lust, und daß diese Lust damit gekrönt wird, daß sie auch vielen anderen eine Lust gewesen ist.

Wir können nur fortleben, wenn wir mit dem, was wir sind und tun, aufgenommen werden. Für den Theatermenschen ist es die Erfüllung seines Berufs. Freilich bezahlt er diesen höchsten Augenblick mit dem Leben seiner Schöpfung. Nichts als ein Abglanz kann von ihr zurückbleiben. Umso tiefer bin ich Ihnen allen zu Dank verpflichtet, daß Sie den Augenblick so festlich gestaltet und mich in den Mittelpunkt einer Feier gestellt haben, wie sie einem Theaterleiter wohl kaum je zuteil wurde.

Daß die Presse, deren Gäste wir hier sind, nicht nur diesem Jubiläum, sondern den 25 Jahren, die vorangingen, so viel Aufmerksamkeit und entscheidende Förderung geschenkt hat, daß die Reichs- und Staatsregierung mich mit Anerkennung und diese Feier mit ihrer Teilnahme auszeichnet, daß die Wissenschaft, vertreten durch die philosophische Fakultät der Universität Kiel, mich mit der Würde eines Doktors honoris causa geehrt hat – in diesen Tatsachen erblicke ich ein allgemeines Bekenntnis zur Institution des künstlerischen Theaters, das solcher Gefolgschaft mehr denn je bedarf.

Ich danke Ihnen, Herr Kultusminister Dr. Grimme, Ihnen, Herr Präsident Dr. Klein, Ihnen, Herr Professor Dr. Liepe, Ihnen, Herr Dr. Monty Jacobs, Ihnen, lieber Felix Hollaender, und Ihnen, lieber Winterstein, und Seiner Exzellenz, dem Botschafter Frankreichs als Doyen des diplomatischen Corps. Es bedrückt mich, daß ich Ihnen für alle Liebe, die Sie mir heute in Ihren Worten geschenkt haben, nicht mehr sagen kann als ein einfaches Danke. Aber was können die Schöpfer dieser Freude lieber sehen als ein glückliches Geschöpf, und das bin ich.

Ich möchte bei diesem Anlaß auch allen meinen Mitarbeitern öffentlich danken, insbesondere Felix Hollaender und Arthur Kahane, die vor 25 Jahren mit mir angefangen haben.

Aller Anfang ist schwer. Trotzdem: es ist in dieser Stadt leichter, etwas anzufangen, als in irgendeinem anderen Kunstzentrum. Das ist eine wichtige ganz unvergleichliche Eigenschaft Berlins. Und damit komme ich zu dem Dank an die vielen unzähligen Helfer, die jenseits des Vorhangs einen großen und ausschlaggebenden Anteil an unserem Werk haben.

Wenn in unseren 25 Jahren für die Kunst des Theaters wirklich etwas Repräsentatives entstanden ist, so danke ich es auch dem Publikum, das den Werken Shakespeares und der deutschen Klassiker, den Dichtungen Hauptmanns, Wedekinds und vieler anderer zu dauerndem Leben verholfen hat. Darüber geben die von unseren Dramaturgen aufgestellten Tabellen einen beglückenden Aufschluß. Denn das Kunstwerk des Theaters vollendet sich erst im Zuschauer. Das Theater ist nicht nur ein Spiegel und Abdruck der Zeit. Es trägt auch die unverkennbaren Züge des Volkes, dem es angehört. Aus den Rüpelszenen und Liedern, aus den Staatsaktionen und Mordgeschichten Shakespeares kann ich mir das Wesen des englischen Publikums jener Zeit rekonstruieren, und wenn ich glaube, daß dieser lebendigste Dramaturg auch für die gedankenschweren Monologe Hamlets einer Resonanz sicher war, ziehe ich respektvoll den Hut.

Das deutsche Theater von heute kann stolz seine Züge zur Schau tragen. Nirgends in der Welt wurden neben den deutschen Dichtern auch Ibsen und Tolstoi, Maeterlinck und Strindberg, Shaw und Pirandello so viel gespielt wie auf der deutschen Bühne. Und das ist eine tiefe Beruhigung für die weitere Entwicklung des künstlerischen Theaters in Deutschland. Deshalb darf ich mein Glas erheben auf die Zukunft des deutschen Theaters und auf das deutsche Volk, das sein Träger und Erhalter ist.

Rede zur Übergabe der Direktion des Deutschen Theaters und der Kammerspiele an Dr. Rudolf Beer und Karl Heinz Martin
1932

Es ist mir aus Ihrem Kreise nahegelegt worden, Sie hierher zu bitten, um über meinen Rücktritt von der Direktion des Deutschen Theaters zu Ihnen zu sprechen.
Es liegt mir dabei wenig an einer Veröffentlichung in der Presse. Die Öffentlichkeit ist nachgerade mit dieser Frage in einem Maß belastet worden, das weder ihrem Gewicht, noch meiner Neigung entspricht.
Unter Ihnen befinden sich jedoch Männer, mit denen mich Jahrzehnte in diesem Hause beruflich verbunden haben. Meine Schätzung für diese Mitarbeiter, die mir sonst im Dunkel gegenübersitzen, läßt mich wünschen, daß sie sich von den entscheidenden Tatsachen ein ebenso ungeschminktes, wie unverzerrtes Bild machen.
Sie müssen gestatten, daß ich die Notizen, die ich mir gestern gemacht habe, vom Blatt lese, daß ich mir aber im übrigen kein Blatt vor den Mund nehme.
Wenn ich diese Erklärung erst heute abgebe, so liegt der Grund lediglich darin, daß erst seit vorgestern ein abgeschlossenes Faktum vorliegt.
Wohl haben lange vorher verschiedene und auch mehrfach besprochene Absichten vorgelegen, jedoch kein Grund, sie zu publizieren, ehe sie verwirklicht waren.
Bis vorgestern waren entscheidende Punkte ungeklärt. Aber die Zeitung reitet schnell. Mein letzter Wille in dieser Sache war noch nicht gereift, mein Haus noch nicht bestellt, da lag ich bereits unter dem Strich mit mehr oder minder ehrenvollen Nachrufen bedeckt.
(Meine Versicherung, es sei noch gar nichts abgeschlossen, wurde bezweifelt oder als Unentschlossenheit gedeutet.)
Es blieb mir nichts übrig, als zum mindesten ein Auge zuzudrücken und unter dem Druck der allgemeinen Ungeduld die Dinge hastiger und auch schwieriger zu Ende zu führen, als es vorgesehen war.
Die Freunde meiner Arbeit erwiesen mir die Gunst, in einer Zeit, die so viel Wichtigeres in Frage gestellt hat, meinen Rücktritt mit ernster Sorge und überzeugendem Wohlwollen zu diskutieren.
Aber auch Kritiker, die mich mit ihrer Gegnerschaft ehren, verurteilten sonderbarerweise mit Entrüstung meine Niederlegung der Direktion, trotzdem sie mir im selben Atemzug die Fähigkeit zu ihrer Führung aberkannten.
Man hat meinem Entschluß alle möglichen und auch ganz unmögliche Motive unterstellt.
Nun, jeder kann den anderen naturgemäß nur im Licht seiner eigenen Persönlichkeit sehen und sein Urteil wird, was ja schon aus der grotesken Verschiedenartigkeit aller Beurteilung hervorgeht, immer weniger ein Spiegelbild des Objektes als ein Spiegelbild des einzelnen Subjektes sein.
Meine Absicht, die Direktion des Deutschen Theaters aufzugeben, kommt nicht von gestern und vorgestern. Ich habe sie bereits vor 15 Jahren mit meinem Bruder ausführlich besprochen und vor 12 Jahren mit der Übergabe der Direktion an Felix Hollaender durchgeführt. Darauf folgte die Direktion Rosen. Mein Abschied hat mit der äußeren Konjunktur, die damals so gut war, daß sie dem Theater mit der „Heiligen Johanna“ von Shaw den größten Erfolg seit seinem Bestehen brachte, überhaupt sehr wenig zu tun. Mein Entschluß wurzelt vielmehr in einer tiefen und mehr und mehr unüberwindlich gewordenen Abneigung gegen das Unternehmertum.
Am Anfang war es ein notwendiges Übel, weil kein anderer das unternommen hatte, was ich machen wollte. Aber ich hatte nie Eignung für die Geschäfte des Theaters, die mein Bruder durch seine Sachlichkeit, seine Selbstlosigkeit und Lauterkeit geadelt hatte.
Als er starb, wurde mir die Last vollends unerträglich und ich war mit meinen engsten Mitarbeitern, die noch von meinem Bruder eingesetzt worden waren, sofort einig, daß es sich nur noch um eine möglichst kurze Übergangsperiode handeln könne.
Damit soll kein Wort gegen meine Direktionsvertreter gesagt sein. Im Gegenteil, ich freue mich, bei dieser Gelegenheit aussprechen zu können, daß ich ihnen für ihre unvergleichlich hingebungsvolle Arbeit aufrichtig dankbar bin.
Herr Adamec hat die ihm von Anfang an im Einverständnis mit meinen mir befreundeten Sozietären gestellte Aufgabe, den Betrieb für mich radikal abzubauen, in diesem Jahr glänzend durchgeführt und hat obendrein geduldig stillgehalten, als man ihn mit Unrecht für den Entschluß seines Chefs verantwortlich machte. Was Herrn Herald betrifft, der in diesem Hause aufgewachsen und ein Stück von ihm ist, kann ich mit Genugtuung mitteilen, daß er heute von den ersten deutschen Bühnen Anträge hat.
Wenn ich selbst gezwungen wäre, die Direktionsgeschäfte weiterzuführen, würde ich mich keineswegs nur wirtschaftlich, sondern auch gesundheitlich und vor allem künstlerisch zugrunde richten.
Und ich glaube, daß ich nach 36 schweren Arbeitsjahren, die ich in diesem Hause begonnen habe, berechtigt bin, die Bilanz abzuschließen und das, was ich habe und was ich soll, selbst zu prüfen und zu entscheiden.
Meine Habe ist, wie das in diesen Zeitläuften nur selbstverständlich ist, arg zusammengeschmolzen und, soweit sie überhaupt noch mein ist, gegenwärtig unverwertbar. Ich werde, wenn ich den Direktionssessel verlasse, wieder von unten

anfangen. Aber da dieses Unten nur unten auf der Bühne bedeutet, bekümmert mich das im Grunde wenig. Denn hier deckt sich mein Soll mit dem mir eingeborenen Muß. Die Lust, Theater zu spielen, bleibt mir unverkümmert, wenn ich sie nicht im ersten Stock vorher und nachher selbst ausrechnen muß. Und solange meine Lust die Lust der anderen ist und die Lust der Schauspieler, der Dichter und der Zuschauer mitreißen kann, werde ich diesen Platz nicht verlassen, der meine Lebensbedingungen erfüllt und der meine Heimat ist. Ein besseres und bindenderes Versprechen kann ich nicht geben. Wer glaubt, daß mich nur die internationale Revue verlockt, hat keine Ahnung vom Wesentlichen meiner Arbeit mit dem Schauspieler.

Wenn man aber mit gesundem Leib und mit ganzer Seele da unten auf seinem Platz sein soll, kann man nicht zugleich mit Schauspielern verhandeln, Autoren beraten, Kassen prüfen, Verträge abschließen, Gewerkschaftssitzungen abhalten und mit Filmgesellschaften um die Proben streiten. Das geht über die Kraft eines Menschen, und die im Gegensatz zu früher total veränderten und in jeder Beziehung schwieriger gewordenen Verhältnisse fordern neue Männer mit neuen Methoden.

Und ich glaube an meine Nachfolger. Ihre Wahl ist keine zufällige. Karl Heinz Martin habe ich schon in früheren Jahren als ersten Regisseur herangezogen. Er hat sich inzwischen als Bühnenleiter erprobt und hat einen stillen Mut, eine sanfte Besessenheit und ist meiner Überzeugung ein legitimer Anwärter auf diesen Posten. Dr. Beer wollte ich schon vor mehr als zehn Jahren vor seiner Direktionsübernahme des Deutschen Volkstheaters zu meinem Mitarbeiter machen. Er ist klug, energisch, liebenswürdig, geschäftlich außerordentlich gewandt und sparsam. Er hat eine glückliche Witterung für das Kommende und den brennenden Ehrgeiz es durchzusetzen. Das Beste ist die enge, in vielen Jahren bewahrte Verbundenheit zwischen den beiden. Sie werden einen namhaften Dramaturgen im eigentlichen Sinne dieses Wortes zur Seite haben und das Theater im übrigen ohne großen Verwaltungsapparat weiterführen. Der Boden ist gut. Der Segen freilich muß von oben, vom Dichter kommen, nicht aus irgendeiner literarischen Richtung, sondern von dem Dichter, der im Innersten Schauspieler ist.

Das Deutsche Theater ist das einzige künstlerische Privattheater in der Welt, das sowohl unter meinen Vorgängern Brahm und L'Arronge als auch unter meiner Direktion sich ohne jede Subvention und daher frei von jeder politischen und parteilichen Bindung aus eigenen Mitteln erhalten hat. Hier sind die Klassiker immer wieder erneuert worden. Hier sind Büchner und Lenz, Hauptmann, Ibsen, Strindberg, Wedekind, Bernard Shaw, Tolstoi, Maeterlinck, Georg Kaiser, Sternheim, Werfel, Bruckner, Zuckmayer, Brecht und Horvath dem lebendigen Spielplan einverleibt worden. Fast alle Schauspieler von Rang und Namen und alle weiter fortwirkenden Bewegungen sind von diesem Hause ausgegangen. Man kann sagen, es war der Spiegel und die abgekürzte Chronik seiner Zeit. Und deshalb darf ich Sie mit Recht und Ernst bitten, weiter mitzuhelfen, um es zu erhalten.

Es ist das letzte Bollwerk gegen das Geschäftstheater, das in allen anderen Großstädten längst dominiert. Ich für mein Teil kann nicht besser helfen als durch das, was ich tue.

Olaf Gulbransson, Interwiev: Papst, Reinhardt, Karl Vollmoeller

An die Nationalsozialistische Regierung Deutschlands

Sehr geehrter Herr Minister!
Die ungeheuren Umwälzungen seit dem Kriege, die keine Institution der Welt unberührt ließen, das Absterben der alten Wirtschaftsformen und zuletzt die große innerpolitische Bewegung in Deutschland haben die früher unter meiner Leitung stehenden Theater in Berlin in ihren Fundamenten erschüttert.
Als Angehöriger der alten österreichisch-ungarischen Monarchie bin ich im Jahre 1895 an das Deutsche Theater gekommen. Ich habe also nahezu vier Jahrzehnte hindurch als Schauspieler, Lehrer, Spielleiter unaufhörlich für dieses Institut gearbeitet. Es steht mir nicht an, über den Wert dieser Arbeit selbst zu urteilen. Unbestritten bleibt die Tatsache, daß das Deutsche Theater in dieser Zeit führende Bühne Deutschlands gewesen ist, nicht nur im Inland, auch im Ausland, und daß von ihr alle entscheidenden Bewegungen ausgegangen sind, sowohl in der dramatischen Dichtung, in der Erziehung der Schauspieler zur Ensemblekunst, in der Spielleitung (die in diesem Hause geboren wurde), wie in den zahllosen bühnentechnischen Neuerungen, die heute Allgemeingut geworden sind.
Indem es das Lebenswerk der zeitgenössischen Dichter Gerhart Hauptmann und Frank Wedekind zuerst und vollkommen auf die Bühne brachte, Carl Hauptmann, Schmidtbonn, Eulenberg, Stucken, Sternheim, Kaiser, Zuckmayer usw. aufführte, die deutschen Klassiker in großen Zyklen erneuerte, nie vorher gespielte Werke der deutschen Stürmer und Dränger Büchner, Grabbe, Lenz, Wagner, Klinger dauernd dem Spielplan einverleibte und ohne jegliche Subvention oder staatliche Förderung sich nur mit seiner eigenen Arbeit erhalten hat, indem es ferner den deutschen Tondichtern Richard Strauss, Hans Pfitzner, Engelbert Humperdinck, den deutschen Malern Lovis Corinth, Ludwig von Hofmann, Kruse u.a. bedeutsame Anregungen und Aufträge gab, hat es zum Mindesten für seine Zeit den Begriff Deutsches Theater über allen Tagesstreit hinaus erfüllt.
Daß es daneben die repräsentativen Dramatiker des Auslandes, die nordischen Dichter Ibsen, Strindberg und Hamsun, den Engländer Shaw, den Italiener Pirandello, den Flamen Maeterlinck, den Russen Tolstoi, den Österreicher Hofmannsthal früher und häufiger spielte als sie in ihrem eigenen Vaterland gespielt wurden, daß es die Werke Molières und Calderóns, ganz besonders aber das Gesamtwerk Shakespeares als lebendigstes Gut erhielt, während die Aufführungen dieser Dichter in ihrer Heimat fast nur mehr museale Bedeutung haben – damit hat es nur die aller Ehre würdige Gepflogenheit der deutschen Bühne fortgeführt, der die geistige Eroberung und Durchdringung ausländischer Dichtung von jeher eigentümlich ist. Aber nach meiner Überzeugung kann das Deutsche Theater ebenso stolz sein auf das, was es nicht gespielt hat, zum Beispiel, daß es niemals eine Konjunktur fruktiziert hat und nur Werke in seinen Spielplan aufnahm, die aus der Zeit wuchsen und nicht für die Zeit hergestellt waren.
Das Recht, meine persönliche Arbeit zu beurteilen, erkenne ich in erster Reihe den Schauspielern zu, die ihr am nächsten verbunden waren. Daß es beinahe ausnahmslos alle namhaften, heute an deutschen Bühnen tätigen Schauspieler sind, die zum überwiegenden Teil von mir entdeckt und ausgebildet wurden, sichert meiner Arbeit einen fortwirkenden Bestand, wie immer sich das Theater in Deutschland zukünftig auch entwickeln mag.
Und da ich dem deutschen Wesen, dem ich mit augenblicklich verschmähter, trotzdem unerschütterter Liebe anhänge, Wahrheit, Bekennertum und Treue eingeboren weiß, glaube ich, daß dieser immer wieder dankbar beschworene Zusammenhang auch heute nicht verleugnet werden kann.
Ich führe diese Tatsache nicht etwa an, um irgendeinen Anspruch darauf zu gründen. Ich will, im Gegenteil, gleich vorausstellen, daß ich für mich nichts erhoffe oder erbitte.
Meine Arbeit auf der Bühne ist mir immer die wesentlichste Aufgabe gewesen. Ich habe alle Ursache, anzunehmen, daß ich mit meiner Tätigkeit dem Theater auch in schwerer Zeit hätte entscheidend helfen können. Das neue Deutschland wünscht jedoch Angehörige der jüdischen Rasse, zu der ich mich selbstverständlich uneingeschränkt bekenne, in keiner einflußreichen Stellung. Ich könnte aber auch, selbst wenn diese geduldet werden würde, in solcher Duldung niemals die Atmosphäre finden, die meiner Arbeit notwendig ist. Ohne Wohlwollen kann ein künstlerisches Theater gerade unter den heutigen Umständen nicht bestehen. Die lebendige Kunst des Theaters ist ja nicht nur abhängig vom Können, sondern auch vom Gönnen.
Da es mir aber zugleich im Innersten widerstrebt, etwa irgendeine der auf Grund gewisser Protestbewegungen sich andrängenden internationalen Möglichkeiten wahrzunehmen, sehe ich mich auch wirtschaftlich nicht in der Lage, das Deutsche Theater von außen her in entsprechendem Maße zu stützen.
Deshalb bleibt mir, als bisherigen Eigentümer des Deutschen Theaters, der Kammerspiele und als Anteilhaber des Großen Schauspielhauses, nur die eine Möglichkeit, die Übernahme meines Lebenswerkes Deutschland anzutragen. Das ist der Zweck dieses Schreibens und zugleich der einzige Grund, weshalb ich mich bemüßigt fühle, darin Rechenschaft über meine Theaterführung abzulegen.

Der Entschluß, mich endgültig vom Deutschen Theater zu lösen, fällt mir naturgemäß nicht leicht. Ich verliere mit diesem Besitz nicht nur die Frucht einer siebenunddreißigjährigen Tätigkeit, ich verliere vielmehr den Boden, den ich ein Leben lang bebaut habe und in dem ich selbst gewachsen bin. Ich verliere meine Heimat. Was das bedeutet, brauche ich denen nicht zu sagen, die diesen Begriff über alles stellen.

Da jedoch der Wille des Staates eine Lage geschaffen hat, in der es mir unmöglich geworden ist, mein Lebenswerk weiter zu betreuen und die mit ihm verbundenen Verpflichtungen zu erfüllen, so muß ich es als eine Selbstverständlichkeit erkennen, dieses Werk in seinem ganzen Umfang dem Staat zu überlassen.

Das Deutsche Theater ist nunmehr ein halbes Jahrhundert lang nicht nur für Berlin, sondern für ganz Deutschland die Stätte gewesen, an der die künstlerischen Entwicklungskämpfe der deutschen Bühne ausgetragen und zum Sieg geführt wurden. Während die staatlichen Bühnen, wie überall, vornehmlich Werke der Vergangenheit pflegen, eine Tradition zu wahren und ein Ensemble zu erhalten haben, das naturgemäß nur schwer auswechselbar bleibt, kann sich das Deutsche Theater auf eine Tradition berufen, die Dichter der Gegenwart und immer wieder neue Schauspieler entdeckt und durchgesetzt zu haben. Die Entwicklung dieses Hauses ist selbstverständlich nicht abgeschlossen, sie hat meinen Vorgänger, Otto Brahm, über die Sozietät erster Schauspieler, für deren Ensemble das Theater ursprünglich gegründet wurde, in die Epoche des deutschen Naturalismus geführt und mich über sein außerordentlich verdienstvolles Werk hinaus zu den Aufgaben getragen, die meine Zeit mir gestellt hat. Sie wird auch der künftigen Leitung des Deutschen Theaters auferlegen, nach Shakespeares Wort der Spiegel ihrer Zeit zu sein und deren künstlerische Ausstrahlungen in seinem Brennpunkt zu sammeln. Insofern steht das Theater auch über der Person seines jeweiligen Leiters und ist letzten Endes unabhängig von ihr. Neben der Erfüllung der Hauptaufgabe, den lebendigen Strömungen der Zeit erschlossen zu bleiben und die nationalen dramatischen Werke ans Licht zu heben, hat das Deutsche Theater sich durch zahlreiche Gastspiele in allen Hauptstädten der Welt einen unvergleichlichen internationalen Ruf geschaffen.

Diese Geltung nach außen und innen, die dem Deutschen Theater eine Vorrangstellung in der Welt und als einzigem Privattheater vor sechs Jahren die staatliche Zuerkennung als Gemeinnützigkeit einbrachte, ist ein hoher Wert, der unter allen Umständen seine Pflege und Erhaltung rechtfertigt.

Er gehört zum Nationalvermögen Deutschlands.

Die Genugtuung, dazu mit der besten Kraft meines Lebens beigetragen zu haben, mildert die Bitterkeit meines Abschieds.

Wollte man dieses Haus nicht erhalten, sondern fallenlassen, so würde man durch den aufsehenerregenden Zusammenbruch des weltberühmten Institutes dem deutschen Bühnenwesen an weithin sichtbarer Stelle eine Bresche schlagen, die gewiß nicht von heute auf morgen auszufüllen wäre. Das organische Wachstum derartiger Kunst- und Erziehungsstätten wird erfahrungsgemäß nicht allein mit zielbewußt festgelegten Programmen, sondern entscheidend von den unberechenbaren Lebenssäften gespeist, die ihm durch Generationen von selbst zuströmen. Eine weit zurückreichende, fast ununterbrochene Kette populärer Erfolge hat diesem Haus einen Kredit geschaffen, der ihm auch in weniger fruchtbaren Zeiten eine gewisse Anziehungskraft sichert. Und es läßt sich nicht bestreiten, daß der Strom dramatischer Dichtung schwächer fließt, wenn die Zeit selbst so dramatisch ist wie im Augenblick.

Ich weiß, daß die Regierung es als eine ihrer vornehmsten Aufgaben bezeichnet hat, alle nationalen Werte zu erhalten, und daß sie den kulturellen Aufgaben, insbesondere der Pflege des Theaters, von Anfang an eine entschlossene Förderung zuwendet.

Tatsächlich ist ja die Wirkungsmacht des Theaters das spontanste Mittel zur Auslösung des künstlerischen Wesens eines Volkes, sowohl in bezug auf seine schöpferischen Kräfte als auch auf die Kraft seiner Empfängnis.

Zur Erfüllung dieser Mission, die bisher hauptsächlich in privaten Händen lag, ist heute ausschließlich der Staat berufen. Er ist auch einzig in der Lage, den Weg, den er als notwendig erkannt hat, nach seinem Willen auszubauen und ihm das erstrebte Ziel zu setzen, das nur ihm selbst erreichbar ist. Die Regierung hat mit der Organisation des Theaterbesuches einen entscheidenden und nach meiner Überzeugung unerläßlichen Schritt zur Sicherung des künstlerischen Theaters getan. Ein Versuch dazu, der überraschend erfolgreich einsetzte, wurde vor Jahren auch vom Deutschen Theater in Verbindung mit den staatlichen Institutionen und anderen Theatern unternommen. Aber die Zeit, derartige Institutionen privat durchzuführen, ist vorbei. Es wird in Zukunft bestimmt nicht mehr möglich sein, ohne staatliche Sicherstellung ein künstlerisches Unternehmen zu führen.

Immerhin kann ich darauf hinweisen, daß ich in allen früheren Jahren, solange das Deutsche Theater und die mit ihm verbundenen Bühnen unter meiner Leitung standen, sie zu erhalten und die großen, immer mehr wachsenden Steuerlasten zu tragen vermocht habe ohne irgendeine Subvention und ohne die reichen Möglichkeiten, die dem Staate als Unternehmer ohne weiteres zur Verfügung stehen.

Schließlich spricht für die Lebenskraft und die Lebensnotwendigkeit des Deutschen Theaters auch der statistisch feststehende Nachweis, daß es bis zuletzt, im Verhältnis zu den anderen Berliner Theatern, die weitaus größten Besucherziffern aufzuweisen hatte.

Wenn ich nun aus den gegebenen Umständen die einzig mögliche Folgerung ziehe und dem Staat meinen Besitz überlasse, so nehme ich mit gutem Gewissen die Überzeugung mit mir, daß ich damit eine Dankesschuld abtrage für meine langen glücklichen Jahre in Deutschland.

Max Reinhardt in den Jahren der Emigration

Kapitel 2

Über Max Reinhardt

Kritiken
Erinnerungen
Kommentare

Arthur Kahane

Max Reinhardt

Ich glaube nicht, daß ich meine erste Begegnung mit Max Reinhardt so leicht vergessen werde. Ich kann nicht bestreiten, daß sie in meinem Leben eine Rolle gespielt hat.
Meine erste Begegnung mit Reinhardt war natürlich nicht meine erste Begegnung mit ihm. Ich hatte ihn bereits einige Jahre vorher auf der vierten Galerie des Wiener Burgtheaters kennengelernt. Wo gibt es einen berühmteren Zeitgenossen, den man nicht auf der vierten Galerie des Burgtheaters kennengelernt hat? Ich bin nicht überzeugt, daß man nicht sogar Mussolini, Chaplin, Breitensträter – Mussolini wird es natürlich ableugnen.
Wer die vierte Galerie des Burgtheaters nicht persönlich erlebt hat, dem wird man sie nie begreiflich machen können. Die vierte Galerie des Burgtheaters war nicht etwa eine Theaterbillettkategorie (die billigste!) mit nicht numerierten Sitzplätzen, sondern ein Tempel (Tempel, nicht Synagoge); eine geweihte Stätte der Begeisterung; ein Sammelplatz der kunstliebenden Jugend Wiens; die Erziehung zur Kunst, und zwar zu einer strengen Anschauung der Kunst; ein Treffort der genauesten Theaterkenntnis, des geschultesten Theaterverständnisses und der unerbittlichsten Theaterkritik; und eine Schule stärkster Begabungen. Das Kapitel von der anonymen Bedeutung der vierten Galerie des Burgtheaters für die Theatergeschichte ist noch zu schreiben. Sie bildete eine esoterische Gemeinde. Sie ersetzte eine Weltanschauung. Und ich habe Männer gekannt, die bis in ihr reifstes Alter keine andere mehr bekamen. So einer war jener Baron Alfred Berger, den Liebermann gemalt hat, und den ein unbegreifliches Geschick gezwungen hat, das Deutsche Schauspielhaus in Hamburg zu begründen, während es das ihm vorgezeichnete Schicksal war, sein ganzes Leben lang vergeblich auf die Direktion des Burgtheaters zu warten. Viele andere bekamen sie, nur er nicht; und als er sie endlich bekam, starb er. Aber die Weltanschauung der vierten Galerie des Burgtheaters war er sein ganzes Leben nicht losgeworden.
Ein wesentlicher Bestandteil dieser Gemeinde waren Schauspielschüler. Und Max Reinhardt war einer von ihnen, als ich ihn kennen lernte. Seine Kollegen in jenen Jahrgängen sagten von ihm übereinstimmend: „Der hat das stärkste Talent von uns allen!"
Die jungen Schauspielschüler sind nach meiner Erfahrung die Menschen, die am meisten vom Theaterspielen verstehen, das schärfste und unbestechlichste Urteil haben und mit ihren Prophezeiungen fast immer recht behalten.
Sie behielten es auch diesmal, und es dauerte nicht lange, bis sein Talent aus dem Dunkel hervorgezogen wurde. Die schauspielerischen Kinderkrankheiten des Verkanntwerdens und der Provinzmisère blieben ihm erspart: schon in seinem ersten Provinzengagement in Salzburg, der Lieblingsstadt seines Schicksals, sah und erkannte ihn Brahm und engagierte ihn ans Deutsche Theater nach Berlin, wo Reinhardt nach einem kurzen Preßburger Sommerintermezzo eintrifft, um bald darauf in der vordersten Reihe der vorbildlichen Truppe zu stehen.
Ich aber begegnete ihm zum zweiten und zum dritten Male wieder in der Heimatstadt Wien, wohin er mit einigen, den jüngeren Kollegen des Brahm-Ensembles, in ersten direktorialen Regungen selbständige Gastspielabstecher unternahm, die zugleich Ausflüge in jenes romantische oder eigentlich neuromantische Land bedeuteten, dem konsequenten Naturalisten Brahm das versagte, Reinhardt und seinen mitstrebenden Freunden das gelobte Land ihrer künstlerischen Wünsche. Hier erholten sie sich von Milieu und Gesellschaftskritik und tobten sich zum erstenmal an Maeterlinck, Strindberg und Hamsun, am romantischen Ibsen, am übernaturalistischen Tolstoi nach Herzenslust aus. Zu dieser Herzenslust stellte Wien, die unnaturalistischste aller Städte, den zauberhaftesten Hintergrund, und die jungen Norddeutschen fühlten sich (honny soit!) sauwohl und quietschvergnügt, Reinhardt aber zu Hause und machte – damals schon – die Honneurs des Hausherrn, dessen Würde ihn durchaus nicht behinderte, dem knabenhaft ausgelassensten Allotriatreiben den unbeschreiblich komisch führenden Ton anzugeben. An ernste Tage begeisterter Arbeit und begeisterter Erfolge schlossen sich fidele, wenn auch lange Nächte; „Der Papst ist tot! Woran starb der Papst? Er starb am Pips" wurde in unzähligen Variationen gefeiert, und von vielem, das später ausgebrütet werden sollte, wurde da das Ei gelegt. Wer ahnte die Geburt der Tragödie aus dem Geiste des Stumpfsinns! (Denn dieser Stumpfsinn hatte Geist.)
Einer ahnte: Reinhardt.
In Berlin entwickelte sich aus diesen Spielen, im losen Vereine mit einigen jungen Schriftstellern und Malern, gleichgesinnten Deserteuren des Naturalismus, jene berühmte „Brille", aus der „Brille" wurde „Schall und Rauch", aus „Schall und Rauch" das Kleine Theater unter der Führung von Max Reinhardt.
Er stand gerade davor, die von ihm gebaute Einakterbühne in ein richtiggehendes Theater mit richtigen Schauspielern und richtigen abendfüllenden Stücken zu verwandeln. Dazu brauchte er einen richtigen Dramaturgen. Da schickte ihm der liebe Gott im richtigen Augenblick einen Traum ...
Das heißt, das nehme ich bloß so an. Kurz, damals begegnete ich ihm.
Es war im Spätsommer des Jahres 1902. Wir saßen im Café

Monopol, an dem langen Stammtisch in der Mitte des Lokals, in einer großen Gesellschaft von Freunden und Bekannten. Da winkte mir Reinhardt und ersuchte mich, ihm an einen Nebentisch zu folgen.

Wir saßen allein, an einem Tisch im hintersten Winkel des langgestreckten Raumes. Das Kaffeehaus existiert schon lange nicht mehr, aber der Winkel und der Tisch leben in meiner Erinnerung bis ans Ende aller Tage. Reinhardt sagte mir, daß er für seine Pläne einen Dramaturgen suche, und warum er glaubte, daß ich der rechte Mann für ihn sei; und als ich ohne Überlegen freudig zugriff, weil die mir angebotene Stellung die genaue Verwirklichung meiner damaligen Träume bedeutete und ich es prinzipiell vermeide, aus kaufmännisch vorsichtiger Berechnung meine Freude zu verstecken, wenn mir ein Herzenswunsch erfüllt wird, fuhr er fort:

„Was mir vorschwebt, ist ein Theater, das den Menschen wieder Freude gibt. Das sie aus der grauen Alltagsmisère über sich selbst hinausführt, in eine heitere und reine Luft der Schönheit. Ich fühle es, wie es die Menschen satt haben, im Theater immer wieder das eigene Elend wiederzufinden und wie sie sich nach helleren Farben und einem erhöhten Leben sehnen.

Das heißt nicht, daß ich auf die großen Errungenschaften der naturalistischen Schauspielkunst, auf die nie vorher erreichte Wahrheit und Echtheit verzichten will! Das könnte ich nicht, auch wenn ich wollte. Ich bin durch diese Schule durchgegangen und bin dankbar, daß ich es durfte. Die strenge Erziehung zu unerbittlicher Wahrheit ist aus der Entwicklung nicht mehr wegzudenken, und es gibt keine, die an ihr vorübergehen kann. Aber ich möchte ihre Entwicklung weiterführen, sie auf anderes anwenden als auf Zustands- und Umweltschilderung, über Armeleutgeruch und die Probleme der Gesellschaftskritik hinaus, möchte denselben höchsten Grad von Wahrheit und Echtheit an das rein Menschliche wenden, in einer tiefen und verfeinerten Seelenkunst, und möchte das Leben auch von seiner anderen Seite zeigen als der pessimistischer Verneinung, aber ebenso wahr und echt auch im Heitern und erfüllt von Farbe und Licht.

Ich denke nicht daran, mich auf ein bestimmtes literarisches Programm festzulegen, auf den Naturalismus so wenig wie auf ein anderes. Ich fühle freilich, daß die mir höchste Kunst unserer Zeit, die Tolstois, weit über den Naturalismus hinausgewachsen ist, daß im Ausland Strindberg, Hamsun, Maeterlinck, Wilde ganz andere Wege gegangen sind, in der deutschen Kunst Wedekind und Hofmannsthal andere Wege gehen; und ich spüre überall neue, junge Kräfte im Wachsen, auf neuen Wegen. Was es in unserer Zeit an neuen Begabungen gibt, von welcher Seite sie mir zuströmen, sie sollen mir willkommen sein. Ich werde auch das Experiment nicht scheuen, wenn ich an seinen Wert glaube: Was ich nicht machen werde, ist das Experiment um des Experimentes willen, Literatur um der Literatur willen. Ich kann nur machen, woran ich glaube. Mit dem Mißerfolg, mit dem Achtungserfolg ist weder dem Autor, noch dem Theater gedient, und nicht der hilft einem Dichter, der ihn spielt, sondern nur der, der ihm zum Siege über das Publikum verhilft, der ihn durchsetzt.

Freilich ist mir das Theater mehr als eine Hilfskunst anderer Künste. Es gibt nur einen Zweck des Theaters: das Theater, und ich glaube an ein Theater, das dem Schauspieler gehört. Es sollen nicht mehr, wie in den letzten Jahrzehnten, die rein literarischen Gesichtspunkte die allein herrschenden sein. Es war so, weil Literaten das Theater beherrschten; ich bin Schauspieler, empfinde mit dem Schauspieler, und für mich ist der Schauspieler der natürliche Mittelpunkt des Theaters. Er war es in allen großen Zeiten des Theaters. Das Theater schuldet dem Schauspieler sein Recht, sich von allen Seiten zu zeigen, nach vielen Richtungen zu betätigen, seine Freude am Spiel, an der Verwandlung. Ich kenne die spielerischen, die schöpferischen Kräfte im Schauspieler, und ich hätte manchmal nicht übel Lust, etwas von der alten Commedia dell' arte in unsere allzu disziplinierte Zeit zu retten, nur um dem Schauspieler wieder von Zeit zu Zeit die Gelegenheit zu geben, zu improvisieren und über die Stränge zu schlagen.

Ich werde an meine Schauspieler die höchsten Ansprüche stellen. Wahrheit und Echtheit verstehen sich von selbst: aber ich verlange mehr. Ich will schöne Menschen um mich haben; und ich will vor allem schöne Stimmen hören. Eine gepflegte Kunst der Sprache, wie es sie einmal am alten Burgtheater gab, nur nicht mit dem Pathos von damals, sondern mit dem Pathos von heute. Ich werde mir den besten Vortragsmeister holen, und ich werde selbst nicht müde werden, an dieser Aufgabe zu arbeiten, bis ich es erreicht habe, daß man wieder die Musik des Wortes hört.

Ich denke mir ein kleines Ensemble der besten Schauspieler. Intime Stücke, deren Qualität sich von selbst versteht, von guten Schauspielern gut gespielt; bis in die kleinste Rolle nicht mit einem guten, sondern mit dem dafür besten Schauspieler besetzt und so sorgfältig einstudiert, daß die stärksten und auseinderstrebendsten Individualitäten wie in einem Akkord zusammenklingen. Das ist es, was ich mir zum Ziel gesetzt habe.

Erinnern Sie sich an jene köstlichen Wiener Abende, die wir im Bösendorfer Saale erlebten, wenn das Rosé-Quartett Kammermusik von Haydn, Mozart und Beethoven spielte? Etwas Ähnliches möchte ich erreichen. Das, was mir vorschwebt, ist eine Art Kammermusik des Theaters. Man muß es so weit bringen, daß die Besten des Publikums sich sagen: In dieses Theater kann man immer gehen, was auch gespielt wird; man kann sich darauf verlassen, daß hier nur das Beste und auf die beste Art geboten wird.

Und dann, wenn ich mein Instrument so weit habe, daß ich darauf spielen kann, wie ein Geiger auf seiner kostbaren alten Geige, wenn es mir gehorcht, wie ein gut eingespieltes Orchester dem Dirigenten, dem es blindlings vertraut, dann kommt das Eigentliche: dann spiele ich die Klassiker. Sie sehen mich erstaunt an? Ja, ich halte die Klassiker für den heiligsten Besitz des Theaters. Ich sehe in den Werken der klassischen Dichter den naturgegebenen eisernen Grundbestand des Repertoires. Und für mich beginnt Schauspielkunst erst da, wo sie sich in den großen klassischen Aufgaben bewährt. Alles andere ist Kinderspiel dagegen: Sie ahnen nicht, wie leicht es im Grunde ist, die naturalistischen Stücke gut darzustellen: ich getraue mir, auch begabte Dilettanten so weit zu bringen. Schauspieler ist einer erst, wenn er bewiesen hat, daß er Shakespeare spielen kann. Ich will Shakespeare spielen, und ich bin meiner Sache vollkommen sicher. Gewiß, ich kenne den Geruch von Langeweile, der den üblichen Klassikeraufführungen anhaftet, und ich verstehe das Publikum, wenn es draußen bleibt; ich weiß, welche Patina von Pathos und leerer Deklamation eine erstarrte Hoftheatertradition über diese Werke gelegt hat. Dieser Staub muß weg. Man muß die Klassiker neu spielen; man muß sie so spielen, wie wenn es Dichter von heute, ihre Werke Leben von heute wären. Man muß sie mit neuen Augen anschauen, mit derselben Frische und Unbekümmertheit anpacken, wie wenn es neue Werke wären, man muß sie aus dem Geiste unserer Zeit begreifen, mit den Mitteln des Theaters von heute, mit den besten Errungenschaften unserer heutigen Schauspielkunst spielen. Der edle alte Wein muß in neue Schläuche gegossen werden. Und, glauben Sie mir, er wird schmecken.

Von den Klassikern her wird ein neues Leben über die Bühne kommen: Farbe und Musik und Größe und Pracht und Heiterkeit. Das Theater wird wieder zum festlichen Spiel werden, das seine eigentliche Bestimmung ist. Theater ist Reichtum und Fülle, man wird wieder den Mut haben, sich auszubreiten, man wird aufatmen, von der strengen Zucht der Sparsamkeit, von der engen Kunst des Sichverkneifenmüssens für eine Weile befreit zu sein. Ich kann Ihnen nicht sagen, wie ich mich nach Musik und Farbe sehne. Ich habe die Absicht, die besten Maler heranzuziehen, ich weiß, wie sie darauf warten und wie sehr sie die Sache des Theaters beschäftigt, und ich möchte, wie man für jede Regieaufgabe den geeigneten Regisseur sucht, jede Rolle mit dem geeignetsten Schauspieler besetzt, für jedes einzelne Werk den geeignetsten, womöglich den einzig geeigneten Maler ausfindig machen.

Man müßte eigentlich zwei Bühnen nebeneinander haben, eine große für die Klassiker und eine kleinere, intime, für die Kammerkunst der modernen Dichter. Schon damit die Schauspieler in keinem Stil erstarren und sich an beiden Darstellungsarten abwechselnd erproben können. Und weil es in manchen Fällen notwendig sein wird, moderne Dichter wie Klassiker und gewisse klassische Werke mit der ganzen Intimität moderner Seelenkunst zu spielen.

Und eigentlich müßte man noch eine dritte Bühne haben, lachen Sie nicht, ich meine es in vollem Ernst, und ich sehe sie schon vor mir, eine ganz große Bühne für eine große Kunst monumentaler Wirkungen, ein Festspielhaus, vom Alltag losgelöst, ein Haus des Lichts und der Weihe, im Geiste der Griechen, aber nicht bloß für die griechischen Werke, sondern für die große Kunst aller Zeiten bestimmt, in der Form des Amphitheaters, ohne Vorhang, ohne Kulissen, vielleicht sogar ohne Dekorationen, und in der Mitte, ganz auf die reine Wirkung der Persönlichkeit, ganz aufs Wort gestellt, den Schauspieler, mitten im Publikum, und das Publikum selbst, Volk geworden, mit hineingezogen, selbst ein Teil der Handlung, des Stückes. Mir war der Rahmen, der Bühne und Welt trennt, nie etwas Wesentliches, meine Phantasie hat sich seiner Despotie nur ungern gefügt, ich sehe in ihm nur einen Notbehelf der Illusionsbühne, des Guckkastentheaters, aus den spezifischen Bedürfnissen der italienischen Oper hervorgegangen und nicht für alle Zeiten gültig, und alles, was diesen Rahmen sprengt, die Wirkung erweitert und steigert, den Kontakt mit dem Publikum verstärkt, ob nach der intimen oder nach der monumentalen Seite hin, wird mir immer willkommen sein. Wie mir alles willkommen sein wird, was die ungeahnten Möglichkeiten des Theaters zu vermehren geeignet ist.

Zwischendurch müssen wir natürlich, von Zeit zu Zeit, aber immer wieder, reisen; müssen das im engen Kreise Erworbene uns in anderen Städten, anderen Ländern, anderen Kontinenten bestätigen lassen. Um nicht in der sicheren Anerkennung eines allzu vertrauten Publikums auszuruhen und zu erstarren; um gezwungen zu sein, vor neuen Ohren, neuen Menschen, die nichts von uns wissen als ihren unmittelbaren Eindruck, uns zu erneuen; um das fremdsprachige Echo zu hören, das Schauspielkunst braucht, wenn sie sich reif fühlt, die Welt zu erobern. Und dann auch, weil ich persönlich mich nirgends so wohl fühle wie auf Reisen."

Das alles sagte mir der junge Max Reinhardt bei unserer ersten Unterredung im Spätsommer des Jahres 1902. Genau so, ich habe keinen seiner Gedanken vergessen und keinen hinzugesetzt. Er sprach ruhig, klar, seines Willens bewußt. Nicht um einen Ton anders, als er heute sprechen würde, wenn er sein Werk überschaut: denn der Mensch ändert sich nicht, wie Reinhardt zu sagen pflegt.

Und dann hat er alles, was er damals sagte, Punkt für Punkt und Schritt um Schritt, in Wirklichkeit umgesetzt.

Max Epstein

Max Reinhardt bis zur Gründung des Deutschen Theaters

Max Reinhardt wurde als ältester Sohn des Verlagsgehilfen Goldmann am 9. September 1873 in Baden bei Wien geboren. Frühzeitig begann er, sich bei Emil Bürde in Wien für die Bühne vorzubereiten und in Liebhabervorstellungen eines Theatervereins aufzutreten. Von Anfang an zeigte sich seine ausgesprochene Begabung für die Darstellung von Gestalten, die um ein oder zwei Menschenalter älter zu sein hatten als er. Für den Winter 1893/94 fand er sein erstes Engagement am Salzburger Stadttheater, das sein letztes Provinztheater-Engagement war. In Salzburg sah ihn Otto Brahm, der auf der Suche nach neuen Kräften für sein Deutsches Theater war, und engagierte ihn nach Berlin. Am Deutschen Theater spielte er zunächst kleine Rollen, bis er durch die Sorgfalt seiner Darstellung so auffiel, daß Brahm ihn zu größeren Aufgaben heranziehen konnte. Seine Schweigsamkeit und ruhige Gemessenheit brachte ihn Brahm auch menschlich näher. Schon im dritten Spieljahr durfte Reinhardt den alten Foldal in „John Gabriel Borkmann“ spielen, im vierten den alten Wulkow im „Biberpelz“, im fünften den alten Hauffe im „Fuhrmann Henschel“, im sechsten den alten Scholz im „Friedensfest“, im siebenten den alten Akim in der „Macht der Finsternis“. Mit diesem errang Reinhardt einen so großen Erfolg, daß er der Lieblingsschauspieler Brahms wurde und nun auch Rollen erhielt, denen er ganz und gar nicht gewachsen war. An jenem Tage, wo Max Reinhardt im Deutschen Theater den verneinenden Schalk Mephisto spielte, wurde die Sezessionsbühne unter der Direktion von Paul Martin und Dr. Martin Zickel eröffnet. Diesen Martin, der mit seinen vierundzwanzig Jahren auch nur steinalte Leute spielen konnte, hatte Brahm auf derselben Entdeckungsreise in Wien gefunden und nach Berlin gebracht. Mit ihm hatte sich der junge Germanist Zickel zur Aufführung von Werken vereinigt, die man an keiner Berliner Bühne, besonders aber nicht bei dem nüchternen Brahm, sehen konnte. Im Neuen Theater spielte man mit Erfolg Wedekinds „Kammersänger“ und D'Annunzios „Gioconda“. Die freundliche Aufnahme dieser Vorstellungen veranlaßte Martin, eine aus lauter Interessenten bestehende Gesellschaft zu bilden, das verwahrloste Theater Max Samsts am Alexanderplatz, worin sich Viktor Bausenwein mit der Operette plagte, durch Keller und Reiner umbauen zu lassen und darin die von Brahm nicht geschätzte junge Literatur

Otto Brahm

anzusiedeln. Schon der erste Versuch mit der Aufführung von Ibsens „Komödie der Liebe“ scheiterte an der Unzulänglichkeit der Mittel. Am selben Tage scheiterte auch Max Reinhardt mit seiner Darstellung des Mephisto, in einer Vorstellung, in der Albert Bassermann den Brander spielen durfte. Auch als Hauptmanns Michael Kramer versagte Max Reinhardt.

Dagegen hatte er wohl erkannt, worin die Schwäche und die Stärke Brahms lag. Er brauchte das keineswegs zu entdecken. Zickel und Martin hatten das bereits gefühlt. Er sah, daß das künstlerische System Brahms über kurz oder lang zusammenbrechen müsse, und glaubte sich stark genug, um die Gegenströmung zum Siege zu bringen. Wirtschaftlich war er noch recht abhängig. Brahm zahlte keine großen Gagen. Else Lehmann bekam achttausend Mark, und Reinhardt mußte sich mit weit weniger begnügen.

Einige jüngere Schauspieler des Deutschen Theaters hatten eine gesellige Vereinigung gegründet, der sie den Namen „Die Brille“ beilegten. Diese private Vereinigung wurde geleitet von Max Reinhardt und Friedrich Kayßler. Mitglieder waren Richard Vallentin, Paul Biensfeldt, Christian Morgenstern und andre. Der künstlerische Ulk, den man hier trieb, wurde Sylvester 1900 zum ersten Mal einem kleinen Kreis geladener Gäste vorgespielt. Der Erfolg dieser Scherzspiele veranlaßte die Veranstalter, das Programm vor einem größeren Kreise zu wiederholen. Das geschah am 23. Januar 1901, wenige Tage nach der Eröffnung des Wolzogenschen „Bunten Theaters", im Saal des Künstlerhauses. Die Vereinigung selbst war eigentlich in dem Gedanken einig, daß man, im Gegensatz zu Brahm, der Einbildungskraft und frohen Laune, dem Eigenartigen und Neuartigen wieder zum Rechte verhelfen müsse. In der ersten Aufführung vor geladenem Publikum applaudierte Otto Brahm, der für Ironie und Satire ein besonders feines Ohr hatte, seinen jungen Künstlern lebhaft. Reinhardt, Kayßler und Zickel empfingen die Gäste in Pierrot-Kostümen und erklärten nach Eröffnung der Veranstaltung durch Fanfarenstöße in einem launigen Terzett, daß es auf den Namen gar nicht ankomme. „Name ist Schall und Rauch". Mit diesem Einfall war der Titel des Unternehmens gegeben. Mia Werber trat als Brunhilde auf, und der eigentliche Schlager des Abends war die Pantomime „Die zehn Gerechten", welche die Wirkung einer Premiere auf eine Parkettreihe von Kritikern und Premierenbesuchern vor Augen führte. Dann gab es Szenen am Kassenschalter des Intimen Theaters und die „Tetralogie der Spielarten", die am „Don Carlos" demonstriert wurden. Man sah „Don Carlos" im alten Darstellungsspiel auf der Schmiere, dann im naturalistischen Stil als „Carle, eine Diebskomödie", darauf als Produkt der symbolistischen Richtung unter dem Titel „Carleas und Elysande" und schließlich „Don Carlos auf dem Brettl".

Aus diesen varietéartigen Vorstellungen ging das Kleine Theater hervor. Holger Drachmann hatte in seinem Roman „Verschrieben" und Otto Julius Bierbaum in seiner Erzählung „Stilpe" ein künstlerisches Varieté gepredigt, das sich in den Bahnen der Pariser Montmartre-Cabarets bewegen sollte. Ernst von Wolzogen, der einige dramatische Erfolge hinter sich hatte, der beweglich, leichten Geistes und ein hervorragender Sprecher war, hatte den Gedanken aufgenommen, ihn in einem Artikel der „Vossischen Zeitung" begründet und in der „Freien literarischen Gesellschaft" darüber gesprochen. Auf einem Goethefest des „Vereins zur Förderung der Kunst" am 18. Januar 1901 hatte er den ersten praktischen Versuch gemacht und das Duett „Der lustige Ehemann" von Oscar Straus mit sensationellem Erfolg vorgeführt. Während der Theaterverein, dem Reinhardt angehörte, nichts Neues, wenn auch ungemein viel Gutes im Einzelnen bot, war Wolzogens Schöpfung etwas durchaus Neues für Deutschland. Die Art, wie er die Vorträge gruppierte, wie er die Mitglieder anzog und vorführte, wie er durch eine witzige Conference die einzelnen Vorträge verband und nach den Gesetzen der alten Pariser Cabarets eine geistreich-literarische Unterhaltung bot, wie er dabei neue darstellerische Talente und Komponisten entdeckte: das war eine so ausgezeichnete Leistung, daß sie den Riesenerfolg erklärte, durch den er ein Jahr lang ausverkaufte Häuser in seinem schlechten Theater erzielte. Paul Martin hatte gesehen, daß es mit der Sezessionsbühne nicht gut ging und hatte sich mit Nuscha Butze zur Leitung des Neuen Theaters vereinigt. Zickel aber war zurückgeblieben und führte unter Wolzogen Einakter vor, so gleich zu Anfang Schnitzlers „Episode". Wolzogen hatte die Bühne am Alexanderplatz ohne Schwierigkeiten übernehmen können und versammelte nun bei hohen Preisen ein glänzendes Publikum in dem kleinen Theater. Der Erfolg wäre ihm vielleicht Jahre lang treu geblieben, wenn nicht eine unmäßige Konkurrenz die ganze Idee diskreditiert, und Wolzogen, der die Lust an der Sache verlor, durch mangelnde Ausdauer die Vorstellungen vernachlässigt hätte. Das Schlimmste war, daß er sich später von dem Professor Ludwig Stein bestimmen ließ, aus dem Hause am Alexanderplatz in ein Theater der Köpenickerstraße zu übersiedeln. Zunächst war das Publikum von dem eigenartigen Zuschnitt, von manchen witzigen Liedertexten und von den funkelnden Melodien des bis dahin unbekannten Operettenkomponisten Oscar Straus so bezaubert, daß es mancherlei hinnahm. Die andern Überbrettl, die wie Pilze aus der Erde schossen, konnten sich nicht recht behaupten. Max Reinhardt war mit dieser Bewegung künstlerisch und persönlich aufs stärkste verknüpft. Mit Martin und Zickel saß er jeden Nachmittag im Café Monopol zusammen. Er dichtete auch Szenen für das Cabaret, so „Regiesitzung" und „Die Parkettreihe". Da er den Erfolg sah, suchte er nach einem eigenen Saal für seine Veranstaltungen und fand ihn in „Arnims Festsälen", die Unter den Linden günstig lagen und eine kleine Bühne hatten. Berthold Held half ihm geschäftlich bei der Gründung. Diesen Regisseur Berthold Held hatte Reinhardt 1893 bei seinem Engagement in Salzburg kennengelernt, ihn, der sich als Einziger seiner freundlich angenommen hatte, nicht vergessen und sofort nach Berlin kommen lassen, als er etwas für ihn tun konnte. Auch die sympathische Treue, mit der Reinhardt an diesem Jugendbekannten hängt, verklärt den Menschen Reinhardt und erklärt die unbedingte Hingebung dieses Berthold Held an ihn. – Die Geldgeberin war Frau Emmy Loewenfeld, die etwa sechzigjährige Witwe eines Arztes, die schwärmerisch an Max Reinhardt hing und ihre Begeisterung nach und nach durch Hergabe von einigen hunderttausend Mark bewies, bis sie wegen Verschwendung entmündigt wurde. Die Festsäle wurden nach Ideen von Reinhardts und Kayßlers von dem Baumeister Behrens umgebaut; Geschäftsführer wurde Dr. Hans Oberländer. Die Eröffnungsvorstellung am 9. Oktober 1901 bracht Überbrettl- und Theaternummern, Tanz, Ballett, Couplet, Groteske und Einakter. Der Erfolg war sehr gering. Von den darstellenden Kräften fielen Victor Arnold und Hans Waßmann auf. Arnold brachte den ersten Erfolg am 15. November durch die von ihm vorgetragenen Serenissimus-Scherze, für die der junge Regisseur Oberländer zeichnete. Dieser Sohn des Hofschauspielers Heinrich Oberländer hatte die Aufführungen der Studentenschaft von „König Ödipus", „Antigone" und der „Orestie" geleitet. Die Serenissi-

Schall u. Rauch
ERSTER ABEND
Künstlerhaus
W. Bellevuestrasse.
I. PROLOG Verbrecher: KAYSSLER
Helfershelfer: VALLENTIN, GEISENDÖRFER, SCHWAIGER
II. Kammermusikus ALFRED MOLY
Ein Violinistendebut
III. L'INTERIEUR oder das INTIME THEATER
Ein Innen- u. Aussen-Vorgang
Verbrecher: REINHARDT. Complice: VALLENTIN
Helfershelfer: Drinnen: SHWAIGER, BERNAUER,
Draussen: VALLENTIN, HELD.
IV. WOLDEMAR SACKS
V. ZEHN GERECHTE,
Eine Reihe Parkett
Verbrecher: REINHARDT
Helfershelfer:
No 173 Herr HOFFMEISTER
No 174 Frau VALLENTIN
No 175 Fr. ZACHOW
No 176 Herr JUNKER
No 177 " KAISSLER
No 178 " GEISENDÖRFER
No 179 " MOSTER
No 180 Frau KAISSLER
No 181 Herr SCHWAIGER
No 182 Frl. HEIMS
VI. SCENE aus d. WALKÜRE II A.
BRÜNHILDE: MIA WERBER
WOTAN: R. Flussmann
GRANE: Ein Pferdchen
DIRIG: Kapellmstr. Böhe.
VII. DON CARLOS
an der Jahrhundertwende
Tetralogie der Stilarten
Verbrecher:
REINHARDT, KAYSSLER, ZICKEL.
Helfershelfer:
REINHARDT, ZIENER, WASSMANN
KAYSSLER, VALLENTIN, SCHWAIGER
BODE, SPONTELLI, KUHNERT
GEISENDÖRFER.
Der Tetralogie
I. Teil: Alte Schule 1800-1890
II. Teil: Naturalist Schule 1890-1900
III. Teil: Symbolist. Schule Sept. 1900-Januar 1901
IV. Teil: Überbrettlschule 18. Januar 1901-31 Jan. 1901
(Theaterzettel inliegend)
VIII. Opersänger Friedrich
IX. MIA WERBER
X. Dr. Bogumil Zeppler-Oskar Hoffmeister.
Die Herren des Hauses sind durch weissen Heiterkeitsflor am Arm gekennzeichnet.
KUNSTANST. HOLLERBAUM & SCHMIDT BERLIN N 65

PROGRAMM

Musikalische Leitung: Dr. Bogumil Zepler

I. **PROLOG.** Verbrecher: **Kayssler**
II. **Dr. Oskar Bie**
III. **ΔΙΑΡΡΩΕΣΤΕΙΑ.** Verbrecher: **Reinhardt**
Zettel inliegend
IV. —— **Pause** ——
V. **Alfred Holy**
VI. **Der dramatische Erstling auf dem Dilettanten-Theater**
Verbrecher: **Kayssler**
Zettel inliegend.
VII. **Julius Liban**
VIII. **Regie-Kollegium.** Verbrecher: **Reinhardt**
(Ein Stimmungsbild aus einer Bühnenprobe)
PANTOMIMELANGE
Hauptpersonen:

Der Souffleur	Vallentin
Der Direktor	Ziener
Der Regisseur	Kayssler
Der Schauspieler	Noster
Der Inspizient	Bernauer

Nebenpersonen:

Der Dichter	Reinhardt

IX. **Max Marx**
X. **Die klassische Klabriaspartie.** Verbrecher. **Schanzer u. Complicen**

Nathan	Vallentin
Shylok	Schwaiger
Deborah, s. Frau	Bernauer
Uriel	Hartberg
Akiba	Wehrlin
Schmock	Ziener

XI. **Berliner G'stanzln.** Verbrecher: **Schwaiger**
Anna Müller-Lincke, Paul Schwaiger

mus-Zwischenspiele, die den Winter durch wechselnde Einakter ständig umrahmten, wurden durch ein polizeiliches Verbot besonders populär. Im Dezember 1901 trat Gertrud Eysoldt in den Verband der Bühne ein und trug dänische Gassenlieder vor. Allmählich wandte sich der Charakter der Aufführungen vom Überbrettl ab und den Forderungen eines richtigen Theaters zu. Ende Januar 1902 erhielt „Schall und Rauch“ die Unterbezeichnung „Kleines Theater“. Am 21. Februar 1902 trat Emanuel Reicher zunächst als Gast in das Ensemble ein. Um diese Zeit ließ die Zugkraft der Zwischenspiele nach. Man suchte nach etwas Neuem und wandte sich Strindberg zu. Am 11. März gab man dessen Einakter „Das Band“ und „Die Stärkere“ mit Emanuel Reicher, Rosa Bertens und Hans Waßmann, im Mai dessen „Friedlose“. Das Theater wurde nun ernst genommen, und die literarische Kritik lobte die Aufführungen. Der Sommer 1902 mußte dazu benutzt werden, das Unternehmen zu konsolidieren.

Max Reinhardt war für die Spielzeit 1902/03 noch bei Brahm verpflichtet, sollte aber mit Anfang 1903 frei werden. Am 25. September 1902 wurde „Schall und Rauch“ endgültig als „Kleines Theater“ mit „Serenissimus“ von Leo Feld eröffnet. Für das schlechte Stück, das man wohl wegen seines im Kleinen Theater beliebten Titels gewählt hatte, war vom Neuen Theater Vertragsstrafe gezahlt worden. Trotzdem gab Reinhardt etwa fünfundzwanzigtausend Mark für die Ausstattung aus. Da der Durchfall eklatant war und man nicht sofort Ersatz hatte, mußte man sich zwei Wochen mit einem schlechten Repertoire und schlechten Einnahmen helfen. Am 13. Oktober wurde der erste große künstlerische Erfolg mit Strindbergs „Rausch“ und zugleich mit Gertrud Eysoldt erzielt, die von da ab einige Jahre das erfolgreichste Mitglied von Reinhardts Theater wurde. Am Schillertheater war sie nicht beachtet worden, bei Brahm, wo sie auf Engagement gastiert hatte, hatte sie nicht gefallen. Ihr Können, das auf schauspielerische Urelemente: singende Rede, tanzende Bewegung, malende Gebärde zurückführte, war nicht nach Otto Brahms Geschmack. Sein nüchterner Sinn lehnte eigentlich die darstellende Kunst als lebendige Kunst ab und machte sie völlig dem Dichtwerk untertan. Das Talent der Eysoldt aber suchte sein Ideal in jenem Gesamtkunstwerk der Bühne, das Max Reinhardt im Lauf seiner Entwicklung zu verwirklichen bemüht war und das letzten Endes umgekehrt die Wortkunst des

Dichters als einen Teil der vollkommenen Schöpferkraft des Bühnendramas mitwirken läßt.
Diese Bestrebungen triumphierten zum ersten Mal am Nachmittag des 15. November, wo vor geladenem Publikum Oscar Wildes verbotene „Salome“ gespielt wurde. Die Vorstellung bot auch schon im Auditorium das eigenartige gesellschaftliche Bild, das Reinhardt bei Premieren zu entfalten stets verstanden hat. Da sah man Stefan George mit seinem ganzen Kreis, Walter Leistikow, Lovis Corinth, Eugen d'Albert und Richard Strauss, der vielleicht hier die Anregung zu seiner Oper empfangen hat. Durch ein solches Publikum wollte man die polizeilichen Bedenken verurteilen lassen und erreichte, was man wollte. Das Stück wurde freigegeben. Hier zum ersten Mal zeigte Reinhardt seinen Sinn für das malerische Bühnenbild. Dem geschmackvollen Aufbau der Szenerie, die von Kruse stammte, entsprachen die schauspielerischen Leistungen der Eysoldt als Salome, der Dumont als Herodias, Reichers als Herodes und Kayßlers als Jochanaan. Als Regisseur zeichnete Hans Oberlaender, aber Richard Vallentin, der Gründe hatte, nicht auf dem Zettel zu stehen, hatte ganz erheblich mitgewirkt.
Dem Erfolg von „Salome“ folgte am 17. Dezember ein ebenso großer Erfolg des „Erdgeist“ von Frank Wedekind, worin wieder Reicher und die Eysoldt mitwirkten und Vallentin wieder sein Regietalent bewährte. Am 1. Januar 1903 wurde Reinhardt von Brahm ganz frei. In Gorkis „Nachtasyl“ am 23. Januar trat er selbst zum ersten Mal auf. Vallentin schuf eine Inszenierung voll feinster Stimmung, und Hans Waßmann (als Baron) wurde für Berlin entdeckt. Auch der dringend notwendige Kassenerfolg stellte sich ein. Reinhardt erkannte, daß im Kleinen Theater mit seinen vierhundert Plätzen dieses Stück fast zwei Jahre gegeben werden konnte, und da er nicht alle seine Pläne begraben wollte, so ergab sich für ihn, wie für manchen Direktor in ähnlicher Lage, die Notwendigkeit, ein zweites Theater hinzuzunehmen.
Geeignet für ihn war das Neue Theater. Es hatte den Vorzug, in der Nähe des Kleinen Theaters zu liegen. Am 25. Februar 1903 bereits konnte Reinhardt mit dem Lustspiel „Die Lokalbahn“ von Ludwig Thoma seine Direktion im Neuen Theater beginnen. Der laue Erfolg war nicht die schlimmste der Schwächen, die sich kurz nach Übernahme des zweiten Theaters zeigten. Die schlimmste war, daß Reinhardts Personal, besonders soweit hervorragende Mitglieder in Betracht kamen, nicht ausreichte, um an zwei Stellen wertvolle Vorstellungen zu bieten. Man stellte zur Premiere natürlich die besten Kräfte heraus und vernachlässigte die Vorstellungen des „Nachtasyl“, welches sich als so zugkräftig erwies, daß es auch durch die ärgsten Darstellungsmängel nicht tot gemacht werden konnte. Dieser Mißstand war im Anfang, wo Reinhardt nur über wenige hervorragende Darsteller verfügte, besonders in die Augen fallend. Es galt, wollte man das Publikum nicht zu sehr verletzen, neue Kräfte zu gewinnen. Im Neuen Theater gab's am 19. März eine Aufführung der „Kreuzelschreiber“, die den geplanten Anzengruber-Zyklus wegen ihres matten Erfolges nur noch zu einem zweiten Stück gelangen ließ. Als Steinklopferhans gastierte Martinelli vom Wiener Volkstheater, während Reinhardt selbst den alten Brenninger und Josef Giampietro den Gelbhofbauer spielte. Am 3. April folgte im Neuen Theater Maeterlincks „Pelleas und Melisande“. Die schöne, bildhaft reiche Aufführung erhielt ihren Glanz durch das Auftreten Lucie Höflichs in der weiblichen Hauptrolle. Während „Nachtasyl“ ideell wohl Gutes, aber nichts Neues bedeutete, hatte Reinhardt mit der Aufführung des Maeterlinckschen Werkes die Richtung gefunden, die für seine Zugkraft bestimmend wurde.
Der erste künstlerische Erfolg der Spielzeit 1903/04 war die „Electra“, die Hugo von Hofmannsthal nicht ins Deutsche, sondern für die Deutschen unserer Zeit übertragen hatte. Diese bis in die Fingerspitzen nervöse, fieberhaft visionäre Dichtung zeigte gleichsam bisher unsichtbar gebliebene Zwischenstufen seelischer Empfindungen in ahnungsvoller Transparenz. Hier lag eine große Aufgabe für Reinhardt, die er, im Kleinen Theater, wundervoll löste. Die eine Dekoration des Stückes war von wahrhaft gespenstischer, suggestiver Kraft.
Neben „Elektra“ hielt sich im Kleinen Theater immer noch „Nachtasyl“ auf dem Repertoire. Im Neuen Theater aber versagte fast alles, und Reinhardt mußte etwas Neues ersinnen. Es muß ihm zur Ehre angerechnet werden, daß er nicht nach einem Schlager suchte, nach irgend einem leichten und seichten Lustspielchen, um existieren zu können. Reinhardt sah den Ausweg nicht sofort. Die literarischen Bestrebungen des „Akademisch-Literarischen Vereins“ und der Sezessionsbühne waren keine Richtschnur. Eine Entscheidung mußte aber fallen, da die wirtschaftlichen Verhältnisse des Theaters zu Ende des Jahres 1903 recht bedenklich wurden. Reinhardt versuchte es mit einer Zurückführung von Agnes Sorma in ein festes Ensemble. „Der Strom“ von Max Halbe brachte mit seiner melodramatischen Rührseligkeit und geschwollenen Sprechweise zwar eine große Rolle nach französischem Muster, aber keinerlei Erfolg. Die Routine der Sorma erzielte in dem überdeutlich angestrichenen Stück gewisse Wirkungen, aber diese waren nicht stark genug, um künstlerisch etwas zu bedeuten. Das Jahr ging zu Ende, ohne daß die Zukunft Wunder noch versprach. Man sah nur, daß Reinhardt versuchte, mit der herrschenden naturalistischen Schule Erfolge zu erringen, und daß es ihm eigentlich recht wenig gelang, so wenig wie Otto Brahm, aus dem einfachen Grunde, weil dieser Naturalismus eben abgewirtschaftet hatte. Reinhardt hatte einen blendenden dekorativen Rahmen gefunden, aber eine erkennbare neue, die Empfindungen moderner Menschen befriedigende Auffassung der Bühnenkunst und ihrer Bedingungen war noch zu finden.
Am 14. Januar 1904 gabs im Neuen Theater Lessings „Minna von Barnhelm“. Auf das klassische Lustspiel folgten „Schwester Beatrix“, „Mutter Landstraße“, „Kabale und Liebe“ und im Kleinen Theater „Fräulein Julie“. Nach dem ersten Werk Schmidtbonns gelangte im Neuen Theater zum ersten Mal

Aischylos „Die Orestei", München Musikfesthalle, 1911
Szene mit Else Heims als Athena und A. Moissi als Orest

ein abendfüllendes Stück von Shaw „Candida“ zur Aufführung, das vom Publikum und der Kritik der Tageszeitungen verständnislos abgelehnt wurde. Indem man hinter unklarem Sinn der Worte, deren Deutung man nicht einmal versuchte, immer nur nach der ironischen Sentenz fahndete, vergaß man, daß der Dichter mit seinen irrlichtelierenden Gestalten vielleicht Probleme aufzuhellen suchte.
Das Ergebnis der Spielzeit war nicht ungünstig. Im Kleinen Theater wirkte „Nachtasyl“ noch immer, und im Neuen Theater war erstaunlich viel Neues und Wirksames geschaffen worden. Auch Reinhardts Geldgeber, nicht nur Frau Loewenfeld, waren von seiner Zukunft überzeugt und brachten manches Opfer. Die Spielzeit 1904/05 eröffnete am 1. September Brahm mit Ibsens „Frau vom Meer“, der er Calderons „Richter von Zalamea“ folgen ließ. Es war interessant zu beobachten, daß Brahm, den die Erfolge Reinhardts doch wohl nachdenklich stimmten, bei der Gestaltung der Szene Zugeständnisse an die neuen Errungenschaften machte. Brahm hatte sich Max Slevogt genommen und suchte mit ihm dasselbe zu erreichen, was Reinhardt mit seinen Künstlern erreicht hatte. Aber da er zu diesem Stil keine innerliche Beziehung hatte, mißglückte der oberflächliche Versuch. Er war nicht imstande und hatte auch keinen Regisseur, der dazu imstande war, Darstellung und Bühnenbild miteinander in Einklang zu bringen. Reinhardt begann die neue Spielzeit mit der neuen Einstudierung seiner erfolgreichsten Stücke, in denen er neue Mitglieder einführte. Von den Männern waren die wichtigsten Hans Pagay, Albert Steinrück und Dr. Ludwig Wüllner. Wüllner, der als Konzertsänger nicht durch die Schönheit und die Kraft seines Tenors, wohl aber durch die innere Ergriffenheit seines Vortrages gewirkt hatte, versagte damals noch. In jener Zeit traten seine Schwächen, besonders das Mißverhältnis zwischen dem großen Körper und der kleinen süßlichen Stimme stärker hervor als seine Vorzüge.
Am 23. Dezember hatte das Neue Theater einen großen künstlerischen und materiellen Erfolg mit der Tragödie „Der Graf von Charolais“, welche Richard Beer-Hofmann aus dem Werke von Shakespeares Zeitgenossen Massinger neu und überaus wirksam gestaltet hatte. Kayßler gab die Titelrolle in der würdigen Haltung eines Edelmanns; Lucie Höflich spielte seine Frau, während Steinrück seine Aufgabe nicht bewältigen konnte. Den Haupterfolg hatte Reinhardt als roter Itzig, besonders mit einer philosemitischen Standrede. Ein bis dahin nicht bekannter Künstler, Ludwig Hartau, entfaltete als Sekretär eine auffallende Sprechkunst. Ein zweiter neuer Mann, Alexander Moissi, spielte den Verführer Philipp. Moissi stammte aus den unerlösten Gebieten des italienischen Oberösterreich, hatte seine Bühnenlaufbahn als Statist im Burgtheater begonnen, war dann nach Prag gekommen und von seiner spätern Gattin Maria Urfus ausgebildet worden, bis er einige Zeit darauf im Vorstädtischen Nationaltheater Berlins als Golo in Hebbels „Genoveva“ einigen verständnisvollen Besuchern aufgefallen war. Man machte Reinhardt auf ihn aufmerksam, aber der konnte nicht viel mit ihm anfangen, weil die deutsche Sprache für Moissi zu schwierig war. Eine Zeit war er schon von Reinhardt fortgegangen, wurde aber jetzt für die ihm besonders gut liegende Rolle wiedergeholt. Der maßgebenden Kritik mißfiel er ungemein. Man tadelte seine Sprache, seinen schlängelnden Gang. Er wurde derart verrissen, daß nur ein Mann wie Reinhardt es immer wieder wagen konnte, ihn zu beschäftigen.
Das Jahr 1905 versprach zunächst nicht viel Gutes. „Nachtasyl“ im Kleinen Theater war abgespielt, und im Neuen Theater hatte sich der große materielle Erfolg noch nicht eingestellt. Die Geldgeber hatten zwar vor Reinhardts Künstlerschar Respekt und waren vornehm und langmütig, aber auch ihr guter Wille mußte sich erschöpfen. Am letzten Januar dieses Jahres stellte sich nun als Rettung in der Not der große Erfolg ein, durch den Reinhardt nicht nur aller Sorgen ledig, sondern auch mit einem Schlage der bedeutendste deutsche Theaterdirektor wurde. Den Erfolg errang er nicht mit einem modernen Stück, mit einem neuen Autor, sondern mit Shakespeares „Sommernachtstraum“, jenem Märchenstück, das jeder Gebildete genau zu kennen glaubt, ohne daß er imstande wäre, zu sagen, was in dem Stück vorgeht. Wer aber zu lesen versteht, wird schon jetzt begreifen, wieso Reinhardt auf die Einstudierung des Shakespeareschen Märchens gekommen und wie er zu seiner Art der Inszenierung gelangt ist. Der Satz vom Grunde gilt auch in der Abwicklung künstlerischer Ereignisse. Sind die Bedingungen und Motive hinreichend vorhanden, so muß auch im Kunstleben ein bestimmter Erfolg (in jedem Sinne des Wortes) eintreten. Bei Reinhardt waren alle künstlerischen und persönlichen Voraussetzungen derart gegeben, daß er auf die Belebung des „Sommernachtstraum“ in seiner Manier kommen mußte. In diesem Werk fand er alles vor, was er brauchte. Selbst das Publikum Berlins war nicht imstande, einer solchen Leistung zu widerstehen. Fünfhundert Mal fast hintereinander wurde das Werk gespielt, wie eine Komödie von Leo Walter Stein. Jede Serienspielerei ist zu verurteilen. Wenn sie aber mit solchen Mitteln und mit solchem Objekt geschieht, dann kann man schon ein Nachsehen haben. Verständnislos war nur die Kritik. Sie ließ sich nur widerwillig von dieser genialen Tat rühren. Sie fühlte sich berufen, gegen Vernunft und Publikum zu eifern und Max Reinhardt ein wenig klein zu machen. Man war töricht genug, den Erfolg auf die Behandlung der Drehbühne und den Geruch von natürlichem Moos zu schieben. Man wies auch auf Reinhardts Vorbilder hin. Aber man tat dies nicht, um ihn zu erklären, sondern um ihm den Vorwurf des Plagiats zu machen. Reinhardt hat später diesen Unsinn selbst widerlegen können. Als er das Stück auf der Reliefbühne des Münchener Künstlertheaters spielte und nicht die Hilfsmittel der Berliner Inszenierung hatte, als der Wald sich nicht drehte und nur vier kahle Baumstämme in gleichen Abständen am Rande der Szene standen, hinter denen ein ausgespannter Vorhang den Horizont und vor denen ein hingebreitetes Tuch den grünen Boden vortäuschen sollte, gelang auch diese Täuschung vollkommen. Reinhardt erzeugte trotzdem die märchenhafte

Beweglichkeit und elfenhafte Leichtigkeit des Ganzen. Einen ärmlichen Prospekt im Saal des Theseus mußte man für die Burg von Athen und einige Statisten für den Hofstaat des Herzogs hinnehmen. Der Hochzeitsmarsch wurde hinter dem Vorhang gespielt, und als der Vorhang sich hob, war das Brautpaar mit seinen Getreuen bereits auf seinen unbequemen Plätzen. Mit Brettern von zwölf Meter Länge und vier Meter Tiefe mußte sich Reinhardt da behelfen, und doch war der Erfolg ebensogroß wie einst in Berlin.

Reinhardt hatte sich mit diesem Erfolg nicht nur einen solchen Namen, sondern auch eine solche wirtschaftliche Grundlage geschaffen, daß jeder mit den Bedingungen des Theaters vertraute Kenner ihn als die Zukunft des Deutschen Theaters ansehen mußte. L'Arronge, der Eigentümer des Theaters in der Schumannstraße, machte sich dies in dem Maße zu eigen, daß er Reinhardt auch als Leiter seines Deutschen Theaters zu sehen wünschte. Wie er früher den erfolgversprechenden Brahm geholt hatte, um ihn 1904, als die Geschäfte nicht mehr so gut waren, gehen zu lassen und den doch ein wenig veralteten Paul Lindau an seine Stelle zu setzen, ebenso suchte er jetzt den bedenklich abwärts gleitenden Freund Lindau hinauszukomplimentieren und bot sein Haus Max Reinhardt dar, dessen Stern strahlte und der auch den metallischen Glanz der Theaterkasse leuchten ließ. In jeder Stadt wirkt aber die Tradition eines Theaters lange auf seinen Mietswert. Zwar wird kein Vernünftiger bestreiten, daß Reinhardt auch in irgend einem andern Teil Berlins das Publikum gefesselt hätte. Aber die Inhaberschaft des Deutschen Theaters war für ihn in den Augen des Publikums und der Presse eine Auszeichnung, sie verlieh ihm erst den Rang des ersten aller deutschen Theaterleiter. Dieses Deutsche Theater hatte durch die Leistungen einer überaus großen Zahl siegreicher Darsteller und bedeutender Autoren, die darin zu Worte gekommen waren, den Ruf der ersten deutschen Schauspielbühne. Wenn ein Theater einen solchen Ruf hat, so pflegen die Zeitungen, falls eine Direktion frei wird, zu sagen: der neue Direktor sei zur Leitung berufen worden. Als Gregor seine Komische Oper vermieten mußte, weil er als Direktor der Hofoper nach Wien ging, redeten die ahnungslosen Theaterreporter auch davon, es sei noch nicht bestimmt, wer an die Spitze der Komischen Oper berufen werden würde. Dabei fand sich überhaupt kein ernst zu nehmender Bewerber. Kein Theatereigentümer vermietet sein Theater dem Direktor, der die schönste Kunst in seinem Hause zu fördern versteht, sondern vielmehr dem, der die größte materielle Sicherheit und den besten Kassenerfolg zu bieten verspricht. Eine so brutale Tatsache wirkt nicht erfreulich, besonders wenn sie offen ausgesprochen wird. Aber sie ist darum nicht weniger wahr. Die Erklärung hierfür liegt darin, daß der Besitz eines Theaters ein ungeheures Objekt für jeden Einzelnen ist, und daß die damit verbundenen Lasten und Verpflichtungen zu groß sind, um durch ein auch noch so aussichtsvolles Experiment ihre Einlösung gefährden zu lassen. Es liegt also keineswegs so, daß L'Arronge Reinhardt berufen habe, weil er durch

Adolph L'Arronge

sein Genie zum Leiter des Deutschen Theaters bestimmt war, sondern L'Arronge holte Reinhardt, weil er von diesem Mieter große Überschüsse erwartete. Wäre er von idealen Grundsätzen ausgegangen, die letzten Endes übrigens gar keine idealen gewesen wären, so hätte er gewiß nicht Otto Brahm durch Paul Lindau ersetzt. Reinhardt jedenfalls erkannte wohl den Wert, den er durch Mietung des Deutschen Theaters erlangte. Er wurde mit L'Arronge handelseinig und übernahm das Deutsche Theater. Der Pachtvertrag begann im September 1905.

Thomas Mann

Gedenkrede auf Max Reinhardt

Du hast ein herrlich Werk vollbracht,
wie dank ich deiner klugen Macht!

Diese Worte läßt Goethe zu Anfang des *Faust II* beim prächtigen Maskenfest in der Kaiserpfalz den Herold zu Plutus, dem König des Reichtums, sagen, und sie kommen mir in den Sinn, weil sie uns so genau aus dem Herzen gesprochen sind, uns zu Trauer und Preis Versammelten, die wir unserem großen Toten Liebe und Dank nachrufen möchten in die Ewigkeit.

Max Reinhardt hat sich einmal einen „Vermittler" genannt „zwischen Traum und Wirklichkeit"; damit hat er nicht nur sein eigenes Wesen, das Wesen seiner besonderen Kunst, der Inszenierung, der Versinnlichung des Geistigen ausgesprochen, sondern das Wesen der Kunst überhaupt. Denn Kunst ist ein mondhaft-zauberisches Mittlertum zwischen der himmlischen und der irdischen Sphäre, zwischen Geist und Stoff. Dies Mittlertum, geistreich und sinnlich, ist die Quelle ihrer Ironie, ihres Witzes, ihrer Verspieltheit, alles Neckenden in ihr, ihres tiefen und unbeschreiblichen Reizes. Das Theater aber, Urheimat sinnlicher Geistigkeit und geistiger Sinnlichkeit, kann mit Recht das Paradigma aller künstlerischen Sendung genannt werden. Daß Reinhardts Theater so sehr, so ganz, so von Herzen Theater war, spielfromm und spielfroh, hohes Fest voller Reiz und Zauber, das macht es uns Künstlern allen, ob wir durch unsere persönliche Berufung nun dem Theater nahestanden oder nicht, zu einem so faszinierenden, so beglückenden Erlebnis.

Österreichisches Barock, durch jüdisches Geblüt intellektualisiert und in Kontakt gebracht mit den feinsten Regungen und Ergebnissen modernen Kunst- und Geisteslebens – das mag seines hocheffektvollen, im vornehmsten Sinne sensationellen Wesens kürzeste Bestimmung sein. Nicht zufällig fielen mir Verse aus Goethes faustischem Maskenspiel ein, als ich über unseren Freund zu sprechen begann. In diesen Aufzügen verrät und gefällt sich ja die Lust des Weimarer Hofherrn an reicher, geistreicher Augenweide, an festlicher Veranstaltung, und das war auch Reinhardts dominierende Neigung: er hätte können eines großen Königs Festordner sein und war im Grunde gewiß monarchisch. Da es aber die Zeit der Könige nicht mehr ist, war er selbst ein König, und sein Leben war ein Fest, dekorativ, reich, genußvoll, von geschmackvollem Prunk, und er wußte sich königlichen Glanz zu erhalten, er bestand mit unerschütterlicher Würde darauf, zu bleiben, was er war, auch im Exil, auch als er sein Schloß in Salzburg, dies herrliche Heim eines Künstler-Königs, verloren hatte.

Sein Theater war Spielfest, Festspiel von Grund aus, und so war er der Begründer der Salzburger Festspiele. Das Berlin der späten Kaiserzeit und der Republik war nur als der flammende Riesenmarkt kulturellen Unternehmertums der Schauplatz seiner Triumphe. Recht bei sich zu Hause war er erst in der süddeutsch-volkskatholischen Sphäre, aus der seine eigensten künstlerischen Instinkte stammen, in Salzburg, wo er vorm Dom den *Jedermann* inszenierte. Von Salzburg, an dessen Stadttheater der junge Schauspieler 1894 mit erstaunlicher Frühreife und naturalistischer Eindringlichkeit alte Männer darstellte, hatte Brahm ihn geholt und an sein Deutsches Theater in Berlin gebracht. Ich habe von diesen berühmten Reinhardtschen alten Männern noch einen gesehen: den Luka in Gorkis *Nachtasyl,* diesem ersten gewaltigen Erfolg des Kleinen Theaters, das aus dem Kabarett „Schall und Rauch" hervorgegangen war. Dieses war Reinhardts und seiner Freunde erste theatralische Gründung gewesen nach seiner Trennung von Brahm, dessen künstlerischer Protestantismus ihn nicht halten konnte. Ihn konnte ein puritanisch-literarisches Theater, das kein Theater sein wollte, nicht halten. Er setzte zu eigenem, neuerem, libertinistisch-abenteuerlichem Wege an, und am Anfang der Wiedergeburt des Theaters aus dem Geist des Theaters stand die Parodie. Wir jungen Leute in München, Mitglieder eines akademisch-dramatischen Vereins, denen die Reinhardt-Leute ihre *Don-Carlos-Parodie* eines Nachts in irgendeiner Kneipe ohne Bühne vorspielten, lachten Tränen. Wir ahnten nicht, daß aus dem Künstlerjux, dieser unbeschreiblich komischen Travestie der Schmiere, die sich hilf- und mittellos, aber mit don-quichottischer Würde am großen Drama versucht – daß aus dieser begabten und losen Selbstverspottung der Schaubühne eines der schönsten und stolzesten, farben- und lustvollsten Kapitel der Theatergeschichte sich entwickeln sollte.

Daß ich diese wundervolle Entwicklung in allen ihren Phasen miterlebt habe, war mir kaum recht bewußt, während es geschah; erst jetzt, da der Tod sie schmerzlich abgerissen, nehme ich ganz wahr, wie sehr sie zu meinem Weltbilde, meiner Kunsterfahrung gehörte und welche Bereicherung sie meinem Leben bedeutete. Gewiß, sie trug sich nur am Rande dieses ganz anders gerichteten, ganz anders bemühten Lebens zu, aber sie begleitete es nahebei und sympathisch-zugehörig; immer spielten ihre farbigen Reflexe in dieses Leben hinein, und die Schärfe meiner Erinnerung an jede einzelne Berührung mit dieser so phantastischen wie gewissenhaften, so genußbietenden wie reinen und hohen Produktion zeigt mir, wie tief aufmerksam jede solche Begegnung mich fand. *Salome* und *Elektra,* der wundersam komische, süß-verworrene, mondversponnene *Sommernachtstraum,* der den Ruhm seines Regisseurs für immer begründete, der *Kaufmann von Venedig* im Münchner Künstlertheater, die hinreißenden Inszenierungen von Schillers *Räubern* und *Kabale und Liebe* in ihrer revolutionären Dynamik, *Hamlet* und *König Oedipus* und wieviel anderes noch – ich habe es alles erlebt, alles mitgemacht, nichts versäumt – nicht weil ich es mit Bewußtsein besonders darauf anlegte, nichts zu versäumen, sondern weil es sich mit Notwendigkeit so fügte, weil alle diese köstlichen Erneuerungen der Klassik, diese stilistisch vom höchsten Feingefühl bestimmten und gegeneinander abgesetzten Verkörperungen moderner Dramatik zur Kultur der Epoche, und zwar zu den schönsten, charakteristischsten Blüten dieser Epoche gehörten.

Ja, wie sehr gehörte dieser Mann und Künstler zum „Bilde", zu unserer Welt, für deren Ausdruck wir mit verschiedenen Mitteln aufzukommen suchten! Weit lagen unsere Ausgangspunkte und Sphären auseinander, aber immer wieder, von jung auf, führten unsere Wege augenblicksweise zusammen; ich kannte ihn früh: die in sich geschlossene ruhige Männlichkeit seines Wesens, die besonnene und plastische Sprechweise, seine klug lauschende Art, kurzum seine Persönlichkeit imponierte mir, wie sie jedem imponierte, der in den Bereich ihres eigentümlichen Magnetismus kam; und ihn am Werke zu sehen, auf Proben etwa in Berlin, zu denen er mich, ich weiß nicht warum, zuließ, auch wenn sie besonders streng gegen Neugierige gesperrt waren, gehörte zu den interessantesten Erfahrungen meines Lebens. Da begriff ich die leidenschaftlich denkbare Liebesergebenheit, die ihm die Genossen seiner theatralischen Gemeinschaft, die Schauspieler, entgegenbrachten. Denn wie muß man den lieben, der einen zu dem macht, was man ist. Reinhardt, als Spielleiter, zwang diesen Künstlern des direktesten leiblich-seelischen Einsatzes nichts auf, was ihnen fremd war, er tyrannisierte sie nicht, sondern mit liebevoller Einführung holte er aus jedem einzelnen das ihm Eigentümlichste, das ihm ganz Besondere heraus, ließ es leben, glänzen, wirken. Wie vieles, was ohne ihn sich selber unbekannt geblieben wäre, und unbekannt wahrscheinlich auch der Welt, hat er mit sich hinauf in den Ruhmesglanz gezogen! – nicht nur, weil er es brauchte, sondern auch aus wirklicher Liebe des innerlich alles umfassenden Schauspielers zu allem Schauspielerischen. Der Impresario-Instinkt war vielleicht der allerstärkste in ihm, das Entdeckertum im Reiche neuartig-einmaligen menschlichen Ausdrucks und der Trieb, das Entdeckte herauszustellen, in Szene zu setzen, spielwirksam zu machen. Wer vergißt den nie dagewesenen menschlichen Laut in der Sprechweise des Komikers Waßmann als Baron im *Nachtasyl* und als enttäuschter prinzlicher Freier um die schöne Porzia-Heims im *Kaufmann von Venedig*? Das hatte Reinhardt zuerst gehört und dem Künstler als sein Eigenstes beigebracht. So hat er den herben, koboldhaften Reiz Gertrud Eysoldts entdeckt und exponiert, so die edle, verhaltene Männlichkeit Kayßlers, das blonde Weibtum der Höflich, die melodische Jünglingspoesie Moissis, die er geduldig und überzeugt gegen das anfängliche Befremden der Kritik und des Publikums durchsetzte; so den Schlangenreiz der Durieux, Wegeners wilde Kraft, die melancholische Komik des unvergeßlichen Viktor Arnold, das exotische Genie Rudolf Schildkrauts. Reinhardt war es, der Albert Bassermann, schon berühmt als Darsteller moderner Rollen, zu Schiller und Shakespeare führte. Die ganze Galerie prägnanter Komödiantenköpfe, die uns vorschwebt, wenn wir unser Erlebnis der Schauspielkunst heraufrufen, reiht sich an seinen Namen. Helene Thimig, Ernst Deutsch, Werner Krauß, Romanowsky, Max Pallenberg waren seine Helfer, seine Kinder, die inspirierten Verwirklicher seiner Vision, später, als er im Berliner Deutschen Theater und in den ihm angegliederten Kammerspielen seine Festabende schuf. Seine eigene Empfänglichkeit für die Kunst und Reize seiner Spieler war unerschöpflich. Ich erinnere mich einer Probe von *Sechs Personen suchen einen Autor* unter Reinhardts Regie, bei der eine bestimmte Stelle sechs- oder achtmal wiederholt wurde. Pallenberg hatte dabei einen komisch pointierten Satz zu sprechen – man kann sich denken, wie er es tat. Und jedesmal, noch beim sechsten, beim achten Male brach der einübende Regisseur bei denselben Worten in lautes, entzücktes Lachen aus.

Diese unverwüstliche Frische im Verhältnis zu seiner Kunst, die lebendigste Neugier, der Trieb, Talent zu erspüren, herauszulocken und herauszustellen, ist ihm geblieben bis ans Ende, auch nach der Entwurzelung und Verpflanzung. In seiner Theaterschule von Hollywood hat er diese Gabe und Lust sogleich wieder mit jugendlichem Eifer geübt und war glücklich überrascht von dem Reichtum an theatralischer Begabung, der sich in den Vereinigten Staaten findet. Im Gespräch meinte er, das müsse dieselben Gründe haben wie in Österreich: die starke Rassenmischung sei es, der die Häufigkeit von Komödiantentalent zu danken sei.

Ich könnte noch vieles sagen. Alle Höhen und Tiefen des menschlichen Phänomens, das „Theater" heißt, tun sich auf, wenn man von dem Meister spricht, den wir verloren haben. Das ganze Problem des Schauspielers meldet sich, das so stellvertretend, so aufschlußreich ist für alles Künstlertum überhaupt. Aber ich habe schon zu lange gesprochen. Seine geliebten Kinder, die Schauspieler sollen reden. Was konnte ich mehr tun in diesen Minuten, als bezeugen, daß sein herrliches Werk mein Leben bereichert und verschönt hat wie das von Millionen? Teuer wird mir sein Name bleiben, wie allen, die seine Macht erfuhren. Das Erlebnis der Kunst als Zauberreiz, Farbenspiel, kluge Faszination, Reigen, Klang und Traum verbindet sich mit diesem Namen. Bewunderung, schönstes Erinnern und die Gewißheit glänzenden Fortlebens verbinden sich mit ihm.

Hugo von Hofmannsthal

Hugo von Hofmannsthal

Vorrede

Das Reinhardtsche Theaterunternehmen ist eine Macht geworden, von der, weit über Berlin hinaus, in hundert deutschen Städten das Bühnenwesen und auch das sonstige Kunstwesen influenziert wird. Wer dies nicht direkt gewahr wird, kann es an den Gegenströmungen erkennen, an der Ostentation, die damit getrieben wird, daß man vom Reinhardtschen Geiste unabhängig oder ihm entgegengesetzt sei. In der Tat ist nichts dabei gewonnen, wenn man ihn nachahmt. Aber es kann viel gewonnen sein, wenn man von ihm lernt, aus der konventionellen Verbindung auf die Elemente zurückzugehen. Dies tun mit mehr oder minderer Befähigung so viele, daß man ohne jeden Zweifel von ihm Epoche datieren muß. Die ihn anfeinden oder ihn zu ignorieren vorgeben, nehmen ihm da und dort einen Gedankengang, eine einzelne Intention weg, betrachten als fertige Resultate, was stets nur eine Valeur in einem ewig fließenden Bilde ist und bringen gerade dadurch an den Tag, daß ein geistiges Band und eine wahre Originalität da sein muß, welche bei ihm so viele fluktuierende Elemente zusammenhält.

Es liegt im deutschen Wesen, daß jede Sache immer wieder von vorne angefangen wird. Wir haben seit hundertundfünfzig Jahren eine neue dichterische Sprache, viele große Dichter und einzelne große Schriftsteller, aber wir haben streng genommen nicht, was man eine Literatur nennen kann. Desgleichen haben wir seit ebensolanger Zeit eine deutsche Bühne, aber wir haben nicht entfernt eine theatralische Überlieferung von der Selbstverständlichkeit, wie die Franzosen, worin die heutige Komödie von Capus oder Tristan Bernard sich zwanglos in die Entwicklung fügt, die von Molière und Regnard her läuft und Theaterdichter, Schauspieler und Publikum zur Einheit zusammenfaßt. Das normale deutsche Theaterwesen, wie es von den Intendanten und Stadttheaterdirektoren seit dem Anfang des 19. Jahrhunderts betrieben wurde, verfolgte eine Art von ekletischem Traditionalismus: der Stil der Goetheschen Theaterführung, so wie ihn das ältere Burgtheater mit einiger Veränderung überliefert hatte, war maßgebend. Wo aber hinter solchen Instituten nicht eine grandiose Persönlichkeit stand, wie zu Anfang der vierziger Jahre Immermann in Düsseldorf, verfielen sie in einen glanzlosen Bildungsbetrieb, und der Enthusiasmus strömte zur Wagnerschen Opernbühne ab. Vor fünfundzwanzig Jahren trat Brahm auf und stellte in seiner „niederländischen Manier" diesem zeitlos und farblos gewordenen allgemeinen deutschen Theaterwesen etwas entgegen, das spezifisch modern und spezifisch norddeutsch war und das ganze Gepräge seiner wahrhaft bedeutenden und geistig glanzvollen Person trug. Er gab dem Theater, dem sowohl das Festliche als das Soziale abhanden gekommen war, zwar nicht das Festliche, wohl aber das Soziale wieder. Indem von der Bühne etwas so Bestimmtes und in seinen Grenzen bis zur Vollkommenheit Getriebenes gezeigt wurde, kam auch in die Zuhörerschaft wieder Nerv und Einheit. Das Vage und Schlaffe eines bloß vom herkömmlichen Bildungsbedürfnis zusammengehaltenen Publikums machte einem lebendigen Interesse Platz: das Gefühl der Epoche, des Augenblicks war stark und die Teilnahme an einer notwendigen Entwicklung, in der das Soziale und Künstlerische einander hervorhoben. Der Realismus daran war nichts als eine augenblickliche Konvention, das Wesentliche war Geist, Intention, Gespanntheit. Diese Luft eingeatmet zu haben, in ihr als Schauspieler gelernt und in der Freundschaft mit dem Direktor gewebt und gelebt zu haben, war sicher von entscheidender Bedeutung für Reinhardt. Für den Mut, dem flauen und verwischten Geschmack der Allgemeinheit seinen eigenen Geschmack entgegenzustellen, sah er hier das große Beispiel. Vielleicht war es in gewissem Sinn der schönste Moment seiner Existenz, als er das Neue, das ihm vorschwebte, neben die schon anerkannte Brahmsche Darbietung hinstellen konnte.

Anderseits wäre vielleicht Reinhardt nicht denkbar, wenn nicht vordem etwas existiert hätte, wie das Wiener Theaterwesen. Nicht das Gegenwärtige, das fast charakterlos geworden ist, sondern jenes, das sich von den ersten bis gegen die letzten Dezennien des 19. Jahrhunderts erhielt und wovon vor zwanzig Jahren noch mehr zu spüren war als heute. Dort, an dieser einzigen Stelle innerhalb des ganzen deutschen Bereiches, hatte sich ein Theaterwesen entwickelt, dem man das Epiteton „volkstümlich" oder „natürlich" geben kann. Es bestand die Einheit zwischen den drei Elementen: Drama, Schauspieler und Publikum, die sonst nirgends da war. In diesem Sinn lassen sich Burg und Vorstadt in Eins zusammenfassen: an beiden Orten bildet der Schauspieler den Mittelpunkt, und was die Zuschauer mit ihm und dem Drama verband, war ein wirklicher Theatersinn, nicht die Bildung, die ein vager und problematischer Begriff ist. Es lagen in dem Ganzen unausgewickelte Elemente aus dem Barock, die den Zuschauer mit einbegriffen, während das Goethesche Theater ihn draußen läßt und das Wagnersche ihn idiologisch und nicht ganz wahrheitsgemäß behandelt. Der Begriff des Festlichen und Geselligen waren die stillschweigenden Voraussetzungen. Indem Reinhardt bewußt den Schauspieler als das Zentrum seines Theaterwesens ansah, griff er auf diese barocken Elemente zurück und entwickelte sie mit Phantasie und Liebe. Versucht man in seiner so vielfältigen Tätigkeit das Entscheidende aufzufinden, so ergibt sich vielleicht als das Stärkste dies: er hat die Art des Zuhörens verändert. Seine Tendenz ging beständig dahin, den Zuhörer auf eine andere Ebene hinüberzuziehen. Hierin liegt die Einheit und Konsequenz von vielen scheinbar ganz disparaten Versuchen und Unternehmungen: das Spielen in sehr großen, dann wieder in kleinen Sälen, die wechselnde Verwendung der Musik, die Variante der örtlichen Relation zwischen dem auftretenden Schauspieler und dem Publikum, die scheinbar wechselnde Aufmerksamkeit, die er der sogenannten Illusion und dem sogenannte Bühnenbild widmet. Musik ist ihm wesentlich ein assoziierendes Element und das Licht und die Kulisse ebenso. Er benützt alle drei als Hilfsmittel, um die gewohnte Relation zwischen Zuschauer und Schauspieler aufzuheben und den Einen als Mittelpunkt und Festgeber, den Anderen als Teilnehmer des Festes und Medium einer vor sich gehenden Zauberei möglichst frei zu machen.

Das Singuläre ist, daß hier von den Elementen aus konzipiert und gebaut wird. Bei einem solchen Freimachen ist die Gefahr nahe, daß immer wieder das Chaotische eintritt. Insbesondere das Schauspielerische, völlig emanzipiert, führt ins Leere, in die Gemeinheit, ins Nichts. So verkam die Commedia dell' arte. Das Reinhardtsche Unternehmen ist von dieser Gefahr nicht einen Augenblick unbedroht, aber er kommt immer wieder gegen sie auf, nicht durch Grundsätze, nicht mit einem fixierten Geschmack, sondern mit einer wunderbaren Sensibilität, einer Phantasie, welche sich immer wieder entzückt an den Zusammenhängen und Übereinstimmungen und dadurch immer wieder das Höhere über dem Chaotischen durchsetzt. Das Ganze, über das er gebietet, debordiert immer, wird aber immer wieder an den Zügel genommen. Er wirft einem Element das andere entgegen: dem Schauspielerischen das Malerische, beiden das Dichterische und kühlt ein Feuer mit dem andern. Diese Arbeitsweise ist ganz einzigartig, unendlich fruchtbar in sich und eigentlich unnachahmlich. Die Aufgabe liegt für ihn wie für jeden produktiven Menschen im Strengerwerden, im Suchen des Stils, nachdem man sich der Elemente versichert hat. Aber zuerst muß Einer das Feuer kennen und hierin hat er einen ganz anderen Mut als Brahm, der primär ein Mann von ganz außerordentlichem Geist und erst in zweiter Reihe ein Mann des Theaters war.

Mit all dem kam Reinhardt irgendwelchen vitalen Bedürfnissen der Epoche entgegen. Aus dem Überflüssigen wird keine Berühmtheit und Autorität wie die seinige. Am deutlichsten liegen diese Zusammenhänge in der Wertung des Visuellen. Die Generation, welche die Epoche trägt, hat sich gegen die frühere umgestellt in bezug auf den Sinn des Auges. Hier fiel das, was Reinhardt brachte, zusammen mit dem, was viele wünschten und suchten. Vielleicht könnte man in seinen Anfängen als das Leitende den Wunsch erkennen, das Schwarzweiß der Brahmschen Manier durch das Farbige abzulösen. Aber heute, wo man fünfzehn Jahre seiner Produktion überblickt, kann man vielleicht sagen, daß auch das Farbige nur eine der Formen des Rhythmischen war, das auf allen Gebieten des Theaterkomplexes wieder zur Geltung zu bringen ihm vorschwebte.

Zunächst waren es die sensiblen und differenzierten Menschen, denen Reinhardts Unternehmen hier auf einem Gebiet entgegenkam, auf welchem sie in einer Welt von augenstumpfen Menschen zu entbehren, ja zu leiden gewohnt waren. Denn wo der Musiker den Mißtönen leicht entfliehen kann, wird der für die Farbe Empfindliche beständig beleidigt. Diejenigen, welche in der Farbe ebenso reizende Abgründe zu erkennen vermochten als in der Musik, sammelten sich als Erste um ein Theater, das schon dadurch zum Malerischen kam, daß es das Mimische entschlossen in die Mitte stellte und von da aus konsequent nach allen Richtungen ins Unendliche ging. Das Mimische bedarf, um sich auszuleben, des geschmückten, durch Farbe und Licht modulierten Raumes. Hier zum erstenmal sah die Malerei die Gelegenheit, sich als Gehilfin, nicht als Handlangerin zu betätigen und wenn es in der Möglichkeit liegt, daß eine ganz auf den lebendigen Augenblick gestellte Kunstübung irgend auf die Nachwelt gelange, so wird es durch die malerischen Mitarbeiter sein, von denen der vorzüglichste, der vieljährige Teilnehmer an fast allem dort Geleistetem das vorliegende Buch mit vor die Öffentlichkeit bringt.

Heinz Herald

Reinhardt auf der Probe

Dem Dichter kann man bei der Arbeit nicht über die Schulter schauen, auch der Maler und der Komponist werden sich solche Annäherungen verbitten. Man ist bei ihnen, will man etwas über den Prozeß des künstlerischen Schaffens erfahren, auf Selbstangaben angewiesen, die meist spärlich fließen und zudem natürlich – da der Künstler in diesem Falle in einer Person beobachtendes Subjekt und beobachtetes Objekt ist – die Zeichen der Unvollkommenheit an der Stirn tragen. Anders verhält es sich mit dem Regisseur. Der Regisseur wird zwar, wenn er schafft, jede größere Öffentlichkeit auch ausschließen, aber die Art seiner Arbeit bringt es doch mit sich, daß ihn – ist erst einmal die Zeit der stillen Vorbereitung vorüber – in jedem Augenblick des Probenverlaufes eine Anzahl fremder Augen beobachten können. Das ist, besonders wenn es sich um einen großen Regisseur handelt, für denjenigen, der den Hergang des künstlerischen Schaffens überhaupt studieren will, um daraus wertvolle Erkenntnisse zu gewinnen, von großer Wichtigkeit. Denn es ist ihm hier, und nur hier, gegeben, in das Innere des Künstlers während der Arbeit gleichsam hineinzuschauen.

Zwar habe ich Menschen, die gerade Reinhardt bei der Probenarbeit das erste Mal zu beobachten Gelegenheit hatten, öfters enttäuscht gefunden. Sie hatten sich wahrscheinlich vorgestellt, irgend eine Offenbarung, eine nervöse Sensation in diesen Stunden zu erleben und fühlten nun – zumal wenn Reinhardt auch gerade einen seiner »stillen Tage« hatte, an denen er nur beobachtet und keine zehn Worte spricht, – eine gelinde Enttäuschung; eine Enttäuschung, zu der auch gewiß, ohne daß jene Menschen es sich deutlich klarmachten, der ganze für den Uneingeweihten störende und ablenkende Eindruck der unfertigen Probenumgebung nicht wenig beitrug. So leicht freilich erschließt sich demjenigen, der in seinen Geist eindringen und seine Technik kennenlernen will, der künstlerische Prozeß der Inszenierungsarbeit nicht; man muß einem großen Regisseur schon eine Strecke weit folgen, um die Art seines Schaffens verstehen zu können: über Höhen und reizlose Strecken, auf schnurgeraden Wegen und durch Wirrnisse, durch unruhige und durch stille Tage. Dann aber wird man mehr als auf seine Kosten kommen. Und ich habe gerade Schauspieler, die das nach außenhin Fragmentarische einer Probe gar nicht mehr empfinden und ausschließlich auf den Kern zu schauen sich gewöhnt haben, vor allen Dingen aber wie kein anderer am eigenen Leibe die Hilfe eines Regisseurs spüren oder vermissen, nie anders als in den Ausdrücken höchster Anerkennung und liebender Bewunderung von Reinhardts Probenarbeit sprechen hören.–

Man hat sich oft bemüht, das Wesen des Regisseurs allgemein zu erklären und den Schlüssel besonders für Reinhardts Leistung zu finden, aber alle jene Deutungen, soviel Licht sie auch in die Dunkelheit dieser vor zwei Jahrzehnten noch fast unbekannten Kunst der Regie getragen haben, mußten sich doch immer durch die Fülle der Natur beschämen lassen, kamen stets einmal an den Punkt, wo die lebendige Persönlichkeit, die sich nicht völlig berechnen läßt, des sauber zurechtgelegten Schemas spottete. Am besten wird man vielleicht noch auf der Probe, wo alles fließt und man den lebendigen Hauch des Kunstwerdens in jedem Augenblicke spürt, Reinhardts Art erkennen, für seine Leistung eine Erklärung finden, diesen ungewöhnlichen und jedenfalls in unserer Zeit einzigartigen Regisseur für sich selbst entdecken können. Es wird dann freilich nicht leicht sein, das persönliche Erlebnis anderen mitzuteilen.

Reinhardt kann auf zwei Proben durchaus verschieden wirken. Er ist, wie ich oben schon andeutete, an einem Tage ganz schweigsam, erscheint, wenn man ihn in seiner charakteristischen Haltung, den vornübergebeugten Kopf schwer auf die Hand gestützt, dasitzen sieht, fast wie ein Stummer. Spricht er an einem solchen Tage schon mal ein Wort, so kommt es zögernd und dann mit einem Ruck, wie unter einer Anstrengung, hervor. Er scheint nur Auge und Ohr zu sein und alles, was um ihn hervorgeht, in sich hineinzuziehen. Dann passiert es freilich auch einmal (wozu er meistens aber eines eintägigen Zwischenraums bedarf), daß die inneren Schleusen sich plötzlich öffnen und ein völlig Verwandelter, Befreiter vor uns steht.

Man kann sich schwer einen Begriff machen von dem belebenden Strom, der in den Stunden, in denen seine eigentlich spröde und fast verschlossen wirkende Natur sich innerlich gelockert und gelöst hat, von diesem Regisseur ausgeht. Dann sieht man, wie stark er in jedem Augenblick die Zügelung des Ganzen in der Hand hat, wie er alles in vorbestimmte Bahnen lenkt, die seine Phantasie schon durchmessen hat, ohne deswegen immer starr in jeder Kleinigkeit bei der einmal gefaßten Meinung auszuharren, wie er jeden Einzelnen befeuert, steigert, befruchtet, sein Innerstes mühsam ans Tageslicht bringt. Wenn man diese klaren, bestimmten und knappen Worte hört, die selbst den Raum der größten Arena mühelos zu durchdringen scheinen, bekommt man eine Vorstellung von der Klarheit seiner Anordnungen, von der Plastik seiner inneren Gesichte, von der Intensität der hier geleisteten geistigen Arbeit. Dabei verliert sich Reinhardt niemals, wie mancher andere Regisseur, in eine äußere Ekstase. Er bleibt selbst in den Momenten des stärksten inneren Glühens nach außen hin ganz ruhig und ein nicht bedachtes oder gar unbestimmtes

Wort kommt auch dann nicht über seine Lippen. Das Feuer, das er entzündet hat, scheint in den anderen immer viel stärker zu lodern als in ihm selber.
Reinhardt versteht es, den Mitschaffenden und besonders seinen Schauspielern durch die winzigste Geste, durch das kleinste Wort, durch irgendeine Tonfärbung schon, seine Absichten klarzumachen, sie durch Bewegung, Wort und Ton gleichsam hindurchschimmern zu lassen. Darum ist es ihm möglich, auch ohne größere äußere Kraftaufwendung seine Absichten klar vor die Menschen hinzustellen. Er reicht beispielsweise dem Schauspieler – vermöge einer ganz seltenen Technik, die sich hier der geistigen Gestaltungskraft zugesellt hat, – ein kaum in Hauchstärke gesprochenes Wort so hin, daß der Schauspieler den Ton sofort leicht abzunehmen vermag.
Manchmal, in der Hitze der Arbeit, verläßt freilich Reinhardt diese vollkommene und fast unbegreifliche äußere Ruhe auch und die Flamme der Leidenschaft beginnt selbst aus ihm sichtbar herauszuschlagen, ohne daß er darum aber auch nur für einen Moment die Beherrschung seiner Mittel – seiner Sprache, seiner Bewegungen – verliert. Dann kann es vorkommen, daß er, vormachend, alle Rollen hintereinander und durcheinander spielt, in einer Revolutionsszene zuerst auf der Rednertribüne, gleich darauf neben ihr, jetzt schon wieder in einer der steilaufsteigenden Abgeordnetenbänke, dann ganz vorn im freien Vorraum stehend, nacheinander die Reden aller Parteiführer hält und die Zwischenrufe ihrer Genossen einflicht, oder daß er bei einem Strindbergschen Gespenstersouper gleichzeitig die Rollen aller Beteiligten spielt und dabei keine ihrer Eigentümlichkeiten vergißt, weder die marionettenhafte Steifheit des Einen, noch das vogelartige Surren und Zwitschern des Zweiten, noch die steinern verzerrte Liebenswürdigkeit, die schwatzhafte, hämische Herrschsucht und die dunkle böse Verhaltenheit der Anderen – ja nicht einmal das ängstliche und lautlose Trippeln des alten aufwartenden Dieners. So verdichtet sich dann manchmal auf Momente bei der Probe die Atmosphäre stärker als irgend einmal am Abend. Man fühlt in solchen Augenblicken das Bedauern aufsteigen, daß die äußere Möglichkeit es Reinhardt nicht gestattet, in Wirklichkeit einmal alle Rollen eines Stückes zugleich zu spielen. Und man bekommt eine Vorstellung von der inneren Welt eines Künstlers, der mit der ganzen Kraft des Willens seinen Geist dem Stoff, in dem er arbeitet, aufzuprägen sich müht und dem doch, bei aller erfolgreichen Durchsetzung, die ewige Künstlertragik nicht ganz erspart bleibt: zu sehen, daß die großen brennenden Bilder seines Inneren in der stumpfen Materie „Theater“ nicht restlos Gestalt erhalten.

Max Reinhardt bei der Probenarbeit

Max Reinhardt bei einer Regiebesprechung mit Gerhart Hauptmann

Kapitel 3

Die Schauspieler

Carl Heine

Der Reinhardtsche Darsteller

Drama und Schauspielkunst leben in einer Ehe Strindbergscher Prägung. Auch bei ihrem Machtkampf handelt es sich um die Herrschaft über das Kind, die Aufführung. Gelingt es dem Drama, das Theater in die Zwangsjacke seiner Kunstanschauungen zu zwingen, so können bald Bühnen annähernd gleicher Wertklasse ihre Darsteller austauschen, ohne daß wesentliche Störungen des Aufführungsstils zu fürchten wären. Beginnt dann die Herrschaft der redenden Künste zu erlahmen, weil die Literatur auf neuen Wegen nach neuen Zielen strebt, so hinterbleibt eine Bühnenkunst von seltener Stärke, weil das Theater sich in der andauernden Übung an Dramen gleicher Art einen ungemein reichen Vorrat von Ausdrucksmöglichkeiten und Ausdrucksfähigkeiten gesammelt hat. Auf dieser sicheren Grundlage versucht dann die Schauspielkunst ihr Reich auszubauen und eine selbständige Weiterentwickelung nach den eigenen Gesetzen der spielenden Künste zu wagen. Einen solchen immer wiederkehrenden Wendepunkt hat die Theatergeschichte beim Ausgang der naturalistischen Periode zu verzeichnen. Unter Verzicht auf die Führung der redenden Künste verbanden sich die spielenden mit den bildenden, und als sie von denen genug gelernt hatten, schwangen sie sich selbst zur unbedingten Herrschaft auf. Daß Max Reinhardt die Seele dieser Entwicklung war, geben auch seine Gegner zu, durch ihre Art, es zu bestreiten. Daß allgemeine Kulturströmungen, die auch außerhalb des Theaters in die Richtung drängten, in der Reinhardt ging, wirkend waren, wissen auch seine Anhänger. Die meisten Bühnen suchten auf seinen Spuren zu gehen, und bemühten sich, Reinhardt nachzuahmen; einige blieben auf dem Wege stecken, einige verloren die Richtung, die Mehrzahl aber nannte die versuchte Nachfolge Reinhardts ihre eigene Bahn und hatte damit leider oft recht. Selbst die Schüler, die sich offen zu Reinhardt bekannten, sind nicht imstande gewesen, auch wenn es noch so hochwertig war, Gleichwertiges zu schaffen, weil Persönlichkeit unnachahmlich, ihre Ausstrahlung einzig ist. Macht man nun den Versuch, Darsteller von Bühnen annähernd gleicher Wertklasse auszutauschen, so wird man den Aufführungsstil erheblich gestört sehen. Das liegt daran, daß bei der selbständigen Entwicklung der Schauspielkunst jede Bühne das Gepräge der Persönlichkeit ihres Leiters in viel höherem Maße tragen muß, als in einer Epoche, in der die Vorherrschaft des Dramas Gleichförmigkeit der Spielweise bewirkt.

Dieses allgemeine Gesetz erfährt im Fall Reinhardt eine bedeutende Steigerung. Man hat schon dichteres Zusammenspiel gesehen, als auf den Reinhardt-Bühnen, und doch fällt mehr als irgendwo anders selbst der beste Darsteller eines anderen Theaters unweigerlich aus dem Rahmen der Aufführung, und wenn er auch ohne Partner auf der Bühne stünde. Das liegt sowohl in der Einwirkung der Persönlichkeit Reinhardts auf den Darsteller, in dem Einzelerzieherischen, als auch in den Kunstabsichten Reinhardts, die so vieles in engem Raum zusammenpressen, daß der Darsteller sich nur langsam in sie einleben kann.

Seit Reinhardt den entscheidenden Schritt tat, sich der herrschenden malerischen Anschauung zuwandte und das Malerische an seinem Urquell auffing, indem er das Licht sich untertan machte, hatte er den Schlußstein zu seinem Gebäude gefunden. Nun erhielt jene äußerste Ausdrucksstärke, jene letzte Hingabe aller Kräfte, jenes Zusammenpressen des Gesamtkönnens, das er herauszulocken versteht, den wesensverwandten Geist durch das Zusammenfassen und Auflösen der Form durch das Licht, nun war es möglich auch dem Scharfumrissenen, Bestimmten in Ton, Rede, Geste, Bewegung jenes Unbestimmte, Fließende zu geben, das immer über sich selbst hinausweist und den Schein des Unbegrenzten erweckend, immer bedeutend wirkt, weil es auch von an sich gleichgültiger Einzelheit auf ein unbegreifliches Ganze weist. Da nun dieses Unsichtbare nur zu Ahnende in Reinhardts Empfinden als Weltbild lebendig ist, kann nur er den einzelnen Darsteller so ausstatten, daß er in dieses Ganze sich einordnet.

Von diesem Weltbild zeigt eine Reinhardtsche Aufführung nur das deutlich, was gerade wichtig ist, deutlich gesehen zu werden; aber das scharf Sichtbare und das darüber Hinausweisende wird doch als Einheit fühlbar gemacht, so daß alles, das Umgrenzte und das Unbegrenzte, von der Harmonie eines einheitlichen Rhythmus bewegt erscheint. Es ist begreiflich, daß in dieses kunstvolle Geflecht sich nur der einordnen kann, der es oft erlebt hat, wie seine scheinbar eigenwillig geführte Linie dem Ganzen dient.

Reinhardts Kunst, dem Darsteller diese Linie zu zeigen und ihn auf ihr schauspielerisch so fruchtbar wie möglich zu machen, auch wenn diese Linie unscheinbar oder zusammenhanglos scheint, besteht in seiner Kraft, den Darsteller so zu führen, daß er sich gezwungen sieht, sich aus sich selbst heraus gegenständlich zu machen. Das Mittel Reinhardts, durch das er Wunder zu tun scheint, ist die Suggestion. Aber diese Suggestion nimmt ihre Macht aus der Sicherheit, mit der jede Figur Reinhardt gegenständlich vor Augen steht, mit der jeder Punkt absichtsvoll in das Ganze gesetzt ist, und diese Sicherheit ist die Frucht eingehendsten Fleißes. Diesem Fleiß ist nichts unwesentlich. Auch das scheinbar gleichgültigste wird im voraus genau festgestellt, gefeilt, aufs sorgsamste gewogen

und erwogen. Jede Figur mit all ihrem Drum und Dran ist in das Gesamtbild der vorzubereitenden Aufführung eingezeichnet.
Diese Kinder seiner Phantasie zeigt Reinhardt dem Darsteller auf der ersten Probe. Mit der Geduld und dem Scharfsinn eines Indianers umschleicht er den Darsteller und lockt ihn in die Hülle der darzustellenden Gestalt. Aber nicht prokustesmäßig zwängt Reinhardt den Darsteller in das fertig gemachte Bett, sondern er sucht es ihm passend und wohnlich einzurichten, zumal es offenbar von vornherein ein wenig auf den betreffenden Darsteller zugeschnitten ist. Und nicht nur bei den großen Rollen wird diese Vorarbeit geleistet, auch jede kleinste lebt als fertiges Bild bis zum Stimmklang und der Stimmlage, die Reinhardt mit schauspielerischer Meisterschaft jedem ins Ohr klingen zu lassen versteht. So wächst der Darsteller, durch die Kanäle aller seiner Sinne mit der zugedachten Speise durchtränkt, zu der verlangten Aufgabe langsam heran, und entlastet von dem bewußten Mittragen des Ganzen kann er, getrieben von dem Willen des Führers, die Höchstleistung seines Könnens, in der Gestalt entladen, die darzustellen seine Aufgabe ist.
So weiß jeder Darsteller sein Vermögen einer Verwaltung anvertraut, die ihm den denkbar höchsten Zinsfuß verspricht. Deshalb gibt er sich Reinhardt in hemmungslosem Vertrauen hin und empfängt von ihm einen Reichtum, der auch den geringsten Darsteller in gewissem Sinne dem besten, der aus anderer Schule kommt, überlegen macht.

Strindberg „Gespenstersonate", Kammerspiele 1916
Lithographien von E. Orlik, P. Wegener als Direktor Hummel, G. Eysoldt als Mumie

Werner Krauss

Reinhardt-Schauspieler

Ich ging also im Herbst 1914 zurück nach Berlin, wo Reinhardt die Gagen auf die Hälfte reduzierte. Im ersten Monat bekam jeder nur hundert Mark pro Monat. Die es nicht nötig hatten, machten es aus Kollegialität mit, bis dann eben durch den ganzen Krieg die halbe Gage angesetzt wurde. Anfangs hatten wir tatsächlich schlechten Besuch, aber nach drei, vier Monaten hatten wir immerzu ausverkaufte Häuser. Am Anfang des Krieges hatten wir „Zopf und Schwert", ein altes Stück von Gutzkow, gespielt, ein billiges, patriotisches Stück. Dann gaben wir „Prinz von Homburg", und vor „Wallensteins Lager" gab's ein Vorspiel „1914" von Wilhelm Schmidtbonn. Das haben wir so aufgesagt, ich war, glaube ich, ein Kaufmann, dann war da ein Mann der Feder, ein Arbeiter und noch einer. Und zum Schluß gaben wir uns die Hände: „Auf deiner Insel, neidisches England, du bist der Urfeind, wir lassen nicht von dir."

Ich spielte auch mit Pallenberg, der tauchte damals in Berlin auf, er spielte den „Eingebildeten Kranken" von Molière in den Kammerspielen, ich spielte den Doktor. Keiner wollte mit ihm spielen, weil er dann immer der Dumme war. Er machte den anderen lächerlich. Ich habe einen ganzen Sommer durch ein Stück mit ihm gespielt, das hieß „Der kleine Napoleon", da war ein Monsieur Cerf, der war ein Schneider, und die Leute fanden, er sieht aus wie Napoleon, und dann spielte er den Cerf privat und den richtigen Napoleon und starb als Napoleon; ich war Fouché. Unsagbar, was ich zu leiden hatte!

Wir gaben den „Biberpelz", Motes war Jannings, die Waschfrau Wolff war Else Lehmann, Waßmann war Wehrhahn, ich war der Schiffer Wulkow, Pallenberg Rentier Krüger, Gülstorff spielte den Schreiber. Wir waren schon ein gutes Team – und mir ist eines Tages folgendes passiert: Ich hatte einen dicken Pelzmantel an, saß immer hinten auf der Bank – das hatte vorher Max Reinhardt gespielt, na ja, da war ich schon avanciert – und hatte lange nichts zu sagen. Und was geschieht, wenn man lange nichts zu tun hat? – Ich hatte auch was auf der Pfanne, und da eine große Auseinandersetzung war und die sehr laut wurde, da ging Wehrhahn auf den Tisch zu und haut auf den Tisch. „Ich bitte mir Ruhe aus!" – und schon ging bei mir die Kanone los. – Der Wehrhahn schlug noch einmal auf den Tisch und brüllte nochmals: „Ruhe!" Ich war längst unter meinem Platz verschwunden. Die spielten den Akt zu Ende, und dann war eine Empörung, und Pallenberg machte am meisten Krach – eine Unverschämtheit wäre das. Else Lehmann sagte als einzige nichts, sie war nämlich taub und hatte nichts gehört.

Die Vorstellung ging zu Ende, und wie ich ausgezogen war, hieß es, ich möge ins Büro hinaufkommen. Da saßen Max und Edmund Reinhardt und Kahane und Hollaender, der Theatersekretär Othmar Keindl – alles, was es gab, saß da oben an einem langen Tisch; ich zum Verhör, und da vor mir die Behörde. Reinhardt fängt ganz gemessen an: „Es geht jetzt nicht so weiter, in einem Augenblick, wo draußen die Menschen fallen, und Sie haben das Glück, Sie sind reklamiert, Sie genießen also das Glück, daß Ihre Direktion, weil sie Sie für unentbehrlich hält, Sie reklamiert, und da geschieht so etwas. Es ist einfach empörend, wir können Sie doch nicht nach Flandern schicken. – Nun, was haben Sie dazu zu sagen?" – „Entschuldigen Sie, Herr Professor, wir hatten vormittags Probe, und ich habe dann Bohnensuppe gegessen!" – Da fing er schallend zu lachen an und sagte: „Gehen Sie, na schön, es ist halt passiert."

Reinhardt wurde ganz allgemein nur „Professor" genannt. Den Titel hatte ihm einmal der Herzog von Coburg-Gotha verliehen – ich weiß nicht, warum und wofür.

Wir haben auch „Dantons Tod" gegeben, und plötzlich sagt Reinhardt, wie wir da probieren: „Da muß ja auch einer noch den Mann von der Guillotine am Schluß spielen, diesen Scharfrichter, und der singt auch ein Lied . . . da habe ich auch schon einen Mann, der muß das machen – eine ganz kleine Rolle . . ." – „Nein", sage ich, „das mache ich. Saint-Just ist ja lange vorher fertig." – „Ja, wenn Sie das wollen. Wie werden Sie denn das machen?" – Ich hatte den Text gelesen: Der Mann ist allein, rundherum ist das Blut von der Guillotine, und er singt. Und da kommt Lucile. Und da endet auch das Lied! Und der Gedanke, daß das ein drittrangiger Mann macht, hat mich dazu gebracht, „nein" zu sagen. „Warten Sie ab, wie ich das machen werde." Und da spielte ich also den Saint-Just, der wie ein Mädchen war, ein ganz zarter aber eiskalter Mensch, und dann als Henker hatte ich eine richtige rote dreckige Hose bis auf die Erde, und den Oberkörper nackt. Und ich hatte die Revolutionsmütze auf, keine Perücke, aber ein Auge habe ich mir zugeklebt, das kann man mit den Wimpern zukleben, und habe mir an einer anderen Stelle ein künstliches Auge gezeichnet, höher oben, nicht zu übertrieben, sondern ganz einfach. Und bin mit dem nackten Oberkörper wie ein Orang-Utan herumgegangen. Reinhardt stand in der Kulisse. „Ja, das ist phantastisch!" – Das hatte er gerne, diese Verwandlung.

Unter anderem spielten wir auch den „Vater" von Strindberg. Jannings war der Pfarrer und ich war der Doktor und Paul Wegener war der Vater und Lucie Höflich war die Frau, und Harry Liedtke war ein kleiner Reitbursche oder so was. Und wir waren alle so unbekümmert und gingen mittags zu Kempinski und bestellten ordentlich, jeder in der Meinung, der andere hätte Geld, und wir haben in der Zeit – das war Ende 1915 – zu dritt eine Zeche von etwa 84 Mark gemacht. Wir haben alles gegessen, was es gab, und getrunken, Burgunder und Champagner, und die dicksten Zigarren geraucht.

W. Krauss als Robespierre in Rollands „Danton", 1920

Im Jahr 16 spielte ich in „Soldaten" von Lenz den Hauptmann Pirzel, eine ganz kleine Rolle: „Das kommt, weil die Menschen nicht denken, flüchtig, flüchtig die Gedanken sind's!" Das kam in der Rolle vor, und sie ist deswegen wichtig, weil vierzehn Tage vorher Seine Exzellenz Graf Hülsen, Generalintendant des Königlichen Schauspielhauses, mit uns in Verhandlung getreten war, mit Paul Hartmann, Emil Jannings, Max Gülstorff, Paul Biensfeld und mir. Wir hießen „die beängstigenden Fünf" und haben den Älteren schwer zu schaffen gemacht. Wir waren eben so, wir wollten drankommen. Wir wurden zu Hülsen bestellt, alle fünfzehn Minuten einer hinter dem anderen, und wir haben einer auf den anderen gewartet, und dann sind wir alle in den Admiralspalast gegangen und haben uns alle hintereinander nach der Größe aufgestellt,

Und dann hatten wir kein Geld, jedenfalls nicht genug, um das zu bezahlen. Da sagten wir nun dem Kellner: „Sie müssen das Deutsche Theater anrufen!", denn wir hätten abends Premiere. – Einer von uns sollte an den Apparat kommen. Da ging ich hin. – „Wir sitzen hier, weil jeder glaubte, der andere könne bezahlen. Und wir können nicht zur Vorstellung, weil uns Geld fehlt." Tabel, der alte Theaterdiener, kam durch das ganze Lokal, stellte sich hin, gab uns aber kein Geld, sondern bezahlte den Kellner, dann packte er uns ganz einfach am Ärmel, durch das lange Lokal durch, draußen war eine Pferdedroschke, da setzte er uns hinein, setzte sich dazu und führte uns zu den Kammerspielen. Dort bekamen wir schwarzen Kaffee, und dann spielten wir und hatten Erfolg, auch bei Jacobsohn. Das ganze Theater war empört und sagte: „So eine Frechheit!" – Und was geschah? Am Ersten wurde keinem von uns etwas abgezogen. Reinhardt hatte sich so gefreut, daß er es uns schenkte.

W. Krauss als St. Just in „Dantons Tod", 1916

jeder die Hand auf der Schulter des Vordermannes, und haben freundlich in den Apparat geguckt, und das Bild haben wir dann an die Exzellenz Hülsen geschickt.
„Keiner spricht davon", beschlossen wir, und jeder von uns hatte einen Vertrag.
Aber wir wußten, Reinhardt würde uns doch nicht aufpäppeln mit Rollen, wenn wir an das Hoftheater gingen.
Wir probieren also für die „Soldaten". Reinhardt kommt in das Konversationszimmer und sagt in seiner üblichen Art: „Es war wieder ganz ausgezeichnet, ganz ausgezeichnet, nur an dieser Stelle ...", da kommt plötzlich Hollaender herein, mit empörtem Gesicht und mit einer BZ. Er geht auf Reinhardt zu. Da stand in der BZ so groß: „Die Junge Garde verläßt Reinhardt. Sie wechselt über zum Königlichen Hoftheater."

W. Krauss als Lear, 1923

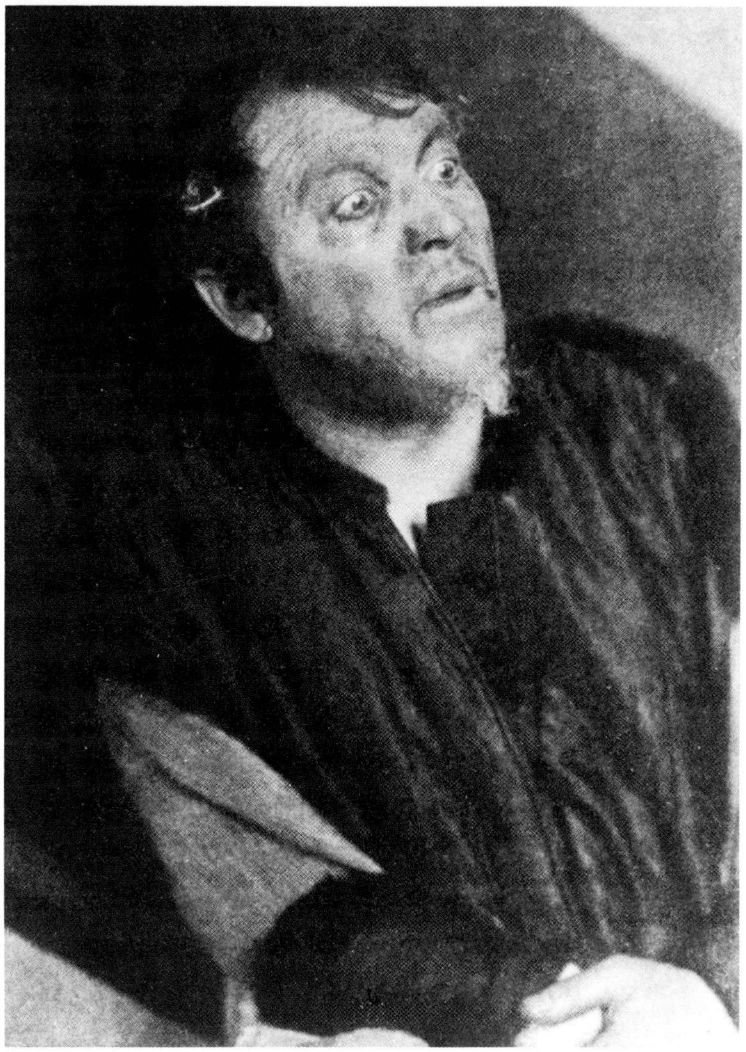

W. Krauss als Shylock im „Kaufmann von Venedig", 1921

Gertrud Eysoldt

Wie Reinhardt mit dem Schauspieler arbeitet

G. Eysoldt als Puck im „Sommernachtstraum", 1905

Ein Vormittag. Die Probe beginnt. Vom Tageslicht in die Staubdämmerung des Theaters. Ein Tasten durch dunkle Parkettreihen, die Hand fühlt sich am Stoff der Polstersessel entlang. Die Augen sind blind von Dunkelheit. Die Bühne vorn ein hellerer Ausschnitt in bläulich dunstigem Schimmer. Fahles Tageslicht fällt von oben in Streifen durch hängende Stoffsofitten. Die Bühne ist leer – ein paar unzusammenhängende Kulissenwände lehnen an der Seite. Diese Leere der Bühne! Ihre Keuschheit! Herzbewegend für den Schauspieler. Wie die unberührte aufgespannte Leinwand für den Maler!

Die Schauspieler kommen einer nach dem anderen. Langsam, mißmutig, wie verschlafen. Verschlossenheit in den Zügen. Die Stimmung des Aufsparens. Die vollkommene Latenz. Reinhardts Gesicht und Gestalt löst sich unten vor der ersten Parkettreihe aus dem Dunkel. Von oben blinzeln die Schauspieler mit einem Seitenblick hinunter nach ihm. Es erregt sie innerlich – doch scheinen sie gleichgültig. Eine Mischung von Kampfstimmung und Unruhe ist in ihnen. Reinhardt hat sein Buch in der Hand. Seine Miene trägt eine völlige Teilnahmslosigkeit. Der Morgen schiebt alle diese Abendmenschen mühselig vor sich her. Die Phantasie sitzt umher, vollkommen unbeweglich. Und wir wissen, wir müssen sie lösen. Man fürchtet sich. Die stärkste Energie ist dazu nötig. Was auf der Probe in der Nüchternheit eines Vormittags gewonnen wird – lebt doppelt auf in den Erregungen des Abends. Das künstliche Licht, das nun die Bühne dürftig für die Probe erhellt, ersetzt die Abendstimmung nicht, die Tagesstrahlen schneiden dazwischen. Und dennoch, diese Feindseligkeit des Morgenlichts, das überall einbricht zum Verstand und das innere Leben in Stücke teilen will, reizt schließlich auf als Kontrast. Auf einmal begreift man, wie die heftigsten Schmerzen hingehen im strahlenden Mittag auf weißem Pflaster durch die gleichgültig hastende Menschenmenge.

Reinhardt ruft uns aus der ersten Lethargie auf. Wir beginnen zögernd. Verschämt. Horchen in uns hinein. Unsere Stimme ist uns fremd. Auf einmal weckt uns ein Klang, ein bekannter Ton der eigenen Stimme! Die Melodie bewegt sich schüchtern. Reinhardts Blick antwortet mit einem Aufblitzen des Interesses. Leise wirft er eine Betonung in die Rede, wie man einen Erwachenden nur sanft anruft. Seine Blicke sind anhaltender auf den Schauspieler gerichtet – wir rühren uns. Wieder dazwischen ein inneres Stocken. Reinhardt nimmt sein Buch, wir hören zu – halb in Unruhe zu begreifen, halb mit gespieltem Widerstand in Verlegenheiten. Die eigene Hemmung des inneren Stromes empfindet man als Scham. Eine Entgleisung. Man überzeugt nicht. Man leidet. Reinhardt stellt sich ab, weicht scheinbar mit der Aufmerksamkeit zurück, um uns Zeit zu lassen, die Verwirrung zu lösen. Er schont uns. – Erfaßt er dann einen Ton des Aufschwungs von uns, hält er ihn unerbittlich fest, er läßt uns nun nicht los – kein Zurückfallen ist uns erlaubt. Er quält – er treibt – er befreit jedes Zögern. Er wiederholt. Wir halten noch einmal die Zügel – straffen und lockern sie, bis wir den Sprung kennen. Einmal heiß geworden, schmelzen alle Hemmungen dahin. Ein Rhythmus von Heftigkeiten und Müdigkeiten schwingt. Reinhardt erfaßt ihn und biegt ihn. Wir geben uns dem Spiel hin. Wir fühlen den Partner, sein Gesicht, seinen Blick, seine Hände, seine Gestalt, seine Werbung und seine Gegnerschaft, seine Hoffnungen und seinen Streit. Reinhardt verbindet die Stimmen, reißt Distanzen – hält uns aufrecht in der Entzückung, zwingt uns zurück in die Synkope. Erschöpft läßt sich der Abgehende von der Szene im Hintergrunde der Bühne auf einen Stuhl oder auf ein Versatzstück nieder, bemüht, den inneren Aufruhr zu bändigen, ihn nicht abzugeben an die sinnlose Konstellation hinter den Kulissen außerhalb der Dichtung. Die Züge werden geordnet. Eine Selbstbeherrschung ergreift den Schauspieler, bis er wieder die Szene betritt – sich erlöst frei gibt oder in reinsten Intervallen den leichten Schritt der Rede zeichnet.

Reinhardt hat sein Buch. Wir unsere Rollen. Jeder hat das Seine mitgebracht, ausgearbeitet oder gelernt und trägt es in wichtigen Händen. Und Buch und Rollen und Ideen werden hier vom Strömen sich begegnender Sinne umgeschmolzen, vom Blut mit neuen Zeichen begabt. Was Buchstabe war und Gedanke, wird zum Gefühl – was Gefühl war, wird zum inneren Bild. Der »besondere Saft« versenkt auch uns in ein Meer des Wahns! – Schön und lebhaft sind diese Träume auf der leeren Leinwand der Bühne. Aus dem Morphiat der Erregungen wachsen uns neue Dimensionen des Alls. Wir streben darin zu sein, wir ziehen die Realitäten heran. Die unsicheren Sohlen tasten nach Grund. Nun wird uns Tisch und Stuhl und Wand und Treppe zugeschoben, Farben umstellen uns. Unsere Kraft muß darin leben. Wir erwärmen die toten Dinge. Das Geländer einer Treppe reicht uns die eine einzige Geste, die unseren Schmerz oder unseren Stolz aufklärt. Der Sessel ruft unsere wankenden Kniee herbei, ein Fenster lächelt uns Liebe auf die Lippen. Der Wind, die Bäume reden. Unruhvoll drängt sich die Schöpfung an uns, mündet in uns und formt uns. Nichts, was nicht durch uns, die Schauspieler, zum Leben auf der Bühne gezwungen wird, hat ein Recht dort zu sein.

Ein Requisiteur geht auf Zehenspitzen vorsichtig zu Reinhardt an die Rampe und fragt ihn: »Der rote Teppich spielt doch mit?« Dies Wort deckt den Sinn des Theaters auf.

G. Eysoldt als Kater in Maeterlincks „Blauer Vogel", 1916

G. Eysoldt als Nastja in Gorkijs „Nachtasyl", 1903

A. Bassermann als der Herr, G. Eysoldt als Gerda in Strindbergs „Wetterleuchten", Kammerspiele 1913

Eduard von Winterstein

Die Maske des Schauspielers

Die große Revolution der Schauspielkunst, die als natürliche Begleiterscheinung derjenigen der dramatischen Dichtkunst im letzten Jahrzehnt des vorigen Jahrhunderts unter der Flagge: „Naturalismus" den heiligen Tempel Thaliens von alten eingerosteten Übeln befreite und den Schauspieler, der in theatralischer Unnatur vom Kopf bis zu Fuß stak, zurück zur Wahrheit und Einfachheit der Natur brachte, hat wohl mehr Spuren hinterlassen, als man heute, da der Naturalismus – scheinbar – ein Bonmot von vorgestern, die Mode vom vorigen Jahr ist, gemeinhin annehmen und wahrhaben möchte. An den schlesischen Dialektstücken Hauptmanns bildete sich die moderne Schauspielkunst, um so geläutert wieder zu einer wahrhaften, vertieften und verinnerlichten, von aller äußerlichen Komödianterie freien Kunst der Menschendarstellung zu werden, die dann auch in der Darstellung des klassischen Stildramas Gelegenheit hatte, zu beweisen, daß Natur und Wahrheit jedem Stile spotten und jedem Stile gerecht werden. Und denselben Destillationsprozeß machte auch die Schminkkunst des Schauspielers, die Kunst der Maske durch.

Es sei ferne von mir, zu behaupten, daß nicht vor der denkwürdigen Erstaufführung von Hauptmanns: „Vor Sonnenaufgang", bekanntlich die Geburtsstunde des Naturalismus, auch Schauspieler gewesen wären, die wahre Schmink- und Maskenkünstler genannt zu werden verdienten, die aus Schminke, Perücke und Bartwolle jede historische Persönlichkeit auf der Bühne zum Verwechseln ähnlich und zum Neid von Castans Panoptikum präsentierten – aber eben auch die Ansichten über die Schmink- und Maskenkunst haben sich geändert und geläutert.

In Schminke getaucht von oben bis unten war die ganze deutsche Schauspielkunst, und wie die starre Schablone und verzopfte Konvention die Sprache der Schauspieler beherrschte und ihre Seele verkleisterte, so bedeckte fingerdicke Schmicke das Gesicht, damit um Gottes willen niemand annehmen sollte, in der Seele des Schauspielers gehe etwas vor, daß sich auf seinem Gesicht abspiegeln könnte. Ich weiß, die allzeit vorhandenen Verteidiger des Alten werden mich steinigen, aber ich nehme nichts von dem Gesagten zurück, das nur von eigenem Erlebten und Gesehenen diktiert ist.

Ich ging im Jahre 1889 zum Theater und habe, noch ehe ich nach Berlin kam, auf meinen Wanderjahren an Provinzbühnen mit Schaudern erlebt, wie das Gros der Schauspieler von einem gräßlichen Schminkfanatismus ergriffen war. Fingerdick mußte die Fettschminke auf dem Gesicht sitzen, das sich als eine leblose starre Maske auf der Bühne präsentierte. Ja, es galt als ein Verbrechen, das manche Theater sogar mit Strafe belegten, ungeschminkt auf die Bühne zu gehen, selbst wenn der Zustand des Ungeschminktseins für den Charakter der darzustellenden Rolle wie geschaffen war.

Ich habe mehr als einmal erlebt, daß Schauspieler sich die unerhörteste Mühe gaben soviel verschiedene Schminke aufzutragen, daß sie – geschminkt – aussahen wie ungeschminkt, nur daß die dicke Fettschicht dem Gesicht jeden Ausdruck einer seelischen Erregung versagte. Dazu kam eine Verschwendung von Haaren in Perücken und Bärten, die vollends dem Schauspieler jeden Rest von eigener Persönlichkeit nahmen. Wer, der noch jene Zeit miterlebte, erinnerte sich nicht mit Schaudern der „Helden", die ohne eine wallende Mähne, ohne einen langen Fußsack im Gesicht gar nicht denkbar waren.

Nun fegte der „Naturalismus" diesen ganzen Zopf mit so vielem anderen hinweg. Man fand, daß das Gesicht des Menschen doch wertvoller war, als ein verschmierter Puppenkopf, man benutzte die Schminke nur noch als nebensächliches Hilfsmittel, um die durch die grelle Beleuchtung der Bühne natürlich veränderte Farbe des Gesichtes einigermaßen mit dem Alter und dem Charakter der darzustellenden Figur in Einklang zu bringen, aber wie gesagt, die Schminke wurde möglichst sparsam, ja geizig verwandt. Man hütete sich, die vielen und mannigfaltigen Adern und Fältchen des Gesichts, die in der kleinsten Veränderung so unerhört plastisch die Seele wiederspiegeln können, zu verschminken und zu verdecken. Man hielt es auch nicht mehr für nötig, daß der Liebhaber unbedingt Locken haben mußte, man fand ihn auch mit einem Bürstenkopf schön genug, wenn er sonst den Anforderungen eines menschlichen Aussehens genügte. Dies war nun natürlich sehr einfach und sehr leicht, in der Zeit des unbedingten Naturalismus, da man auf der Bühne Alltagsmenschen sah, die um so lebenswahrer wirkten, je ähnlicher sie dem wirklichen Alltagsmenschen waren.

Nun entwickelte sich die Schauspielkunst, der Naturalismus trug seine herrlichen Früchte, man kehrte in die hohen und heiligen Hallen des Stildramas zurück, und die Berliner Schauspielkunst, die sichtbar bahnbrechend und wegweisend vorging, suchte zu beweisen, daß sie eine durchgreifende Läuterung durchgemacht hatte, daß ihr das, was sie in jenen Zeiten der Armeleutestücke gelernt, nun auch die Kraft und die Herrlichkeit verliehen hatte, an die Darstellung der klassischen Stildramen mit derselben Vertiefung, derselben Beseelung, derselben Lebenswahrheit heranzugehen. Und auch hier ging damit Hand in Hand die Schminkkunst, die Kunst der Maske, die nun natürlich auch versuchen mußte, die gewohnte Wahrheit des Lebens in das höhere Niveau der Stilkunst zu übertragen. Und dem aufmerksamen Beobachter

E. v. Winterstein als Kent in „König Lear", 1908

kann es nicht entgehen, daß ihr dies im besten Sinne und vollauf gelungen ist.
Die Persönlichkeit, das Persönliche, der Mensch ist die Hauptsache bei allen Masken, die wir in der Darstellung der klassischen Stücke unseres Repertoires sehen, natürlich je nach vorhandenen Kräften bald mehr bald weniger vollkommen. Um ein krasses Beispiel vor allem herauszuheben: als Max Reinhardt den Faust inszenierte, erregte es bei allen eingefleischten Konventionspfuschern geradezu Entsetzen, daß der Darsteller des Faust den gewohnten langen Vollbart verschmähte und dem Publikum sein nacktes Gesicht zeigte, in dem nun allerdings Schmerz und Genuß, Gelingen und Verdruß sich abspiegeln konnten, ohne von der gewohnten Löwenmähne und dem Wilde-Mannbart vollständig überwuchert zu werden. Und warum? Weil im Texte die Worte zu lesen sind: allein bei meinem langen Bart . . . usw. Daß man diese Worte streichen könnte in dem Drama, in dem aus reinen Zeitgründen die herrlichsten Perlen Goethescher Dichtkunst gestrichen werden müssen, auf diese Kolumbusidee verfielen die armen Schreier nicht. Sie waren es eben so gewohnt. –
Noch ein Wort über das Kapitel der historischen Maske. Auch das ist ein alter Zopf des Theaters, daß die Darsteller historischer Figuren, deren Porträts irgendwo aufzutreiben sind, diese Porträts zu kopieren suchen in der Maske. Z. B. Philipp II, Götz von Berlichingen, Wallenstein. Man denke nur nach und gestehe ehrlich, welch ein Unsinn in dieser Manie liegt. Als ob Schillers Wallenstein, Goethes Götz mit dem wirklichen historischen Wallenstein oder Götz viel zu tun hätten.
Wenn das Charakteristische und Typische eines historischen Porträts sich irgendwie mit der dichterischen Figur deckt, so wird die stilisierte Maske sicher das Bild unterstützen, ohne daß sie sich in kleinliche Detaillierung zu verlieren braucht. Wem fiele hier nicht Lederers Bismarckdenkmal ein?
Ihren Gipfel erreichte die Geschmacklosigkeit und Unsinnigkeit der Porträtnachbildung in der Verwendung von Kitt. Falsche Nasen, falsches Kinn und dergleichen mußten herhalten, um dem Darsteller zwar eine historisch treue Maske zu geben, ihm aber jeden Rest von eigener Persönlichkeit zu nehmen. Selbstverständlich sind derlei kleine Hilfsmittel erlaubt und angebracht, um Mängel in der Gesichtsform zu verdecken, wenn ein etwas verschärfter Nasenrücken dem Gesicht den Eindruck ganz besonderer Energie verleihen soll und kann, oder wenn – um ein Beispiel zu nennen – Bassermann als Marinelli sich eine lächerlich lange Nase macht, und so eine Physiognomie erzeugt, die zum Charakter seiner köstlichen Marinellifigur besser paßt, wie sein eigenes Bassermanngesicht – solche Ausnahmefälle sind immer möglich, aber im Prinzip halten wir doch daran fest, daß das Gesicht des Menschen seine Seele zeigt, daß die seelischen Erregungen eines Künstlers sich in seinem Gesicht widerspiegeln, und er sie nicht mit Schminke und Bartwolle verdecken darf.

L. Höflich als Hermia, A. Ekert als Lysander, E. v. Winterstein als Demetrius, E. Heims als Helena im „Sommernachtstraum", 1906

M. Kupfer als Emilia, E. v. Winterstein als Othello, Deutsches Theater 1910

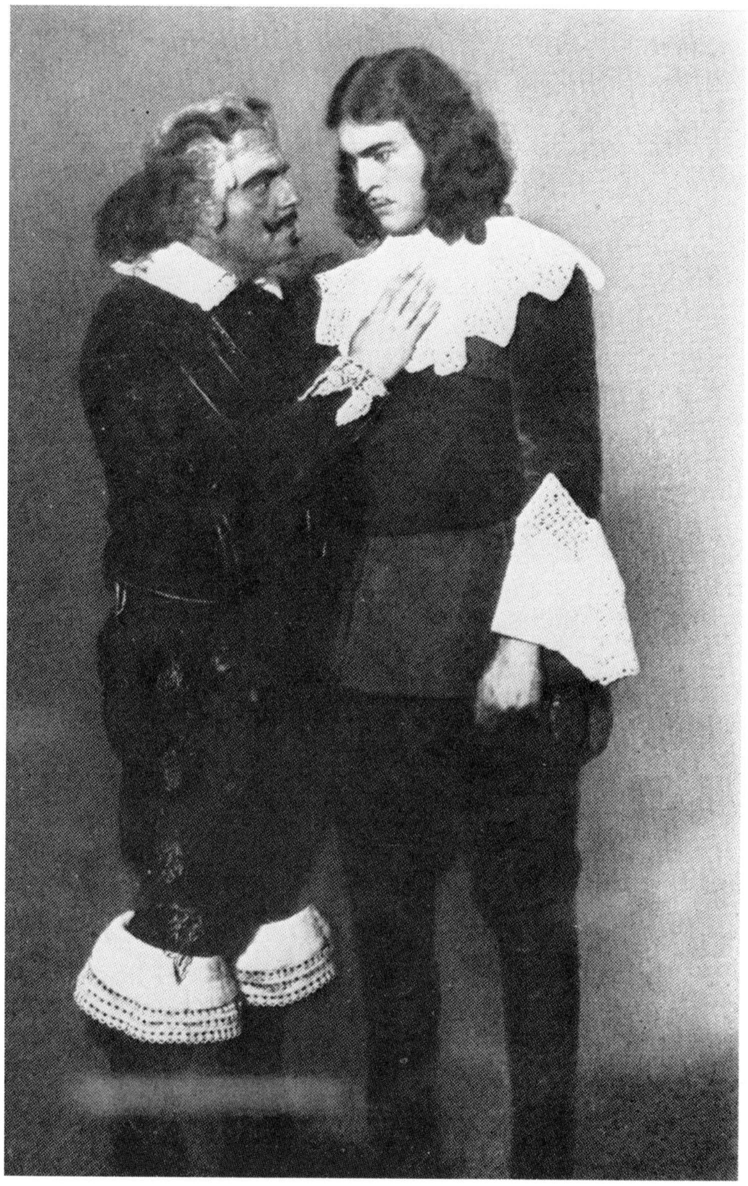

E. v. Winterstein als Piccolomini, P. Hartmann als Max in Schillers „Wallenstein", Deutsches Theater 1914

Alexander Moissi

„Der, die, das"

Meine erste Begegnung mit Max Reinhardt war für mein ganzes Leben entscheidend. Ich hatte mir eben in Prag die ersten Sporen verdient und kam nach Berlin, ein dummer Junge, der den Tiefen und Höhen der Kunst ahnungslos gegenüberstand, der vieles wollte und nicht konnte. Ich wurde bei Reinhardt eingeführt, durfte ihm vorsprechen und wurde engagiert. Reinhardt, der Enthusiast, soll sich damals in einer Gesellschaft geäußert haben: „Der junge Mann, den ich eben kennengelernt habe, ist der Schauspieler." Und schon am nächsten Tag wurde in Theaterkreisen ein Wort Victor Arnolds kolportiert und von einer Zeitung abgedruckt: „Herr Moissi ist der Schauspieler, er bekommt die Gage, nur fehlt ihm das Talent."

Aber Reinhardt ließ sich durch keinen Spott anfechten, nahm mich bei der Hand und lehrte mich die ersten Schritte machen, brachte mir das künstlerische Schauen bei und führte mich in die Wunder der Kunst ein, wie er sie sah und empfand. Und bald erkannte ich die schönste und stärkste Seite seiner Begabung: die Arbeit am Menschen als dem edelsten Material, das der liebe Gott geschaffen hat. Nicht die Szene war das Wunder, das durch ihn entstand, sondern der Mensch, den er mitten in die Szene stellte und so stellte, daß er sich scharf vom Hintergrund abhob. Es war ein Mißverständnis, daß man bei Reinhardt zunächst nur die Arbeit an der Szene als das Erlebnis bezeichnete. Wir Schauspieler wissen es besser.

Jedenfalls hat er so den größten Teil der Weltliteratur in ein frisches Licht gerückt, hat Shakespeare neu erkannt und Goethe und Schiller so sprechen lassen, als wären sie unsere Zeitgenossen.

Ich gedenke dankbar der siebzehn Jahre, die ich bei Reinhardt verbracht habe. Es waren die schönsten, die unvergeßlichsten meines Lebens.

A. Moissi als Fedja, J. Terwin als Mascha in Tolstojs „Der lebende Leichnam", Deutsches Theater 1917

C. Eibenschütz, A. Moissi, „Romeo und Julia", 1907

A. Moissi als Oswald in Ibsens „Gespenster", Kammerspiele 1906

A. Moissi als Prinz Heinrich, P. Wegener als König Heinrich in Shakespeares „König Heinrich IV", 1912

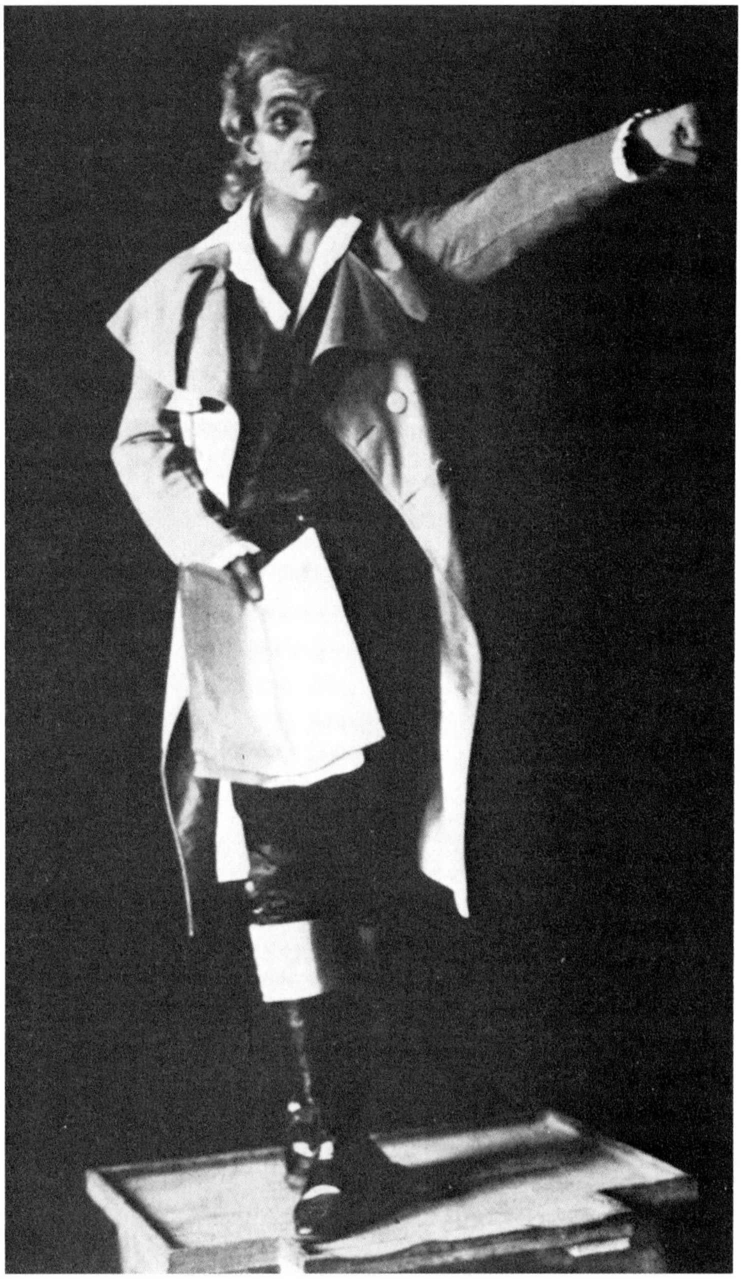
A. Moissi als Danton in Büchners „Dantons Tod", 1916

als Franz Moor in Schillers „Räuber", 1908

als Marquis Posa in Schillers „Don Carlos", 1909

Julius Bab

Schildkraut und Granach oder Zwei östliche Generationen

Rudolf Schildkraut gehört zu den Schauspielern, die aus ihrer Rasse begriffen werden müssen. In Schildkraut ist (gleichviel auf welchem persönlichen Weg dies Schicksal in ihm verkörperlicht wurde) altes, ungebrochenes Urjudentum. Nicht einmal nach der Geschlossenheit des Gettos schmeckt seine Kunst, er gibt die Patriarchenluft des fernen Ostens zu kosten. Dieser gar nicht große, aber mächtig breite Mann mit dem runden Schädel und den tief rollenden Kehllauten hat stets etwas von der Wucht, der Majestät und dem tief drohenden Zorn eines Erzvaters an sich. Der Vater, der Herr der Menschen und der Herden, der gebietende und sorgende Vater, fast mehr der Zelte als des Hauses – das ist es beinahe immer, was man im Kern der Schildkrautschen Kunst sieht. Selbstverständlich strahlt bei einem Schauspieler von ursprünglich wilder Spielfreude, voll beweglicher Maskenlust, diese Grundkraft weit hinaus, erscheint in kaum noch erkenntlichen Variationen. Man lacht über den üppig blühenden Strolch Autolykus – man behält einen dauernden Eindruck von der bleichen Qual eines Sterbenden, den Schildkraut einmal – eine Rolle von ganz wenigen Sätzen – in der unvergleichlichen Inszenierung Reinhardts von Hofmannsthals „Oedipus und die Sphynx“ spielte. – Aber das alles ist nicht der Kern, ist nicht das Einzige und Einmalige an Schildkraut. Sehr Ähnliches wird allen großen Schauspielern zu allen Zeiten gelungen sein. Das Besondere, für unsere Erinnerung Bleibende, Unvergleichliche an Schildkrauts Schauspielkunst hängt überall mit dem Vatergefühl zusammen: der zärtliche, verliebte, sorgende Vater, der gekränkte, zürnende, rasende Vater, er hat bei Schildkraut den urmächtigen Ton, der sich nie vergißt. Er spielt ihn auf bürgerlich in Heyermanns „Kettenglieder“. – Ein unvergeßlicher Moment, wenn die Kinder des reich gewordenen Handwerksmeisters über seinen Kopf hinweg französisch sprechen und er sie langsam anblickt und sagt: „Dazu habe ich euch Französisch lernen lassen.“ Was sich an Klage und Anklage, an tiefstem Schmerz und gefährlichster Drohung in diesem Ton barg und enthüllt, ist unsagbar. Die Steigerung seiner Vatergestalt gelingt ihm auf dem Wege eines religiösen Pathos bis zu jenem wunderbaren Patriarchen, der in Schmidtbonns Spiel den verlorenen Sohn zu sich zieht – und fast dem Gottvater Michelangelos gleicht. Diese Steigerung gelingt in dem patriarchischen Stil alttestamentarischer Tradition – sie gelingt nicht im Heroischen, nicht im königlichen Pathos der Renaissance. Schildkrauts Lear ist voll ergreifender Vaterlaute, aber keineswegs „jeder Zoll ein König“. Die Hochform dieses bürgerlichen Vaters heißt Patriarch, nicht Monarch. – Es ist selbstverständlich, daß für einen Schauspieler, dessen Kraft aus solcher Wurzel wächst, die am größten umrissene jüdische Gestalt der dramatischen Literatur eine Hauptaufgabe ist. Tatsächlich ist Schildkraut ja zuerst und am meisten durch seinen Shylock berühmt geworden.

Schildkraut trägt nicht das mindeste Bedenken, das Judentum seines Shylock in der historischen Variation auszudrücken, die ihm die natürliche und selbstverständliche ist: er mauschelt. Aber nicht wie ein Kommis, der eigentlich hochdeutsch sprechen möchte! Mit der stürmischen Selbstverständlichkeit, der ungenierten Leidenschaft eines urtümlichen Gettojuden mauschelt er, gestikuliert in der ersten Szene dem Antonio die Widder und die geschälten Stäbe, mit denen Erzvater Jakob zu Gewinn kommt, mit üppiger Lust an der Gebärde vor und fährt ihm, als Antonio den Vergleich solchen Gewinns mit Zinsennehmen nicht gelten lassen will, mit dem ungebärdigsten „Ä-bäh“-Singsang in die Rede. Wenn sich Haß- und Rachegedanken zuerst bei ihm ankündigen, beim Abschluß des Vertrages um das Pfund Fleisch, hat er nicht die lauernde Dämonengröße wie Pohl und den glühenden Vergeltungsschmerz wie Reicher. Er ist einfach ein Kerl, der wie andere wieder zu schlagen verlangt, wo er geschlagen wurde. Er ist – nur auf ganz jüdische Art – genau so gefährlich und genau so gutartig menschlich, wie Menschen überhaupt. Dieser jüdische Shylock ist der „menschlichste“, nicht in dem Sinne, als ob er der idealste und beste wäre, sondern so, daß er keine jüdische Spezialangelegenheit mehr, sondern der allgemeine Fall Mensch auf jüdisch ist. Wenn er sich von der Tochter verabschiedet und um sein Haus sorgt, wenn er trällernd vom Gastmahl kommt und an sein Haus pocht, dann mit tappendem, heiserem Lärm durch das leere, von der Tochter verlassene und ausgeraubte Haus fährt, und schließlich mehr weinend als schreiend herausstürzt – da ist das Hausvaterwesen, das den menschlichen Mittelpunkt auch in dieser von Geldgier und Haß zusammengedrückten Seele bildet, ganz offenbar! Wenn dann der verwüstete, mit bleichen Wangen und roten Augen einherschwankende Vater den Edelleuten seinen Racheschrei hingeworfen hat, erreicht der Jude Schildkraut in der Tubalszene seinen höchsten Augenblick: wie er in Schmerzensqual lacht und in Vorfreude geahnter Rache weint, das ist menschlich tief und echt. Aber wie er aus seiner leidenden Verwirrung nach den Worten „Ich wollte, meine Tochter läge tot vor mir“, auffährt und sich entsetzt auf den Mund schlägt und mit einem singenden Wehegeschrei gleichsam vor sich selbst zurückweicht und abwehrend gestikuliert, das ist die jüdische Melodie aus den letzten Tiefen des uralten Hausvatergefühls heraus gespielt! Und das zu finden, war

R. Schildkraut als Shylock im „Kaufmann von Venedig", 1905

kühneres Genie nötig, als um den gleich darauf folgenden Worten von Leas Ring eine Tönung tiefsten und stillsten Gefühls zu geben. Solche rein jüdischen Menschenaugenblicke gibt es dann auch noch vor Gericht. Etwa, wenn Portia ihn ermahnt hat, aus „Menschlichkeit" einen Feldscher zu nehmen! Schildkrauts Jude schweigt ganz lange und betrachtet sich die abgewandte Gruppe der venetianischen Edelleute. Man sieht, wie er alle Schmach, die sie ihm angetan haben, noch einmal innerlich durchkostet. Dann geht er langsam, ganz langsam an ihnen vorbei, mißt sie von oben bis unten mit dem Blick und hat dabei dies unvergleichliche, ironisch jüdische Kopfnicken, das hier in Worten etwa bedeutet: „Und gegen die soll ich als Mensch empfinden?!" Und dann geht er immer noch ganz langsam zur Portia und wirft ihr mit erheuchelter Unbewegtheit den Schein hin: „Ich kann's nicht finden; es steht nicht in dem Schein." – Und schließlich wagt Schildkraut ein Äußerstes: im allerletzten Moment, wenn er mit dem geschwungenen Messer auf Antonio losgehen will, rebelliert in seinem jüdischen Blut das erhaltende Hausvatergefühl! Die physische Gewalt ist ihm gegen die Natur: er, nicht der Kaufmann, wird blaß und schwankt! Aber dann rafft er sich zusammen, und während der Haß in seinen Augen ihn vollständig verzerrt, stößt er mit erquältem Zynismus halblaut, aber wieder in unverkennbar jüdischem Sington ein „Ä bäh" hervor. Und nun erst hebt er sich auf und geht los – nun packt er ihn an, mit ungebrochener physischer Vollkraft breit dastehend – gefährlich, nicht wie ein Dämon, nicht wie ein Rachegeist, sondern wie ein schwer gereiztes, gesundes Tier. Da greift Portia ein. Und Shylocks kläglicher Zusammenbruch ist nun wiederum nicht der großartigste, aber der menschlichste. Pohl schlug um wie ein gefällter Baum. Reicher losch aus wie ein Geist beim Hahnenschrei. Schildkraut sinkt einfach zusammen, wenn man ihm das Christentum ansinnt, ein tödlich erkrankter Mensch, unter Fieberschauern klappernd. Völlig spannungslos schleppt er seinen Körper davon. So ist dieser Shylock nicht heroisiert und nicht gerechtfertigt mit den Mitteln jüdischen Temperaments oder jüdischen Geistes, er ist nur aus jüdischem Rhythmus heraus lebendig gemacht – ein Mensch, dessen Schlimmes und Schlimmstes noch aus guten, menschlichen Gründen herauswächst, und dessen Bestes dem Schlimmen nicht fern ist – wie bei uns allen.

als Shylock

Eine der herrlichsten Rollen, die Schildkraut je spielte, war der große Farmer, der reiche Südamerikaner Peter Bast in Knut Hamsuns dämonischem Theaterspiel „Vom Teufel geholt". Eine großäugig weite Natur lebte da vor uns – mit seinem riesigen Strohhut, seiner farbigen Schärpe, strotzend und sicher, unter einem Hexentanz dekadenter, von der Zivilisation verkümmerter Kreaturen. Und gerade er muß dann durch die Bösartigkeit der Frauensperson, an der diese Gesellschaft verkommt und die in ihr verkommt, den tödlichen Schlangenbiß erleiden. Wieder stand Schildkraut breit und mächtig, der große Farmer, der Patriarch, der Hausvater auf der Szene – und neben ihm stand ein seltsames, unheimliches, kleines Wesen, geduckt, gespannt, sprungbereit – sein Boy, sein Neger, den er mitgebracht hat und den er (unvergleichlich schauriger Stückschluß!) gleichsam testamentarisch jener Frau zuschickt, der das natürliche Ende ihrer Dirnenlaufbahn in diesem Neger geweissagt ist. Der Schauspieler, der damals diesen Negerboy, den dunklen Schatten des strahlenden Schildkraut, spielte, stand auf dem Zettel als Hermann Granach. Er ist später unter dem Namen Alexander Granach bekannt geworden und über München als ein „Prominenter" nach Berlin zurückgekehrt. Er heißt aber weder Hermann noch Alexander, sondern Jesaia. Denn er ist ein Jude wie Schildkraut, aud aus den gleichen östlichen Revieren wie 15 Jahre früher Schildkraut und 30 Jahre früher Emanuel Reicher auf die deutsche Bühne gelangt. Aber in diesen letzten 15 Jahren ist entsetzlich viel geschehen in der Welt, und in der ostjüdischen ganz besonders. Gewiß mag es dort noch einzelne Menschen geben, in denen die alttestamentarische Ruhe und

Würde reift, aus der Schildkrauts Leidenschaft wächst. Aber repräsentativ für die Jugend, die dort herangewachsen ist, und die durch Zionismus, Krieg und Revolution mit ganz neuer Macht in den Kampf der Zeit geschleudert wurde, ist sie kaum noch. In dieser Jugend geht ein neues, aggressives Selbstbewußtsein um, das mit der wuchtigen Ruhe Schildkrauts nicht mehr zu vereinen ist, aber auch etwas ganz anderes vorstellt als die europäisch nervöse Geistigkeit eines Reicher. Es handelt sich um eine Art von sehr sinnlicher Ekstase, von sehr kriegerischer Friedenspredigt, sehr ichbetonter Weltliebe – kurz, um etwas, was ziemlich genau dem Seelenzustand entspricht, der in der europäischen Kunst und Literatur als „Expressionismus" zum Ausdruck kam. Und in der Sphäre, die man etwa expressionistische Schauspielkunst nennen mochte, ist denn auch die Begabung Alexander Granachs herangewachsen. Der Wille zu einer unmittelbaren, über die reine, sachtreue Menschendarstellung hinausgehenden Wirkung herrscht in dieser Schauspielkunst wie in der ihr verwandten Literatur. Eine geduldlos fordernde Heftigkeit ballt sich aus stockend zögernder Stimme zu jäh aufsprudelnden rednerischen Kaskaden, aus starrer Haltung zu plötzlich vorstoßenden Gebärden. Dabei ist diese starke Stilisierung weder monumental noch seraphisch. Sie trägt alle Zeichen des sinnlich-irdischen Menschentums, dem sie sich als heftige Forderung entringt, aufs deutlichste mit sich. Und dieses Menschentum ist bei Granach noch sehr deutlich als dasselbe zu erkennen, aus dem Schildkraut stammt. Die gleichen Gutturalen sind zu hören, die gleichen breiten, gedrehten Handbewegungen zuweilen zu sehen. Aber alles ist in einen anderen Rhythmus übergegangen; ein anderer Geist hat diese Sinnlichkeit ergriffen und ihre Wirkung dadurch grundstürzend verändert. Natürlich spielt auch Granach den Shylock und spielt ihn gut. Aber in seiner anspringenden Heftigkeit, in seiner wilden Schärfe bringt er es keineswegs zu so tief haftenden Eindrücken wie Schildkrauts breit ausbauende Gefühlskraft. Der Shylock steht nicht zentral in Granachs Schaffen. – Man kann bei diesem viel jüngeren Künstler, der hoffentlich noch im Wachsen ist, natürlich nicht endgültig urteilen. Es mag immer noch manches unausgereift sein, und man muß insbesondere hoffen und wünschen, daß seine höchst mangelhafte Sprechtechnik, die meist seinen Prestissimopartien schweren Abbruch tut, nur ein vorläufiges Stadium darstellt. Und ebenso seine ganze häufig skizzenhaft flüchtige Art, die heute noch seinen Mephisto zum Beispiel bei sehr interessanten Einzelheiten als ein höchst fragwürdiges Gebild erscheinen läßt. Aber wenn man sich bei solcher Einstellung die Technik dieses Künstlers voll ausgereift und restlos ausdrucksstark denkt, so wird doch – nur zu ungetrübterem Genuß – das Wesen geboten werden, das man heute schon deutlich genug erkennt.

In diesem Naturell, das an urtümlicher sinnlicher Fülle, an mannigfacher, wild bewegter Komödiantenlust Schildkraut durchaus gleicht, spielt das Gemüt keine entscheidende Rolle. Selten sind Gefühlstöne bei Granach ergreifend, sind sie mehr als von einem normal empfindlichen Schauspieler „gut gemacht". Alles Eigene und besonders Starke stammt bei ihm aus der rasenden Heftigkeit eines fordernden Willens. Das Kaisersche Tempo, das „Von Morgens bis Mitternacht" einen kleinen Bankkassierer, den das Parfüm einer schönen Frau zu Unterschlagungen entzündet hat, durch alle Höllen des Lebens bis in die Erlösung des Todes hetzt – das Tempo ist seine Sache! Und nur die Kehrseite dieser maßlos angesammelten Lebenskraft ist eine scheinbar entgegengesetzte Gestalt, in der alles bis zu sprachlosem Stammeln gestaut ist: es

J. Schildkraut als Jether, R. Schildkraut als Joa in Schmidtbonns „Der verlorene Sohn", Kammerspiele 1913

R. Schildkraut als Caliban im „Sturm", Volksbühne 1915

war Granachs entscheidende und vielleicht seine stärkste Leistung, als er in Brechts „Trommeln in der Nacht" den Heimkehrer spielte, diesen Soldaten, der in afrikanischer Gefangenschaft das Sprechen verlernt hat, der sich mit dumpfen Stößen vorwärts tastet, um endlich in ein paar schluchzenden Schreien zu explodieren. Ähnlich kam Granachs wütende Energie der jungen Generation entgegen, als er in dem Bronnenschen Erstling „Vatermord" in abscheulich monotonem, brutal hämmerndem Rhythmus den bösen Vater spielte. – Nicht farbige Breite, wie bei Schildkraut, schneidende Schärfe des Strichs charakterisiert seine Zeichnungen. Wo er die Charakteristik bis zum Grotesken übertreiben kann, nach der amüsanten oder nach der schauerlichen Seite, da ist Granach auch im klassischen Repertoire ein Chargenspieler allerersten Ranges, etwa als Isolani bei Schiller oder als König Etzel in Hebbels Nibelungen. In Barlachs „Sintflut" – o wie hätte Schildkraut da den Patriarchen Noah gespielt! – war Granach groß in der Rolle des gottlästernden Aussätzigen, da schlägt die ganze Empörung der Zeit mit wilden Stichflammen aus Granachs Spiel. Doch auch den phantastischen Umriß des alten weisen Juden, der in Paquets „Sturmflut" die Stadt Petersburg kauft, erfüllte dieser Schauspieler nicht nur mit der ganzen Echtheit des östlichen Tons, sondern auch mit der biblischen Kraft und Würde, die aus der Tiefe jüdischer Tradition stammt. Hier schien er vielleicht Schildkraut am nächsten. Aber es ist doch nur eine scheinbare oder nur eine punktweise Berührung. Das Leben jener älteren Generation, wie es Schildkraut in seinen hirtenhaft breiten Gebärden einfing, hatte noch ein Ruhen, ein Verweilen, ein Wohnen im irdisch Gegebenen als Mittelpunkt. In der sehnig schmalen, elastisch zitternden Gestalt Granachs ist Bewegung der Kern. Auch jenes heilige Familiengefühl, das die Menschen Schildkrauts umhegte, ist hier nur eine seltene, sentimental zukkende Erinnerung. Dies Geschlecht ist aufgebrochen, es hat seine Zelte verbrannt, es ist unterwegs, von dieser Zeit erfüllt mit der Wut der Wanderschaft. Auch jenes tiefe Familiengefühl, in dem die Älteren noch wohnten, ist ihm verloren, und es wird lange dauern, bis es – niemand weiß wo und wie – in einem neuen Bereich des Lebens wieder eine wahre Heimat findet.

Julius Bab

Jannings und Klöpfer oder Leib und Seele

Mit einem Vergleich der Schauspieler Emil Jannings und Eugen Klöpfer kann man den „Naturalismus" als ästhetische Zwangsvorstellung in die Luft gehen lassen. Denn Naturalisten sind diese beiden wohl. Es gibt bei keinem von ihnen eine herrschende Leidenschaft des Blutes oder des Gehirns, die zu bewußter Umformung oder Übersteigerung der natürlichen Gestalt treibt; ihre gottverliehenen Naturen in immer neuen Variationen des Menschseins auszumünzen, ist das einzige Verlangen dieser starken Schauspieler. Und doch, diese beiden sind ungeheuer verschieden, nicht nur so, wie es selbstverständlich starke Persönlichkeiten immer voneinander sind, sie sind grundsätzlich voneinander verschieden. So sehr etwa, wie es Leib und Seele sind! Selbstverständlich muß man diesen alten, gröbsten Versuch, einen Gegensatz zu bezeichnen, hier mit sehr viel vorsichtiger Vernunft verstehen: selbstverständlich hat Jannings eine Seele, eine sehr lebendige leidens- und lustfähige Menschenseele. Und ebenso selbstverständlich hat Klöpfer einen sogar eminent starken, bis zur Brutalität sinnlichen Leib. Sie wären ja sonst auch alle beide keine Menschendarsteller von Rang und Wert. Aber das ändert doch nichts daran, daß der Unterschied der Kräfte, der diese beiden Naturalisten beinahe zu Gegenpolen des Menschlichen macht, am deutlichsten charakterisiert wird durch die Erinnerung an den alten, primitiven Unterschied von Leib und Seele.

Denn was bei Jannings zuerst und am stärksten sich als Erinnerungsbild aufdrängt, das ist eine üppige, von Blutwärme dampfende Leiblichkeit. – Ostpreußen irgendwo, schon ein bißchen auf Asien zu, große, gut bestellte Felder, Erde mit fruchtbar dampfendem Mist, glatte, üppige, lebenzitternde Pferde und starke Rinder – das ist so ungefähr die Atmosphäre, die uns vorschwebt als Heimat für Jannings' Gestalt und Gestalten. Ein Kerl, groß, aber noch auffallender breit als groß, prall und rund alle Glieder, auch das Gesicht – nicht schwammig, alles muskulös, aber doch strahlend fett. Unmöglich wird man bei irgendeiner Schilderung von Jannings um das leicht mißbrauchte Wort „saftig" herumkommen; aber man muß dabei weniger an eine saftige Birne als an einen saftigen Braten denken. Am besten an ein prächtiges Beefsteak, das noch ein bißchen roh ist, aber überall von gesundem Fleischsaft überläuft. Diese Üppigkeit des fleischlichen Lebens ist als lebendiger Gefühlsextrakt übriggeblieben aus hundert Rollen von Jannings, die man im übrigen ganz vergessen hat. Seine Lust zu leben, im schlichtesten Sinne des Wortes, behält etwas glücklich Ansteckendes, etwas herrlich Hinreißendes. Dabei ist tief mit allem verbunden, was an diesem Schauspieler wirklich genial ist, die Tatsache, daß diese üppige Vitalität, diese satte Lebensfreude bei Jannings keineswegs harmlos ist! Man darf ihn in keinem Augenblick etwa mit dem guten Vater Diegelmann verwechseln, diesem gemütlichen Riesen, dessen schwammige Massenhaftigkeit freilich ganz harmlos ist. Diesen freundlich kollernden Koloß haben sie erstaunlicherweise einmal nach Berlin geholt, um den Kurfürsten im „Prinzen von Homburg" und dgl. zu spielen. Es erwies sich bald genug, daß er, trotz seiner scheinbar so geeigneten Figur, selbst als Falstaff unmöglich, und nur in ganz idyllisch harmlosen Exzessen behaglicher Leiblichkeit am Platze ist, z. B. als Junker Tobias, der philiströse Falstaff in „Was ihr wollt". Der Falstaff aber ist, dank seiner messerscharfen Intellektualität, seinem zynischen Selbstbewußtsein keineswegs harmlos. Und den Falstaff könnte und sollte Jannings durchaus spielen! Denn er hat die List, den Witz, er hat die Brutalität, die Gefährlichkeit eines vollblütigen Menschenraubtieres. Selbstverständlich kann man die eingeborene Verwandlungskraft eines starken Schauspielers mit einigem Erfolg nach allen möglichen Richtungen auch ziemlich weit von seinem Wesenskern ausgreifen lassen. Aber auf die Dauer von Bedeutung, als wirkliche Bereicherung unseres Menschengefühls bleibt ja doch nur zurück, was nahe und fest dem Wesenskern einer einmaligen Persönlichkeit verbunden ist. Und das ist bei Jannings die üppig drohende, entfesselte losbrechende Animalität; des Streckmann etwa in Hauptmanns „Rose Bernd" – wobei der Ausdruck von Gram und Reue in der letzten Szene uns deutlich genug erinnert, daß man es eben doch mit einem Menschen und keinem wilden Tier zu tun hat. In der Welt dumpfer Animalität, aus der die halb slavischen Seelengebilde Gerhart Hauptmanns aufsteigen, ist überhaupt viel Raum für Jannings, und er konnte diese Hauptmannsche Unterwelt und sein eigenes Wesen dazu bis zum Symbolischen rein entfalten, als er in „Pippa tanzt" den alten Huhn spielte, der ein verwüsteter alter Glasbläser und zugleich die tierische Urkraft in der Menschennatur ist. Es müßte sicher auch bei den Russen noch sehr dankbare Aufgaben hoher Art für Jannings geben. Denn dort stellt man das Urtümliche des Leibes so genial, so ohne alle Kulturbändigung dar, gerade weil man über ihn hinaus in ein Reich des reinen Geistes zielt. – Wenn Jannings ein so besonders beliebter und erfolgreicher Filmschauspieler geworden ist (leider so sehr, daß seit Jahren die Ausnützung seiner Kraft für die Bühne ganz in den Hintergrund getreten ist), so hängt das mit der eminent sichtbaren Sinnlichkeit all seiner Ausdrucksmittel, der Breite und Fülligkeit seiner Mienen und Gebärden zusammen; auch mit der verhältnismäßig untergeordneten, wenn auch charakteristischen Rolle,

E. Jannings als Macbeth

die seine dünne, etwas spitze, leicht zischende Stimme in seiner Menschendarstellungskunst spielt. Natürlich kann dann Jannings, als ein Schauspieler von Herz und Verstand und souverän geworden im Gebrauch seiner Mittel, nicht bloß einen überblütigen Tyrannen wie Heinrich VIII. porträtähnlich mimen, sondern auch einen alten Hotelportier im Zusammenbruch so erschütternd zeigen, wie das im Film „Der letzte Mann" geschieht. Aber die gemeinsame Kraftquelle bleibt auch hier überall das Empfinden für den vollsaftigen Lebensgenuß – mag es nun Triumph oder Niederlage sein. Der bloß für den Publikumsgeschmack angehängte glückliche Schluß in jenem Film, wo der gestrandete Hotelportier plötzlich Millionär wird, ist doch unvergeßlich durch die monumentale Ausbreitung kannibalischen Freßvergnügens, mit dem da Jannings an der feinen Tafel seines Hotels sich niedersetzt.
Charakteristisch und wichtig sind natürlich auch hier die Grenzen dieser großen Begabung. Jannings als Mephisto, das ist gewiß keine konventionelle Sache, wie man sie an einem beliebigen Stadt- oder Hoftheater sehen kann. Es ist schon etwas! Aber der Goethesche Mephisto ist es nicht. Eine „Spottgeburt aus Dreck und Feuer", das allenfalls! Aber „der Geist, der stets verneint"? Gott bewahre! Dazu ist Jannings viel zuwenig Geist; dieser Teufel faßt die Sinnlichkeiten nicht an, um ihre Nichtigkeit höhnisch zu demonstrieren. Er genießt sie viel zu sehr, er ist viel eher ein Faun (ein slavischer, kein griechischer) als ein christlicher Teufel. – Und merkwürdigerweise, den Hauptmannschen Wehrhahn im „Biberpelz" spielt Jannings gewiß sehr witzig, sehr saftig, aber doch nicht entfernt so echt, so vollendet wie Bassermann, oder wie der große tote Oscar Sauer ihn gespielt hat. Das macht, er spielt ihn allzu saftig, allzusehr von der Borniertheit des selbstherrlichen Leibes aus; aber der Herr von Wehrhahn ist ein Kind des Geistes, wenn auch ein Stiefkind! Er ist, wenn auch mit durchaus unzulänglicher Intelligenz, ein Idealist und blamiert sich wahrhaftig für die höchsten Güter der Nation oder für das, was er dafür hält. Und deshalb konnte seinen innersten Herzpunkt, den Quellpunkt seiner Komik eher wie Jannings ein großer Tragiker des Geistes, wie Oscar Sauer, treffen. – Und wenn Jannings vollends (in Hauptmanns „Weißem Heiland") den Eroberer Cortez spielen soll, dann hat er wohl die Brutalität und die unerschütterliche Lebenskraft des Mannes, aber gar nichts von dem phantastischen Hochflug, von der fanatischen Verstiegenheit eines großen Kondottiere – eine prachtvolle Bestie von Feldwebel, aber kein General!
Die größte und repräsentativste Leistung des Schauspielers Jannings dagegen war wohl die üppige Schiebergestalt, der damals, ach, so aktuelle Raffke, den er bei einer Wiederaufnahme von Mirbeaus „Geschäft ist Geschäft" 1923 verkörpern konnte. Dieser gemütlich watschelnde Menschenfresser, der seine Elefantenmassen so elastisch bewegte, mit dem breiten, grotesk wackelnden Hinterteil und dem nicht weniger breiten erfolgstrahlenden Gesicht – er war hinreißend komisch, aber viel mehr als komisch. Es war ein großartig gefährliches Menschentier – und eine leidende Kreatur obendrein. In der

letzten Szene hat dieser große Schieber eben den Tod seines Sohnes erfahren, an dem er mit aller Zärtlichkeit hing. Er ist wirklich gebrochen. Aber nun wollen seine Kontrahenten bei einem Vertrag diese Gebrochenheit benutzen, um ihn zu übervorteilen. Und wie Jannings das merkt, und wie sich da sein Schmerz in Wut umsetzt, und er in einem wilden Triumph den verblüfften Partnern die Fetzen ins Gesicht schmeißt, das ist schon grandios! Es ist ein Triumph der Lebenskraft, der genau so komisch wie pathetisch, so grotesk wie unheimlich ist, es ist der letzte Trumph eines unermüdlich wachsamen Tierleibes, und zugleich der Notschrei einer armen Menschenseele. Es ist in der wilden Entfesselung und vollkommenen Beherrschung aller Ausdruckskräfte das Meisterstück von Emil Jannings.

Daß Eugen Klöpfer den Gegenpol zur Natur des Jannings bedeutet, liegt keineswegs auf der Hand. Denn an üppiger Brutalität fehlt es auch in der Persönlichkeit dieses Schauspielers nicht, der wahrscheinlich das edelste Vollblut darstellt, mit dem im letzten halben Menschenalter die Rasse der deutschen Schauspieler bereichert wurde. Ich habe Klöpfer zufällig als einen noch gar nicht berühmten Mann während des Krieges im „Neuen Theater“ in Frankfurt a.M. gesehen. Sie spielten Schnitzlers vortrefflich erfundene, aber schwächlich ausgeführte Komödie „Fink und Fliederbusch“. Es war im allgemeinen das, was man eine ordentliche Provinzaufführung nennt. Aber plötzlich kam da ein Kerl auf die Bühne, der mich ganz bestürzt aufhorchen machte. Was der spielte, war einfach allerersten Ranges. Es war ein rüder Gutsbesitzer, mit einer so knotig echten, so unbekümmert hingeschmetterten Brutalität, daß sein Wuchs den ganzen Rahmen dieser Vorstellung zu sprengen drohte. Ich sah auf dem Zettel nach, und der Mann hieß Eugen Klöpfer.

Das war eine Leistung, die man sich allenfalls auch noch von Jannings hätte denken können. Nur wäre das Bild dann um irgendeine Nuance heller gewesen. Und das hängt wohl damit zusammen, daß ein Janningssches Menschentier zwar auch höchst bedrohlich, aber eigentlich nicht unheimlich sein kann – weil seine Tücke offen liegt, weil der Leib nichts verheimlicht! Unheimlich, in einem schrecklichen Sinne bedrohlich, ist immer der Geist, in dem sich Gefährliches verbirgt. Und das ist vielleicht der Grund, warum ein gefährlicher Mensch von Klöpfer noch viel gefährlicher ist als die böseste Bestie, die Jannings zu schaffen imstande ist. – Denn nicht lange danach kam nun Klöpfer nach Berlin. Und wie er sich allmählich in den Vordergrund des schauspielerischen Interesses schob, wurde deutlich, daß diese vollblütig brutalen Kerle – er stellte so ein besoffenes Exemplar z.B. noch in Rollands „Wölfe“ mit unheimlicher Wucht auf die Bühne – daß sie doch nur gelegentliche Entladungen einer mächtig ausschweifenden Schauspielerphantasie waren. Das Einzige und Unvergleichliche aber, der Wesenskern dieses Genies wurde deutlich, wo sich ihm Aufgaben ganz entgegengesetzter Art anboten: Menschen mit durchscheinender Seelenkraft, Menschen der Güte, des Verstehens, der überwindenden Gerechtigkeit. Daß

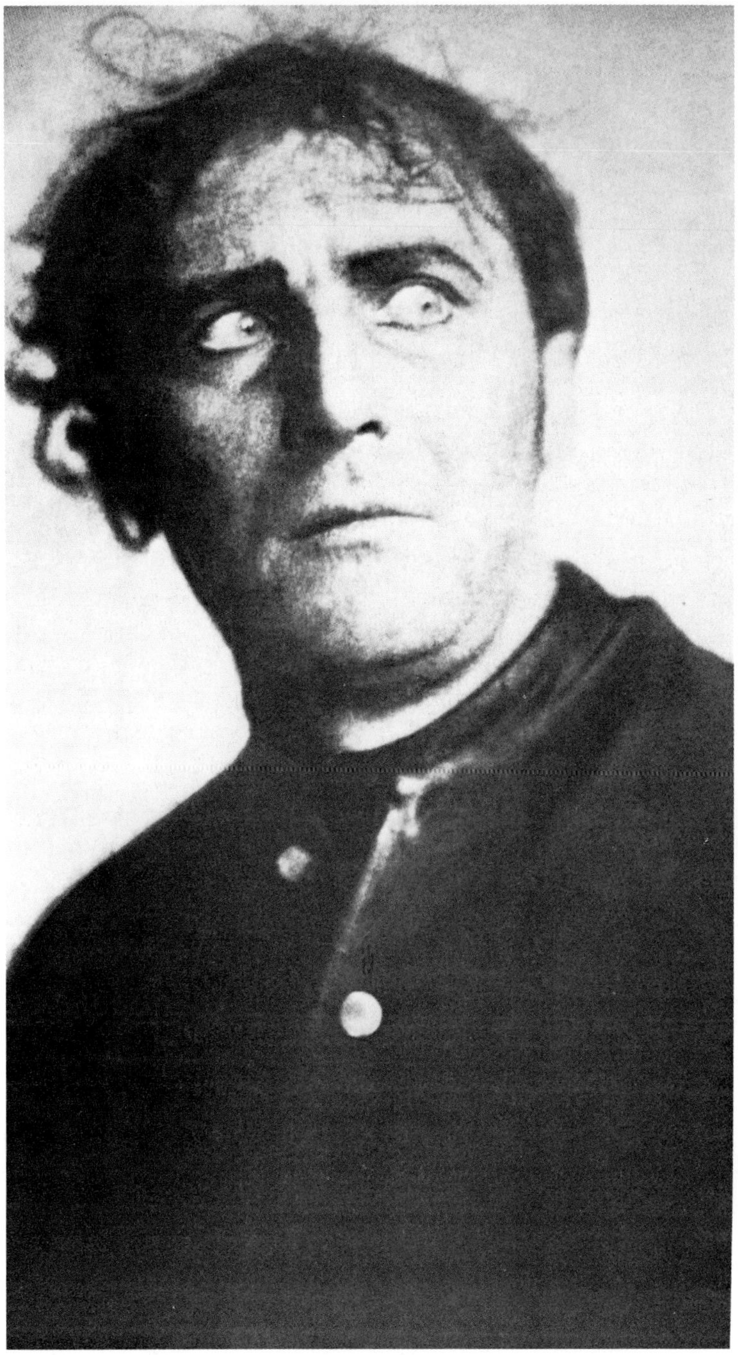

E. Klöpfer in der Titelrolle in Büchners „Woyzeck", 1921

Klöpfer mit Jannings im Naturalismus geeint ist, das zeigt sich noch einmal darin, daß er ebenso wie Jannings eine besonders sichere Heimat für seine Kunst bei Gerhart Hauptmann findet. Aber, dies eben ist der Unterschied: So deutlich wie Jannings in der unteren, ist Klöpfer in der oberen Sphäre dieser Welt zu Hause. Nicht bei der dumpf schwelenden Kreatur, sondern bei der hellen Flamme der emporlodernden Seele. Wie Jannings den heißen alten Huhn, so könnte Klöpfer den großen weisen Wann spielen, und neben jenen Streckmann oder Maurer Mattern den gütigen August Keil oder den erlöserhaften Lehrer Gottwald stellen. Diese hat Klöpfer noch nicht gespielt. Aber er hat den grauhaarigen Kindskopf Kollegen Crampton gespielt und die leidvoll gebeugte Weisheit des alten Michael Kramer und das totgeweihte Rittertum des Florian Geyer. Und Gerhart Hauptmann hat mir selbst bezeugt, daß er seit Rudolf Rittners Abgang von der Bühne kein so volles Genügen an irgendeiner schauspielerischen Ausprägung seiner Gestalten gehabt habe wie an diesen Klöpferschen Bühnengeschöpfen. Das ist kein Wunder. Bei diesem Schauspieler herrscht die Stimme: ein aus rauher Tiefe rollender, sehr musikalischer Ton von immer staunend fragendem Klang. Und seine unwahrscheinlich langen Arme mit den noch längeren Fingern scheinen mit ihren fahrig schwingenden Bewegungen den Körper mehr aufzulösen als zu halten. Aus diesen Augen aber, unter der hohen Stirn und den tiefen Brauen strahlt eine melancholische Frage, die diese Körpermusik vollendet. Und es ist die Übertragung von Hauptmanns Sprachmusik, es ist dieser gleiche Aufschwung einer unzerstörbaren Seele aus der furchtbaren Dumpfheit dieser Leiberwelt heraus. Zu diesem Himmelfahrtswesen der Hauptmannschen Kunst ist Klöpfer geschaffen wie kaum ein anderer. Das Rembrandtsche Leuchten, wie es aus den Selbstbildnissen des Alters bricht – Verwesung und Verwesentlichung zugleich –, das liegt um den Kopf Klöpfers.

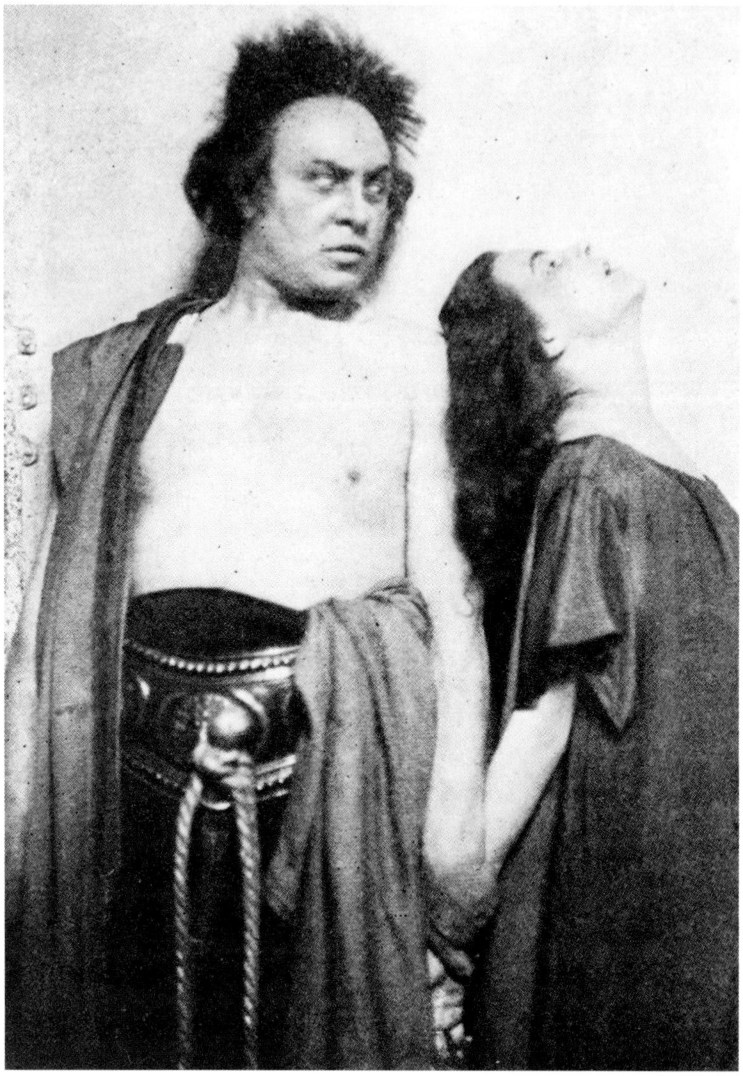

E. Jannings als Kreon, M. Christians als Antigone, 1920

Arthur Kahane

Helene Thimig bei Reinhardt

Unter den vielen Qualitäten, die Max Reinhardt als Regisseur, als Menschenkenner und -führer, als Psychologe und Psychagoge besitzt, ist keine so stark und produktiv wie diese: sein Wissen um die Frau.

Wie nur die weiblichsten Frauen im Manne das Männliche erkennen – ich denke an Selma Lagerlöf und ihren „Gösta Berling" – so spürt dieser männliche Mann an der Frau das Weiblichste. Er kennt das ganze Arsenal der Weiblichkeit, ihre Zeichen und Merkmale – vieles, wovon die Frauen glauben, daß es ihr gehütetes Geschlechtsgeheimnis ist –, aber auch ihre Hintergründe und Verborgenheiten – vieles, das ihnen selbst Geheimnis ist –; und er ist Künstler genug, um es in Form, Schauspieler genug, um es in Gestalt, in Geste, Klang und Miene umsetzen zu müssen.

Alle Frauen fühlen sich von ihm verstanden und folgen ihm, wenn er ihnen den Weg zu ihnen selbst weist.

Alle Frauen suchen diesen Weg. Auch die schamhafteste.

Die Schamhafteste ist deshalb zum Theater gegangen. Grade die Schamhafteste.

Denn die tiefste Wurzel der Schauspielkunst ist die Schamhaftigkeit.

Jede Frau sucht das Einmalige ihrer Weibnatur. Es ist ihre stärkste Kraft und das Maß ihres Wertes. Es ist ihre Aufgabe im Weltganzen. Das Einmalige ihrer Weibnatur ist es, um dessentwillen die Frau lebt.

Die einen erfüllen es in ihrem Leben, die anderen auf der Bühne. Weithin vorbildlich, für das ganze Geschlecht mit.

Sie flüchten vor sich selbst, vor der unheimlichen Gewalt des eigenen Geheimnisses, in Form und Gestalt. Sie flüchten vor den ungeheuren Möglichkeiten des Erlebens in ein selbstgewähltes, selbstbefreites Erleben. Sie überwinden ihre Schamhaftigkeit, aus Schamhaftigkeit.

Und so erfüllen sie sich, erfüllen sie ihre Weibnatur. Indem sie den Reichtum ihrer inneren Fülle an fremdes Leben verschwenden, sammeln, steigern, gestalten sie ihn.

Aber ihre Fülle braucht den Meister, der sie errät, der sie zutage fördert, der die ihr vorgezeichnete Form errät und den einzigen ihr möglichen Weg zu ihrer Form.

Von jetzt ab geht Helene Thimig ihren Weg an der Hand ihres Meisters mit einer nachtwandlerischen Sicherheit.

Unbekümmert um Erfolg und Mißerfolg, unabhängig von Verständnis und Mißverständnis der anderen, auch das Wagnis, auch den Irrtum nicht scheuend, mit einer letzten überpersönlichen Sachlichkeit auf das eine Ziel zu: sich selbst zu gestalten, über sich selbst hinauszuwachsen.

Und weiter: nicht für sich allein, sondern einem Ganzen eingegliedert, das sie ebenso als ihre Sache ansieht wie den eigenen Weg.

Und schließlich: mit dem vollen Bewußtsein einer Verantwortung für den lebendigen Zusammenhang ihrer Kunst mit dem Leben und Geist ihrer Zeit.

Das ist der Weg der Schauspielerin Helene Thimig.

Am 17. Oktober 1917 debütierte sie am Deutschen Theater als Elsalil in Gerhart Hauptmanns „Winterballade". Ein erster, noch vorsichtig tastender Schritt. Es war eines jener Hauptmannschen Mädchenkinder, unbewußt, unerweckt, fast unwirklich, zwischen Traum und Ekstase und hart an der Grenze einer gewissen romantisch verklärten Pathologie. Sie hatte Rollen dieser Art schon wiederholt gespielt, und jedermann wußte, wie sie das spielte und daß ihr das Poetische, Schwebende solcher Naturen mühelos gelang. Vielleicht war hier das Volkstümliche, Balladeske etwas stärker herausgearbeitet: als etwas wesentlich Neues empfand man, empfand vor allem sie die Leistung nicht.

Sie spielte später, im weiteren Verlaufe dieser ihrer ersten Spielzeit am Deutschen Theater noch, in derselben Linie: das Hannele, in einer anderen die Marina in „Macht der Finsternis" und, mit Laune und Anmut, die Lucile im „Bürger als Edelmann".

Aber noch vor diesen Rollen, bereits als zweite im Deutschen Theater, spielte Helene Thimig das Mädchen im „Bettler" von Reinhard Sorge, in einer Matinee des „Jungen Deutschland". Es war ein sehr merkwürdiges Stück des hochbegabten, früh gefallenen Dichters. Reinhardt führte, mit stärkster Anteilnahme an der Dichtung und an dem Neuen, das sie wies, die Regie. Die Art, wie die Thimig die Figur des Mädchens spielte, war bereits ganz reinhardtisch, ganz thimigisch. Hauchzart schwebte es, das Bild einer rührenden Schwermut, durch das Stück, das Leiseste, das man sich träumen konnte, ganz still, fast stumm, mit einem Nichts an Gebärde, aber in den wenigen Worten von einer bewegten Innerlichkeit, einer glühenden Intensität keuscher Hingabe ohnegleichen.

In der nächsten Spielzeit 1918/19 spielte Helene Thimig die kränkelnde Marie Beaumarchais im „Clavigo", und das Schöne an ihrer Marie war, daß sie nicht an ihrer Krankheit, sondern an gebrochenem Herzen starb. Sie wurde selbst krank und spielte dann die Hedwig in Lauckners „Sturz des Apostel Paulus".

Helene Thimig spielte die Rosalinde in Shakespeares „Wie es euch gefällt". Es war wie ein erlöstes Aufatmen. Es war, wie wenn alle Schwere und aller Ernst mit einemmal von ihr abgeglitten, abgefallen wäre. Es war, wie wenn alles, was an Glück, Heiterkeit, Helligkeit, Leichtigkeit in dieser reichen Frauenseele aufgespeichert lag, Schwingen bekam und sie weit über alle Erdenschwere hinaustrug in ein geträumtes

H. Thimig als Rosalinde in „Wie es euch gefällt", 1919

Märchenland der Phantasie. Es war das Schwerloseste und Beschwingteste, was ich je auf einer Bühne erlebte.
So war die ganze Aufführung. Sie gehörte zum Schönsten, das Reinhardt je gelungen ist. Von der Arbeit, die in dem Werke steckte, war nichts mehr zu spüren. Es war das Zauberwerk leichter Hände und schönheitseliger Menschen. Phantasie entzündete sich an Phantasie, Geist an Geist, und aus allen Teilen der Aufführung schien das Glück beglückter Menschen, begnadeter Schöpferstunden zu rieseln. Mir war es ein erfüllter Knabentraum.
Ich hatte dieses luftigste Dichtergebilde schon immer im Wunschtraum gesehen und von einer Rosalinde geträumt, so süß, wie es in der Wirklichkeit keine geben konnte.
Es gab sie also in der Wirklichkeit.
Als ob ich das damals geahnt hätte!
Rosalinde, Fräulein Rosalinde, Prinzessin Rosalinde kam herab (ich weiß es noch, als ob es heute wäre), trug Rosen in den kleinen Prinzessinnenhänden und streute Rosenblätter auf die Träume eines Knaben.
Ach, es ist lange, viel zu lange her, aber ich weiß es noch, als ob es heute wäre.
Der dumme romantische Bub nannte sich Orlando (wie sollte er sich anders nennen als Orlando oder Rinaldo?), stand allein und verlassen in der bösen feindseligen Welt, und sein großer Bruder schlug ihn und peinigte ihn mit Regeln und Vorschriften, die grade so albern und steif waren wie die Etikette an einem großen Hofe. Er aber war sehr ritterlich und stolz und furchtbar stark und warf den großen, dicken, dummen Ringer des bösen Herzogs zu Boden wie nichts. Und zwei wunderschöne Damen erschienen, ganz jung, und waren Prinzessinnen, und die eine, natürlich die Schönere, hing ihm eine Kette von Gold, die sie vorher an ihrer jungen, weißen, runden Brust getragen hatte, als Siegespreis um den Hals und sagte ihm irgend etwas, das voll Witz und Heiterkeit war, aber in ihrem Witz glänzten Tränen der Melancholie und ihre Heiterkeit zwitscherte wie Vogelstimmen und sang wie Weben des Waldes. Er wurde stumm vor Glück. Und alles war schlank, silbrig und unwirklich wie ein Knabentraum. Mozarten.
Rosalinde, Zarteste, Wehmütig-Übermütigste, Freieste von Erdenschwere, du Elfenleichte, Sprühende und Schwebende, du über alle Maßen Verliebte, Knabentraum voll Ahnung, Sehnsucht und wehem Schmerz, weil er dich je auf Erden zu finden verzweifelt!
Irgendwo müßte ein Wald sein, der besser ist als die Welt. Der anders ist als andere Wälder. Ardennenwald. Wie wunderschön das klang, ehe ihn die dumme Weltgeschichte so arg und blutig kompromittiert hat. Ein Wald voll Freiheit, zarter Musik und stiller, gedämpfter Heiterkeit. Ein Wald, der in allen Zweigen von Liebe rauscht. Ein ganz unwirklicher Wald, in dem das Unwahrscheinliche wahr wird. Ein guter, fürstlicher Herzog haust in dem Wald, milde gegen Mensch und Kreatur, voll Fröhlichkeit der Reife, wie jeder, der verzichten gelernt und das Leid erfahren hat. Mit seinen seltsamen Gesellen, Spielleuten und allerhand Volk, von dem

jeder ein verstecktes Schicksal stillvergnügt zu tragen weiß. Einer ist darunter, seltsamer als die anderen, der, vollgefüllt mit Hemmungen und bitteren Wahrheiten, unter der Güte seines Herrn leidet wie andere unter der Härte von Tyrannen, bis er ihn zu hassen beginnt und danach brennt, ihm endlich einmal die Wahrheit zu sagen, etwa wie ein großer Dichter danach brennen mag, endlich einmal seinem Tyrannen, dem Publikum, die Wahrheit ins Gesicht zu schleudern. Schäfer und Schäferinnen sind in dem Wald, dumme und kluge, schöne und häßliche, alle sehr verliebt, manchmal glücklich und meist unglücklich, weil es ja doch nichts Süßeres gibt als die Schmerzen der Liebe. Einem sehr verliebten und sehr unglücklichen leiht Bruder Hermann sein gutmütiges Gesicht. Aber der gute Wald, der melancholisch heitere Wald löst und versöhnt, sanft und milde, alle die Zwiste und Eifersüchte, Gegensätze und Widersprüche, die Abenteuer und Irrtümer zu einem fröhlichen Ende.

In diesem klingenden, singenden Walde heiterer Unwirklichkeiten lebt und liebt, lacht und leidet Rosalinde Thimig, holdeste Wirklichkeit, holder als jede Wirklichkeit und jede Phantasie der Dichter, klingende, singende Seele. Sie scherzt und spielt und verkleidet sich, aber unter den Witzen ihrer sprühenden Laune, unter den Scherzen ihres anmutigen Geistes verbirgt sich ein Herz voll thimigscher Scham, ein Herz voll überströmender Liebe, ein empfindliches Herz, das unter den kleinen Qualen der Liebe, unter Ungeduld und Warten, so leidet wie andere unter Verrat und Enttäuschung. Träumte der Knabe nicht immer von einem Mädchen, das so zur Liebe geschaffen, so für die Liebe, für nichts als die Liebe begabt ist wie dieses? Und wenn die Mädchenhafteste ihre keusche Scheu in Knabengewandung versteckt, weckt die knabenhafte Grazie ihrer anmutigen Bewegungen nicht Erinnerung an jene Tage der Knabenfreundschaft, an jene nie wiederkehrende Zärtlichkeit grenzenlosen Vertrauens und heißen Bedürfnisses, sein Herz in die Hände des anderen zu legen? Welche Sehnsucht weckt Rosalinde nicht, diese Mädchen gewordene Melodie Mozarts? Aber wer hätte je geglaubt, sie anders als im Traum, als in der Vision einsamer Stunden mit sich und dem Buche, zu erleben!

Manchmal freilich geschieht das Wunder. Manchmal erfüllen sich Kinderwünsche. Ich habe „Wie es euch gefällt" gesehen. Ich habe Rosalinde erlebt. Ich habe die Rosalinde der Thimig erlebt. Und alles war schlank, silbrig, unwirklich und mozarten wie ein Knabentraum.

Und voll verliebter Torheit, wie ein Knabentraum.

Es gibt sie noch, die Liebe. O wie schön, daß es sie gibt!

Einmal hat die Thimig sie gespielt, nicht die verspielte wie die der Rosalinde oder die tragische wie die Liebe Gretchens und Clärchens, nicht die stolze oder hingebende, die herbe oder zärtliche, die keusche oder sinnlich leidenschaftliche, nicht die glückliche oder unglückliche, die Liebe als Gift oder als Segen, die Liebe mit Gegebenheiten oder mit Hindernissen, sondern die Liebe, die alles das zusammen ist, die Liebe, wie sie ist, die Liebe an sich, die Liebe allein, losgelöst von Welt und Geschehen, die Liebe, die nichts kennt als sich und den einen Menschen: als sie Goethes „Stella" spielte.

Die Liebe als Musik. Als die Musik der zartesten, weichsten, reinsten Seele.

Sie spielte die ganze Skala des Frauengeschicks: Erwartung, Erleben, Erfüllung, Enttäuschung, Erinnerung, Entsagung, Erlösung. Mit einem Reichtum an Tönen, mit einer melodischen Süße der seelischen Modulation, mit einer Tiefe und Innerlichkeit des Gefühls, mit einer mädchenhaften Schamhaftigkeit der Hingabe, mit einer jenseitigen Seligkeit, mit einer Stärke des Schmerzes und mit einer Verklärung ohnegleichen.

Sie spielte, mit dem ganzen Rokokozauber der „schönen Seele", mit der ganzen Verschwärmtheit jener gefühlsseligen Zeit einer Liebe, die zeitlos ist; die Liebe, die ewig ist.

„Und so ward das Mädchen vom Kopf bis zu den Sohlen ganz Herz, ganz Gefühl. Und wo ist denn nun der Himmelsstrich für dies Geschöpf, um drin zu atmen, um Nahrung drunter zu finden?"

Helene Thimig hatte übrigens Stella bereits einmal, ein einziges Mal vorher gespielt, in ihrer Abschiedsvorstellung am Schauspielhause. Aber die eigentliche Stelle war doch wohl erst die in der Reinhardtschen Aufführung der Kammerspiele.

Abgesehen von dem Persönlichkeitszauber, von dem Kulturreiz eines vollkommen getroffenen Zeitkolorits entwickelte sich hier ein Neues: eine ganz in das Seeleninnere, in den innersten Aufbau und Ablauf sich ablösender Gefühlsstadien verlegte Seelenkunst.

Es täte not, einmal über einen der vieldeutigsten, mißverstandensten, mißbrauchtesten, geschmähtesten und doch wichtigsten Begriffe Klarheit zu schaffen: über den der psychologischen Schauspielkunst.

Der Anlaß wäre gegeben: es gibt kaum eine Kunst, auf die der Begriff: psychologisch mit mehr Berechtigung anzuwenden wäre als auf die der Helene Thimig.

Und doch scheut man sich davor. Man scheut sich, eine so gültige Kunst wie diese einer in zeitlichen Bedingtheiten eingeengten Diskussion um Schlagworte mit allen ihren Mißverständnissen auszusetzen. Man scheut sich, die zartesten Seelengebilde, aber in aller Zartheit von Fleisch und Blut, in Begrifflichkeiten aufzulösen. Man scheut sich, eine so reiche Kunst auf einen wenn auch noch so reichen Begriff festgelegt zu sehen.

Denn wenn die Kunst der Thimig auch psychologisch ist, sie ist nicht nur psychologisch. Nicht nur daß es Rollen von ihr gibt, die in einer ganz andern, einer überpsychologischen Sphäre stehen, wie Indras Tochter in Strindbergs „Traumspiel", der Glaube in „Jedermann" und schließlich die Iphigenie, Rollen von der intensivsten Transzendenz, von einer fast esoterischen Inbrunst, schon außerhalb jeder Menschlichkeit, oder von einer Menschlichkeit, die nur noch große Idee, große Form ist, also Rollen, die nur aus dem Geiste der Musik zu erfassen waren und von ihr erfaßt wurden: aber auch in jeder

A. Staub als Cäcilie, H. Thimig als Stella, Kammerspiele 1920

ihrer psychologischen Rollen wuchs sie über das Psychologische hinaus.

Es gehört nämlich zum Wesen der psychologischen Schauspielkunst, daß sie die scheinbar widerstrebende Synthese nicht bloß verträgt, sondern auch verlangt.

Es gibt Menschen, für die es keine Kunst gibt und je gegeben hat, die nicht psychologisch wäre. Es gibt Menschen, für die Psychologie die überwundene Methode der vorletzten Periode ist.

Gewiß ist es wahr, daß im Mittelpunkt der Schauspielkunst und aller Kunst die menschliche Seele und ihr Erlebnis steht. Aber die psychologische Kunst, in der nicht mehr die Abenteuer und Wirkungen der Seele, sondern die Seele selbst dargestellt wird, die Seele nicht mehr als Objekt, sondern als Subjekt und Schauplatz der Handlung, die psychologische Methode, die den Funktionen der Seele ihren Rhythmus und die Stadien ihres Werdens ablauscht und sie wiederholt, diese Kunst war wohl vor Dostojewski, Jacobsen und Hamsun nicht möglich.

Für mein Gefühl ist das, was Helene Thimig in einigen ihrer besten Rollen gespielt hat: Hamsun.

Wie kann man Psychologie als Methode widerlegen wollen? Wie kann man glauben, daß dieser unmittelbarste und wahrste Weg zum Menschlichen je wieder überwunden werden wird?

Man hat Psychologie nacheinander in Gegensatz gebracht zu Charakteristik, großem Stil, zum Naturalismus, zur Ausdruckskunst. Als allzu leise Kunst der Übergänge und Abschattierungen, in Gegensatz zu Leidenschaft; als allzu analytisch zu Synthese und plastischer Gestaltung; als allzu privat zur sogenannten Zeitkunst. Man hat sie als eine Mimosenkunst der Selbstbespiegelung und Selbstzerfaserung definiert und damit verkleinern wollen.

Nichts von alledem ist richtig. Psychologie verträgt sich mit allen ihren Gegensätzen und mit jedem Inhalt, wenn er wahr ist. Psychologie besteht nicht bloß, wie man zu glauben scheint, darin, daß sie Pausen füllt. Psychologie bereitet nicht bloß den großen Ausbruch der Leidenschaft vor, sondern die Leidenschaft selbst gehört hinein. Nicht bloß das Leise ist Psychologie, sondern das Wahre, auch wenn es laut ist. Und wer die Thimig in ihren psychologischen Rollen gesehen hat, der weiß, daß sie über der zartesten Nuancierung im stufenweisen Aufbau des seelischen Erlebens auch nicht einen Moment lang das Profil der Figur verliert.

Psychologische Schauspielkunst heißt: transparent werden. Nicht bloß im Wort, sondern in allen Merkmalen, die allerdings um so beredter werden, je leiser sie sind, erraten lassen, was in einem Menschen vorgeht. Und das seelische Erlebnis nicht bloß in seinem groben Resultat, sondern in seinem allmählichen Werden erraten lassen.

Die Freundin in August Stramms „Kräfte"; Helene in Hofmannsthals „Schwierigem"; Géraldys „Aimée" und Turgenjews „Natalie"; Bourdets „Gefangene"; die Lisa im „Lebenden Leichnam" und Hauptmanns „Dorothea Angermann".

Sieben verschiedene Frauenerlebnisse in sieben verschiedenen Frauenleben. Erlebnis und Leben von sieben verschiedenen Frauen. Und jedes Erlebnis von seinem zentralen Geheimnis aus gesehen und gestaltet. Und von jedem Erlebnis aus die Perspektive auf das Ganze, das Vor- und Nachher des dazugehörigen Lebens. Und jedes Leben ganz anders als das andere, und jedes Erlebnis und Leben an einem andern Menschen, anders an Gestalt, Tonfall, Haltung und Willen zum Leben.

„Kräfte": ein Stück der Strindberg-Atmosphäre, das, in fast pantomimer Wortlosigkeit, letzte Willensexplosionen dämonischer Urkräfte sich nur durch die Energie von Interjektionen und Gesten entladen ließ. Der Haß und die Liebe, Frauen und sogar hypermondäne Frauen geworden, kämpfen um Männer und zerstören sie, beide zerstören, der Haß und die Liebe. Das Stück hätte in der Darstellung der Thimig auch „die Stärkere" heißen können: so spielte sie, gegen den Vampyrtypus der andern, mit allen Zeichen der Schwäche, mit einer letzten vergehenden Weichheit, die Überlegenheit der Besiegten, den Sieg der nichts als weiblichen Hingabe. Das Liebe gewordene Weibchen.

Helene im „Schwierigen": die Frau, in deren zarte Hände, ohne daß er es weiß, das Leben eines wertvollen Mannes gegeben ist; die Kluge, Feine, Überlegene, ohne die Geste der Überlegenheit, die Führende, die sich anzuschmiegen scheint, die Versteherin, die, unmerkbar, den schwierigen Mann scheinbar kampflos allen Widerständen einer ringsum erstarrten Konvention, mit unaufdringlich leiser Schonung allen Hemmungen der eigenen Natur abringt. Es war, ohne allen Tamtam des Kampfes, der Kampf des Taktes gegen die Gesellschaft, mit den Waffen der Frau, und eine Psychologie des Taktes, was die Thimig spielt. Die Persönlichkeit gewordene Dame.

Paul Géraldys „Aimée". Die Frau und der Eigentliche. Wer ist der Eigentliche? Der Mann, der es eigentlich hätte werden sollen, oder der Mann, dem eigentlich sie nötig geworden ist? Alle Phasen beider Entdeckungen spielte die Thimig als eine Kette schmerzlicher Entsagungen, die in einer auferlegten Notwendigkeit endeten. Eine Psychologie der Wahl, aufgelöst in eine Psychologie des Müssens. Die Frau gewordene Frau.

Turgenjews „Natalie". Die Leere des Lebens. Die Schwäche der Frau, sie auszufüllen. Die Gleichgültigkeit der Ehe. Die Schwäche der Frau, sie zu ändern. Ein in der Gefangenschaft des Käfigs matt gewordener Vogel, der zum letztenmal Schwingen zu heben versucht, die versagen. Die Thimig spielte das Allein- und Unverstandensein inmitten der einschläfernden Geräusche einer behaglichen Leere, eine Frau, die sich ihrer früheren Seele nur grade noch erinnern kann, und sie spielte die matte Schönheit der letzten Sommertage vor dem Herbst als eine letzte Versuchung, der zu erliegen man zu schwach geworden ist. Die im Ehealltag flügellahm gewordene Frau.

Bourdets „Gefangene". Die in der verirrten Leidenschaft einer unabänderlichen Natur Gefangene. Die Entdeckung der Leidenschaft. Die Angst vor der Verfemung durch die Welt. Das Bemühen, sie vor der Welt zu verbergen. Der Versuch, sich durch eine Ehe zu retten. Der vergebliche Versuch, zu lieben wie die anderen. Die Qual bei jeder Berührung durch den eigenen Mann. Die Folter einer ehrlichen Seele durch den Zwang zur Lüge. Die Folter durch die entdeckte Wahrheit. Der ehrliche Kampf gegen die angeborene Leidenschaft. Die Ohnmacht, ihr zu entrinnen. Die Erkenntnis, ihr rettungslos verfallen zu sein. Der erwachte Trotz. Der aufgenommene Kampf gegen Alle um diese Leidenschaft. Das Zusehenmüssen, wie ihre ganze, kleine, mühsam aufgebaute Welt um sie zusammenbricht, alle sie im Stiche lassen, die Nächsten sie aufgeben. Der Verlust des Mannes, an dem sie mit einer schwesterlichen Zuneigung hängt, an die nächste beste. Demütigung, Schande, Verzweiflung. Und zum Schluß: das letzte Sichselbstaufgeben, weil ja doch alles umsonst ist. Die Opfer gewordene, zum Opfer der eigenen Natur gewordene Frau.

Das alles war da. Mit einer letzten leisen Diskretion. Ohne jedes äußere Zeichen der Veranlagung, nur aus den Reflexen der inneren Passionsgeschichte zu erraten. Schritt für Schritt, von Phase zu Phase, ein langsames Aufschleiern, wie in einem antiken Drama. Gefühle verrieten sich unwillkürlich, man sah, wie früher Gefühltes plötzlich ins Bewußtsein schoß; man sah das Versteckenspielen vor sich selbst, das Versteckenspielen vor den anderen, das Nichtmehrversteckenkönnen, das Nichtmehrversteckenwollen. Man sah das ohnmächtige Werben um den Mann, das ohnmächtige Wehren gegen die Frau (die man nicht sah). Komplizierte Seelenregungen und Seelenbiegungen wurden deutlich, wie hinter Glas, mit einer Einfachheit und Selbstverständlichkeit, mit den kleinsten Mitteln, mit einem Neigen des Kopfes, mit einem Zittern der Stimme, mit einem Zittern der Hände, dieser Hände, mit einem Stocken des Ganges. Es gibt einen Schmerz, der nicht mehr schreit, nicht mehr tobt. Sie blieb so wunderbar ruhig in ihrem Schmerz. Woher kam das Gehetzte in ihren Blick? Geheimnisse, die kein Mensch enträtseln kann, vielleicht die

W. Krauss als Matthias Clausen, H. Thimig als Inken Peters in Hauptmanns „Vor Sonnenuntergang", Deutsches Theater 1932

Spielende selber kaum. Sie machte nichts, als was sie machen mußte.
Vielleicht gibt es keine andere Definition für psychologische Schauspielkunst, als daß einer alles das, was er macht, machen muß.
Lisa Andrejewna in Tolstojs „Lebendem Leichnam". Eine einfache, grade Seele, die des guten Willens ist. Sie will das Richtige tun. Aber was ist das Richtige? Wissen es die Männer? Woher soll eine schwache Frau es wissen? Das Leben ist so schwer. Da ist ein Mann, ihr Mann, sie hat ihn lieb gehabt, ist ihm eine gute Frau gewesen, er war ein guter Mensch, aber ein schwacher Mensch, konnte nicht arbeiten, trank, ging zu den Zigeunern. Er konnte keiner Versuchung widerstehen. Sie fühlte, wenn sie bei ihm bliebe, ginge sie mit ihm zugrunde. Nützte ihm nichts, aber ginge selbst zugrunde, an Leib und Seele. Und da war ein anderer Mann, ein edler, feiner Mensch, der sie liebte, der zu ihr paßte und zu dem sie paßte und der für sie die Rettung bedeutete. Sie will nichts Unrechtes und niemandem Unrecht tun. Nie hätte sie ihren rechtmäßigen Mann verlassen. Aber nun kommt er von selbst und zeigt ihr den Weg, wie sie alle drei, drei gute, schuldlose und rechtlich denkende Menschen, zu einem ruhigen Leben kommen könnten, ohne schuldig zu werden, ohne einander unrecht und weh zu tun. Und nun kommt die Gesellschaftsordnung und sagt: „Nein. Ihr müßt alle drei unglücklich werden, weil der Buchstabe des Gesetzes es so will." Wie soll eine Frau das verstehen? Ein Gesetz verstehen, das erlaubt, daß man auf der Seele einer Frau herumtritt, ihr die intimsten Geheimnisse ihrer Ehe entreißt und preisgibt, ihre Frauenehre beschmutzt, ihr Frauenempfinden entheiligt. Und was ist der Sinn, das Ende? Wertvolle Menschen gehen zugrunde, ein wertvoller Mensch stirbt. Diese Einfachheit und Gradlinigkeit der Gefühle, diese Hilflosigkeit einer schuldlosen Seele, dieses Nichtverstehenkönnen, Sichnichtwehrenkönnen und verzweifelte Erstaunen spielte die Thimig. Aus denselben Elementen, mit denen Lucie Höflich früher dieselbe Rolle herrlich gespielt hatte; und doch anders: die Höflich brachte die erschütternde Tragik einer in ihrer Kraft gebrochenen starken Natur, die Thimig die rührende Hilflosigkeit der in ihrer Schwäche geängstigten Natur. Die zum Opfer der bürgerlichen Gesellschaftsordnung gewordene Frau.
Dorothea Angermann. Ein Mädchen. Opfer einer Sinnesverwirrung. Opfer von Trieben irgendeiner dunklen Stunde. Opfer der erstbesten männlichen Brutalität, die eine Faust nach ihr ausstreckt. Opfer des väterlichen Unverstandes, des bürgerlich bornierten Muckertums. Opfer der allzu intellektuellen, unmännlich männlichen, menschlich feigen Resignation eines Mannes. Opfer des schmutzigen Lebens. Immer wieder verfallenes Opfer einer sinnlosen Hörigkeit. Und schließlich, im letzten Erwachen aus allen Instinktlosigkeiten eines bloßen Instinktlebens, das Opfer eines fürchterlichen „Zu spät". Das Opfer gewordene Mädchen.
Immer war es ein Werden, das Helene Thimig in diesen Rollen gestaltete, das allmähliche Herauswachsen einer Lebenstragik aus allmählich sich aufblätternden seelischen Elementen.
Die letzte Figur, die wir von Helene Thimig sahen, war die Ministerin in Shaws Komödie „Der Kaiser von Amerika". Bei der Art des Stückes, das einer individualistischen Königsfigur ein Ensemble fast karikaturistisch gezeichneter Typen gegenüberstellte, mußte an die Stelle der psychologischen eine charakterisierende Gestaltung treten. Die Thimig zeichnete den modernen Typ der in der Sachlichkeit aufgehenden Berufsfrau mit einer ungeheuren geistigen Energie, mit einer fast monomanen Konzentration, die vielleicht auf die seelischen Konzentrationsübungen ihrer frühen Mädchenjahre zurückging. Sie erreichte mit dieser Spannung einen Grad von männlicher Sachlichkeit, der wahrscheinlich nur einer Frau erreichbar ist, und so sah man, durch die Maske der Emanzipation durch, wieder eine neue Art von Weiblichkeit. Übrigens meisterlich im gesteigerten Aufbau der mit Intensitäten geladenen Rede, die, aus der Skurrilität der Situation hinaufwachsend, erschütternd wirkte.
Man möchte von der Leistung eines Schauspielers sprechen und man spricht von den Gegebenheiten des Stücks, der Situation und der Rolle, man spricht von der Wirkung, von der Wirkung aufs Publikum und vom eigenen Eindruck und Erlebnis, man spricht von der Natur des Schauspielers, von seinem Charakter und seiner künstlerischen Gesinnung. Aber das Eigentliche, das Technische, sein technisches Geheimnis bleibt man schuldig. Wie macht das die Thimig? Ja, wer das sagen könnte! Wer kann einen Blick beschreiben? Das Streichen einer Locke aus der Stirne? Ein wehes Zucken um den Mund? Das Weichwerden von Knien? Oder den Stolz eines Schrittes? Oder gar das Vibrato einer Stimme? Einer Stimme, die erröten und erblassen kann.
Wie macht sie das, daß sie eigentlich nichts macht, und wir sehen glashell alles, was in ihrer Seele vorgeht?
Wie macht sie das, daß wir ihr alles glauben müssen?
Wer ist der Schlaue, ihr auf die Tricks ihrer Wahrheit zu kommen?
Ich glaube, es gibt nur einen Trick der Wahrheit: wahr zu sein.
Diese Frau ist so wahr, daß sie keine Konzessionen verträgt.
Diese Frau ist so voll von ihrer Kunst, daß sie nicht einmal das Vakuum zwischen zwei Rollen verträgt. Sie ist nie unglücklicher, als wenn sie am Tage einer Premiere nicht bereits die nächste Aufgabe zu tragen beginnen darf.
Was ist es, das diese Frau jeden Tag ohne Kunst als leer, Leere des Lebens als das einzige Unglück empfinden läßt?
Was ist es, das dieser Schauspielerin Wahrheit zu dem ihr aufgegebenen Schicksal macht?
Die tiefste Wurzel aller Schauspielkunst ist die Scham.

H. Thimig als Weisheit, K. H. Jaffé als Tod. J. Novotná als Schönheit in H. v. Hofmannsthals „Das große Welttheater“, Deutsches Theater 1933

Julius Bab

Paul Hartmann und Ernst Deutsch oder Der verwandelte Liebhaber

Von den Schauspielern, die in den letzten 35 Jahren in Deutschland berühmt wurden, entsprach eigentlich kein einziger mehr so recht dem Typus des „großen Liebhabers", der zur Großelternzeit so hoch im Kurse gestanden hatte. Was in den letzten Jahrzehnten noch mit dem Glanz des alten Liebhabertums die Backfische entzückte – Schauspieler wie Stockhausen, Christians, Clewing, Stegemann, Gerasch –, das kam, im menschendarstellerischen Ernst gesprochen, doch nicht sehr in Betracht. Und die paar wirklich großen Schauspieler, die in dieser Zeit auch noch in Liebhaberrollen berühmt waren – Josef Kainz vor allem, auch Moissi, in bescheidenerem Maße sogar Harry Walden –, sie bestätigten doch nur als ordentliche Ausnahmen die Regel: sie waren keine reine Auswirkung des einfach strahlenden Liebhabertyps mehr; sie gaben den Glanz in einer sehr individuellen, sehr zeitcharakteristischen Gebrochenheit. – So war denn das Erstaunen zwiefach groß, als im Kriegswinter 1914/15 in Max Reinhardts Wallensteininszenierung ein Max Piccolomini auf den Brettern des „Deutschen Theaters" in Berlin stand, der der alten Tradition des Liebhabertyps aufs vollkommenste gerecht wurde.

Denn erstens war man sechs Monate nach Kriegsausbruch in Deutschland überhaupt nicht mehr gewöhnt, so starke, gesunde junge Menschen in anderer als feldgrauer Uniform zu sehen, und dann hatte man überhaupt seit einem Menschenalter auf der Bühne keinen gesehen, der den Küraß des Max Piccolomini so ohne Beschwerde ausfüllte und so leicht und sicher mit fester und frischer Bewegung vorwärts trug. Dieser ideale „Max" hieß Paul Hartmann. Dieser Paul Hartmann war noch einmal der junge Schillerspieler, den man schon ausgestorben glaubte. Er hatte nichts von diesem Parfüm backfischhafter Süßlichkeit an sich, der den Typus bei den vorhin erwähnten Epigonen unangenehm gemacht hatte. Er war ein einfacher, fester junger Mannskerl, der nicht die unbedingte Reinheit des Gefühls markierte, sondern der sie hatte. Es war eine Freude, ihm zuzusehen. – Und es blieb eine Freude. Aber im Laufe der Zeit bekam man über die Reichweite und den seelischen Belang dieser Natur doch allerlei skeptische Gedanken.

Ja, hier war noch einmal der reine Typus des Schillerschen Jünglings, aber es ließ sich nicht leugnen: auf die Dauer interessierte uns dieser Typus nicht mehr sehr, sein Reiz erschöpfte sich. Der klare feste Klang Hartmanns hatte für uns allzuwenig musikalische Schwebungen, seine hell leuchtende Farbe allzuwenig fesselnde Nuancen. Es wird sich ja kaum feststellen lassen (weil in der Schauspielkunst kein exakter Vergleich möglich ist), ob die großen Liebhaber vorausgegangener Generationen, die Krastel und Hendrichs – ob sie an sich interessanter, farbiger, melodiöser waren als Hartmann, oder ob nur der Zeitgeschmack ihnen mehr Interesse entgegenbrachte. Soviel ist gewiß, echter in ihrer Art können sie gar nicht gewesen sein als dieser Jünglingsspieler, der ja heute auch höchst naturgemäßerweise an das große Traditionstheater Deutschlands, an die Wiener Burg, gelangt ist. Echt wirkte alles an Hartmann: seine Begeisterung, sein Zorn, sein knabenhaftes Trotzen und Schmollen, sein oft rührend kindliches Bitten, sein einfacher Leidenston. Aber das war nun auch schon alles. Es langte gut aus, um den Max Piccolomini und etwa noch den Ferdinand zu spielen oder den Laertes, Hamlets sehr primitiven Bruder. Aber es brauchte noch lange kein Hamlet zu sein, was als Rolle durch seine Anforderungen auf die Begrenztheit der Hartmannschen Mittel hinwies. Sogar bei Schiller selbst liegen schon diese Grenzen: Karl Moor ist ja nicht der einfache Liebhaber- und Jünglingstyp. Er enthält dessen charakteristische Eigenschaften noch in Verbindung mit sehr heroisch mannhaften Zügen. Diese große Mischung hat Schillers Theatertechnik erst nachträglich zerfällt und so für den reinen „Liebhaber" neben dem männlicheren „Heldenspieler" Platz geschaffen. Hartmann aber ist auch als Karl Moor ganz und nur der „Jugendliche". Wer noch Matkowsky in dieser Rolle gesehen hat, weiß, daß aus diesen leidenschaftlichen Tiraden wirklich das „ewige Chaos" donnern kann. Bei diesem sympathischen Jüngling Hartmanns donnerte nichts. Es blieb doch alles in der bürgerlich gesitteten Form, es war mehr ein von Schiller begeisterter Jüngling als die Verkörperung des wütenden Lebens, das einst den jungen Schiller begeisterte! Und wenn es gar Kleist zu spielen galt, den Prinzen von Homburg oder den rasenden Achilles – gewiß, auch diese straffen, festen, ehrlich fühlenden Jünglinge waren nie unsympathisch und nie unecht, aber sie waren so unendlich viel simpler als die dichterische Vorzeichnung; die lebensgefährliche Ekstase, die den Achilles bis zur Mordlust, den Homburg bis zu grausender Todesangst empor- und hinabschleudert, sie fand an der soliden, klar begrenzten Natur Hartmanns keinerlei Anhalt. Bei Shakespeares Edmund und gar bei Goethes Faust sah es natürlich nicht anders aus.

Aber gibt es denn keinen Liebhaber von heute? Wir wären ja längst tot und völlig verfault und ganz ohne Hoffnung, wenn wir diese Jugend nicht mehr hätten, für die die Aufwallung der großen erotischen Leidenschaft typisch ist, die glauben, schwärmen und über alles: fühlen kann. Nein, diese Jugend ist nicht tot. Nur daß nach drei Menschenaltern auch das Gefühl, wenn es zur Herrschaft sich erhebt, noch die Zeichen kritischen Bewußtseins, sozialer Bedingtheit, skeptischen Leidens nicht völlig verleugnen kann. Die Bewegung des „Expressionismus“ wollte ja das Gefühl wieder als herrschende Macht in die Welt stellen. Oder zum mindesten doch den Willen, dessen schöpferische Kraft viel mehr vom Gefühl als vom Verstand bedingt wird. Und die Erstlinge des Expressionismus haben ja keineswegs zufällig den Anschluß an Schiller gesucht und von den Traditionen jünglingshafter Pathetik reichlichen Gebrauch gemacht. Dieser Einschlag war besonders deutlich bei Walter Hasenclever, der gewiß kein individuelles Genie, sondern nur ein beschränkt talentierter Träger der Zeitstimmung war, aber eben deshalb mit seinem aus mannigfachsten Zeiteinflüssen zusammenaddierten Drama „Der Sohn“ Bahnbrecher der neuen Richtung wurde. Diesen „Sohn“ spielte bei der Uraufführung in Dresden 1916 Ernst Deutsch. Und der Erfolg des Darstellers war fast noch größer wie der des Stücks. Es war ein neuer Jünglingsspieler gefunden, ein „jugendlicher Liebhaber“, ein Ekstatiker modernen Schlages, etwas höchst Seltenes und Begehrenswertes für unsere an solchen Kräften besonders arme Bühne. Und so kam denn auch Deutsch sehr bald in eine wichtige Position zu Reinhardt nach Berlin und nach Wien.

Der Unterschied von dem zwei Jahre früher entdeckten Paul Hartmann war freilich eminent. Groß und schlank waren sie beide. Und Kraft besaß einer wie der andere. Aber es war bereits eine ganz verschiedene Schlankheit und eine ganz verschiedene Kraft. Die Schlankheit Hartmanns steht zu breiten Knochen und fest gerundetem Fleisch in keinem notwendigen Widerspruch – die von Deutsch setzt Magerkeit und dünne Knochen voraus. Hartmanns Kraft ist etwa als eine mechanische vorzustellen: sie folgt in leicht vorzustellender Weise auf Druck und Stoß. Die Kraft von Deutsch gleicht eher der elektrischen Energie, sie beruht auf einer inneren Verwandlung, sie bricht überraschend und blitzartig aus. Und wenn Hartmanns runder Kopf, vom blonden Kraushaar gekrönt, von blauen Augen durchleuchtet wird – der Schädel von Deutsch ist schmal und oval, und schwarz durchglüht und von dunklen Haaren glatt gerahmt. Starke Augenbrauen, eine sehr edle aber lange und scharfe Nase und ein breiter Mund vollenden den Typus, der ganz offenbar die aristokratische Variation der jüdischen Rasse darstellt.

Aber bei der Betrachtung von Ernst Deutschs Künstlerschaft, in der Erkenntnis seines vibrierend sprunghaften Temperaments gegenüber dem geradlinig festen von Paul Hartmann soll man trotzdem von dem jüdischen Zusatz im Wesen Deutschs nicht allzuviel Aufhebens machen. Denn es ergibt sich die unmittelbare Abstammung dieses modernen Liebhabertyps von dem großen Josef Kainz, der ja nun, immer wieder gehörten Behauptungen zum Trotz, durchaus kein Jude war. Aber Kainz hatte – und das war ja die erste Sensation, die er den Menschen bereitete – trotzdem diesen Zusatz vibrierender Nervosität, intellektueller Schärfe, sprunghafter Wildheit, mit dem er den alten Liebhabertyp erneute und der Zeit wieder wichtig machte. Und Kainz hatte hundert

Nachahmer, aber keinen Erben gefunden. Der Italiener Moissi erinnerte in seinen Anfängen augenblicksweise an ihn, aber er entwickelte sich mit jedem Jahr in seiner zerfließenden Weichheit weiter weg vom Mittelpunkt des Kainzschen Wesens, der eine hell gesammelte, wunderbar federnde, unermüdliche Energie war. Erst der Jude Ernst Deutsch hat wieder im innersten Wesen etwas vom Rhythmus dieses Österreichers ergriffen – von diesem Rhythmus, der also offenbar wenig mit der Rasse und sehr viel mit der Zeit des Schauspielers zu tun hat. Die Starrheit des Schillerschen Heldentyps ist gelöst – Muskelenergie ist in Nervenenergie verwandelt.

Ernst Deutsch hat das Grundwesen der Kainzschen Technik übernommen: die springende Akzentuierung: die Fähigkeit, erstaunlich, beängstigend lange einen Ton durchzuhalten und mit gesammelter Kraft plötzlich tigermäßig auf einen Punkt zu springen, ihn herauszureißen und so durch ungeheuerste Betonung wirksam zu machen. Deutsch hat wieder das nervös tastende und abwehrende Spiel der schlanken Finger. Und

Deutsch hat wieder dies bittere, leidvolle Zucken der Verachtung um die Lippen. Freilich, es ist noch eine Nuance bitterer und härter bei ihm. Und dies ist denn wohl der Unterschied der dreißig Jahre, die zwischen seiner Jugend und der von Josef Kainz liegen. Auch daß jene knabenhaft spielende Anmut, jene lyrische Heiterkeit, die trotz allem den jungen Kainz umschweben konnten, daß diese weiche Wärme bei Deutsch verschüttet ist, das ist wohl die Schuld des furchtbaren Zeitalters, in dem dieser junge Mensch aufwuchs. Übrigens sage ich mit Absicht „verschüttet", denn ich glaube durchaus, daß auch diese Gaben in Ernst Deutsch schlummern und von einer glücklicheren Fügung der Umstände hätten ausgegraben werden können. Vielleicht können sie es noch heute. Aber Deutsch hat insofern viel Unglück gehabt, als seine Entwicklung in die schlimmste Zeit des berlinischen Theaterbetriebes fiel, Reinhardts zeitweiliger Abgang und die Verwüstungen der Inflation machten jede reinliche und geduldige Pflege neuer Talente unmöglich. Trotzdem hat Reinhardts Genie in den ersten Jahren des Zusammenarbeitens wohl sofort die Verwandtschaft dieses jungen Liebhabertalents mit der Begabung von Kainz gespürt – allerdings sozusagen vom dunklen Ende her. Denn er ließ Deutsch neben Hartmanns Ferdinand den Wurm, neben Hartmanns Faust den Mephisto spielen. Zu solchen Charakterrollen ernster Prägung hat ja bekanntlich die Entwicklung von Kainz geführt; er war recht schwach als Karl Moor und als Faust und war dann unvergeßlich und hinreißend als Franz Moor und als Mephisto. Dies aber ist der charakteristische Unterschied des neuen Jünglingstyps vom alten. Wenn er ins mannhaft Großartige zu wachsen beginnt, so liegt das Dämonisch-Böse ihm näher als das Heldisch-Strahlende. Und auch Deutsch bewältigte solche Rollen mit außerordentlichem Talent, mit schneidender Schärfe und Sicherheit der Charakteristik und einer Fülle phantastischen Einfalls. Er hat gerade mit seiner jungen Energie unvergeßlich stark einen alten, verzweifelten Gottsucher in grauen Locken gespielt (in Strindbergs „Brandstätte"). Und als man auf den törichten Einfall kam, Gobineaus „Renaissance" auf die Bühne zu bringen, hatte Ernst Deutsch als Savonarola eigentlich nur dazustehen; aber er stand in der Maske dieses dunkel glühenden Todespredigers überaus eindrucksam da.

Diese hohe geistige Beweglichkeit, die seine Kunst ganz unabhängig davon macht, daß die Modelle jung an Jahren und an Charakter sind, widerlegt doch nicht die an den Eingang gestellte Behauptung, daß Deutsch gegenüber Hartmann den neuzeitlich verwandelten Jünglingstyp repräsentiert. Die Fähigkeit, so jäh und so schlimm zu altern, ist vielleicht gerade ein Hauptcharakteristikum dieser neuen Jugend. Leidenschaftliche Stärke schwärmenden Gefühls ist es dennoch, die hier wie dort den Kern der künstlerischen Kraft bildet. Und mitten zwischen Greisen und kalten Teufeln hat ja Ernst Deutsch nie aufgehört, Knaben und Jünglinge zu spielen. Er kann auf andere Art und wohl auch für anderen Geschmack doch ebenso jugendlich schön aussehen wie Paul Hartmann.

E. Deutsch als Oliver in „Wie es euch gefällt", Deutsches Theater 1912

Nur scheint seine Schönheit von Natur dem Leiden verwandter. So spielte er den armen, kleinen, verstörten Judenknaben in Arnold Zweigs Ritualmordtragödie und Maeterlincks traumwandelnden Liebhaber Pelleas. So spielt er mit besonders reifer Könnerschaft und stärkster Wirkung Wesen, in denen ein dunkler Wahnsinn sich mit zartester Empfindsamkeit mischt: etwa in Werfels schrecklichem Nervenrüttler „Schweiger" oder in Strindbergs Königsdrama „Erich XIV.". Aber sein steil brennendes Temperament, sein schlanker Schwung, seine große geistige Sprachenergie trägt ihn auch in klare Höhen: als Fiesko hatte er für mein Gefühl die ganze gefährliche Feuerluft dieses adligen Abenteurers so stark um sich wie kein anderer Darsteller seit den Tagen von Josef Kainz. – Und all das sind doch erst Anfänge einer noch keineswegs ausgereiften Kraft, die auf die rechte geduldige Pflege und klarste Entfaltung noch wartet.

Julius Bab

Max Pallenberg

Dieser Unvergleichliche, mit Albert Bassermann wohl der einzige in der Schar heute lebender deutscher Schauspieler, der über alles Typische, Zeitgemäße, irgendwie Eingeordnete in die hellste Höhe persönlichen Genies hinaufwächst, ist heute sehr berühmt in Deutschland. – Ungefähr so berühmt wie der Dramatiker Bernard Shaw in der Welt. Und dieser Vergleich drängt sich auf, weil seine Berühmtheit in einem ganz ähnlichen Sinne auf einer falschen Basis steht und hinter seinem wohlverstandenen wahren Ruhm zurückbleibt. Bernard Shaw, dieser leidenschaftlichste Moralist, dieser tief religiöse Sozialrevolutionär gilt dem Zeitalter als ein nihilistisch vergnügter Spaßvogel. Und in Max Pallenberg glauben die Deutschen den frechsten, respektlosesten Clown ihres dramatischen Theaters zu besitzen. Das ist ungefähr ebensoweit vom Wahren entfernt. Denn Max Pallenberg ist einfach ein großer Menschendarsteller, einer aus jener höchsten Region, wo die Begriffe Tragisch und Komisch anfangen gleichgültig zu werden und ineinanderzufließen. Das ist bei Dichtern nicht anders wie bei Schauspielern. Der Dichter der „Räuber" hatte keinen Humor und der Dichter von „Lebrecht Hühnchen" kein Pathos. Aber Shakespeare und Kleist und auch Goethe und auch Büchner haben Pathos und Humor in ganz gleicher Stärke. Und Max Pallenberg ist mindestens so tragisch als er komisch ist.

Ich muß freilich zugeben, daß ich persönlich es leichter gehabt habe, mich vor einem Irrtum über das wahre Wesen dieses großen Künstlers zu wahren, als die Mehrzahl der übrigen Zeitgenossen. Die haben ihn nämlich zunächst, wenn nicht in einer blöden Operette, so doch in der kaum weniger blöden „Familie Schimeck" zum erstenmal gesehen. Dieses Stück, mit Text von Kadelburg, ist im Gedächtnis der Theaterbesucher unsterblich, weil es Pallenberg in Grund und Boden gespielt hat, weil er Kadelburgs belanglosen Unsinn bis zu völliger Unsichtbarkeit überschäumt hat mit dem ununterbrochenen Gesprudel seiner Einfälle, seiner Späße, seiner Wort- und Körperverdrehungen – aufgereiht an der Figur des böhmakischen Herrn Zavadil. Dieses rotschopfige Monstrum, mit der nicht minder roten Knopfnase und dem phantastisch gerollten Regenschirm, mit dem steifen Hütchen hinter den zwei gewaltigen Ohren, mit den vor Frechheit blitzenden Äuglein und dem unvergleichlich majestätischen Selbstgefühl im Ton dieses radebrechenden Zungenschlags, es ist freilich ein einzig lebendiges Geschöpf gewesen. Aber doch nur Gelegenheit und Ausgangspunkt für das immer neue und immer andere Spiel, das Pallenbergs souveräne Frechheit mit dem Text und der Handlung trieb. Ich habe diese „Schimeckesche" von Pallenberg mehr als einmal gesehen. Und man kann nicht sagen, daß der gesprochene Text des einen Abends mit dem des anderen sehr viel Ähnlichkeit hatte. Einmal zum Beispiel herrschte am Abend der Vorstellung in Berlin einer der damals sehr häufigen Straßenbahnerstreiks. Pallenberg betritt die Bühne und wird mit den Worten empfangen: „Gut, daß Sie da sind, die Frau Schimeck war schon in Sorge." Hierauf Pallenberg: „Wieso in Sorge, bittä?! Und wie kann sie in Sorge sein, wo die Straßenbahn gar nicht geht. Und die Straßenbahn . . ." Und hierauf folgte ein viele Minuten langer phantastisch galoppierender, grotesk beleidigter Erguß über die Straßenbahn, bis schließlich einer der Mitspieler sanft ermahnte: „Wollen wir denn nicht weiterspielen?" Ähnliche Verzweiflungsausbrüche der Mitwirkenden konnte man im letzten Akt erleben, wenn Pallenberg bei Laune war und einfach nicht aufhörte. Von Stichworten war da nicht viel die Rede. Er schwamm auf den hohen Wellen seines einfallsreichen Mutwillens, und die minder begabten Kollegen mußten, oft genug Angstschweiß auf der Stirn, mitschwimmen. Dies völlig souveräne Treiben des großen Harlekins war nun freilich geeignet, als erster Eindruck die Anschauung von Pallenberg sehr einseitig festzulegen. Und wer als älteste Erinnerung an Pallenberg hat, wie er unter seinem roten Schopf fauchte: „Das schlägt dem Faß das Ei heraus!" oder von seinem Mündel würdevoll erklärt: Sie tänzelt im Opernhäuschen" – dem ist es wirklich nicht leicht gemacht, für tragische Wirkungen dieses Künstlers in Bereitschaft zu sein.

Ich hatte, wie gesagt, in dieser Beziehung mehr Glück. Ich war im Frühling 1911 in Wien und sah dort im Deutschen Volkstheater einen bisher noch kaum bekannten Schauspieler namens Max Pallenberg auftreten. Der spielte in Bernard Shaws „Mesalliance" die Rolle, die „Schießer" genannt wird. Das ist ein junger Mann kleinbürgerlicher Herkunft, aber von proletarisch revolutionären Phrasen erfüllt, gesonnen, den reichen Mann, den er für seinen außerehelichen Erzeuger hält, zu erschießen, dabei aber hilflos, sentimental und äußerst ängstlich. Dieses tragikomische Unglücksgeschöpf spielte Max Pallenberg so bescheiden, so hingegeben, so vollkommen angeschmiegt der dichterischen Vorzeichnung, wie das nur der literarischste Zuschauer und der herrschwütigste Dichter verlangen mögen! Eine blasse, schiefe, abgeschabte Gestalt, ein Mensch mit vier linken Händen, mit einer natürlichen Unterwürfigkeit in dem unsicher flackernden Blick und einem falschen Heldenmut in dem jäh loskrähenden Organ. Der Kerl war sicher auch komisch, aber in allererster Linie erschütternd und im höchsten Maße Mitleid erregend. Dabei gesellte sich der geistreichen Schärfe des Charakterumrisses ein so merkwürdig verführerisches, musikalisches Tremolo der Stimme, eine so schlank gleitende Beweglichkeit, daß ich damals sagte: das ist eine Begabung und ein Naturell irgendwo

zwischen Emanuel Reicher und Alexander Moissi. Ich hatte sehr wohl begriffen, daß ich dort auf einen Menschendarsteller ersten Ranges gestoßen war. Aber noch gar nicht, daß ich es auch mit einem Komiker zu tun hatte. Insofern habe ich es leichter gehabt, zur Wahrheit Pallenbergs zu gelangen. Ich besaß eine Gewißheit, die auch die spätere Bekanntschaft mit der „Schimeckischen" nicht mehr erschüttern konnte.
Diese Gewißheit, die Wahrheit Pallenbergs, besteht darin, daß dieser Schauspieler ein so treuer und gewissenhafter Diener am Worte des dramatischen Dichters ist, wie innerhalb seiner ja souveränen Kunst nur irgendeiner. Wenn es anders scheint, so kommt das daher, daß Pallenberg einfach zu stark ist, um die Knechtschaft eines beliebigen leblosen und geistlosen Textschreibers ertragen zu können. Er hat nicht nur ein sehr leidenschaftliches Temperament, sondern auch einen sehr hellen Verstand – wie seine gelegentlichen, für einen Schauspieler außerordentlich klaren und geistreichen schriftlichen Äußerungen beweisen. Er kann es sich einfach nicht zumuten, den Blödsinn einer Operette (bei diesem Metier hat er ja angefangen) oder eines idiotischen Schwankschreibers zu produzieren. Wenn man ihm derartig dürres Zeug in die Hand gibt, so schlägt er allerdings alles kurz und klein und erlöst sich und uns von der unfruchtbaren Fronde der Gehirnlosigkeit, indem er nicht die Rolle spielt, sondern mit ihr ein vernichtendes Spiel treibt. Und dabei kommt mehr zustande als ein sehr lustiger ästhetischer Unfug! Weil Pallenberg in so einer blöden Possenfigur zugleich das ganze Menschengeschlecht in seiner Blödheit und Erbärmlichkeit anprangert.
Mit einer tollen Ironie ruiniert Pallenberg die ganze Welt. Alles, was sich in ihr bläht und wichtig dünkt. Mit Regenschirm, Manschetten und Hütchen fängt es an. Jenes Hütchen, das so unbeschreiblich verwegen auf dem schönen Haupte des Herrn Zavadil ruht und das er auch beim Betreten der Stube nicht abnimmt! Wenn man ihn aber deswegen moniert, geht er hinaus und kommt wieder herein, das unbeschreibliche Möbel in der Hand, und böhmakelt feierlich: „Hütchen, vormals oben, jetzt unten." – Aber nicht mehr Respekt wie vor diesen Würdezeichen der bürgerlichen Zivilisation hegt Pallenberg vor dem Hauptattribut der menschlichen Kultur, der stolzen Form des menschlichen Geistes: vor der Sprache. Er spielt mit den Worten Fangball, er kreiselt sie bis zum Schwindligwerden herum, jenseits jeder geistigen Würde packt er sie als groteske Klanggebilde an und verknüpft sie nach bloß sinnlichen Ähnlichkeiten. Er macht, wie Alfred Polgar das unübertrefflich schön genannt hat, die Worte auf wie ein Kind die Puppe, um nachzusehen, was drin ist. „Silben wimmern unter Tümmern." – Da in uns allen aber ein Stückchen Kind, ein Stück urtümlichen Barbarentums lauert, das nach Befreiung von allem Zivilisations- und Geisteszwang lechzt, so begrüßen wir jubelnd dieses nihilistische Treiben und haben, wenn Pallenberg seine Rolle zertrümmert, einen unvergleichlich größeren Genuß, als die gewissenhafteste Darstellung dieser Rolle uns jemals hätte bereiten können.

M. Pallenberg als Harpagon in Molières „Der Geizige", 1917

M. Pallenberg, P. Wegener in Ibsens „J. G. Borkman", 1917

Sobald aber ein Autor auf der Bühne das Wort gibt, der etwas menschlich Ernstes zu sagen, der eine irgendwie achtunggebietende Ausdruckskraft besitzt, hat Pallenberg ihm noch nie den Respekt verweigert. Die Fülle seiner grotesken Einfälle, seine schöpferische Phantasie fügt sich dann durchaus in den Dienst der dichterischen Absicht. Was hat er als Argan in Molières „Eingebildetem Kranken" nicht mit Hilfe seines Regisseurs Reinhardt alles angestellt an Pillenschlucken, Medizinnehmen, Umschlägemachen, Pulsfühlen, In-den-Hals-Gucken usw. usw. Aber er hat dabei nirgends mit der Rolle sein Spiel getrieben, er hat nur ihren wesentlichsten Zug mit überströmender Phantasie wieder und wieder illustriert und unterstrichen. Und wenn er in einer von Hofmannsthal wohl eigens für ihn konstruierten Rolle den „unbestechlichen" Kammerdiener spielt, so fällt doch keine von den hundert drolligen Nuancen, mit denen er hier bornierte Gottähnlichkeit malt, aus dem Umriß der Rolle.
Man kann nicht einmal sagen, daß Pallenberg anspruchsvoll ist gegen seine Textlieferanten. Wo auch nur die bescheidensten Ansätze zu wirklicher Menschengestaltung vom Autor gemacht sind, da greift er sie begierig und dankbar auf. Zum Beispiel entsinne ich mich eines recht jämmerlichen Schwankes, der „Jonnys Busenfreund" hieß. Da spielte Pallenberg den kindlich verehrungsvollen Freund eines leichtsinnigen Windhunds von Ehemann, den, der für die Streiche des anderen immer die Prügel kriegt. Dummes Zeug wurde da getrieben; aber wie stand Pallenberg da! Mit dem Gesichtsausdruck eines schiffbrüchigen Seehunds – traurig, freundlich, still und leise. Nur manchmal, ganz selten, in höchster Not strudelt er so ein Pallenbergsches Wortkaskädchen von sich. Meist aber badet er schlicht, liebevoll und immer bewundernd die glänzenden Einfälle seines Freundes aus. Bei höchster Komik doch ein durchaus rührendes Geschöpf! – Ein andermal hieß das Stück „Der Wauwau". Da schuf Pallenberg einen ewig polternden, jähzornigen Alten, der bereits starke Spuren von Senilität aufweist. Aber dieser Alte war einmal ein großer Kriminalist und ist noch heute schlau genug, um seine eigene Senilität als Maske zu benutzen, wenn es darauf ankommt. Dadurch, daß er vollkommen harmlose Vertrottelung vortäuscht, bekommt er schließlich den Verbrecher des Stücks zu fassen. Es war einfach hinreißend, wie Pallenberg dieses Doppelspiel mit seiner Natur trieb. Und wenn er, seiner Sache sicher, einen Triumphgesang anstimmt, wenn er mit greisenhaft dünner, überschnappender Stimme, aber von seiner List ganz berauscht intoniert: „Ich weiß ein schönes Vogelhaus ..." – das ist völlig unheimlich, ist von einer dämonisch drohenden Wildheit, deren innere Kraft gerade durch die Gebrechlichkeit des Körpers ins Gespenstische wächst. Eine Wirkung, die für den höchsten Shakespeare ausgereicht hätte.
Gewiß kommt auch Pallenberg aus der großen Tradition des Wiener Wurstltums. Und die nihilistischen Bajazzogesten, mit denen er die Trümmer ganz unmöglicher Possen von der Bühne fegt, sind gewiß nur letzte, gewaltige Steigerungen dieser Tradition. Aber Pallenbergs gestalterische Phantasie und seine Formbeherrschung sind so stark, daß diese Abkunft durch seine Schauspielerei immer nur schimmert, wenn er sie braucht, wenn er sie will. Darin steckt die Überlegenheit seines Genies gegen ein vortreffliches Talent wie das Ettlingers: seine Rollen haben nicht durch den überall durchscheinenden Wurstl eine nivellierende Familienähnlichkeit; sie sind, wo der Text nur irgendeinen brauchbaren Anhalt gibt, von einer festgeschlossenen und vollkommen verschiedenen Physiognomie. Der berühmte, aber vollkommen weltfremde und menschenscheue Maler, den er in Benetts „Großem Abenteuer" spielt, mit verwirrtem Lächeln, resigniertem Achselzucken, und manchmal doch mit einem Leuchten des Genies in den Augen – in nichts erinnert er an den knurrigen, spießbürgerlich steifen kleinen Beamten, mit langsam durchsickerndem menschlichen Gefühl, den er in Molnars „Gläsernem Pantoffel" auf die Beine stellte. Oder an den flammenhaarig wilden Choleriker „Rappelkopf" bei Raimund. (In dieser Rolle brachte übrigens auch die Maske eine erstaunliche Ähnlichkeit mit Moissi zum Vorschein.) Und kann man eine Dichtergestalt mit größerer Zartheit und Treue und individuellerer Energie beleben, wie Pallenberg, wenn er als Haupt-

mannspieler neben den polternden, halb tauben Rentier Krüger aus dem „Biberpelz“ den rührend sanften, freundlich beflissenen kleinen Schluck stellt, diesen sehr „kinstlichen“ Menschen?! Und wie steht der von Bruno Frank nach Dostojewski gefertigte, vor Eifersucht tolle kleine Bourgeois „Bibikoff“ bei Pallenberg neben einer Figur wie dem Foldal in Ibsens „John Gabriel Borkmann“, diesem sanften kleinen Schreiber mit dem närrischen Traum von Dichtertum im Wesensmittelpunkt.

Was diese unendlich verschiedenartigen Gestalten noch gemein haben, ist nichts als die letzte Quellkraft der Pallenbergschen und jeder Kunst: die Menschlichkeit des Künstlers. Und da kann gar nicht stark genug betont werden, wie zart, wie liebesstark im Grunde die Menschlichkeit dieses berühmten Hanswurstes, dieses alles zerstörenden Spaßmachers ist. In dem Stück eines Jungfranzosen Mazaud spielt Pallenberg Dardamelle, den Betrogenen. Das ist ein Ehemann, der auf die ausgezeichnete Idee kommt, jedermann selbst mitzuteilen, daß er von seiner Frau betrogen ist. Der Effekt dieses ungewöhnlichen Verfahrens ist, daß nicht er, sondern die Frau in den Augen der Leute blamiert dasteht. Aber freilich erscheint er auch allen als ein unmöglich brutaler Zyniker. Dann aber kommt der Schluß: man hat eine Versöhnung der Eheleute zustande gebracht, und Pallenberg sagt zu der Frau: „Tu es nicht wieder, sonst möchte es einen Toten geben.“ Die Frau sagt: „Du würdest mich töten?“ Und er: „Sagt' ich denn, daß du der Tote sein würdest.“ Wie dies letzte Wort des Stücks herauskam, ganz leise, noch immer zögernd, mit einem Augenaufschlag, der sich hastig schon wieder zurücknimmt und dabei beladen mit der Gewalt von vielen tausend ungeweinten Tränen, – das gehört zu den größten Augenblicken, die deutsche Menschendarstellungskunst in den letzten Jahrzehnten überhaupt gegeben hat. – Die höchste Gesamtleistung des Schauspielers Pallenberg aber war wohl bisher sein Theaterdirektor in Pirandellos Stück „Sechs Personen suchen einen Autor“. Denn hier war der ganze Pallenberg mit seinem ungeheuren äußeren Können und seiner tiefen inneren Kraft zu bewundern. Dieser Unvergleichliche ist dem anderen überragend einzigen Bühnenkünstler der deutschen Gegenwart, dem Albert Bassermann, nur darin vergleichbar, daß er mit der vielseitigsten und sichersten Technik die zarteste und vornehmste Seele verbindet – denn eine andere Grundlage für wahrhaft große Kunst ist in aller Welt nicht zu haben. In diesem Pirandello nun hat der Theaterdirektor Pallenberg, vom Direktor Max Reinhardt aufs trefflichste angeleitet, die großartigste Gelegenheit, sein Können zu entfalten. Dieser belustigend nervöse und dabei gründlich abgebrühte, oft vollkommen passive Theaterdirektor fährt plötzlich auf, um in eine Probe einzugreifen. Und dann erlebt man eben, wie der Schauspieler Pallenberg mit seinem Genie alle sonst noch vorhandenen Talente einfach erdrückt. Am unvergeßlichsten ist mir ein Moment: Eine Schauspielerin soll der gespenstischen, nicht fertig gedichteten „Person“, der Tochter, den Moment nachspielen, wo zu ihr bei der Kupplerin der Mann ins Zimmer tritt – der Mann, der sich nachher als ihr Vater erweist. Eine sehr gute Schauspielerin (Franziska Kinz) hatte das Erlebnis vorgespielt, mit naturalistischer Ungebärdigkeit. Dann kam die graziöse kleine Gertrud Kanitz und brachte als Schauspielerin ganz amüsant eine theatralische Schematisierung dieses Moments. Dann aber griff der Schauspielleiter Pallenberg ein und zeigte seiner Aktrice, wie man diesen Augenblick spielen müsse. Er oder sein Regisseur waren so klug, ihn in diesem Augenblick nur mit der Rückenansicht zu zeigen – aber was dieser Rücken in diesem Moment mit einer aufzuckenden, taumelnden und wieder erschlaffenden Bewegung tat, in Begleitung eines blutlos zitternden, leichenhaften Tons, das war unendlich viel mehr, als die beiden Schauspielerinnen gegeben hatten, ja vielleicht mehr, als irgendeine Schauspielerin oder ein Schauspieler heute geben könnte! Es war nicht Natur und es war nicht theatralische Konvention; es war reine Expression: ein Lebensvorgang, ein Schicksal in ungeheurer Verdichtung, mit winzig wenigen Zeichen zum Ausdruck gebracht. Es war – bei der groteskesten Abwesenheit alles äußerlich Verführerischen, alles verstellerisch Täuschenden! – ein höchster Triumph der reinen Schauspielkunst, die nichts ist als transparent gewordene seelische Wahrheit. Transparent mit unwiderstehlicher Kraft hier in dem scheinbar ungeeignetsten Körper! – Dann aber kommt über diesen Theaterdirektor langsam das Grauen vor der gespenstischen Wirklichkeit dieser Personen, die sich nicht theatralisch zweckmäßig inszenieren lassen wollen, sondern ihren eigenen Weg ins Verderben gehen. Und wie da dieser nervöse Theatermensch immer stiller und leiser wird, immer beklommener in das unheimliche Gespensterwesen der Welt starrt, das ist von einer lebendigen Kraft und künstlerischen Fülle, die über die geistreiche Literatur des Pirandello weit hinausgeht. – Und hier sind wir vielleicht am tiefsten Einheitspunkt der Pallenbergschen Schauspielerei. Hat er nicht seinen Possen-, Schwänken- und Operettenrollen mit höhnischem Bajazzotum, mit Kasperlegebärde und Wortanarchie diese ganze Welt zerstört, ihre Eitelkeiten in die Luft gesprengt und mit tollem Gelächter das Nichts auf den Thron gehoben?! Aber ist es nicht das gleiche Nichts, in das hier der tiefste melancholische Ernst hineinstarrt? Die Hoffnungslosigkeit einer sehr gütigen, sehr zarten Seele, die nirgends die Welt ihrem innersten Bedürfnis gemäß findet, sie kann in ein tolles Gelächter hinüberspringen, und sie kann auch mit einem sehr stillen Ton langsam verbluten. Es ist hier so wie überall: auf dem Grunde jedes starken Gelächters liegt ein furchtbarer Ernst; die letzten Tiefen, aus denen alles Große kommen muß, sind dunkel. Und Pallenbergs Komik ist nur deshalb so groß, weil seine Tragik so groß ist.

als der Mann in Schönherrs „Der Weibsteufel", Kammerspiele 1915

als Wilhelm Foldal in Ibsens „J. G. Borkmann", 1917

Julius Bab

Die Mosheim und die Mannheim oder Triumph der Berliner Range

Daß es ausgesprochen berlinische Schauspieler von hohem Rang geben kann, das ist unbestreitbar. Namentlich im Bereich komischer Charakterdarstellung ist es bekannt. Wir haben, was unsere gegenwärtige Bühne angeht, hier von Jakob Tiedtcke und Max Adalbert und Paul Graetz gesprochen (letzterer hat in jüngster Zeit noch einen höchst amüsanten, etwas weicheren und geschmeidigeren, aber ungeheuer flinken kleinen Bruder gekriegt namens Kurt Bois). Was die pathetische Menschendarstellung angeht, so ist es schon einigermaßen schwierig, sich Kräfte ersten Ranges von ausgesprochen berlinischem Typus vorzustellen. Aber ganz schwierig wird es mit der Weiblichkeit. – Natürlich gibt es auch sehr richtige Berlinerinnen. Nicht unter den Damen vom Kurfürstendamm, die nur eine kleine, unerfreuliche Nüance von der allerorts üblichen Färbung großstädtischer „Gesellschaft" unterscheidet. Aber vom Proletariat über das Kleinbürgertum bis ziemlich weit in die sogenannten Höhen der Gesellschaft hinauf gibt es etwas, was man „die Berliner Range" nennt. Das ist ein junges Menschenkind weiblichen Geschlechts, ausgezeichnet durch eine gänzlich unsentimentale Energie, durch respektlosen Mutterwitz und unpathetische Lebenslust. Ein weibliches Wesen, das ganz bestimmt seine Reize und Verdienste hat. Aber auch künstlerische Möglichkeiten? Verlangt nicht am Ende Kunst, Menschendarstellungskunst jeder Art eine gewisse Hingabe, ein phantastisches Sichverlieren an das Leben anderer, das der helläugige, sichere Egoismus einer richtigen Berlinerin eigentlich ausschließt?!

Ich glaube, es ist soweit; ich glaube, die neue Berliner Schauspielerin kommt; ich glaube, die Berliner Range verklärt sich, ohne deshalb ihre Eigenart aufzugeben, zu einem weiblichen Menschen. Die beiden stärksten Andeutungen dafür, daß dieser gar nicht unwichtige Prozeß im Werden ist, geben Lucie Mannheim und Grete Mosheim. Sie stammen beide aus dem jüdischen Berlin. Aber das beweist wahrhaftig nichts gegen die Echtheit ihres Berlinertums. Auch die stärkste und am charakteristischsten wienerische Schauspielkunst der letzten Jahrzehnte ist ja aus jüdischen Bezirken der österreichischen Hauptstadt gekommen. Nur daß die Luft dort eben bisher unendlich viel nahrhafter für weibliche Schauspielkunst schien als das harte, helle, etwas frostige Berliner Klima. – Ganz ohne Schwierigkeiten und ganz ohne Begrenzungen geht es mit der künstlerischen Entfaltung ja auch bei diesen neuen, dramatisch verklärten Berliner Rangen noch nicht ab. Aber dennoch, es wird! Es wird wahrhaftige, echte, wesentliche Menschendarstellungskunst daraus!

Die Lucie Mannheim scheint aus etwas breiterer, derberer, volkstümlicherer Schicht aufgestiegen. Sie war noch nicht einmal ein Backfisch, als sie schon anfing Theater zu spielen. – Gleich große Rollen – an Liebhaberbühnen und Schmieren! Und dann kam sie, immer noch eine Anfängerin, aber eine auffallend begabte, an das „Neue Schauspielhaus" in Königsberg, das damals im Krieg Leopold Jeßner leitete. Und von dort an die Berliner Volksbühne, und von da wieder zu Jeßner ans Staatstheater. Und wie ein echtes, robustes Theatertalent versuchte sie in diesen Jahren alles mögliche, auch vieles, was ganz über ihre Kraft war. Aber doch alles mit dem Gewinn, daß diese Kraft sich dabei entwickelte und daß sich nun heute eine sicher beherrschte, wertvolle Eigenart abzugrenzen beginnt. Mit 18 Jahren hat sie Wedekinds „Lulu" gespielt und erschütternde kindliche, weibliche Augenblicke gehabt, aber natürlich gar keine Möglichkeit, diese Gestalt im ganzen zu umreißen. Und sie wird wohl auch heute nicht zu diesem unschuldsvoll vernichtenden Wedekindschen Geschlechtswesen kommen. Denn aus einer echten Berlinerin kann viel werden – aber schwerlich etwas Dämonisches! Dazu gehört eine dumpfere Getriebenheit, als sie der wache Großstadtverstand eines Spreekindes je aufkommen lassen kann. Auch mit den Träumen, dem phantastischen Aufschwung über alles Wirkliche hinaus, dem ganz unbedingten Gefühl, wird es der richtigen Berlinerin schwerlich gelingen. Die Mannheim hat am Staatstheater das Käthchen von Heilbronn gespielt und die Julia: ohne falsche Töne, anständig und ehrlich. Aber was ist ein anständiges Käthchen und eine ehrliche Julia? Traumhafte Entrückung, rasender Überschwang des Gefühls sind ihre Bedingungen. Aber entrückt, überschwenglich – und das nicht einmal als Krise eines normalen Daseins, sondern als Dauerzustand – das ist denn doch zu viel verlangt von einem Wesen, in dem auch nur ein Tropfen echten berlinischen Blutes rollt. Das heißt aber nicht etwa, daß starkes Gefühl, echte Leidenschaft der Lucie Mannheim an sich unerreichbar ist. Im Gegenteil: Daß sie diese, großen entzündenden Lebenszustände schauspielerisch beherrscht, das macht den neuartigen Triumph der Berliner Range aus. Sie kommt auf diese Höhen, aber nur auf ihren eigenen, auf sehr bestimmten Wegen.

Die erste Rolle, die Lucie Mannheim vollkommen meisterte und die dann an schauspielerischer Klarheit und Festigkeit noch wuchs, ohne an Reinheit des ursprünglichen Gefühls zu verlieren, war das Annchen in Halbes „Jugend". In dieser naturalistischen Tragödie der Kinderliebe, die heute noch nicht ihren Reiz und Wert eingebüßt hat, handelt es sich ja auch um ein ganz echtes, völlig überwältigendes Gefühl. Aber dieses Gefühl bricht eben in eine enge, kleine, von sehr viel bürgerlicher Vernunft entsetzlich festbegrenzte Welt ein. Es stiftet dort einen entzückenden und furchtbaren Aufruhr und zerstört alles. Und darin findet sich die berlinische Range zurecht. Ein Herz hat sie in der Brust, und aus den großen Augen, in diesem runden Kopf unter den schweren, schwarzen Flechten spricht alle weibliche Fähigkeit, durch Liebe zu leiden. Dies bäurische Mädel in dem westpreußischen Pfarrhaus mit seiner herzhaften Lebenslust und seiner angstvollen Gehemmtheit, mit seiner praktischen Tüchtigkeit und seiner jähen Wildheit, das ist ein Geschöpf, dem Lucie Mannheim Augenblick für Augenblick das volle eigene Leben schenken kann. – Was solche naturalistische Figur als Ausgangspunkt für diese Künstlerin darstellt, das machte einmal in symbolischer Verkürzung eine Szene bei Barlach klar: Da spielte sie in der „Sintflut" die Magd, ein kindlich sinnliches, harmlos verspieltes Geschöpf, das aus seiner ungebrochenen Reinheit heraus ganz allein Gott den Herrn zu erkennen vermag, der als Bettler zu Noah kommt. Nur sie (das ist die schönste Szene des Stücks) fühlt einen Augenblick lang die göttliche Nähe und sinkt anbetend nieder. Nur einen Augenblick – dann erhebt sie sich wieder, weiß nicht, was ihr geschehen, und ist wieder sinnlich verspielt und ahnungslos wie zuvor. Diese Gestalt in diesem hohen Augenblick gab die Mannheim mit vollkommener Kraft. Ein großes Gefühl als Blitzschlag, als jäher Durchbruch in eine enge Welt, das geht keineswegs über die Möglichkeiten dieser Berlinerin hinaus.

Wo die starken Wurzeln ihrer Kraft liegen, das ist vollkommen deutlich. Ihren ersten Berliner Erfolg hatte sie (in einem heute beinahe vergessenen Stück) mit einer Göre, die mit aller Welt freundlich gottesfürchtig freche Konversation treibt, ohne sich dabei auch nur einen Augenblick lang in ihrem geliebten Ballspiel unterbrechen zu lassen. Und dann als das nette, schämig dreiste Mädchen in Angelys altem „Fest der Handwerker" stellte sie mit Anmut, Laune und sogar mit Gesang die Herkunft aus der alten Berliner Posse, die Tradition der Volkssoubrette klar! Es sind ihr in dieser Art auch Abstecher in die mehr phantastisch lyrische Wiener Spielart vergönnt; sehr liebenswert hat sie einmal die „Jugend" in Raimunds „Bauern als Millionär" dargestellt. Aber ganz offenbar liegt ihr mehr als diese weiche Anmut doch die schärfere Berliner Tonart. Sie zeigte gelegentlich (in einem volksstückartigen Versuch von Rehfisch) ein drollig spitzes Karikaturtalent für eine ordinäre Jungfrau von ehrbarem Getue. Sie hat auch am Kabarett ihre Kraft entdeckt, und sie schmettert ganz richtige Couplets mit einer kräftigen Laune und einer derben Mädchenanmut. Sie schüttelt die schwarzen Locken, blinkt mit gerunzelter Stirn dem Zuhörer zu und bricht plötzlich in einen triumphierenden Schrei aus, der den sattsam bekannten „Quietscher" der Berliner Range im Begriff zeigt, sich zu einem dionysischen Jauchzen zu veredeln.

Und darauf kommt es an: Die Mannheim mußte diesen Mutterboden der altberlinischen Soubrette für ihre Kraft wohl wiederfinden, um sich selbständiger und elementarer entfalten zu können, als es der liebenswürdigen Else Heims gelang. Aber nun kann die Mannheim mit voller und eigener Kraft doch eben viel mehr leisten als eine witzige Karikatur oder ein lustiges Couplet. So ein kleines, verirrtes Proletariermädel, wie sie es unheimlich triebhaft in der „Wupper" hinstellte, das könnte in einer etwas morbideren Spielart vielleicht auch noch der Ebinger gelingen. Aber dann das schwache, willig verführte und schrecklich hilflose Bürgerkind aus Lenzens „Soldaten" oder das starkblütig wilde Volksgeschöpf in Büchners „Wozzeck". Oder schließlich Pauline Wiesel (in Unruhs „Louis Ferdinand"), die naturhaft entfesselte, wildlaunische junge Frau vom Bürgerstande, spielend mit allen Gefühlen und doch selber ihr Spielball. Ein dunkler Glutball von Leidenschaft, auf wirrer Bahn hinziehend in großem Schwung – das sind Werke einer reif und selbständig gewordenen Schauspielkunst und der Beweis, daß die Berliner Range zu einem Menschentum von allgemeiner Bedeutung gekommen ist, daß sie auch ihr persönliches Pathos gefunden hat!

Grete Mosheim – nicht größer als die Mannheim, aber blond und zart – scheint ihrer ganzen Haltung nach aus einer etwas höheren Schicht der Berliner Gesellschaft zu stammen – so von den südwestlichen Bezirken mehr auf den Kurfürstendamm zu –, und das ist ein sehr fraglicher Vorzug. Man ist vom Boden des wirklichen Volkes noch ein Ende entfernter, und wenn die richtige Berliner Range vielleicht eine kunstwidrige nüchterne Eigenart hat – der Backfisch vom Kurfürstendamm hat überhaupt keine Eigenart, sein mondänes Getue, seine Frivolität und sein Charme, es ist alles nicht echt – und das Unechte steht jeder künstlerischen Äußerung noch viel viel fremder und feindlicher im Wege als das nüchtern prosaische. Schon die Laufbahn der Mosheim ist in charakteristischer Weise von der der Mannheim unterschieden. Sie ist nicht von zu Hause fortgegangen, ist nicht losgezogen, um an irgendwelchen Winkelbühnen prächtige Rollen zu spielen. Sie ging ordentlich auf die Theaterschule des Deutschen Theaters (bei Berthold Held) und wurde dann Volontärin bei den Reinhardt-Bühnen, und da blieb sie und spielte viele Jahre sehr, sehr kleine Rollen – und allmählich etwas größere, bis man anfing, sie zu bemerken, und heute ist sie, immer noch an der gleichen Bühne, beinahe ein Star. Eine ungewöhnlich einfache und geradlinige, eine merkwürdig solid-bürgerliche Laufbahn beim Theater.

Es scheint, daß diese noch sehr junge Grete Mosheim einmal sehr viel können wird. Weit über die Variation des Berliner Mädels hinaus, von dem sie auch im Film eine ganze Anzahl gefälliger Abzüge geliefert hat, verkörpert sie schon in einer englischen Ehekomödie das gedankenlos leichtsinnige Spiel, Zärtlichkeit und Tücke, Angst und Wut einer jungen Frau aus der Gesellschaft. Und von Reinhardts Meisterhand geleitet, spielte sie (obwohl für die eigentliche Absicht der Rolle etwas zu jung) in den „Artisten" die junge Frau, die den haltlos genialen Clown mit ihrer mütterlichen Liebe schützt und sich für ihn opfert. Und das hat jetzt alles eine Einfachheit und Kraft, eine Anmut und Güte, die völlig unwiderstehlich ist. Wahrscheinlich wird die künstlerische Entwicklung der Mosheim sie mehr zu Figuren von damenhaft geschliffener Form bringen. Auch kapriziöse Spiele über dem Grund eines echten Gefühls werden ihre schauspielerischen Gaben anlokken. Die Mannheim wird wohl weiterhin ihr Bestes in mehr volksmäßigen, starken und dumpfen Gestalten zu geben haben. Es ist gar nicht ausgeschlossen, daß sie von ihrer Eigenart heraus manche von den großen Rollen der Else Lehmann, der Höflich, der Dorsch erobern und neu beleben wird. Und dann wird diese Kunst dieser beiden einen sehr großen Umkreis weiblichen Menschentums umschreiben, in dem die Seelenkraft der Berlinerin zum Triumph geführt wird.

T. Durieux „Die Legende von Joseph", Zeichnung von E. Orlik

Julius Bab

Paul Wegener und Tilla Durieux oder Der östliche Einschlag

Vor mehr als drei Jahrzehnten trat in Max Reinhardts eben aufstrebendes Berliner Ensemble eine junge Anfängerin aus Breslau ein; das war die Durieux. Und nicht viel später kam von Hamburg, wo er eben begonnen hatte, sich einen Namen zu machen, Paul Wegener. Und dann waren die beiden etwa ein Jahrzehnt lang die stärksten Stützen des damals zu seiner größten Berühmtheit aufwachsenden Ensembles des „Deutschen Theaters" und der „Kammerspiele" in Berlin. An ungezählten Theaterabenden standen sie zusammen auf der Bühne, spielten miteinander berühmte Liebes- und Feindschaftspaare, und sehr bekannt wurde eine Photographie, die das Paar in Hebbels „Judith" festhielt – eine exotisch gewundene Gruppe: Judith und Holofernes, die Hände miteinander verschränkt, aber sich den Rücken zuwendend und doch mit zurückgedrehtem Kopf einander suchend.
Schon beim Anblick dieses Bildes kann man erkennen, daß es nicht nur biographischer Zufall ist, der für viele deutsche Theaterbesucher das Bild dieser beiden miteinander verbindet. Sie haben etwas gemeinsam, und das prägt sich in ihrer Physiognomie höchst sichtbar aus. Die Goethesche Erkenntnis, daß es in der Natur kein Innen und Außen gibt, gilt in gesteigertem Maße ja für jede Kunst. Am allerdeutlichsten aber für die Schauspielkunst, wo der Künstler doch den eigenen Körper unmittelbar als Ausdruck seiner Seele brauchen muß. Zwei Schauspieler, die einander ähnlich sehen, sind auch als Künstler einander ähnlich! Bei allen Unterschieden, die das Geschlecht und die in der letzten Verzweigung wohl wieder abweichende Individualität bedingt, herrscht zwischen der Durieux und Wegener eine große typenhafte Ähnlichkeit. Es ist ein östlicher Typ, der vom slawischen fast ins tatarisch-mongolische reicht: die stark vorspringenden Backenknochen, die breiten Lippen, die gewölbte Stirn, die unter hohen Brauen etwas gekniffenen Augen, sie sind für beide kennzeichnend. Sie stammen beide nicht zufällig aus östlichen Provinzen Deutschlands; er aus einem ostpreußischen Nest, sie aus Schlesien; ein slawischer Bluteinschlag existiert ohne Zweifel. Daß dieser ganze Typus aber, den man noch wenige Jahrzehnte zuvor einfach häßlich und abstoßend genannt hätte, sich plötzlich als sehr anziehend, ja faszinierend für viele bewies, ist ein kulturell sehr interessantes Symptom. Das hängt sehr stark zusammen mit dem Zug nach Osten, der erst das Russentum kulturell zur Herrschaft brachte und dann, romantische und klassizistische Schönheitsbegriffe sprengend, im Expressionismus Beziehung zu den leidenschaftlich primitiven Ausdrucksformen aller Art suchte, zu Ägyptern und zu Negern. Nicht die ausgeglichene Schönheit – die am

P. Wegener als Macbeth, 1916

entschiedensten, wenn auch brutal offenbarte Lebenskraft suchte man. – Kraft, unbändige Kraft, das ist es, was aus dem Wesenskern dieser beiden Künstler spricht. Dunkle Kraft, die sich zu starren Masken verdichtet. – Was Wegener in Strindbergs „Totentanz" oder in Andrejews „Der Gedanke" darstellt, ist ganz auf diesem Wege, und wo er sich frei ausleben kann, im Film, vollendet er als Golem oder als Buddha diese Tendenz!

Grundwesen dieses stark gebauten, muskelharten Kerls (der ja auch im Kriege als Soldat in den flandrischen Gräben hervorragend seinen Mann gestanden hat) ist eine breitbeinige, bodenständige Männlichkeit. Sicher hat sich Wegener nie eine Rolle so mühelos aus dem Handgelenk geschüttelt wie jenen ostpreußischen Gutsbesitzer Raschoff in Sudermanns derbem Theaterstück. So ein Kerl, der lebt und leben läßt, keineswegs zart, aber im Innersten gutartig, jähzornig, aber auch schlau, ein Stück Odysseus, aber auch ein Stück Achill – kurzum ein ganzer Kerl. Das ist wohl Wegener im Grunde, aber „eben" bloß im Grunde; auf diesem Grunde beginnt sein Künstlertum, seine Phantasie und seine große Intelligenz erst anzubauen. Wo so eine Sudermannsche Männlichkeit schon am Ende ist, da fängt er erst an. – Er hat es natürlich leicht, mit seiner sinnlichen Heftigkeit und seiner fest zufahrenden Kraft die Schurken mit den Hottentottenaugen und dem Mohrenmaul à la Franz Moor zu spielen. Und diese Kanaillen und die Shakespeareschen Bösewichter gehörten frühzeitig zu seinen erfolgreichsten Rollen. Als Joachimo in „Cymbeline" erregte er zum ersten Male noch von Hamburg aus in einem Ensemblegastspiel in Berlin Aufsehen; den klug schleichenden, dumpf ringenden König Claudius im „Hamlet" meisterte er so sicher, wie die teuflische Nüchternheit des Jago. Zu einem weniger glücklicheren Bündnis kam Wegeners Eigenart freilich mit Shakespeares höher gearteten Verbrechern: Macbeth, der doch in allem Grausen etwas vom schmerzlichen Adel eines gefallenen Engels behalten muß, wurde bei ihm ein ziemlich wüster Raubmörder. Und gar Othello, dieser Mohr, ein „Sproß von königlichem Stamm", tobte als ein raubtierhaft entfesselter Nigger über die Szene. Hier hatte die Lust an brutaler Kraftentfaltung den Künstler an sehr sichtbaren dichterischen Befehlen vorbeitoben lassen. Ein Heldentum unproblematisch klarer, pathetisch einfacher Art kommt für Wegener überhaupt nicht recht in Betracht. Er ist eher Hagen als Siegfried. Er konnte noch sehr wohl Götz sein; aber gewiß würden ihm Egmont oder Prinz Heinz nicht gelingen. Den Achilles hat er freilich einmal wunderbar gespielt, aber das war in dem schönen Gedicht von Wilhelm Schmidtbonn „Der Zorn des Achilles", wo es sich um keinen begnadeten Göttersohn handelt, sondern um einen dumpfen, am Übermaß zurückgestauter Kräfte schwer leidenden Mann. Ein riesenhafter Plebejer, wie Wegener ihn (beinahe ohne Maske zu machen, trifft er den historischen Kopf!) als Danton hinstellen konnte – das ist die Sorte höchstirdischen Heldentums, zu der dieser Schauspieler von Natur aus befähigt ist.

Diese Regel wird freilich von einer besonders starken Aus-

als Franz Moor in Schillers „Die Räuber", 1908

nahme erst bestätigt: wo dichterische Form dem wilden Temperament dieses Schauspielers so starke Schranken setzt, daß sie sein sehr entwickelter Kunstverstand schlechthin nicht mehr übersehen kann, – da entsteht gerade durch den Einstrom seiner barbarischen, aber nun bewußt gebändigten Kraft ein besonders stark und neu belebtes Bild königlicher Haltung. So hat er den griechischen Ödipus, so Hebbels Kandaules mit seinem Barbarenblut wunderbar erwärmt, ohne doch die Vornehmheit der Form zu zerstören. Das hängt nun freilich schon damit zusammen, daß dieser starke Mann doch ein sehr lebendiges Herz im Leibe hat, mit dem er das Leiden der Kreatur spürt; und wo sich seine brutale Angriffskraft am Mitleid bricht, da ist sie leicht zur Vornehmheit zu mäßigen. Unvergeßlich, wie er in „Heinrich IV." die Titelgestalt des Königs, die sonst neben Heinz, Falstaff und Percy doch kaum beachtet wird, gleich mit den ersten Worten ins Gefühl hob: „Erschüttert, wie wir sind, von Sorge bleich . . ." – Ein harter Mann und auch vielleicht kein guter, aber nun in beständiger Sorge aufgezehrt, dem Ende zugeneigt, dem Schicksal nicht mehr gewachsen, ein Leidender! – Dieses gleichmäßig warme Gefühl für alle leidende Kreatur gab auch

als Heinrich IV, 1912

den innersten Reiz für die schönste aller modernen Gestalten, die Wegener gespielt hat. Ein Kavalier von tadelloser Haltung im schwarzen Rock zu sein, das vermag der ostpreußische Junker natürlich ausgezeichnet, und oft wirkt die gesellschaftliche Hemmung dieses Kleides auf sein Temperament ebenso veredelnd wie ein Königsmantel; aber wie Wegener in Bernard Shaws „Arzt am Scheidewege" (wieder mit der Durieux übrigens) als Sir Colenso Ridgeon auf der Bühne stand, der große Gelehrte, eine zu späte Leidenschaft im Herzen und die Schatten des Altwerdens über sich – das war in der zusammengerafften Haltung, die nur auf Bruchteile von Sekunden die Stichflamme eines Gefühls durchschlagen läßt, ein völlig unverbesserliches Meisterwerk.

An Wegeners Meisterschaft hat sicherlich auch eine hervorragend starke, wählende und prüfende Intelligenz Anteil. Er hat von dieser großen intellektuellen Kraft bei manchem Auftreten in der Öffentlichkeit, im Kampf der Schauspielerorganisationen, Proben gegeben, er hat sie vor allem in seiner ausgedehnten Filmtätigkeit bewährt – und seine Filme sind so ziemlich die künstlerisch hoffnungsvollsten, am reinsten aus dem Geist des Materials geschöpften, die wir in Deutschland haben. Aber die letzten und höchsten Wirkungen seiner Schauspielkunst haben doch nur indirekt mit diesem mächtigen, alle Mittel klar beherrschenden Kunstverstand zu tun. In solch einen König Heinrich, in solch einen Ridgeon, in die quälenden und gequälten, ins Spukhafte anwachsenden Strindbergmänner oder in die götzenhaft dumpfen russischen Charaktermasken, die er gestaltet hat, fließt aus seiner innersten Menschlichkeit eine harte Güte – eine Wärme, die durch nichts zu ersinnen und zu erarbeiten ist, die mit hundert unwägbaren Zeichen im Blutschlag strömt, den Körper ergreift, ihn umgestaltet und ihn zu ihrer erschütternden Offenbarung macht.

In diesem letzten Punkt scheint es mir nun freilich mit Tilla Durieux gründlich anders bestellt. Ihre außerordentliche Kunst wird durch einen an der heutigen deutschen Bühne beinah einzigen Kunstverstand, aber schwerlich durch die Kraft des Herzens zur äußersten, ihr erreichbaren Höhe geleitet. – Als die Durieux nach Berlin kam, hatte eben Gertrud Eysoldt ihre großen Triumphe gefeiert. Diese kleine, knabenhaft zarte, dünnstimmige Person, ganz ohne Naturkraft, aber mit einem außerordentlichen Gehirn und höchst biegsamen Gliedern, hatte in Rollen von Wedekind und Wilde, Hofmannsthal und Strindberg eben das erste starke Beispiel eines Stils gegeben, der schauspielerisch den Naturalismus ablösen sollte. Eine bald zu singenden Rhythmen, bald zu hämmernder Schärfe zugespitzte Stimmführung und zeichnerische Gebärden sehr berechneter, sehr sparsamer und lang durchgehaltener Art waren die Mittel dieser ersten Expressionistin. Als ihre Schülerin erschien zunächst Tilla Durieux; sie hatte etwas von ihrer spitzgesetzten, musikalisch abgezirkelten Sprache, und die tänzerisch gemessenen Bewegungen, die schlangenartige Schmiegsamkeit kultiviert sie sogar noch heutigentags. Aber im übrigen entwuchs ihre breitere

Sophokles „König Ödipus", Szene mit P. Wegener als Ödipus, Zirkus Schumann 1910

Naturkraft sehr bald jenen Tugenden, die sich die Eysoldt aus der Not ihrer sehr sparsamen Mittel gemacht hatte. – Der Weg der Durieux ist ein besonders merkwürdiges und starkes Symptom für die Gesellschaftspsychologie der deutschen Reichshauptstadt vor dem Kriege. Bei ihrem ersten Auftreten fanden die meisten Leute sie so häßlich und zugleich so unnatürlich manieriert, daß man sie künstlerisch gar nicht ernst nehmen könne. Nach wenigen Jahren war sie mit ihrem Aussehen und ihrem Gehaben geradezu die große Mode; es ist in den letzten fünfzehn Jahren sicherlich keine Frau in Deutschland so viel gemalt und gemeißelt worden wie diese Durieux. In der Tat erwies sich bald, daß dieses gewiß in keinem konventionellen Sinne „schöne" Gesicht eine Ausdrucksfähigkeit hatte und eine äußere Verwandelbarkeit besaß, die ganz wenigen Menschen eignet. Das tief weibliche Talent: auf denkbar verschiedene Art immer hervorragend „gut" auszusehen, im klassischen Gewand und im modernen Straßenkostüm, in der Ballrobe und im Proletarierkittel, im Gewand der gotischen Burgfrau und im Rokokoaufputz – wenige haben das so besessen wie die Durieux! Und dieses schier unbegrenzte Talent, „Maske zu machen". erwies sich hier nur als äußeres Symptom einer nicht minder erstaunlichen schauspielerischen Ausdehnungsfähigkeit. Sie spielte Elektra und Klytämnestra, Salome und Herodias, und im „Sommernachtstraum" so gut die Amazonenkönigin Hippolyta, wie den Elfenkönig Oberon oder auch seine Frau Titania. In der Durieux steckt Komödiantenblut des alten, allumfassenden, grenzenlos schweifenden Schlages. Eine Rasse, die in Deutschland und zumal unter den Frauen der Bühne ganz selten ist. Und mit unglaublich viel Fleiß, Klugheit und Energie hat sie diese Kraft in sich ausgeprägt. Ihr großer, kräftig schlanker, elastisch sicherer Körper gab ganz andere Möglichkeiten her, als der der Eysoldt. Sehr bald hatte sie denn auch in bezug auf Rolle und Stil alle Schranken gesprengt, und sie ist heute als Virtuosin, als Könnerin, als Beherrscherin der theatralischen Klaviatur annähernd die erste in Deutschland. Ihre eigentlich persönliche Note hat sich bei dieser unbegrenzten Ausdehnung des Spieltriebs einigermaßen verwischt. Dämonisch exotische Naturkraft, die in ihren expressionistischen Anfängen zu herrschen schien – das ist heute kaum noch das Kennzeichen ihrer Leistung.

Sie ist eine „große Spielerin" in jenem Stil, der in Frankreich so häufig wie in Deutschland selten ist, und sie greift deshalb auch immer mehr in das Repertoir der Wandervirtuosen hinein, um alle Literatur unbekümmert. Als Katharina (in Dauthendeys gewiß nicht belangvollen „Spielereien einer Kaiserin") konnte sie mit hundert frappierenden Nuancen und Ausbrüchen den Weg von der Bauerndirne zur Zarin zurücklegen. Sie hat als Bäuerin in Brieux' „Roter Robe" und als Fürstin Fedora bei Sardou Triumphe gefeiert. Denn sie hat ein Talent, aufwallende Leidenschaften anzudeuten, zurückzudrücken, anschwellen und schließlich rasend explodieren zu lassen, dem schlechterdings kein Publikum widerstehen kann. Jeder Ton, jede Träne, jede Handbewegung ist mit so vollkommener Sicherheit auf den rechten, wirksamen Fleck gesetzt, daß auch der aufmerksame Kenner in williger Bewunderung folgen muß. Freilich läßt diese Bewunderung eine allerletzte Kühle zurück; der durch nichts zu machende Naturlaut, der in ähnlichen Szenen bei der Duse, aber doch auch bei mancher weniger großen Künstlerin uns ans Herz greift, der fehlt der großartig präzisen Leistung der Durieux am Ende doch. Das Herz ist an ihrer Kunst offenbar nicht sehr beteiligt. Deshalb bleiben ihre allerpersönlichsten und allervollkommensten Leistungen wohl jene, die einen leicht karikaturistischen Einschlag haben. Wenn sie bei Shaw oder bei Schnitzler die Damen hinstichelt, die mit Gefühlen kokettieren, von denen sie im Kern nichts wissen – dann ist sie schlechthin unübertrefflich! Denn dann triumphiert restlos ein überlegener Kunstverstand, wie ihn mit so viel Willenskraft und körperlicher Elastizität vereint in ihrem Fach heute keine Frau sonst in Deutschland besitzt.

T. Durieux als Salome, 1905

als Anitra in „Peer Gynt", 1912

als Judith, 1909

als Eboli in „Don Carlos", 1909

Julius Bab

Albert Bassermann

Albert Bassermann besitzt heute den sogenannten Ifflandring, der nach alter Tradition von Geschlecht zu Geschlecht immer dem größten der lebenden Schauspieler in Deutschland anvertraut werden soll. Und ich finde, daß der Ring bei ihm in der rechten Hand ist. Wohl bin ich mir bewußt, wie gefährlich alle Superlative in geistigen Dingen sind, aber dennoch trage ich kein Bedenken, auf die Frage nach dem „größten" heute lebenden Schauspieler deutscher Sprache den Namen Bassermann zu nennen. Gewiß kann bei Unwägbarem zuletzt nur das Gefühl unterscheiden, und gewiß gibt es in künstlerischen Dingen auch vieles, was unvergleichbar ist, Verschiedenheiten der Persönlichkeit und der Generation, die man überhaupt in kein wertendes Verhältnis zueinander bringen darf. Aber trotzdem: ich glaube, etwas Vergleichbares gibt es, etwas, was die heutigen Ästheten, zu stolz auf die Unterschiede, die sie herauszubringen imstande sind, allzu gern verschwinden lassen, und was doch in allen Kunstleistungen das Gemeinsame und Wichtigste ist: das ist die Kraft! Die einfache Lebenskraft, der Reichtum an mannigfachem Lebensgefühl und die Energie seiner Ausprägung. Der Grad, in dem eine künstlerische Persönlichkeit mich packt, kann als der größere auch da noch empfunden werden, wo eine andere in ihrer besonderen Art mir vielleicht nähersteht. Der Reichtum eines künstlerischen Naturells kann als der größere auch von dem noch gewürdigt werden, der nach der Gesinnung seiner Generation vielleicht die Stilform eines anderen Naturells für überlegen hält. Es hat trotz allem einen Sinn, zu sagen, daß Rembrandt größer als Watteau ist! Und in diesem Sinne, wo es sich um jenes letzte und wichtigste der Kunst handelt, vor dem alle stilistischen Meinungen und Wertungen ganz gering werden, halte ich Albert Bassermann für den größten deutschen Schauspieler unserer Zeit.

Er gilt heute nicht ohne Grund für einen Virtuosen allerersten Ranges, das heißt für einen Künstler, an dem die Fülle der Einfälle und die technische Vollkommenheit, mit der sie ausgeführt werden, zu allererst in die Augen springen muß. Der Kreis seiner Gestalten ist ja außerordentlich, er reicht vom komischen Striese bis zum tragischen Lear, vom widerlichen Giftmischer bis zum leuchtenden Helden; und vom todgezeichneten Greis könnte nach meinem Gefühl dieser unwahrscheinlich spannkräftige Fünfziger noch heute bis zum Prinzen Heinz oder Romeo gelangen, wenn eigenes Vorurteil oder das des Publikums nicht im Wege stände. Erstaunlich genug ist es, welch einen Reichtum der Nuancen Bassermann über diese ungezählten Lebewesen ausschüttet, mit welcher immer treffenden Kraft und Festigkeit all diese Züge hingesetzt werden. Aber mit der bewundernden Aufzählung all dieser Fähigkeiten würde man doch nicht in den Kern dieses Künstlers hineinführen. Denn von den großen, klugen, kalten Machern, deren die Geschichte der Schauspielkunst ja zahlreiche und berühmte besessen hat, ist Bassermann keiner. Ein Ton persönlichster Leidenschaft, eine ganz eigene menschliche Hingabe bleibt als letzter Wert hinter all seinen Gestalten fühlbar; ja, es gibt sogar Fälle, in denen diese persönliche Leidenschaft den sachlichen Umriß der dichterischen Gestalt zu sprengen droht.

Ich muß an Bassermanns erste Berliner Erfolge denken. Heute fast sechzig, war dieser gebürtige Mannheimer gar nicht mehr ganz jung, als er nach mancherlei Irrfahrten und drastischen Mißerfolgen an vielen deutschen Bühnen schließlich ins „Berliner Theater" unter Prasch gelangte. Erst spielte er mit merkwürdiger Kraft, aber wenig beachtet, einige Episodenrollen. Aber eines Tages stand er als junger König Heinrich im zweiten Teil der Wildenbruchschen Historie auf der Bühne: schmal und bleich, mit langen schwarzen Haaren, mit unbeweglichem Lächeln sah er dem Königsspiel der Junker zu, die seinen Vater, den Kaiser, verhöhnten. Aber als sie fort waren, stieß er einen unartikulierten Schrei aus und warf sich mit seinem Dolch auf den Stuhl, darin der Narr vorher gesessen hatte. Dies war der erste Augenblick, in dem das Bassermannsche Genie, der Bassermannsche Ton allen und für immer ins Ohr drangen. Eine zusammengepreßte unterdrückte Leidenschaft, mit einem jähen Stoß, einem Hammerschlag ungeheuer ausbrechend, ein lange scheu und fest verhehltes Leiden, in zerreißender Klage sich lösend, – das war es, das ist es noch, was der Bassermannschen Kunst die eigenste Melodie gibt. Dieser große sehnige sprungkräftige Körper ist voll Zucht, voll straffer Zurückhaltung, aber zugleich von einer unwiderstehlichen Kraft im Zuspringen. In dieser Stimme, die die heimatliche Pfälzer Melodie nie verleugnet, zittert eine melancholische Rauheit, die aus tränenerfüllter Schwere zu einem wilden Raubvogelschrei anschwellen kann. Reine, unterdrückte, lange tragende Seelen brüderlich nachzufühlen und ihrer schließlichen Verzweiflung ein leidenschaftlicher Fürsprecher zu werden, das ward zunächst offenbar als Bassermanns innerste und eigenste Kraft. Nun erschütterte er die Menschen mit der Beichte des Bratt (in Björnsons „Über die Kraft" I. Teil), und selbst im Ausbruch zynisch verhüllten Leidens als Brachvogels Narziß. Die advokatorische Leidenschaft, mit der er jede Figur von einem innersten Leidenskern aus fühlbar zu machen suchte, ganz fern von der kühlen Virtuosität geistreicher Umrißzeichnung, ging so weit, daß er die Welt eines Tages durch einen Tartüff, der ein angstgehetzter Proletarier, und durch einen

A. Bassermann als Shylock, 1913

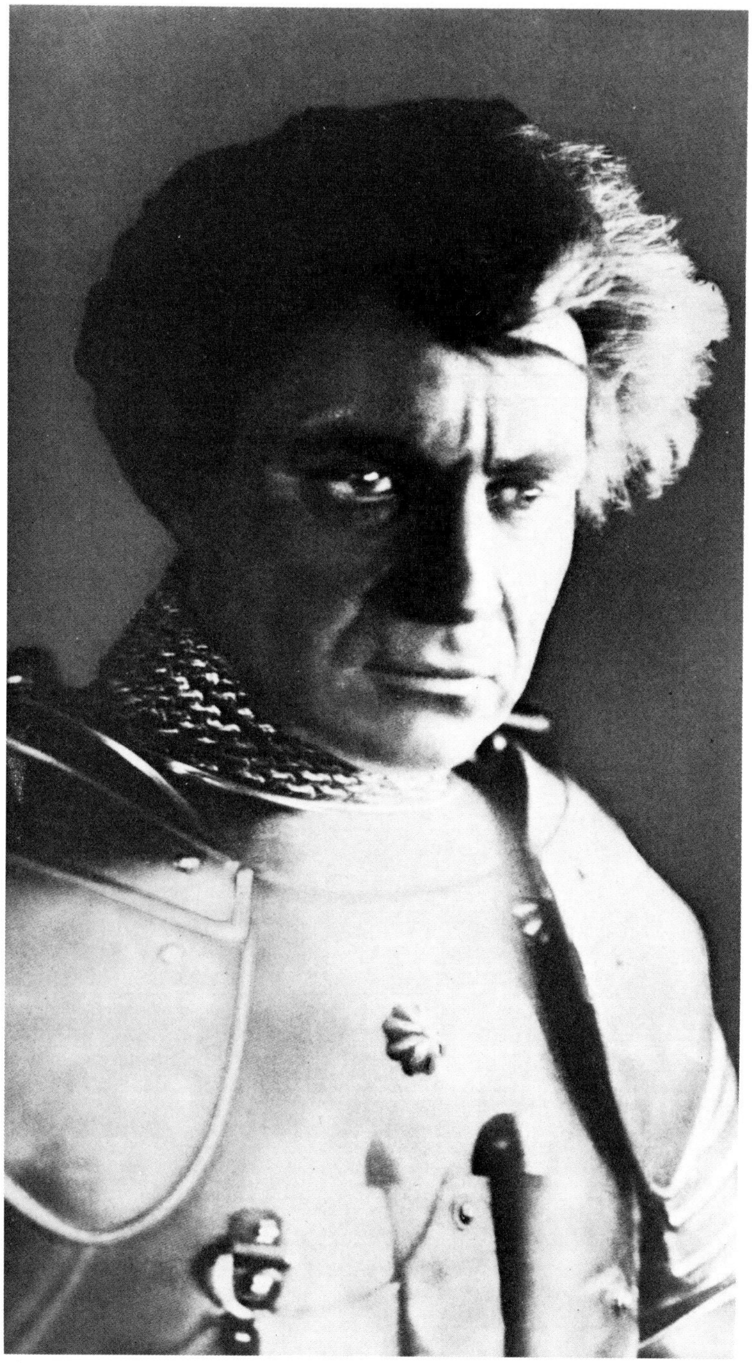

als Percy in „König Heinrich IV", 1912

als Hamlet, 1910

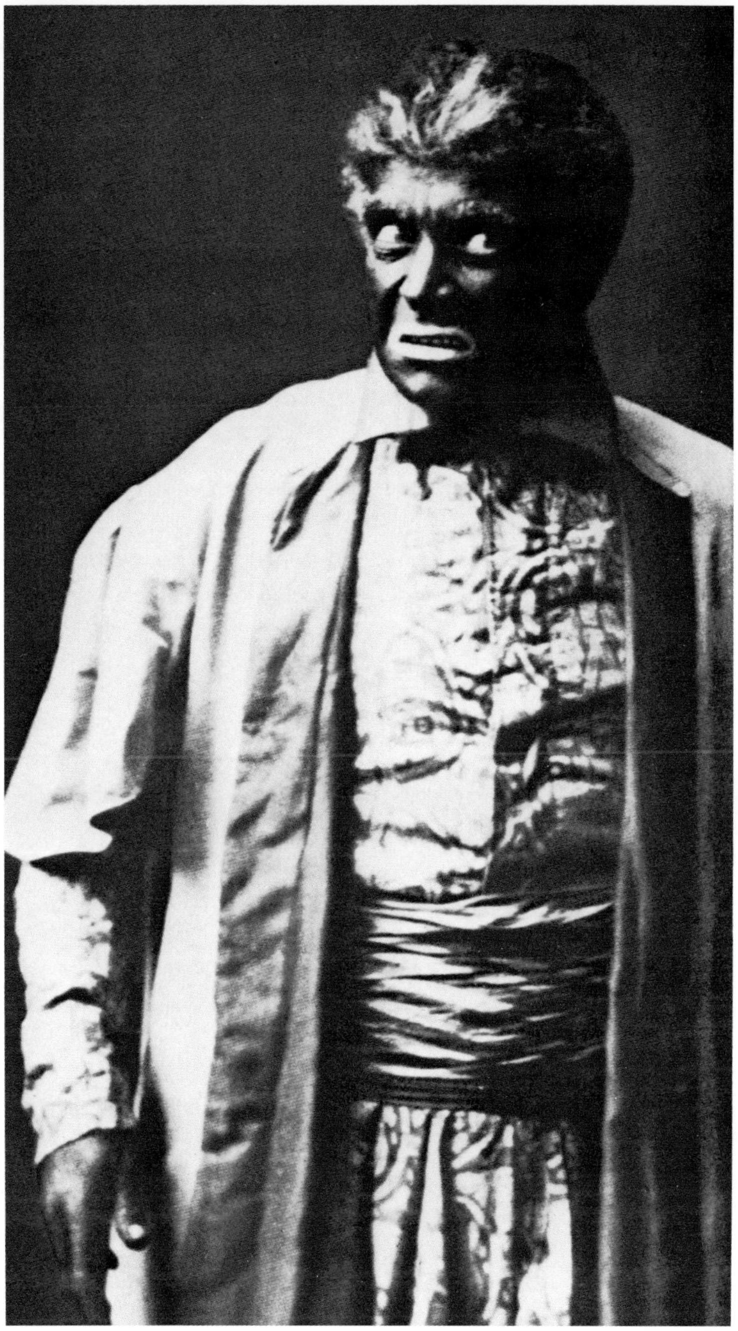
als Othello, 1910

Geßler, der ein unseliger Trunkenbold war, in Erstaunen setzte.
Dann kam Bassermann in das Ensemble Brahms und fand nun bei Tolstoi, bei Ibsen, bei Hauptmann überreiche Gelegenheit, die schöpferische Kraft seines Mitleidens Gestalt werden zu lassen. So war er Dr. Stockmann, der alte Kindskopf, das Feuerherz, der menschengläubige „Volksfeind" – so auch Hjalmar Ekdal, der Selbstbetrüger, fast ebenso rührend wie komisch in seiner Verlogenheit –, so der Herr von Sala, der Schnitzlers „einsamen Weg" geht, der große Genießer, dessen kühler Anmut die Kraft entweicht; so war einer seiner allergrößten Erfolge der „Traumulus" von Arno Holz: der kindliche Idealist, der wohlmeinende Tyrann, der gütige Schulpatriarch der kleinen Stadt, der so furchtbar Schiffbruch leidet.
Diese Kindlichkeit des Wesens ist aber eine stärkste Wurzel der Bassermannschen Natur, aus der sich neben den tragischen noch andere Kräfte rein und leuchtend entfalten. Bassermann besitzt eine Heiterkeit, eine von innen her strahlende, eben kindliche Liebenswürdigkeit, die vollkommen unwiderstehlich ist – mag er nun als Shakespeares Percy über die Bühne toben oder in einem modernen amerikanischen Schmarren als „großer Bariton" alle Herzen im Sturm nehmen. – Bassermann ist ja später von Brahm zu Reinhardt hinübergewechselt, um sich auch die großen Aufgaben des klassischen Repertoires zu erschließen. Da schienen mir nicht alle seine Gestalten so vollkommen wie seine Hauptmannschen und Schnitzlerschen Menschen, weil der rhythmische Zug der Shakespeareschen und der Schillerschen Rede einen geschlosseneren Vorwärtsgang verlangt und deshalb eine Entsagung gegenüber psychologischen Einzelheiten fordert, zu der Bassermann durchaus nicht immer bereit ist. Aber eine seiner klassischen Gestalten leuchtet in höchster Vollkommenheit nach: das ist Egmont – dieser wahrhaft große Herr, überströmend von bezwingender Heiterheit und Güte, von einem Frohsinn des Herzens, der in dieser fragwürdigen Welt schon mit tragischem Schauer ergreift.
Man kann Bassermann einen „Naturalisten" nennen, weil er in seinem bewußten Schaffen sicher nur die Lebenswahrheit der Gestalt zum Maßstab hat und sie (wie gesagt, zuweilen in gefährlichem Maße) mit verlebendigenden Einzelzügen zu schaffen übernimmt. Man kann in ihm auch einen Vorläufer des „Expressionismus" finden, weil er (in jener Art, deren frühestes Beispiel ich erwähnte) häufig in Ton und Gebärden Ausbrüche einer so zusammengerafften Kraft hat, wie sie die jüngste Generation erstrebt. Das alles aber scheint mir unwichtig gegenüber der Tatsache, daß wir heute im ganzen Bereich der deutschen Schauspielkunst keine Kraft haben, die eine Persönlichkeit von hohem menschlichen Wert, eine Persönlichkeit von einer ungewöhnlichen Reinheit und Zartheit, Kraft und Vornehmheit des Gefühls in so mannigfach leuchtenden Zeichen auszuprägen weiß wie Albert Bassermann. Das eigentlich große Erlebnis des Theaters, das Erlebnis der Schauspielkunst, das Glück, durch die Wandlungskraft einer fremden Seele, die sich körperlich auszuwirken vermag, selber aus dem engen Ich hinübergerissen zu werden in ein anderes erschüttertes Sein – dies befreiende Erlebnis vermittelt im Umkreis deutschen Theaters heute niemand mit solcher Stärke, mit solcher zauberischen Macht des Lachens und des Weinens wie Albert Bassermann.

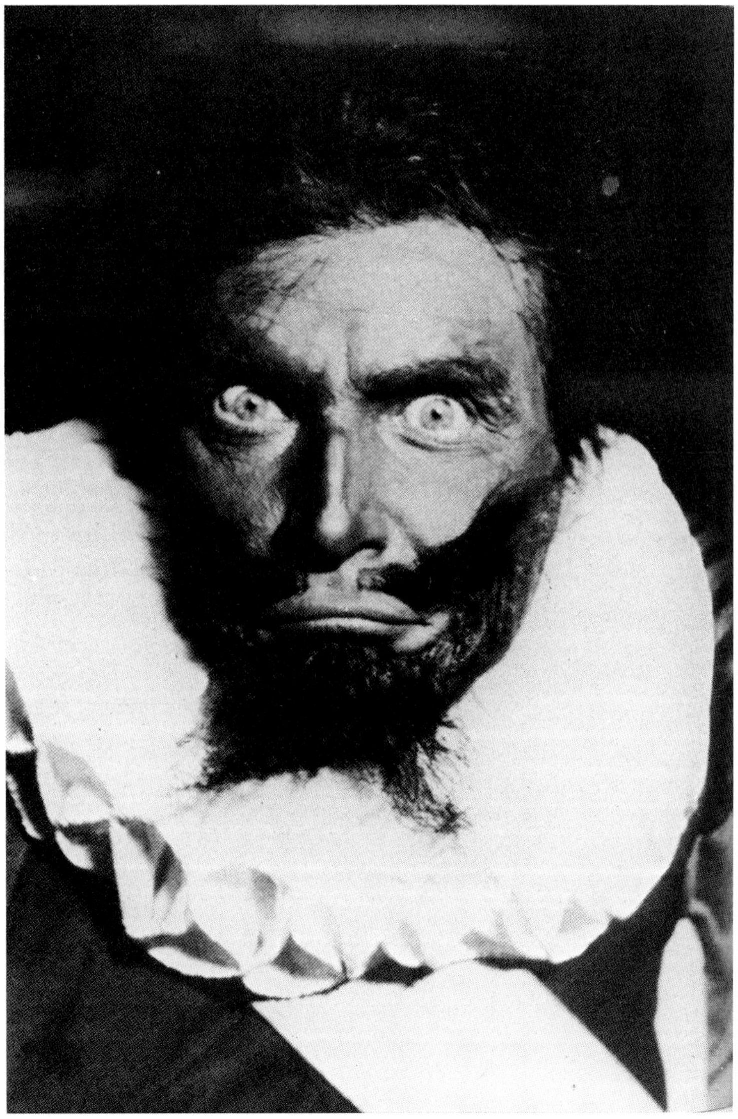
als Alba in „Don Carlos", 1909

Julius Bab

Die Thimigs oder Eine Familie spielt

Das schauspielerische Talent ist in hohem Maße erblich. Was in der Dichtung selten, in der Malerei häufiger, in der Musik sehr oft vorkommt, ist hier beinahe Regel: Schauspielerkinder gehen wieder zum Theater und üben mit mehr oder weniger Erfolg die Kunst der Eltern weiter. Wir haben in der deutschen Theatergeschichte ja die weit verzweigte Dynastie der Devrients gehabt und eine ganze Anzahl minder berühmter Theaterfamilien. Von den Prominenten der letzten Generation haben heute Emanuel Reicher, Schildkraut, Kayßler, Winterstein Söhne, die auf der Bühne stehen. Aber eine ganze Familie von vier Köpfen, die noch gleichzeitig beim Handwerk ist, bleibt doch etwas Seltenes und gibt eine menschengeschichtlich merkwürdige Gelegenheit, das Ausstrahlen eines gemeinsam ererbten Wesenskerns ins Individuelle zu betrachten. – Die Thimigs, Vater, Tochter und zwei Söhne, kann, wer Glück hat, noch heute gleichzeitig in ein und derselben Vorstellung auf der Bühne bewundern. Und es gibt eine Rolle, den Lanzelot Gobbo, den haben sie alle vier, Mann wie Weib, gespielt, und man kann die vier Rollenbilder nebeneinanderlegen und vergleichen. Dieser Vergleich ist ganz lehrreich. Der Vater Thimig, Hugo, hat das umständliche historisch exakte Kostüm der Meininger Zeit an, und er scheint von einer gemäßigt bedachtsamen Lustigkeit. Hermann sieht aus wie ein richtiger, struppiger Straßenjunge und platzt vor Übermut. Hans ist etwas besser angezogen und in seinem breiteren Gesicht steckt ein Lächeln, das noch nicht ganz frei scheint. Helene aber hat einen Ausdruck süßer Schelmerei: mit hochgezogenen Augenbrauen und einem Finger im Munde, eine Dreistigkeit, die über ihr eigenes Wagnis ein wenig zu erschrecken scheint und die denn wohl unmittelbar von einer Jungmädchenscheu abstammt.
Die Thimigs sind, obwohl der Papa aus Sachsen eingewandert ist, Österreicher. Sie sind in der Wiener Luft aufgewachsen, in der Atmosphäre des Burgtheaters, an das Hugo Thimig mit 20 Jahren, vor mehr als einem halben Jahrhundert, noch von Dingelstädt! engagiert wurde. Für uns vertreten sie ganz und gar die wienerische Theaterkultur, diesen sublimiertesten Auszug österreichischen Wesens, und in Berlin sind die Geschwister Thimig – der Vater erschien nur zu ganz gelegentlichen Gastspielen – mir immer als besonders berufene und begnadete Botschafter österreichischen Geistes erschienen. Das österreichische Theater, das sie verkörpern, führt seinen Stammbaum auf eine ältere Schicht des Bühnenlebens zurück als das norddeutsche. In Berlin ist das Theaterspielen bestenfalls so alt wie die dramatische Dichtung, es ist bedingt durch literarische Anteilnahme. Das ist seine große Kraft und seine schwere Begrenzung. Die Wiener Schauspielkunst ist älter als die dramatische Literatur. Sie stammt vom großen Wurstl ab, der die Menschen durch die bunte Beweglichkeit seiner Gebärden und Worte, ganz einfach durch sein eigenmächtiges sinnliches Dasein ergötzte! Von dieser reicheren Sinnlichkeit, von diesem fröhlichen Mut des Körpers zu sich selbst, von diesem heiteren Spieltrieb lebt etwas in allen Thimigs. Sehr sichtbar, sehr vernehmlich im Hermann, aber spürbar auch noch in der leidenszarten Helene. Der Vater war ein „Komiker“, und er vermachte den Kindern alle Traditionen des großen Wurstl.
Vom Vater, Hugo Thimig, kann im Grunde nur der Maßgebliches sagen, der ihn früher und öfter und in Wien gesehen hat. Immerhin, die zweimal, daß ich ihn in Berlin sah, schufen in mir doch die sicherlich berechtigte Vermutung, daß (wie Peter Altenberg derlei einmal ausgedrückt hat) „der alte Mann von seinen Kindern erblich belastet ist“. – Reinhardt hatte zur Eröffnung der „Komödie“ Goldonis „Diener zweier Herren“ im Stil des Rokoko inszeniert. Bei offenem Vorhang wurde die Bühne umgebaut. Vater Thimig spielte den Komödienvater, und jedesmal beim Umbau versuchte er sich treuherzig nützlich zu machen durch den Transport eines Sesselchens, mit dem er auf der ganzen Bühne umherlief, das er überall unterbringen wollte; er störte damit alle Leute, wurde schließlich unsanft aus dem Wege gewiesen und zog mit tiefbetrübtem Kopfschütteln und seinem Sesselchen ab. Das wiederholte sich vier- oder fünfmal am Abend und ist mir eine der lebendigsten Erinnerungen an diese schöne, bunte, fröhlich bewegte Vorstellung geblieben. Diese drollige Betulichkeit, dieser unzweckmäßige Eifer, dieses gutherzige Ungeschick, das ist die rechte Thimigsche Schelmerei, familientypischer Ausdruck ihrer spielerischen Liebenswürdigkeit.
Die quicklebendige Drollerie, die ältere Leute im höchsten Maße dem Vater nachzurühmen wissen, ist nun vollkräftig in dem Sohne Hermann Thimig auferstanden. Ein bildhübscher, kräftiger Junge, etwas kurzbeinig und breit; zum Romeo und Carlos langt die Figur nicht recht, aber auch wohl anderes nicht. Immerhin ist er nicht nur der ausgelassenste Harlekin als Lanzelot Gobbo, nicht nur der prächtigste Zettel, der je seinen Eselskopf getragen hat; er ist nicht nur als der Diener zweier Herren hinreißend in seiner wirbelnden Freßbegeisterung: wenn ihm bei dem Wort „Suppe“ das Wasser im Munde zusammenläuft – er ergründet es bis in die letzte Tiefe seines Klanges, dies Wort! Und gar der ersehnte „Pudding“ versetzt ihn in einen stammelnden Glückstaumel. – – Aber Hermann Thimigs Kunst reicht auch in ernstere, seelisch weit mehr verwickelte Sphären. Schon wie er Gogols „Revisor“ spielt, diesen leichtherzigen jungen Fant, der aus ursprüng-

Hermann Thimig als Truffaldino in Goldonis „Diener zweier Herren", 1924

licher Verlegenheit langsam in einen netten kleinen Größenwahn, in eine skrupellose Hochstapelei gleitet, schon das ist eine starke Leistung künstlerischen Bewußtseins, charakterisierender Unterscheidungsfähigkeit. Dem großen Pathos darf sich Hermanns dralle Lebendigkeit freilich nur bis zu einem vorsichtigen Grade nähern. Er erreicht etwa die ihm mögliche Grenze, wenn er nach einem schönen Einfall der Direktion in Shakespeares „Cymbeline" den treuen Pisanio spielt. Aus dem konventionellen alten Diener wird da eine Art Gespiele. Und Hermann Thimig steht vor seiner Schwester Helene, der Imogen, mit einem ergreifenden Ausdruck von Treue, Lauterkeit und Hingabe, ganz und gar ein „guter Bursche." – Sonst fühlt sich Hermann Thimig im pathetischen Vers weniger wohl. In einer naturalistisch springenden Prosa traut er sich schon weiter in den Ernst des Lebens hinein. Da geht es ohne die Feierlichkeit ab, die ihm wohl am unzugänglichsten ist. Den ganzen Umkreis seines Talents konnte er durchmessen, als er in Langers „Peripherie" den gutherzigen Burschen am Rande der sozialen Welt spielte, der, harmlos aber heißblütig, ins Verbrechen gerät. Wenn er da von seinem Frack schwärmt, dem idealen Frack, dem „Fräckchen", mit dem der ehemalige Kellner allein seine Existenz retten zu können glaubt, so ist das derselbe drollig übersprudelnde Ton von Lebenskraft, mit dem sein Bajazzo die ersehnte „Suppe" begrüßt. (Und es ist ein wenig die gute alte Wiener Harlekinstradition, wie sie durch tausend Kanäle bis in die nihilistische Komik eines Pallenberg fließt!) Aber wenn dieser gute, wirblig lebendige Kerl von Not und Wut, Gewissenspein und Verzweiflung gepackt wird, so hat Hermann Thimig Laute, die nicht weniger echt und einfach, nicht weniger lebensvoll sind. – Die Grenzen dieses jugendkräftigen Schauspielers sind ziemlich leicht zu sehen. Aber sie sind weit genug, um ihm noch viele schöne Zukunftsmöglichkeiten offen zu lassen.

Hans Thimig ist größer und schlanker und er scheut das Pathos weniger als sein Bruder Hermann. Wie er den Märchenprinzen im „Kreidekreis" spielte, glich er nicht nur im Gesicht, auch im zärtlich vibrierenden Ton auf Momente seiner Schwester Helene so sehr, daß man ganz verwirrt wurde. Übrigens gibt es Jugendbilder von Helene Thimig in Jungensrollen (als Georg im „Götz" und als Puck zum Beispiel), die neben rollenähnliche Bilder von Hermann Thimig gelegt ebenfalls unbedingt als Aufnahmen ein und desselben Darstellers gelten könnten. Die Familienähnlichkeit der drei ist außerordentlich groß. Und wie gesagt, nicht nur im Physiognomischen. In welcher Richtung, in welcher Stärke aber sich das Talent des jungen Hans Thimig entwickeln wird, ob er bestimmt ist, der großen Armut der deutschen Gegenwart an tragischen Liebhabertalenten abzuhelfen, oder ob am Ende doch das lustigere Blut des Vaters auch diesem Sohn die künstlerischen Wege weisen wird, das ist wohl heute noch nicht entschieden.

Bis heute ist Helene Thimig zweifellos das Genie der hochtalentierten Familie. Wie sie vor bald zwei Jahrzehnten blutjung ans Berliner Staatstheater kam, da war es wie ein Sonnenaufgang an einem Vorfrühlingsmorgen, so klar, so rein, so beglückend hell wurde alles in ihrer Nähe, so sinnlich frisch und ganz ohne Schwüle. Der ewige Typus, das Weib an sich, schien uns noch einmal wieder geschenkt in seiner zarten Variation; die Agnes Sorma schien eine Erbin zu erhalten. Wer die Helene damals neben dem prachtvoll schweren Grillhofer Max Pohls als Horchlacherlies gesehen hat, lerchenhaft tirilierend und schließlich unter Tränen jubelnd, der weiß sich etwas Schönes fürs ganze Leben.

So blieb es nicht mit Helene Thimig, nicht so einfach schön. Schön blieb es freilich immer noch. Aber die Heiterkeit, die Lebenslust dieses Puck, dieser Marianne in den „Geschwistern", dieser Franziska, dieser Anzengruberschen Bauernmädel und Shakespeareschen Schelminnen – diese Heiterkeit stand nicht mehr fest im Mittelpunkt ihres Wesens. Und wenn Helene Thimig aus der väterlichen Tradition noch das Schalkslachen der großen Augen, das drollige Spiel der leicht hochgewippten Nasenflügel, die sanfte Beweglichkeit aller Gliedmaßen oder gar einen herzhaften Quietschton herholte – unversehens erzitterte doch irgendein schmerzlich versonnener Klang, brachte ein sanftes Zögern, brach den einheitlichen Anlauf der Lebenskraft. Lieblich und rein blieb Helene Thimig immer wie in jenen entzückend frühen Tagen, als sie in Lauchstädt bei der Uraufführung von „Gabriel Schillings Flucht“ die Lucie Heil spielte: mit diesem bestrickenden, sich aus geschlossenen Zähnen drehenden schamhaft lächelnden Ton. Und mit dieser rührenden Lieblingsgebärde: wie sie ihre vorgeneigte Stirn, halb ein mutwilliges Ziegenböckchen, halb ein Hilfe suchendes Kind, an der Stirn des Partners reibt. All diese liebreizenden Töne waren geblieben, aber sie standen jetzt in einer anderen Melodie. War es ihr persönliches Leben, oder war es das Leben dieser ganzen schweren Zeit – das sind wohl Dinge, die unscheidbar ineinander übergehen –, der ungebrochene Glanz der jungen Sorma jedenfalls kam nicht zu fraulicher Entfaltung. Diese Sonne ging nicht auf. Die Helene Thimig, die nun zu menschlich künstlerischer Reife gelangte, war ein problematisches Wesen, vom Leidenszug der Zeit gezeichnet. Eine schmerzlich klagende Melodie wurde zu ihrer Daseinsbedingung auf der Szene. Einmal flutete sie mit ganz reiner und hinreißender Kraft dahin, das gewiesene Bett der Dichtung voll ausfüllend. Das war in Reinhardts unvergeßlicher Inszenierung der „Stella“. Dieses gefühlüberladene Gedicht der Wertherzeit lebt ja ganz und gar und lebt nur von der lyrischen Inbrunst seiner Sprache. Und diese Sprachmelodie fand in dem neuen Wesen der Helene Thimig ihre vollendetste Verkörperung. Diese viel zu süße, schmerzahnende, gramvoll zögernde Seligkeit wuchs ganz von selbst im Klang dieser Stimme, im Licht dieser Augen, zum tiefsten wahrhaft herzzerbrechenden Kummer. Das Übermaß des Gefühls, das dem Leiden gar nicht entrinnen kann, dies Werthersche Grundmotiv hat nie auf einer Schaubühne reiner Menschengestalt angenommen als in der Stella der Helene Thimig.

Aber es kamen andere Rollen, wo dies ewige Überströmen leidvollen Gefühles die härter gezeichnete Form des Dichters verwischte, wo diese Stimmelodie der Thimig nicht die Rolle einheitlich trug, sondern zersetzte, wie eine allzu scharfe Flüssigkeit ein ungemäßes Metall. Wenn sie in dieser Zeit Gretchen spielte und die Jungfrau von Orleans und die Göttertochter im „Traumspiel“ – es waren immer viele wahre, herrliche und ergreifende Dinge zu sehen. Aber der Genuß war nicht ganz rein, weil sich das verzerrte Lächeln, das vibrierende Schluchzen der Thimig auch in Momente drängte, die unbedingt Sicherheit und Haltung verlangt hätten. – Was man „Manier“ nennt, ist ja keineswegs immer ein Ergebnis planvoller effektlüsterner Eitelkeit; es ist sehr häufig die Erscheinung einer überwuchernden, das Gleichgewicht der Kräfte gefährlich verschiebenden Leidenschaft im Künstler. Und in diesem Sinne war die Kunst der Helene Thimig eine Zeitlang von Manier bedroht.

Nun scheint sie aus der Krise. Seit zwei Jahren etwa spürt man, daß sie sich wieder fester in der Hand hat, daß sie ihre Nerven beherrscht, statt von ihnen beherrscht zu werden. In französischen Gesellschaftsstücken („Aimée“ – „Die Gefangene“) hat sie zuletzt klare und rein gezeichnete Gestalten geschaffen, die doch wieder die ganze Fülle ihres schmerzlich sanft bewegten Gefühls trugen. Immer noch jung, steht Helene Thimig vielleicht heute am Anfang einer neuen, noch nicht zu übersehenden Bahn. Und nur eins ist gewiß: daß Schönes kommen muß aus der Entfaltung dieses zartesten und doch kraftvollsten Zweiges am Stamme dieser starken Theaterfamilie. Die glückliche Sonne Österreichs, die Sonne, die über Mozart und Schubert schien, die Sonne, in der auch Josef Kainz gereift ist, sie hat hier Theaterkunst erweckt, deren Lebenswärme auf individuell verschiedenen Wegen doch gleich beglückend zu den nordischen Menschen kommt.

H. Thimig als Therese, Ch. Grautoff als Elisabeth, R. Forster als Troik in Bruckners „Die Kreatur“, Komödie 1929

Helene Thimig

Siegfried Jacobsohn

Agnes Sorma bei Reinhardt

A. Sorma als Minna in „Minna von Barnhelm", 1904

I.
Minna von Barnhelm

Frau Sorma ist zu der klaren, scharfen, jeder Äußerlichkeit fremden Charakteristik Lessings nicht durchgedrungen, weil ihrer Kunst viel zu viel von der französierenden Art der deutschen Komödie anhaftet. In dieser Art hat sie köstliche Feinheiten und hinreißende Augenblicke, Augenblicke in doppelter Bedeutung. Aber sie beschränkt sich zu sehr darauf, das „mutwillige Mädchen" herauszustellen, ist lieblich, wo sie stark, tändelnd, wo sie gemütvoll sein sollte. Dem überspannten Zartsinn Tellheims tritt Minna mit einer allerliebsten Portion praktischen Sinns und deutscher Hausfraulichkeit gegenüber, und wenn sie die Hausfraulichkeit in eine zarte Anmut hüllt, so ist auch die Anmut nur ein Ausdruck der Innerlichkeit. Der Innerlichkeit einer reichen Seele, die sich in diesem entschlossenen und selbständigen, im eignen Gefühl gesicherten Mädchen hinter der äußeren Ruhe und Haltung des Fräuleins verschanzt. Bei Frau Sorma sehe ich keine Haltung (sie ähnelt zu häufig der Franziska), höre ich statt des Naturlauts der Seele ein Tremolo der Kehle. Es mag mein persönliches Mißgeschick sein.

2.
Candida

Frau Sorma in der Titelrolle, die sie restlos erschöpfte, mußte mir die reinste Freude bereiten und mir den Abschied von ihr schwer machen. Sie hat jetzt alles verloren, was sie in der Provinz aufgefangen, und alles wiedergefunden, was sie dort verloren hatte: ihren mittleren Spielton, ihre gleich einem Windhauch bewegte und bewegliche Stimmung, ihre Einfachheit in der Ruhe und ihre perlmutterstaubzarte Delikatesse. Möge sie diese köstlichen Gaben im Herbst unversehrt an das Theater zurückbringen, dem sie ihre künstlerische Wiedergeburt verdankt.

als Rautendelein in Hauptmanns „Die versunkene Glocke"

3.
Porzia

Die Sorma gibt im Anfang äußerlich aufgesetzte Putzigkeiten, die nicht gerade der Porzia zukommen, sondern schon vielen früheren Rollen zugekommen sind. Erst die zweite Werbung offenbart diese Porzia als ein Wesen höchst erlesener Art, keck und geistreich, stolz und doch voll Sehnsucht nach dem wahren Mann. Wenn er erscheint – wieviel schöner noch müßte bei einem ebenbürtigen Bassanio ihre Hingebung, der keusche Ausdruck ihrer Sinnlichkeit klingen! Nachdem sich die Sorma so lange ohne Partnerin und Partner hat behelfen müssen, richtet sie auch ihre Gnadenrede weniger an Shylock als ans Publikum. Es schadet nichts. Weise, hoheitsvoll und selber tiefbewegt führt sie die Menschlichkeit zum Siege und ist dann im Triumph der froheste Schelm.

4.
Jokaste (Hofmannsthal „Ödipus und die Sphinx")

„Ich brenne mit so schwacher Flamme, käme ein Kind, das irgendwo im Schatten steht, es könnte sie ausatmen." Weibliche Hilfsbedürftigkeit kann man nicht rührender denken. Wie sie bei dem Worte „erwürgt" auf dem zweiten „r" anhielt und es so rollte, daß man im eigenen Halse den Atem stocken fühlte, war ein erlaubter Effekt und doch nur ein Effekt. Wie sie dagegen ihren verzweifelten Schmerz erst mit aller Gewalt bezwang, um ihn dann um so wilder hinauszuschreien – das war elementar.

5.
Hermione (Wintermärchen)

Die Königin ist ein Leidensbild, bei dem man bisher immer das Bild betonte. Jetzt zur Statue entgeistert! Die Sorma hat entschlossen den Ton auf das Leiden gelegt und doch erst zum Schluß, als das Leiden vorüber ist, tiefer ergriffen als die Statutarischen.

6.
Frau Alving

Die Mutter! Agnes Sorma! Worte nennen dich nicht! Alles verblaßt: die Bertens ist ein Aschenputtel, die Dumont eine Volksrednerin, die Butze eine Wirtschafterin, die Hennings eine Salondame, die Bleibtreu eine Heroine. Hier haben wir erst die volle Tragödie. Wie falsch ist es, Frau Alving so intellektuell zu nehmen, als ob sie die revolutionären Broschüren selbst geschrieben haben könnte, während sie ihr doch nur zum Bewußtsein gebracht haben, was dumpf in ihr gelegen hat! Sie hat schon Hirn und hat Geist. Aber ihr Hirn sitzt in ihrem Herzen, ihr Geist in ihrem Instinkt. Herrlich, wie mühelos und erschöpfend die Sorma das trifft! Sie ist, in ihrem weißen Haar, noch die Frau, der man glaubt, daß einmal ein Liebesleben in ihr getötet wurde. Aber sie ist längst auf der anderen Seite. So lange schon, daß sie für den komischen Pastor keine Ironie, nicht einmal mehr ein Lächeln hat. Wichtiger als die Vergangenheit Manders ist denn doch die Gegenwart, die Oswald heißt. Und hier verzage ich, das Meer von Liebe und die Gewalt der Schmerzen zu schildern, die die Sorma nicht leidenschaftlich auszuströmen braucht, die sie in einen lächelnden Blick, in ein wehes Zucken des Mundes, in einen zärtlichen Ton, in ein unterdrücktes Schluchzen, in ein Anschmiegen des Kopfes, in ein angstvolles Hochziehen der Augenbrauen, in eine jähe Umarmung, in die winzigste Bewegung des alltäglichen Lebens zu legen weiß. Ecce homo! Ecce mater dolorosa!

als Nora

Julius Bab

Die Lehmann – die Höflich und die Dorsch oder der ewige Typus

In jedem Menschenalter wird uns zwei- oder dreimal eine Frau mit schauspielerischem Genie geschenkt, die eigentlich gar nichts darstellt als den rein weiblichen Typus an sich! Nicht die Frau in irgendeiner kulturellen Bedingtheit, nicht in der Betonung der großen Dame oder der Abenteuerin oder der proletarischen Empörerin, nicht unter dem Zeichen einer besonderen geistig-sittlichen Kraft oder einer charakteristischen nervösen Dekadenz – sondern schlechthin das Weib, das da war, das ist und das sein wird – das Geschöpf, das mit der wunderbaren Sicherheit einer Pflanze blüht und welkt, das wie ein Tier Kinder zur Welt bringt, liebt und verteidigt – und das doch ein Mensch ist mit der Leidensgloriole höheren Wesens um die Stirn. Die Schauspielerinnen, die diesen ewigen Typus verkörpern, sie folgen aufeinander wie Schwestern – das heißt für den schärferen Blick durchaus individuell verschieden, aber doch von einer unübersehbaren großen Ähnlichkeit.

Eigentlich gibt es diesen großen Typus wieder in zwei Variationen, von denen man streiten wird, ob hier schon Kultureinfluß waltet oder ob die Urnatur noch solch zwiefache Bildung hervorbringt. Es gibt dies ewige Weib in einem bäuerisch breiten, robust bodenständigen Typ und in einem zarteren, leichter beweglichen, den man sich wohl eher als stadtgeboren vorstellen wird. Die letzte ganz reine und ganz große Verkörperung für den zarteren Typus war Agnes Sorma. Sie hat kaum noch eine Nachfolgerin gehabt, seit sie vor 30 Jahren aufhörte, jung zu sein, und vor 15 Jahren aufhörte zu spielen. Am ehesten dürfte man hier vielleicht an Helene Thimig denken. Aber schon bei ihr bog der reine Urtypus schon in eine sehr besondere, zeitbedingte, nervöse Spielart ab. Die sozialen Gewitter unserer Zeit waren vielleicht zu stark, als daß die zarteren Exemplare des genialen Urweibs hätten ganz gesund bleiben können. Sie zeigen die Spuren kultureller Gebrechlichkeiten auf. In diesem Sinne ist vielleicht die Bergner die Sorma unserer Tage – aber sie ist keine Sorma! Sie ist nicht das ewige Weib, sondern ein sehr reizvoll interessanter Fall der Weiblichkeit von 1925. – Die ländliche Variation des weiblichen Urwesens hat sich, ihrer standfesteren Natur gemäß, besser behauptet. Vor mehr als 35 Jahren wurde uns die Else Lehmann geschenkt, vor 20 Jahren die Höflich, vor 5 Jahren die Käthe Dorsch. Oh, man kann sie gewiß nicht verwechseln – aber man kann noch weniger die schwesterliche Verwandschaft, die beglückende Wiederkehr eines ewig Gleichen in diesen Dreien verkennen.

Ich kam eines Tages, es war noch erheblich vor dem Weltkrieg, in Berlin die Tauentzienstraße herunter auf die Kaiser-Wilhelm-Gedächtniskirche zu. Vor mir, auf dem Rundweg um die Kirche, spazierten ein Herr und eine Dame, die im eifrigen Gespräch waren. Und der Herr deckte für mich die Dame so, daß ich nichts von ihr sehen konnte. Aber plötzlich tauchte, im Eifer des Gesprächs emporgehoben, der linke Arm der Dame empor, so daß er bis zum Ellenbogen für mich sichtbar wurde. Senkrecht gehalten und mit geballter Faust fuhr er von oben nach unten wie ein Stempel, um etwas klarzustellen, etwas zu bekräftigen, endgültig zu erledigen. In diesem Augenblick wußte ich, dort geht eine Schauspielerin, und zwar eine ganz große! Ich beeilte mich, das Paar zu überholen und sah mich um – es war die Else Lehmann! – Eine solche Kraft körperlicher Akzentsetzung, wie jene Armbewegung sie verriet, ist nämlich gewöhnlichen Sterblichen nicht vergönnt. Sie ist das Vorrecht derer, die mit einem durchscheinenden Körper begabt sind, einem Körper, der viel unmittelbarer und deutlicher als der gewöhnlicher Menschen jeden seelischen Vorgang zu spiegeln vermag, und der dann durch vieljährige Übung die unbedingte Kraft und Klarheit für jede Geste und jeden Ton gewonnen hat. (Ich habe noch ein andermal in einem Bureau Beruf und Rang einer hervorragenden Schauspielerin aus ähnlichen Zeichen erkannt, einer Schauspielerin, die ich überhaupt noch nie, auch auf der Bühne nicht, gesehen hatte.) – Diese vollkommen gemeisterte, über alles einfach Natürliche weit hinausgehende Ausdruckskraft war der Else Lehmann eigen. Mit ihr ließ sie das triumphierende Lachen der Mutter Wolfen ausströmen, mit ihr prägte sie Ton und Bewegung für die rührend tapfere Beschränktheit von Ibsens Gina, mit solcher Sicherheit fegte sie als Lona Hessel über die Bühne und erhob mit der furchtbaren Wucht eines Jüngsten Gerichts Anklage, wenn sie am Schluß von Rose Bernd alles Leiden und alle Wut der geschundenen Kreatur herausschrie.

Als zu Anfang unseres Jahrhunderts die Ära Brahm im Theater von einer Ära Reinhardt abgelöst wurde, da ward gleich zu Beginn dieser neuen Epoche der alte ewige Typus uns neu geschenkt. Beim Gastspiel eines Wiener Ensembles hinterließ ein junges Mädchen einen so starken Eindruck (in einer Komödie von Felix Dörmann), daß Max Reinhardt sie für sein Ensemble gewann. Nun spielte sie die Chrysothemis von Hofmannsthal und stellte ihre gerundet starke, blühende junge Weibsnatur neben die scharf und spitz flackernde Geistigkeit der Eysoldt-Elektra. Sie spielte die Melisande von Maeterlinck und die Franziska von Lessing und bald wurde sie Kleists Kätchen und Goethes Gretchen und alles, alles! Das war Lucie Höflich. Man sieht schon an der Art ihres Einzugs, an dem Repertoire, daß es sich um eine sehr merkliche Variation des großen Typus handelt. Bei der Lehmann spielt nordostdeutsches Blut, Berlin, die Mark, – Schlesien ist nah und die slawische Grenze. Die Höflich ist ein von Anbeginn viel umhergekommenes Schauspielerkind, und daß sie gerade in Hannover geboren ist, mag als bloßer Zufall gelten. Aber es scheint ein symbolischer Zufall, denn alles, was aus ihrer Gestalt und Art wirkt, ist nordwestdeutsch, niedersächsischer Schlag: von der weizengelben Pracht der Haare, dem stählernen Blau der Augen, der runden Festigkeit der mittelgroßen Gestalt bis zu der Härte und Langsamkeit dieses spröd sich bewahrenden, aber in jähen Ausbrüchen furchtbar hervorschießenden Temperaments.

So ist zwischen ihr und Else Lehmann ein Unterschied, der nicht der Größe, aber der Art nach wohl mit dem zwischen Deutschland und Rußland verglichen werden kann. Die Kunst der Lehmann reicht an ihrem Punkt, mit ihrem weicheren, mehr gelockerten Wesen noch tiefer in letzte, absolute Menschlichkeiten hinunter. Das Wesen der Lucie Höflich erscheint weiter, kulturell ausgebreiteter, mannigfacher. Ihre gestrafftere Energie ist stilistischer Formungen fähig, die sich die Lehmann durchaus versagen muß. Obwohl der Vers auch nicht gerade die Heimat der Höflich ist und sich gerade hier auch spürbare Schranken naturalistischer Art in ihrem großen Talent finden – sie vermochte dennoch Gretchen zu sein und eines der stärksten, einfachsten, gradlinigsten, die die deutsche Bühne je gesehen hat. Und sie vermochte in ihrer Jugend sogar die märchenhaft zarte, traumhaft gebannte Prinzessin Maeterlincks zu sein, und – damals noch nach der Sorma – dieses Dichters Legende von der „Schwester Beatrix" zu spielen. Damals schien das Naturell der Höflich noch der zarten Sormavariation so nah wie der schweren Else Lehmann. Aber allmählich wurde es immer deutlicher, daß sie nicht zu den Spielenden und Leichten, den holdselig Schwebenden gehörte, sondern zu den in erdhafter Wucht Wandelnden.

Es war doch nicht allzuweit vom Anfang ihrer Bahn, als die Lucie Höflich in Bernard Shaws „Mensch und Übermensch" die Anne spielte. Diese urweiblich tüchtige Person, die beschlossen hat, den modernen Don Juan, der um seiner geistigen Übermenschen-Freiheit willen vor ihr flieht, zum Vater ihrer künftigen Kinder zu machen. Sehr dummschlaue Leute haben damals geklagt, daß diese massive, vierschrötige Höflich diese Rolle spielte, die ja zu zierlichen Verführungskünsten so wenig geeignet sei. In Wahrheit wird Shaws Rolle nie eine richtigere Verkörperung finden. Denn mit dem Spiel damenhafter Koketterie, mit der Anmut kapriziösen Männerfangs hat das alles gar nichts zu tun. Aus dieser Anne bricht eine Urkraft, die mit unmittelbarer Gewalt diesen Mann als das ihr bestimmte Schicksal an sich reißt. Sie kämpft um ihn, bis sie in Ohnmacht fällt. Und diese Ohnmacht ist wahrhaftig keine kokett gespielte, sondern ein Beweis der äußersten Anspannung und Überspannung aller Kräfte. Dieser Naturschrei aber arbeitet aus dem festen Körper, der klaren Stirn, den mehr vom Willen als vom Geist gehärteten Augen der Höflich mit einer vehementen Kraft. Nichts Spielerisches ist in ihr, aber die ewig sieghafte Wahrheit des Weibes. Und in dieser zur Mutterschaft vorstürmenden Urgewalt ist die Höflich ganz und gar die Tochter der Else Lehmann – reine Entfaltung des ewigen Typus.

Aber darin ist freilich die Höflich von der Lehmann sehr charakteristisch unterschieden, daß sie eine auffällige Entwicklung voll großer Einschnitte gehabt hat, während die Lehmann eigentlich die eine und selbe von Anbeginn blieb. Die ist natürlich auch älter geworden und von dem rührendsten Kätchen Vockerat allmählich zu der ergreifendsten Mutter Vockerat hinübergereift. Aber eine neue Seite ihrer Natur ist bei diesem einfachen Wachstum an Jahren nicht sichtbar geworden. Die Höflich hat einen langen, vielleicht noch gar nicht abgeschlossenen Weg hinter sich. Sie hat, die freiere Beweglichkeit ihres Geistes bezeugend, diesen ganzen Weg auch mit einer Fülle grotesker Arabesken begleitet. Die Höflich ist sozusagen im Nebenamt unter den weiblichen

E. Lehmann als Mutter Wolfen in Hauptmanns „Biberpelz", 1916

Kräften unserer Bühne eine der stärksten Komiker. Schon in ihrer allerersten Zeit spielte sie in einem vergessenen französischen Stück eine kleine Kokotte, die ständig damit renommiert, daß ein junger Mann sich ihretwegen erschossen habe. „Mit einem wirklichen Revolver“, sagt sie, strahlend vor Stolz, und mit einer so orgiastischen Dummheit, daß man es gar nicht vergessen kann. Dann hat sie das zum Verkauf ausgebotene Riesenkalb in Gogols „Heiratsgeschichte“ gespielt und die Frau Stadtakzise-Kassaschreiberin bei Kotzebue. Und im „Sommernachtstraum“ das kleine Gänschen, das sich so ärgern muß, weil die andere länger ist. Und vom Komischen ins Heitere aufsteigend die tapfere Frau Flut und die überschäumend lustige Marie in „Was ihr wollt“. All das Figuren, die so leicht und fest zu umreißen, die Hand der Else Lehmann nie getaugt hätte. Aber das war doch alles nur Begleitmusik im Schaffen der Lucie Höflich, und je mehr aus dem Mädchen ein Weib wurde, trat nun zutage, daß diese Cordelia, diese Perdita, dieses Gretchen, doch ganz und gar zur Erbin und Nachfolgerin der Else Lehmann geboren war. Nach einem Jahrzehnt begann sie, alle Lehmannrollen zu übernehmen. Sie wurde Mutter Wolfen und Frau John, Hanne Scheel und Rose Bernd und Griselda. Auch die Ibsenrollen und manches von Schnitzler und die Anissja bei Tolstoi erbte sie von der Lehmann.

Und da war es nun sehr merkwürdig, Vergleiche anzustellen. Daß im gewöhnlichen Sinne des Wortes diese Rollen »besser« gespielt werden können als von der Höflich, muß man bestreiten. Echter in jedem Zug, stärker in jeder Äußerung des Leidens und der Leidenschaft als die Höflich, kann niemand in diesen Rollen sein. Aber wer die Else Lehmann gesehen hatte, wußte, daß es trotzdem noch etwas darüber hinaus gab. Etwas Unsägliches, eine letzte Erschütterung, ein vollstes Aufblühen der Seele. Etwas was gar nicht mehr von dieser Welt scheint, so etwas hatte die Lehmann, diese Nachbarin der Russen in den höchsten Momenten der Liebe und des Leidens. Und das gab in all diesen Rollen die Höflich nicht. Sie war härter abgegrenzt im Irdischen, im Bösen. Brutal bedrohlich konnte auch die Else Lehmann wirken, wo es not war. Die Höflich wirkte zuweilen verkniffen bösartig – wie es die Lehmann niemals gekonnt oder gewollt hat. Und bei aller unleugbaren Echtheit blieben ihre Leidensrufe doch ohne jene letzte, alles aufschmelzende Wärme, die von der Lehmann ausging. – Vielleicht hängt es damit zusammen, daß diese sehr starke Zeit an sich keine gute Zeit für die Höflich war. Wenn sie in dem menschlich dünnen, theatralisch starken Stück von Schönherr »Weibsteufel« ihren uneingeschränktesten Triumph feierte, so lag das wohl nicht nur daran, daß hier der Vergleich mit der Else Lehmann fehlte; das rein Animalische, das teuflisch Entfesselte dieser Rolle war von der Lebensstimmung der Höflich in dieser Zeit vielleicht am ehesten restlos zu verkörpern. Die Verehrer ihrer Kunst mußten damals mit Besorgnis einen merkwürdigen Hang zum wüst Plebejischen, zum unterstrichen Gemeinen und Brutalen in ihrem Spiel konstatieren, auch wo es keineswegs in die Natur der Rolle paßte. Besonders ein ordinäres Schnüfeln und Hochziehen mit der Nase sogar in Rollen, die Vornehmheit und Haltung beanspruchen sollten, wirkte erschreckend. Daß nun ausgerechnet gerade in dieser Epoche der Versuch gemacht wurde, die Höflich als Maria Stuart herauszustellen, deren dekorativ musikalischer Stil in jedem Fall ganz jenseits der Grenzen ihrer bürgerlich erdhaften Natur gelegen hätte, war ein Mißgriff, der beinahe zu einer Katastrophe führte.

Aber diese kritische Periode in der Entwicklung der Höflich scheint vorüber zu sein. Und jetzt kündet sich eine ganz neue Art von Haltung und Festigkeit, von zeichnender Meisterschaft bei ihr an. Die beseelte Ruhe und Wucht einer großen Charakteristikerin – eine Vereinigung ihrer lyrischen und ihrer grotesken Talente! Davon war zuerst etwas zu merken in gewissen russischen Rollen, die sie spielte. Bei Andrejew in »Jekatharina Iwanowna« und dann in »Du sollst nicht töten« gab sie zwei Variationen der toten Seele, einmal im Körper einer zerbrochenen Dame, das andere Mal in der mörderischen Dumpfheit einer Magd. Beide Male unvergeßlich, grausig in dieser maskenhaften Starrheit, in dieser meisterlich durchgehaltenen Stumpfheit des unseligen Tons. Auf ähnlichem Weg kam sie bis an die Grenze des überwirklich Symbolischen in dem englischen Spiel »Überfahrt«, wo sie auf dem Totenschiff die beschränkte Frau aus dem Volke spielte, die aus tiefer Erstarrung nur langsam erwachend, sich unendlich mühsam in der neuen Welt zurechttastet. Hier brach am Ende ein Ton mütterlicher Güte mit wirklicher Sonnenkraft durch das bleierne Gewölk. Und das Letzte und vielleicht Größte, was die Höflich bisher geschaffen hat, war eine Missionarsfrau in dem amerikanischen Reißer »Regen«. Eine bis zum Grotesken verkniffene und unliebenswürdige, dem natürlichen Leben abgewendete Person. Aber im allerletzten Moment des Stücks – ihr Mann ist gestorben, und zwar nach einem schweren Zusammenbruch seiner moralischen Ambitionen durch Selbstmord – sehen wir plötzlich das starre Gerüst dieser Person schwanken, und aus den Fugen dringt rein menschliches Leid und in dem Leid ein Ton von vornehmer Güte, der plötzlich in all dieser negativen, gehässigen Christlichkeit einen tief verborgenen Kern echten, lebendigen Christentums enthüllt. Die Höflich hat dafür keinen Raum, als daß sie halb ohnmächtig, gestützt über die Bühne wankt, die Frau sieht, die in der Mitte der Katastrophe steht und die ihre verachtete Feindin war – und dann sagt sie: »Ich verstehe, Miß Tompson, ... es tut mir leid, und auch Sie tun mir leid.« Das ist alles; aber es ist nicht nur der überraschende Durchbruch einer Seele aus einer fast grotesken Hülle, es ist zugleich noch eine Beherrschung dieses Durchbruchs mit einer letzten Kraft, die nahezu heroisch wirkt. – Und es ist in allem ein Stück menschendarstellerischer Meisterschaft, das allein genügen müßte, der Höflich einen allerersten Rang zu sichern.

Die verwildert freie Miß Tompson, die da der Missionarsfrau der reifen Meisterin Lucie Höflich als Gegenspielerin gegeben war, hatte zur Darstellerin deren Nachfolgerin im

L. Höflich als Kätchen von Heilbronn, 1905

als Franziska in „Minna von Barnhelm", 1904

Reich des ewigen Typus, die Käthe Dorsch. Fast genau so viel Zeit, wie zwischen dem Auftreten der Lehmann und der Höflich – nämlich ungefähr 20 Jahre – waren vergangen, und es war die schlimmste Zeit Deutschlands und des deutschen Theaters, ganz besonders schlimm in Berlin. Die Verwüstungen von Krieg, Revolution und Inflation hatten überall Kraft und Lust zu einem planmäßig künstlerischen Aufbau gelähmt, ein tolles Spekulationsgeschäft zur Befriedigung der Augenblicksreichen beherrschte den Theatermarkt; die Gebrüder Rotter organisierten die Verpöblung der theatralischen Literatur. Aber in diesem schmutzigen Jammer tauchte das reine Gottesgeschenk der Käthe Dorsch auf. Sie war bei der Operette gewesen und nun stand sie eines Tages auf der Bühne des Residenztheaters und spielte von Goethes Jugendgenossen Wagner jenes Evchen Humbrecht, die Kindesmörderin, die als Figur halb Plagiat, halb Vorläuferin der Gretchengestalt ist. Das Ganze war eine echt Rottersche Unternehmung: unter literarischer Verbrämung sexuelle Anreißerei, ein Chaos von Unkultur. Aber was tut's, es ist alles heute verschmerzt; geblieben aber ist die Erinnerung, daß man damals zum erstenmal auf der Sprechbühne die Käthe Dorsch sah. Ein Wesen, das aus unbeschreiblich begnadeter Fülle lachen und weinen konnte. In dem runden, blond überwölbten Kopf – die kräftigen Backenknochen malen sich unter dem weichen Fleisch – sitzen ein Paar ganz große runde Augen von strahlender Ausdruckskraft. Die breiten Lippen stehen fast immer offen und zeigen die weißen Zähne. Die Figur ist »mollig«, ohne irgendwie weichlich zu sein, sie hat Muskeln, sie steht fest. Und es steckt eine Kraft in ihr, die diese weichschmelzende Stimme zuweilen zu einem rasenden Schrei aufschnellen lassen kann. Es gab gar keinen Zweifel, hier hatte unser gutes Geschick eine neue, herrliche Variation des ewigen Typus uns zugespielt. Das war nicht weibliches Wesen in irgendeiner kulturellen Bedingtheit, irgendeiner sozialen Gebrochenheit von 1920 – das war das weibliche Wesen an sich, das unvergängliche, unvergleichliche.

L. Höflich als das Weib im „Weibsteufel", 1915

Nicht lange nach ihrem ersten dramatischen Auftreten spielte die Dorsch das echte Gretchen. Sie spielte die ganze Grundmelodie des Ewig-weiblichen, von Mädchenscheu über selige Hingabe zu wildester Verzweiflung, gewiß nicht weniger echt und nicht weniger stark als die Höflich. Aber man wird wohl finden, daß die herberen Umrißlinien der Goetheschen Gestalt sich reiner mit der Figur der Höflich als mit dem Münchener Volkstyp der Dorsch decken. Aber dafür war diese Dorsch das einzige Gretchen, das ich bisher gesehen habe, das mit vollster, unzweideutiger Deutlichkeit noch vor dem berühmten ersten ablehnenden Wort auszudrücken vermochte, daß sich dies Gretchen in den Faust verliebt – »auf den ersten Blick«. Wie sie das gemacht hat, in weniger als einer Sekunde, mit einem Stocken des Schrittes, einem Ruck des Kopfs, einem plötzlichen Flackern des Blicks – beschreiben läßt es sich nicht. Es ist auch nichts, was irgend jemand technisch nachmachen könnte, es ist die Eingebung eines genialen Herzens, das plötzlich den Körper überflutet und ihm irgendwelche unwägbare, unerhörte Äußerung abnötigt.

Der Mensch, den die Dorsch hinstellt, ist so vom Kern aus gesund und gut, daß an ihm alles liebenswürdig wirkt, er ist stark und froh, wie immer das Ewig-weibliche in seiner ungebrochenen Fülle. Der süddeutsch volkstümliche Einschlag ihres Wesens wird die Dorsch vielleicht hindern, der Lehmann und der Höflich die Ibsen- und Hauptmanngestalten nachzuspielen, in denen uns die Gemeinsamkeit jener älteren Schwestern besonders gegenwärtig ist. Aber auch ohne diese Verdeutlichung wird niemand verkennen, hier haben wir die jüngste Verkörperung des gleichen ewigen Typus; eine kostbare Gewähr für die unerschütterliche Gegenwart der großen, fruchtbaren, menschlichen Grundkräfte in aller Wirrnis, in aller Bedrängnis der wechselnden Zeit.

Julius Bab

Krauss und Kortner oder Gestalt und Stimme

Es gilt Ifflands Wort: „Jeder Unglaube an Manier ist ein Gewinn, und jede weggeworfene Manier ist ein vollständiger Sieg."

Jede! Die letzte Manier hieß „Expressionismus". Hinter diesem Wort lag die Andeutung einer Zeitstimmung, die eine sehr ungefähre Gemeinsamkeit einiger großer Talente und den Vorwand eines erschreckenden Haufens von Impotenzen bildete. Es hatte seine Gründe und seine Wahrheit in der Zeit, daß man nach der sehr notwendigen liebevollen Pflege des Details und der Einzelinhalte die sehr notwendige leidenschaftliche Erfassung des Gesamttons und des großen Umrisses in den Vordergrund schob. Diese Betonungsveränderungen blieben aber durchaus sekundär gegenüber der Tatsache, daß eine künstlerische Wirkung großen Ranges überhaupt nur dort eintritt, wo im ungefähr abgewogenen Mischungsverhältnis Gefühl für das Einzelne und Ganze, die tiefen Inhalte und die weite Form vorhanden ist.

Wie wenig etwas Wesenhaftes über das schauspielerische Erlebnis mit den Formeln der Theorie auszusagen ist, zeigt nichts besser, als daß man sich in den letzten Jahren ziemlich allgemein verständigt hat, die beiden Berliner Schauspieler Werner Krauss und Fritz Kortner als die kennzeichnenden Talente des „schauspielerischen Expressionismus" hinzustellen. Aber wie überaus wenig ist vom Erlebnis dieser beiden wirklich merkwürdigen und starken Schauspieler übermittelt, wenn ich mich auf das beschränke, was sie gemeinsam haben, und was beinahe nur eine Negation, Negation der Nuancenschauspielerei, der langsamen mosaikartigen Arbeitsmethode bedeutet. Sie haben, und deswegen mag man sie, wenn es durchaus sein muß, „Expressionisten" nennen, den Sinn für die große Linie, den Mut zu gewissen rhythmischen Vereinfachungen gemein. Darüber hinaus verbindet sie nichts als jene Intensität, jener Fanatismus der angespannten Kraft, der das Zeichen schlechthin aller künstlerischen Potenzen ist – auch der allerentgegengesetztesten, auch solcher, die so ungeheuer verschieden sind wie Kortner und Krauss! Denn erst wenn man sich in die Tiefe der völlig verschiedenen, künstlerisch ausgeformten Menschlichkeiten versenkt, die diese beiden Schauspieler uns offenbaren, wenn man sie nicht in ihrer kargen Gemeinsamkeit, sondern in der Fülle ihrer Verschiedenheit anschaut, vermag man allenfalls eine Ahnung zu erwecken von den unbegreiflichen, erlebnisschaffenden Kräften, die hier wieder einmal am Werke sind.

Das Erlebnis des Werner Krauss beginnt im Raum, gipfelt im Umriß seiner Gestalt, bleibt für mein Gefühl immer in der Fläche. Ich sehe seine prachtvollen, völlig überzeugenden, in ihrer Art faszinierend lebendigen Gestalten doch niemals wie Plastik, sondern stets wie Bilder vor mir. Und zwar nicht einmal Ölbilder mit aus der Tiefe leuchtenden Farben, sondern eher wie Pastell, farbige Kreidezeichnungen, sehr scharf im Strich, sehr bestimmt, körnig fest in der Farbe. Auch dort, wo er das Geheimnis malt, und er tut es oft und stark, ist Krauss immer männlich klar und gar nicht weiblich geheimnisvoll. Die Phantasie dieses Schauspielers erfaßt den körperlichen Umriß einer Gestalt mit ganz erstaunlicher Energie. Annähernd meine älteste Erinnerung an Krauss ist ein alter preußischer Kanzleirat in einem gottlob ganz vergessenen Stück von Halbe – grauhaarig, bebrillt, großäugig, sanft vorgebeugt, freundlich schwer, eine immer noch unvergeßliche Gestalt. Schlechthin erschütternd vor jedem Wort diese Thisbe des „Sommernachtstraums" mit der turmhoch gehenden quittegelben Friseurmähne und dem wahrhaft brüllenden Stumpfsinn in den wasserblauen Augen. Eine Woche vorher war Krauss im selben Raum als Shylock ein rotblondes Tigertier mit einem merkwürdigen Backenbart, den ihm niemand vorgemacht hat, und den niemand vergessen wird. Die Dummheit des Polonius strahlt aus einer adretten korpulenten Blondheit, die sich mit überraschend jugendlicher Flottheit und einer fast rührend komischen Selbstgefälligkeit zu regen weiß. Die bösen Dämonen Strindbergscher Traumspiele stehen plötzlich da, in einem Umriß von beklemmender Gepreßtheit, die Arme scheinen am Körper, der Hinterkopf am Nacken verwachsen – eine gespenstische marionettenhafte Exaktheit in jeder Bewegung. Wie sehr die Kunst dieses Schauspielers wirklich im schaffenden Mittelpunkt bildmässige Vision hat, das zeigt sich am besten darin, daß er einer der ganz wenigen heute in Deutschland ist, der es vermag, im Film wirklich schöpferisch zu sein: von ihm kann man auf der flimmernden Leinwand Eindrücke haben, die man ohne lästerliche Übertreibung mit wirklichen Erlebnissen der Menschendarstellungskunst in einem Atem nennen darf.

Aber selbstverständlich bleibt bei einem Schauspieler hohen Ranges nichts an seiner künstlerischen Arbeit draußen, am wenigsten eine so wesentliche Äußerung wie das Organ, die akustische Seele des Menschen. Die Stimme des Werner Krauss ist nicht das Erste und Erzeugende an seinen Gestalten, aber sie ist eine sehr angemessene Unterstützung und Verdeutlichung jenes Grundtons, den seine Raumgebilde angeben. Dies Organ ist immer etwas rauh und dabei immer etwas wehmütig geschwellt. Es produziert aber niemals eine schmelzende fließende Melodie, sondern hat ganz besonders diesen körnigen, fest punktierenden Charakter – jenen Kreidestrich, an den der optische Umriß seiner Figuren auch denken läßt. Die großen rhythmischen Linien, die seine Stimme oft zieht, sind nie mit einem Strich hingesetzt, sondern punktiert. Dieser stoßartige Takt hat oft ein besonders unheimliches Gepräge. Unvergeßlich wie er als sterbender Talbot aus dem Röcheln des Sterbenden und höhnischen Lachstößen eine Gespenstermelodie formte! Ganz ähnlich nutzte er als riesiger Kommissär bei Rolland das Asthma des fetten Mannes aus, um seinen Worten eine keuchende Rhythmik zu geben. Der melancholisch schwellende Klang des einzelnen Tones, das Abgerissene in der Aufeinanderfolge und das Heisere der Grundmelodie verbindet sich zu der allervollkommensten Wirkung im Drama der Russen. Wie Krauss etwa bei Tschechow einen vom Alkohol verwüsteten, gütig verkommenen, leidend passiven Gutsbesitzer Ton um Ton hintropfen läßt, das konnte und kann bestimmt niemand aus Stanislawskis Truppe besser. Es ist, wenn nicht im Menschlichen, so doch im Russischen noch echter als Moissis berühmte Gestalten, deren Herzensmüdigkeit wohl noch ein Gran zuviel schöne Melodie hat.

Mit dieser zufassenden Schärfe des Gesichts, dieser Helle des seelischen Gehörs, dieser unerhört wachen Beherrschung des gegebenen Materials – das Musterbeispiel bleibt der Shylock, den er in der gräßlichen Arena als ein geschmeidiges Raubtier mit mächtig raumgreifenden Sprüngen und einem heulenden Organ künstlerisch möglich machte! –: mit all dem ist Werner Krauss Gestalter einer Menschlichkeit, die gerecht wohl nur mit einem Fremdwort zu fassen ist. Das deutsche Wort „trokken" hat zuviel negativ Eingrenzendes: das italienische „secco" deutet Recht und Wert einer eignen und köstlichen Tonart an. Und dieses Secco ist die Tonart von Werner Krauss. Nie erdüberfliegender Gesang, nie übermenschlich donnernde Gewalt – aber von melancholisch tropfendem heisern Einzelton bis zu jenem rauhen plötzlichen Raubvogelschrei, der seine stärkste Ausbruchsart ist, von der ganz knappen, aus dem Handgelenk stoßenden, punktierenden Bewegung der gestreckten Finger bis zu dem jähen Sprung, mit dem der wohl einmal plötzlich die Szene durchmißt: immer eine gepreßte, fest zusammengehaltene Menschlichkeit, eine Ahnung des Gesanges, der nie ausströmen darf, ein Sprechtakt, der nie Schwung der Melodie werden darf – secco! Das erhabenste, was ihm in dieser Tonart gelingen konnte, war die Gestalt des Julius Cäsar nach der Vorzeichnung Bernard Shaws. Der große Römer, der ein schweres Menschenherz von herrschender Klugheit gebändigt trägt und mit einer fast schmerzlichen Heiterkeit über den Dingen schwebt, nur noch an kleinen lächerlichen Punkten dem Irdischen verbunden – hier hatte Werner Krauss das, was man eine „heilige Nüchternheit" nennen kann, man war auf einem Punkt, den der reifste Lessing ähnlich erreicht: der Verstand scheint die Flügel der Phantasie zu leihen, das Paradox einer berauschenden Klugheit, einer kristallklaren Trunkenheit schien erreicht.

Fritz Kortners Gestalt lebt zuerst und zutiefst von der Stimme aus. Bündigster Beweis sein Geßler, der aller staubigen, Theaterüberlieferung entrissen, uns neu und schrecklich lebendig wird – noch ehe er überhaupt aufgetreten ist! Wir hören noch hinter der Szene die jagende, tobende, blutüberfüllte, wutzitternde Stimme: „Treibt sie auseinander!" Und etwas Furchtbares, angsteinflößend Lähmendes steht vor unserm Innern. Dann freilich tritt er hervor wie eine rote, stechende Flamme, breit, schwer und doch zu bebender Spannung straff aufgerichtet wie ein fest gewordener Spuk, ein Märchenwesen, ein entsetzenerregender böser Zauberer. Was dann aber uns in diesem beklemmenden Bann festhält, uns den Atem nimmt, uns mit fast physischer Furcht erfüllt, solange er auf der Bühne steht, ist doch zu allererst wieder die Stimme, in der es wie von elektrischen Funken knittert, wie im Blitzschlag herausprasselt. Zwischen deren ununterbrochen gespanntem, mit pfeifenden Akzenten niederfahrendem Ton und der Reitpeitsche, die in der Rechten des Wesens wippt, ist eine tiefe Verwandtschaft. Die ganze Erscheinung wirkt wie eine von bösen Geistern geschwungene gräßliche Peitsche! – Auch Werner Krauss spielte in Strindbergs „Advent" den Bösen mit so einer wippenden Gerte: aber zwischen den beiden gleich ausgezeichneten Leistungen ist ein Unterschied wie zwischen einem Dolch und einer Keule, zwischen einem Windspiel und einer Dogge, zwischen Hirn und Blut – zwischen der brennend umgrenzten Gegenständlichkeit eines Bildes und dem immer unfaßbaren, schwebenden Zauber einer Stimme!

Der untersetzte, breit schwere, wenig biegsame Körper Kortners, dessen kennzeichnendste Bewegung vielleicht das arbeitende Vorschwingen der seitlich gebogenen Arme ist – er bildet selbstverständlich die organische Grundlage der Wirkung, die von diesem Schauspieler ausgeht. Aber seine eigentlich wilde, hinreißende Kraft steckt doch ganz in dem schwellenden Strom, der schmetternden Schlagkraft seiner Stimme. Mit ihr ließ er schon in einzelnen Momenten von Tollers „Wandlung" genannten Monologen Menschlichstes erzittern. Mit ihr gab er das trommelnde Stakkato an für Jeßners gespenstisch jagende Inszenierung des „Marquis von Keith". Mit ihr peitschte er die faszinierende Größe Richards des Dritten bis an die Grenzen des Wahnsinns. Mit ihr schuf er sein bisher größtes Werk: die Kapellenszene des alten Sedemund bei Barlach. Dieser riesenhafte alte Sünder, aus dessen bekennender Wildheit plötzlich alles Leid der Kreatur – der im Leiden doch gottgleichen Kreatur! – bricht: es war die stärkste Annäherung an Dostojewskische Wirkungen, die ich bisher auf der Bühne gesehen habe. Als ich es im Theater erlebte, bekamen einige Zuschauer Wein- und Schreikrämpfe – ich betone: ohne daß auf der Bühne etwas äußerlich Gräßliches geschah, es wurde niemand ermordet oder gefoltert! Aber man konnte es Leuten von einigermaßen schwacher Nervenkonstitution keineswegs verdenken. Dieser unerhörte Eindruck (eine meiner stärksten Theatererfahrungen überhaupt) war mindestens so sehr Kortners wie Barlachs Werk. Und erreicht war er gewiß mit Unterstützung der Maske, dieses schweren Schädels mit dickbuschigen Augenbrauen und weißgrauem Schifferbart und mit diesen zyklopenhaften wühlenden Bewegungen der Schultern und Arme: aber alles Entscheidende kam doch wieder von der Stimme, die mit lückenlos anspannender, ununterbrochen hinaufführender Kraft auf uns einstürmte, die wahrhaft Seelen aus dem Leibe riß. In ihr war Blitz und Donner des letzten Tages. Sie warf apokalyptische Stimmung in den Raum.

Diese Leistung konnte Kortner bisher durch nichts überbieten. Sein Verrina war eigen und großartig im breit wuchtenden Aufbau – aber Schillers zweitschlechtestes Stück bietet ein allzu unbeseeltes Material. Der Othello wies bei wundervollen Qualitäten auch deutlich auf die Grenzen dieser großen, aber dumpf irdischen Kraft. Kortner war schon (in Schillers allerschlechtestem Stück) kein Mortimer gewesen, weil ihm weder das Feuer des Schwärmers noch ein fast kindlicher Jugendreiz, aber ganz und gar Erscheinung, Ton, Atmosphäre eines Edelmanns fehlt. Als Othello stellt er zwar mit tiefem menschlichen Takt nach all den wilden Niggern, die wir vorher erlebt hatten, die menschliche Zartheit, das innerlich Vornehme und kindlich Reine dieses alternden Mannes zur Schau – aber daß dieser Othello auch der große Feldherr einer Republik, ein königlicher Held, ein genial leidenschaftliches Gemüt ist, das blieb bei der allzu sorgsamen Pflege dieser leidenden Menschlichkeiten unsichtbar. Und doch ist es nur solch Übermaß an königlicher Kraft, aus der verheerend auch der Mord hervorbrechen kann. Ganz genau so war in Kortners Coriolan eher proletarisches Rebellentum als aristokratisches Übermaß. – Auch hier fiel Matkowskys Schatten über die Szene. Zu königlichem Schwung, zu strahlendem Herrentum scheint auch Kortners Kraft in all ihrer Stärke nicht berufen – sie hat etwas Dumpfes, drohend Geballtes, sie hat deshalb einen sehr organischen Zug zu den „Erniedrigten und Beleidigten", zur ewigen Revolution in der Welt. Nicht strahlend, stumpf ist seine Größe. Was er mit den eckigen Quadersteinen seiner Stimme hinbaut, sind eher assyrische Königspaläste als griechische Tempel. In diesem wilden, zauberisch starken Blut scheint nicht die stolze Freiheit des Abendlandes, sondern die mystische Gebanntheit des Orients zu pochen. Aber auch für eine so gestimmte Kraft bietet die dramatische Literatur noch eine Fülle großer, zu höchster menschendarstellerischer Wirkung einladender Aufgaben. Dem von östlicher Leidenschaft überfluteten Herodes bei Hebbel kam seine statuarische Kraft weit näher als die geistreiche Zeichenkunst von Werner Krauss. Sein Shylock, ein fast rechteckig breiter, plumper Höhlenbär, war dem elastischen Tigertier des Krauss mindestens ebenbürtig. Und was hat Kortner für einen unheimlich geduckten Asiaten in Brechts „Dickicht" gespielt! und mit denselben sachten, gemessenen Bewegungen nur mit einer zarteren Belichtung des geistigen Tons den weisheitsvollen Chinesen in Shaws „Methusalem" oder den problematischen Halbasiaten in einer Rehfisch-Komödie! Und was für ein erdig dampfender Teufel war er bei Grabbe! Die Spannweite seiner Person ist wahrlich groß genug. Und eine Generation, die – neben manchen nicht geringern Kräften – zwei Schauspieler wie Werner Krauss und Fritz Kortner hervorgebracht hat, muß wohl eine schauspielerisch reiche genannt werden.

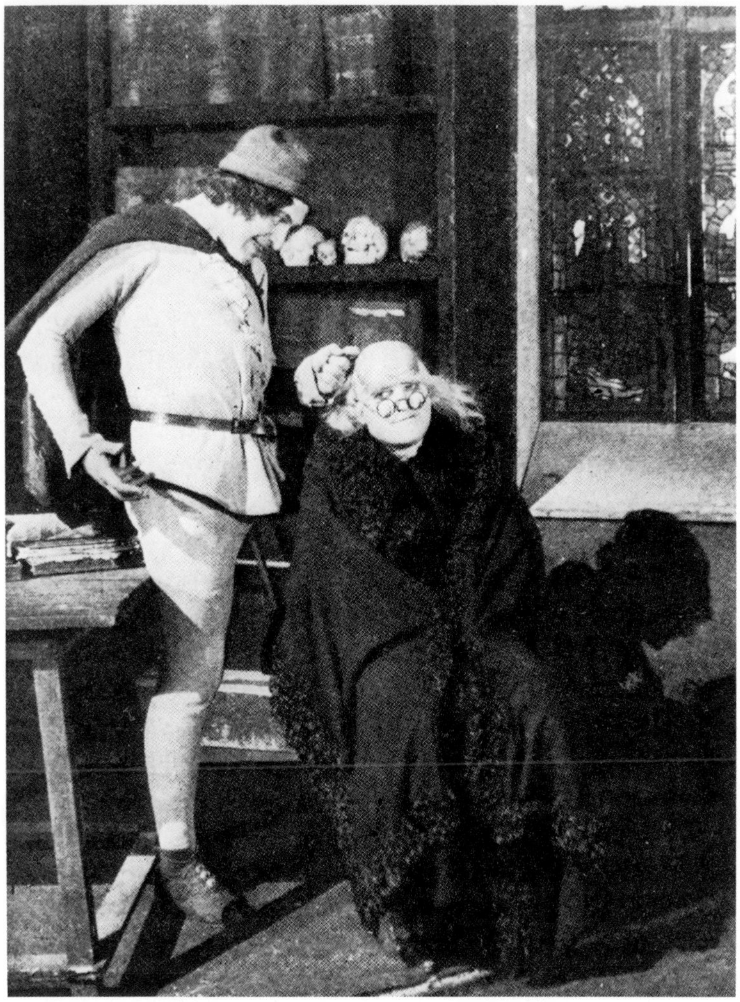
W. Krauss als Mephisto, K. Ebert als Baccalarius in Goethes „Faust", 1915

A. Moissi als Prinz von Guastalla in „Emilia Galotti", 1913

C. Eibenschütz als Julia, 1907

D. Sabo mit L. Weise in dem Stück „Filmzauber"

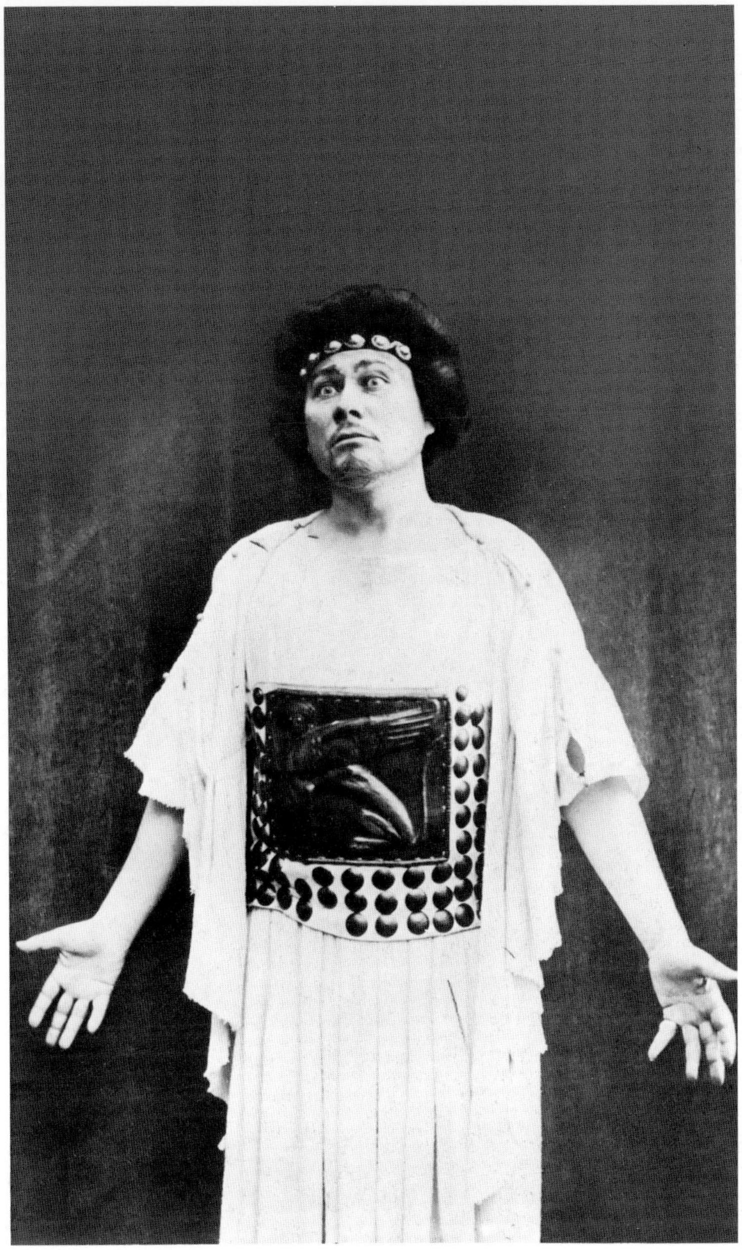
P. Wegener als Ödipus, 1910

H. Wassmann als Schlau

R. Großmann als Grumio in „Der Widerspenstigen Zähmung", 1909

C. Eibenschütz als Maria Wesener in Lenz's „Die Soldaten", 1916

H. Wassmann als Holzapfel in „Viel Lärm um nichts", 1912

L. Konstantin in Hofmannsthals „Jedermann", Zirkus Schumann 1911

H. Walden als Don Carlos, 1909

Else Heims in vier Rollen

als Minna, 1905

als Gretchen, 1909

als Beatrice in Schillers „Braut von Messina", 1910

als Olivia in Shakespeares „Was ihr wollt", 1907

H. Körner als Lady Macbeth, 1916

E. Bergner als Johanna, 1924

E. Bergner als Lady Macbeth

H. Körner als Lady Macbeth, 1916

König Ödipus, Zeichnung von E. Stern

Kapitel 4

Die Schauspielschule

Max Reinhardt

Rede zum 25jährigen Jubiläum

der Gründung der Schauspielschule des Deutschen Theaters Berlin

1930

Prof. Max Reinhardt 1930

Meine Damen und Herren! Der Regisseur dieses Abends, mein alter Jugendfreund Berthold Held, hat mir in seiner fürsorglichen Güte bei dieser Feier zwar eine stumme Rolle zugedacht. Er weiß von altersher, wie sauer mir das Reden wird, und in der Tat, ich wünschte, die Festlichkeiten, die aus dem Füllhorn dieses Jubiläums strömen, in stummer Ergriffenheit hinnehmen zu dürfen – wie in einem schönen Traum. Aber wer vom Theater ist, kennt die unheimliche Macht des Stichwortes. Und dieses Stichwort ist für mich gefallen.
Vor fünfundzwanzig Jahren habe ich diese Schule gegründet, um damals, selbst noch Nachwuchs erlauchter Vorgänger, für neuen Nachwuchs zu sorgen. Es war am Anfang dieses Jahrhunderts, und meine Mitarbeiter waren damals noch Alexander Strakosch, Siegwart Friedmann, Emil Milan, deren Namen heute für unser Theater schon eine fast mythische Bedeutung haben. Sie und manche andere, die hier Leben und Sterben gelehrt haben, sind inzwischen von der Bühne des Lebens abgegangen, und ihr einst so beredter Mund ist für immer verstummt. Aber die Schauspielschule selbst ist lebendig geblieben und wird hoffentlich noch lange lebendig bleiben.
Viele, und darunter viele der Besten, sind von der kleinen Bühne da oben auf die benachbarte Bühne des Deutschen Theaters gesprungen, haben sich tapfer bewährt und zum Ruhm dieser Pflegestätte beigetragen. Daß sie heute den, ach so kostbar gefütterten Mantel der Prominenz abgeworfen haben und sich im Vaterhause schlicht zusammenfinden – dafür verdienen sie allen Dank.
Das Theater ist heute bedroht, ich fürchte, mehr als je zuvor. In diesem Augenblick hat die Schule eine doppelt wichtige Mission. Es gilt nicht nur, das Handwerk zu lehren, das einen goldenen Boden hat. Es gilt auch, Ideale zu verbreiten, deren Boden nicht immer golden ist. Am stärksten droht, schattenhaft, aber doch sehr wirklich, der Film, das blasse Geschwisterkind des Theaters. Ich glaube an die große Zukunft des Films, seitdem er von der Stummheit erlöst ist und seit die Tür für den Dichter offen steht.

Aber das lebendige Theater wird nie vom Film verdrängt werden. Denn was das Theater vor ihm und vor allen anderen Künsten voraus ist, ist der lebendige Kontakt zwischen dem Schaffenden und dem Empfangenden. Wenn andere Kunstwerke aufgenommen werden, sind sie bereits vollendet und können sich nicht mehr ändern. Alle Arbeit am Kunstwerk des Theaters ist gewiß nicht minder sorgfältig und konzentriert, ebenso beglückend und beschwerend, aber sie bleibt doch nur Vorarbeit für das Eigentliche, das ich mich nicht scheue ein wahrhaftes Mysterium zu nennen. Am Abend, im Augenblick der Empfängnis, erheben sich Schauspieler und Zuschauer unversehens vom Boden der Wirklichkeit und umfangen sich geistig, seelisch, auch körperlich. Einmal wird man die Wechselströme, die von oben nach unten und von unten nach oben gehen, wissenschaftlich erforscht haben. In diesem Augenblick, in dem der Schaffende zugleich empfängt und der Empfangende mitschafft, wird das kostbare und unvergleichliche Geheimnis des Theaters geboren. Was der Schauspieler in solchen gewiß nicht alltäglichen glücklichen Augenblicken leistet, ist nicht sein Werk allein. Er ist über sich hinausgewachsen durch den künstlerischen Zeugungswillen einer ekstatischen Vielheit. Das Theater bezahlt freilich diesen höchsten Augenblick mit seinem Leben. Nichts bleibt davon zurück als ein Abglanz. Aber um dieses einmaligen Wunders wegen werden Schauspieler und Zuschauer immer wieder nach dem lebendigen Theater drängen und es erhalten ...

SCHAUSPIEL-SCHULE

DES DEUTSCHEN THEATERS

ZU BERLIN

DIREKTION: PROFESSOR MAX REINHARDT

VIERZEHNTES SCHULJAHR 1918/1919

DIE AUFNAHMEPRUFUNGEN FINDEN IN DER ZEIT VOM 1. BIS 30. SEPTEMBER STATT

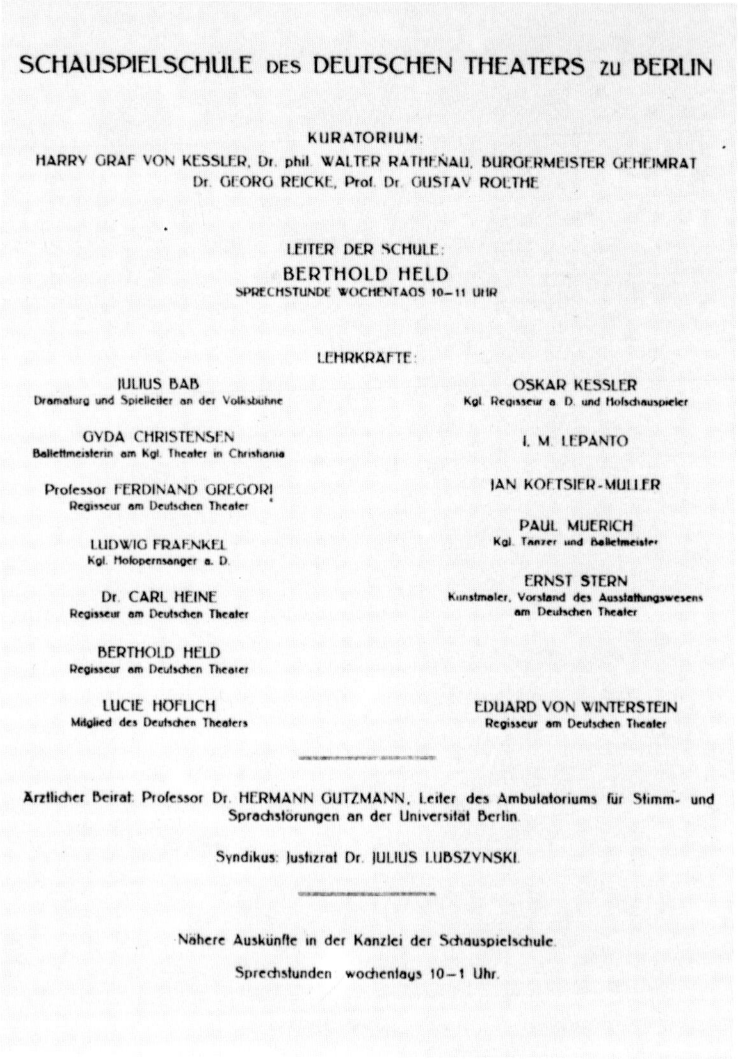
SCHAUSPIELSCHULE DES DEUTSCHEN THEATERS ZU BERLIN

KURATORIUM:
HARRY GRAF VON KESSLER, Dr. phil. WALTER RATHENAU, BURGERMEISTER GEHEIMRAT Dr. GEORG REICKE, Prof. Dr. GUSTAV ROETHE

LEITER DER SCHULE:
BERTHOLD HELD
SPRECHSTUNDE WOCHENTAGS 10–11 UHR

LEHRKRAFTE:

JULIUS BAB
Dramaturg und Spielleiter an der Volksbühne

GYDA CHRISTENSEN
Ballettmeisterin am Kgl. Theater in Christiania

Professor FERDINAND GREGORI
Regisseur am Deutschen Theater

LUDWIG FRAENKEL
Kgl. Hofopernsanger a. D.

Dr. CARL HEINE
Regisseur am Deutschen Theater

BERTHOLD HELD
Regisseur am Deutschen Theater

LUCIE HOFLICH
Mitglied des Deutschen Theaters

OSKAR KESSLER
Kgl. Regisseur a. D. und Hofschauspieler

I. M. LEPANTO

JAN KOETSIER-MULLER

PAUL MUERICH
Kgl. Tanzer und Balletmeister

ERNST STERN
Kunstmaler, Vorstand des Ausstattungswesens am Deutschen Theater

EDUARD VON WINTERSTEIN
Regisseur am Deutschen Theater

Ärztlicher Beirat: Professor Dr. HERMANN GUTZMANN, Leiter des Ambulatoriums für Stimm- und Sprachstörungen an der Universität Berlin.

Syndikus: Justizrat Dr. JULIUS LUBSZYNSKI.

Nähere Auskünfte in der Kanzlei der Schauspielschule.

Sprechstunden wochentags 10–1 Uhr.

Verzeichnis der Lehrkräfte an der Schauspielschule des Deutschen Theaters Berlin im Schuljahr 1918/19

Eduard von Winterstein

Vom Unterrichten

Von allen Fragen der Schauspielkunst wurde von jeher keine so vernachlässigt wie die des künstlerischen Nachwuchses, der systematischen Erziehung des werdenden Schauspielers. Wer ist berechtigt, zu lehren, der geniale Schauspieler, der, intuitiv schaffend, sich der Naturgesetze seiner Kunst gar nicht bewußt ist, oder der andere, beinahe wissenschaftlich arbeitende, dessen Leistungen ein Produkt aus Talent, Erfahrung, Wissen und Können sind?
Wann soll der junge Mensch auf seine Befähigung zum Schauspielerberuf geprüft werden? Vor Beginn seiner Lehrzeit? Gibt es einen Menschen, der reinen Gewissens die Verantwortung einer solchen Beurteilung auf sich nimmt? Man lege diese Fragen einer Anzahl von berufenen Vertretern unserer Kunst vor – soviel Köpfe, soviel Meinungen. Sei dem, wie ihm wolle, jedenfalls ist die Klärung all dieser Fragenkomplexe früher nicht mit der Wichtigkeit betrieben worden, die ihr zukommt.
Einen großen Fortschritt bedeutete vor 25 Jahren die Gründung der Schauspielschule des Deutschen Theaters. Hier wurde eigentlich zum erstenmal der ernsthafte Versuch gemacht, eine systematische, ungeschäftliche, auf langjährige Erfahrung gestützte Erziehung des Schauspielernachwuchses zu betreiben.
Mir, der ich viele Jahre als Lehrer an dieser Schule tätig war, bedeutet die Erinnerung an diese Zeit eine der schönsten meiner ganzen Berufstätigkeit. Es gab eine Zeit, da ich am Unterrichten mehr hing als am Spielen, so künstlerisch ausfüllend und befriedigend war mir diese Tätigkeit. Und ich habe die feste Überzeugung, daß ich ebensoviel gelernt wie gelehrt habe bei diesem Unterricht.
Ich hatte früher nie verstehen können, daß Max Reinhardt, den ich als wundervollen Schauspieler kannte und liebte, diese Betätigung seit seiner Regie- und Direktionsführung so voll-

ständig aufgeben konnte – aber da, in dieser Zeit, lernte ich ihn verstehen.
Es ist schon etwas Herrliches, einerseits den jungen Leuten zu zeigen, wie man eine Rolle anpackt, wie man ihr geistig nahekommt, wie man sie zu verstehen hat, wie man sie – mit einem Wort – studiert, und wie man dann mit seinen gegebenen künstlerischen Kräften sie zu meistern versucht. Aber das Allerschönste bedeutete doch mein eigenes künstlerisches Erleben. Wie bin ich selbst, der ich dieselbe Rolle mit unzählig vielen, ganz verschiedenen Individualitäten durchstudierte, in die einzelnen Rollen eingedrungen, habe sie bis in die kleinsten Fältchen durchleuchtet und erkannt.
Welche große und größte Darstellerin der Gretchen, Klärchen, Julia, der Judith, der Iphigenie, der Klara Anton, der Maria Stuart hätte diese Rollen so studiert, wie ich sie studiert habe. Und das schönste Lob, das ich in meiner ganzen Theaterlaufbahn erhalten habe, bedeutete der Ausspruch eines ehemaligen Schülers der Reinhardtschule: „Sie sind das beste Gretchen der deutschen Bühne."
Jedenfalls ist mir klar, daß ich selbst unendlich viel gelernt habe beim Lehren, und das scheint mir die schönste Frucht meiner Lehrerzeit.

Eduard v. Winterstein

Ernst Deutsch

Reinhardt und der junge Schauspieler

Der Traum des Knaben ist zur Wahrheit geworden. Er steht auf den Brettern. Die Ausrüstung ist mager. Zwar ist er hundertmal Zuschauer und Zuhörer gewesen, er hat sich »Ideale« gebildet, er hat Theaterschulen besucht oder beim großen Mimen Stunden genommen und nun bleibt von der ganzen Begeisterung nur das Zittern der Ungewißheit übrig. Aber der persönliche Kontakt mit denen, die ihm früher im unerreichbaren Olymp zu thronen schienen, läßt ihn allmählich zur inneren Ruhe kommen, die Augen öffnen sich – er sieht Mängel anderer und die eigene Nichtigkeit. Die Zeit der großen Zweifel wirft den jungen Schauspieler in gefährliches Chaos, aus dem eines Tages eine Erkenntnis ihn errettet.
Die Wirkung des Schauspielers beruht nur auf Suggestion. Die Sinne des Ungeheuers – Publikum – müssen gefesselt werden. Ohr durch den Wohlklang oder Penetration der Stimme, Auge durch Schönheit, Intensität, Pittoreskheit des Bildes. Beide, Auge und Ohr, sollen sich dann vereinigen zum

Der erste Jahrgang der Schauspielschule 1905

Die Schauspielschule im Wesendonckschen Palais in den Zelten 21 (1905 bis 1911)

Der fünfundzwanzigste Jahrgang der Schauspielschule 1930

Erwecken aller Töne der ganzen Gefühlsskala von leichtester Freudigkeit bis zur tiefen Erschütterung des Schmerzes. Auch das größte Genie unter den Schauspielern zieht diese suggestive Kraft, die sich in Wirkung umsetzt, nicht aus sich selbst allein. Kostüm, szenische Umgebung und Lichtwirkung unterstützen ihn. Bald aber fühlt er, daß das Erreichte nur eine Stufe sein kann auf der endlosen Leiter. So sehr auch Streben, Ehrgeiz, Arbeit, Leidenschaftlichkeit für Kunst und Erfolg angespannt werden, er fühlt, daß in ihm selber nicht alle Kräfte enthalten sind, um ihn weiter in die Höhe zu treiben. Und eines Tages erkennt er, daß der Helfer vor ihm steht. Er erblaßt, denn vor ihm steht einer, der so reich ist, daß er mit dem Überfluß seiner Schätze verschwenderisch sein kann. Was ist die Natur dieses Reichtums? Es ist auch nichts anderes als die ungeheuere Macht der Suggestivität, die er auf den Schauspieler überträgt und auf diese Weise eine ungeheuere Erhöhung des Schauspielermittels – Suggestion – herbeiführt. Nie fühlt selbst der junge Schauspieler, daß sein innerstes Wesen einer Vergewaltigung unterliegt, nie empfindet er Schwächung, der belebende Wert allein kommt zum Ausbruch. Es findet also eine Übertragung statt, – man könnte sagen – eine Veredlung wie die eines Baumes; denn alle Auswüchse werden zurückgedrängt, die vorhandene Kraft wird durch Zuführung eines neuen, fremden, edlen Elements zu einer Art Maximum von Leistungsfähigkeit getrieben. Der ganze Vorgang könnte gefährlich sein, wenn nicht Temperament und geistige Selbständigkeit des Objektes – des Schauspielers – erhalten blieben, so daß selbst, wenn die Zufuhr des Fluidums aufhören sollte, die Kräfte sich nicht vermindern können – vorausgesetzt, daß der Boden etwas wert ist, aus dem sie herauswachsen.

Julius Bab

Die junge Schauspielergeneration

Einer sehr berühmten Bühnenkünstlerin dieser Tage wird das Wort nachgesagt: „Unsere Direktoren engagieren sich alle erstklassige Köche und lassen sich dann von ihnen ausschließlich Wassersuppe zubereiten." Epigramme dieser Art haben natürlich das Recht, außerordentlich zu übertreiben. Wenn nur ein Kern von Wahrheit dabei ist! Und hier steckt in der Übertreibung unleugbar, traurigerweise, ein grimmiger Kern von Wahrheit. Nur daß ein Verschulden der Theaterdirektoren jedenfalls bloß zum kleineren Teil Ursache des so richtig gekennzeichneten Mißstandes ist. Denn wenn seit 15 Jahren in Deutschland das Repertoire meist darin besteht, daß schlechte Stücke ausgezeichnet gespielt werden, so liegt das eben zur größeren Hälfte daran, daß die junge Generation der Dramatiker außerordentlich viel literarischen Eifer, aber beängstigend wenig dichterisches Talent zeigt; – während die reinen Theaterkünstler, das heißt vor allem die Schauspieler, eine so reich gesegnete Talentperiode haben wie nur ganz selten!

Das hat natürlich im Wesen und Schicksal der Zeit seine tiefen Gründe. Aber wir wollen jetzt nicht dort hinabsteigen, wir wollen nur feststellen: nach der großen Periode des Naturalismus und nach dem Tode von Kainz und Matkowsky gab es eine trockene Zeit in der deutschen Schauspielkunst. Die paar merkwürdigen Begabungen, die Max Reinhardt im Anfang seiner Direktion noch neu zu finden und herauszubringen wußte (zu einem großen Teil aber waren es schon ältere Schauspieler, denen er nur die neue, fruchtbare Seite abgewann), sie waren lange Zeit die letzten. Zwischen 1904 und 1914 sind sehr wenige neue Talente von Bedeutung am deutschen Theater sichtbar geworden. Dann aber kamen sie wahrhaftig in Scharen. In einem ziemlich großen Zeitabstand folgten nun auf die Durieux und die Höflich (diese großen Neuentdeckungen des jungen Reinhardt): die Käthe Dorsch und die Bergner, die Agnes Straub und die Gerda Müller. Und auf Schildkraut und Wegener folgten nun nach 10 Jahren: Werner Krauss, Klöpfer, Ernst Deutsch und Kortner, Alexander Granach und Forster und George – und wie viele noch!

Denn das ist ja mit das Merkwürdigste: es handelt sich nicht um ein paar Prominenzen, deren Erscheinen so zufällig oder doch mindestens so unberechenbar sein könnte, wie das Genie es immer ist. In der ganzen Breite der deutschen Generation, die um die Jahrhundertwende geboren wurde, macht sich ein erstaunlich hoher Grad von Begabung bemerkbar. Man entdeckt nicht nur in den nachgerade zahllosen Extraveranstaltungen der unbeschäftigten Schauspieler in Berlin immer neu hervorragende Talente, man kann neuerdings in den Provinzstädten Aufführungen sehen von einem schauspielerischen Niveau, das man sonst für ein Vorrecht der Hauptstadt hielt.

Und noch eins: Allerlei ist wohl gegen die Theaterschul-Verhältnisse in Deutschland zu sagen, und es gibt bestimmt dort noch sehr dunkle Ecken; aber im ganzen kann es damit doch nicht gar so schlecht stehen, wenn diese Fülle von Talenten eine so zureichende, so förderliche Ausbildung fand. Wieviel überaus brauchbare, ja hervorragende Kräfte sind nicht im letzten halben Menschenalter allein aus der Schauspielschule des Deutschen Theaters zu Berlin hervorgegangen. Von den schon Genannten kommen Granach und die Gerda Müller in Frage. Aber auch hervorragende Komiker wie Paul Graetz, Otto Wallburg, Max Ehrlich sind da zu nennen. Junge Schauspielerinnen von Ruf und Reiz wie Else Eckersberg, Carola Toelle, Roma Bahn, Karin Evans, Camilla Spira, Ilse Baerwald, die große komische Begabung von Anne-Marie Haase und die klug-überlegene Schauspielkunst von Leontine Sagan sind aus der gleichen Schule hervorgegangen. Junge Männer wie Lothar Müthel, Wiemann, Ernst Karchow, Günther Hadank haben die gleiche schauspielerische Erziehung gehabt, und beinahe all die „jungen Schauspieler", die unlängst in der bekannten „Gruppe" so erfolgreich hervorgetreten sind, stammen aus Berthold Helds Kinderstube.

Aber auch außerhalb Berlins, an fast allen Bühnen des Reiches, sind Schüler dieser Schule in führenden Stellungen tätig.

Soviel Anteil an der Theaterentwicklung des jüngsten Deutschlands gehabt zu haben, erscheint mir Verdienst genug, um die Wirksamkeit eines Instituts zu feiern. – Die Schwäche der deutschen Dramatik mag uns mit Sorge erfüllen. Denn auf die Dauer wird die Entwicklung sicher vom dramatischen Dichter bestimmt. Aber in der Gegenwart entscheidet der Schauspieler. Und ihm ist es vorläufig zu danken, daß das Theaterleben in Deutschland trotz aller Schwächen in den letzten anderthalb Jahrzehnten an Lebhaftigkeit und Reiz so außerordentlich viel gewonnen hat. Die Schauspielschule des Deutschen Theaters hat ein ordentliches Stück Anteil an dieser zweifellos günstigen Entwicklung.

Goethe „Torquato Tasso", A. Abel als Antonio, E.v. Winterstein als Alfonso, A. Moissi als Tasso, 1913

Berthold Held

Die Erziehung des Schauspielers

Ich sage absichtlich Erziehung und nicht Ausbildung, weil die Ausbildung nur die Erlernung eines Teilgebietes, die Erwerbung von Fähigkeiten bedeutet, die Erziehung dagegen das Wesen des ganzen Menschen umfaßt. Die Schauspielkunst in ihren letzten Forderungen aber verlangt den ganzen Menschen, die Beherrschung aller geistigen, seelischen physischen Kräfte, die leichte Beweglichkeit des Körpers sowohl wie das rasche Erfassen aller Gefühlszustände. Erfassen – und wiedergeben!

Wir werden so oft gefragt: „Ist denn eine Kunst lehrbar, deren eigentliches Wesen im Gefühle liegt? Man hat Talent oder hat keines. Wozu lernen?“ Wir werden noch dringender gefragt: „Raubt nicht der Unterricht, der glättet, einteilt, seziert, gleich als wollte er die Staubfäden zählen, den Blütenstaub, den Reiz keuscher Unbefangenheit? Nimmt der Lehrer nicht mehr, als er zu geben vermag?“

Alle, die so fragen, haben in manchem recht. Unterricht kann schädigen, wenn er anstatt das Wesen des Individuums zu erkennen und dessen Besonderheit zu fördern, Selbstgewolltes einzwängen will. Der Lehrer soll keine Treibhauspflanzen züchten, keine regelrecht zugeschnittenen künstlichen Gewächse, denen die Kraft des Wachstums, die Ursprünglichkeit, Natürlichkeit, gewaltsam beschnitten wird, er soll nichts an Echtheit der Empfindung rauben, aber doch zum Verständnis für Kultur der Kunst erziehen, er soll lehren, mit den vorhandenen Mitteln zu rechnen, und wird dadurch von selbst zu weiser Beschränkung anleiten. Die Aufgabe eines vernünftigen Lehrers ist es, darauf zu achten, daß durch den Unterricht eines reich veranlagten Menschen nicht die Entwicklung der Besonderheit seiner Persönlichkeit Schaden nehme, denn diese muß dem Künstler gewahrt werden. Das ist die Grenze, an der der Lehrer sich zurückzuziehen hat.

Oft und immer wieder haben die bedeutendsten Männer, denen das Theater mehr als Ort der Zerstreuung war, die Notwendigkeit einer Schule des Schauspiels betont. Welche Kunst kann denn ohne Studium Großes erreichen? Gewiß können in einer Kunst keine Regeln, die am Schreibtisch ersonnen sind, doziert, sondern die Gesetze können nur den Kunstwerken, großen Vorbildern entnommen werden. „Was große Meister von selbst schaffen, wird von anderen in eine gewisse Ordnung gebracht und wird so zur Schule.“ Diese großen Meister sind die auserwählten genialen Naturen, die wohl neue Werte schaffen, aber in ihren Anfängen immer wieder Gesetzen unterworfen sind, ehe ihnen der große Wurf gelingt. Der Naturalismus glaubte aller Lehre entbehren zu können, ihm galt das Axiom: „Mist ist Mist, warum ihn parfümieren?“ Unsere Zeit stellt wieder andere Ansprüche.

Das bewußte Schaffen, das Handwerkliche gewinnt an Wert, man erinnert sich, daß Kunst von Können stammt. Darum muß bei der Erziehung des Schauspielers die größte Sorgfalt auf Erlernung aller technischen Fertigkeiten gelegt werden. Allem voran auf die Beherrschung des Wortes. Der Schauspieler muß sprechen können, unbekümmert um die ironischen Bemerkungen, daß ein guter Sprecher ein schlechter Schauspieler sei. Das ist Humbug. Dilettanten-Geschwätze. Die Beherrschung der Sprache, mit Rücksicht auf Klang, Tonfarbe, Tonstärke, Deutlichkeit, Richtigkeit, mit allen den vielen Schattierungen des Ausdrucks muß zu einer Sicherheit werden wie die des Artisten, der mit Bällen jongliert. Durch Nichtachtung der Gesetze hygienischer Stimmbildung sind schon viele Künstler vorzeitigem Ruin verfallen. Gleich wichtig ist die Beweglichkeit des Körpers, wozu Gymnastik-, Tanz- und Fechtunterricht unbedingt zu fordern und mancher Sport, wie Reiten, Schwimmen, zu empfehlen ist.

Großes Gewicht lege ich darauf, daß der Schauspielschüler sehen und hören lerne. Um zu sehen, werde er in die Museen geführt. Nicht nur aus Kostümwerken schöpfe er seine Kenntnisse. Die Meisterwerke der Malerei und Plastik seien ihm Vorbilder für die Trachten, den Gesichtsausdruck, die Körperhaltung, die Stellung innerhalb von Gruppen, die Verteilung von Licht und Schatten, die er wieder geistig übertrage auf die Kunst der Rede. Er sehe genau und beobachte dann mit geschultem Auge das Leben um sich her. So aus der Wirklichkeit schöpfend, durch Kunst geläutert, wird er künstlerische Natürlichkeit schaffen.

Und endlich *hören!* Es ist nicht zu verlangen, daß jeder Schauspieler von Haus aus musikalisch sei. Wer es ist, hat einen großen Vorsprung, aber ich möchte unter musikalisch etwas anderes verstanden wissen, als dies gemeinhin geschieht. Ich halte nicht jeden Kapellmeister und Sänger für musikalisch in dem Sinn: „Musik zu haben in ihm selbst“. Der Sprachunterricht geschehe auf musikalischer Grundlage, damit die Sprache klinge und Wohllaut gewinne, und weil dadurch das Gefühl für Rhythmus und Stil geweckt wird. Das aber sind zwei der wichtigsten Erfordernisse für den dramatischen Künstler: Rhythmus und Stilgefühl! In der Bewegung des Armes kann Musik liegen. Und so meine ich, gibt es tonlose Musik. Jeder Mensch hat seine besondere Melodie in der Sprache, seinen besonderen Rhythmus in den Bewegungen. Das Leben um uns her mit all seinen Geräuschen, seinen schrillen Dissonanzen, seinem Lärm der Straße und dem Atem der stillen Zimmer, mit allem Lachen, Weinen, Stöhnen, Seufzen, Jubeln ist lauter Musik. Dafür schärfe man das Ohr des werdenden Künstlers.

C. Eibenschütz, A. Moissi in „Romeo und Julia", 1907

Gegen diesen Unterricht können andere theoretische Fächer zurücktreten, Literatur, Theatergeschichte usw. Der Lernbegierige hat überall Gelegenheit, sein Wissen zu vervollständigen. Der Schauspieler sei weder ein akademisch gebildeter, alles wissenschaftlich kommentierender, noch ein sich einseitig dem Gefühl hingebender Mensch, sondern ein geistig und körperlich leicht bewegliches, alles verstehendes, schnell erfassendes, auf alle Anregungen sofort reagierendes Instrument.

Der heutige Schauspieler muß Alles können, er soll Sprecher, Sänger, Tänzer, Musiker, Akrobat sein; er soll alle Stile und Spielarten beherrschen, den klassischen Vers, den leichten Konversationston, die stilisierte Sprache, alles: von Sophokles und Plautus über Shakespeare, Hans Sachs, die Klassiker, Kotzebue und Iffland, Lenz und Büchner, Sardou und Blumenthal-Kadelburg, Hauptmann und Sudermann – bis zu Stramm, Lampel, Schäferdiek und zu den Jüngsten und Allerjüngsten, deren Erstlingswerke ausprobiert werden können, auch wenn es keine Meisterwerke sind. (Wären sie das, dann brauchten sie Versuch und Hilfe nicht.) Warum das Experiment ausschließen? Wo anders kann mit geringerem Risiko experimentiert werden? Ich will mich nicht abhalten lassen, mich auch des unferigen Stammlers anzunehmen, wenn ich dahinter den Herzschlag eines Menschen verspüre.

Durch häufige Übungsabende wird eine umfassende Leistungfähigkeit erzielt, wozu auch die Beherrschung des Bühnenraumes, Sicherheit im Auftreten, Selbstverständlichkeit aller Bewegungen gehört. Diese darf nicht als vorzeitige Routine geschmäht werden. Solche Fertigkeit *muß* angestrebt werden, weil ja der Anfänger im ersten Engagement, unter lauter bühnensicheren Schauspielern nicht durch Unbeholfenheit auffallen darf. Gerade das ist ja der größte Vorteil, den die Gemeinschaftsarbeit vor dem Einzelunterricht voraus hat, der seinerseits wieder ein persönlicheres, intensiveres Studium ermöglicht.

Aus all dem Ausgeführten ergeben sich die Aufgaben eines dramatischen Unterrichts von selbst. Es genügt nicht, ein wenig Sprechunterricht vorzunehmen und eine Anzahl Rollen zu lehren, es soll ein neuer Mensch geschaffen und diesem eine Welt voll Schönheit, der Tummelplatz aller menschlichen Leidenschaften gezeigt, die Pforte des Erlebens dem jungen Menschenkind geöffnet werden. Darum auch stehe der dramatische Lehrer auf einer höheren Verantwortungsstufe als jeder andere Lehrer. Er hat nicht nur in eine Wissenschaft einzuführen oder auf das Gemüt zu wirken, sondern zu einer Zeit, da das junge Mädchen und der Jüngling in den für alle Eindrücke empfänglichsten Jahren stehen, wo die Lebenslust zu erwachen beginnt, ihnen eine Welt der Leidenschaften zu eröffnen, wie sie kein anderer Beruf kennt. Er muß Pädagoge und Künstler sein, selbstschaffend und ein Echo seiner Zeit und seiner Umwelt.

Die Schule soll dem Schüler für sein ganzes künstlerisches Leben den Rückhalt geben und ihn auch zum disziplinierten Menschen erziehen.

Man verschweige dem Zögling nichts von den Schwierigkeiten des Berufes. Die Schulzeit ist die letzte seines sorglosen Lebens. Ist diese vorüber, und wird die schützende Leine losgelassen, dann heißt es: „Schwimme, wer kann. Wer zu plump ist, geht unter."

Geniale Kraftnaturen bahnen sich wohl mitunter selbst den Weg und ersetzen, was ihnen an Ausbildung fehlt, durch künstlerischen Instinkt, meistens aber durch nachträgliches Studium des früher Versäumten. Wo dies nicht geschieht, bleiben Schwächen immer wahrnehmbar, die nur darum milder beurteilt werden, weil als Gegengewicht ein starkes Können, eine außergewöhnliche Natur, eine suggestive Persönlichkeit wirken. Nun sind aber diese außergewöhnlichen Naturen nur sehr seltene Erscheinungen, und wir können auch im praktischen Berufe gar nicht lauter Genies, nicht nur Protagonisten gebrauchen. Wir brauchen tüchtige, gute Schauspieler, wie die Industrie gelernte Arbeitskräfte braucht, und die Aufgabe einer Schule ist erfüllt, wenn es ihr gelingt, jeden einzelnen künstlerisch und menschlich zu einer schaffenden Persönlichkeit – auch in seinem kleinen Bezirke – zu erziehen.

Freilich muß eines berücksichtigt werden. Die nächste Entwicklung des Theaters und dessen besonders kritische Wirtschaftslage werden auch an den Durchschnitt immer höhere Anforderungen stellen und darum eine noch vorsichtigere Auswahl der Schüler notwendig machen.

Zu den schwierigsten, dem Lehrer oder der Lehranstalt zugemuteten Aufgaben gehört die vorherige Beurteilung des Talentes, denn die selbstverständliche Voraussetzung des Unterrichts sei die Begabung des Schülers. Wie steht es nun damit? Wer vermag zu behaupten, daß sein Urteil ihn nicht täusche, und wie viele haben sich schon getäuscht? Große Anfangstalente, die beim ersten Vorsprechen überraschten, fanden keine Entwicklung und gingen unter, anfangs schüchterne, verschlossene, in ihrer Empfindungsäußerung gehemmte Menschen erlangten eine ungeahnte Entwicklung durch Unterricht. Wer trägt die Verantwortung für sein Ja oder Nein? Wobei immer die Verantwortung für eine unrechtmäßige Ablehnung vorzuziehen ist.

Das ist die Kehrseite der Medaille, deren Schönheit die Freude ist, jungen Menschen etwas von seiner Erfahrung mit auf den Weg zu geben. Und man gebe sein Bestes. Man gebe es mit Wärme und Selbstopferung. Dies Opfer trägt Früchte, denn man schafft einem neuen Geschlechte den Boden für eine harmonische Zukunft. Nur so aber fasse der Lehrer seinen Beruf auf. Nur so wird er sich auch die Achtung seiner Berufsgenossen erwerben. Er führt ihnen ihre künftigen Kollegen zu, er trägt mit die Verantwortung für das Niveau des ganzen Standes. Darum kann die Aufnahme und Erziehungsarbeit gar nicht streng genug gehandhabt werden. Die Aufnahme – weil der Schmerz der Zurückweisung leichter überwunden wird als die spätere Existenzlosigkeit, der wirtschaftliche und damit körperliche und geistige Zusammenbruch –, die Erziehung, weil die Disziplin, Pünktlichkeit, Zuverlässigkeit im Theater-

M. Fein als M. Stuart, 1915

V. Arnold als Baptista in „Der Widerspenstigen Zähmung", 1909

betriebe als ebenso unbedingte Forderungen zu erfüllen sind wie die künstlerische Leistung. Darum stimme ich ja auch nicht in den Chorus gegen die theaterwissenschaftlichen Institute ein, deren Aufgabe es ist, mit dem Künstlerberufe vertraute Theaterbeamte heranzuziehen. (Nicht aber Regisseure und Schauspieler.) „Wird der zukünftige Theaterbeamte der künstlerischen Empfindung nicht entbehren, und wird der Schauspieler bei aller Wahrung seiner künstlerischen Freiheit etwas von der Disziplin des „Beamten" in sich aufnehmen, dann wird eine ethische Grundlage geschaffen sein, die auch der wirtschaftlichen Existenz des Theaters zugute kommen wird."

Und der Schüler? Er trete entblößten Hauptes in den Hain. Ich hasse blasierte Babys. Begeisterung im Anfang, Begeisterung bis ans Ende. Warum wird man Künstler, warum wählt man den künstlerischen Beruf? Es gibt nur eine wirkliche Begründung: aus Lebensüberschuß! Wer den nicht hat, wessen Blut nie in Wallung gerät, wessen Puls nie im Sturmtempo schlägt, wer nüchtern sein Leben lang bleibt, wer in kühl berechnender Überlegung erwägt, wieviel er verdienen wird, der bleibe diesem Gefahrenberufe fern.

Sachlichkeit ist eine künstlerische Forderung, die große Künstler schon immer erfüllt haben. Nur soll diese Sachlichkeit nicht in Nüchternheit ausarten. Der Lebensüberschuß kann den Menschen zum Verbrecher, zu lasterhafter Ausschweifung oder – wenn Erziehung für genügende moralische Hemmung gesorgt hat, zur künstlerischen Betätigung führen. Künstlerische Spitzenleistungen werden aber nur erreicht, wenn der Künstler von seiner Sendung erfüllt, wenn er von seinem Berufe besessen ist. Fehlt ihm diese Besessenheit, diese Fähigkeit unbedingter, restloser Hingabe, dann bleibt er zur Mittelmäßigkeit verdammt, dann ist, was er tut, Prostitution. Er enthüllt sich bei innerer Leere um eines bezahlten Preises willen. Hemmungslosigkeit verbietet innere Teilnahme, darum ist der Hemmungslose im günstigsten Falle ein Routinier – eine ganz wertlose Gattung.

Der gehemmte Mensch ist der wertvollere. Der künstlerische Wert freilich liegt in der Überwindung dieser Hemmung. Wessen Hemmung unüberwindbar bleibt, der ist zum künstlerischen Beruf ungeeignet. Die Enthüllung seines Inneren kann unter Qual erfolgen und zu einem Martyrium werden, aber sie muß endlich erfolgen. Die schauspielerische Leistung ist eine Selbstvernichtung, ein Sich-Auslöschen, um im Kunstwerke neu zu erstehen, das, was Goethe „Stirb und werde" nennt: „Wenn du das nicht hast, dieses: Stirb und werde! bist du nur ein trüber Gast auf der dunklen Erde." Schauspieler aber sollen nicht trübe Gäste, noch soll die Erde ihnen dunkel bleiben. Sie haben ein Anrecht auf Lebensfreude, hell aber wird ihr Leben und dauernd die Lebensfreude nur sein, wenn sie nicht um des Augenblicks willen, sondern um der dauernden Wirkung willen schaffen, wenn sie alles Äußerliche mißachten, allen Bluff und allen Firlefanz, wenn sie sich zu einer Gemeinschaft wahrer wesentlicher Menschen entschließen. Solcher Entschluß erfordert Opferwilligkeit, Verzicht auf manche Eitelkeit, aber solch oft verhöhnter Idealismus ist es allein, der bei den in eines jeden Leben unausbleiblichen Rückschlägen inneren Halt bietet. Außerordentlich zutreffend waren darum die Worte, die Max Reinhardt bei Eröffnung der Wiener Schauspielschule sprach: „Seien Sie wahr! Spielen Sie nicht Komödie. Weder im Leben noch auf der Bühne. Die stärkste Macht ist die Wahrheit, die letzte, die innerlichste, brennende Wahrheit. Zeigen Sie den Geschminkten Ihr ungeschminktes Antlitz und überlassen Sie ihnen, die weder Zeit noch Beruf haben, zu sich selbst zu kommen, die falschen Posen, die konventionellen Lügen, das unechte Pathos und die Fabrikware gebrauchsfertiger Gefühle. Lernen Sie sich selbst kennen. Ertappen Sie sich unbarmherzig auf jeder Lüge. Es ist nicht die Welt des Scheins, die Sie heute betreten, es ist die Welt des Seins."

Ich möchte hinzufügen: „Mißachten Sie auch snobistische Schönrednerei, Klugschwätzerei und Schlagwörter-Phraseologie."

All das ist Gegenstand der Ausbildung und Erziehung in der Schauspielschule. All das? Ach, noch viel mehr. Die Schule, die mir als Ideal seit vielen Jahren vorschwebt und die zu errichten mir versagt bleiben wird, die den letzten Anforderungen unserer Zeit und der Theaterentwicklung entsprechende Schule existiert noch nicht, trotz der Schauspielschule des Deutschen Theaters und trotz der staatlichen Schulen noch nicht. Eine solche Schule, ausgestattet mit reichlichen Bühnenräumen und Räumen für jede Art sportlicher Betätigung, mit der Möglichkeit eines ununterbrochenen Trainings zum Ziele höchster Leistungsfähigkeit und vollendetem sprachlichem, mimischem, körperlichem Ausdrucksvermögen kann künstlerisch und materiell nur von den Berufsorganisationen: dem Deutschen Bühnen-Verein, der Genossenschaft Deutscher Bühnenangehörigen, der Filmindustrie unter Beihilfe staatlicher und städtischer Mittel geschaffen werden. Solange diese Schule nicht ins Leben gerufen werden kann, ist die Frage, ob staatliche, ob Privat- oder den Theatern angegliederte Schule, ob überhaupt Schul- oder Privat-Unterricht vorzuziehen sei, von nebensächlicher Bedeutung; für und gegen jede dieser Unterrichtsarten kann mancherlei gesagt werden.

Für jede Art von Theaterschulen aber gelte als Grundbedingung – die allein die materielle Beihilfe von Staat, Stadt, Theaterleitung oder Filmindustrie rechtfertigt – daß eine Schule nicht als Gegenwartsgeschäft, sondern als eine Pflanzung zu betrachten und in dem Bewußtsein zu führen sei, daß in der guten Ausbildung des Nachwuchses ein wertvoller Wechsel auf die Zukunft gegeben wird.

„Hamlet", Szenenfoto, Deutsches Theater 1909

Kapitel 5

Inszenierungen

Regiebuch
Massenregie
Probenarbeit

Max Reinhardt

Das Regiebuch

Man liest ein Stück. Manchmal zündet es gleich. Man muß vor Aufregung innehalten im Lesen. Die Visionen überstürzen sich. Manchmal muß man es mehrfach lesen, ehe sich ein Weg zeigt. Manchmal zeigt sich keiner. Dann denkt man an die Besetzung der großen und kleinen Rollen, erkennt, wo das Wesentliche liegt. Man sieht die Umwelt, das Milieu, die äußere Erscheinung. Manchmal muß der Schauspieler der Rolle angepaßt werden, wenn das möglich ist. Manchmal die Rolle dem Schauspieler. Das gelesene, das gespielte Stück. Niemals eine absolute Kongruenz. Idealfall, wenn der Dramatiker für seine Schauspieler schreibt, ihnen die Rollen auf den Leib schreibt. Shakespeare, Molière (für sich selbst), Nestroy, Scholz. Der Dramatiker als Regisseur. (Die Franzosen.) Die Objektivität fehlt. Schließlich hat man eine vollkommene optische und akustische Vision. Man sieht jede Gebärde, jeden Schritt, jedes Möbel, das Licht, man hört jeden Tonfall, jede Steigerung, die Musikalität der Redewendungen, die Pausen, die verschiedenen Tempi. Man fühlt jede innere Regung, weiß wie sie zu verbergen und wann sie zu enthüllen ist, man hört jedes Schlucken, jeden Atemzug. Das Zuhören des Partners, jedes Geräusch auf und hinter der Szene. Der Einfluß des Lichtes. Und dann schreibt man es nieder, die vollkommenen optischen und akustischen Visionen wie eine Partitur. Man kann kaum nachkommen, so mächtig drängt es an, eigentlich geheimnisvoll, ohne Überlegung, ohne Arbeit. Begründung findet man später. Man schreibt es hauptsächlich für sich. Man weiß gar nicht, warum man das so oder anders hört und sieht. Schwer aufzuschreiben. Keine Noten für Sprechen. Erfindet seine eigenen Zeichen. Der gute Schauspieler, den man kennt, steht vor einem. Man komponiert ihn hinein, weiß, was er machen kann und wie und was er nicht kann. Man spielt alle Rollen. Dann liest man das Geschriebene vor der Probe durch, ändert das und jenes, fügt hinzu. Aber das ist gewöhnlich wenig. Man spricht mit den Schauspielern über ihre Rollen, sagt das Wesentliche. Dann kommt die Leseprobe. Man sagt keine Details, nur denen, die man schon genau kennt. Aber man macht ihnen Lust. Kardinalfrage: sie müssen glücklich sein, freudig, zuversichtlich, müssen an sich, ihre Rolle glauben – auch der, der die kleinste hat. Man hört zu, kriegt neue Ideen; mancher Zufall spielt mit. Manche ärgern sich, sind wütend über ihre Rollen. Einige lachen, weinen außerhalb ihrer Rollen. Man belauert sie, fischt, hält fest. So müssen Sie schreien, schweigen, aufbrausen in dieser und jener Szene, wie Sie es jetzt getan haben, als Sie sich über die Rolle beklagt haben. Man verhaftet Tonfälle, Bewegungen, spioniert. Manche wollen Hintergründiges hören, tiefere Absichten. Viele wollen nur edle Charaktere spielen. Ein großer Schauspieler lehnt den Cassius im „Cäsar“ ab, weil er „Dreck am Stecken“ hat. So was kann er und will er nicht machen. Einige haben eigene Ideen, wollen den lustigen Teufel durchaus als gefallenen Engel spielen. Tragisch, großartig. Man nickt interessiert, bestätigend. Die einzelnen Auffassungen haben selten irgendeine Wichtigkeit, aber man nimmt sie wichtig. Man läßt sich überzeugen. Manche spielen gleich etwas vor. Das ist schon wichtiger, interessanter und oft irgendwie zu verwerten. Dann kommen Proben, in denen die Schauspieler lesen. Manche lesen lange, lernen schwer. Man sagt die Stellungen, spricht über die Absichten des Dichters, legt Tempo, das Allgemeine fest. Dann überläßt man am besten einige Proben dem Assistenten. Das ist gut. Der Schauspieler fühlt sich freier, weniger bedrängt. Der Assistent überwacht den Text, die Stellungen, die Hauptaktionen und läßt die Schauspieler möglichst ihre eigenen Wege laufen. Diese ersten, zweiten, dritten, vierten Proben sind meistens langweilig. Kampf mit dem Text, mit dem Gedächtnis. Dann kommt man, hört zu. Manches ist neu, interessant, persönlich geworden. Man ändert, verwirft, baut manches neu auf. Man hat von vielem ein neues Bild, spricht mit dem Autor, findet heraus, was für den und jenen Schauspieler geändert, gestrichen oder neu aufgebaut werden muß. Alles ist im Fluß. Nun beginnt die Arbeit. Man rückt mit den Einzelheiten heraus, probiert, legt fest. Über die Bereicherung des Tonfalls, der Melodie der Sprache. (Das Tempo von Kainz. Rasend, ohne Interpunktionen. Phänomenales Gedächtnis. Jüdischer Tonfall. Ich kann, sie müssen. Das ist der Unterschied. Tonfälle und Gebärden der Duse und ihr Einfluß auf nordische Schauspielerei. Rossi, Novelli. Die heisere Stimme in der Erregung. Das gleichzeitige Sprechen. Die Pausen: Lears Erwachen, Cordelia. Antoine [„Gespenster“], Gänge um das Zimmer. Einwirkung auf Hauptmann.) Die Bedeutung der Pause: das Wichtigste im Sprechen wie das Stehen-bleiben-Können das Wichtigste beim Skilaufen ist. Ein Pferd zügeln. Die Steigerung nach unten. Die vollkommene Auflösung der Interpunktion. Komma: undramatisch, akademisch, buchmäßig. Das Dramatische ist der Punkt mitten in einem Satz. Das Denken, das Bilden eines Gedankens. Seine Entstehung, das Suchen nach Worten, namentlich, wenn sie ungewöhnlich sind. Das Zuhören. Das In-die-Augen-Sehen. Wie es den Ton verändert. Wie Füße, Hände, Blicke reden. Das Gehenkönnen in der Erregung. In der Ruhe. Der Stellungswechsel. Das Spielen mit dem Requisit. Möbel, Tische, Stühle, Wände einbeziehen als Ausdrucksmittel. Nichts Zufälliges. Kein Möbel, das nicht mitspielt, nur als Dekoration verwendet wird. Da jede Bewegung, jeder Blick, jeder Gang, jede Pause etwas bedeuten und ausdrücken muß, keine zufälligen, nichtssagenden Blicke, Gänge, Bewe-

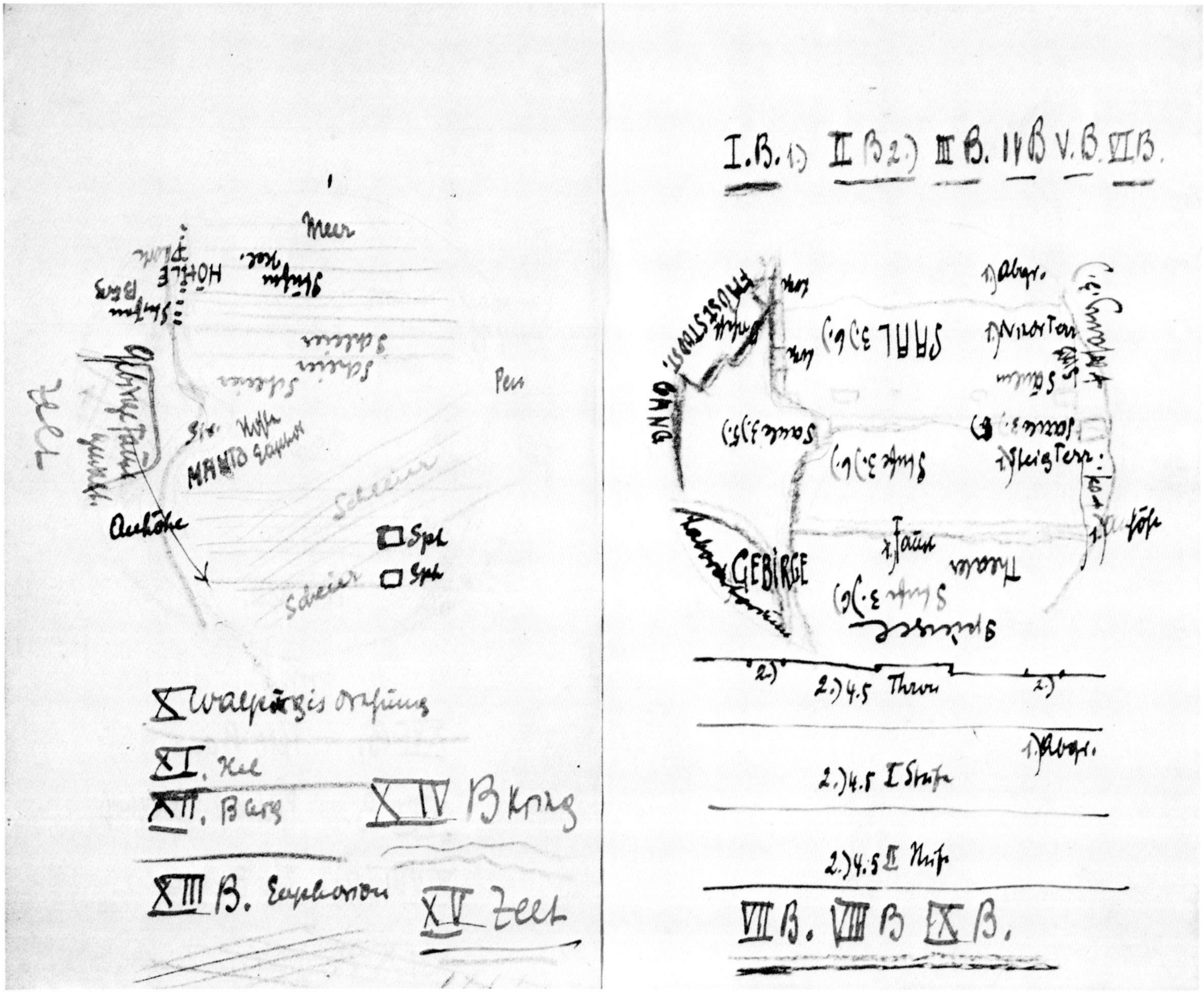

Aus dem Regiebuch „Faust I", Deutsches Theater 1908

gungen, Pausen. Äußerste Sparsamkeit wie mit dem Wort, dessen letzte Knappheit eine Vorbedingung für das Drama ist. (In der Oper noch weniger Bewegungen.) Deutlichkeit, Plastik, Monumentalität. Die Schauspieler haben alles mitzuteilen. „Sie müssen alles ausplaudern." (Shakespeare), wenn auch nicht vorzeitig. Jago darf nicht als Schuft wirken (der er ist, nur aus eingeborener Lust am Bösen, ohne sichtlichen Gewinn für sich selbst), sondern als grober Biedermann, Brustton, der kein Hehl aus seinem Herzen machen kann. Ein wirklicher Säufer, der dem Laster des Trunks ergeben ist, darf nicht torkeln. Er bemüht sich, sein Laster zu verbergen. Er ist korrekt gekleidet und versucht besonders nüchtern und beherrscht zu wirken. Der Professor bei Krafft-Ebing vor den Studenten (Munch). Nur der den Narren spielt, will närrisch wirken. Der wirkliche Narr erscheint zunächst gar nicht närrisch. Irgendeine zufällige Wendung, eine plötzliche, unerwartete und unbegründete Erregung verrät ihn. Der Ausdruck der Gemütsbewegung bei Kindern und Tieren ...

Man versucht das und jenes, hält sich nie eigensinnig an das, was man aufgeschrieben hat, bleibt offen für alles, schon um dem Schauspieler den weitesten Spielraum zu geben und um ihm vor allem Lust und immer wieder Lust zu machen. Denn dann wird er am besten sein. Kritik ist eine gefährliche, oft tödliche Waffe. Brahm hatte fast immer recht. Er war der beste, fast unfehlbare Kritiker. Aber er deprimierte. „Legen Sie großen Wert auf die Nuance? Lassen Sie sie weg." Der Schauspieler ist ein Mondwandler. Er spaziert im Traum an gefährlichen Abgründen.

Max Reinhardt

Aus dem Regiebuch „Ein Sommernachtstraum"

1905

Kostüme

Im I. Bild Palast: Theseus u. Gefolge

Gobelin. Gewänder aus einem grobmasch. Gobelin-Kanvas, der in verschiedenen alten Gobelinfarben bemalt erscheint. *Im letzten Bild* erscheinen *Theseus u. Gefolge* in Prunkgewändern zum Feste.

Die Handwerker: in sehr einfachen Kostümen, die Beine, Arme und Hals möglichst freilassen.

Die Elfen: leichte zarte Schleier in feinen Übergangsfarben: lila, violett, hell und dunkel, dann soll grün bis dunkelgrün in allen Schattierungen ebenso vom zartesten Hellblau bis nachtblau. Ferner irisierende Schleier, regenbogenfarben, dann grau, weiß, gold und silbern schimmernd.
Auch Kleider aus Blumen u. z. B. grünes Gras mit Tauperlen (Glas).
Die Kinder in fleischfarb. Trikots, aber wattiert mit kleinen Flügeln.
Die Flügel verschieden: weiß, bunt, durchsichtig und leuchtend, groß und klein.
Keine Schuhe.

[Erster Aufzug:]
[Erste Szene. Ein Saal im Palaste des Theseus.]

Hornruf.
1. Klingelzeichen: dunkel bis auf Kranz
2. Klingelzeichen für Orchester, Ouvertüre. 1. Hauptvorhang hoch. Plüschvorhang bleibt.
3. Klingelzeichen: Kranz aus. Bühnenmusik beginnt.
4. Klingelzeichen: Vorhang hoch.
Mantel: tief
Beleuchtung: doppelt weiß, etwas rot.

Zwei starke Säulen (erste Gasse), durch Konliovenwagen in den Bühnenrahmen geschoben, flankieren die Szene, die nach rückwärts durch einen hohen breiten Vorhang abgeschlossen erscheint. Dieser Vorhang hängt an einem Zuge knapp hinter den Säulen. Der Vorhang ist, wie die Kostüme des I. Bildes, aus einem grobmasch. Gobelinstoff u. zeigt nur strenge ornamentale Querstreifen, unten und oben gleichf., als Rahmen des ganzen Bildes, das wie ein Gobelin wirken soll.
Links steht auf einer Estrade eine doppelsitzige Thronbank, zu welcher etwa zwei, drei Stufen führen. Die Bank gleichfalls in Gobelinfarben. Quer über die Bühne läuft ein langer schmaler Purpurteppich.

Der Zug beginnt beim Aufgehen des Vorhangs rechts von rückw. Die Musik wird lauter, geht über die Bühne und verstummt beim Eintritt des Egeus. Philostr. geht rasch auf die Estrade und führt Hippol. an den Thronsitz.
Der Page hinter dem Herold trägt einen Maienbaum mit Bändern. Die Herren haben Stäbe, die mit Rosengirlanden umwunden sind, die Damen große Zweige mit Maiblumen. Thes. und Hippol. haben Kränze im Haar.
Die Musiker und Pagen sind gleichfalls mit Blumen geschmückt. Die Pagen tragen Maienzweige, Herold einen Maienbusch an seinem Stab.

[Zweite Szene. Eine Stube in einer Hütte.]

Mantel: tief
Beleuchtung: Totale Dunkelheit zuerst. Wenn die Laterne kommt, langsam heller: Fußrampe. Wenn die Laterne vorne steht, Scheinwerfer aus dem Souffleurkasten. Schatten a.d. Wand. Zuletzt der Mond durchs Fenster.
Niedrige Stube, rückwärts hoch oben links ein breites, offenes Fenster, rechts enge, niedrige Türe. An den Wänden Bänke. Hobelbänke vorne an der Rampe. Ein niedriger Tisch mit Lade. Werkzeug. In der Mitte ein Holzklotz.
Der Vorhang geht ganz geräuschlos hoch, so daß man nach Möglichkeit nicht merkt, daß die Szene, die total finster ist, bereits frei ist.
Nach einer Minute erscheint eine große Laterne, die Squenz trägt; er hat die Türe geöffnet, ist eingetreten, läßt nun die andern herein, indem er jeden Eintretenden mit der Laterne ins Gesicht leuchtet. Die Männer treten ernst und schweigsam ein und rotten sich schweigend in der Mitte zusammen. Es wird gedämpft und mit bitterstem Ernst gesprochen, als gälte es einer Verschwörung. Zunächst schütteln sie sich schweigend die Hand, und zwar alle durcheinander, so daß bis zu den ersten Worten Squenz' das Händeschütteln fortdauert.
Reihenfolge: Squenz, Schnock, Schlucker, Schnauz, Zettel, Flaut. Nachdem der Letzte eingetreten ist, sieht Squenz noch hinaus, leuchtet, dreht sich dann um und fragt düster [„Ist unsre Kompagnie beisammen?"]. Die Handwerker fangen gegenseitig zu zählen an, dann Zettel: „Es wäre am besten, Ihr riefet ..."

[Zweiter Aufzug.]
[Erste Szene. Ein Wald bei Athen.]

Wenn der Vorhang aufgeht, ist das Bild noch durch Wolkenschleier verhüllt. Durch diese silbernen Schleier leuchtet fahl der Mond, der langsam an Leuchtkraft zunimmt. Die Wolkenschleier heben sich langsam nacheinander in einzelne Nebelstreifen. Quellenrieseln.
Die Szene stellt eine mit hohem Gras u. vielen Bäumen bewachsene Waldlichtung dar. Rückwärts läßt sie einen Durchblick auf einen waldbewachsenen hohen Hügel frei, der i.d. Hinterbühne endigt. Rechts sieht man zwischen den Bäumen einen See schimmern. Links ist das Terrain hügelig. Am See vorbei nach links führt ein nicht zu breiter Weg nach der Hinterbühne.
Die Bäume sind sehr hoch. Die Kronen beginnen hoch oben, so daß die Elfen sehr klein wirken. Die Stämme der Bäume müßten möglichst dick sein. Der Mantel hängt hoch oben.
Mondlicht, das in Flecken durch das Blättergewebe auf den Grasboden fällt. Der See ist von hinten beleuchtet.
Anf. Musik. Nebelstreifen heben sich allmählich. Puck liegt im hohen Grase und sieht nach oben. Er liegt auf der linken Seite d. Bühne, den Kopf etwas höher. Elfe (Flugmaschine) in einer silbernen Nebelwolke *oben* langsam von rechts hinten nach links vorne. Wenn sie über Puck schwebt, spricht dieser zu ihr u. sie bleibt eine Weile über seinem Haupte schweben, neigt nur ihren Kopf zu ihm herab.
In den Elfenszenen wird leise, doch klar gesprochen, möglichst in Einklang mit der begleitenden Musik. Es soll wie Liederhauch klingen.
Zuerst erscheint Oberon auf einem Fabeltiere reitend (weißer Hirsch mit großem Geweih). Oberon hat eine leuchtende Krone auf dem Haupte. Er erscheint zuerst allein, behutsam, aus dem Walde ganz rückwärts (Hinterbühne) u. kommt dann nach vorn über den Seeweg bis zum Eingang in die Lichtung.
Hinter ihm kommen erst die großen Elfen, die ungefähr wie Puck gekleidet sind (fünf a.d. Zahl), dann kleine Elfen als Trolle, Zwerge, Gnomen und Wichtelmännchen. Acht davon trippeln hinter ihm her und zehn springen vor ihm aus dem Grase und vom Hügel links herunter und purzeln vor ihm bis nach vorne.
Puck ist sofort nach rückwärts gelaufen, um Oberon das Nahen Titanias zu melden. Er geht nun an Oberons Seite nach vorn.
Es wird überall lebendig. Es ist alles von Bewegung. Alle trippeln, purzeln, springen, laufen und tanzen. Etwas später schwebt Titania über den See, um sie herum tanzen kleine Elfen mit Flügeln, andere kleine springen und trippeln vor ihr her. Senfsamen, Bohnenblüten und Spinnweb voran. Hinter ihr umschlungen 6 große Elfen.
Titania erscheint zwischen den Bäumen rechts, sofort, wenn Oberon in der Lichtung steht und schrickt zurück, da sie ihn sieht.
Während des folgenden Gesprächs treiben die kleinen Elfen ihre Spiele zwischen den Bäumen und im Grase weiter. Die großen hören zu und nehmen Anteil am Gespräch.
Alle kl. u. gr. Elfen wispern und pfeifen. Die Elfen Oberons springen vor ihm her. Die Elfen Titanias tanzen auf dem Wiesenplan und hüpfen im Grase. Der Zusammenstoß führt zu einer Blumenschlacht. Blumen fliegen hin und her, und die Elfen bedrohen sich mit ihren Wünschelruten und balgen sich im Grase.
Titania (Flugmasch.) wieder den Weg zurück, hinter ihr und um sie die großen Elfen, zuletzt die kleinen. Alle lachen und jubeln und tanzen.
Oberon steht finster und ruhig da. Sein Gefolge rückt scheu zur Seite, sie flüstern untereinander, auf Oberon sehend und schleichen dann leise auf Zehenspitzen fort nach rückwärts, als ob sie einen Ausbruch befürchteten. Rückwärts verlieren sie sich flüsternd.

Kostüm für Oberon, Zeichnung von Max Rée

[Zweite Szene. Ein anderer Teil des Waldes.]

Helles Mondlicht. Mantel hoch. See beleuchtet. Glühwürmchen vorne.
Die andere Seite der Drehscheibe.
Die dem Publikum zugekehrte Seite mit Birken, die nach rückwärts gekehrte Seite (der Hügel rechts) mit Eichen u. Tannen bewachsen. Links freiliegend, nur durch einiges Strauchwerk u. durch Schilf gedeckt, der See. Recht u. links vorne Birken. Der Seeweg längs des Sees und des Hügels läßt einen Ausblick auf den Hügel (Hinterbühne) frei, wo jetzt ganz rückwärts ein Stück des Nachthimmels, der mit Sternen besät ist, die Szene abschließt. Am See Weiden, die ins Wasser hängen. Auf dem Hügel u. vorne Gras und Blumen.
Der Hügel hat eine äußerste Spitze vorne, fällt gegen den See zu ab in eine sanfte grade Bahn a. d. vorderen Nase.
Nach Aufgehen d. Vorhangs kommen Titania u. die Elfen über den Hügel rechts nach vorn. Die Elfen trippeln zum Teil nach dem See hinunter, zum Teil nach vorne rechts und kugeln zum Teil über die schräge Bahn nach unten.
Senfs., Bohnenbl., Sp. tanzen einen Reigen um die Spitze des Hügels.
Vier kleine Elfen haschen vorn nach Glühwürmchen. Die sechs großen Elfen tanzen einen Reigen um den See und lassen ihre Schleier im Winde flattern. Sieben kleine Elfen kugeln über die Bahn nach unten, steigen wieder hinauf u. kugeln wieder nach vorne.
Alle lachen, jubeln, springen und tanzen im Grase.
Im Schilf versteckt sitzen die Sängerinnen, die dann das Lied singen. Zwei Elfen fliegen den Glühwürmchen nach (Flugmasch.).
[Elfen ab, Titania schläft.] Sie sind alle leise aufgestanden und gehen auf Zehenspitzen ab im Bogen um Titania den Seeweg entlang nach rückwärts, die großen Elfen voran, dann die kleinen. Sie verlieren sich rückwärts im Walde. Der Gesang wird immer leiser und verklingt endlich.
Eine kleine Elfe bleibt zurück, geht wie eine Schildwache im Paradeschritt vor Titania auf u. ab, wird müde, setzt sich und schläft bald ein.
[Oberon tritt auf.] Oberon erscheint hinter dem Hügel, beugt sich zu Titania, die vor ihm liegt, und schließt ihre Augen mit der Blume. Verschwindet wieder.
[Lysander und Hermia treten auf.] Hermia und Lys. bekränzt, Hermia hat einen Strauß Blumen in der Hand.
[Lysander und Hermia] Sie sehen sich sehnsüchtig an.
[Hermia] wirft ihm einen langen Kuß zu. Lys. sitzt noch einen Moment, legt sich dann aufseufzend nieder. – Hermia preßt seufzend ihre Arme an ihre Brust. Lys. wirft sich nach einer Weile seufzend auf die andere Seite und schläft ein.
WennLys. geseufzt und sich auf die andere Seite gelegt hat, kommt nach einer kleinen Weile eine kl. Elfe behutsam hinter einem Baum hervor, geht auf d. Fußspitzen leise in weitem Bogen um die Schlafenden, wagt sich dann näher, lacht und holt eine zweite Elfe, mit der sie rasch nach vorn läuft und wieder lachend zurückläuft. Schließlich kommen fünf zusammen nach vorn, drehen sich, umkreisen das Liebespaar. Sie kitzeln die Liebenden an Nase und Füßen. Die kleinste setzt sich rittlings auf den Liebhaber. Alle lachen leise und drehen sich. Wenn Puck kommt, jagt er mit den Worten „Still und Nacht“ die kleinen Elfen weg, die rasch (kichernd) davonlaufen.

[Dritter Aufzug.]
[Erste Szene. Der Wald. Die Elfenkönigin liegt noch schlafend.]

[Squenz, Zettel, Schnock, Flaut, Schnauz, Schlucker treten auf.]
Die Meister treten im Gänsemarsch hintereinander auf. Zuerst Squenz, dann Schnock, Schnauzer (Goetzke); (Dill), Schlucker, Flaut, Zettel. Sie sind ziemlich eingehüllt, haben

Kostüm für Puck, Zeichnung von Max Rée

ihre Rollen u. sonst. Utensilien unter dem einen Arm und tragen sämtlich in der andern Hand Laternen, mit denen sie voranleuchten. Erst wird ganz rückwärts die große Laterne von Squenz sichtbar, dann folgen die anderen. Sie gehen schweigsam im Zickzack (zur Musik) durch den Wald nach vorne. Vorne, am Eingang i. d. Lichtung stolpern alle hintereinander über eine querliegende Baumwurzel. Jeder sieht sich verwundert nach dem Hindernis um und geht dann kopfschüttelnd nach vorn auf d. Rosenfleck.

Die Meister stellen sich vorne nacheinander auf und sehen sich sorgsam um, spähen ängstlich in das Dunkel des Waldes u. rücken näher aneinander. (Dill) wischt sich den Schweiß.

Die Meister setzen sich schwerfällig, stellen die Laternen neben sich im Kreise, fangen ihre Rollen zu memorieren an. Schnauz setzt sich auf einen Baumstumpf und probiert sein Löwengebrüll gedämpft. Schnauz (G), Flaut lesen ihre Rollen, Schl. lächelt: Thisbe freut sich.

(D) packt etwas zu essen aus und tut sich gütlich.

Flaut probiert Sprechskalen, hohen Frauenton.

(G) trinkt aus einer Flasche.

Z. springt auf und probiert seitw. heroische Gesten.

Squ. blättert in seinen Büchern und Heften.

Dies alles nach der Reihe zu beginnen und schließlich alles zusammen.

Hinter dem Hügel sind lauter kl. Elfenköpfe erschienen, die lachend zusehen.

Thisbe setzt an, da fliegen von den kl. Elfen über den Hügel geworfene Eicheln unter die Meister, diese gucken verdutzt nach oben, halten sich die Nasen.

Die Elfen lachen.

(Zettel mit einem Eselskopf und Droll kommen zurück). Z.i.d. Mitte, Puck a.d. Hügel.

(Sie laufen davon.)

Wenn alle ab sind schreit Zettel „I.A.", erst rufend, dann schmerzlich, dann traurig melanchol. „I.A., I.A., I.A."

[Schnauz kommt zurück] läuft außer Atem nach rechts.

[Squenz kommt zurück] läuft von links nach rechts.

Puck stürzt nun zwischen die Rüpel, ihm nach eine Schar von Elfen. Zuerst hat sich Schnock aufgerafft; an seinem Hintern hat sich der Baumstumpf festgekrallt. Schn. rennt einmal stöhnend um die Lichtung, dann rückwärts ab, den Baumstumpf hinter sich her schleppend. Schnauz wird von einer zweiten Elfe an der Nase hinausgezogen, rechts. Er schreit mit gequetschter Nase um Hilfe, (G) wird von zwei Elfen mit Gerten nach rückwärts getrieben. Er macht Riesenschritte. Squenz kriecht auf allen vieren auf den Hügel hinauf. Zwei Elfen sitzen rittlings auf ihm und peitschen ihn mit Ruten. Auf Flauts Rücken sitzt ein kl. Elf u. hält ihm die Augen zu. Er tappt kreuz und quer über die Bühne, rechts ab. Schlucker wird ins Wasser gezogen und (Dill) wird von vier Elfen über die Bühne gekugelt, links.

Puck kommandiert, lacht, Hussah, Hussah, wiehert, bellt und grunzt. Von allen Seiten wiehert es, bellt, grunzt, faucht, kikerikiet.

Zettel steht fassungslos.

Wenn alle ab sind, hört man die Meisters schreien und rufen, u. die Elfen bellen, wiehern, grunzen, miauen. Dann fängt das Lachen an, und während das Lachen laut wird, werden die Meisters in der vorbeschrieb. Art von rechts nach links hintereinander über die Bühne getrieben. Erst Schnock (Baumstumpf), dann Schnauz (an der Nase gezogen), dann (G) ganz von kleinen Elfen behängt (Puppen, die an Kleid, Armen und Füßen hängen), mit großen Schritten, dann Squenz auf allen vieren (auf s. Rücken zwei Elfen), dann Flaut (E. auf d. Rücken, Augen verbunden), dann Schlucker pudelnaß vom Hügel (eventuell am Schopf hochgezogen, Flugmaschine) u. Dill über den Hügel herunter und dann nach links gekugelt. Puck umkreist jeden einzelnen als Feuer (glühendes Holz). Zuletzt kommen Schnauz und Squenz (wie vor beschrieben) zurück (tief erschöpft).

Wenn Zettel mit dem Eselskopf auftritt sind die Meisters gerade beschäftigt. Schnock probiert Löwengebrüll, Schnauz studiert seine Rolle, (G) trinkt, Squ. blättert in seinen Heften, Schlucker liest und (D) ißt. Fl-Thisbe setzt eben zu sprechen an – da, auf das I.A. Zettels, sehen sie plötzlich auf und bleiben mitten in ihren Verrichtungen vor Schreck stecken. Sie glotzen Zettel erst eine Weile, ohne sich zu rühren und ohne zu sprechen, ungläubig an, rücken dann sachte, wie eine Herde Schafe, dicht aneinander, kehren dem Zuschauer recht plastisch den Rücken und starren auf Zettel, der sie wiederum verständnislos anstarrt – dann *Squenz* leise entsetzt: *„Gräulich, erschrecklich, es geht hier herum."* Alle wiederholen nacheinander: *„Es geht um, es geht um, es geht um"*...

Dann Squenz: *„Ich bitt Euch, Meisters, lauft!"*

Die Meisters wollen sich nun in weitem Bogen (hintereinander) um Zettel davonschleichen. Sie bleiben dabei in der Kniebeuge. Hinter ihnen schleicht der Baumstumpf, auf dem Schnock saß. Im Baumstumpf steckt der kl. Elf. Zettel stiert sie, als ob sie alle verrückt geworden wären, melancholisch an. Sowie der erste Rüpel (D) links von Zettel angelangt ist, ruft Z: „I.A., I.A., I.A." im Tonfall wie: Seid ihr denn verrückt? Laßt mich doch nicht allein hier. – Tief erschrocken u. entsetzt stürzen die Meisters nun wie besinnungslos durcheinander und gegeneinander, schreien: Hilfe, Hilfe, es spukt, Geister, Geister, stoßen sich die Köpfe aneinander, fallen auf die Nase und zappeln schließlich in einem unentwirrbaren Knäuel mit den Beinen in der Luft. In der Mitte der Baumstumpf. Puck: (entweder hinter ihnen oder vom Hügel oben) „Nun jag ich Euch" etc.

Der Wald fängt leise zu lachen an.

Zuerst kichert es um den See herum, dann hinter dem Hügel, dann zwischen den Bäumen, dann ringsherum von allen Seiten und schließlich von oben, wie aus den Baumwipfeln. Es wird immer lauter u. lauter.

Von rechts oben auf d. Hügel bewegt sich langsam ein Zug nach vorn links. Glühwürmchen fliegen durch den Wald.

Zug: 1 kl. Reiter auf einer Grasmücke mit Helm u. Lanze. 4 kl. Elfen leuchten mit Glühwürmchen, gehen paarweise voran.

Dann folgen Spinnweb u. Motte, die auf kl. Instrum. blasen, hierauf Zettel u. Titania. Zettel lehnt seinen Eselskopf an Titanias Brust.
Senfsamen und Bohnenblüte laufen im Kreise um Zettel und Titania und schlingen Rosengirlanden um beide. Hinter ihnen tanzen drei kl. Elfen eng umschlungen in einer Reihe daher.
Den Schluß macht Puck, der wie eine Mücke herumhüpft und wie ein Clown lacht.
Wenn Zettel vorne angelangt ist, seufzt er tief beseligt auf: „I.A."
Wenn Puck lacht, lacht wieder der ganze Wald. – Vorhang.

C. Eibenschütz als Puck

[Zweite Szene. Ein anderer Teil des Waldes.]

Szene: III. Bild. Musik. Winde. Elfen und Faune tanzen ihre Reigen. Sie winden sich erst in langen Reihen, Hand in Hand, durch die Bäume in der Lichtung. Dann drehen sie sich im Kreise nacheinander, eine um die andere, schließlich kommt mit einem Windstoß Oberon von rückwärts nach vorn gejagt. Ein junger Elf hält ihm die Schleppe, vier Elfen tanzen lockend um ihn herum. Er tanzt wild mit jeder einzeln im Kreise. Dann jagt er alle davon. Die Faune stürzen sich auf die Elfen, tragen sie ins Gebüsch, von wo man sie jubeln hört. –
Puck pfeift rückwärts. Oberon springt auf und läuft Puck entgegen. Beide laufen nach vorn. Oberon dreht sich lachend und jubelnd um sich selbst. Puck springt lachend, in die Hände klatschend, um ihn herum.

[Vierter Aufzug. Erste Szene. Der Wald.]

Der Mond verschwindet langsam, schwarze Schleier senken sich und verhüllen die Szene. (Die Bühne wird gedreht.) Das Innere des Hügels kommt nach vorne. Es stellt eine Laube dar, die vollständig mit Laubblättern u. Blumen tapeziert ist. Der Länge nach wird ein Blumenlager sichtbar, auf dem Zettel und Titania ruhen. Zu ihren Häuptern wachen zwei kleine Elfen, die mit Glühwürmchen leuchten. Z. u. T. sind mit einer Rosendecke bedeckt. Der schwarze Schleier hebt sich, und durch den zweiten Schleier sieht man das Bild in magischem Dämmerlicht. Zwei andere Elfen, die zu Füßen des Lagers knien, heben die Decke. Titania und Zettel erheben sich, treten links aus der Laube. Es ordnet sich ein Zug. Voran der Reiter, dann 4 leuchtende Elfchen, dann Zettel und Titania, hinter ihnen abermals drei Elfen. Der Zug bewegt sich langsam durch den Wald. Die Bühne dreht sich auf ihren alten Platz (vorhergeh. Szene).
Zettel setzt sich an den Baumstamm links vom Seeweg. Titania lagert sich neben ihn. Die Elfen lagern sich bäuchlings, dem Liebespaare zugewandt, ins Gras und summen.
Zettel erhebt sich, Titania hängt sich an ihn. Sie promenieren um die Lichtung. Zettel rupft sich dabei einen Halm und frißt. Sucht im Grase, rupft sich wieder einen Halm und frißt.
Zettel läßt sich wieder a. d. selben Platz nieder, gähnt laut. Die Elfen leise fort.
Frührot.

[Waldhörner hinter der Szene. Theseus und Hippolyta, Egeus und Gefolge treten auf.]
Thes., Hippol. in Jagdkostümen mit Speeren, hinter ihnen Egeus, dann die Herren und Damen aus dem I.A. Zuletzt Musikanten auf d. Hügel links, u. Jäger mit Hunden.
Frührot stärker.
Jäger mit Hunden laufen ab, diese bellen.
Eg. geht zuerst nach rechts, erblickt Lys. u. Hermia, ist auf

C. Eibenschütz als Titania, H. Wassmann als Zettel, G. Eysoldt als Puck

Anrede rechts von Thes., geht dann nach links, beugt sich dort zu Demetr. u. Helena.
[Waldhörner und Jagdgeschrei hinter der Szene. Demetrius, Lysander, Hermia und Helena erwachen und fahren auf.]
Waldhörner. Hussarufen. Bellen.
Alle vier sitzen gleichzeitig auf und blinzeln verschlafen vor sich hin, drehn sich, wenn Thes. spricht, nach allen Seiten, knien dann.
Tageslicht. Sonne.
Vogelgezwitscher.
[Hermia und Helena gehen nach vorn, reiben sich mit beiden Händen die Augen.
[Zettel] schnarcht, wirft sich dann auf die andere Seite.
Fährt auf.
Gähnt, steht auf, befühlt sich.
Kommt nach vorn.
Geht, kommt zurück nach vorn, dann ab.

[Zweite Szene.]

[Squenz, Flaut, Schnauz und Schlucker kommen.]
Tageslicht.

Squ., Fl. von rückwärts Schl. von rechts etwas später Schnauz dann Schnock von rechts zu gleicher Zeit (Dill) von rückw.	alle suchen lebhaftes Tempo

schließlich Zettel, schwitzend, von links,
mit ihm (Goetzke) von links
alle springen um ihn herum, umarmen ihn,
drängen sich neugierig um ihn.
[alle ab] Alle fröhlich lachend, Hände reibend (lalalala) ab.

[Fünfter Aufzug].
[Ein Zimmer im Palaste des Theseus.]

[Theseus, Hippolyta, Philostrat, Herren vom Hofe und Gefolge treten auf.]
Wenn der Vorhang aufgeht ist die Bühne dunkel. Nur zwischen den Vorhängen schimmert das Mondlicht durch. Die Bühne stellt eine kleine Arena dar; im Halbkreis rechts und links befinden sich runde (amphitheatr.) Marmorstufen zum Sitzen. Rückwärts führen rechts u. links breite Marmortreppen auf eine Estrade, in die ein von der Hinterbühne nach vorn führender langer Säulengang mündet. Unterhalb der Estrade, in der Mitte der Bühne, befindet sich eine eiserne Türe (eiserne Stäbe), die Treppen, der Säulengang um die Arena sind mit Purpurteppichen belegt, die Säulen mit Blumengirlanden umwunden. Unterhalb der Marmorstufen rechts u. links schließen Vorhänge, die zwischen den Säulen hängen, das Amphitheater nach außen ab. Oben ist ein Velarium gespannt. Auf den Sockeln der Treppen stehen große Feuerschalen. Vorn links auf der ersten Stufe stehen zwei schwere antike Statuen (Bronze).
Es ist ganz hell geworden.
Nach einer Weile – (die Musik ist ganz weit entfernt) – fliegt über den Säulengang ein Schwarm dunkel gekleideter Bedienter mit Fackeln nach vorn rechts u. links über die Treppen hinunter (etwa zehn Bediente). 6 tragen Kissen, die rasch auf die Marmorstufen gelegt werden, 4 leuchten dazu, dann verschwinden die sechs Kissenträger wieder im Gang. Die Fackelträger zünden im Zurücklaufen die Feuerschalen an. Dann nähert sich der Zug.
Zug:
12 Bediente mit Fackellichtern
6 Soldaten
12 Herren
12 Damen
Philostrat
3 Herren
4 Pagen
Thes. Hippol.
4 Pagen
Die Bedienten flankieren mit ihren Lichtern die Treppen, jede Seite 6 Bediente. Die Soldaten stellen sich zunächst in einer Reihe vor das Tor. Philostr. plaudert mit den 3 Herren. Die Pagen streuen Blumen vor Thes. u. Hippol., Herren u. Damen stehen in Gruppen.
Von den 12 Herren sind sechs alte, würdige Herren in kostbaren Prunkgewändern, die auf Ehrensitze geleitet werden. Die anderen sind jünger. Die drei Herren um Philostr. machen die Honneurs u. sitzen dann rechte Seite, ebenso die anderen

H. Die übrigen möglichst verteilt und zumeist neben den Damen. In der Nähe Hippol. sitzen mehrere Hofdamen.
Demetr. Lys. Hel. u. Hermia (Egeus) nehmen neben Thes. Platz.
Zunächst plaudert man lustig in kleinen Gruppen, bei „Spiel u. Tänzen" (Thes.) wird es ruhig. Einzelne suchen ihre Plätze. „Ihr Frauen nehmet Platz", setzen sich die Übrigen.
Allgemeine Spannung.
Philostr. ist zunächst unter der Gittertüre verschwunden, kommt mit einer schönen Pergam. Rolle nach vorn. Die Sold. gehen auf die oberste Stufe.

Waldszene, Neues Theater 1905

Bühnenbild für „Sommernachtstraum" von G. Knina, 1905

Hans Winand

Eine Probe bei Reinhardt

Wenn Gesetze der jenseitigen Welt auch Meistern der Regie das Recht gewähren, die Stätten ihres irdischen Waltens als Gespenster zu durchgeistern, dann erscheinen sie in ihren Theatern zur hellen Tageszeit. Im Rausche des Theaterabends verstummen diese Räumc; wenn die Lichter glühen und erlebnishungernde Menschenkinder eilen, flüstern, kichern und blicken, hat das Theater das maskenhafte Lächeln des Gastgebers, der sich auslöscht, um seine Gäste zu Herren seines Heims zu machen. Es ist mit diesen Räumen wie mit allen Erdgeborenen: im Rausche des erfüllten Zweckes erstirbt das Wollen, um dessen willen Ziele ersonnen und ersehnt werden. Dem satten Behagen der Erfüllung ist auch diese Stätte nicht gewachsen. Sie hört auf, sie selbst zu sein, und ihr eingeborenes Wesen löst sich auf in das Leben derer, die von ihr Besitz ergreifen. Bunter und wechselvoller mag das flimmernde Bild des von Menschen besetzten Hauses sein, viele werden es schöner finden; von sich selbst und ihren Geheimnissen aber raunen diese Mauern, Pfeiler, Gänge und Brüstungen erst, wenn der Lärm des Trosses verklungen und die kahle Einsamkeit des Tages ihre bleichen Fittiche breitet. Lautlos tanzen im trägen Schein der Wintersonne, lautloser Geschäftigkeit voll, verblassende Sonnenstäubchen über Gesimse und Säulen. Grau und hart begehren plumpe Schatten gegen den Eindringling auf und werfen sich drohend über den Weg. In der trockenen Luft, der frostigen, verschlafenen, hallt es von Tönen, die wie zornig durch die Stille rütteln. Pfeifend heult die Klinke auf unter dem zögernden Druck deiner Hand; schrill aus dunklem Winkel tönt ein heiseres Ächzen, das dich innehalten läßt. Aber es ist nur das Holz der Wandbekleidung, das in der kalten Hülle fröstelt und sich in seinem Gefüge reckt.
Theater bei Tage: seltsam Fremdes erstickt die Erinnerungen. Hallende Hohlräume umschlingen mit gierigem Echo deinen Schritt. Schrittest du je durch diese Räume? Vertrautes ist entstellt, die Enge wird zur Weite, und in das Staunen drängt sich ein fernes, dunkles Bangen vor diesem Hause, das verödet und verfehmt erscheint und doch irgendwo, irgendwo ein rätselhaftes Leben birgt, das schon auf der Lauer liegt, um mit des Abends ersten Lichtern zu erwachen. Selbst die Menschen, die eilend und wie von unsichtbaren Gewalten besessen,

deinen Weg kreuzen, haben hier im fahlen Zwielicht des Wintertages etwas Unwirkliches, haben etwas von wandelnden Masken, die nicht in der Gegenwart leben und erst am Abend wieder in Gesten der Leidenschaft erwachen, um ihre Menschlichkeit beim Schein der Lampen in fremde Schicksale zu vergeuden.

Den Zuschauerraum scheint das Dunkel zur Unbegrenztheit zu weiten. Finsternis stemmt sich dir entgegen. Alles scheint verhext. Narrt dich ein Spuk? Oft weiltest du hier, jeden Winkel des Raumes wähntest du zu kennen. Jetzt scheinen selbst die Gesetze des Gleichgewichts erschüttert. Wo du Stille suchst, entfesselst du schlummernden Lärm. Wo sonst eine Stufe war, wächst heute keine. Wo sonst Leere sich spreizte, fühlst du Schranken. Aus sechs kleinen Schritten wird dir eine Ewigkeit ungewissen Tastens. Bis endlich dort unten in der Leere glimmende Lichter dem Blick Halt geben und die Augen zögernd mit dem Dunkel handelseins werden.

Glitte nicht ein träger Abglanz des Lichtes aus dem frostigen Bühnenraum bis über die ersten Sesselreihen des Parketts hinaus, man könnte wähnen, einem erstarrten Film gegenüber zu sitzen. Farben, die in der Theaterhelle des Abends ihre Seele erbarmungslos in den Raum rufen, schlummern im lässigen Zwielicht der Probe unter durchsichtigen Hüllen einen traumlosen Halbschlaf. Rot verlöscht zu Braun, das Blau birgt sich fröstelnd in schwärzlichen Schatten, und die Menschen wirken im ersten Anschauen wundersam blutlos und bleich, übernächtigte Schemen, die ihr Leben vielleicht am Abend von gestern verschenkten und nun als willenlose Gespenster wandeln, bis ein neuer Abend ihnen wiedergibt, was ein anderer genommen. Da keucht ein hastvolles Geräusch durch die regungslose Stille des Augenblicks, und in aufwirbelnden Klangwolken verlöschen maskenhafte Halluzinationen. Der erstarrte Film erwacht mit jähem Ruck, und über die Bühne fegt hastvoll mit flatternden Armen ein Mensch. Als das helle Knarren seiner Schuhe und der Widerhall überhetzter Schritte die Tiefe des schwarzen Zuschauerraumes erreichen, ist die Gestalt durch eine schmale Seitenpforte im Unbekannten wieder verschwunden. Irgendwo hinter durchlässigen Wänden tönt ein hastender Ruf, aus größerer Ferne hallt unverstehbar ein Echo. Dann steigt plötzlich laut und klar ein Wort auf, das gleich den Leuchtkugeln einer Rakete Licht über die dunkle Rätselhaftigkeit der Vorgänge breitet. »Weiter«, sagt eine Stimme, die im Sprechen wächst; und es wird still.

Das Wort kam von einem Seitenwinkel der Bühne. Dort, im rechten Vordergrund, wo die Rampenbrüstung die Grenze zum Auditorium zieht, wirft unter grünem Schirm eine Glühlampe ihr warmes, rötliches Licht über ein Buch und zwei Hände. Inmitten eines wunderlichen Gestells, inmitten eines niedrigen Holzgeländers, das einen kleinen Rednertisch umschließt, bewegt sich im Schatten die Gestalt eines sitzenden Mannes. Als sie sich vorbeugt, kommt der Kopf in das wärmende Lichtfeuer, und in der Helle erkennt man Reinhardt. Halblaut spricht er zu dem Inspizienten, der vor ihm, das Notizbuch in der Hand, auf seinem Stuhle dem Zuschauerraum den Rücken kehrt. Irgendwoher aus den Tiefen der Bühnenhöhlung, fern aus dem Unsichtbaren, kommen verworren und klagend die Klänge eines Klaviers. Eine Tür hört man schlagen: und jetzt heult jäh und jammernd der Herbstwind über den Hintergrund der Bühne. Hochauf blähen sich unter dem zornigen Atem der Windmaschine am Fenster die Vorhänge. Von einem Schreibtisch wirbeln aufgescheucht Papiere empor, und im Türrahmen des Hintergrundes erscheint, fröstelnd, mit emporgeschlagenem Rockkragen, ein Mensch, der zu sprechen beginnt. Die Probe geht weiter.

Auf tut sich eine Welt, in der, durch die gemeinsame Laune vieler Willen, alle Gesetzmäßigkeiten des Fühlens aufgehoben scheinen. Die Abgrenzungen, die am Abend die Welt des Scheins von der Welt der Wirklichkeiten scheiden, sind bei der Probe niedergerissen. Mit einer kindlichen Vermengung von Ernüchterung und Grauen zuckt der ungewohnte Gast zurück, wenn er jäh fühlt, wie dort auf diesen Brettern Wachen und Traum einander ins Antlitz schauen, einander umfassen und das Rätsel ihrer Gleichzeitigkeit vergessen. Schmerz verzerrt die Züge jenes Schauspielers, und in seiner Stimme breitet rauschend die tiefste Verzweiflung menschlichen Jammers ihre dunklen Schwingen. Eine Welle des Leidens biegt diesen Körper nieder, und unter dem Trotz eines gelähmten Willens verebben leise Zuckungen der Brust und der Schultern wie ein lautloses, müdes Schluchzen der Glieder. Und hinein in dieses Ringen tönt klar und gelassen die Stimme des Regisseurs. Ein belangloses Wort wirft sie hinein in dieses Chaos entfesselter Gefühlsausdrücke, eine ruhige Korrektur, die hier eine Dämpfung, dort eine Steigerung der Bewegung und des Tonfalls fordert. Dann glätten sich jäh die schmerzverzerrten Züge des Leidenden, der Körper streckt sich, fragend geht der Blick zu dem Mann am Regietisch, ein kurzes Nicken des Verstehens, ein »Wie? Ja gut!« – und schon sinkt die Last des Schicksals wieder herab auf die Schultern dieses Menschen, und Gram biegt die Mundwinkel abwärts. Unversehens wird der Mann dort im Winkel der Bühne zum Mittelpunkt des Ganzen. Er bewegt sich kaum. Er spricht nicht viel. Er spricht ganz ruhig, spricht mit einer Gelassenheit, wie die Theaterprobe sie sonst kaum kennt; er spricht mit einer Sparsamkeit und Kürze, die keine Zeit zu Umwegen hat und mit prachtvoller Geradheit das Herz der Dinge sucht. Aus einer Sparsamkeit des Ausdrucks, die redefreudige Gemüter entmutigt, ersteht eine Klarheit, die erfrischt. Kein Satz kommt aus Schauspielermunde, der nicht sofort vom Regisseur eine neue Prägung erhielte. »Man weiß sich kaum zu helfen.« Der Schauspieler, der den Satz spricht, behängt die Worte mit allen Lasten banger Ratlosigkeit, ein Zittern dunkelt hinter dem Klang seiner Stimme, und durch den Ton schreitet müde Trauer. »Nicht sentimental! Ruhiger, gelassen,« sagt der Regisseur und spricht den Satz vor. Er spricht ihn zum Vorbild, und er spricht ihn vorbildlich. Verschwunden ist der schwere Tand des Pathos und zu lächelnder Resignation läutern sich die Worte, die zuvor düstere Verzweiflung mit

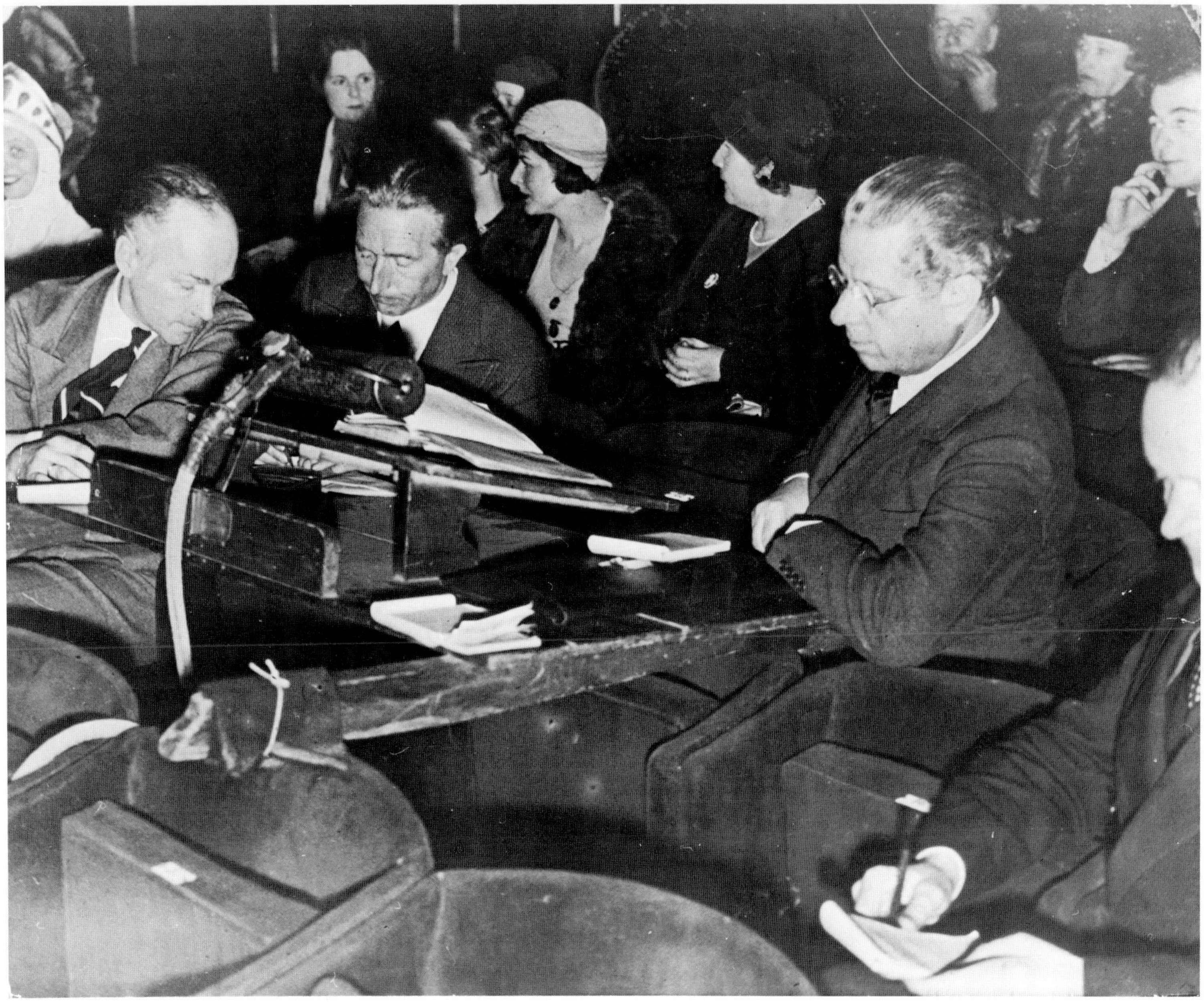

M. Reinhardt bei Proben im Deutschen Theater
v. l.: H. Neft, H. Thimg, Frau v. Hofmannsthal, M. Reinhardt, 1933

sich trugen. »Ja, gut!« sagt der Darsteller und sucht den Satz nachzusprechen. Noch erreicht sein Tonfall nicht die gesuchte Farbe, noch lastet ein Rest banger Erdenschwere über den Worten. Aber bis zum Abend der Aufführung wird er noch zwanzigfach den Satz wiederholen, und mit jeder Wiederholung dem Ziel eine Spanne nähergerückt sein. Schwieriger wird es, die Replik zu modulieren. Das sind nur drei, vier kleine Silben, ein Bettel von wenigen Buchstaben, die hingeworfen werden und vorübergleiten sollen gleich einem freundlichen, halbverlorenen Lächeln, das schnell hinabsinkt ins Vergessen. Aber hier trotzt das spröde Organ des Sprechers dem Willen des Mann unter der grünen Lampe. Zweimal schon ist der Satz vorgesprochen, er folgt ein drittes Mal, aber jede Wiederholung des Schauspielers gleitet am Ziele vorüber. Seltsam ist das: der Ton nähert sich dem Vorbild: aber die Gefühlsfarbe entgleitet immer wieder dem Sprecher. Schmucklose Lässigkeit soll er geben: aber aus seiner Stimme weicht nicht jene irritierende Gepreßtheit, jene Schwere, die den Sinn der Worte und die milde Stimmung des Augenblicks verneinen. Wieder spricht der Regisseur die Worte vor und seine Stimme ist um nichts gespannter geworden. Vergebens scheint die Ungeduld an die Mauern dieses Wesens zu pochen. Es ist so ruhig wie beim ersten Vorsprechen. Die Vergeblichkeit der Wiederholung vermag die Knappheit der Anweisung nicht zu sprengen. Der Wille scheint gebändigt von einer Zähigkeit, deren Selbstbeherrschtheit einer fast unheimlichen Sachlichkeit entwächst. Sicherheit und Ruhe strahlen von diesem Menschen aus, weil er Sicherheit und Ruhe keinen Augenblick opfert. Und während der Zuschauer im Dunkeln die Lippen aufeinanderpreßt, weil die Erregung dieses Ringens um einen Tonfall die Nerven strafft, spricht der Regisseur noch einmal den Satz. Und er ergänzt ihn durch einen Vergleich aus dem Leben. Er gibt die Umschreibung des gleichen Sinnes im Werktagsgewand der Alltagssprache, eine Redensart, die gar nicht anders als anspruchslos vorgebracht werden kann. So schlägt er die Brücke, über die der Schauspieler sich aus der Suggestion seiner ersten Formulierung retten kann. Man spürt es förmlich, wie der mit seinem eigenen Stimmklang ringende Darsteller gleichsam die ihm zugestreckte rettende Hand ergreift, und als er zum fünftenmal den Satz spricht, ist die Tonfarbe fast erreicht.

Noch aber trotzt die Gebärde dem neuen Klange. Steckengeblieben ist der Gestus, trägt eine Schwere, die das zarte Wesen der dargestellten Simmung erdrücken muß, und schiebt sich so breitbeinig und plump vor den Hall der eigenen Stimme. Zwischen dem Ton und der Wucht der Bewegung entsteht ein Streit, in dem das Wort zu unterliegen droht. Fast aufreizend wirkt diese blinde Wesensfeindschaft zweier Ausdrucksmittel, die aufeinander angewiesen bleiben. Kein Ausweichen und kein Kompromiß ist hier möglich: restlos muß dem Worte der Gestus sich vermählen. Der Mann am Regietisch bewahrt die Unerschütterlichkeit seiner Ruhe. Er läßt die Stelle nicht endlos wiederholen. Längst ist er aufgestanden: nun bringt eine leichte Schulterbewegung, eine Neigung des Kopfes die sichtbare Andeutung. Ein Alltagswort begleitet sie als illustrierende Erklärung. Schlagend ist diese resolute Übersetzung in die Landläufigkeit. Ihre psychologische Geradlinigkeit läßt keinen Irrweg zu. Der Gefühlswert der gesuchten Gebärde kann anspruchsloser und erschöpfender nicht umschrieben werden. Nur ein Weg bleibt hier noch offen; kein anderer ist beschreitbar. Es nickt der Darsteller. Noch einmal – und endlich ist das Ziel erreicht. Tief holt der Zuschauer Atem. Gott sei Dank, es gelang endlich.

Aber keine Pause bleibt. Kein Wort der Billigung ist dort drunten gefallen. Schon hat der Partner das Stichwort aufgefangen, schon ist ihm die Replik gefolgt. Und wieder klingt durch den Raum die Stimme des Regisseurs, der den neuen Satz vorspricht. Von neuem beginnt das Ringen. Wort um Wort, Satz um Satz, Gebärde um Gebärde werden so von dem Mann unter der grünen Lampe aus ihrer individuellen Vereinsamung gerissen, geformt, gesteigert, geglättet, bis Buchstabe, Komma und Gedankenstrich, bis Nicken, Blinzeln und Kopfschütteln in Tempo und Tonart des Ganzen eingebettet sind. Wort um Wort, Gebärde um Gebärde: ganz wörtlich genommen. Wo das Material des Darstellers nicht gleich die technische Schmiegsamkeit der Anpassung aufbringt, entsteht ein stiller Kampf, der fast dramatisch wirkt: weil beide Seiten ihn mit gleicher Bereitschaft und gleicher Inbrunst des Wollens führen. Kein lautes Wort fällt. Kein Gestus der Ungeduld entwischt, wie immer Wunsch und Erfüllung auch dissonieren. Man hat keine Zeit zu fruchtlosen, persönlichen Temperamentsentladungen. Man hat keine Zeit zu Zensuren. Kein Einwand hat den Tonfall des Tadels, kein »weiter« den Klang des Lobes. Nur hin und wieder, bei einer gelungenen komischen Episode, zeigt ein leises, fast kindliches Lächeln des Regisseurs, daß die gesuchte Wirkung Wirklichkeit geworden. Aber selbst dieses Lächeln spricht weniger von der Befriedigung des Regisseurs als von dem Vergnügen eines überzeugten Zuschauers. Der Mann am Regietisch wird zum genießenden Hörer: und erntet so, in flüchtigen Sekunden, die beste Frucht seines Wirkens.

Nur derlei zähe und lärmlose Hingabe an die Arbeit der Stunde kann derlei zähe, lärmlose und produktive Proben ermöglichen. Niemand »markiert«; alles spielt mit der Rückhaltlosigkeit einer wirklichen Aufführung. Jede persönliche Wertung schwindet. Es gibt keine Damen und Herren, keine Berühmtheiten und Anfänger, keine Primadonnen und keine Sterne: es gibt nur Mitwirkende, zu gleichem Ziel Verbündete. »Nein, Moissi, mehr nach links.« »Eysoldt, mehr nach vorn.« Die Worte fallen mit dem gleichen ruhigen Tonfall, mit dem diese Stimme vom Regietisch auch der letzten Choristin zum viertenmal die Art ihrer Armbewegung vorschreibt. Die Komik mancher Situationen wird von keinem empfunden, solange sie noch im Werden ist. »Hier mehr Pathos, Diegelmann.« Aber belächelt wird die erreichte Wirkung erst, wenn sie bei Wiederholung der Szene voll erblüht. Unbequemlichkeiten gleiten ungefühlt vorüber: es fehlt die Gelegenheit, an sich zu denken. Durch die Schuld eines Partners, der im Eifer

der Probe an einer bestimmten Stelle stets dem gleichen Fehler verfällt, muß ein Teil einer Szene vier-, fünf-, sechsmal wiederholt werden. Leidtragende ist Rosa Bertens; immer wieder muß sie, mit Aufbietung aller Lungenkräfte, den gleichen Aufschrei des Entsetzens wiederholen. Sie ist erkältet, hustet, man spürt die Anstrengung, die ihr die Wiederholung dieses Aufschreies bereiten muß. Aber kein ärgerlicher Blick streift den Partner, dessen Ungeschick ihr in ewiger Wiederkehr das gleiche Opfer der Wiederholung auferlegt. Im Eifer der Probe bleibt nicht die Muße, daran zu denken, daß im Notfall der Schrei vielleicht markiert werden könnte. Das wird erst offenbar, als es schon weitergeht und die Peinigung der Stimmbänder vorbei ist.
Vier Stunden ist man so am Werke: und noch scheint niemand an ein Aufhören zu denken. Und das vollzieht sich jahrein, jahraus, heute wie morgen. Tag für Tag liegt dort am Regietisch unter der kleinen, grünen Tischlampe das aufgeschlagene Regiebuch mit den sorglich zwischen jedes Blatt gehefteten, leeren Seiten. Blatt um Blatt überziehen kurze, handschriftliche Notizen diese weißen Seiten. Das geschah schon vor Beginn der ersten Probe. Satz um Satz, Stellung um Stellung, empfingen in aphoristischen Glossen Gefühlsnuance und Tonart. Tempo und Tonfall jeder Replik waren skizziert, noch ehe die Schauspieler ihre Rollen empfingen. Eine respektable Summe geistiger Vorarbeit ist in einem derartigen Reinhardtschen Regiebuch niedergelegt, die Frucht einer Vorarbeit, die nicht Tage allein, sondern Wochen forderte. Organisch wächst das Regiebuch an zu einer Sammlung psychologischer Randglossen, die nur aus Menschenkenntnis und Menschenbeobachtung entspringen können. Denn im letzten Grunde bleibt doch das Leben der freigebigste Lehrmeister des Künstlers und damit auch des Regisseurs. Oft wird geklagt, die Gegenwart mache vom Regisseur des Aufhebens zuviel. Ein solches Regiebuch muß man in den Händen gehalten, muß solche Proben gesehen haben, um zu glauben, daß auf jedem Theaterzettel der Spielleiter in der Nachbarschaft des Dichters genannt werden darf. Die subtilsten Dinge gehen rettungslos auf dem Wege von der Phantasie zur Wirklichkeit verloren. Die Bühne ist Wirklichkeit, und wieweit die subtilen Dinge in dies Reich hinübergerettet werden können, ist Kunst der Regie.

Berthold Held

Massenregie

Wer eines der figurenreichen Bilder Rembrandts betrachtet, wird bemerken, daß die Hauptgestalten in hellem Lichte stehen, die Nebenfiguren aber im Schatten, und außerdem, daß die in stärkere Beleuchtung gestellten Figuren auch in ihrem Ausdruck und in ihrer Haltung, ihrer teilnehmenden Geste zeichnerisch und malerisch genauer durchgeführt, die in den Schatten gestellten Nebenpersonen dagegen flüchtiger behandelt sind, um – je mehr sie dem Vordergrund entrückt werden – nur als Masse zu wirken. Endlich, wie in der „Nachtwache", hört die Darstellung der Menschen ganz auf und wird nur durch die sich im Dunkel verlierenden Lanzen angedeutet. Auf diese Weise wird der Eindruck einer großen Zahl von Lanzenträgern vorgetäuscht. – Also Trennung des Hauptsächlichen vom Minderwichtigen und Ent-Individualisierung des Nebensächlichen. Nicht alle Maler verfahren auf die gleiche Weise. Raffael, Dürer z. B. führen mit peinlichster Genauigkeit jedes Detail des Bildes, jede Figur vollständig aus. Während Dürer in sein Tagebuch schrieb, daß nichts als unwesentlich anzusehen sei, sagt der moderne Maler Liebermann, Kunst bestehe im Weglassen alles Unwesentlichen.
Dieser Unterschied der Anschauungen zeigt sich auch in der Art der Gruppierung. Bei den Einen ein Nebeneinander von Figuren und Gruppen, die jede einzeln die Aufmerksamkeit des Beschauers in Anspruch nehmen (aber auch vom Gesamteindruck ablenken), bei den Anderen ein Ineinander, ein geistiges Zusammenfließen, wodurch der Hauptakzent des Bildes, der Gesamteindruck stärker betont wird.
Solche Formunterschiede sind auch für die Tätigkeit des Regisseurs der Massenszenen von grundlegender Bedeutung. Er wird sich jeweilig zu entscheiden haben, ob entweder das individuelle Hervortreten jedes Einzelnen oder die Gesamtwirkung als Masse anzustreben ist. Die Menge, die Gesellschaft, das Volk besteht zwar aus einer Fülle selbständiger Einzelwesen, deren jedes ein individuelles Leben lebt. Jeder als Mensch hat seine Leiden und Freuden, doch müssen diese hier zurücktreten, wenn sie nicht in engster Beziehung zur Handlung stehen. Wo ein Einzelschicksal gezeigt werden soll, und sei es im kleinsten Ausschnitt, da entsteht eine Solorolle. Wenn es sich aber um das Schicksal einer Gesamtheit handelt, wenn die Masse der Menschen sich zu einem gemeinsamen

Willen zusammenballt, dann muß das Einzelwesen untertauchen, dann kann nur die Masse als Masse große Wirkung ausüben. Nur das Wesentliche darf da zur Geltung kommen. Solche Unterschiede ergeben sich z. B. zwischen dem leidenden Volk im „König Ödipus", den hungernden Bürgern in „Judith" und dem nach Brot schreienden Revolutionspöbel in „Dantons Tod". Im „König Ödipus" eine Einheit in Ton und Bewegung, viele hundert Arme zugleich emporgestreckt, ein Schrei, ein Klagelaut aus vielhundert Kehlen. In „Judith" Auflösung in Einzeltypen und Gruppen, ein gemeinsames Leid wohl, aber ein Leid vieler Einzelner. In „Dantons Tod" eine Verbindung beider Arten.

Was von der Einzelfigur gilt, gilt auch von den ganzen Ensembleszenen. So wie jeder Figur im Stück ihre bestimmte genau umschriebene Tätigkeit zugewiesen wird, die sich aber doch bescheiden dem Ganzen unterordnen muß, so dürfen die Massenszenen als Ganzes nie den ihnen zugewiesenen Rahmen in der Gesamtdarstellung sprengen, wo dies dem Gehalte des Dramas widerspricht. Es ist darum sehr wichtig, über die Bedeutung der Masse im Rahmen des darzustellenden Werkes sich klar zu sein und festzustellen, ob die Menge selbst handelnde Person oder nur Hintergrund, Farbe, Begleitung der Handlung ist. Der wilde, stürmische, zügellose Lärm der in den Wald stürmenden Räuber darf sich hemmungslos austoben, hier brüllen nicht nur die neunundsiebzig Mitglieder der Karl Moorschen Bande, hier klingt der Freiheitsschrei einer die Ketten abschüttelnden Jugend, hier braust eine neue Zeit mit keuchendem Atem heran. An dieser Stelle gehört der Sturm zum innersten Gefüge des Dramas und ist keine beschreibende Illustration. Jede Milderung wäre hier Schwächung der Wirkung. Anders dagegen wird sich das Volk in der Gerichtsszene des „Wintermärchens" benehmen. Auch dies murrt gegen den Mißbrauch der Gesetze. Aber hier ist es nur Hintergrund, wirklich nur Klangresonanz der Handlung und darf daher nicht zu gleich starker Äußerung in Ton und Gebärde gebracht werden. Welche Form und welcher Ausdruck in Bild und Ton aber auch angestrebt werden, alles Geschehen im Einzelnen oder im Ganzen, des Individuums oder der Menge, muß gegründet sein auf der Erkenntnis der menschlichen Empfindung. Diese in ihren vielfachen Äußerungen zu kennen ist ja die Aufgabe des darstellenden Künstlers überhaupt, solche Kenntnis kommt auch dem Spielleiter bei der Inszenierung von Massenszenen zustatten. Nicht immer ist die Psyche der Masse ein Vielfaches der Einzelseele, denn in einer Volksmenge werden viele bei ihren Äußerungen willenlos mitgerissen, aber manche psychische Bewegung des einzelnen Menschen kann auch bei einer großen Menge wahrgenommen werden. Plötzliche, unerwartete Nachrichten der Freude oder des Schreckens rufen ein Erstarren, eine Art Lähmung hervor. Die Körper werden bewegungslos, die Stimmen versagen, und erst nach einer Pause der Entspannung löst sich dieser Zustand durch einen Schrei, durch ein plötz-

„König Ödipus", Szenenfoto mit P. Wegener

„Julius Cäsar", Leichenrede des Marc Anton, Bühnenentwurf von E. Stern, Großes Schauspielhaus 1920

liches oder schüchtern beginnendes und bis zur Zügellosigkeit anwachsendes Lachen. Solche von Reinhardt glücklich verwandten Momente finden sich z. B. nach dem Urteilsspruch der Portia im „Kaufmann von Venedig", beim ersten Wort des Stummen in „Judith", mehrere untereinander abgestufte Stellen in „Lysistrata".
Zur Ausführung stehen dem Regisseur die gleichen Mittel wie dem Maler in realerer, ich möchte sagen in dreidimensionaler Form zur Verfügung. Für die Beleuchtung statt Pinsel und Farbe ein großer, die differenziertesten Möglichkeiten schaffender Beleuchtungsapparat, statt der gemalten Figuren lebende Menschen. Er kann die Menschen in helles Licht, in Dunkel und Halbdunkel stellen, er kann die Kostüme nach Einzelfarben und ganzen Farbgruppen verteilen, er kann jedem Einzelnen eine besondere Tätigkeit zuweisen und kann solche Tätigkeiten auch wieder gruppenweise anordnen. Endlich, über die Grenzen hinaus, die der bildenden Kunst gezogen sind, kann er mit Stimme, Ton und Wort arbeiten und so Wirkungen der Einzelstimmen und orchestrale Wirkungen erzielen. Diese klanglichen Werte finden ihre höchste Bedeutung in den Sprechchören, die durchaus musikalisch aufgebaut werden müssen, und für die man möglichst Sänger zur Teilnahme heranzieht. Auf die unterschiedliche Sprechbehandlung der Chöre in „König Ödipus", in „Ödipus und die Sphinx", in der „Braut von Messina" und in »Lysistrata« sei hier nur kurz hingewiesen.
Das Menschenmaterial selbst endlich besteht im allgemeinen, da eine genügende Anzahl von Schauspielern niemals vorhanden ist, aus Statisten, Angehörigen aller Berufszweige. Das wertvollste Material fand ich als Chorleiter bei Reinhardtschen Aufführungen immer unter den Studenten (Frauen sind in der Regel eifriger als Männer), aber es gibt wohl keine Berufsklasse, die ich nicht schon unter „meinem Volke" gehabt habe, von der Generalstochter bis zu den Arbeitslosen aus dem städtischen Obdach, und mit freudiger Genugtuung stelle ich fest, daß die überwältigende Mehrheit all derer, die sich in den vielen Städten des Inlandes und des befreundeten und des jetzt feindlichen Auslandes unter meiner Leitung zusammenfanden und deren Gesamtzahl sich gewiß auf etwa hunderttausend Menschen belaufen wird, mit Eifer und Interesse der ihnen fremden Tätigkeit hingaben. Ich gedenke aller, wo sie auch weilen mögen, mit Freude und Dank, denn

bei den meisten gelang es, Begeisterung für das Kunstwerk zu entfachen, und die Ausnahmen wurden eben mitgerissen. Die Behandlung so vieler Menschen erfordert nicht nur jene Diplomatie, deren jeder Regisseur überhaupt so sehr bedarf, sondern Kenntnis der Menschen, der Massenpsyche und eine gewisse Suggestivkraft, anscheinendes Interesse an jedem Einzelnen, ohne aber den Blick für das Ganze zu verlieren. Dieser Blick für das Ganze, ungeachtet der sorgfältigsten Einzelarbeit, ist ja eines der wichtigsten Erfordernisse des Spielleiters überhaupt, er ist auch die Gewähr für die künstlerische Abstufung der Bedeutungsakzente, also der Unterscheidung von Wichtigem und Nebensächlichem. Bewahrt er sich diesen Blick für das Ganze, arbeitet er also, wie Goethe sagt, vom Ganzen ins Detail und nicht umgekehrt vom Detail ins Ganze, dann wird er nie der Gefahr erliegen, daß irgend Nebensächliches, äußeres Bild, Massenregie – so wichtig und bedeutungsvoll sie als Beiwerk, Symbol, Unterstützung oder Umrahmung sein mögen – sich vordrängen auf Kosten des geistigen Gehaltes, des Dichterwortes. Ihnen allein wird im Dienste der Dichtung und ihrer dramatischen Darstellung der Spielleiter alles andere unterordnen.

„Lysistrata", Großes Schauspielhaus

Siegfried Jacobsohn

Shakespeare: Ein Sommernachtstraum

Der Reinhardtsche »Sommernachtstraum« auf der unausgiebigen und unbeweglichen Reliefbühne? Dieser Sommernachtstraum, der nach der Meinung seiner Verkleinerer von der Drehbarkeit des Podiums, von der Unübersehbarkeit eines echten Waldesinnern und von der Riechbarkeit seines natürlichen Mooses lebte? Der Eindruck war auch in München bezwingend und um so höher zu bewerten, als alle diese und andere Hilfsmittel der berliner Inszenierung fehlten. Der Wald rückte und rührte sich nicht. Die Elfen mit ihrem Königspaar kehrten von jedem Umzug schließlich an denselben Fleck zurück, und es blieb der Imagination des Zuschauers überlassen, sich wie die Zeit, so den Ort verändert zu denken. Aber war das denn überhaupt ein Wald? Am Rande der Szene standen in ziemlich gleichen Abständen vier kahle Baumstämme, über denen ein bißchen Gerank das Zweigwerk, hinter denen ein ausgespannter Vorhang den Horizont, und vor denen ein hingebreitetes Tuch den grünen Boden vortäuschen sollte. Die Täuschung gelang vollkommen. Man stellte sich diesen Ausschnitt als eine kleine Kuppe vor, von der es auf keiner Seite waldeinwärts, sondern auf allen Seiten talwärts führte. Mensch und Feenwelt klommen mühsam den Berg empor, um mühelos wieder hinunterzugleiten. Das kam und ging unaufhörlich und erzeugte eine Gesamtbeweglichkeit, die verdeckte, wie einförmig notgedrungen die Bewegungen der einzelnen schwirrenden, huschenden, flackernden, tanzenden Elfen waren. Kaum daß Grete Wiesenthal sich in dieser Enge bemerkbar machen konnte. Doch sag' ich nicht, daß dies ein Fehler war. Es galt ja nicht, eine Sonderproduktion zu zeigen; es galt, die Illusion eines Geisterreiches zu erzeugen. Mondlicht schimmerte, und Morgenlicht zog blendend herauf. Aus der Tiefe tönten Stimmen tellurischer Herkunft. Hier und da leuchtete ein Glühwurm. Laub raschelte, und Äste knackten. Das alles war viel primitiver als in Berlin, aber vielleicht gerade darum noch suggestiver. Wenn die Phantasie des Zuschauers willig ist, dann sind alle Gewaltsmaßregeln einer naturalistischen Regie überflüssig. Oder wurde sie willig, weil ihr hier so viel vertraut wurde, weil sie sich mit so sanftem Zwang geleitet fühlte? In der Stube der Handwerker hatte sie keinerlei Arbeit. Aber im Saal des Theseus mußte sie wieder einen ärmlichen Prospekt für die Burg von Athen und anderthalb Statisten für den Hofstaat eines Herzogs nehmen. Sie tat auch das. Auf andern Bühnen ist der Hochzeitsmarsch ein vielfarbiges, goldrauschendes, pompöses Prunkstück. In München spielte er sich, ohne daß eine Einbuße an Heiterkeit und Sinnenfreude zu vermerken war, hinter dem Vorhang ab, und als dieser sich hob, war das Brautpaar mit seinen Intimsten bereits auf den Plätzen, ach, wie schmalen und unbequemen Plätzen angelangt. In einer Längslinie pirschte sich das Rüpelspiel an das fürnehme Auditorium heran, und rechthaberische Bajuwaren konnten triumphierend auf dieses Bild als auf eine stillschweigende Anerkennung ihrer Reliefprinzipien hinweisen. Töricht genug. Hier war der Raum einmal nicht anders als in der Längsrichtung auszunutzen. Im übrigen aber wurde von Reinhardt kreuz und quer, von hinten nach vorn, von oben nach unten, im Kreis und im Achteck inszeniert. Der Erfolg, noch einmal, war enorm. Denn so geringen Respekt Reinhardts Selbständigkeit den Theorien dilettierender, als Bühnenreformatoren dilettierender Maler bezeigte, so rein und groß hatte sich sein Verständnis für die Dichtung Shakespeares und die Besonderheit seiner Schauspieler erhalten.

Die Kräfte dieser Schauspieler aber waren gewachsen. Fünf Jahre vorher hatte Reinhardt mit dem „Sommernachtstraum“ in gewissem Sinne gegen die Schauspielkunst seiner eigenen Bühne gesiegt. Er wußte schon damals genau, worauf es ankam, und hatte schon damals zum Teil die richtigen Persönlichkeiten herausgefunden. Aber diese selbst waren zum Teil noch unentwickelt, unfrei und, vor allem, höchst unzulängliche Sprecher. Diesmal siegte er mit der Schauspielkunst seiner Bühne, mußte er mit ihr siegen, weil ohne sie schwerlich die Widerspenstigkeit dieses unglückseligen Künstlertheaters zu überwinden gewesen wäre. Zwar: die Eysoldt ist noch immer kein Puck geworden und wird auch keiner werden. Ihr Humor ist forciert, ihre Derbheit steckt im Kostüm, und erst wo sie lyrisch werden darf, wie im Epilog, wird sie echt. Hätte Reinhardts berliner Publikum jemals das Königliche Schauspielhaus betreten und jemals den ganz ursprünglichen, vor Übermut jauchzenden, ausreichend robusten und doch wieder rechtzeitig mozartischen Puck der unvergeßlichen und unersetzten Paula Conrad gesehen, dann wäre die Gequältheit der Eysoldt von vornherein nach Gebühr abgelehnt worden. Damals spielte Vollmer, in seinem unerschöpflichen mimischen Reichtum, den Pyramus auf drei verschiedene Arten, von denen jede einen anderen Schauspielertypus darstellte und zugleich kritisierte. Es waren Studien von kunstgeschichtlichem Wert, zu denen ich manchmal noch um neun Uhr ins Hoftheater ging. Von Herrn Waßmanns blühender Jugend ist solche Meisterschaft nicht zu verlangen. Es genügt, daß er, unbekümmert um die Würde des alten Knaben Shakespeare, alle komischen Wirkungen bis auf die letzte aus der Rolle herausholt. Auch bei ihm, und gar wenn sich Herrn Arnolds »Thisbe« dazugesellt, wimmert man schließlich nur noch. Das war von Anfang an so. Das Liebespaar des Fräulein Heims und des Herrn von Winterstein war in der Anlage gleichfalls immer so reizend drastisch und hat sich höchstens besser eingespielt. Ein wichtiger Fortschritt ist dann schon, daß die erfreulich untheatralische Rhetorik des Herrn Diegelmann – mag er auch mehr der Vater als der Bräutigam der Hippolyta sein – die schönen und aufschlußreichen Verse des Theseus, ohne die der Sinn des sommernächtlichen Traumspiels kaum zu verstehen wäre, zur eindringlichsten Geltung bringt. Der schauspielerische Mittelpunkt der Vorstellung aber, ihr Glanz und ihre Musik ist Moissis Oberon, König der Elfen. Der Moissi von 1904 und der Moissi von 1909! Jener radebrechende Anfänger mit siebzehn Händen und Füßen und dieser Zauberer des Wortes, an den man später einmal in Hofmannsthalschen Bildern zurückdenken wird: . . . Und wie im Tritonshorn der Lärm des Meeres eingefangen ist, so war in ihm die Stimme alles Lebens. In seinem Mund war eine Bucht, drin brandete das Meer. Er war der ganze Wald . . .!

Dann trennt man sich von dieser Aufführung gleich wie von einem hohen Fest, beglückt und lange gegen den Ungemach gefeit und voller Dankbarkeit für Reinhardt, und begreift nicht, wie es möglich ist, ihm nachzusagen, er selbst habe keinen persönlichen Ton in die deutsche Kunst gebracht, und der eigentliche Reiz seiner Persönlichkeit bestehe darin, keine zu haben. Dieser Reinhardt ist ein Visionär, und Visionen kann man nicht erhorchen und nicht zusammensuchen, nicht bei Helfershelfern bestellen und um keine Summe Geldes kaufen. Die Welt dieses Sommernachtstraumes – sie war nicht, ehe Reinhardt sie erschuf, eh' er sie sah. Ein Kunstwerk so sehen, wie kein menschliches Auge es je zuvor gesehen hat, und es, das erste Mal ohne schauspielerische, das zweite Mal ohne szenische Mittel, so wiedergeben, wie erst recht kein menschliches Auge es je zuvor gesehen hat: wenn das nicht Genialität, wenn das nicht Persönlichkeit ist, so werden wir diese Begriffe aus dem gesamten Gebiet der nachschaffenden Theaterkunst ausschalten müssen.

Molière „George Dandin", A. Moissi als Tyrsis, V. Arnold in der Titelrolle, 1912

Arthur Kahane

George Dandin

Molière, dieser leidenschaftlichste aller Franzosen, dieser stets verliebte, stets getäuschte Liebhaber, dieses heiße, empfindliche Herz, zum Überströmen voll von Liebesbedürfnis und immer enttäuscht, geärgert, verbittert, isoliert, immer in Auflehnung und Empörung, mit seinen durch Vereinsamung geschärften Augen für die Schwächen der Menschen, war zugleich der französischste der Franzosen, der beste Repräsentant des alten gallischen Geistes, voll Witz und Grazie, Leichtigkeit und Beweglichkeit, Anmut und Güte, klar, einfach, natürlich, voll Wirklichkeitssinns. Er hatte die Melancholie aller großen Humoristen, aber gleichzeitig auch die Freude an Heiterkeit, Fest und Spiel. Fest, Spiel und Spott mußten ihm die Möglichkeiten geben, dahinter seine Traurigkeit zu verstecken. Darum greift er so oft nach den alten bequemen Formen des Balletts, des Singspiels, des Schäferspiels. Mit Tanz und Musik, mit einer scheinbar tändelnden Anakreontik betäubt er den versteckten und doch so tiefen Ernst seiner Komödien. Oder eigentlich: er betäubt ihn für sich, betäubt sich; für die anderen mildert er ihn, begleitet ihn mit sanfteren, heiteren Akkorden. Und auch seine unerschöpfliche Fähigkeit des Spottes ist ihm ein Mittel, die Figur, die er ist, von sich abzurücken. Er will nicht, daß man es merke: und so gibt er seiner Bosheit eine andere Aggression, um jeden Verdacht abzulenken, gibt seiner Figur eine Schwäche, eine Eitelkeit, persifliert sie, aus dem großen Bitterkeitsmaterial seiner Menschenkenntnis heraus, so lange und so heftig, bis niemand mehr erraten kann, daß es sich eigentlich wieder um ihn und um seinen Schmerz handelt. Und gestaltet seinen Helden so typisch und allgemein menschlich, streift ihm alles Allzu-Individuelle ab, bis schließlich auch jeder andere sich in ihm wiederfinden muß.

Aber, im letzten Grunde: je schöner alle Künste sind, die er spielen läßt, um so weniger können sie täuschen; das Menschliche ist in diesem Künstler so stark, daß immer wieder das eigene, weiße, leidengefurchte, tränenüberströmte Antlitz hervorsieht, und eine tiefe Stimme das Lied singt von getäuschter Liebe, Menschenhaß und grenzenloser Einsamkeit.

So ist auch „George Dandin" entstanden. Eine Hoffestlichkeit war der Anlaß, ein Schäferspiel bot den Rahmen, das Schloß in

Versailles mit seinen Wasserkünsten die Szenerie. Harmloser Spott war am Platze, war gestattet und wurde selbst von den Betroffenen nicht allzu übel vermerkt: so benützte er den willkommenen Anlaß und verspottete, wie so oft schon, das gezierte, preziöse Getue provinzialer Aristokratie in ihrer Aufgeblasenheit und ihrem leeren, nichtssagenden Formelwesen; hieb auch nach der anderen, der bürgerlichen Seite und verspottete den Bauern, der sich in eine Gesellschaft drängt, in die er nicht paßt, und die nichts von ihm wissen will. Aber langsam wächst aus der Persiflage ein armes Menschenkind heraus, betrogen, verspottet, gequält, mißhandelt, voll bitterster Selbsterkenntnis und Resignation. Und je schärfer, verzerrter, karikaturenhafter ihm die verhaßte reale Welt entgegentritt, je heiterer ihn das Spiel einer phantastischen Schäferwelt mit Tanz und Musik umgaukelt und ihm das ewige Lügenlied von „Liebe, Liebe, nichts als Liebe" girrt, um so leidvoller, bitterer, trauriger wird sein Gesicht, um so deutlicher und bedeutsamer das allgemeine Menschenleid, zu dessen Repräsentanten er wird.

George Dandin wird in Frankreich, einer alten Tradition zufolge, als Pierrot gespielt.

Und das schien mir auch die Absicht dieser Aufführung des Deutschen Theaters zu sein: zwischen einer bis zum Karikaturistischen realen Welt des Scheins und der lächerlichen Formen und einer fast unwirklichen Tändelwelt des Spiels und der leeren Liebelei einen einzigen wirklichen Menschen zu zeigen, der hinter seiner Maske das allgemeine Menschenlos trägt, getäuscht und einsam zu sein. Der George Dandin des Deutschen Theaters war Victor Arnold, eine arme, lächerliche, hypochondrische, quälerische Seele, sich und den Anderen zur Last; grillenhaft, verlacht, betrogen und grenzenlos allein; von einer namenlosen Angst vor dem Leben geschüttelt und todestraurig. Um ihn herum tanzte die Lüge Leben ihr Ballett von der Liebe.

Heinz Herald

Othello

Venedig: um 1500. Zwei knappe, rasch vorbeifliegende Kanalszenen sollen in ihrem Helldunkel, gebildet aus Nacht und Fackelschein, eine Vision geben vom Venedig der Frührenaissance, das langsam schon beginnt, in das Venedig einer späteren Periode herüberzugleiten. Und sollen gleichzeitig Auftakt und Überleitung sein zur großen, dramatischen tiefgegliederten Nachtsitzung der Signoria.

Venedig. Alles ist hier in jedem Sinne reich und lebendig: Architektur, Farbe, Kostüm, Bewegung. In jeder Einzelheit atmet wie im Größten der Geist dieser einzigen Stadt voller Lebensüberfluß, Grazie, Selbstbewußtsein, Adel, Geschmack. Irgendwie scheint immer hinter allen Dingen und aus allen Dingen eine geheimnisvolle Musik zu tönen. Hohe Palastfronten, leichtgeschwungene Brücken, dunkelfließende Kanäle, enge Gäßchen, schmale Ausschnitte des italienischen Tag- oder Nachthimmels, das Gleiten und Sichbegegnen der Gondeln, die eigenartig flimmernde, verschleiernde Luft selbst, Kleid, Haltung, Bewegung der Menschen, der Fluß ihrer Worte, Rufe, Gesang und Spiel der Musikanten: das sind die Elemente, aus denen die Melodien dieser Stadt zusammengesetzt ist.

Hier fließt eine Ahnung davon in wenigen Minuten vorüber, eingefangen in jene beiden kurzen nächtlichen Kanalszenen. Fackellicht stellt, im nahen Umkreis, mit seinen schweren Schatten Helle neben tiefste Finsternis, läßt, noch in der Ferne, große Umrisse hervortreten. Hinter erleuchteten Fenstern und hinter Toren, aus denen, werden sie geöffnet, Lichtstreifen auf schwarze Wasser fallen, scheint Wärme und Leben zu liegen; die Kanäle verschwinden nach beiden Seiten ins Dunkle, Unbekannte. Aus der Geborgenheit der Häuser kommen Brabantio und Othello, aus dem Dunkel der Kanäle Jago, Rodrigo, Cassio, Diener des Rates, Bewaffnete. Die Gondeln der beiden Parteien – Brabantios, der seine Tochter sucht, und Othellos, des Mohrenfeldherrn, der sich sein Weib nicht nehmen lassen will – stoßen aufeinander zu, das Licht der Fackeln vermischt sich, Schwerter blitzen auf; aber schnell, wie er gekommen ist, ebbt der Aufruhr wieder ab.

Vor dem Senat treffen sich der liebende Mohr und der erzürnte Vater Desdemonens wieder. Es ist ein Augenblick, der die Republik Venedig in ihrem Grunde erzittern läßt. Um Mitternacht hat der Doge den Rat der Stadt um sich versammelt. Der persönliche Streit vermischt sich in der Nachtsitzung mit der Weltpolitik. Tief über ihre Akte gebeugt, die Köpfe Sorgenvoll aufgestützt, den Blick auf die Sprechenden gerichtet oder leise ihre Meinung untereinander austauschend, sitzen die rotgekleideten, aus ihrer Ruhe aufgeschreckten Senatoren, in ihrer Mitte, erhöht, der Doge; ihre Gesichter, von flackernden Lichtern stark erhellt, zeigen den Ausdruck der Spannung. Vor sie hin, durch den großen reichen, mit einem Bild des venezianischen Löwen, Globen und Instrumenten geschmückten Saal, die Stufen aufwärtssteigend und bis an die Tafel der Senatoren vorschreitend, tritt Desdemona, die gerufen wurde, um im Streit zwischen Vater und Geliebten Zeugnis abzulegen. Und der Doge entscheidet für Othello. Der schwarze Feldherr soll mit der Flotte noch diese Nacht in See stechen, zum Kampf gegen die andrängenden Türken. Nach Zypern aber wird ihm sein Weib Desdemona, vom Fähnrich Jago hingeleitet, folgen.

Der Senat löst sich auf. Vor einer farbigen Gardine, die sich im Vordergrunde zusammenschließt, und deren schwache Transparenz Lichter und Grundlinien des Sitzungssaales noch leise

– wie eine Erinnerung – durchschimmern läßt, spricht Jago, vorn auf den Stufen hockend, mit dem albernen abgewiesenen Liebhaber Desdemonas, Rodrigo, überredet ihn für seine Zwecke, schickt ihn fort und entwirft seinen tückischen Plan. –

Auf Zypern. Hier weht eine andere, wärmere, kräftigere Luft. Okzident und Orient berühren sich, Venezianisches und Afrikanisches trifft aufeinander. Alles verliert ein wenig an Kultur und Anmut wird breiter, um eine Stufe roher, das Detail tritt zurück zugunsten einer größeren Flächenwirkung. Die Farbe, die Linie wird um einen Grad bestimmter, kräftiger; das Blasse, Überzarte, schon ein wenig Kränkliche verschwindet fast. Die Kolonie steht der Kultur noch einen Schritt ferner, der Natur einen Schritt näher als das Mutterland.

Zwar ist auch hier Venedig und die venezianisch getünchte Oberschicht der Inselgesellschaft herrschend, nicht nur politisch, sondern auch im Geschmack, und überall treffen wir auf die Zeichen dieser Macht. Das Alte ist umgewandelt, umgebaut, mit italienischen Motiven versehen worden. Carpaccio, der Maler, hat, wie bei der Gestaltung der venezianischen Bilder, auch hier die Anregung gegeben: seine Behandlung der Architektur und des Kostüms, seine Linienführung und die Art seiner Farben und ihre Zusammenstellung – für das ganze Werk sind überhaupt nur wenige immer wiederkehrende Töne verwandt worden: eidechsengrün, gelbliches weiß, grau, braun und ziegelrot – macht sich in den zyprischen ebenso wie in den venezianischen Szenen überall bemerkbar. Aber doch ist ein Unterschied zu spüren: schon dieser mächtige Steinmolo, hinter dem der Hafen mit den bewimpelten Schiffen liegt, die Othello zur Insel geführt haben, würde mit seinen massigen Treppen und den anschließenden schweren Festungsbauwerken – trotz des steinernen Löwen, den er als Wahrzeichen trägt, – in der Lagunenstadt selber keinen Platz gefunden haben. Und so geht es fort über die mächtige Halle, in der sich der größte Teil des tragischen Geschehnisses abrollt, mit ihrer breiten Treppe und Galerie und den Bogenöffnungen dahinter, die den Blick auf den wechselnd jede Tages- und Nachtstimmung zeigenden Horizont freigeben, bis zu den Gewändern und Turbanen der Zyprier. Nur das Schlafzimmer, in dem Desdemona sich entkleidet, ihr letztes Lied singt und von ihrem eifersüchtigen Gatten ermordet wird (es verdankt ebenfalls einem Bilde des Carpaccio seine Gestaltung), könnte mit dem großen, matt beleuchtet in der Mitte des Raumes stehenden Himmelbett, den warmwirkenden stoffbespannten Wandflächen und dem stumpfen Rot seiner Tönung auch so, wie es ist, einem Palaste der Mutterstadt entnommen sein. – – –

Die Hauptsache aber bleibt für den Wert der Aufführung, daß dieser ganze Reichtum, das all dies Dekorative und Kostümliche keine Sonderstellung im Darstellungsganzen erstrebt, niemals auf eigene Wirkung ausgeht und in keinem Augenblick etwas anderes sein will als: der vollkommene Körper für das große Gedicht.

Heinz Herald

Ein Sommernachtstraum

Am 31. Januar 1905 ist der „Sommernachtstraum" im Neuen Theater zu Berlin unter der Leitung von Max Reinhardt zum erstenmale gespielt worden. Seitdem ist kaum eine winterliche Spielzeit vorbeigegangen, ohne uns das Waldgedicht wiederzubringen. Dreimal wurde es völlig, auch szenisch, in der Zwischenzeit erneuert: 1907 im Deutschen Theater, 1909 bei den Festspielen des Münchener Künstlertheaters, 1913 im Rahmen des Shakespeare-Zyklus wiederum im Deutschen Theater. Aber wenn auch die Darsteller, ja ganze Darstellergeschlechter wechselten, das Dekorative und die äußere Anordnung sich in jedem Punkt veränderte: gleich blieb in allen Verwandlungen doch der Geist, der aus dem Ganzen sprach, das Grundgefühl, aus dem es von Anfang her gewachsen war. Das Barometer des äußeren Erfolges, die Aufführungsziffer, ist inzwischen auf eine Höhe gestiegen, wie sie sonst – in einer anderen Sphäre und vor einem anders gearteten Publikum – nur von seichtesten Operetten und auch dort selten genug erreicht zu werden pflegt: die Vorstellungen in Berlin und bei Gastspielen der Truppe im übrigen Deutschland und im Auslande dürften zusammengezählt wohl bald eine vierstellige Zahl ergeben.

Versucht man dem Wesen eines so durchaus ungewöhnlichen Erfolges, dem auch die Wertvollsten unter den Zuschauern ihre Zustimmung nicht versagt haben, auf die Spur zu kommen, so findet man seinen Grund darin: daß hier ein Theaterkünstler unserer Tage, indem er nichts als das Werk rein und groß aus sich entstehen lassen wollte, doch gleichzeitig (und fast ohne es zu wollen) von seiner eigenen Persönlichkeit einen reinen und großen Begriff gab.

Sich hingebend: schaffen, dienend: aufbauen, Dichterisches nicht technisch nachbilden oder gar „verwerten", sondern seinen Grundgedanken stark, seine Stimmung rein durch alle Motive erklingen lassen, wiedergebären aber mit leidenschaftlicher Liebe – das muß der Regisseur. Er ist ein Gefäß, in dem schon Geformtes weiterwächst. Und ich denke mir, daß die Hunderttausende beim „Sommernachtstraum" und bei zahllosen anderen Werken das Wesen des Regisseurs Reinhardt nur deshalb so deutlich zu spüren glaubten, weil er selber, mit allen seinen Mitteln, einzig das Wesen der Dichtung auszudrücken gestrebt hat.

Im Anfang war der Wald. Er ist – mit Ausnahme der knappen ouvertüreartig behandelten Eingangsszene und des breit hingelagerten hochzeitlichen Finales – Schauplatz des ganzen Spiels. Ist seine Nährerde, sein Mutterboden; aus ihm quillt hier alles, in ihm verbirgt sich alles, flieht sich alles, verwechselt sich alles , findet sich alles, versöhnt sich alles. Er hat die engsten Beziehungen zu jeder der drei Gruppen des Spiels: den Geistern ist er das natürliche Element, den Menschen die Zuflucht, den Rüpeln der Treffpunkt.
Er atmet, lebt. Scheint ohne Anfang und Ende. Ist unerschöpflich, ohne sichtbare Begrenzung und doch zusammengefaßt, irgendwie Extrakt jedes Waldes: das deutsche Märchen könnte in ihm zu Hause sein. Da streben gewaltige Baumriesen auf, wächst dichtes Moos, rinnt eine Quelle, stehen Birken schlank in den Himmel, blühen bunte Blumen, wölben sich Hügel, wächst wirres Gebüsch, steigen Nebel, steht ein uralter mächtiger Stamm quer über den Grund, weitet sich eine Lichtung. Immer neues gleitet an uns vorüber, verschlingt sich eng, wächst zusammen. Immer wieder stehen wir vor unbekannten Teilen, frischen und erfrischenden Bildern und glauben, die Fülle, die Unerschöpflichkeit der Natur selber vor uns zu haben.
Dabei ist dieser Wald – was seiner Natürlichkeit gar keinen Abbruch tut – ganz und gar, in jeder seiner Partie ein Märchenboden, phantastisch, veränderlich, launisch. Die Elfen scheinen immer gerade aus ihrer Umgebung getreten, einem Baum, einem Busch, einem Mooshang, einem Nebelstreif entstiegen zu sein. Ihre Gesellschaft ist bunt: ganz zarte Kinder befinden sich darunter und Spukgestalten, die wie zottige kleine Fabelbären wirken. Sie alle zeigen die Farbe des Waldes, der sie geboren hat, in ihren fließenden Gewändern und in ihrem hohen, aus Blättern gefügten Kopfputz. Ihre Bewegung – sie scheint manchmal der Bewegung von im Winde flatternden Büschen, sich biegenden Ästen, entfliehenden Blättern ganz ähnlich – ist ein Gleiten, Hüpfen, Schweben im Tanz, Fliegen über Gebüsch, Bach und hügeliges Gelände. Ihre Bewegung ist Musik, wie ihre Sprache auch; diese wunderbare freie, reine sich wiegende, selige Musik des Waldes, die auch um sie her überall zum Klingen gebracht ist, sich hier im ganzen Umkreis zu einem geheimnisvoll dunkel aufbrechenden Ton verdichtet, aus dem tiefsten Grunde, als reine Melodie emporsteigt.
Diese Musik des Waldes, die latente und die wirkliche, die von der Natur und die von Instrumenten vollführte, wird hier überhaupt zum engsten Bindegliede, zum festesten Kitt, zum innigsten Mittler. Sie ist das, was für das Bild die Grundfarbe ist und gibt gleichzeitig ein weiches Fluidum zwischen Teil und Teil, Gestalt und Gestalt. Am wenigsten ließe sie sich von den Geistern wegdenken, aber auch für die Liebenden und selbst für die Rüpel wäre sie nur schwer zu entbehren. Irgendwie ist hier alles von ihr beeinflußt, bekommt ihre Farbe, bequemt sich, wenn auch vielleicht ohne klares Bewußtsein, ihrem Takt an. Zum großen Reigen gibt sie die Begleitung ab. –
Weniger sicher als die Geister bewegen sich die Menschen im nächtlichen Walde. Besonders für die Rüpel, die derben Handwerksburschen aus Athen, die aus der lärmenden, zu Spott immer aufgelegten Stadt hierhergekommen sind, um in aller Ruhe und Abgeschiedenheit das Festspiel für ihres Herzog Theseus Hochzeitsabend zu probieren, ist er ein schwieriges, fremdes Terrain, voller Tücken, Gefahren, Hinterhalte; und Zettels, des Webers, Krönung mit dem Eselskopf erscheint fast als die natürliche und gegebene Fortsetzung ihrer komischen Zufälle und Nöte. Aber auch den Liebenden ist der Wald nicht immer der schützende Freund nur, zu dem sie sich geflüchtet haben, um dem strengen herzoglichen Gebot zu entgehen und Heilung von ihren verschiedenen Liebesschmerzen zu finden: in seiner Wegelosigkeit verlieren sie die Richtung, in seinem Dickicht verirren sie sich, über sein Wurzelwerk stolpern ihre Füße, seine Endlosigkeit ermüdet sie – und irgendwo in ihrer Brust sitzt auch, kaum eingestanden, das Menschengefühl der Angst, des Zusammenschauerns vor meilenweiter Einsamkeit, Nachtdunkel, Waldstille, plötzlich auftauchenden, in die Irre leitenden Lichtern und unbekanntem häßlichem Getier. Und erst der Schlaf, der sie alle ohne ihr Wissen nebeneinander auf den weichen Moosgrund bettet – während selbst das Mondlicht langsam schwindet und nur noch, fern, süß und leise, Mendelssohns Nokturno aus der Tiefe aufsteigt – erlöst sie von jeder Unruhe und läßt sie bis in den hellen Morgen träumen – den Morgen, der, an des Theseus Hochzeitstag, auch ihre eigene glückliche Vereinigung bringen soll. –
Dieses abendliche dreifache Hochzeitsfest steht als heller Kontrast zur Waldnacht da. Vom Leiter des Spiels zuerst in eine mächtige, marmorstufige Arena, in die der ausgestirnte Himmel blickt, dann in eine Art Vorhof mit dem erleuchteten Palast im Hintergrunde, zuletzt in einen großen Saal von blendend festlichem Weiß gestellt, gibt es in jedem Falle mit seinen bewegten Menschenmengen, heiteren Melodien, komischen Zwischenspielen und Tänzen, ein Abbild des buntesten Lebens. Bis auch hier, um die zwölfte Stunde, die Lichter erlöschen, alles im Dunkel der Nacht versinkt, die Geister noch einmal ihren Reigen tanzen – und uns, zuletzt, der böse Verschlinger aller Fäden, Puck, aus dem Vorhang tretend, Auge in Auge zum Glauben zu überreden sucht: drei Stunden lang geträumt zu haben.

Siegfried Jacobsohn

Ibsen: Gespenster

Am achten November 1906 wurden die „Kammerspiele“ mit Ibsens „Gespenstern“ eröffnet. Aber ich bin des trockenen Tons nach diesem einen Satz schon satt. Ich werde nicht an mich halten und kritisch tun und sondern und abwägen. Wer hier nicht jubelt, fälscht seinen Eindruck, wenn anders er überhaupt fähig ist, Kunst zu empfinden. Ich wenigstens habe niemals und nirgends einen ähnlichen Eindruck an mir verspürt, noch an einem ganzen Publikum bemerkt. Hier blieb kein Erdenrest, zu tragen peinlich. Eine Kritik, die das Erreichte am Erreichbaren mißt, hat einmal nichts zu messen. Sie kann nur suchen, dem Geheimnis dieses ungeheuern Eindrucks auf die Spur zu kommen.
Jede Kleinigkeit zählt mit. Der Zuschauerraum ist nicht breiter als die Bühne, liegt nicht tiefer als die Bühne, ist von ihr durch kein Orchester, keinen Souffleurkasten getrennt und hat es darum leicht, von unvergleichlicher Geschlossenheit und Intimität zu sein. Im Hintergrund der Szene ist uns eine Menschengruppe näher als sonst dicht an der Rampe. Kein Hauch geht verloren. Das ermöglicht einer Gemeinschaft von Schauspielern die Spielweise, die bisher das Vorrecht Sauers und der Duse war. Diese Feinheit wird da wenig nützen, wo die Muskeln wichtiger als die Nerven sind; und sie wird dem wenig nützen, dessen Wesen eine Rolle gänzlich widerstrebt. So war es das Glück unsrer Eröffnungsvorstellung, daß fünf Menschendarsteller mit ihrem Blut und ihren Nerven fünf Dichtergebilde zu begaben hatten, die gerade durch dieses Blut und diese Nerven lebendige Menschen werden konnten und werden mußten.
Durch die Art seiner fünf Darsteller war dem Regisseur die Auffassung der „Gespenster“ fast vorgeschrieben. Brahm als Ibseninterpret war vor lauter Sachlichkeit grau geblieben; die Russen waren bis zur Unsachlichkeit bunt geworden. Hier kam zu der angeborenen Farbenfreudigkeit wahrhafter Spieltemperamente ein durch Bildung und Beispiel erworbener Respekt vor dem größten Dichter seiner Zeit. Diese Mischung verhieß einen guten Klang. Nicht zu dünn und nicht zu grell. Voll, warm, tief, aus den Herzen in die Herzen. Ibsens Herz war ja nach seinem Tode entdeckt worden. Jetzt mußte der Ton nicht mehr auf die Empörerstimmung, sondern auf den Mutterschmerz gelegt werden. Das Aufrührerdrama war für uns längst von den Resignationsdramen überholt worden. Jetzt galt es den menschlichen Gehalt, nicht mehr die Tendenz. Die Tendenz der „Gespenster“ hat unsre eigene Sittlichkeit reformiert; sie ist uns in Fleisch und Blut übergegangen, ist von uns aufgebraucht worden; sie hat ihre Schuldigkeit getan; sie kann gehen. Ewig jung bleibt Ibsens Menschlichkeit. Sie ganz und rein ans Licht gehoben zu haben, ist der Fortschritt, die Tat und die unsägliche Schönheit dieser Vorstellung.
Diese neue Vision der „Gespenster“ hat Reinhardts Genialität so restlos in künstlerisches Leben umgesetzt, daß daneben seine wertvollsten Leistungen geringer werden. Jeder Satz scheint eben erst geboren. Jede Situation hat ihr eigenes Gesicht. Jede Pause hat ihre Bedeutung. Jede Figur steht richtig im Raum. Jede Nuance dient dem großen Zug. Nichts stört, nichts ist Selbstzweck. Wer, weil er naturgemäß aus andern Augen sieht, um Einzelheiten rechten wollte, müßte vor der Evidenz verstummen, die diese Einzelheiten in gerade diesem Ganzen haben, und die dieses Ganze selber hat. So wüßte ich nicht, was ich mir an Reinhardts Engstrand, was an Fräulein Höflichs Regine etwas anders wünschen sollte. Sint ut sunt aut non sint. Die Regine der Sorma hat vor Jahren die Brahmsche Vorstellung beherrscht. Hier wäre dergleichen ein Unheil. Hier gibt es nur die Menschen des Dichters, nicht die Personen der Schauspieler. Darum ist es eine solche Wonne, als Manders Kayßler zu hören und zu sehen, der nach all der verzerrenden Heldenspielerei zu sagen scheint: „Hier bin ich Mensch, hier darf ichs sein!“ und der, zum Vorteil der Gestalt, dem Pastor die Salbung vorenthält. Darum ist es ein entscheidendes Glück für die Aufführung, daß Moissi ein Oswald und doch nicht der Mittelpunkt ist.
Bisher hatten wir nämlich die Wahl. Rittner stand nicht im Mittelpunkt, aber er war nicht wurmstichig, war frisch, gesund, unfähig, je zu verblöden, also mit allen seinen Herzenstönen kein Oswald. Kainz war Oswald, aber Mittelpunkt, nicht als Virtuos, sondern als gefeierter Gast, und verfälschte so unabsichtlich den Sinn der Tragödie, die ja niemals die Tragödie Oswald Alvings gewesen ist. Moissi steht auf dem richtigen Fleck und ist Oswald. Persönliche Anlage und verstandesmäßige oder intuitive Charakteristik geben ein überzeugendes Bild von Oswalds äußerer Erscheinung und seiner geistigen und körperlichen Auflösung. Dieser Oswald geht selbst wie ein Gespenst um, ohne aber, wie Zacconi, auch nur einen Augenblick dem Zuschauer Unbehagen zu bereiten und durch auffällige Symptome den Hausgenossen zu früh seinen Zustand zu verraten. Uns fesselt er durch seine Zartheit, seine Bescheidenheit, seine Hilfsbedürftigkeit. Wenn ihn die tödliche Angst befällt und er sich immer wieder gewaltsam beruhigt, so ist bis zum dritten Akt lediglich das Publikum Zeuge und Mitwisser seiner Seelenpein; nicht die Mutter, die es nicht sein darf. Die Verblödung wird so sorgfältig vorbereitet, daß ihr die effektvolle, aber unwahre Plötzlichkeit genommen wird. Trotzdem bleibt ihre dramatische Kraft gewahrt, da die Mutter tatsächlich so überrascht wird, wie sie nach Ibsens Absicht überrascht werden soll.

Die Mutter! Agnes Sorma! Worte nennen Dich nicht! Alles verblaßt: die Bertens ist ein Aschenputtel, die Dumont eine Volksrednerin, die Butze eine Wirtschafterin, die Hennings eine Salondame, die Bleibtreu eine Heroine. Hier haben wir erst die volle Tragödie. Wie falsch ist es, Frau Alving so intellektuell zu nehmen, als ob sie die revolutionären Broschüren selbst geschrieben haben könnte, während sie ihr doch nur zum Bewußtsein gebracht haben, was dumpf in ihr gelegen hat! Sie hat schon Hirn und hat Geist. Aber ihr Hirn sitzt in ihrem Herzen, ihr Geist in ihrem Instinkt. Herrlich, wie mühelos und erschöpfend die Sorma das trifft! Sie ist, in ihrem weißen Haar, noch die Frau, der man glaubt, daß einmal ein Liebesleben in ihr getötet wurde. Aber sie ist längst auf der andern Seite. So lange schon, daß sie für den komischen Pastor keine Ironie, nicht einmal mehr ein Lächeln hat. Wichtiger als die Vergangenheit Manders ist denn doch die Gegenwart, die Oswald heißt. Und hier verzage ich, das Meer von Liebe und die Gewalt der Schmerzen zu schildern, die die Sorma nicht leidenschaftlich auszuströmen braucht, die sie in einen lächelnden Blick, in ein wehes Zucken des Mundes, in einen zärtlichen Ton, in ein unterdrücktes Schluchzen, in ein Anschmiegen des Kopfes, in ein angstvolles Hochziehen der Augenbrauen, in eine jähe Umarmung, in die winzigste Bewegung des alltäglichen Lebens zu legen weiß. Ecce homo! Ecce mater dolorosa!

Heinz Herald

Die grüne Flöte

Anlaß zum Entstehen der „Grünen Flöte" war der Wunsch des Leiters des Deutschen Theaters, über schon früher von ihm geübte pantomimische Darstellungen hinaus, zu einer strengeren Stilform des wortlosen, nur von Musik begleiteten Dramas, zur Form des Balletts, zu gelangen, Seine pantomimischen Anfänge mögen ihn zum Weiterschreiten auf einmal eingeschlagenem Wege gelockt, Begegnungen mit einem auf alter Kultur und gepflegter Tradition ruhenden osteuropäischen Ballettkörper sein Interesse angeregt haben. Ein Zusammentreffen mit der jungen Tänzerin Lillibil Christensen, der Tochter des norwegischen Hoftheaterintendanten, bei einem Gastspiel des Deutschen Theaters in Christiania ließ den Wunsch zum Entschluß werden. Der Entschluß wurde zur Tat: man arbeitete sich rasch in die noch fremden, innerlich doch schon vertrauten Formen ein, fand eine günstige Handlung (deren Idee, weil sie von einem Dichter stammte, bald herrschend wurde), unterlegte sie mit Mozartischer Musik und stellte das Ganze in ein Märchenchina, das mit seinem Schwarz und Gold einen Rahmen von strenger und reiner Stilisierung gab. So ist die „Grüne Flöte" entstanden.

Dies ist der Inhalt des Balletts:

Der große Zauberer Wu aus dem Lande U hat mit seiner Schwester und Dienerin, der Hexe Ho, und mit seinen anderen Dienern einen Streifzug zum Fang von Menschen unternommen. Der Uralte braucht nämlich die Kräfte von jungen und blühenden Geschöpfen, deren Leben er aussaugt, um das seine erhalten zu können. Jetzt kehren sie in die Heimat zurück. Die Hexe führt eine Anzahl von edlen Königssöhnen und zarten Prinzessinnen, an einem Strick gefesselt, ihrem Bruder zu. Der sitzt in seiner Sänfte wie ein Pagode, sein hundertjähriger Leib ist starr und unbeweglich, nur die Augen leben. Er befiehlt den Prinzen und Prinzessinnen den Tanz, denn es ist ihm durch Zaubermacht gegeben, die Kräfte Tanzender in seine alten Glieder hinüberzuziehen. Einer der schlanken, blühenden Jünglinge nach dem anderen, alle die jugendfrischen Gestalten sinken welk und ihrer Kräfte beraubt hin, während der Böse, der sich immer mehr verjüngt fühlt, langsam aus seiner Todesstarre erwacht. Er verlangt den Tee, der von der Hexe unter Zeremoniell gereicht wird. Plötzlich erklingt aus weiter Ferne, von einem Windhauch herübergetragen, ein süßer Flötenton, der die Bösen erzittern, die Gefangenen aber, die man in den Harem – eine Art goldenen Vogelhauses – gesperrt hat, sehnsuchtsvoll die Köpfe heben läßt. Am sehnsüchtigsten schaut Fay-Jen aus dem Lande Thse, die schönste unter den Prinzessinnen, aus dem obersten Käfig, den man ihr angewiesen hat. Alles wartet; aber der liebliche Klang verhallt, das Flämmchen der Hoffnung in den Augen der gefangenen Königskinder löscht wieder aus, Zauberer und Hexe schütteln den Schrecken von sich ab und sinken mit ihrer dunklen Gefolgschaft beruhigt in Schlaf.

Aber der wundervolle Klang der Flöte ertönt leise von fernher noch einmal. Da verläßt Fay-Jen, die liebliche Prinzessin, ihren Käfig und flieht, getrieben von jenem Klang, in die Nacht hinaus. Ihre kleinen, eilenden Füße tragen sie durch die Einöden und Wüsteneien, Nebel breiten sich vor ihr, endlich erreicht sie das Ufer eines Flusses, an dem sie erschöpft niedersinkt. Die Einsamkeit umgibt sie und macht den Schlag ihres ängstlichen Herzens aussetzen. Da plötzlich klingt aus viel größerer Nähe wieder jene unendlich süße, lockende Stimme der Flöte. Sie kommt näher und näher und nun endlich erblickt man am anderen Ufer den Spieler selbst. Es ist Sing-Ling, der anmutige Prinz des Reiches Thsu. Die Pinzessin wiegt sich, halb träumend, zum innigen Spiel der Flöte. Dann aber gewahren sie einander, eine mächtige Sehnsucht ergreift sie beide, sie wollen einander zusinken, aber sie stehen an getrennten Ufern, nur sehnsuchtsvoll können sie die Arme ausbreiten ... Da spürt Fay-Jen eine Schlinge um ihren Fuß und sinkt erschreckt zurück: die Hexe, die zuerst ihre Flucht

Mozart/Hofmannsthal „Die Grüne Flöte", Szenenentwurf von E. Stern, 1916

bemerkt hatte, und ihr nachgeschlichen war, hat die Schlinge geworfen. Jetzt zieht sie die Widerstrebende, Verzweifelte mit sich fort. Auch den Prinzen ergreift die Verzweiflung, er wirft die Flöte in den Fluß und springt selbst in die Wellen, um dort den Tod zu finden. Aber die Flußgöttin taucht aus der Flut empor, nimmt den Versinkenden auf, tröstet ihn gütig, gibt ihm die Flöte wieder und zieht ein Schiff aus den Wassern, in das sie den Verzweifelten steigen heißt; auf ihm soll er der Geliebten folgen.

Nach langem Schlaf, angefüllt mit den Kräften der ausgesogenen Königssöhne, erhebt sich der Zauberer von seinem Lager. Jetzt will er vor der Schönsten seines Frauenhauses, vor Fay-Jen, den Tanz der Werbung tanzen. Da entdeckt er ihre Flucht. Er schlägt voller Wut seine Sklaven, denen er die Schuld an ihrem Entweichen gibt. Doch gerade jetzt bringt seine Schwester, die Hexe, die Entflohene zurück; sie erzählt die Geschichte ihrer Flucht. Nun will der Zauberer die Widerstrebende gewinnen, er versucht es, indem er eine Gestalt, ähnlich der menschlichen, annimmt, vier von seinen sechs Armen, vier von seinen sechs Beinen fallen ab von ihm, aber die Pinzessin faßt ein Ekel; doch er will sie zwingen. Er schwingt auch die Geißel gegen sie; sie niederfallen zu lassen, hindern ihn ihr Blick und die übrigen Gefangenen, die sich schützend um sie drängen. Aber seine Macht ist noch nicht erschöpft. Er gebraucht seine stärksten Mittel und verwandelt sich in ein furchtbares Gewitter, das Fay-Jens Herz erbeben läßt. – Währenddessen aber hat sich auf dem Schiffe der Flußgöttin ihr Geliebter, der Prinz Sing-Ling, genaht. Der Zauberer schickt ihm seine Diener entgegen, die den Prinzen töten sollen, doch sie können nichts gegen die wunderbare Macht der Flöte ausrichten. Jetzt verstrickt ihn der Zauberer selbst in ein goldenes Netz, das dem Netze einer Riesenspinne gleicht, und entreißt ihm die Flöte, aber der Prinz durchschlägt das Netz mit seinem Schwert. In der Gestalt eines ungeheueren Drachens stürzt sich der Zauberer von neuem auf den Jüngling, zu rechter Zeit jedoch steigt die Göttin des Flusses empor und gibt ihm die verlorene Flöte zurück. Jetzt erst erkennt er ihre geheimnisvolle Kraft, von der er selber bisher nichts wußte; mit ihrer Hilfe verfolgt er die Sklaven und treibt den Drachen, in den sich der Zauberer verwandelt hat, vor sich her in eine Felsenhöhle, wo das Untier immer mehr zusammenfällt und zuletzt – ebenso wie seine Schwester, der so der Lebensquell genommen ist – mit all dem goldenen Schein in Asche aufgeht. Der Prinz aber befreit Fay-Jen und alle, die mit ihr gelitten haben, vom Zauber und führt seine schöne Geliebte und die übrigen Gefangenen glücklich in die Heimat zurück.

Diese zarten Fäden der Handlung galt es mit dem kräftigeren Gespinst der Bühnendarstellung zu umgeben. Aber so, daß die Zeichnung des Gewebes nicht verwischt wurde, sondern umgekehrt, jede reichere Ornamentierung , alle farbige Ausschmückung den Lauf der in den Mittelpunkt mündenden Hauptadern nur stärker und lebendiger hervortreten ließ. Musik, Kulisse, Kostüm, Maske, Mimik, Bewegung, Tanz waren nicht nur durchaus eigenartig und stilvoll zu gestalten, sondern vor allem dem befruchtenden Grundgedanken dienstbar zu machen.

Sterns Märchenchina hat auf dieser Erde nie gestanden. Es ist ganz unnaturalistisch, selbst wenn man als zum Vorbild dienende Natur nicht chinesisches Leben, sondern chinesisches Theater betrachtet. Von beidem nimmt es Stimmung und Motiv, soweit es sie gebrauchen kann. Dieses China hat das Rokoko passiert (und hier Mozarts Musik zum Gefährten gewonnen) und wurde dann auf der heutigen Bühne wiedergeboren, deren stilistische Sicherheit und seelische und technische Verfeinerung es als Kennzeichen trägt.

Schwarz und gold sind die Grundfarben, die schon als Rahmen den Bühnenausschnitt umspannen. Andere Töne trägt nur das Licht herein. Trotzdem gilt es mehr als eine Stunde lang bei dieser selbstgewählten Beschränkung dem Auge des Zuschauers immer neue Anregungen zu geben, Wechsel eintreten zu lassen, dem Thema Fülle zu verleihn. Schwarze Vorhänge, Hinter- und Seitengründe, auf die mit goldenen Borten Garten, Höhle oder Landschaft gestickt sind, rauschen auf und geben dem Blick die nächste Szenerie frei. Riesenblumen von Gold schweben vom Himmel herab, schwarze Wolkenschleier fallen dichter und dichter, goldglänzende Gesteinzapfen senken sich, ein Käfighaus mit tausend goldenen Stäbchen wird sichtbar, ein Fluß, dessen Wellen aus leuchtendem Gold zu fließen scheinen, fällt von schwarzen Hügeln herab und rauscht, von seiner Göttin geführt, quer über die Bühne – deren Ausschnitt und Tiefe immer wechselt, so wie es gerade Tanz, Spiel und Bild verlangt.

Der Spieler, dessen Kostüm, Maske und Bewegung in die ihn umgebende Dekoration stets hinübergleitet, erscheint als ein Geschwister dieses Dekorativen, als seine rhythmische Verstärkung. Es hat in jeder Stellung den Anschein, als sei er, von der Musik zum Leben geweckt, gerade aus der Wand getreten, so eng verknüpft erscheint er mit dem rein Dekorativen (wie überhaupt Reinhardts schon bei der Pantomime geübtes Prinzip, im Probenverlauf Handlung, Musik, Dekoration und schauspielerische Bewegung ineinanderwachsen und sich gegenseitig befruchten zu lassen, auch bei diesem Ballet die völlige Aneinanderbindung der einzelnen Elemente zur Folge gehabt hat). Diese Figuren sind auch in ihrer Bewegung eine Weiterbildung der Dekorationsformen, wie deren Fortsetzung sie schon rein äußerlich wirken; die stilistische Bindung schwarz-gold wird auch im Kostüm, in allem Gerät, ja selbst in den großen runden, goldglänzenden Schädeln und schwarzen Gesichtern der Sklaven durchgeführt. –

Als dritte und letzte Stufe rhythmischer Steigerung nach Dekoration und menschlicher Bewegung – es ist, als fielen nach und nach alle Schalen und das innere Thema des Balletts trete immer freier zutage – erscheint der Tanz. Wenn hier die Dekoration erstarrte Musik ist, die Bewegung sich langsam losringende, so erscheint er als die reine schwebende, losgelöste Melodie. Er ist, nicht nur äußerlich, das rhythmisch Stärkste, das immer am wichtigsten Punkt der Handlung zu stehen sich gewöhnt hat, das Fließendste, Befreiteste. Er löst alles Starre und erlöst es zum Menschlichen.

Heinz Herald

Dantons Tod

Die Aufführung von Büchners „Dantons Tod" durch Max Reinhardt stellt einen Versuch dar, das Leben des Stückes durch neue Mittel der Bühne aufflammen zu lassen. Die Notwendigkeit, sich zu beschränken, hat, wie so manches Wertvolle, auch diesen Darstellungsstil geschaffen. Im dritten Kriegswinter waren Stoffe und Materialien, wie sie das Theater für die Inszenierung eines an Schauplätzen so reichen Stückes braucht, einfach nicht mehr aufzutreiben. Ein durchgreifender Entschluß war schnell gefaßt: und Reinhardt unternahm das Wagnis, eines der größten Wirklichkeitsschauspiele unter Verzicht auf jede Realität in der Dekoration zu spielen, entschloß sich, den sichtbaren Teil des großen Revolutionsdramas im wesentlichen aus Menschenleibern und Licht aufzubauen.

Eine neutrale Dekoration steht während des ganzen Abends auf der Bühne, die weder Innenszene noch Außenszene und daher hier beides ist. Rechts und links streben mächtige runde Säulenpaare von der Farbe des verwitterten grauen Steins nach oben. Die wechselnden Hintergründe sind einfach gewählt: verschiedenfarbige Vorhänge, Stufen, auf denen die

Zeichnung für „Dantons Tod" von Oskar Strnad, 1929

Mitglieder des Konvents und des Revolutionstribunals hocken, und die gleich darauf als Treppe erscheinen, über die ein erregter Volkshaufe den Justizpalast zu stürmen versucht, ein Gitter, eine grüne Wand mit Büchern, ein Gefängnisfenster; kaum ein- oder zweimal taucht in der Ferne ein Stückchen Paris auf. All das ist nicht sehr wichtig, verfliegt, wechselt im Augenblick. Was bleibt, sind die gewaltig-grauen Säulen; ein großer Rahmen, der aber immer und auf mannigfache Weise in das Spiel hereingezogen wird. In ihm rollt sich das Drama der großen Revolution, spielt sich das Leben Dantons ab, vom ersten Augenblick, der ihn in heiterem Kreis am Spieltisch, den Kopf in einen Frauenschoß gebettet, zeigt, bis zum letzten Augenblick, wo ein Mondstreif die Guillotine, die eben sein Haupt zur letzten Ruhe gelegt hat, schmal und hoch aus dem Dunkel treten läßt. Diese Säulenpaare aus Stein erscheinen wie Ufer, zwischen denen ein Strom fließt; still manchmal, oft stürmend, aufzischend, brausend, durch ein Engtal brechend, über Felsen stürzend, zuweilen bis an den Himmel schäumend. So hat Büchner das Danton-Schicksal frisch aus den Händen der Wirklichkeit genommen und rauchend noch von Blut und jeder irdischen Bewegung, fast ungeformt, in sein Drama gestellt. So trat es hier, auf dieser Bühne, wieder vor uns in Erscheinung, wurde zum zweitenmal körperlich, in eine Wirklichkeit zurückgeführt. Aber in eine Wirklichkeit des bewußten Scheins.

Es kommt nämlich nicht darauf an, daß in einem Kunstwerk ein Vorgang genau dem äußeren Leben folgend nachgebildet werde (obgleich diese Methode auch keineswegs immer zu verachten ist), sondern nur darauf: die Intensität der Natur, wenn auch auf einem anderen Wege, zu erreichen. Oft ist Andeutung mehr als gewissenhafte Ausgestaltung, nämlich überall da, wo das – auch im denkbar größten Umfang – Dargestellte lächerlich klein neben dem Wirklichkeitsbild oder den eingewurzelten Vorstellungen unserer Phantasie erscheint. Hier wurde nun der Eindruck einer ungeheuren Fülle und Mannigfaltigkeit, der Eindruck tausendfach verzweigten Lebens, der Eindruck leidenschaftlichster Bewegtheit erreicht, dadurch, daß man nur einen kleinen Ausschnitt jedesmal beleuchtete, mit einer Lichtflut geradezu übergoß, während das ganze übrige Bild im Dunkel blieb. Nur Einzelne, Gruppen oder Haufen, wurden in die Helligkeit gestellt, während große Menschenmengen im Halbdunkel oder auch ganz unbeleuchtet blieben; aber man empfand ihre Gegenwart, hörte sie mit einmal flüstern, sprechen, aufschreien, sah aus der Finsternis plötzlich einen Arm ins Licht greifen, und hatte, wo Hunderte vorhanden waren, das Gefühl Tausende vor sich zu haben. Vor Riesenschatten und noch mehr vielleicht vor einem verirrten Lichtschein, der zufällig auf eine weitentlegene Stelle fiel und auch da noch Menschengesichter aufleuchten ließ, erschrak man fast, und gewiß hat selten ein wirklicher Sitzungssaal das Gespannte, Gedrängte, Unheimliche dieses dargestellten Nationalkonvents gehabt.

An diesem Hell-dunkel-Prinzip wird überall festgehalten. Es wird bei den Verwandlungen durchgeführt; nur Sekunden trennen Szene von Szene; Lichterlöschen, Finsternis, Lichtaufflammen spielt sich in der Zeit eines Atemzuges ab. Auch hier sollte durch das Stürmende, Schnellwechselnde, oft plötzlich Abgerissene hindurch der Rhythmus des Stückes lebendig gemacht werden. Im Dunkel werden noch die letzten Worte und schon die ersten Worte hörbar. Singen und Pfeifen der Marseillaise, das Fußgetrampel ziehender Scharen, Gejohl, eine in der Ferne gehaltene Rede, Beifallsbrausen gleiten in die Finsternis hinüber, wandeln sich langsam zu den Geräuschen des nächsten Auftrittes oder brechen unvermittelt ab. Auch das gesprochene Wort und das Geräusch in den eigentlichen Szenen werden auf eine ähnliche Weise wie der bildliche Teil behandelt. Überall stehen in dieser gleichsam brennenden Atmosphäre die Gegensätze stark und grell nebeneinander, wenn auch die Teile doch irgendwie fest aneinandergeklammert erscheinen. In die Stille bricht in jedem Augenblick Bewegung und Lärm, oft bis zum Orkan, bis zur Raserei gesteigert. Auf den Stadtplätzen werden Edelleute an den Laternen aufgeknüpft, während die Furien der Revolution um sie herum, in bunte flatternde Lumpen gehüllt, die Larmagnole tanzen; im abgeschiedenen Gemach ruht Danton in den Armen einer empfindsamen Grisette, während fast zu gleicher Zeit im Jakobinerklub die Meinungen, die für ihn Leben oder Tod bedeuten, wild aufeinanderplatzen, und noch der letzte Gang zur Guillotine wird vom Pöbel der Straße verspottet, umbrüllt und umtanzt.

Diese merkwürdige Lichtverteilung, diese Finsternis, aus der alles Sichtbare – buchstäblich und bildlich gesprochen – heraustritt, herausbricht möchte man sagen, gibt auch die Möglichkeit, die Hauptgestalten auf das Kräftigste zu betonen. Danton, der Volkstribun, dessen Geste vielleicht ein wenig zu schön ist, der eiserne Schulmeister Robespierre, St. Just mit dem Mädchenkopf, der unter den zierlichsten Gewändern das kälteste Herz trägt, sie alle scheinen aus der Menge im Dunkel aufgestiegen, scheinen noch mit ihr durch tausend Adern lebendig verbunden, aber sie wandeln, sprechen, kämpfen stets in einem Kreis von Licht. Das Nebeneinanderstehen von Hell und Dunkel, von Lärm und Stille, macht es möglich, dem Bedeutungsvollen eine ganz besondere Kraft des Ausdrucks zu geben. So wirkt, nachdem die Massen sich langsam beruhigten, St. Justs große Revolutionsrede in der Nationalversammlung vom Weg der Geschichte, auf dem die zertretenen Millionen erbarmungslos liegen bleiben müssen – dieser Höhe- und Ruhepunkt des ganzen Stückes, das hier an die Ewigkeit anknüpft, – in der plötzlichen, lautlosen, nur ein paarmal durch kurzen brennenden Beifall auseinandergerissenen Stille doppelt stark.

Romain Rolland „Dantos Tod", Bühnenbildskizze von E. Stern, Großes Schauspielhaus 1920

Siegfried Jacobsohn

Shakespeare-Regie (Der Widerspenstigen Zähmung)

Die Aufführung ist eine einzige Köstlichkeit. Sie gibt zugleich die Lösung eines Problems, an dem sich viele Theatergenerationen die Zähne ausgebissen haben. Ist's etwa ein Zufall, daß gerade dieses Stück den Regisseuren bis heute der Gegenstand unablässiger Experimente gewesen ist? Sie alle spürten, worüber hier kein Mann und noch weniger eine Frau hinwegkommt. Nicht daß Petrucchio das Käthchen zähmt, aber wie er es zähmt: das ist von einer barbarischen Roheit, die entweder gemildert oder erklärt werden muß. Wird sie gemildert, so sind wir nicht mehr in Petrucchios, sondern in Benedikts Reich, und es empfiehlt sich, lieber gleich „Viel Lärm um nichts" zu spielen. Statt also zu den vielen abschwächenden und schwächlichen Verballhornungen der Komödie eine neue zu fügen, ist Reinhardt in untadeliger Shakespeare-Treue auf das Werk selbst zurückgegangen und hat es als eine Vorstellung fahrender Schauspieler vor Christoph Schlau dem Kesselflicker aufgefaßt. Damit ist dann alles erklärt. Dieser Ausweg liegt freilich so nahe, daß er schon früher betreten worden ist. Aber er ist eben nur betreten worden. Um ihn bis ans Ende zu durchmessen, mußte doch erst wieder ein Kerl wie Reinhardt kommen, und es ist auch jetzt noch, wo ihm sein Versuch so wundervoll geglückt ist, jedem Regisseur zu raten: Sei ein Mann und folge ihm nicht nach, wenn du nicht seinen Witz, seinen Mut, seine Faust und, namentlich, seine Phantasie hast. Denn es genügt uns selbstverständlich nicht und würde uns nach kurzer Zeit erheblich langweilen, die überwundenen Manieren und die drollige Talentlosigkeit vagierender Komödianten parodiert zu sehen. Damit jene Auffassung ihren dramaturgischen Zweck erreiche und ihre künstlerische Berechtigung habe, ist nötig, die ganze Geschichte aus der Wirklichkeit in die Sphäre des Spiels, der Imagination, des Märchens, des Traums zu heben. Das hat Reinhardt mit unfehlbarem Instinkt begriffen und mit staunenswerter Konsequenz durchgeführt. Oder sollte es wirklich eine Inkonsequenz sein, daß auch seine Darstellung auf jenes Nachspiel verzichtet, das Shakespeare in seiner Vorlage vorfand, aber für die eigne Bearbeitung entbehren zu können glaubte? In diesem Nachspiel wird der noch immer oder schon wieder betrunkene Kesselflicker vor die Schenke zurückgetragen, wo er nach dem Erwachen einem Kellner erzählt, daß er in einem höchst wundersamen Traum gelernt habe böse Weiber zu zähmen und daß er seine neuerworbene Fertigkeit jetzt gleich zu Hause verwerten werde. Genau so wie der Kollege Shakespeare hat der erquickend unpedantische Theatermann Reinhardt bei seinem Publikum die Fähigkeit vorausgesetzt, sich einen solchen Abschluß selbst auszumalen, und hat aus der vorshakespearischen Fassung nur die Anregung geschöpft, seiner Aufführung die Buntheit, Wirrheit, Tollheit, Sprunghaftigkeit und Unwirklichkeit eben eines Traumes zu geben.

Schlau wird erst in, dann vor einen Saal gesetzt, dessen marmorweiße Schönheit durch fabelhafte Dimensionen zu ganz besonderer Geltung kommt. Das ist von Wichtigkeit, weil dieser Saal der Schauplatz aller Ereignisse bleibt und drum das Auge nie ermüden darf. Wie Reinhardt die Möglichkeiten dieses Saales ausnutzt, wie er ihn verkleinert oder noch mehr ausdehnt, wie er die untern und die obern Nebenräume verwendet, wie er die Balustrade und die Treppe abwechselnd aus der Szenerie ausschaltet und in sie hineinbezieht: das beweist eine Tausendkünstlerschaft, die nicht mehr bloß technischer Natur ist. In einem solchen Grade sein Handwerkszeug, diese lumpigen paar Bretter, dieses O von Holz zu beherrschen, ist bereits der Anfang, ist die Basis einer artistischen Genialität, die in der Durchsetzung der Zähmungsfabel als eines phantastischen Spuks, eines zwiefach stilisierten Wirbels, einer fessellosen und doch aufs sorgsamste berechneten Ton- und Farbenorgie wahre Triumphe feiert. In jenen Saal also kommen die aufgelesenen Schmierenschauspieler gesprungen und bauen zum Takt einer lustig tupfenden, Leitmotive weniger gebrauchenden als persiflierenden Musik von Leo Blech ihre Wanderkulissen auf und immer wieder ab. Es sind Türen, Häuserfronten, Zimmerwände, die in denselben einfachen Kinderfarben, vornehmlich Gelb, Rosa und Lila, gehalten sind wie die großgestreiften, grellgesprenkelten und schrillkarierten Kleider der Mimen. Wenn man diese Kulissen umdreht, zeigen sie die Winterlandschaft, durch die Petrucchio mit seinem Käthchen auf einer abenteuerlichen hölzernen Schindmähre hin und her zieht. Überall sind Verzerrungen von Körper- und Raumverhältnissen angestrebt, wie sie das Fieber oder der Traum erzeugt. Menschenleiber ballen sich zu lebendigen Ketten und Hügeln zusammen und fallen mit burleskem Ruck und Krach wieder auseinander. Kästen und Schachteln türmen sich zur Pyramide auf einem Tisch, der später zu wandeln beginnt. Tranios und Grumios purzeln von gemalten Stühlen und überschlagen sich mit richtigen Möbeln wie Akrobaten. Scharen von Dienern wachsen aus der Erde, werden Harlekins, Excentrics, Schlangenmenschen, machen närrische Aufzüge, prügeln sich, verschwinden in Truhen und durch die Wände und helfen das theaterhistorisch interessante Bild einer Zeit geben, die mit solchen Mitteln zu Lust und Heiterkeit gestimmt wurde. Es ist aber klar, daß unser kaum geringeres Vergnügen nicht durch dieselben Mittel hervorgerufen wird, sondern durch den Anblick eines Künstlers, der sich im

Gefühl einer unbegrenzten Sicherheit und eines unerschöpflichen Reichtums wahrhaft königlich verschwenden darf. Was uns dabei für Momente als Übertreibung erscheint, ist das durchaus organische Zuviel des Übermuts, der nicht allein sprudeln, der buchstäblich übersprudeln will und muß. Kritik braucht Selbstbeobachtung. Während man fast besinnungslos lacht, hat man noch immer genug Besinnung, um sich zu fragen, weshalb man lacht. Und da ist für mich außer Zweifel, daß diese Vorstellung mit all ihren szenischen Kunststücken, mit ihrer ganzen märchenhaften Stimmung und mit der gleichen parodistischen Kraft mich nicht im mindesten belustigt hätte, wenn wirklich, wie gegen sie geltend gemacht wird, die Hülle den Kern zerdrückt und Regiekunst die Schauspielkunst verdrängt hätte. Man glaube doch nicht, daß dreiundeinehalbe Stunde lang purer Zirkuskram zu ertragen wäre. Man glaube doch nicht, daß Persönlichkeiten wie Bassermann und die Höflich zu Requisiten einer noch so suggestiven Regievirtuosität herabzuwürdigen sind. Ihr bloßes Da-Sein bringt schon ein solches Maß, eine solche Masse von Menschlichkeit auf die Bühne, daß sie Shakespeares Worte nur gerade zu sprechen brauchen, um ihren Sinn und ihren Gehalt durchdringend zu verkünden. In Wahrheit liegt es so, daß Reinhardt diesem Sinn und Gehalt nirgends zu nahe getreten ist und daß Bassermann und die Höflich an keiner Stelle die psychologische Entwicklung ihrer Gestalten vernachlässigt haben. Man müßte denn diese primitive Entwicklung, die ein Kind aus Andeutungen ersehen und verstehen würde, zu einem Wunder an Seelenkomplikation aufbauschen. Aber auch dieses Wunder wären Bassermann und die Höflich zu bewältigen fähig – in einer gewöhnlichen Aufführung ohne alle Frage und in dieser archaisierenden schließlich nicht minder. Es wird nämlich deutlich, daß sie der Stolz und die Stars ihrer Truppe sind, die an und für sich unter den Truppen ihrer Zeit einen hohen Rang eingenommen haben muß; daß sie diejenigen sind, die den Funken haben; daß die zwar von den Lastern ihrer Zunftgenossen, von Gefallsucht und Effekthascherei, noch nicht ganz frei, daß sie aber doch schon Boten der Zukunft, Lieblinge einer reinern Melpomene sind. Ihnen fällt nicht schwer, mitten im lärmendsten Tohuwabohu durch einen Augenaufschlag und eine Tonsenkung zu verraten, wie es in ihnen aussieht. Zu alledem hat er die Schwärze, sie die Blondheit, die erotisch verständlich machen, daß Petrucchio das Spiel eingeht; hat sie die Fraulichkeit und er die Liebenswürdigkeit und Energie zugleich, die psychologisch glaubhaft machen, daß Petrucchio das Spiel auch gewinnt. Es ist nichts als ein Spiel, und es als solches zum Siege geführt zu haben, wird einmal eins von den zahllosen theatergeschichtlichen Verdiensten Max Reinhardts sein.

Emil Ludwig

Das Mirakel

Die Szene ward zur Kathedrale: gefangen sind wir in den Seitenschiffen, Zuschauer auf der Bühne. Im Dämmerlicht gotischer Dome schimmert die Wölbung; von oben verhallen lange Glockenrufe; durch die Spitzbogenfenster der Schiffe, durch die Rosette und Zwickel der Apsis schimmert gelblich gebrochenes Licht. Inmitten aber des Domes prangt in magischen Farben auf einem überhöhten Thron das Wunderbild: Madonna mit dem Kinde.

Mit langen Zügen stiller Nonnen belebt sich der Raum. Aus einer Sänfte steigt die alte Äbtissin und übergibt mit vielen Bräuchen der schönen jungen Nachfolgerin die Hut des Wunderbildes und die Schlüssel. Da schreitet diese zum anderen Ende vor und öffnet, ihre erste Handlung im Amt, das riesige Tor des Domes: Volk strömt ein, aus Bergen und waldiger Landschaft sich vermehrend. Mit großen Zeremonien folgt der Zug des Klerus, umwallt von Fahnen, gefeit durch Kerzen in den Händen weißer Knaben: bis nun der Erzbischof im Schutz des Baldachins, die Monstranz steil vor die Stirn gehalten, durch den heiligen Raum getragen hat. Krüppel und Kranke schleppen sich zum Gnadenbilde – und als ein Gelähmter sich plötzlich vor ihm erhebt, bricht ein Schrei aus allen tausend Kehlen.

Der Dom wird leer, die Nonne ist allein. Aus ihren Gebeten aber lockt sie der Klang heiterer Weisen. Kinder schlingen die Reihenspiele draußen vor dem Tor des Domes, bergauf und nieder. Spielt nicht ein Spielmann auf? Ist er nicht schon in den Dom gehüpft? Verwirrt er die Nonne? Wer gibt dem Dämon die Kraft, so rasch die Fromme hinzureißen? Sie dreht sich, sie tanzt. Sie tanzt zum Lied vom Tode und vom Leben – in holder Aureole aber schweigt unbeweglich und lächelnd inmitten Madonna, die die Erde überwand. Enger umspielt die Nonne der Spielmann: draußen vor dem Domtor weist er ihr im Morgenlicht den Ritter – der ihr die Welt bedeutet. Zwei andere Nonnen kommen, schließen sie in den Dom ein und gehen. Nun ist es Nacht, und sie stürzt in den Wirbel der Versuchung. Sie betet die Heilige Mutter an – und draußen klopft der Stahlring des Ritters. Sie windet sich und findet keine Rettung. Wie im Wahnsinn greift sie nach dem Jesuskinde, das das Wunderbild in Armen hält: da schwindet es in glänzender Aura empor, das Tor aber springt auf, der Ritter

„Mirakel", Nun und Mad Onna, Zirkus Busch 1914

steht davor und blickt sie an. Er stampft in den Dom; sie wehrt ihm, um sich zu erheben; er ergreift und trägt sie mit langsam klirrenden Schritten zum Domtor hinaus.
Mitten im einsamen Dome schimmert allein das Wunderbild, des Kindes beraubt. Da regt es sich zum erstenmal. Mit süßer Trauer steht die Madonna auf, den Gnadenmantel läßt sie fallen, sehr langsam steigt sie nieder vom Thron. Dann legt sie mit erschütternder Gebärde die große Krone nieder. Sie nimmt die Kutte der Nonne, die diese zu ihren Füßen ließ, und betet vor ihrem leeren Thron. Die Nonnen kehren in den Dom zurück. Zwei oder vier am Ende des Zuges erblicken das schreckliche Wunder. Hundert Nonnen werfen sich klagend nieder. Dann dringen sie auf die – verkannte – Schwester ein, sie zu züchtigen für ihre schlechte Hut. Da steigt sie zwischen ihnen auf. Sie lassen ab, stumm weichend vor der Heiligen. Ein Stern fällt vor ihr nieder. Mit großen Lobgesängen geleiten sie sie ins Kloster ...
Fünf Intermezzi spiegeln das Leben der Nonne in der Welt. Die Fenster verdunkeln sich ganz; man verliert die Illusion eines Doms; ein paar Versatzstücke geben die Szenen der Welt. In weißer Hülle tanzt die Befreite vor dem Ritter, auf blumigem Hügel. Mit Mann und Hund und vieler Meute kommt ein Graf gezogen. Ein Kampf: der Ritter fällt. Der dicke Graf nimmt die Klagende mit sich fort. Bei dem Toten allein bleibt der Spielmann: als er sich aufgerichtet, gleicht er dem Tod und flötet die Todesweise.
Stockdunkel. Eine Masse Gestalten tappen durch die Schwärze. Nach wenig Augenblicken ist es hell: an fünf runden Tafeln singen und bechern viel hundert Ritter und Frauen. Die Mitte nimmt der Graf mit der Nonne. Zwischen den Bechern, hoch auf dem Tisch, tanzt sie für ihn, in wilder Trauer, mit melancholischer Wollust: ihr Spielmann reißt die Bebende hin und wandelt sie zur Bacchantin. Auf einmal schreitet ein junger Prinz mit den Seinen herein: sein Blick dringt ein und hält die Tanzende fest. Er fordert sie. Der Vasall verweigerts. Laß uns würfeln! Der Königssohn gewinnt und führt den Preis davon. Der dicke Graf stürzt sich ins Schwert. Der Spielmann neben ihm ist der Tod und flötet die Todesweise.
Ein breites Hochzeitsbett ist bereitet: der Königssohn will sich der Schönen vermählen vor allem Hof. Sie spielen die Parodie

„Mirakel", Zeichnung von R. Leonard, 1914

einer Hochzeit, mit Clownerie und viel burlesken Scherzen. Da tritt der König selbst, vom Spielmann aufgestachelt, für sie ein und verbietet den Spaß. Es entsteht ein Gemenge: Vermummte stürzen sich auf den König – er wehrt sich und erschlägt den eigenen Sohn. Wieder pfeift der Tod seine Weise.
Das Hochgericht ist aufgeschlagen. Zwischen unzähligen wütenden Fäusten fährt der Karren der Sünderin herein. Im Hemd, steil gerichtet, bewegungslos, ragt die Schöne über tausend Köpfe. Der Inquisitor – ist es nicht der vermummte Spielmann? – mit der schwarzen Maske zwischen zwanzig schwarzen Richtern klagt sie ihrer Verbrechen an. Als er über ihr den Stab zerbrochen, stürzt der König vor, sie anbetend, ihre Füße küssend, und deckt sie mit dem eigenen Leib: es nützt ihm nichts. Der Henker hebt das Beil, sie senkt das Haupt: ein Schrei vereint das Volk zur Rettung ihrer Schönheit, sie wird auf ein Pferd gehoben und wie im Triumphe jagt sie davon, umbrandet von dem hypnotischen Jubel.
Ein Kriegszug mit Pferden und Hunden, Eseln und Wagen zieht vorbei, mit Armbrustschützen, Reitern und alten Kanonen. Die Nonne, gebrochen, ein Kind im Arm, schleppt sich hinterher. Der Spielmann zwingt sie empor: sie muß, im fahlen Licht eines Phantasmas, die Schatten der um sie Getöteten sehen, wie sie in langer Reihe, vom Ritter an bis zu den Ungenannten, mit spukhaft langsamen Schritten an ihr vorüberziehen, beim Ton der Todesflöte. –
Wieder sitzen wir im Seitenschiff des Domes. An langen Tischen bescheren die Nonnen den Armen und Kindern die Weihnachtsgaben. Zwischen ihnen aber wandelt, heilig, mit süßen Schritten Madonna, die zur Nonne ward. Als sie allein bleibt, legt sie mit dem Lächeln des Vorbewußten die Kutte nieder, steigt mit leiser Gebärde auf den Thron zurück, legt um sich den brokatenen Mantel – und nun, nun setzt sie die Krone wieder auf, die Krone. Das Domtor öffnet sich, und es kehrt die Nonne heim. In verzweifelten Gebeten windet sie sich vor dem Wunderbilde, das sie findet, wie sie es verlassen: ohne Kind. Wie im Wahnsinn drückt sie das ihre, das tote, der Madonna in die Arme. Diese aber, diese nimmt es auf! Wieder kehren die Nonnen zur Morgenandacht, wieder ringt sich stumm ein Schrei aus ihnen empor, als sie des neuen Wunders inne werden. Die Nonne ist entsühnt. Madonna aber mit dem Kinde wird, dem einströmenden Volk voran, zum Domtor in den Tag hinausgetragen. Wieder tönen die Glocken von oben: sie schließen das Spiel.

„Mirakel", Verkleidung des Spielmanns, Zeichnung von E. Stern

„Mirakel", Zeichnung von E. Stern

Karl Vollmoeller „Das Mirakel", Zirkus Busch 1914

Julius Bab

Reinhardts Chorregie

Ist der Regisseur ein „Künstler"? Ganz gewiß, wenn man „Kunst" in einem weiten Sinne versteht als das Sichauswirken, die Weltbezwingung einer großen Persönlichkeit: dann darf man wie den Staatsmann, den Feldherrn auch den Regisseur einen Künstler nennen. Aber nimmt man das Wort im engen, eigentlichen Sinn: eine Schöpfung, die dadurch geschieht, daß eine Persönlichkeit ihre ganze Welterfahrung, die vielverschiedenen Eindrücke der Wirklichkeit in einem *einzigen Material* zum Ausdruck bringt, die ganze Vielfalt des Lebens ungeheuer verengend und verstärkend in einer neuen, gleichsam einsinnigen Welt, – dann ist der Regisseur nicht ein einseitig Besessener wie Musiker, Maler, Dichter und Schauspieler, nicht Künstler, denn der Regisseur darf eben jenes leidenschaftliche Aufgehen in *einem* seelisch-sinnlichen Material nicht kennen – er soll ja durch allseitige Einfühlung und organisatorische Kraft gerade das Gleichgewicht der musikalischen, optischen, sprachkünstlerischen und mimischen Kräfte innerhalb des Theaters verbürgen. Aber auch an den einzelnen Materialien seines Theaters kann der Regisseur nicht aus eigenem Innersten freigestalten. Er kann dem Maler Ziel und Grenze setzen, er kann des Schauspielers Leistung retouchieren, abdämpfen oder befeuern, entfalten und beschränken – die eigentliche Tat ist nicht sein, das was entscheidet bleibt jedesmal außer seiner Macht. Aber zwischen das tote Material, zu dessen Belebung der Regisseur fremder Künstlerhand bedarf, und das lebendige Menschenmaterial aus dem heraus ein fremder Künstlerwille arbeitet, der den Willen des Regisseurs immerfort bedingt, hemmt, bricht – zwischen diese zwei stellt das Theater einen gleichsam halblebendigen Stoff: ein Menschenmaterial, das ohne eine fremde Hand der Wille eines Organisators bewegen kann und das dabei keinen eigenen Künstlerwillen beachtungheischend aufpflanzt. Das ist die Statisterie, der Chor. An diesem Material vermag am allerehesten der Regisseur wirklich zum Künstler zu werden, hier vermag er (an einem Punkte der großen theatralischen Organisation wenigstens) seinen Willen unmittelbar und fast schrankenlos in fühlbare Form umzusetzen. In der Behandlung der Statisten – als Ensemble, als Masse, als Chor – muß die Persönlichkeit und die Kraft eines Regisseurs am reinsten, am sichtbarsten zum Ausdruck kommen.

Tatsächlich ist auch bei dem stärksten Regietalent, das sich in den letzten Jahrzehnten in Deutschland entfalten durfte, bei Max Reinhardt, der sinnfälligste, betont eigenartigste Teil seines Werkes, die Chorregie. Selbstverständlich bleibt seine eigentliche Leistung der kulturelle Instinkt und die organisatorische Kraft, die ihn befähigten, die verwandten Elemente neuer Malerei, Poesie und Schauspielkunst anzuziehen und zu einem modernen Theatergebilde ineinanderzuwirken. Reinhardt schuf (um in Ermanglung eines besseren das schon eingeführte Schlagwort zu brauchen) das „neuromantische" Theater und damit eine Ausdrucksform, die, wie man über ihre Kräfte und Schwächen urteilen mag, der Zeit ein Bedürfnis, ein notwendig zu erreichender Punkt war. Dies ist seine Tat. Aber innerhalb dieser vielumfassenden Arbeit ist an keinem Punkte Reinhardts persönliches Temperament so unmittelbar schöpferisch geworden, so ungehemmt und revolutionär hervorgetreten wie in der Behandlung der Statisterie, in der Chorregie.

Dem Schauspieler Max Reinhardt, der nun seit Jahren ganz hinter dem Spielleiter zurückgetreten ist, waren vor allem zwei Gaben eigen: eine große Erfindungsgabe, um mit hunderterlei kleinen Gesten und Gebärden die Existenz, das Alltagsleben gleichsam, eines Menschen zu malen, und eine dumpfe, unheimlich schwellende jäh' entladende Kraft des Ausbruchs, eine schwere durchschlagende Akzentsetzung. Diese beiden Grundkräfte: eine überaus einfallsreiche pantomimische Phantasie und eine klare Kraft theatralischer Akzentuierung finden ihre reifste Entfaltung heute in Reinhardts Choristenführung. – Das Aufgebot eines reichlichen Statistenvolkes ward zu den Zeiten der Meininger schon an sich als eine Errungenschaft empfunden, und ein Vierteldutzend gut eingedrillter taktmäßiger Bewegungen galt vollends als Triumph stilvoller Massenregie. Wenn späterhin der Naturalismus versuchte, die uniformen Exerzitien in eine unregelmäßige Bewegtheit aufzulösen und eine natürlich wirre „Lebendigkeit" zu realisieren, so war das der äußerste Punkt, den Regiekunst in Deutschland erreicht hatte – vor Reinhardt. Der aber hat diese tote Statistenmasse mit dem Feuer eines leidenschaftlichen Willens durchglüht, hat sie flüssig gemacht und in Formen von vielfacher, phantastischer Erfindung gegossen. Der kasernenartige Drill hört ebenso auf wie die lediglich zu Unruhe angehaltene natürliche Losgelassenheit der Masse, und eine starke planvoll differenzierende Durchbildung greift statt dessen Platz.

Dreierlei ganz verschiedene Bedeutung kann die Menge im dramatischen Gebilde haben: sie kann (für Augenblicke) selber die Szene beherrschen, ihr buntes Leben kann (wenn auch natürlich nur als Folie für die Individual-Schicksale des Dramas) Selbstzweck der Darstellung sein; die Menge kann ferner als Gegenspieler eines Akteurs auftreten, als geschlossene Gruppe, die von *einem* Willen durchfärbt, mit einem Partner Zwiesprache hält; und die Menge kann schließlich farbloser Hintergrund einer von „Personen" geführten Szene sein, zur Resonnanz, zur Tonverstärkung hineingesetzt. Die theatralische Erfindungskraft Reinhardts wird jeder dieser drei Arten gerecht:

Vor allem ist es Shakespeare, bei dem Volksszenen, geschriebene und bloß angedeutete und füglich zu interpolierende, zu Zeiten die Szene beherrschen, um mit ihrer vielfältig schimmernden Bewegung ein letztes Band äußerster Lebensfülle zwischen den Aktionen zu spannen. Und hier entfaltet nun Reinhardt seine außerordentliche (auch in seiner Schauspieler-Regie höchst bemerkenswerte, dort aber natürlich schwer zu kontrollierende!) pantomimische Erfindungsgabe. Unerschöpflich ist seine Phantasie beim Werk, festlich prunkende, wildberauschte oder heimlichzarte Gruppenspiele: Aufzüge, Serenaden, Begegnungen, Spaziergänge etc. durch die Straßen in Romeos Verona oder Shylocks Venedig zu bewegen. In den Komödien gehen die Pantomimen aus einem derberen Ton lustig-robuster Erfindung. Zumal in „Was ihr wollt", wo die vorüberhuschenden Ausschnitte der Drehbühne die gesprochenen Szenen des Fastnachtsspiels durch pantomimische Bilder zu lustig traumhaftem Ganzen verbinden, da dichtet Reinhardts Phantasie für Schauspieler wie Statisten Szenisches von sinnfällig derber Lust: neben Junker Bleichwangs Springübungen, Malvolios Toilette, Mariens Verlobung sehen wir noch das Bühnenvolk in ergötzlich eingestimmten Szenen, bei Bauerntanz, Maskenzug, Kirchgang etc. Bei den „Krähwinklern" werden all die Massenauftritte des revolutionierenden bier- und kaffeetrinkenden Volkes in die komische Symmetrie steifer Biedermeier-Linien gebannt. In den „Räubern" ist fast mehr noch als die in hundert Einzelerfindungen belebten, zu düsterm Waldweben abgestimmten Banditenszenen die erste Szene der Libertiner im Wirtshaus bewundernswert: wie sich hier während der minder belangvollen Dialoge und dann während Spiegelbergs Verführerreden in immer neuen Gruppierungen und Lauten, derben Späßen, fahrigem Gezänk, die wildverdrossene, rüde und gärende Laune der Schar enthüllt, um schließlich bei Spiegelbergs Vorschlag tumultuarisch zu explodieren. Und als Höhepunkt Reinhardtscher Chorführung in einer selbständigen Massenszene muß der Schluß der „Lysistrata" gelten: der Jubel der befreiten, dem Eros wiedergegebenen Stadt. Paare jagen über die Bühne, fliehen sich, fassen, umschlingen sich; Reigen bilden sich, verschlingen sich, wirbeln rundum, lösen sich und stieben davon; bacchantische Scharen taumeln lachend und lärmend vorbei – und während dessen erwachen hinten in der verdämmernden Stadt überall die Lichter; fern steht ein Getöse auf, vermischt sich dem Lachen und Schreien der Gruppen auf der Szene, schwillt mächtig an, und schließlich schlägt von allen Seiten her ein orgiastischer Lustschrei wie riesige Wellen zusammen. Und der Vorhang fällt – über einer mächtigen Dichtung Max Reinhardts, der einzigen wahrhaft künstlerischen Pantomime, die ich je sah.

Nicht minder erfinderisch, nicht minder stark ist Reinhardts Chorregie, wenn es gilt, die Masse als eine aktive Einheit einem Spieler entgegen zu stellen. Hier hat er ein höchst entwicklungsfähiges Vorbild aufgestellt in der schönen Aufführung von Hofmannsthals „Oedipus und die Sphinx".

Die Masse gegen Creon und die Königsfrauen hinter ihrem Sprecher in vier unsichtbar abgeteilten Chören von verschiedener Stimmfärbung; jeder dieser Chöre brachte seine Rufe in vollendet klarem Unisono und ihre Vierfalt verschlang sich dann zu einem musikalisch abgetönten Ensemble, in dem Differenzierung und straffe Einheit zugleich waren. Der denkbar glücklichste Ausdruck für eine einheitlich handelnde Menge, und ein stilistisches Novum, das für die Reproduktion griechischer Chöre eine neue Möglichkeit erschließt und selbst auf die dramatische Produktion höchst anregend wirken könnte.

Schließlich das Volk als Staffage, als Hintergrund, als Resonanzfläche. Selbst hier in der bislang unangetasteten Domäne des „Rhabarber"-Gemurmels und „Heil"-Gebrülls war Reinhardt schöpferisch: Er gab der Menge etwas imposant Urtümliches, einen unheimlichen Naturzug wieder durch den elementaren, ekstatischen Unisonoschrei, den er ihr entlockte – eine Art Wolter-Schrei der Masse. Zuerst brach er als Jubel los im „Kaufmann von Venedig", plötzlich, aus atemloser Spannung, als Porzia ihrem Spruch die entscheidende Wendung gibt; dann kam er im „Wintermärchen" als Gipfel eines lang anschwellenden, unheimlich wachsenden Murmelns in der Gerichtsszene beim Auftritt der Königin, als ein Ausdruck der Liebe und des Zorns. Gewisse Worte (etwa „die Königin" oder „sie kommt") brechen auf, laufen weiter, breiten sich über die Menge, wachsen rapide, beängstigend an in Tempo und Tonstärke – und plötzlich schäumt es auf und überschlägt sich: der Schrei ist da. Eine Organisationskraft ohnegleichen hat hier im unpersönlichen Menschenmaterial sich ein Instrument zu allerwuchtigster theatralischer Akzentsetzung geschaffen.

So werden die Grundzüge des Schauspielers Reinhardt: die mimische Detail-Phantasie und die dumpf-elementare Ausbruchskraft am Werk des Chorregisseurs wieder sichtbar. – Man hat, zuweilen wohl mit Grund, gesagt, daß in gewissen Reinhardtschen Inszenierungen unter der Kraft und Wucht der Massenführung die Schauspielkunst des Akteurs verschwindet. Aber dergleichen wird ganz unvermeidlich sein in allen Fällen, wo nicht ganz große, ganz elementare schauspielerische Persönlichkeiten dem Impetus dieses erfindungsgroßen und elementarstarken Regisseurs die Waage halten. Bekämpft werden dürfte dies Mißverhältnis jedenfalls nur durch die Heranziehung stärkerer schauspielerischer Persönlichkeiten, wie sie Reinhardt ja auch in steigendem Maße gelingt; keineswegs aber dürfte der Preis die Unterbindung einer so individuellen Schöpferkraft sein, wie sie in Reinhardts Chorregie zum Ausdruck kommt.

Eduard von Winterstein

Regiearbeit

Von Stück zu Stück, von Vorstellung zu Vorstellung wußte Reinhardt die leidenschaftliche Hingabe seiner Schauspieler an seine Arbeit zu fesseln und zu steigern. Jeder von uns wußte, daß er sich Reinhardts Anordnungen und seiner Führung mit Seelenruhe anvertrauen konnte, und jeder war überzeugt, daß er unter dieser Führung imstande sein werde, das Beste zu zeigen, was er geben konnte und wozu ihn seine individuelle Begabung instand setzte. Reinhardts Regiekunst bestand eben darin, aus jedem Schauspieler alles herauszuholen, was dieser leisten konnte. Die Grundlage hierfür war freilich die, daß er etwas leisten konnte, denn natürlich konnte auch Reinhardt nicht aus einem schlechten Schauspieler einen guten machen. Der Kern der Zusammenarbeit bestand in einer gegenseitigen Befruchtung. Reinhardt selbst ließ sich von jedem einzelnen Schauspieler, von seiner Wesensart, seiner Eigenart und seiner Veranlagung anregen, dann, möchte ich fast sagen, zeigte er jedem einzelnen, was er konnte und wozu er sich selbst zu steigern vermochte. Auf diese Weise waren wir Schauspieler niemals Marionetten Reinhardts, wie ich es so oft bei anderen Regisseuren erlebt habe, die den Schauspieler zwingen, ihm ihre Eigenart gewaltsam aufdrängen wollten. Wir empfanden Reinhardts Arbeit niemals als Zwang. Das, was er uns beim Einstudieren einer Rolle sagte, war immer so richtig und selbstverständlich und schien so aus unserer eigenen Individualität heraus geboren, daß wir schließlich der Meinung waren, wir hätten das ganz allein geschaffen. Oft ist es mir geschehen, wenn mich Reinhardt an irgend einer Stelle verbesserte und mir sagte, wie ich das sprechen müßte, daß ich mir sagte: Wie war es nur möglich, daß ich darauf nicht selbst gekommen bin! Kann es eine bessere Führung für einen Schauspieler geben? Auch der Bergsteiger, der mit eigener Kraft und Ausdauer, mit eigenem Willen einen Gipfel erklimmen will und wirklich erklimmt, braucht den Führer, der ihm die richtigen Wege, Stege und Tritte weist und ihm so den Gipfel zu erklettern hilft, zu dessen Ersteigung seine eigene Kraft und Ausdauer ausreicht. So war es eben Max Reinhardt, der uns den Weg führte und zeigte, auf dem wir zu dem Gipfel gelangten, den unsere Begabung erreichbar machte: Er zeigte uns, was wir können, und was wir konnten, das entfaltete sich unter seiner Führung.

Emil Orlik, einer der ältesten Anhänger und Freunde Max Reinhards, war der Schöpfer der Ausstattung zu Shakespeares „Wintermärchen". Was er da geschaffen, gehörte unter all dem Schönen, was Reinhardt mit den Jahren brachte, vielleicht zu dem Allerschönsten. Schon die Innenräume des Königspalastes waren in der gradlinigen Einfachheit der Säulen, mit den schweren Samtportieren, die die Hintergründe bildeten und mit Ornamenten bestickt waren, welche auf den Samtmänteln der Mitspieler wiederkehrten, eine Augenweide. Aber wer von denen, die es erlebt haben, konnte jemals den geradezu verblüffenden Eindruck vergessen, den die Dekoration des dritten, des sogenannten „böhmischen" Aktes, dem Auge des Zuschauers bereitete. Dabei war diese ganze Dekoration von der primitivsten Einfachheit. Den Vordergrund der Bühne nahm auf der linken Seite ein mächtiger Baumstamm von etwa 4 m Umfang ein, dessen Krone nicht wie seinerzeit im „Sommernachtstraum" in veristischer Weise aus nachgemachtem Laub bestand, sondern durch hintereinander aufgehängte Schleier, auf denen das Laub aufgemalt war, gebildet wurde. Auf der anderen Seite sah man nichts als eine hohe mastbaumartige Stange, die oben einen bunten Blumenkranz trug, von dem Bandschleifen herabhingen. Von der Mitte der Bühne nach hinten ging es in der ganzen Breite der Szene einen mit Rasenteppich belegten Berg hinan, der am Horizont in einer Höhe von 3–4 m endete und nach hinten wieder abfiel. An diesem Berg sah man einige bunte Dächer von Bauernhäusern und einige Schiffsmasten mit Segeln, wodurch dargetan wurde, daß Shakespeare sein Böhmen an die Küste verlegt hatte.

Von dem Hügel schlängelte sich durch den Rasen ein Kiesweg herab, und wenn die in bunte böhmische Farben gekleidete Bauern- und Hirtenschar zu den Klängen der entzückenden Humperdinckschen Musik den Hügel hinabtanzte, so ergab das eine Wirkung von hinreißender Originalität. Die Musik, die Humperdinck für dieses Stück komponiert hatte, verschönte übrigens auch den letzten Akt, wenn nach den beschwörenden Worten der Paulina die zur Statue gewordene Hermione sich zum Menschen zurückverwandelte.

Etwas Besonderes schuf Reinhardt noch in dieser Aufführung des „Wintermärchen" mit dem Gerichtsakt, der Szene, in der Leontes über Hermione zu Gericht sitzt. Einige Hunderte von Menschen bildeten das Auditorium dieser Gerichtsszene, und was Reinhardt da an Wirkungen aus dem sogenannten Volksgemurmel herausholte, war selbst nach allem, was man von ihm schon zu hören gewohnt war, noch staunenerregend, war nie vorher dagewesen, wird nie wieder so da sein. Das Auditorium saß im Halbkreis auf terrassenförmig aufgebauten Marmorstufen. Man hatte die Komparsen in 8 verschiedene Gruppen geteilt. Jede Gruppe hatte einen Buchstaben aus der Reihe A–H, und die einzelnen Gruppen hatten ausgeschriebene Rollen oder Stimmen bekommen. Hinter der Bühne saß der Hilfsregisseur Berthold Held und gab mit elektrischen Lichtzeichen, die im Proszenium, dem Publikum unsichtbar, ausgelöst wurden, jeder Gruppe den Einsatz. In unendlich langen und mühseligen Proben wurde dann von Berthold Held, der in solchen Einstudierungen auch für die Folge die Hauptstütze Max Reinhardts war, der Chor vorbereitet, den sich Max Reinhardt als orchestrale Begleitung der Gerichtsszene gedacht hatte. Dies brachte wiederum eine Wirkung von durchaus einziger Art hervor.

Wenn Reinhardt eine neue Inszenierung plante, so betrieb er eine umfangreiche tiefschürfende Vorarbeit teils geschichtlicher, teils literarischer Art. Niemals griff er auf eine vorliegende „Bearbeitung" zurück. Denn diese waren, auch wenn sie den Bearbeitern – man staune – Tantiemen eintrugen, meist schlecht und unbrauchbar, oft sogar sinnentstellend.

Max Reinhardt also ließ alle Bearbeitungen beiseite und hielt sich stets an den Urtext des Dichters. Ich glaube, bei Shakespeare-Inszenierungen hat er sogar, wenn er auch der englischen Sprache nicht mächtig war, die Übersetzung des betreffenden Stückes stets mit dem englischen Urtext kollationiert. Hatte er seine Vorstudien, zu denen auch die Konferenzen mit den Fachleuten, Architekten und Malern gehörten, beendet, dann nahm er das Buch, welches das Stück enthielt und mit leeren weißen Blättern durchschossen war, zu sich, fuhr irgendwohin in die Einsamkeit, ins Gebirge oder an die See, und zog sich wochenlang zurück, um nur seiner neuen Aufgabe zu leben. Es war wunderbar, ein solches Buch, dessen Seiten nun in seiner kleinen, klaren und deutlichen Schrift auf das engste beschrieben und bekritzelt waren, in die Hand zu nehmen. Da konnte man sehen, wie so manches Stück fix und fertig vor seinem geistigen Auge stand. Er hatte nicht nur die Auftritte und Stellungen bis ins kleinste, bis auf jeden Schritt möchte ich sagen, bereits festgelegt, auch der geistige Inhalt jeder Szene, jede einzelne Stimmung waren deutlich und klar fixiert. Natürlich wurde im Laufe der Proben manches geändert, da er ja sich von der Eigenart der Schauspieler und der wachsenden Vorstellung befruchten ließ, aber in der Hauptsache wußte er ganz genau, wie die Vorstellung aussehen würde. Nun begannen die Proben. Auch die verliefen ganz

Probe zu „Der Prinz von Homburg" mit F. Kayßler, P. Wegener, Kühne und M. Reinhardt, Deutsches Theater 1932

anders wie bei anderen Regisseuren. Gewöhnlich verläuft die Probenarbeit, um hieran noch einmal kurz zu erinnern, so: Der Regisseur arrangiert in einer mehr oder weniger flüchtigen Probe die Stellungen. Darauf beginnen die Stückproben, die meist intensiver Natur sind. Wenn der Regisseur auf den Stückproben den Schauspielern alles gesagt hat, was er ihnen zu sagen hat und was er sagen kann, dann werden noch eine Anzahl Proben abgehalten, die eigentlich nur zum Memorieren dienen und den Schauspielern, die ihre Rollen bereits können, oft höchst langweilig sind. Manche Schauspieler sind der Ansicht, bei zu vielen Proben sei ein Stück „überprobiert", und das sei von Übel. Diese Ansicht ist jedoch im höchsten Grade abwegig und unsinnig. Es gibt kein „Überprobieren". Ich habe mir sagen lassen, daß Stanislawski, der große russische Inszenator, am „Hamlet" ein Jahr lang probiert hat. Die Schauspieler lachen darüber, aber ich finde das herrlich und ich bin der Meinung, daß nur bei einer so intensiven Probenarbeit eine wirklich vollendete Vorstellung gebracht werden kann. Wir Berliner Schauspieler, die wir gewohnt waren, unsere Rollen hunderte von Malen zu spielen, sind uns, wie ich oft habe konstatieren können, darüber einig, daß wir uns in einer Rolle erst wirklich wohl fühlen, wenn wir sie so oft gespielt haben, daß wir dann erst das „Überderrollestehen" fühlen, das die Schauspielerei zu einer Kunst macht und vom Dilettantismus unterscheidet. Also müssen die Vorstellungen, in denen der Schauspieler noch nicht über der Rolle steht, mögen es nun zwanzig oder hundert gewesen sein, im Grunde doch an der Probenarbeit gefehlt haben. Letzten Endes ist die Probenfrage eine Geldfrage. Welches Theater, besonders welches Privattheater könnte sich eine so ausgedehnte Probenzeit leisten? Jedes Theater muß mit seinen besonderen Verhältnissen rechnen. Wenn also die Proben der üblichen Art so weit gediehen sind, daß die Schauspieler den Text beherrschen, so wird die Arbeit mit der Hauptprobe und mit einer oder zwei Generalproben, die auch erst seit Reinhardt allgemein eingeführt worden sind, beendet, und die Schauspieler, die der Proben in vielen Fällen schon reichlich überdrüssig sind, sind froh und glücklich, daß es vorüber ist.

Nun zu dem Gegenbilde. Schon die erste Arrangierprobe war für jeden Beteiligten ein großes Erlebnis. Reinhardt legte nicht nur Schritt für Schritt die Szene bis auf das kleinste Detail fest, nein, er fixierte bereits jede Stimmung einer Szene. Auf diese Weise wurde die Arrangierprobe auch meist die längste und anstrengendste seiner Proben.

Nach der Arrangierprobe, auf der die Schauspieler ja ihre Rollen abgelesen hatten, „stand" das Stück vielleicht stärker als bei manchem Regisseur nach der Hauptprobe. Nun kamen einige Tage Pause – manchmal auch nicht, je nach den Erfordernissen des Repertoires –, die zum Lernen bestimmt waren. Dann begannen die Stückproben. Nun hätte man meinen können, Reinhardts Arbeit sei fertig, er habe ja alles gesagt, was er uns zu sagen hatte. Ein großer Irrtum. Jetzt begann erst die eigentliche Arbeit mit ihm, und zwar mit einer Intensität, einer Hingabe, die die höchsten und letzten Anforderungen an unsere Anspannung und unsere Kraft stellten. Und doch ist uns niemals eine Probe bei Reinhardt zu lang oder zu anstrengend gewesen.

Wenn ich heute im Geiste mir die Zeiten unter Max Reinhardt vergegenwärtige, so denke ich seltsamerweise niemals an eine Aufführung, sondern immer nur an die Proben mit ihm. Ich sehe ihn dann vorn an seinem Tischchen sitzen in der an ihm so charakteristischen Haltung, den Kopf vorgebeugt, den Mund halb geöffnet und angespannt zuhörend. Bewunderungswürdig war auch seine Ruhe, seine unerhörte Geduld. Immer wieder konnte er eine Stelle, die ihm nicht richtig erschien, verbessern, wenn man sein Monitum vergessen hatte. Nie wurde er nervös oder heftig. Ja, wenn man an seine ganze Art zurückdenkt, muß man sagen, daß er bei der Arbeit auf der Probe eigentlich bedeutend liebenswürdiger war, als er sich sonst gab. Ich habe ihn nie so oft lachen oder auch lächeln gesehen wie bei der Probenarbeit. Das kam eben daher, daß er selbst bei dieser Arbeit sich wohl fühlte, daß sie ihn glücklich machte. Aber nie auch wurde ihm die Arbeit zu viel. Es war ein übermäßiges Arbeitspensum, das er an solchen Tagen leistete. Er hielt Proben von 10 Uhr vormittags bis in den späten Nachmittag, bis 4, bis 5, bis 6 Uhr. Der verantwortliche Theatermeister mußte ihn mit Gewalt von der Bühne jagen, da ja die Dekorationen für die Abendvorstellung aufgebaut werden mußten. Es kam sogar vor, daß Reinhardt, der um alles seine Proben nicht abbrechen wollte, die Abendvorstellung ausfallen ließ, sehr zum Mißfallen seines Bruders Edmund, der natürlich auf die bedeutenden Kasseneinnahmen nicht verzichten konnte oder wollte. Darum kam es natürlich auch nicht oft vor. Aber oft kam es vor, daß Reinhardt, wenn er schon die Proben abbrechen mußte, einzelne Schauspieler, die in der Abendvorstellung nicht beschäftigt waren, noch zu sich in die Wohnung bestellte, um dort mit ihnen weiter zu probieren. Da nun ohne Ausnahme jede Probe, und sei es eine Durchsprechprobe bei ihm in der Wohnung, das künstlerische Gefüge wieder um einen Schritt vorwärts brachte, was wir wohl fühlten, so wurde auch uns dieses Probieren niemals zu viel. Man hat Reinhardt, besonders im Anfang, als er noch viel angegriffen wurde, oft den Vorwurf gemacht, die Ausstattung, Dekorationen, Kostüme und Requisiten seien das Wichtigste und die Hauptsache an seinen Inszenierungen, aber dieser Vorwurf ist geradezu lächerlich und läppisch. Das Um und Auf seiner Arbeit bei der Inszenierung eines Stückes war die Arbeit am gesprochenen Wort, alles andere, so hervorragenden Anteil es auch am Gelingen des Ganzen hatte, bedeutete daneben sehr wenig, um nicht zu sagen: rein nichts.

Es konnte geschehen, daß ihm in der Generalprobe manches nicht gefiel. Was er dann alles zwischen Generalprobe und Vorstellung oft in einer Nacht noch an Verbesserungen, ja an grundlegenden Änderungen schuf, das grenzt an das Unglaubliche. Ich will es an einem kleinen Beispiel erläutern: Er inszenierte Shakespeares „Was ihr wollt". Es ist von Anfang an Reinhardts Bestreben gewesen, Zwischenakte möglichst abzukürzen, sie auf ein allerkleinstes Zeitmaß zu begrenzen.

Trotzdem dauerten sie ihm immer noch zu lange. Aus diesem Prinzip heraus hat er ja die Drehbühne, wenn auch nicht erfunden, so doch erst zu ihrer Bedeutung gebracht. Bei der Aufführung des turbulenten Lustspiels „Was ihr wollt" nun waren ihm die Verwandlungen selbst mit Benutzung der Drehbühne noch zu zeitraubend. Schnell entschlossen machte sein genialer Erfindungsgeist aus der Not eine Tugend. Er ließ nicht wie sonst bei verdunkelter Bühne die Drehbühne die Szene verwandeln, sondern drehte sie bei voller Beleuchtung von einer Szene in die andere, wozu natürlich die Dekorationen behelfsmäßig zusammengestellt wurden. Bei dem Drehen zeigte er kleine stumme Zwischenszenen, zum Beispiel wie Malvolio sich seine gelben Strumpfbänder um die dürren Waden wickelt, wie Maria und der Narr ein Lachduett aufführen und dergleichen mehr. Die einzelnen Dinge sind mir entfallen, da ich selbst nicht zu den Mitwirkenden in dieser Vorstellung gehörte. Der Erfolg war durchschlagend. Die Stimmung des Publikums wurde nicht wie sonst durch Zwischenakte gestört und herabgemindert. Die ganze Vorstellung rollte sich an einem ununterbrochenen Bande lustiger Szenen vor den Augen der Zuschauer ab.

L. Höflich und E. Heims im „Sommernachtstraum", 1905

Eduard von Winterstein

Der Sommernachtstraum

Ich will mit dem Bühnenbild beginnen. Schon hier brachte Reinhardt etwas ganz Neues, etwas Umwälzendes, was zunächst von Zweiflern und Nörglern bekrittelt und bespöttelt wurde, was später sämtliche Theater, große und kleine, nachmachten, was heute eine unumgänglich notwendige Einrichtung jeder Bühne ist: die Drehbühne. Wir hatten uns vor einigen Jahren, anläßlich unseres ersten Wiener Gastspiels, auf der Durchreise in München im Residenztheater die Drehbühne, die der berühmte Theaterarchitekt Lautenschläger hauptsächlich für die Aufführungen Mozart'scher Opern gebaut hatte, angesehen und hatten eifrigst diskutiert über die Verwendbarkeit dieser maschinellen Anlage. Sicher reifte schon damals in Reinhardt der Plan, diese Erfindung für seine Zwecke auszunutzen. Ich glaube, in München ist man nie recht zur vollen Entfaltung aller durch Lautenschlägers Drehbühne gegebenen Möglichkeiten gelangt; so ist Reinhardt im Grunde der eigentliche Schöpfer der Drehbühne. Wie er sie ausnutzte und der Darstellung dienstbar machte, hauptsächlich der Darstellung Shakespearescher Dramen mit ihrem vielfältigen Szenenwechsel, das werden wir im Laufe der weiteren Entwicklung von Reinhardts Inszenierungskunst, wie ich sie schildern möchte, staunend sehen. Aber niemals ist die Drehbühne zu solch vollendeter Wirkung gelangt wie in dieser ersten Aufführung von Reinhardts Sommernachtstraum.

Dazu kamen nun noch viele andere Dinge, die das Bünenbild von Grund aus änderten. Wie oft waren wir in unseren Gesprächen und Diskussionen darüber einig geworden, wie störend und phantasielos bei allen Dekorationen, die im Freien, das heißt nicht in einem geschlossenen Raum spielten, der nüchterne kahle Bretterboden der Bühne wirkte. Hier nun ließ sich Reinhardt durch eine Neuerung anregen, die von England kam. Beerbohm-Tree, der berühmte Shakespeare-Regisseur in London, hatte, um dem Mangel abzuhelfen, den Waldteppich geschaffen. Es war ein dicker Teppich mit eingeflochtenem künstlichem grünen Gras, das täuschend einen Wiesen- oder Waldboden nachahmte. Wir waren begeistert. Man darf nicht vergessen, daß wir aus dem Naturalismus kamen und bis über die Ohren in unseren naturalistischen Vorstellungen steckten. Die Bühne sollte eben durchaus Natur vortäuschen. Dazu gehörte aber noch mehr als der

Waldteppich. Die bis dahin üblichen, auf starre Leinwand gemalten Bäume und Sträucher, hätten zu diesem Waldboden nicht gepaßt. Nun setzte Reinhardts ureigene Erfindung ein. Er ließ naturähnliche Baumstämme herstellen, und zwar die kerzengeraden glatten Stämme der Buche ebenso wie die knorrigen, zerrissenen Rinden der Eiche. Leimgetränkte Packleinwand wurde um ein leichtes, dünnes Holzgestell gelegt und von geschickten Händen zu Rinde geformt, die nach dem Trocknen des Leims die naturgetreue Form ergab. Ebenso künstlich wurden die belaubten Zweige hergestellt. Die ebene glatte Fläche des Bühnenbodens kaschierte Reinhardt durch Anbringung kleiner hügelartiger Erhebungen.

Wir haben uns heutzutage von diesen naturalistischen Bühnenbildern wieder losgesagt, und was der Anblick dieses Waldes dem Auge, das bis dahin auf der Bühne meistens nur gemalte Kulissen und Soffiten gesehen hatte, bedeutete, kann man heute gar nicht mehr verstehen. Es war ein wirklicher, richtiger Wald, in den man beim Aufgehen des Vorhangs blickte. Ja, um die Täuschung vollkommen zu machen, wurde auf der Bühne mit großen Spritzen Tannenduft erzeugt, der sich bald im ganzen Zuschauerraum verbreitete. Wie nun beim Klang des Mendelsohn'schen Scherzo die Elfen – nicht mehr mit den obligaten Ballettröckchen angetan, sondern halbnackte schlanke Mädchen, nur mit grünen Schleiern bedeckt – sich an den Händen haltend, hügelauf, hügelab um und durch die Bäume sich wanden – das war ein berauschender Anblick. An Zwirnsfäden hängende und hüpfende kleine Lichtbirnen täuschten Glühwürmchen vor, und das Mondscheinwerfer-Licht warf berückende Lichtreflexe durch das Laub der Bäume auf die Bühne. Im Hintergrunde war ein Teil des Bühnenbodens, vielleicht 4 qm umfassend, durch dicke Glasscheiben ersetzt, die von unten her erleuchtet waren; das Licht traf in den ebenfalls künstlich erzeugten Wassernebeln die auf dem Spiegel dieses kleinen Sees tanzenden Elfen.

Die vielleicht revolutionärste Neuerung dieser Aufführungen – und damit gelange ich zur Schilderung der Darstellung – war die Darstellung des Puck. Wie hatte man diese Rolle bis jetzt gesehen? Man steckte die naive Liebhaberin in den obligaten rosafleischfarbenen Trikot in ein weißes griechisches Peplon und ließ sie womöglich einen Lilienstengel in der Hand halten. Und jetzt Gertrud Eysoldt! Sei gesegnet für das, was Du uns in dieser Rolle gegeben hast! Ein kleiner zottiger Waldschrat mit Bockshörnern und kleinem Stummelschwänzchen, so sprang, hopste, kugelte und hüpfte dieser Irrwisch über die Bühne. Aber auch das Elfenkönigspaar, Oberon und Titania, bis dahin auf der Bühne nur Ballettgestalten, entsprachen ganz und gar dem Bilde, das man sich von einem solchen Paar gemacht hatte. Oberon – Tilla Durieux spielte ihn zuerst, während er später eine berühmte Rolle von Alexander Moissi wurde – trug ein Kostüm, das von Blättern gemacht schien, und als wehenden Mantel einen Grasteppich, ähnlich dem Bühnenboden. Titania – Kamilla Eibenschütz – glich, in lichte wehende Schleier gekleidet, ebenfalls einer Waldblume, ihr Haar war eine bis an die Füße reichende Grasperücke. Georg Engels – der im Anfang den Zettel spielte, später löste ihn Hans Wassmann in unvergleichlicher Weise ab – ließ sich die Gelegenheit nicht entgehen, in seiner Eselsverwandlung diese Perücke anzuknabbern. Auch die kleinen Elfchen, die Titania herbeilockt, Senfsamen, Bohnenblüte, sahen aus wie Blumen und Gewächse. Ein unvergeßlicher Eindruck, wenn nach den Worten „Wir wollen still den Weg zur Laube finden“ die schöne Musik Mendelssohns einsetzte, die Bühne sich vor den Augen der Zuschauer langsam zu drehen begann und Titania mit ihrem Pyramus-Esel, umtanzt und umhüpft von den winzigen kleinen Elfchen, im Mondschein, der durch die Blätter drang, durch den Wald den Gang zu ihrem Brautlager antrat.

Zwischen diese Elfenszenen hatte nun Reinhardt die Dispute, Streitigkeiten, Zänkereien und Verfolgungen der beiden Liebespaare verteilt – die langbeinige Else Heims war Helena, die kleinere und mollige Lucie Höflich Hermia, ich war Demetrius und Alexander Ekert Lysander. Wir mußten durcheinander wirbeln, daß uns die Puste ausging. Die Mitte der Bühne wurde beherrscht durch vier starke Bäume, die in Trapezform aufgestellt waren. An jedem dieser Bäume stand einer von uns und fand nach jedem Durcheinander wieder den Weg zu seinem Baum. Wie wir uns dann am Schluß dieser Szenen, einer nach dem andern, ermüdet in das tannenduftende Gras legten, während die Zauberklänge des Notturno über uns hingingen, fühlten wir uns lebendig und leibhaftig in die Welt des Sommernachttraums versetzt. Dann brach während der letzten Klänge des Notturno statt des bleichen Mondlichtes, das bis dahin die Szene beherrscht hatte, goldenes Sonnenlicht durch die Bäume und beleuchtete den Auftritt des Theseus, der Hippolyta und ihres Gefolges. Als sich der Vorhang über die Szene senkte, hatte wohl jeder im Publikum das Gefühl, etwas nie Dagewesenes gesehen und erlebt zu haben.

Trotzdem hatte Reinhardt noch eine Steigerung, das war die Szene des letzten Aktes. Der Vorhang öffnete sich bei völlig dunkler Bühne zu den Klängen des Hochzeitsmarsches. Plötzlich erschien eine Schar von Fackelträgern über eine breite Brücke, die aus der Tiefe der Bühne heraufführte, diese postierten sich im Vordergrund der nun beleuchteten Szene: wieder ein überwältigendes Bild. Die ganze Bühne in ihrer Breite und Tiefe war in das aus imitiertem weißen Marmor gebildete Halbrund einer griechischen Arena verwandelt; die strahlende Helle in der Marmor-Arena bildete einen starken Kontrast zu dem Dämmerlicht der Waldszenen. Am linken Ausläufer des Halbrundes, vorn an der Rampe, war der Königssitz des Theseus und der Hyppolyta, die mit ihrem Gefolge, wohl hundert Menschen, zu den Klängen des Hochzeitsmarsches über die Brücke aus dem Hintergrund ihren Einzug in die Arena gehalten hatten. Das Gefolge ließ sich auf den Sitzen des marmornen Halbrundes nieder, von der Brücke führten zwei Treppen herunter, zwischen denen ein Tor angebracht war, das nachher die Rüpel für ihr Theaterspiel ausspie.

„Sommernachtstraum", Bühnenentwurf von Hans Meid, Großes Schauspielhaus 1921

Kapitel 6

Bühne und Bühnenbilder
Musik und Komponisten

Heinz Herald

Das Entstehen einer Inszenierung

Es soll Regisseure geben, die ihre Ausarbeitung nicht schriftlich festzuhalten brauchen und die auf keine Probe etwas anderes mitbringen als den Dramentext: ich kann mir nicht denken, daß das innere Gebäude ihrer Aufführung von der gleichen Festigkeit, von der gleichen architektonischen Vollendung ist wie bei Reinhardt, dessen Regiebücher das Durchgearbeitetste sind, was man sich in dieser Art denken kann. Das Regiebuch stellt bei Reinhardt, wie einmal treffend gesagt wurde, „eine vollständige, bis in alle Details ausgeführte Paraphrase des Werkes dar in der Sprache des Regisseurs". Neben den Text des Dichters, der hier schon die für das Spiel geeignete Fassung erhalten hat, das heißt der auf das vorsichtigste gestrichen und unter Umständen aus den verschiedensten Übersetzungen zusammengefügt wurde (Bearbeitungen und Umstellungen, die den dichterischen Rhythmus verfälschen, vermeidet Reinhardt stets), tritt nun ein besonderer Text, der Text des Regisseurs, der oft den Dramentext in bezug auf Ausführlichkeit um ein Vielfaches übertrifft. Hier hat das Größte wie das Kleinste Beachtung gefunden, die Stimmung jeder Szene und innerhalb dieser Szene jeder Rede und innerhalb dieser Rede jedes Satzes ist angedeutet. Ausdruck, Lautstärke, Stellung des Schauspielers, innere Empfindung, Ausdeutung der Pausen, Wirkung auf die Mitspielenden sind in knappen, treffenden Worten festgelegt. Am Anfang jeder Szene findet sich eine bis ins kleinste gehende Beschreibung der Dekoration, der meist Zeichnungen und immer ein Grundrißplan zur Erläuterung beigegeben sind, für jeden Neuauftretenden ist eine genaue Beschreibung des Kostüms vorhanden, alle Gänge innerhalb einer Szene sind nicht nur erwähnt, sondern auch, in Form von Bewegungsskizzen, eingezeichnet, das Licht, der Wechsel des Lichtes ist beschrieben, Bemerkungen über Bedeutung, Ausdruck, Stärke, Länge der Begleitmusik und über die Geräusche finden sich, die Art der Verwandlungen ist hier schon angegeben.

Hier ist alles vermerkt, was irgendwie für die Darstellung in Frage kommt. Das Regiebuch, das alle diese Bestandteile wie zu einem festen, dichten Teppich verwebt enthält, ist in seiner andeutenden Form schon ein vollkommen fertiges Werk, rund, ohne Lücken. Freilich ist es in der „Sprache des Regisseurs" abgefaßt und wird daher für den Laien unverständlich sein. Es zeigt die Spielform des Regisseurs, die er, wie der Schiffer sein Boot durch Wind, Wellen und Klippen, durch die tausend entgegenwirkenden Widerstände hindurchzuführen hat: bis zur endlichen Aufführung.

Jetzt beginnt die Zeit der Konferenzen mit dem Maler, dem Dramaturgen, dem technischen Oberleiter und, gegebenenfalls, dem Komponisten. Schon hier tritt vor den Regisseur oft die Notwendigkeit hin, seinen Willen gegen fremde Willen durchzusetzen. Freilich ist dabei mit der schroffen Herauskehrung des Rechtsstandpunktes nichts getan, der Regisseur darf nicht übersehen, daß er es mit Künstlern von eigenem künstlerischem Verantwortungsgefühl zu tun hat, deren Anschauungen man nicht einfach umbiegen kann, deren Anregungen stets von Nutzen sind, und vor allem: die nur gute Arbeit liefern, wenn sie auch mit dem Herzen bei dieser

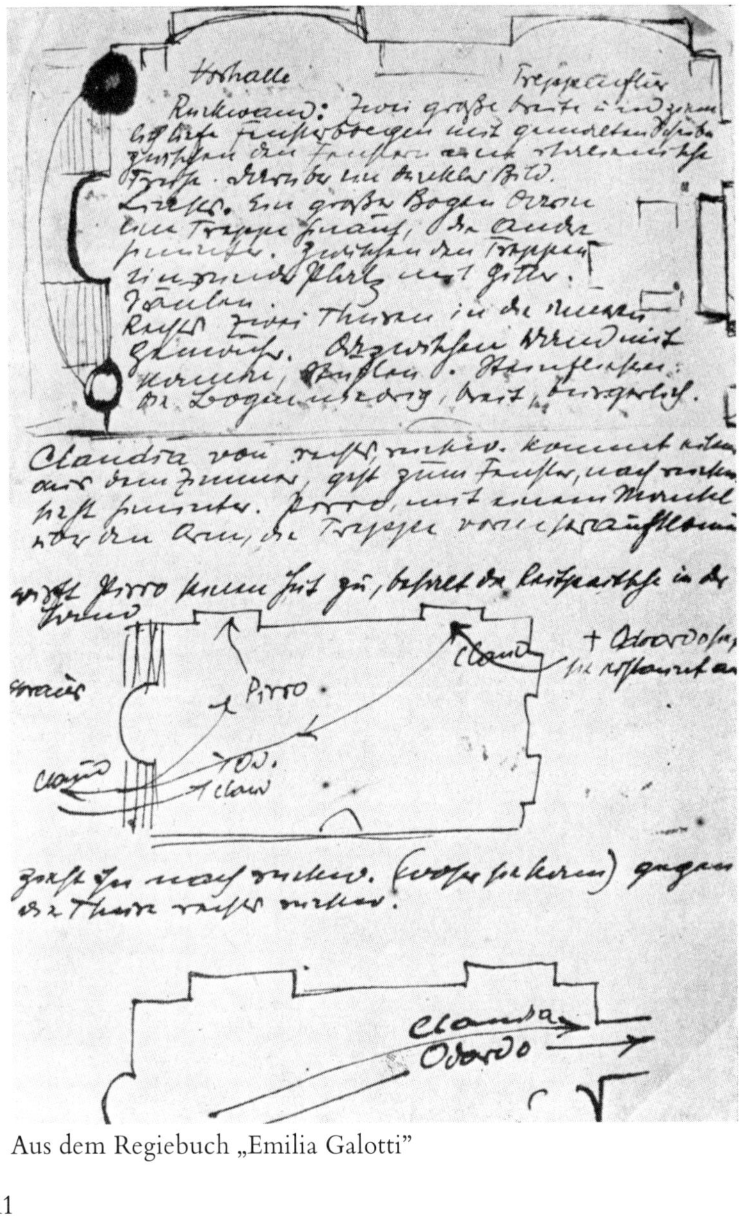

Aus dem Regiebuch „Emilia Galotti"

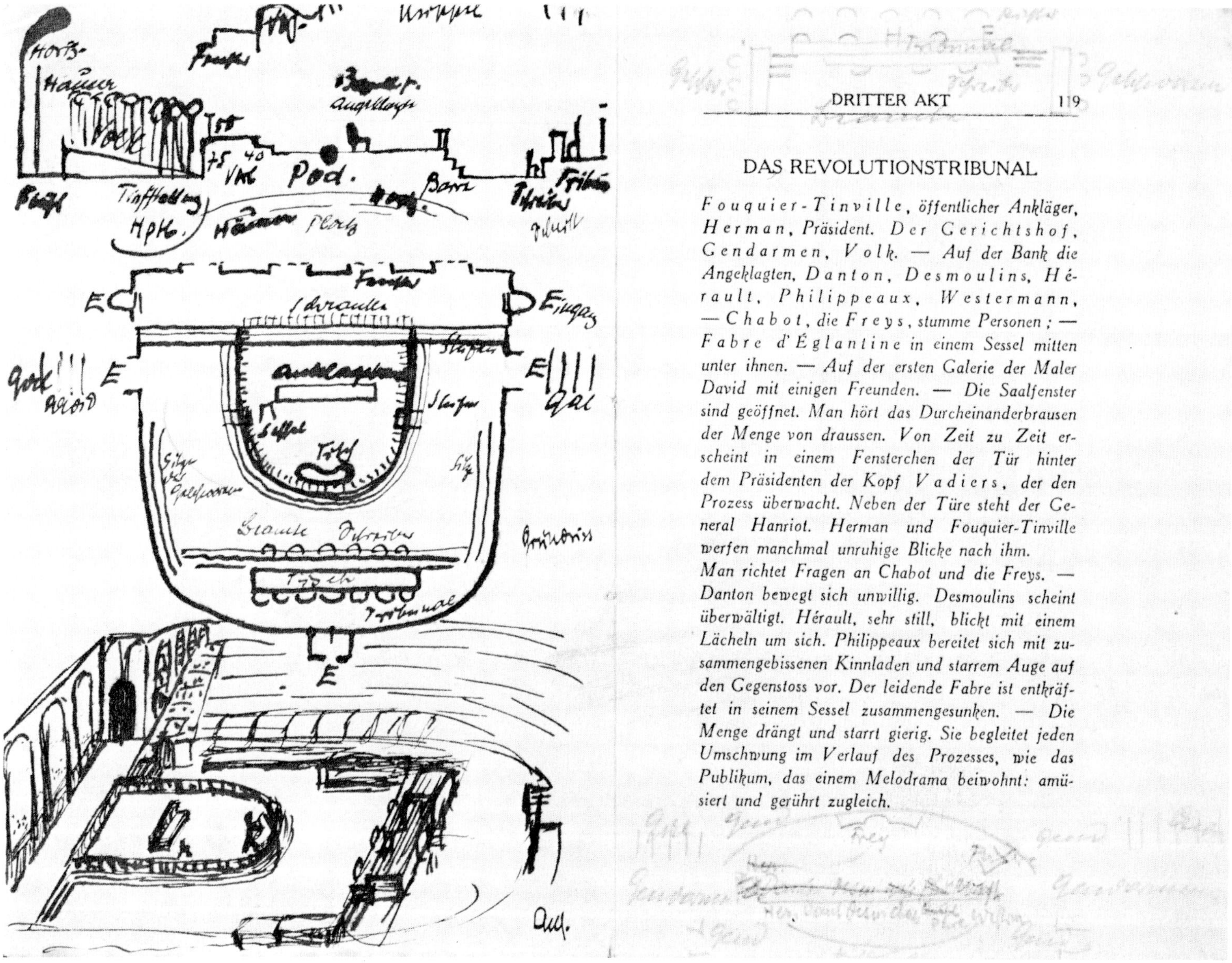

DRITTER AKT 119

DAS REVOLUTIONSTRIBUNAL

Fouquier-Tinville, öffentlicher Ankläger, Herman, Präsident. Der Gerichtshof, Gendarmen, Volk. — Auf der Bank die Angeklagten, Danton, Desmoulins, Hérault, Philippeaux, Westermann, — Chabot, die Freys, stumme Personen; — Fabre d'Églantine in einem Sessel mitten unter ihnen. — Auf der ersten Galerie der Maler David mit einigen Freunden. — Die Saalfenster sind geöffnet. Man hört das Durcheinanderbrausen der Menge von draussen. Von Zeit zu Zeit erscheint in einem Fensterchen der Tür hinter dem Präsidenten der Kopf Vadiers, der den Prozess überwacht. Neben der Türe steht der General Hanriot. Herman und Fouquier-Tinville werfen manchmal unruhige Blicke nach ihm.
Man richtet Fragen an Chabot und die Freys. — Danton bewegt sich unwillig. Desmoulins scheint überwältigt. Hérault, sehr still, blickt mit einem Lächeln um sich. Philippeaux bereitet sich mit zusammengebissenen Kinnladen und starrem Auge auf den Gegenstoss vor. Der leidende Fabre ist entkräftet in seinem Sessel zusammengesunken. — Die Menge drängt und starrt gierig. Sie begleitet jeden Umschwung im Verlauf des Prozesses, wie das Publikum, das einem Melodrama beiwohnt: amüsiert und gerührt zugleich.

Aus dem Regiebuch „Dantons Tod"

Arbeit sind. Mit Ausnahme des Dramaturgen, dessen Amt im Rahmen dieser Unterredungen meistens nur ein allgemein beratendes ist, müssen diese künstlerischen Hilfskräfte sich in dem Glauben befinden, daß man sie durchaus ihre eigenen Wege gehen läßt, der Regisseur muß es verstehen, seine Gedanken so klar und zwingend vor sie hinzustellen, daß ihre eigene Leistung wie selbstverständlich aus diesen Anschauungen hervorwächst.

Natürlich wird der Regisseur nicht immer nur starr seinen Standpunkt vertreten, sondern seinen Mitarbeitern überall da nachgeben, wo er sieht, daß sie im Rechte, ihre Vorschläge die besseren sind. Unendlich viel wächst überhaupt erst aus solchem Austausch der Meinungen, aus dem Gespräch; neue Perspektiven öffnen sich plötzlich, Vereinfachungen werden sichtbar, Erkenntnisse gewonnen, deren Frucht so recht vielleicht erst späteren Werken zugute kommt. Ohne seinen Standpunkt in den Hauptfragen leichten Herzens aufzugeben, muß der Regisseur immer bereit sein, zu lernen, aus dem Werk vor allem, aber auch selbst von denen, die eigentlich unter ihm arbeiten.

Sehr verschieden, schon beeinflußt von der Persönlichkeit, doch auch von dem besonderen Stück und seinem eigenen Verhältnis dazu, ist die Art, wie Reinhardt mit seinem Maler arbeitet. Das eine Mal gibt er ihm nur das Stück und läßt im Maler zuerst selbständig den Inszenierungsgedanken sich bilden, ein andermal erläutert er in knappen Worten die noch rohen Grundrisse seines Planes, ein drittes Mal findet der Maler schon eine vollkommen fertige Welt vor, in der das Aussehen jedes Stuhles bereits vorgezeichnet ist und die er nur noch malerisch zu durchdringen braucht. Manchmal stellen auch von vornherein beide gemeinsam den grundlegenden Plan auf – besonders wenn er mit Ernst Stern zusammen arbeitet, dessen Art ihm und dem Reinhardts Art schon völlig vertraut ist.

So stammt der grundlegende Dekorationsgedanke im „Macbeth“, das dekorative Schema, das übrigens der inneren Darstellungsidee viel enger verknüpft ist, als man gemeinhin ahnt, von Reinhardt, die genaue Ausführung hat Stern ersonnen, während die maschinelle Ausarbeitung ein Werk von Reinhardts technischem Berater Dworsky ist. Zuerst stand es einmal fest, daß, um alles Spielerische, Verkleinernde zu vermeiden, die Drehbühne in diesem Fall unbenutzt bleiben sollte. Trotzdem galt es, eine große Menge von Verwandlungen ohne stimmungszerstörende Pausen, ja möglichst ohne Vorhang zu bewerkstelligen. Dann mußte, um den zyklopischen Grundcharakter des Werkes, seine unerreichte Konzentration zu wahren, das Ganze stark stilisiert, auf einige große einfache Linien und Farben gestellt, den Geschehnissen entsprechend aber doch Abwechslung in die Bilder gebracht, der Eindruck von Hintergründen geschaffen werden, vor denen diese überlebensgroßen Menschen sich bewegen, endlich alles in nächster Lebensnähe gezeigt und doch gleichzeitig, um den Anblick dieses ungeheuren Schicksals den Menschen unserer Zeit erträglich zu machen, in eine märchenhafte Ferne und Unwirklichkeit gerückt werden.

Zuerst einmal wurde für diese Aufführung die Vorbühne der Bühne angefügt, in einer Form, in der beide, durch einen Aufbau von schwarzen, lauthemmend gepolsterten Stufen verbunden, sich besonders innig aneinanderschließen. Diese Vorbühne wird, neuartig und eindringlich, sobald eine wichtige Szene dort spielt, von dem breiten weißen Strahl eines Scheinwerfers (Halbwattlampe) beleuchtet, der sich im Kronleuchter in der Mitte des Zuschauerraumes befindet, dessen Licht, wenn die betreffende Szene vorüber ist, langsam wieder eingezogen wird, wodurch der Blick des Zuschauers in den Auftritten, in denen auf der Vorbühne nicht gespielt wird, einfach über sie hinweggleitet, als wäre sie gar nicht vorhanden. Auf der Bühne selbst befinden sich, fast als einzige Deko-

„Macbeth”, Das Bankett, Zeichnung von E. Stern

52 Macbeth.

1 Der brummt in[2] Bart, wie wenn man sagen will.
3 Die Zeit kommt, daß euch reut, mit solcher Antwort
Mich abgespeis't zu haben.

Lenox. 4

I ~~Möcht' es nur~~
Ihm Vorsicht raten, ~~sich so fern zu halten~~
Als seine Klugheit kann II Ein heil'ger Engel
Flieg' an den Hof von England, ~~thue kund~~ 5
III ~~Die Botschaft, eh er kommt, und schneller Segen~~
~~Mag diesem unter einer Teufelsfaust~~
~~Ringenden Lande kehren!~~

Lord. 6

Auch mein Gebet mit ihm! (Ab.) 7

8 ——— IV

Vierter Aufzug.

Erste Scene.

9 Eine dunkle Höhle. In der Mitte siedet ein Kessel
(Donner und Blitz. 10 Die drei Hexen kommen.) 11

12 Erste Hexe. 13

14 Dreimal hat Buntkätzchen miaut.

Zweite 15 16 Hexe.

Dreimal und eins hat Igelchen quiekt.

Dritte Hexe. 17

▶Nachtmahr kreischt. — Nun ist es Zeit.◀

18 Erste Hexe. 19

20 Geht den Kessel rund herum, 21
Werft hinein die gift'ge Krum':
Kröte, du, die schlafend lag
Ein und dreißig Nächt' und Tag',
Schwitzend Gift im kalten Stein,
In den Topf zuerst hinein!
22

Alle. VI

Mischt ihr alle, mischt am Schwalle,
Feuer brenn' und Kessel walle! 23 VII

Zweite Hexe. 24

25 Sumpfiger Schlange Zungenband
Fliege übern Kesselrand,

1 (alles gedeckt)
2 Kopfwendung
3 drohend:
4 (nickt bekümmert):
5 *ihn zu warnen*
6 (gedeckt, inbrünstig)
7 (Sie sehn sich um, gehen dann rechts, vorne Vorderb. r. ab.)
8 Dunkel offene Verwandlung.
9 Donnerbeben, das allmählich stärker wird.
10 Die Hexen reiten mit Kreischen, Jauchzen und Jaulen auf einer langen Besenstange in die Höhle, springen, indem sie die Röcke hochheben, in den Pfuhl.
11 Katzengeschrei, Unkenrufe und Quaken und Quieken.
12 Sie lauschen, legen den Finger auf d. Mund.
13 jauchzend, wollüstig:
14 zärtlich kichernd:
15 *der*
16 *gequiekt*
17 alarmierend:
18 In der Mitte:
19 im Rhythmus:
20 Dampf wallt aus dem Kessel auf, es zischt und brodelt.
21 sie holt Verschiedenes aus dem Pfuhl, wirft es in den Kessel. Die anderen Hexen bücken sich gleichfalls und holen Verschiedenes, werfen es in den Kessel.
22 Sie haben große Löffel, mit denen sie im Dampf rühren.
23 springen im Kreis um den Topf
24 tritt in die Mitte:
25 (holt aus ihrer Schürze verschiedenes Geschlinge, blutige Fleischstücke, Gekröse etc., wirft es in den Topf.

I *Das mag ihm zur Warnung dienen!*
So weit fern zu bleiben –
II (sucht, dann inbrünstig:)
III (gedämpft, aber sehnsüchtig)
bevor er kommt, damit ein schneller Segen
zurück mag kehren unserm Land,
das leidet
von verfluchter Hand
(schüttelt verzweifelt den Kopf)
(zw. d. Zähnen).
IV Der Vorhang geht auf. Vorne Finsternis. Auf der Mittelbühne sind die Proscenien weit ins Dunkel zurückgerückt. Die Vorderkante des Mittelpodiums ist durch Polsterungen unregelmäßig gemacht. Dahinter ein grüner, von unten beleuchteter Pfuhl in der Mitte. Da brodelt der Kessel. Um den Kessel ist ein vertiefter Platz zum Tanzen. Der Pfuhl läuft in eine Rinne, die nach rechts fließt. Über dieser Rinne eine mächtige, schwarze Stange, die nach oben ins Prosc. geht. Auf dieser rutschen die Hexen reitend in den Pfuhl. Rückwärts mehrere Wolkenschleier, rot, braun, grau, schwarz und weiß, mit einem durchsichtigen Stück, hinter dem die Könige erscheinen und auf einem Podest dahinter nach links wandeln. Links über einem Felsstück ein Loch, durch das Macbeth und Lenox heruntersteigen. Im Kessel, der ohne Boden ist, so daß die Erscheinungen von unten aufsteigen, wallt Dampf auf.
= *Vorderb. finster. Mittelbühne blau. Versenkung von unten grün. Kessel rot. Rampe zwischen Schleier blau. Scheinwerfer für Erscheinungen.*
V Warnend:
Nachtmahr schreit, 's ist Zeit, 's ist Zeit.
Rundum um den Kessel kreist (malt)
Giftig Eingeweide schmeißt
Auch die Kröte quetscht hinein
Einunddreißig Nächt' im Stein
(voll Lust)
Zähen Schleim im Schlaf gegoren
(Jauchzen)
Soll zuerst im Kessel schmoren
VI Alle. (pusten)
Feuer toller, Kessel voller,
Hurtig, hurtig brodeln soll er.
VII Die Hexen rühren, löffeln, streuen Gewürze, blasen in den Dampf, werfen verschiedne Dinge aus Pfuhl und Schürze in den Kessel, kosten, schmatzen, lachen und kichern. Alles sachlich, erregt und fieberhaft tätig.

Aus dem Regiebuch „Macbeth", Hexenszene

„Macbeth", Die Hexen, Szenenfoto

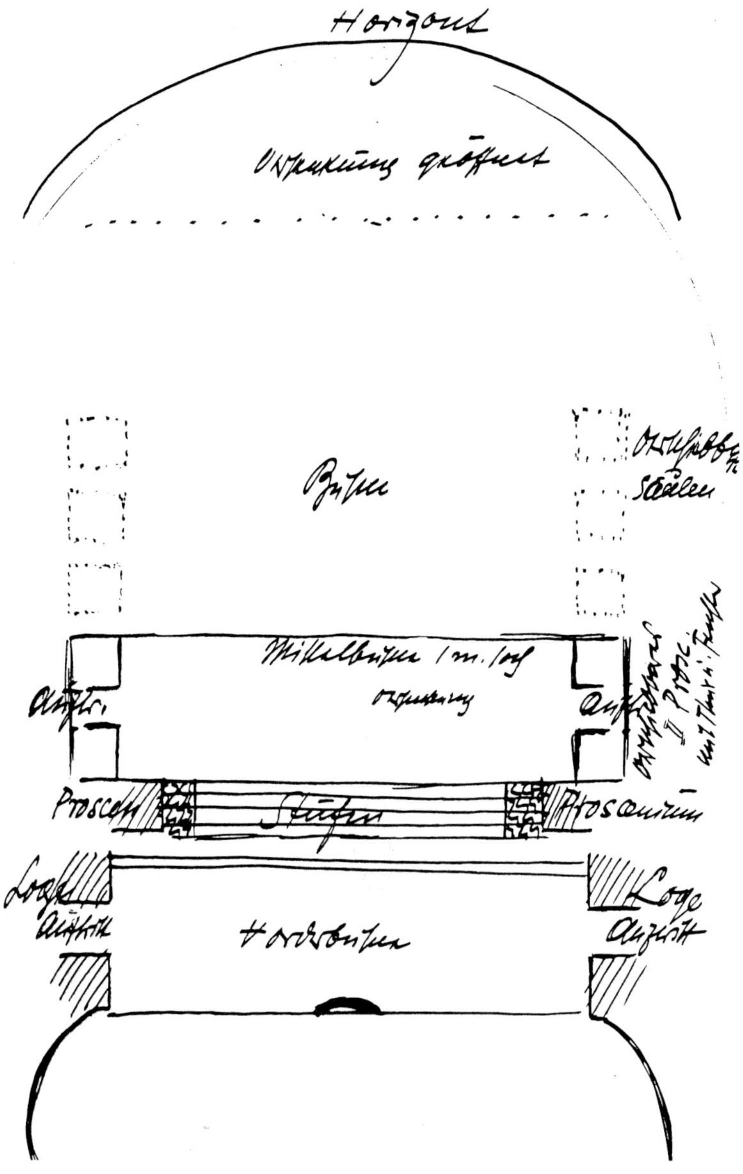

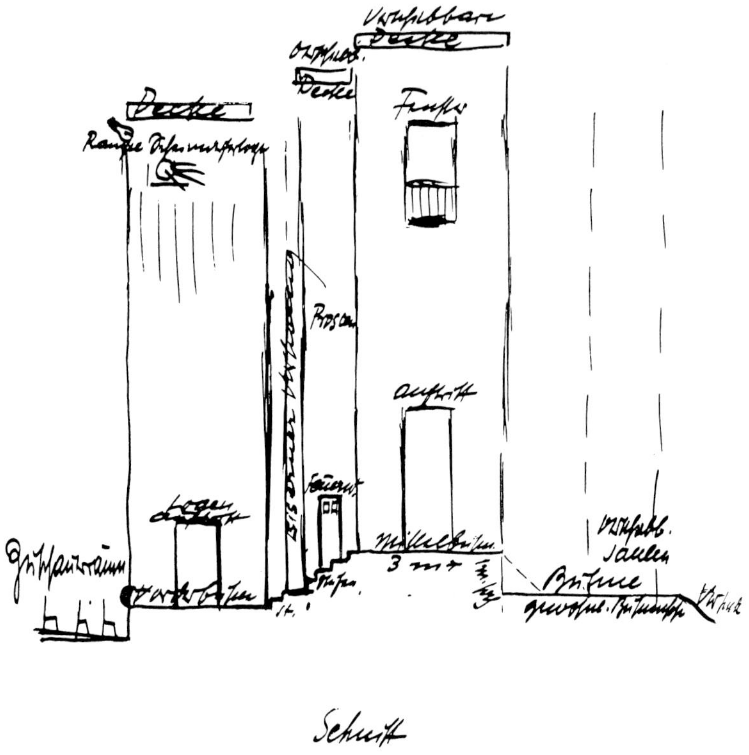

ration, drei mächtige Turmpaare, ohne die Absicht besonderer Einzelwirkung burgähnlich ausgebaut, deren Farbe ein düsteres altes, aber doch lebensvolles Braunrot (die vorherrschende Farbe im ganzen Stück) ist; diese Türme, die auf drei von den Seiten aus fast bis zur Bühnenmitte parallel zur Rampe geführten Schienenpaaren laufen, können in jede beliebige Stellung zueinander gebracht werden, wodurch sich, stets allerdings unter Betonung der Symmetrie, die verschiedenartigsten Bilder ergeben. Für einzelne Szenen werden die Türme weit auseinandergeschoben und der Hintergrund durch einfache halbplastische Dekorationen abgeschlossen, für andere werden sie näher aneinandergerückt und durch schlichtgehaltene Dekorationstücke (wie Thronsessel, Hexenkessel) ergänzt; manchmal werden sie auch ganz zur Seite und aus dem Gesichtskreis des Zuschauers geschoben, dann ist gewöhnlich alles auf die weite Himmelswirkung gestellt, die der große Rundhorizont ermöglicht. Einfarbige und großornamentierte Vorhänge und Wolkenschleier vervollständigen das dekorative Bild, das seine belebende Note von den geradlinigen und starkfarbigen Schottenkostümen empfängt, die hier – entgegen der Meinung einzelner Autoritäten, zu denen, wenn ich nicht irre, auch Tieck gehört – Verwendung gefungen haben.

Nicht immer ist das dekorative Schema einer Aufführung so schnell gefunden worden, seine Übertragung auf die Bühnenwirklichkeit so glatt vonstatten gegangen wie hier. Oft mußte lange gesucht, geprobt, verworfen und wieder gesucht und wieder geprobt werden, ehe man – manchmal erst im letzten Augenblick – das Richtige herausgefunden hatte, das die darstellerische Grundidee, von der der Regisseur ausgegangen war oder die sich bei ihm im Laufe der Zeit gebildet hatte, nicht umbog oder verfälschte, sondern sich ihr ganz anschmiegte und sie – im Gleichnis des Raumes – klar wie ein Spiegel zum Ausdruck brachte. Nicht immer haben Regisseur, Maler und Techniker so gut und leicht Hand in Hand gearbeitet, nicht immer ist, was sie schufen, so aus einem Guß, so wie aus einer Phantasie entsprungen, von einer Hand gebildet aus diesem Zusammenwirken hervorgegangen. Die künstlerischen Hemmungen des Regisseurs sind meist zwar geringer als bei ganz frei schaffenden Künstlern, aber immerhin groß genug, und die materiellen sind nicht kleiner als die künstlerischen.

Was der Geist sich frei erschuf, auf die beschränkte Bühnenwirklichkeit zu übertragen, erfordert oft viel Kopfzerbrechen, wenn das Wesentliche des Entwurfs der Aufführung gewahrt werden soll. Allerdings sind bei Reinhardt alle Mitwirkenden mit den Bedingungen seiner Bühne, oder vielmehr seiner verschiedenen Bühnen, von vornherein vertraut. So schafft der Maler seine Entwürfe gleich im Hinblick auf die besonderen Erfordernisse des Hauses, in dem das Stück gespielt werden soll.

Diese Entwürfe verlangen vom Maler nun wieder eine große Menge von Studien; nicht nur die vom Regisseur angegebenen Grundzüge müssen getroffen, das äußere Stückbild muß in allen Punkten gewahrt werden: innerhalb des Ganzen sollen die verschiedenen Partien in einem bestimmten Verhältnis zueinander stehen, die Räume jedesmal etwas Wesentliches aussagen, jeder Szene soll der entsprechende Rahmen geschaffen und den Kostümen ein günstiger Hintergrund gegeben werden. Diese Kostüme wiederum haben den Charakter des Ganzen zu wahren, die Personen, die sie tragen, bezeichnend hervorzuheben, sie müssen zur Dekoration und zueinander abgestimmt, für ihre Träger berechnet sein und endlich in sich selber eine gewisse Farbenharmonie haben (Stern wählt z. B. für die Inszenierungen, deren malerischer Teil seiner Leitung untersteht, immer nur eine bestimmte Anzahl von Farben, eine Farbenskala, während alle übrigen Farbtöne für dieses Stück völlig ausgeschaltet werden, als wären sie gar nicht vorhanden). Hier steckt eine Summe von Arbeit, hier ist eine Menge von Studien, von Kenntnissen und nicht zuletzt von theatralischem Gefühl erforderlich, von denen sich der Zuschauer, der am Abend im Theater sitzt, schwerlich eine rechte Vorstellung machen kann. Hier muß alles hundertmal besprochen, entworfen, durchgeprobt werden, ehe das Rechte gefunden ist.

Figuren zum Macbeth, Zeichnung von E. Stern

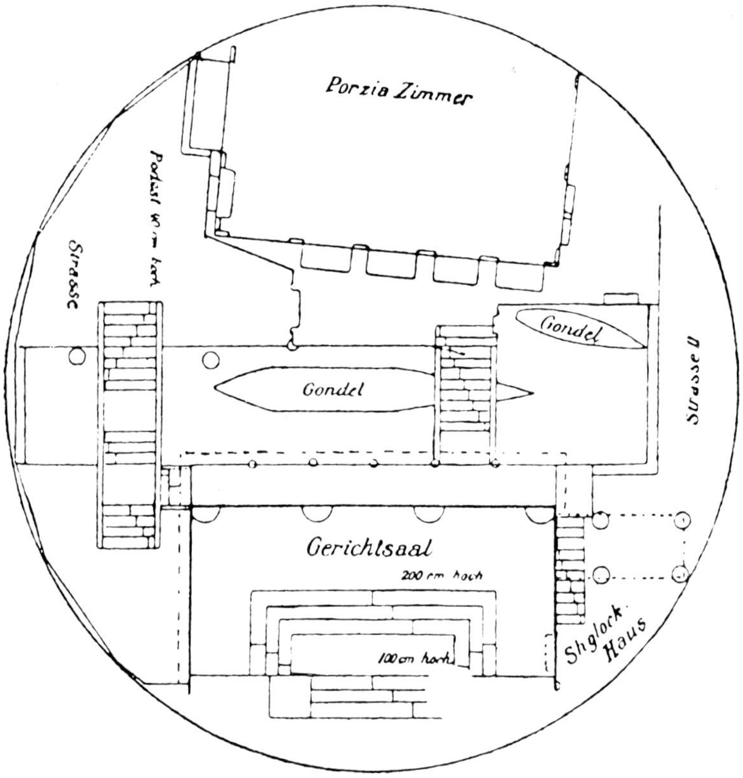

Drehbühnen-Grundriß zu „Der Kaufmann von Venedig", Deutsches Theater 1905

Hier überall leistet das plastische Drehbühnenmodell, das im Deutschen Theater von fast allen technisch schwierigen Stükken angefertigt wird, gute Dienste. Der Maler faßt im Einvernehmen mit dem Regisseur seine Entwürfe, die er bisher als Bilder nur in einer Fläche angelegt hatte, jetzt zum erstenmal räumlich ausgestaltet zusammen. Das plastische Modell entspricht, wenn an der Dekorationsidee in der Folge nichts mehr geändert wird – und zu diesem Zeitpunkt ist die Klärung gewöhnlich schon soweit vorgeschritten, daß das Endgültige, wenigstens in der Dekoration, feststeht, – genau dem späteren Bühnenaufbau im Kleinen. Hier können nun noch einmal, bevor man an die Ausführung geht, alle Punkte nachgeprüft, die Stellung der Bilder zueinander, die Höhenunterschiede, der Verlauf von Fluchtlinien genau festgestellt werden, worauf erst der bis dahin noch provisorische Grundrißplan auf das Exakteste ausgeführt zu werden vermag. Das Modell wird dann in eine kleine Probedrehbühne eingesetzt, die der wirklichen Bühne des Deutschen Theaters in allen Teilen entspricht, ja selbst von einem Rundhorizont umgeben ist. Hier, im Bühnenrahmen, ist es nun sogar möglich, schon

„Kaufmann von Venedig", Bühnenbild von E. Orlik

im voraus die künstlerische Wirkung der Einzelbilder zu erkennen.
Von vornherein wird gleich ein Hauptaugenmerk darauf gerichtet, daß die verschiedenen Szenenentwürfe sich nicht gegenseitig „stören". Der auf der – zumeist verwandten – Drehscheibe vorhandene Raum ist nicht sehr groß, so daß jedes Eckchen ausgenutzt werden muß und seine Bestimmung erhält. Es wird stets versucht, mit möglichst wenig Umbauten während des Spiels auszukommen. Es ist auf die Lage der Räume oder Landschaftsbilder zueinander Rücksicht zu nehmen, die Szenen sind oft nicht nur als Einzelbilder zu werten, manchmal muß bei einer Landschaft oder einem Straßenbild eine Drehung der Bühne um wenige Meter genügen, um einen vollkommen neuen Eindruck zu erwecken, der Durchblick von einer Szene auf die andere muß geprüft, die Auftrittsmöglichkeit für die Schauspieler beachtet werden, von Anfang an ist auch die Art der Verwandlungen mit in die Rechnung einzusetzen, die offen oder nicht offen, dunkel oder hell, schnell oder langsam (etwa wenn sie eine getragene Verwandlungsmusik begleitet) sein kann, die unter Umständen auch mit einer menschlichen Bewegung zusammenfällt, sogar von Worten begleitet wird, auf die sie dann eingestimmt werden muß.
Nun folgt der lange und beschwerliche Arbeitsabschnitt der Dekorationsherstellung und Kostümanfertigung. Nicht alles gelingt auf den ersten Anlauf, und manches Dekorationsstück, das man schon geborgen glaubte, ist im letzten Augenblick technisch oder künstlerisch mißraten, manches Kostüm hat, wie man bei der Fertigstellung sah, dem Menschen, der es tragen sollte, nicht das rechte und beabsichtigte Aussehen gegeben. Wer einmal beobachtet hat, welche Mühe und welche Zeit erforderlich ist, um eine einzige Vase oder etwa die Tierköpfe aus der Bankettszene in „Macbeth", die sich aus lauter kleinen verschiedenen Profilen zusammensetzen, getreu nach den Angaben des Malers zu bilden, kann sich ungefähr einen Begriff davon machen, was es heißt, alles zu einer großen Inszenierung Notwendige den künstlerischen Wünschen und Erfordernissen entsprechend herzustellen. Reinhardt hat auch eingesehen, daß die Erfüllung solcher Wünsche nur denkbar ist, wenn man das Meiste im „eigenen Hause" machen läßt, und hat daher seinem Theater große, in ihrer Art vorbildliche Arbeit liefernde Werkstätten angegliedert. Nur so war es ihm möglich – worauf er nicht verzichten will und kann –, neuen Versuchen einen so breiten Spielraum zu gewähren. Denn Reinhardt hat den Grundsatz, alte Formen und Gesetze zwar als notwendige und nützliche Hemmungen zu betrachten, diese Hemmungen aber kraftvoll abzuschütteln, wenn sein Gefühl ihn übermächtig dazu treibt. Man ist gegen diesen Erneuerungstrieb Reinhardts, der sich hellsichtig auch alle technischen Errungenschaften zunutze macht und sich gelegentlich nicht scheut, selbst die durch Herkommen scheinbar geheiligte Form unserer Normalbühne zu sprengen, oft zu Felde gezogen, hat aber vergessen, daß fast alles, was sämtliche fortschrittlich gerichtete Theater

heute als selbstverständlichen und unbestrittenen Besitz betrachten, in den letzten fünfzehn Jahren auf diese Weise nach und nach von Reinhardt geschaffen, veranlaßt oder wenigstens, durch die Wirkung seines lebendigen Beispiels, angeregt und beeinflußt worden ist.

Gleich bei der Auswahl der Farben und Materialien muß auf das Bühnenlicht Rücksicht genommen werden, das vom Tageslicht vollkommen verschieden ist und daher den Eindruck von Stoffen und Farben ganz verändert, so daß schwere und teuere Stoffe oft unscheinbar, leichte und billige manchmal dagegen reich wirken; auf dies besondere Licht muß auch beim Einfärben der Stoffe achtgegeben werden, da Dekoration, Kostüm und Licht in einem bestimmten Verhältnis und in Wechselwirkung zueinander stehen.

Das Ausprobieren des Lichtes gehört zu denjenigen Arbeiten, die erst auf der Bühne vorgenommen werden können, und zwar wird hier das Wesentliche den letzten Tagen vor der Aufführung, wo die Dekoration schon fertig oder fast fertig dasteht, vorbehalten bleiben müssen. Die Beleuchtung zerfällt auf den Reinhardtschen Theatern in zwei Teile: ein großer laternenartig hoch oben über der Bühnenmitte aufgehängter Beleuchtungskörper – oder auch ein sogenannter Fortunyapparat – ruft auf dem Rundhorizont jede nur denkbare Lichtstimmung hervor, womit noch eine besondere Ausleuchtung der unteren Horizonthälfte für das Erscheinen der Abendröte und ähnliches verbunden ist, während die Beleuchtung der Spieler durch gesonderte Apparate (Spielflächenbeleuchtung, veränderliches Rampenlicht, Effektlampen) erfolgt. Auf den so gefärbten Himmel wirft dann ein eigenartiges System kreisförmig um eine Welle drehbar angeordneter Projektionslampen das völlig naturgetreue Bild ziehender Wolken, wozu Negative von wirklichen Wolkenaufnahmen benutzt werden, während eine besondere darüber befindliche, senkrecht bewegbare Lampe unabhängig davon das Auftauchen der entfernteren und darum scheinbar langsamer heraufziehenden Lämmerwölkchen hervorruft, wodurch der Anschein der unendlichen Himmelstiefe entsteht. Aus, ich möchte sagen, dramaturgischen Gründen verwendet Reinhardt in den letzten Jahren gern und häufig starke Scheinwerfer, deren Licht wichtige Personen oder Gruppen bedeutungsvoll und symbolisch aus ihrer Umgebung heraushebt. Um solche Wirkungen zu erproben, bedarf es natürlich des Vorhandenseins der womöglich kostümierten Schauspieler; dazu bieten nun die letzten Proben – in denen alles, was in der Aufführung zusammenwirken soll, wie Darsteller, Statisterie, Musik, Dekoration, Kostüm und Licht zum erstenmal zusammengeführt wird, um einzeln in den großen Kreis, der sich allmählich zu schließen beginnt, eingesetzt und noch aufeinander abgestimmt zu werden – die günstige Gelegenheit.

Denn natürlich hat lange vorher schon die Zeit der Proben begonnen; Proben und dekorative Herstellung setzen gewöhnlich zugleich ein. Die Arbeit mit dem Schauspieler erschien Reinhardt von jeher als das Wichtigste bei allen seinen Inszenierungen, auf sie verwendet er weit mehr Zeit als auf alles übrige zusammengenommen. Schon bei seiner Arbeit am Regiebuch spricht das Schauspielerische am stärksten mit, er rechnet von vornherein mit seinen Schauspielern, legt sie bei der Ausgestaltung den Dramenfiguren sozusagen unter, läßt sich in seinen künstlerischen Berechnungen manchmal gleich von ihrem Wesen beeinflussen, allerdings nur, wenn sie Persönlichkeiten sind, die ein solches Vorgehen rechtfertigen; die kleineren biegt er sich zurecht, so wie er sie für sein Gesamtwerk nötig zu haben glaubt.

Wer Reinhardt, Tag und Nacht, auf den Proben zu beobachten Gelegenheit hatte, wer seine Unermüdlichkeit, seine Hingabe, seinen Eifer, seine Frische, seine Diplomatie und seinen – seltenen – Zorn sah, wer weiß, wie er außerhalb der Proben mit einzelnen Darstellern große Rollen Satz für Satz aufbaute oder Schauspieler langsam, im Gespräch, zu beeinflussen suchte und sein Ziel auch erreichte, nur der kann ermessen, wie sehr ihm diese wichtigste aller Arbeiten des Spielleiters am Herzen liegt. Wer die Art kennt, wie er, fast ohne ein lautes Wort, große Statistenmengen zu bändigen und anzufeuern versteht, wie er hier Begeisterung für die Sache um sich verbreitet, durch Bestimmtheit und Klarheit der Anordnungen wirkt, die Menge zu einer gewaltigen Einheit zusammenschließt und jeden doch eine Einzelpersönlichkeit bleiben läßt, wird die große Wirkung verständlich finden, die er mit diesen Riesenchören zu erzielen vermag. Reinhardt ist auf der Probe in einem Augenblick Komiker, im nächsten liebendes Mädchen, im dritten ein Krieger unter Hunderten und bleibt dabei doch immer Regisseur, hat die Wirkung eines Kostüms im Auge, sieht die Aufstellung eines Dekorationsstückes, hört den Zusammenklang von Stimmen, einen falsch gesprochenen Satz, ein in das akustische Ganze noch nicht völlig eingestimmtes Geräusch, eine zu lang geratene Musik, hat zwischendurch immer wieder Besprechungen mit dem Maler, dem Dirigenten, dem Dramaturgen, dem Techniker, bringt jeden Schauspieler dahin, wo er ihn haben möchte, und baut so, in Wochen und manchmal auch in Monaten, zwischen der Arrangierprobe und der Generalprobe, sein Werk langsam und sicher auf. Läßt aber selbst die letzten vierundzwanzig Stunden, welche die Generalprobe von der Erstaufführung trennen, nicht ungenutzt vergehen, sondern probt, bespricht, ändert, streicht – nämlich Textstellen, die ihm doch nicht wichtig genug erscheinen oder, wenn möglich, solche, über die der Darsteller seinem Gefühl nach nicht hinwegkommen wird – noch im letzten Augenblick und trägt so die Wärme, das Leben der Arbeit bis in die endliche Vorstellung. Das Zeichen, das den Beginn des Spiels anzeigt, bedeutet bei Reinhardt zugleich das Zeichen für das Ende der Inszenierungsarbeit.

M. Reinhardt auf der Probe

Max Osborn

Bühne und Bild

Gorkis „Nachtasyl“ (Januar 1903) zeigte ein selbständiges Durchdenken und Durcharbeiten der realistischen Manier. Wildes „Salome“ (im Monat darauf) die neu gewonnene Freiheit im Auftragen eines Historienkolorits, das die geschichtlichen Elemente nur so weit nutzte, wie sie geeignet waren, dem modernen Stimmungsraffinement des Werkes die vom Dichter gewollte Nuance zu sichern. Beides noch mehr auf experimentellem Wege erreicht: durch ein Zusammenarbeiten von Reinhardts und R. Vallentins genialen Regie-Instinkten und von Impekovens Dekorationsatelier, wo man ihren spürsinnigen Intentionen gehorsam zu dienen wußte. Dann aber folgte, im April 1903, „Pelleas und Melisande“, das erste große Dokument der jungen Stilphantasie: eine Märchenwelt mit weitgeöffneten, fragenden Augen, voll düsterer Geheimnisse und Unergründlichkeiten, in die ein schmerzlicher Strahl des Lichtes fiel; zeitlos, nur von Ahnungen einer verklungenen ritterlichen Epoche durchzogen. In den Impekovenschen Dekorationen die gleichen schweren Urkontraste wie in Maeterlincks Poesie; finstere, drohende Flächen im Schlosse, und im Garten ein Zaubergespinst von üppigem Grün, rieselnden gelben Lichtern und flüsterndem Brunnengewässer; weite, öde Hallen und enge, dunkle Gänge. Dazu die Kostüme von Lovis Corinth – mit ihm tritt die Malerzunft in die Reinhardtschen Theater ein –, mit scharfem Bedacht zu der szenischen Umgebung farbig abgestimmt. Die Gedanken des neuen Kunsthandwerks machen sich bemerkbar: große Formen und zusammenfassende Konturen; die fließenden Linien der Präraffaeliten; dekorative Landschaftsstilisierung, wie sie Leistikow zuerst erprobte; der von Japan angeregte, für europa von Wien in Gesetze gebrachte Wechsel von freien Flächen und zurückhaltenden ornamentalen Bildungen ohne historische Reminiszenzen; die Suggestion lockender Raumillusionen, nicht durch Detailfülle, sondern durch wohler-

M. Gorkij „Nachtasyl“, Kleines Theater 1903

M. Maeterlinck „Pelleas und Melisande", Neues Theater 1903

wogene Sparsamkeit der Mittel erreicht – auf der Bühne vor allem durch Lichtkontraste, was zur Verabschiedung der älteren panoramischen Prospekte führte –, und vor allem der neue Mut zum Kolorismus. Goethe hatte einst gesagt (zu Eckermann, 17. Februar 1830): „Im allgemeinen sollen die Dekorationen einen für jede Farbe der Anzüge des Vordergrundes günstigen Ton haben, wie die Dekorationen von Beuther, welche mehr oder weniger ins Bräunliche fallen und die Farben der Gewänder in aller Frische heraussetzen." Diese Art Beuthers, eines Schülers von Fuentes in Mailand, den Goethe 1815 von Frankfurt als Theaterdekorateur nach Weimar berufen hatte, und dessen Leistungen, nach den rohen Malereien seines Vorgängers Heideloff, große Bewunderung weckten, hatte fast hundert Jahre nachgewirkt. Die Bühnenbilder richteten sich eben nach dem altmeisterlichen Galerieton, der damals die Malerei beherrschte: sie „fielen ins Bräunliche". Mit dieser neutralen Asphaltsauce, aus der die Lokalfarben als wirre Flecken herausglotzten, ward nun aufgeräumt; die Farben traten selbständig hervor und erfüllten mit einer neuen Energie den Bühnenraum.

Auf solchen Grundlagen ward weitergebaut. In Verbindung mit dem Bildhauer Max Kruse entwarf Corinth das Bühnenbild zu der wiederaufgenommenen „Salome": eine schwüle Orientphantasie, und zu Hofmannsthals „Elektra": eine heroische Mausefalle aus zyklopisch getürmten Mauern, die sich dem Himmelslicht verschlossen (beides im Herbst 1903). Und nun hat man mit einem Schlage eine neue Sicherheit für alle Aufgaben gewonnen, deren Verschiedenartigkeit ganz von selbst ein Erstarren verbot; eine neue Kraft, schal gewordene Konventionen über Bord zu werfen. „Minna von Barnhelm" erschien (Januar 1904), nicht mehr in dem offiziellen Schnörkel-Rokoko-Gewande, sondern in einem angemesseneren, bescheideneren bürgerlichen Zopf-Kleide, wie es dem Berlin von 1767 besser ansteht, und der alte Menzel selbst gab als klassischer Fachmann in Fritz'schen Angelegenheiten durch Ratschläge und Zustimmungsgemurmel der Verbesserung seine Approbation. Max Slevogt besorgte eine historisch-stilisierende Aufführung der „Lustigen Weiber von Windsor" (Oktober 1904). Und in Karl Walsers empfindsam-ironischer Zeichenkunst, die Beardsley-, Somoff- und Biedermeier-Elemente zu delikaten Mischungen verschmilzt, fand Reinhardt eine Möglichkeit, die Inszenierungen von Nestroys himmlischem „Jux", von Ruederers „Morgenröte" oder auch von Bernard Shaws melancholisch-frecher Heroenparodie von Cäsar und Kleopatra zu lachenden, schwebenden, tänzelnden Stilspielereien von unvergleichlichem Reiz zu gestalten. Seit 1906 trat neben Walser der witzige Zeichner Ernst Stern, der von der degagierten Plakatgroteske einen Weg zu bunt schillernden Ensemblesätzen von übermütigen und ernsthaften Bildern fand.

Inzwischen hatte man sich in eine Art Dekorations-Rausch eingelebt. Die Lust zur Farbe, zum Licht, zur letzten Ausnützung moderner Techniken in der Kulissenfabrikation wie im Bühnenbetrieb, zur artistisch-spekulativen Verwendung der Drehbühne, die Freude an leuchtendem, blendendem, hinreißendem Märchenprunk feierte Orgien. Englische Theaterwunder ermutigten, in alledem zur äußersten Grenze zu gehen. Der berühmt gewordene „Sommernachtstraum" erschien (Januar 1905), eine Entzauberung des holdesten Naturgedichts aus eingerosteter Schablone. Im „Kaufmann von Venedig" blühten alle glänzenden und lasterhaften Blumen der Lagunenstadt und der frühen Renaissance auf. Aber man geriet hier an die Grenze des Möglichen. Der plastischen Bäume, der Seidenstoffe, der pomphaften Gemächer wurden zuviel. Und man suchte Zuflucht zur Einfachheit strenger Stilrahmen, die sich von der Augentäuschung zur Phantasieanregung wandten. Neue englische Anregungen durch Gordon Craig kamen hinzu, der ideale Bühnenhintergründe mit Stoffen und Falten, Licht- und Schattenkontrasten in Vorschlag brachte. Schon im Februar 1906 spielten diese neuen Tendenzen in die Aufführung von Hofmannsthals „Ödipus" hinein, dem der Wiener Roller zur Verfügung stand. Im Herbst desselben Jahres schuf Emil Orlik für eine Inszenierung des „Wintermärchens" einen Standard-Rahmen, der für alle Szenen, mit Ausnahme des sonnigen Idylls „an Böheims Küste", das Fundament abgab. Im nächsten Jahre gab wiederum Maeterlinck, durch „Aglavaine und Selysette", Gelegenheit, die neuen Prinzipien einer bewußten Sparsamkeit und

„Sommernachtstraum", Bühnenbild von E. Stern

Einfachheit an einem Musterbeispiel zu erproben: die Innenräume lediglich durch wallende breite Stoffbahnen von dunkelviolettem Ton abgeschlossen, ihre Türen durch Vorhangspalten ersetzt, die Szenen im Park, auf dem Turm (mit Benutzung von Entwürfen Ludwig von Hofmanns) durch strenge dekorative Stilisierung dem Alltäglichen entrückt, die Kostüme und Geräte aus einer freien Umdichtung zeitgenössischer Vorbilder, mit einem Anklang an den Geschmack der Romantik, gewonnen, daß sie an des Belgiers Fernand Khnopff moderne Mystizismen erinnerten.

Die erste Spielzeit des Münchner Künstlertheaters vom Sommer 1908 wies mit Energie den Weg in gleicher Richtung weiter fort. Immer klarer bildeten sich die Gesetze der jüngsten Wandlung heraus: das Streben nach zusammenfassender Einheit mannigfaltiger Szenerien durch die bestimmenden Linien eines weitgespannten idealen Grundbildes, das durch verhältnismäßig geringfügige Nuancen verschiedenartigen Lokalforderungen nachzukommen vermag; eine aus dem Zeitempfinden geborene Sprache der Ornamentik und der Innenarchitektur, die künstlerischer Takt auf phantastische und historische Stoffe projiziert; und vor allem eine vordem niemals mit solcher Konsequenz durchgeführte Verwertung der Lichtkontraste. Auch hierbei galt es und gilt es, ein aufmerksames Vermeiden des Zuviel. Denn man kann mit der Einfachheit nicht minder prunken als mit dem Reichtum und so dem Dichterwort Gefahren heraufbeschwören. Und zugleich gilt es, die Beengungen zu überwinden, welche die Wohltäterin Drehbühne durch die Schmalbrüstigkeit ihrer Segmente mit sich bringt. Reinhardts letzter Winter bedeutet ein Suchen und Wachsen auf diesen Pfaden. Sein „Lear" an erster Stelle bezeichnete einen neuen Wendepunkt, für den der Wiener Czeschka aus modernen Mitteln ein barbarisch-märchenhaftes Britenreich lieferte. Und der „Faust", den Roller aus dem Kaulbach-Lietzenmayerschen Illustrationskitsch beherzt erlöste, bewies den Einfluß der süddeutschen Gedanken, aber auch ihre bereichernde Ausgestaltung, namentlich durch neue Experimente mit den Effekten scharfer Konzentrierungen des Lichtes. Nun soll der Sommer zeigen, wie sich die Berliner und Münchner Reformen miteinander verschmelzen zu neuen Wirkungen und neuem Aufstieg.

„Wintermärchen", Bühnenbild von E. Orlik, Deutsches Theater 1905

O. Wilde „Salome", T. Durieux als Salome, L. Wüllner als Herodes, Neues Theater 1903

Man hat viel gelernt in diesen sechs Jahren. Hat gelernt, wie Jugend und Feuer geschlagen werden kann aus dem erneuten und verjüngten Durchdenken alter Probleme. Wie sprühendes Leben und strenge Stilruhe, reale Illusion und eine modern-zeitlose dekorative Sprache, Detailfreude und asketische Zurückhaltung wechseln können je nach den Forderungen des Dichterwortes, dem es zu dienen gilt. Und vor allem: wie dies Dienen sich zu bändigen hat, daß nicht das Mittel zum Zweck werde; wie Überdekoration nebst Überregie zu meiden sind. Hundert neue Schatzkammern haben sich geöffnet. Barren von Gold sind daraus schon zu Tage gefördert, ohne daß ihre tiefste Ergründung, Erforschung und Ausnützung schon vollendet wäre. Wir harren der weiteren Resultate dieser beglückenden Arbeit.

1909

Carl Niessen

Max Reinhardt und seine Bühnenbildner

Der künstlerische Beirat: Ernst Stern

Obwohl es Reinhardt mit Stolz erfüllen konnte, daß er so viele bedeutende Maler und Bildhauer für die Mitarbeit gewonnen hatte, mußte es doch mit der Zeit lästig fallen, bei jeder bedeutenden neuen Aufgabe nach der Hilfe eines geeigneten bildenden Künstlers Umschau zu halten, und wie es oft geschah, noch einen zweiten für die Kostüme zu gewinnen. Indem jeder von ihnen möglichst viel von seiner persönlichen Handschrift in die Bühnenwirklichkeit hinüberretten wollte, konnte kein einheitlicher Stil der äußeren Inszenierung entstehen, und es gab bei der Übertragung in die technischen Gegebenheiten unerfreuliche Spannungen.

Bisher hatte es nur die neu gewonnenen Künstler gegeben und die Ausführenden, die zunächst Dekorationsfirmen waren, und erst in der jüngeren Entwicklung im besten Falle Vorstände des hauseigenen Malersaales. Letztere wurden oft aus Mitarbeitern der Dekorationsateliers rekrutiert. Vorher hatten die Theater durchweg den Grundfundus sowie die Ergänzungen für einzelne Werke nach Musterskizzen der „Ateliers" bestellt. Immer wieder wurden die gleichen Dekorationen verwendet.

Reinhardt schuf den neuen Typ des künstlerischen Beirates, indem er Ernst Stern gewann.

Stern war in Bukarest als der Sohn eines in Leipzig promovierten Doktors der Philosophie geboren. Es war damals ein in jedem Sinne buntes Leben, das Stern unter der Obhut eines aus Rußland gekommenen Großvaters mit offenen Augen in der Runde erschaute. Wenn er später „Was ihr wollt" und auch die „Komödie der Irrungen" als erster balkanisch gewandete, so wirkten hier Jugenderlebnisse mit. In Wien, wo er Kaufmann werden sollte, begeisterte ihn das gleiche Burgtheater, dem Reinhardts haftende Eindrücke entstammen. Unversehens wechselte er zur Malerei hinüber. In München hatte er die erste episodische Berührung mit dem Theater. Er wußte noch nichts von einer neuen Bewegung in der Szenenkunst. Dennoch forderte er den Spott der Schauspieler heraus, die es nicht gewohnt waren, daß man die übliche Buntscheckigkeit vermied. Stern hatte das Zeug zu einem bedeutenden Zeichner und Maler. Es muß ihm im Unmut über die unerbittlichen Bedingtheiten der Theaterkunst oft als ein schweres Opfer erschienen sein, daß er sein ganzes Leben in den Dienst der Bühne stellte.

Wie Reinhardt selbst wurde auch Stern von den Fangarmen des damals plötzlich ins Kraut geschossenen Brettls gepackt. Bei den berühmten „Elf Scharfrichtern", deren einer Wedekind war, wirkte er einige Zeit als Schnellzeichner zu den aus dem Flügel gehämmerten Rhythmen. Als er 1905 nach Berlin übersiedelte, wo er für die „Lustigen Blätter" zeichnete, kam er gerade noch zurecht, um sich Gedanken über Reinhardts „Sommernachtstraum"-Inszenierung mit dem auf der Drehscheibe rotierenden nordischen Wald und den gewöhnlichen Theatergriechen darin zu machen. Immerhin waren die üblichen Ballettelfen schon ausgetilgt. Am meisten ärgerte ihn das grüne Trikot an den Beinen des Puck (Eysoldt). Es ist eine der ergötzlichsten Episoden seines Lebensberichtes, wie er später unter den Augen des kaiserlichen Zensors das Trikot in die Mottenkiste verbannte und es gar wagte, die kessen Griechinnen der „Lysistrata" in durchsichtige Gewänder zu kleiden, wenn man davon überhaupt sprechen darf. Auch in der „Penthesilea" machte er Ernst mit der von Georg Fuchs ausgesprochenen Maxime „Die Kultur des nackten Leibes ist die Voraussetzung zur Kultur des bekleideten Leibes": als die in Schlangenhaut gekleideten schlanken Amazonen zog er eine Schar von Anhängerinnen der „Nacktkultur" heran.

Unversehens bekam er wenige Monate später die Einladung Reinhardts, Dekorationen und Kostüme für dessen ersten Operettenversuch zu entwerfen: „Orpheus in der Unterwelt" (Neues Theater 13. Mai 1906). Erst später hat er gelernt, daß der Kostümentwerfer von der besonderen Körperlichkeit des Darstellers ausgehen müsse. Hier ließ er noch der freien Laune des Witzblattzeichners die Zügel schießen.

Eine Berliner Zeitung („Arena") lud ihn ein, über diese Begegnung mit dem praktischen Theater zu schreiben. Obwohl Stern eine ganze Menge an der Praxis auszusetzen hatte, nahm Reinhardt diese Kritik an seinem Hause nicht übel, sondern verpflichtete ihn auf der Stelle als „Kostüm- und Szenerie-Direktor". Seine zweite Aufgabe war die Neugestaltung des „Sommernachtstraums" bei der Übernahme in das Deutsche Theater. Wundervoll wirken auch heute noch die friesartigen Figurinen, Blätter mit den Lustspielamazonen, den Hofleuten und den tragierenden Handwerkern. Statt der pedantischen „Theatergriechen" gewahrt man einen deutlichen Zuwachs aus barocker Theatertradition, die Stern hier als einen Wesenszug der Phantasie Reinhardts richtig herausspürt: es ist kein Zufall, daß Reinhardt später in Wien den „Sommernachtstraum" völlig barock einkleidete.

Als zweites Stück wurde ihm der »Liebeskönig«, eine verunglückte Renaissance-Tragödie von Greiner, zugeteilt. Zum ersten Male zeigte hier Paul Wegener seine dämonische Strahlkraft im Gefolge Reinhardts. Ein erhaltenes Blatt zeigt, wie Stern mit den neuen Prinzipien der Bühnenkunst rang. In kurzer Zeit waren die Fermente in ihm ausgegoren und er zeitigte die großartigen Folgen von Inszenierungen, in andert-

J. Offenbach „Orpheus in der Unterwelt", Neues Theater 1906

halb Jahrzehnten eine heute klassisch wirkende Reihe schaffend, in der sich die Suggestionen Reinhardts und eine Überfülle eigener szenischer Einfälle unentflechtbar durchdringen.

Diese nur von gelegentlichen Gästen und den home-spun-Schauplätzen der Techniker durchbrochene Kette von meisterhaft auf die dramatischen Aufgaben angewandter „szenischer Dramaturgie" ist das Herz- und Kernstück der Inszenierungen Reinhardts.

Wir können hier nur auf einige Höhepunkte verweisen: In „Was ihr wollt" gab es lustige szenische Intermezzi, denn während die Scheibe sich offen drehte, waren die vorübergleitenden Segmente mit Darstellern besetzt: so konnte man z.B. im Vorüberhuschen sehen, wie Malvolio zur Musik Humperdincks seine Beine mit gelben Bändern drapierte. Wieder gab es Zeloten, die es Reinhardt verübelten, daß er die Schauspielkunst aus den Fesseln der Literatur befreite. Noch nie hatte man auf der Bühne eine solche über einer mächtigen Treppenanlage ragende Akropolis gesehen wie in der die Grenzen des Theateranstandes streifenden „Lysistrata" in den Kammerspielen. Also auch die Treppe als bestimmendes Inszenierungselement ist bei Reinhardt schon dagewesen. Auch sie war auf dem barocken Theater erstaunlich heimisch gewesen. Hier konnte man sich nicht sattsehen, wenn die Griechinnen, deren Glieder durch koische Gewänder schimmerten, auf den Stufen herumtollten und die kriegerischen Männer durch in listig-lustigem Ehestreik als Waffe eingesetzten „appeal" zum Frieden zwangen.

„Medea" (25.8.1908) zeigte, daß Max Kruses Pioniertaten nun eine Selbstverständlichkeit geworden waren.

Im „Don Carlos", (10. 11. 1909) wurden die ersten Schwarz-Weiß-Schauplätze gewagt. Das Arbeitszimmer des von Bassermann gespielten Königs mit seinen kalkweißen Wänden und den schwarzen Balkenzügen der Decke war ein sichtbarer Beleg dafür, daß Stern die Lehre von der psychologischen Farbe zutiefst verstanden hatte. Schon in den ersten eisigen Worten des innerlich vereinsamten Königs war dies kalte „Milieu" suggestive dramaturgische Voraussetzung.

Man wird sich wohl jetzt schon nicht mehr wundern, daß wir die gewonnenen Theaterschlachten für wert halten, mit ihrem genauen Datum aufgezeichnet zu werden. Sie haben der Menschheit mehr bedeutet als die Schlachten, deren Datum die Schulkinder schon einpauken müssen!

Das großartigste entfesselte Theater wurde „Der Widerspenstigen Zähmung". Hier erst kam das vom Theater vernachlässigte Kesselflicker-Vorspiel zur Geltung. Stern hatte

„Don Carlos", Entwurf von E. Stern

eine barocke Halle als den Einheitsschauplatz entworfen, in dem der Trunkenbold erwacht und die Komödie vorgespielt erhält. Diese Einheitsarchitektur ist der Ahnherr der erst sehr viel späteren Versuche anderer damit. Die Komödianten zogen mit ihrem Thespiskarren in die Halle ein und luden die bunten Kulissen ab, die sie dann selbst vor den Augen der Zuschauer zu leicht parodistisch wirkenden „Bühnenbildern", zusammenfügten. Es war einer der genialen Einfälle Reinhardts, der gewaltsamen Bändigung einer Zänkischen den Stachel der Brutalität zu nehmen, indem auch die Schauspieler das Register der Parodie zogen. Bassermann ritt auf einer Rosinante aus Pappdeckel herum. Man fühlte sich an die Clownsspäße des Zirkus erinnert, wenn sich die Diener prügelten und schreiend auf dem Boden kollerten. Eigens war der Tänzer Ernst Martray verpflichtet, um virtuos eine Treppe herunterzukollern, sich dabei mehrfach zu überschlagen und dann leicht wie eine Feder auf den Füßen zu landen. Selbst Bassermann hielt es nicht unter seiner Würde, radschlagend zu erscheinen, wie später auch im „Kean". Man hatte sich schon im „Kaufmann von Venedig" darüber aufgeregt, daß eine kleine Treppe nur der Lazzi der Schauspieler wegen aufgebaut war. Hier war der Schauspieler zu seinem Mutterboden zurückgeführt: die Literatursprecher hatten es vergessen, daß sie von Fahrenden abstammten. Es ist bemerkenswert, daß Reinhardt mit dem Mut zu diesen tollen akrobatischen Späßen aus dem Lande Shakespeares zurückgekehrt

Aristophanes „Lysistrata", Entwurf von E. Stern, Großes Schauspielhaus 1924

war, wo er die größte Emanzipation des Schauspielers von der Literatur in der Olympia Hall, das „Mirakel", inszeniert hatte.

Im Sommer 1909 traten in München die von Reinhardt vereinigten schauspielerischen Individualitäten die Nachfolge der deklamierenden Hofschauspieler an, die im Vorjahre schlechte Exempel für die Verwendung der Reliefbühne geboten hatten.

Es ist kein Wunder, daß Reinhardt sich nach dem Kampf mit dem aus Theorie geborenen engen Rahmen in London und dann auch in Berlin einmal gründlich austoben wollte. „Lysistrata", „Sumurum" und „Die Komödie der Irrungen" wurden schlecht und recht in den engen Rahmen gezwängt. Die neu entstandene „Judith" wurde nach Berlin übernommen. Im übrigen akzeptierte Reinhardt die vorgeschlagenen Münchener Maler. Eine vorbereitende Begegnung mit dem Ballett hatte Reinhardt durch die englischen Tanz-„Girls", die in der „Schönen Helena", „Orpheus in der Unterwelt" und „Kismet" in dem sommerlichen Unterhaltungstheater im Ausstellungspark brillierten.

In so vielen Shakespeare-Aufgaben mußte Stern sich bewähren, daß Reinhardt schließlich die Inszenierungen, bei denen Stern entscheidend beteiligt war, zu einem großen Doppelzyklus vereinigen konnte (1913–14 und 1916).

Stern hat seine Aufgaben ungewöhnlich ernst genommen: davon zeugen die zahlreichen Hefte mit schriftlichen und zeichnerischen Vorstudien. Es könnte beispielhaft für das Heer von künstlerischen Beiräten sein, das ihm folgte, zu sehen, welche saure Mühe er daran setzt, in den Geist der Zeiten, in denen das Drama angesiedelt ist, von allen Seiten her einzudringen. Kleine Meisterwerke sind oft die Federzeichnungen, die er elegant hinschreibt, um seine durchdachten Worte zu ergänzen.

Von früh an hatte Stern im Besuch der Museen einen Schatz von kulturhistorischem Wissen eingesogen. Da Reinhardt von einem geklärten Meiningertum ausgegangen war, konnte diese Bildung reiche Früchte tragen. Es ist bewundernswert, wie treffsicher Stern aparte Einfälle einer Zeitmode bei seinen Kostümentwürfen herausgreift. Noch nie hatte man z.B. Wegener als Jago so ungewöhnlich kostümiert gesehen, und doch stammte das kurze, knappe Wams von den Bildern der italienischen Renaissance. Die Schauspieler konnten sicher sein, daß Stern nichts forderte, was gegen die Körperlichkeit der Künstler war. Selbst die widerborstige Sandrock mußte sich schließlich überzeugen, daß nicht nur der arg befehdete Reifrock höchst dekorativ wirkte, sondern daß man mit kleinen Kniffen, die Stern vormachte, Geschäfte verrichten konnte, von denen man nicht zu sprechen pflegt. Ein Meisterstück der Theaterdiplomatie war es, wie er den Schauspielerinnen in der „Lysistrata" das Hoftheatertrikot entwandt. Die Drehbühne war Stern, obwohl er sie im Grunde haßte, ein gefügiges Instrument geworden. Obwohl nicht Reinhardt der Spielleiter in „Penthesilea" war, sondern Hollaender, war es unvergeßlich, wie das problematische große Werk dem „unsichtbaren Theater" entrissen und in ein Glanzstück dramaturgischer Verwendung der modernen Technik versetzt wurde (23. 9. 1911). Es war erstaunlich, welch wechselvolle Bilder durch die beiden Erdwälle, die eine Brücke verband, mit Drehungen der Scheibe hervorgezaubert werden konnten. Dazu gesellte sich eine unerwartete Leistung einer damals jungen Schauspielerin, Mary Dietrich.

Einen Monat später folgte Reinhardt mit seiner unvergeßlichen „Turandot" von Gozzi, nicht etwa in Schillers Bearbeitung, sondern in der die Improvisation aussparenden von Vollmoeller. Er hatte den Schauspieler so in Freiheit gesetzt, daß er schon wieder improvisieren konnte. Was Stern an mit Drachen bestickten Seidenvorhängen und vereinfachten, grellbunten Schauplätzen als Augenweide bot, reihte sich würdig den spätbarocken Chinoiserien an.

Reinhardt verdient besonderen Dank, daß er sich auch liebevoll der beiden starken rheinischen Neuromantiker annahm und von Schmidtbonn „Mutter Landstraße", den „Grafen von Gleichen", den „Zorn des Achilles" spielte, von Eulenberg „Ulrich, Fürst von Waldeck". Die mit dem echten Augenornament am Bug bemalten Griechenschiffe auf den Dünen von Troja gaben Anlaß zu einigen der grandiosesten Bühnenbilder jüngster Vergangenheit. Selbst die einfache biblische Parabel vom „Verlorenen Sohn" wurde im Oktober 1913 versucht und brachte es auf 27 Aufführungen.

Gelegentlich zeigte Reinhardt immer wieder, daß er keiner bunten und wechselnden Schauplätze bedurfte, um seine Schauspieler zum Siege zu führen. In „George Dandin" stand nur ein höchst einfaches französisches „Hôtel" im Hintergrund. Erst später, als mitten in der Kapuzinerpredigt der Wahnsinn bei Arnold ausbrach, hat man geahnt, wo die tiefen seelischen Abgründe lagen, die aus dem geprellten und geprügelten Ehemann an tragisches Erdulden heranführten. Sterns Figurinen aber sind das Erlesenste, was man sich überhaupt denken kann.

Oft hat man sich bei den symbolischen Eiertänzen, die man in der Folge um „Nathan den Weisen" angestellt sah, an die noble Einfachheit erinnert, mit der Stern die Schauplätze auf die kleine Bühne der Kammerspiele stellte, die man als ständige Parallele neben dem Deutschen Theater und dem Zirkus Schumann mitzudenken hat.

Die kleinen aber liebevollen Blätter zu Sternheims „Don Juan" oder die zu Stuckens Mysteriendramen erinnern daran, daß Reinhardt dem modernen Dramatiker seine Chancen gegeben hat. Auch Maeterlinck, der in den ersten Jahren so viel bedeutet hatte, war unvergessen. („Der Blaue Vogel" 1912–13.) Strindberg, an den man sich schon in der Brettlzeit gewagt hatte, wurde die Treue gehalten: kein anderes Theater hat so viel von Wedekind und Strindberg herauszubringen gewagt. Wedekind durfte hier sein eigener Regisseur sein. Im „Lebenden Leichnam" (7. 2. 1913) bewies Moissi, wie recht Reinhardt daran tat, daß er trotz aller Anfechtungen an diesem Schauspieler mit der schmerzlichen Elegie in der Stimme festhielt.

Der erste Weltkrieg kam und stellte vor immer schwerere Aufgaben. Recht wenig wurde in Patriotismus gemacht. Nach dem ganzen „Wallenstein" brachten romantische Stücke den Zuschauern Vergessen der Alltagssorge oder der trügerischen Hoffnungen. Noch einmal bewährte sich Orliks „Wintermärchen"-Lösung (30. 12. 1914). Die Dekorationen zum „Rappelkopf" (= „Alpenkönig und Menschenfeind" von Raimund) zeigten, daß die Kunst Ernst Sterns den Wurzelboden der Natur nicht verloren hatte. Er hatte eigens mit Reinhardt eine Alpenfahrt gemacht, um die Einfälle der Bergnatur zu behorchen.

Im Kriege wurde es auch offenbar, daß Reinhardt als ideelles Vermächtnis des 1912 verstorbenen Brahm die Pflege der Dramen Hauptmanns übernommen hatte, mit dem er 1913 bei dem Breslauer Jahrhundertfestspiel in Fühlung gekommen war („Schluck und Jau", „Kollege Crampton" (mit Wegener), „Der Biberpelz" (mit Else Lehmann), „Fuhrmann Henschel" (mit Jannings), „Rose Bernd" (mit Höflich), „Die Ratten" (mit Höflich), „Elga", „Michael Kramer", „Und Pippa tanzt". Als neues Haus gesellte sich die „Volksbühne" am Alexanderplatz hinzu: Orliks „Räuber"-Gestaltung erstand hier ebenso wieder wie die Sterns des „Kaufmanns von Venedig".

An „Macbeth", an dem so viele gescheitert sind, konnte Reinhardt sich wagen (29. 2. 1916), weil er in Wegener einen dämonischen Darsteller besaß, von dem wilde Kraft ausging, wenn er auch keinen lauten Ton gebrauchte, und weil ihm in

R. Rolland „Dantons Tod", Szenenskizze von E. Stern, Großes Schauspielhaus 1920

Szenenfoto mit P. Wegener als Danton

Stern ein Bühnenbildner zur Verfügung stand, der erriet und ausformen konnte, was er wollte. Wie aufgestellte Fallen wirken die Räume der Burg, aus denen es kein Entrinnen gibt.

Neu war auch der aus guten Gründen so selten gegebene „Sturm" (8. 10. 1915). Als Stern einer Einladung Reinhardts folgend, der den Sommer in der Nähe Hauptmanns verbrachte, die Dünen von Hiddensee betrat, erlebte er in dieser schlichten Küstenlandschaft, daß es nicht immer bizarrer Formen oder farbloser Abstraktionen bedarf, um Gefilde des Wunders zu beglaubigen. Später wurde so lange am „Sturm" herumexperimentiert, bis man wie in einer Polarlandschaft fror. Beweise für die hohe bildnerische Phantasiekraft sind die Figurinen: nie mehr überboten wurde z. B. die Kreuzung von Fisch und Mensch im Caliban Schildkrauts.

Den Höhepunkt des „Deutschen Zyklus" im Deutschen Theater bildete „Dantons Tod" (15. 12. 1916). Als Stern das Werk mit seiner Folge von oft ganz kurzen Szenen las, hatte er die Vision, als leuchteten bei Blitz und Donner Gruppen auf, um wieder im Dunkel zu verschwinden. Demgemäß sah er seine Aufgabe in einer bis dahin unerhörten Lichtregie. Nur zwei rote Säulen bildeten einen festen Rahmen, waren das Bett, in dem der Strom der Geschichte sich vorbeiwälzte. Plötzlich schälte Licht eine wilde Gruppe heraus, bald an anderer Stelle eine weitere. Die revolutionäre Menge blieb anwesend, ohne daß man sie sah. Ein plötzlich ins Licht gekommener ausgestreckter Arm schien ein Teil einer tausendköpfigen Menge. Es bedurfte nur weniger Dekorationsandeutungen, einer Treppe, bald eines Setzstücks, um das gewaltige Stück zu meistern. Nur gelegentlich tauchte im Hintergrunde die Silhouette von Paris auf. Die Federzeichnungen dafür schienen für eine Projektion bestimmt gewesen zu sein, die aber der Technik kaum noch möglich war, und erst in den zwanziger Jahren in Schwung kam. – Dies war ein deutlicher Fall, in dem dem Bühnenbildner ein gleich großes Verdienst gebührt wie dem Spielführer.

Eine schwierige Aufgabe stellte Hauptmanns „Winterballade" (17. 10. 1917). Da mußte das auf dem Eise eingefrorene Schiff der schottischen Abenteurer und Mörder so aufgebaut werden, daß daraus eine Stätte des Spukgrauens wird, dem Sir Archibald erliegt. Die Skizzen zeigen an, wie bedrückend das gelöst wurde. Man konnte gespannt darauf sein, wie die erste Aufgabe, die der dichterische Expressionismus stellte, bewältigt wurde: es war Reinhard Sorges „Bettler" in einem Zyklus „Das junge Deutschland" (23. 12. 1917). Wenn in dem Lichtkegel von oben die Gestalten aus dem Dunkel leuchteten, wurde richtig das Egozentrische dieser neuen Richtung betont. Rote Fenster- und Türrahmen waren vor dem schwarzen Hintergrunde alles, was von den Sichtbarkeiten geblieben war.

Für „Ein Geschlecht" von Unruh (22. 12. 1918) wurde Jaeckel geholt, nachdem sich Stern redlich um die Gestaltung bemüht hatte. Bemerkenswert früh hat man das schwierige wie wuchtige Stück gewählt.

Kaisers „Von Morgens bis Mitternachts" war im Januar 1919 wieder eine avantgardistische Zumutung für Stern, dem das Fragmentarische nicht lag, sondern hingelagertes festes Dasein, dessen Stimmungen mitschwangen.

Der Expressionismus konnte weder Reinhardt noch Stern liegen, denn beider Fundament war ein lyrisch erweichter Naturalismus, der weitgehend stilisiert sein konnte, ohne aber das letzte Stück Wirklichkeit aufzugeben. Wenn „Die Wupper" von Else Lasker-Schüler (27. 4. 1919) mit den aufgesplitterten Farbfragmenten flächiger Bildkunst bewältigt werden sollte, so fühlt man das Angequälte.

Daß Rußland nach seiner Niederlage erst ein Problem geworden war, spiegelt sich im Spielplan. Außer dem „Lebenden Leichnam" wurde die alte Einrichtung des „Nachtasyls" von 1903 wiederbelebt, und man gab Tolstois „Die Macht der Finsternis" (1917–18) und in der nächsten Spielzeit „Und das Licht scheint in der Finsternis". Schon früh hatte man Gogol mit zwei Stücken in den Spielplan aufgenommen. Tschechow folgte später. Sogar ein Drama, das in den Anfängen (1907) gespielt worden war, „Nju" von Dymov wurde wieder aufgenommen (17. 10. 1919). Zum ersten Male bemühte man dafür Ludwig Kainer, der einst mit dem russischen Ballett verbunden war.

Noch im Frühjahr des letzten Kriegsjahres kam die mit flammendem Haß gegen die Napoleonische Unterdrückung durchtränkte „Hermannsschlacht" heraus. Das Erstellen dickstämmiger Wälder war schon zu einer Routinearbeit geworden, die 1905 mit dem „Sommernachtstraum" begonnen hatte.

Ebenso wurde gleich darauf in der Volksbühne „Hanneles Himmelfahrt" von Reinhardt inszeniert. Schon Brahm hatte mit einem schwarzen Vorhang das „Traumstück" kennzeichnen wollen. Inzwischen waren die Ausdrucksmittel der Bühne so verfeinert, daß Stern das Hinübergleiten aus dem realen Armenhausmilieu in den Traum des gehetzten kleinen Mädchens eindrucksvoll meisterte. Der „Arme Heinrich" war eine Aufgabe, die bei dem Publikum keine rechte Gegenliebe fand.

Mit dem „Hiob" und dem „Brennenden Dornbusch" von Kokoschka ergab sich die Merkwürdigkeit, daß ein großer Maler, der auch Reinhardts von innerer Unrast flackerndes Bildnis geschaffen hat, die Regie zu den Bühnenbildern Sterns führte. Bereits 1917 hatte Kokoschka zu seinen drei Einaktern selbst die bewußt primitiven Hintergründe beigesteuert, und nach den Eindrücken der Aufführung eine Folge von 14 Lithographien gestaltet.

Sterns expressionistische Prüfungen waren damit noch nicht vorbei.

Unter den Aufführungen des Kleinen Schauspielhauses gewann „Die Büchse der Pandora" insofern für Stern eine besondere Bedeutung, als er nach der Aufführung eine bedeutsame große Mappe mit Lithographien schuf.

Wenn er nun ein selten gespieltes Werk von Shakespeare in Dekorationen faßte, zeigte sich eine große Wandlung:

Der Zorn des Achilles,Schiffsbild

C. Goldoni „Diener zweier Herren", Zeichnung von E. Stern, Kammerspiele 1907

„Cymbelin" scheint mit großen verfließenden Flächen versehen worden zu sein (Regie Ludwig Berger 1919–20). Dieses Ausbleichen der Farben dürfte mit dem Willen zur Vergeistigung im szenischen Expressionismus zusammenzuhängen.
An der Strindberg-Renaissance in den seelisch aufgewühlten Nachkriegsjahren hat sich Reinhardt stark beteiligt. Eine Reihe dieser Aufgaben fielen Stern zu („Gespenstersonate", „Der Scheiterhaufen", „Der Vater", „Wetterleuchten" [allein in der Spielzeit 1918–19], „Advent" [1917–20] etc.).
Auf Sterns starken Anteil an den ersten Inszenierungen des Großen Schauspielhauses gehen wir gesondert ein.
Mit der Spielzeit 1919–20 endete die so fruchtbare Zusammenarbeit mit Reinhardt: Reinhardt ging nach Österreich und richtete sich zunächst als Privatmann auf Schloß Leopoldskron bei Salzburg ein. Äußerlich blieb er noch mit den „Reinhardtbühnen" in Berlin verbunden, aber verhältnismäßig selten kam es zu neuer Regiearbeit in Berlin.
Wohl schweren Herzens hat Stern auf die angebotene Erneuerung des Vertrages verzichtet. Als Nachfolger wurde Ludwig Sievert ausersehen, der sich aber nicht von Frankfurt lösen wollte. Er hätte in gerader Linie das Werk Sterns fortsetzen können und zugleich die steigernden Zeitforderungen erfüllen können.
Bei Sterns Entschluß hat auch sicher eine innere Unbefriedigung entscheidend mitgewirkt: Stern war ein begabter Maler. In den unendlichen Variationen des Aufstellens von plastischen Bauteilen auf der Drehbühne sah er eine Einengung der Phantasie. Vergebens demonstrierte er in seiner stillen Verzweiflung eines Tages Reinhardt, daß eine von allen Seiten angeleuchtete plastische Säule ausdrucksloser war als eine mit kräftigen Konturen gemalte flache. Die Gewohnheit der Drehbühne siegte über die unerfüllte Sehnsucht des Malers. Man glaubt es mitunter in den Entwürfen Sterns zu spüren, daß der Pinsel mit Unmut an den harten Grenzen haltmachte, welche die Bauteile der Drehbühne setzten. Auch Orlik hatte sich gegen den Puritanismus gewendet, der zeitweise (durch die Anregungen Craigs) der Theaterkunst drohte: „Gut gemalte Prospekte und Kulissen, eine gut beleuchtete Bühne würden uns weiter bringen, daß die Schaubühne von heute eine wahre ‚Schau-bühne' würde."
Stern ließ sich in der Folge mit der Revue und Erik Charell ein, der als begabter Tänzer begonnen hatte. Für das Deutsche Opernhaus schuf er Tannhäuser-Dekorationen phantasievoller Art mit Kostümen, die aus der Mannesse-Handschrift zu stammen schienen.
Nun konnte er endlich auf dem Hintergrunde szenische Gemälde entfalten, wie sie die Drehbühne verboten hatte. Es war also eine Auflehnung gegen den erzwungenen jahrelangen Verzicht, die ihn zum Verlassen einer großartigen Arbeit zwang, in der er zwar nicht nach Herzenslust malen durfte, aber durch die Stetigkeit der Zusammenarbeit von anderthalb Jahrzehnten entscheidend mithalf, das glänzendste Kapitel der Geschichte des neueren Theaters zu gestalten.
Daß Stern das Theater von Herzen geliebt hat, leuchtet aus den zahlreichen Gemälden und Blättern heraus, in denen er die fiebrige Atmosphäre der Proben und den Arbeitsalltag des Theaters festgehalten hat. Er gab auch in einer lithographischen Mappe dem Laien einen Blick hinter die abenteuerlichen Kulissen im „Lande der Erschütterungen", wie Reinhardts langjähriges Mitglied Friedrich Kayssler die Bühne schön taufte.

„Der Diener zweier Herren", Bühnenentwurf von H. Krehan, Zeichnung von E. Klausz, Komödie 1924

R. Sorge „Der Bettler", Deutsches Theater 1917

Ernst Stern

Aus den Werkstätten

Die Tätigkeit in den Werkstätten beginnt, sowie der dekorative Plan für ein Stück vom Regisseur mit dem Maler, der die künstlerische Ausgestaltung der Bühne unter sich hat, besprochen und die einzelnen Szenen probeweise aufgestellt worden sind. Nach Skizzen, die nun von den Einzelszenen entworfen werden, wird ein plastisches Modell des Aufbaues angefertigt. Der Leiter der Dekorationswerkstätten disponiert dann die Arbeit, nachdem vorher ein Kostenanschlag aufgestellt worden ist.

Das allgemein bei den Reinhardtschen Theatern übliche Drehbühnensystem und das damit verbundene der plastischen Dekorationen verlangt einen anderen Arbeitsmodus als er sonst an Theatern üblich ist. Hintergründe und Seitenkulissen aus bemalter Leinwand fehlen vollkommen, alles ist fest und solid. Die Zimmerleute fügen Wände, Mauern, Pfeiler, Säulen, Treppen, Portale, Felsen, Bäume aus Latten, Brettern, leichten Balken zusammen. Große Wandflächen werden mit dünnen Holzplatten oder Leinwand benagelt. Der Kacheur bildet dann die Wände, Säulen, Baumstämme, Felsen, Balustraden plastisch aus, bringt Ornamente an. Und zum Schluß kommt die Farbe und gibt allem erst das richtige Aussehen. Plastische Terrainteile, die überall für den Darsteller gangbar sein sollen, werden von den Tapezierern mit dicken Polstern aus Holzwolle bezogen, die den Schritt dämpfen. Auf der Bühne bedeckt man diese gepolsterten Hügel dann je nach Bedarf entweder mit Rasenpelle, grünen Bastfasern in Büscheln auf Leinwand genäht, oder mit Sandteppich, einem dicken gelblichen Plüsch, der in allen natürlichen Farbabstufungen gebraucht wird. – Aus Ruscuszweigen, die man auf Leinwand dicht nebeneinander aufnäht, stellt man Gartenhecken, verschiedene Arten von Bäumen und Büschen her. Aus einer Mischung von Leim, Papier und Sägespänen erhält man einen Aufstrich, der das Rauhe der Mauern und Steine nachahmt. Die Arbeit für Bühnenausstattung erfordert viel Erfindung und außerordentliche Erfahrung, insbesondere auf dem Gebiet des Materials. Die herzustellenden Gegenstände müssen außer der dekorativen Wirkung, die ihnen zukommt, noch leicht transportabel, solid, aber auch wohlfeil sein. – Sind die einzelnen Bestandteile des dekorativen Aufbaues fertig, werden sie auf die Bühne gebracht, auf der Drehscheibe zusammengestellt und ineinandergepaßt. – Inzwischen sind auch die notwendigen Möbel entweder neu hergestellt oder aus vorhandenen Beständen umgearbeitet worden. Auch hier ist Findigkeit und Anpassung die Hauptsache. Alte Rupfen oder Samtstücke, mit Streifen oder Blumen bemalt, geben oft die allerschönsten Renaissance- und Barockstoffe. Hier gilt im allerstärksten Maße der Grundsatz: nicht das „Echte" wirkt auf der Bühne am stärksten, sondern das „Echtaussehende".

„Hamlet", Terrasse auf Helsingör, Entwurf von E. Stern, Großes Schauspielhaus 1920

Hamlet Leartes
Kostümfigurinen von E. Stern

„Viel Lärm um nichts", Gartenszene

Mit dem Dekorationsatelier verbunden arbeiten noch eine Schlosserei und eine Elektrikerwerkstatt. –
Gleichzeitig beginnt auch in den Schneiderwerkstätten die Ausstattungsarbeit. Auch hier geht allem voraus die Festlegung des Grundplanes durch Regisseur und Maler. Es werden Figurinen gezeichnet, die die einzelnen Personen im Stücke zeigen. Diese Skizzen berücksichtigen nicht nur die Eigenart der Rolle, sondern auch die Eigenart des Darstellers. Das Aussuchen der Materialien für die Kostüme erfordert eine ganz besondere Sorgfalt; hier sind ja eine ganze Fülle von Momenten in Betracht zu ziehen. Da ist in erster Linie zu erwägen, welche psychologische Farbe käme einer Rolle etwa zu, wie steht aber dann diese Farbe zu den Farben der gleichzeitig Auftretenden, wie steht sie zur Farbe des Schauplatzes und endlich wie verhält sich die Farbe zu den für eine bestimmte Szene erforderlichen Beleuchtungseffekten. Dann tritt die Frage auf: was soll das Material sein? Seide, Wolle, Samt, Leinen usw.?! Es kann vorkommen, daß reiche und kostbare Stoffe nichtssagend wirken, weil die Beleuchtung tötet, oder es kann ein billiges Material durch Licht ungeahntes Leben erhalten. Das Licht ist überhaupt der große Zauberer der modernen Bühne. – Und noch viele andere Dinge müssen in Betracht gezogen werden, nicht zum letzten die ökonomische Seite. – Auf den Proben muß festgestellt werden, wie und wann Umzüge der Darsteller stattzufinden haben, wieviel Zeit z. B. die Darstellerin hat, ihr weißes Kleid gegen ihr grünes umzutauschen, welche Manipulationen der Darsteller mit seinem Kostüm vornimmt. Zieht er es etwa auf der Bühne aus (dann muß es ja anders gearbeitet werden), klettert er damit über eine Mauer (dann darf es ihn nicht daran hindern) usw. Auch die Leiter dieser Werkstätten müssen erfahrene und findige Leute sein. Sie müssen mit unfehlbarer Sicherheit die Wirkung der Materialien kennen, müssen imstande sein, Schnitte förmlich zu erfinden, und ihr allervornehmster Grundsatz muß vor allen Dingen außerordentliche Schnelligkeit im Arbeiten sein.
Für alle diese komplizierten Arbeiten ist die Zeit stets sehr beschränkt. Drei Wochen für eine große Ausstattung ist schon eine auffallend lange Zeit für den Betrieb des Deutschen Theaters. Es sind schon Ausstattungen für große klassische Stücke in 14 Tagen angefertigt worden. Von allen wird ein äußerstes Anspannen der Kräfte verlangt. Das schnelle Arbeiten ist für die Werkstätten eines Theaterbetriebes die wichtigste Bedingung.

Ernst Stern

Die Drehbühne

Drehbühnen wurden eingeführt, als neue künstlerische Prinzipien für das Bühnenbild geboten erschienen. Man wollte plastische Wände, Säulen, Balustraden, Bäume usw. auf der Bühne haben, Architekturbestandteile, die beleuchtet den Reiz von Licht und Schatten ermöglichten. Aber diese Bestandteile waren schwer transportabel, ihr Umbauen nach jedem Bild hätte lange Zeit in Anspruch genommen, hätte die Stücke endlos verlängert. Ohnehin galt es endlich einmal dem großen Übel des allzuhäufigen Vorhangfallens zu steuern. Viele große klassische Meisterwerke konnten nur in Bearbeitungen aufgeführt werden, bei denen trotz aller Pietät für das Dichterwort oft wertvolle Szenen wegbleiben mußten, aus dem einfachen Grunde, weil sonst die Dauer der Aufführungen, infolge häufigen Szenenwechsels, sich ins Unendliche verlängerte. Die Drehscheibe, auf der die Szenerie schon vor Beginn der Vorstellung aus plastischen Teilen aufgebaut ist, und die durch Drehung einen raschen Szenenwechsel ermöglicht, erfüllte, was angestrebt wurde. Durch praktische Erfahrung bildete sich hier eine ganz besondere Technik heraus, eine Aufbautechnik auf der Bühne, die sich in fast allen wesentlichen Punkten von der früheren Art des Szeneriebauens unterscheidet. Die Scheibe mußte, um möglichst vielen Szenen Raum zu geben, bis auf den Zentimeter ausgenutzt werden. So wurde notwendig, die zu bauenden Szenenbilder so miteinander zu kombinieren, daß die Rückwand des einen Saales beispielsweise die Hausfassade eines anderen Bildes oder die niedere Decke einer Bauernhütte die gangbare Oberfläche eines Hügels bildeten.
Man denke sich einen Riesenbaukasten. Podeste in allen Größen, Stufen, Säulen, Fenster und Türen mit ihren Dickungen aufgestapelt.
Während auf der noch leeren Scheibe, die ein Rundhorizont wie ein hoher Turm umschließt, mit Meßleine und Kreide der Baugrundriß aufgezeichnet wird, werden die Teile des Bühnenbaukastens herbeigetragen. – Nehmen wir an, es gälte einen Hügel und eine große, auf Säulen ruhende Halle als Hauptbestandteile der benötigten Szenerie zu bauen.
Zuerst stellt man aus geraden und schrägen Podesten aller Größen den Hügel zusammen.
Dann die Säulen der Halle, die oben durch gotische Bogen miteinander verbunden werden.
Der Säulenbau wird durch aufgelegte Platten mit dem Hügel verbunden. Die Hügeloberfläche wird so vergrößert und die Saaldecke ist gleichzeitig geschaffen. Mit dickem Rasenteppich belegt und mit Baumstämmen besetzt erscheint die Hügeloberfläche weiter ausgebildet.
Nun baut man die Halle innen aus, teilt sie durch Wände in zwei Räume ab, deren einer einen Treppenaufgang enthält. Oben auf dem Hügel errichtet man eine Burg mit Zinnen und Türmen. An anderer Stelle eine Kapelle, einen Kirchhof, eine Terrasse.
Nach allen Seiten ausgebildet, ist der Aufbau in seinen Hauptzügen fertig. Welche Seite man auch der Bühnenöffnung zu dreht, der Beschauer erblickt ein neues Bild.
Das Spiel kann beginnen!
Der komplizierte Beleuchtungsapparat tritt in Tätigkeit.
Durch Fenster oder Türöffnungen fällt das Scheinwerferlicht in die Innenräume, große Laternen mit farbigen Scheiben erleuchten Horizont und Landschaft; ohne Stockung ist raschester Szenenwechsel möglich, ist das illusionstörende Herausreißen der Zuschauer aus der Stimmung eines Dramas durch Pausen vermieden.

„Sommernachtstraum", Bühnenmodell von E. Stern und G. Knina

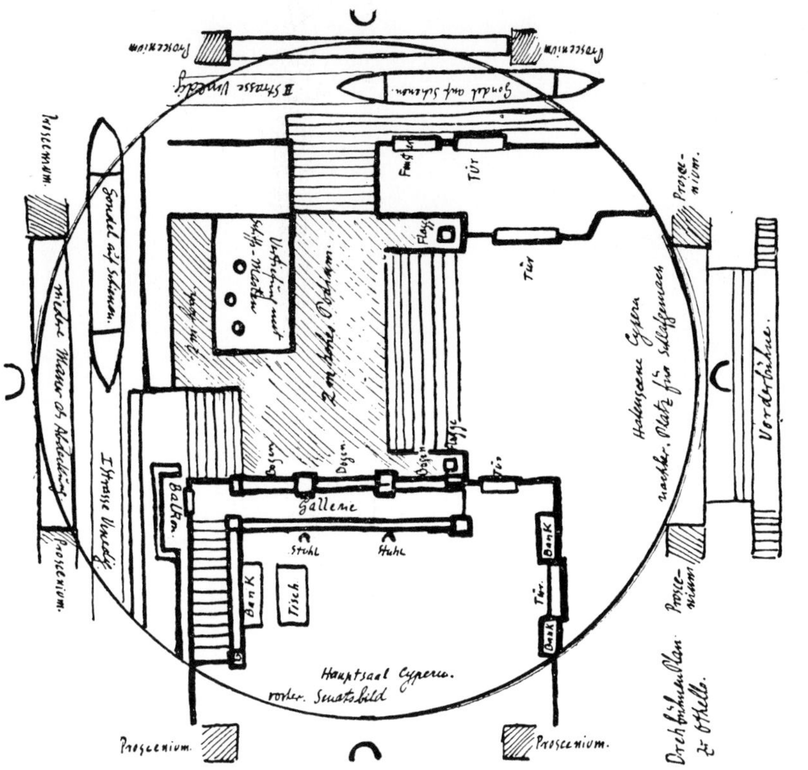

„Othello", Grundriß der Drehbühne

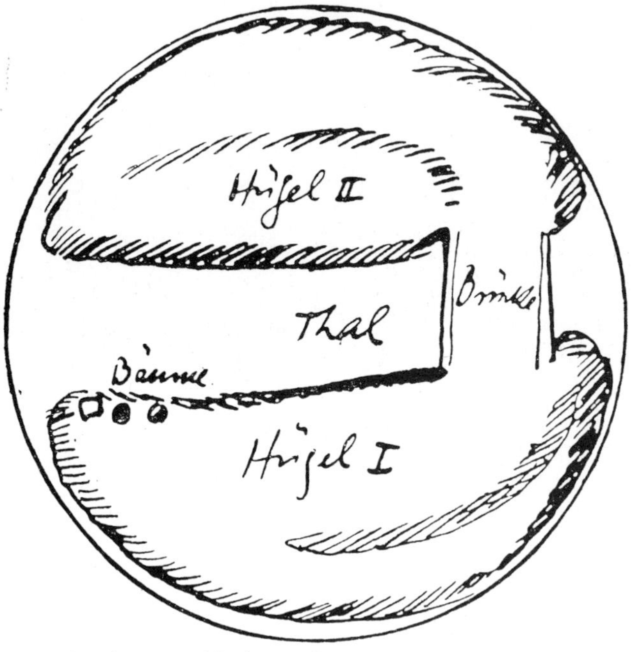

„Penthesilia", Drehbühnenplan von E. Stern

„Kaufmann von Venedig", Modell des auf der Drehscheibe aufgebauten Bühnenbildes von E. Orlik und E. Stern

E. Lasker-Schüler „Die Wupper", Entwurf von E. Stern, 1919

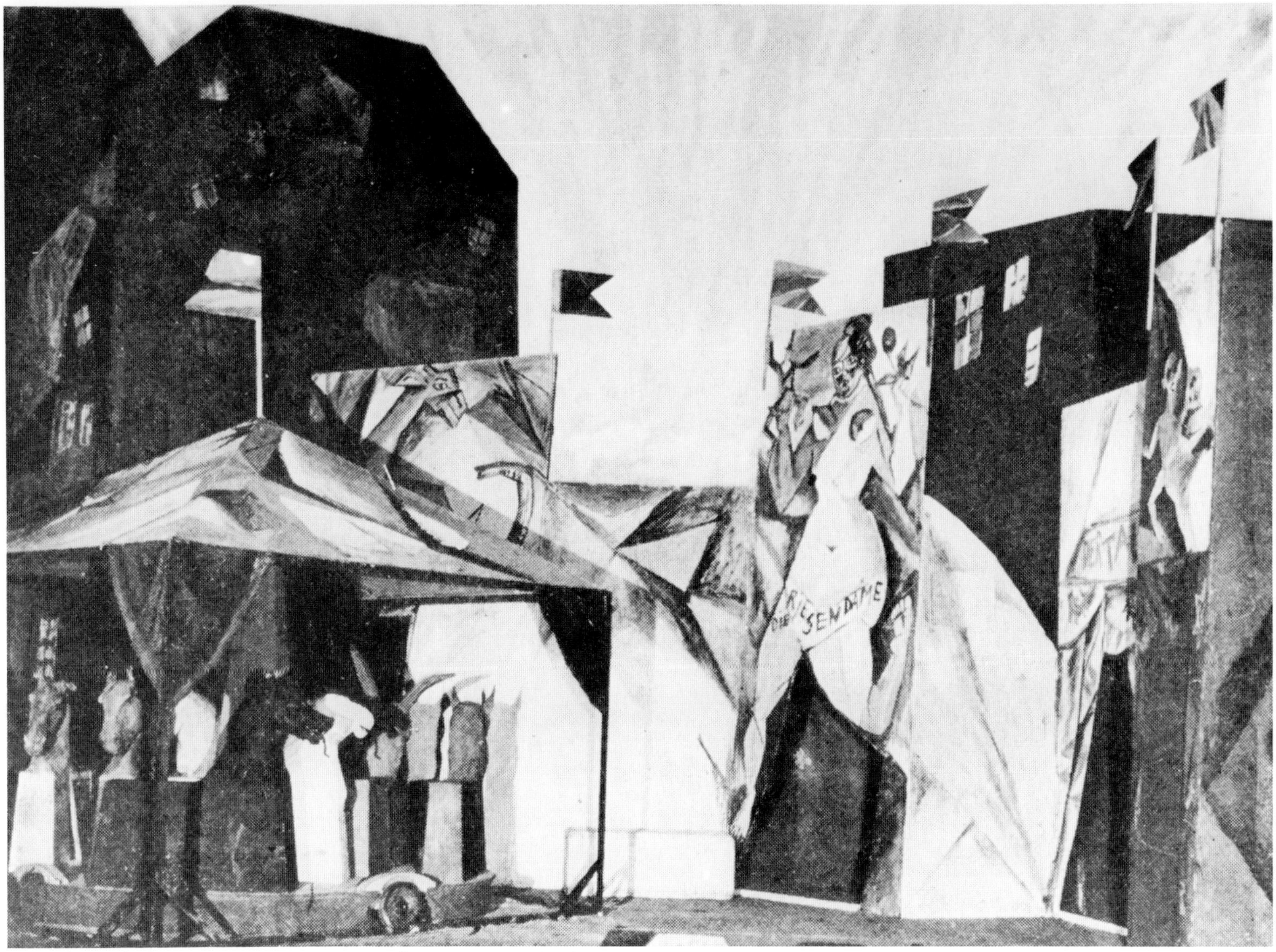

E. Lasker-Schüler „Die Wupper", Entwurf von E. Stern, 1919

Goethe „Faust", bei Brunnen, Deutsches Theater 1920

Goethe „Urfaust", Straßenszene

„Don Carlos"

„J. G. Borkman", Winternacht

„Macbeth", 1910

„Viel Lärm um nichts", Das Fest

„Turandot", Befestigter Seitenvorhang

„Sumurún"

„Turandot", Seitenvorhang

Carl Niessen

Ludwig von Hofmann

Der Dresdener Maler, der zu dem Werkbundtheater (Köln 1914) Fresken für die Umgänge beigesteuert hat, schien für eine festliche Theaterkunst prädestiniert. Auf grünenden Auen tanzen Mädchen, Frauen baden ihre schönen Leiber, die nur durch dünne Gewänder leicht verhüllt sind, lassen die bunte Brandung ihre Glieder umkosen. Ein nackter Jüngling schreitet mit Mädchen, deren Gewänder wie Fahnen wehen, in dem Frühlingssturm am Meer. So läßt von Hofmann auch junge Gestalten auf einem Theatervorhang über elysische Gefilde wandeln. War er für Reinhardt bestimmt?

Es ist zuzugeben, daß der schwingende Rhythmus seiner dem Ornament zustrebenden Linie nicht primär den dunklen Geheimnissen von „Aglavaine und Selysette" (Maeterlinck) wahlverwandt ist. Aber dennoch ist es zu bedauern, daß in der Aufführung (2.5.1907) nicht der Versuch gemacht ist, diese traumbefangene Welt auf die Bühne zu übersetzen.

Reinhardt hatte immer wieder den meist unberechtigten Vorwurf der „Ausstattungsregie" hören müssen, wie ein ganzes Buch des ästhetisch etwas beschränkten Paul Goldmann, des Namensvetters von Reinhardt, getauft war. Reinhardt wollte nun zeigen, daß er seine Regiekunst auch in puritanischen Schauplätzen entfalten konnte. So ließ er die schönen Entwürfe von Hofmann durch seinen Techniker Knina in Schauplätze aus bloßen Samtvorhängen und abstrakten Architekturteilen umsetzen, daß von dem malerischen Reiz nichts mehr übrig blieb und Hofmanns Name nicht mehr genannt wurde.

Den Vorschlag zu einer Hamletbühne aus bloßen Vorhängen hatte Craig 1904 mit nach Deutschland gebracht. Beerbohm-Tree zeigte neben seinen übrigen prunkvollen und antiquierten Shakespeare-Dekorationen bei seinem in übermäßig viel melodramatische Musik getauchten Berliner Gastspiel, daß ein so großes Werk wie Hamlet sich auch zwischen einfachen Vorhängen durchsetzen konnte. Er hatte heimische Anregungen von Poel und anderen zu einem episodischen Fall von auffallender Selbstbescheidung gesteigert, die sonst dem eitlen Virtuosen fernlag.

Es muß den noblen Künstler tief geschmerzt haben, daß weder sein gelblicher Turm am Meer, noch seine geheimnisvollen Gärten Bühnenwirklichkeit werden durften. Wie weit die gottlob vorübergehende Askese Reinhardts ging, zeigt, daß der Park nur aus grünen Flören gebildet wurde. Das mag an sich ein richtiger dramaturgischer Gedanke gewesen sein, zu den hauchzarten Vorgängen die optische Entsprechung und ihr Symbol zu schaffen. Es war nicht zu verkennen, daß die zarte Märchenstimmung in den vereinfachten Schauplätzen eingefangen war, wobei die inzwischen so verfeinerten Künste des malenden Lichtes nicht wenig beitrugen. Daß die einstige Salome mit ihrem Nervenkitzel, die Eysoldt, unter Reinhardts Anleitung die müde Todbereitschaft der Selysette zum Ausdruck zu bringen vermochte, war ein Triumph der Menschenführung. Von Hofmann muß das Herz geblutet haben, daß seine Entwürfe, die einen Zuwachs von linearer Schönheit bedeutet hätten, nicht genutzt wurden, wie überhaupt das Werben um die Bühne bei diesem Künstler tragisch ist.

M. Maeterlinck „Aglavaine und Selysette", der Turm

„Aglavaine und Selysette", der Garten

„Aglavaine und Selysette", Kammerspiele 1907

Carl Niessen

Karl Walser

Durch seine Bücherillustrationen ist der Schweizer Karl Walser ebenso bekannt geworden wie durch seine szenischen Entwürfe für Reinhardt und die „Komische Oper“ von Hans Gregor.

Reinhardts unbeirrtes Eintreten für Wedekind nötigt uns höchste Achtung ab. Zum 27. November 1904 ließ er durch Richard Vallentin „So ist das Leben“ inszenieren.

Während Reicher als „König Nicolo“ die Aufgabe durch psychologisch detaillierende Schauspielkunst verbog, wagte Walser wohl das Beste, was er in der Schauspieldekoration geleistet hat. Indem er die Häuser des Marktplatzes von Perugia mit starken Konturstrichen versah, nahm er vorweg, was erst im szenischen Expressionismus wieder gewagt wurde: der Schauplatz wirkte wie ein alter kolorierter Holzschnitt. Glücklich war auch die parodistische Anmut Wiener vormärzlicher Bilderbogen, der Walser noch in der gleichen Spielzeit in Nestroys „Ein Jux will er sich machen“ nacheiferte.

Im „Sommernachtstraum“, der mit seinem auf der Drehscheibe aufgebauten, aus der Natur entlehnten Walde und den von Beerbohm-Tree entlehnten Rasenteppichen ein ungeheurer Erfolg im Neuen Theater wurde (31. 1. 1905) hat er wohl nur die Kostüme beeinflußt.

Anschaulich hat E. von Winterstein geschildert, wie einfallsreich Reinhardt die Gegebenheiten nützte. Wenn man diesen Nachhall von Bühnenwirklichkeit mustert, kann man verstehen, daß Reinhardt, der inzwischen sein eigener erster Regisseur geworden war, mit den eleganten „Sommernachtstraum“-Schauplätzen Walsers nicht zufrieden war. Von Walsers Kostümen, die in den 200 Wiederholungen verschlissen wurden, wissen wir soviel, daß wir Sterns herbe Kritik an den „Theatergriechen“ verstehen. Die schöpferische Regie triumphierte über den Bodensatz vom alten Theater, der den Figurinen des Königlichen Schauspielhauses verwandt blieb: Morgenstern schwärmte von „diesen Einfällen einer naiven und unerschöpflichen Laune – denn naiver Optimismus und nicht Raffiniertheit, ist der Grundzug all dieses heiteren Spiels –,

diesem liebenswürdigen Gewirk verschiedener Künste“,

hinter dem nichts dahinterstand „als einfache blühende Sinnenfreude ...“

Daß vor der Vorstellung echter Tannenduft ausgeblasen wurde, gehört zu den barocken Zügen totaler Theaterkunst: im Mannheimer Schloß parfümierten sogar Putten die Wolken, bei Brahm zog Sauerkraut- und Laugenduft ins Parkett; hier wollte man den Nasen poetischer kommen.

Daß Reinhardt trotz des Erfolges mit Walsers Anteil nicht zufrieden war, ist dadurch bewiesen, daß er nach der Übernahme in das „Deutsche Theater“ Ernst Stern beauftragte, Dekoration und Kostüme von Grund auf neu zu schaffen.

Unter einem anderen Regisseur (Olden) gestaltete Walser Shaws „Caesar und Cleopatra“ (Neues Theater 1906). Es ist interessant, die Entwürfe mit denen von George Grosz der Neuaufführung von 1924 zu vergleichen, bei der alles verspielte Detail des neuromantischen Malers ausgelichtet ist. Aber die Schiffslände vor dem Palast ist grundsätzlich über die Dekoration Kruses zur „Salome“ nicht wesentlich hinausgekommen.

Der Saal im Palast zeigte, daß Craig nicht umsonst gewettert und gezeichnet hatte (Theatre Pictorial Abb. Nr. 331).

Zu „Frühlings Erwachen“ (20. Nov. 1906 – Wiederverwendung 1925–26 – 1908 trat Stern an Walsers Stelle) gab es in einem Punkte eine frühe Pioniertat, indem der ewig gleiche Rahmen der Bühne variiert wurde: Das Geschehen spielte stets zwischen zwei gerafften Gardinen, die bald mehr, bald weniger über dem Bilde mit einem geklärten Realismus hereinhingen.

Im Oktober 1905 übernahm Reinhardt das „Deutsche Theater“, in dem durch seine bewundernswerte Kette von wahren Conquistadorentaten sein Ruhm den Zenith erreichte. Karl Walser wurde die optische Gestaltung der Eröffnungsvorstellung anvertraut. Wie so oft Reinhardt schweigend Prügel für seine Beiräte einstecken mußte, geschah es auch mit „Käthchen von Heilbronn“, das Walser mit einer etwas starken Farbigkeit gewandet hatte. Es stimmte freilich mit dem Kern seines Wollens überein, daß er in die äußere Inszenierung Farbe hineintragen wollte. Es hatte zwar auch den Dekorationen der Meininger Nachfolge nicht an Buntheit gefehlt. Aber indem man alle Farben wahllos durcheinander brauchte, kam es nicht zu einer wirklichen farbigen Komposition, wie sie Reinhardt als Forderung der Zeit erkannt hatte. Als vor dem ersten Bilde des zweiten Aktes der Vorhang aufging, klatschten die Zuschauer dem Bühnenbilde begeistert Beifall: auf einem kraß grünen Wiesenhang lag ein roter Mantel. Darüber strahlte ein südlich blauer Himmel in ungebrochenem Glanz. Die Beckmesser rechneten Reinhardt vor, daß ein deutscher Ritter nicht solche herausfordernden Purpurmäntel getragen hätte, um damit über staubige schwäbische Landstraßen zu reiten, und daß der Himmel in Deutschland nicht so blau sei wie auf seiner neuen Bühne, auf der er Brahm gefolgt war.

Reinhardt breitete deshalb wohl den Märchenglanz über die Szenen, weil er ahnte oder auch durch seine zahlreichen Berater erfuhr – er hielt zu der Zeit 3 Dramaturgen – daß Kleist sein Ritterstück ursprünglich als Märchen geplant hatte. Später (1925) ließ man durch Max Pechstein die Schauplätze entwerfen.

J. Nestroy „Einen Jux will er sich machen", Bühnenbild K. Walser, Neues Theater 1904

Eine große Aufgabe wurde Walser durch Reinhardts Regie von „Romeo und Julia" gestellt. Er mußte merken, welcher Tyrann die Drehbühne war, mit der Reinhardt nach einem Ausdruck von Ernst Stern „verheiratet" war. Die Bühnenbildner mußten nun ihrer Phantasie einen Zaum anlegen, denn es kam immer darauf an, daß alle Dekorationen auf den Grundriß der Drehscheibe gingen. Man sieht es z. B. einem Straßenentwurf von Walser an, daß es harte Kämpfe mit dem Techniker gegeben haben wird, bis allenthalben soviel weggezwackt war, daß der Schauplatz in das Prokrustesbett der Drehbühne paßte.
Der Techniker gewann naturgemäß bei Reinhardt neben dem künstlerischen Beirat eine erhöhte Bedeutung. So ergab es sich auch, daß er oft seinen ausgezeichneten Bühnentechnikern Gustav Knina und später Rudolf Dworsky gleich von vornherein die Bühnenbilder übertrug. Manch verspielter Einfall mußte der dura necessitas des Tortenausschnitts der Drehscheibe geopfert werden. Mitunter mußte in der Höhe gesucht werden, was zu ebener Erde nicht mehr zu bauen war. In „Romeo und Julia" führte das zu der schönen Lösung des Friedhofes unter der Gruft der Capulet. Hier konnte viel von dem Zauber gerettet werden, der schon im Entwurf waltete. Die Kostüme waren über jeden Tadel erhaben, indem sie z. B. die knabenhafte Zierlichkeit des melancholisch-melodischen Romeo Moissis wundervoll faßten. Mit dieser Inszenierung trennten sich die Wege Walsers und Reinhardts, der sich nach den erzwungenen Experimenten mit allerlei Künstlern nach einem Hausbühnenbildner umsah, der genau die technischen Gegebenheiten und sein Wollen kannte. Das war Ernst Stern.
Als Walser die Illustrationen zu einer Ausgabe des Käthchens schuf, mag er wehmütig an die Zusammenarbeit mit dem großen Magier in der Schumannstraße zurückgedacht haben. Sein Pinsel hatte sich als zu spitz und zart für die Bühne erwiesen.

„Sommernachtstraum", Skizze

F. Wedekind „Frühlingserwachen", 1906

„Romeo und Julia", Deutsches Theater 1907

„Hoffmanns Erzählungen", Physikalisches Kabinett

Carl Niessen

Max Kruse

Als Reinhardt, einem Hinweis von Gertrud Eysoldt folgend, in der Mitte seiner ersten regelrechten Spielzeit im „Kleinen Theater" Wildes „Salome" wagte (15. November 1902) dürften die ersten Forderungen einer optischen Erneuerung der Bühne kaum bis nach Berlin gedrungen sein. Ungeöffnet stand des großen szenischen Propheten Adolphe Appias Mappe mit Entwürfen für wirkliche Bühnenräume in Wahnfried. Als Appia sich 1899 mit einem schwerfällig übersetzten Buche „Die Musik und die Inszenierung" an den deutschen Kulturkreis wandte, blieben seine grandiosen Ideen von Plastik der in der Form gesteigerten Dekorationen und der sich daran entfaltenden gestaltenden Kraft des Lichtes lange unbeachtet. Edward Gordon Craig kam nach seinen kühnen Farb- und Licht-Experimenten in seiner englischen Heimat, die schwerlich ins Bewußtsein der deutschen Theaterleute gedrungen sein können, erst 1904 vertrauensvoll nach Deutschland und zeigte seine abstrakten Projekte in Ausstellungen.

Daß in Darmstadt sich Behrens und Olbrich Gedanken über die Einwirkung der neuen Zierkunst auf das Theater machten, und daß Bahr und Fuchs dem Großherzog Ernst Ludwig Denkschriften über eine festliche Schaubühne einreichten, drang wohl kaum bis Berlin.

Da führte der glückliche Zufall eines Kaffeehausgespräches Max Reinhardt mit einem Bildhauer zusammen, der, wie es gerade Outsidern beschieden ist, die Probleme unbeschwert von fachlichem Wissen, frisch und ungetrübt von Routine sah. Das war der damals kurz vor der Schwelle seines fünften Jahrzehnts stehende Bildhauer Max Kruse, der zwar auch wie so viele Künstler das „Café des Westens" besuchte, aber „karg mit Geste und Wort" wie ein Mann von der Waterkant dasaß.

Zu Unrecht sind seine plastischen Schöpfungen vergessen, die er wieder auf den sicheren Handwerksgrund zurückführte, den die alten Steinmetzen und Holzplastiker besaßen. In der ägyptischen Kunst, die er auf einer Reise in Situ kennengelernt hatte, sah er den „reinsten Ausdruck des plastischen Prinzips." Als er unversehens an eine Bühnenaufgabe geriet, mußte er das Raumrecht des plastischen Bühnenkünstlers wahren, das bis dahin allenfalls zur „Staffage" (Goethe) in einer Raum vortäuschenden Malerei degradiert war.

Der Gestalterin kapriziöser Puppen, der Gattin des Künstlers, verdanke ich die lebendige Schilderung, wie Max Kruse zum Mitarbeiter Reinhardts wurde. Lange hörte er sich am Stammtisch, zu dem sich eines Abends auch Reinhardt und Felix Hollaender eingefunden hatten, die Diskussionen an, wie man die „Salome" mit besonderem „Aplomb" herausbringen könnte. Dann sagte er: „Kinder, det hat ja alles keinen Zweck! Ehe ihr nicht das ganze Bühnenbild plastisch macht, könnt ihr Euch auf den Kopp stellen, und es wird nischt!" In wiederholten Debatten kam der sonst so schweigsame Kruse immer wieder lakonisch auf sein ceterum censeo zurück. Reinhardts getreuer Paladin Hollaender meinte schließlich unmutig:
„Ach Kruse, nun lassen Sie uns endlich in Ruhe mit Ihrem plastischen Bühnenbild! Darunter können wir uns ja nichts vorstellen." Aber Reinhardt mit seinem wachen Spürsinn für das Neue sagte:
„Nee, lassen Sie mal, Hollaender, das interessiert mich doch."
Er bat Kruse, am nächsten Morgen kommen zu dürfen:
„Ja, da kommen Sie man. Ich hab zwar selber keine Ahnung, aber wir werden ja sehen."

Am nächsten Vormittag wurde Kruse in seinem Atelier im „Künstlerhause" der Auftrag gegeben, mit einer Dekorations-Firma (Verch & Floten) den Ort der Handlung zu gestalten. Was man ihm an vorhandenen Dekorationen vorführte, verwarf Kruse zu allgemeinem Köpfeschütteln.

Kruse aber meinte: „So, nun haben wir einen leeren Raum – das ist ja schon was! Nun machen wir darum einen Halbkreis aus blauer Leinwand, einen großen breiten Halbkreis, den ziehen wir ganz hoch, und dann machen wir da rein Löcher, und die beleuchten wir von hinten, damit Sterne werden, denn die Geschichte wird von hinten beleuchtet." Die in den fernen Horizont verbannte Landschaft kam als Relief hinein. Plastische „Abdeckung" an der Seite blieb wie in der Skizze der Palast. An der linken Seite wurde unter dem Feuerbecken das Postament höher und gradlinig emporgezogen. Aus der Sphinx war ein liegender Löwe geworden. An die Feuerbecken-Mauer schmiegt sich ein assyrisches bärtiges Fabelwesen, da man von jüdischen Architekturzierraten nichts wußte.

Zu der Generalprobe, zu der er wegen der mühevollen Arbeit von 14 Tagen und manchen Nächten nicht hingegangen war, wurde Kruse nachträglich gerufen, um der Ratlosigkeit und Empörung Herr zu werden. Reicher (Herodes) hatte gemeint: „In den Kulissen können wir doch nicht spielen!" Die von Kruse sehr geschätzte Louise Dumont stand händeringend auf der Bühne. Kruse meinte in seiner lakonischen Bildhauerart:
„Na natürlich, ihr Schafsköppe, könnt Ihr in der Kulisse nicht spielen, wenn Ihr det Rampenlicht brennen laßt!"

So wurde improvisierend eine weitere Forderung Appias unbewußt erfüllt, der Verzicht auf die Rampe. Nun warfen die Darsteller keine Schatten mehr über die Landschaft hinweg auf den Himmel. Freilich kam es wieder dahin, daß Orlik in einem seiner feinen „Kleinen Aufsätze" schrieb: „Gebt uns die

H. v. Hofmannsthal „Elektra", Szenenfoto, Kleines Theater 1903

Rampe wieder!" Sie sollte das mystische Dunkel beseitigen helfen, das seit Hans Gregors Operninszenierungen „gregorianisch" genannt wurde.

Eine anscheinende Kleinigkeit muß als Beweis für den sicheren künstlerischen Instinkt von Kruse angeführt werden. Während in der Folge die Projektion photographierter ziehender Wolken auf den Rundhorizont oder die Nachbildung des astronomischen Himmels ein naturalistischer Rückfall über stilisierten Schauplätzen war, hatte Kruse wie einst Schinkel in der „Zauberflöte" die Sterne in streng symmetrischen Reihen geordnet. (Orlik war der erste, der sich gegen diese „natürlichen" Wolken wandte.)

Als der Vorhang über dieser neuen szenischen Welt aufging, ging ein hörbares „Ah" durch das Publikum.

In älterer Zeit hat es nur ein bescheidenes Vortasten nach dem Rundhorizont gegeben (abgerundete Enden des abschließenden Hintergrundes bei Futtenbach und Cuvilliés). Allenfalls hatte man aber in der Bühnenpraxis nur Panoramawände gebraucht, d. h. in stumpfem Winkel an den Prospekt stoßende Seitenwände. Bestimmt wußte Kruse nicht, daß das hydraulische „Asphaleia"-System schon den Rundhorizont verwirklicht hatte (in Deutschland einzig in Halle), sonst hätte er nicht versucht, wegen der häufigen Kopie seiner Idee, die auch bald der „Salome" von Strauß zugute kam, einen Prozeß gegen das Dekorationsatelier anzustrengen und ein Patent anzumelden.

Die „Salome", in der Reinhardt Dr. Hans Oberlaender Regie führen ließ, bedeutete einen entscheidenden Fortschritt vom Bühnenbild zum Bühnenraum. Das war in Deutschland der eigentliche Anfang einer modernen Bühnenkunst.

In der folgenden Spielzeit bediente sich Reinhardt noch einmal der Hilfe Max Kruses, nämlich in Hofmannsthals psychologisch umstürzlerischer „Elektra" (30. Oktober 1903, Kleines Theater), in der sich gewisse sadistische und episodisch-lesbische Züge zeigen. Kruse türmte das zyklopische Gemäuer eines mykenischen Palasthinterhofes auf. Da nicht nur Elektra in dieser Kontrafaktur nach Sophokles nach Blut lechzt, war es eine für die Zeit erstaunliche Lichtsymbolik, daß Kruse über die rechte niedere Mauer hinweg und durch die Schatten eines Feigenbaumes rotes Licht fallen läßt, das auf dem Boden wie eine Blutlache liegt.

Für Reinhardt sind auch wohl die bedeutsamen ganz auf Plastik und Raum gestellten Entwürfe zu „Romeo und Julia" geschaffen. In dem Straßenentwurf sind die Häuser turmartige Festungen, Sinnbilder der Familien-Feindschaft, welche die Liebenden verschlingt. Die Farben auf den Wänden sind so kühn und wirklichkeitsfern, daß Reinhardt, als es an eine Aufführung ging, sich lieber an den gefälligeren Aquarellisten Walser wandte. Kruses Entwürfe waren der Zeit weit vorausgeeilt.

Reinhardt hätte ihn gern als Helfer behalten, aber er hatte sich genug mit dem Theater eingelassen und erklärte rundheraus: „Ne, Reinhardt, ich bin Bildhauer. Dazu müssen Sie sich nun andere Leute suchen!"

O. Wilde „Salome", Bühnenbild von M. Kruse und L. Corinth, Neues Theater 1903

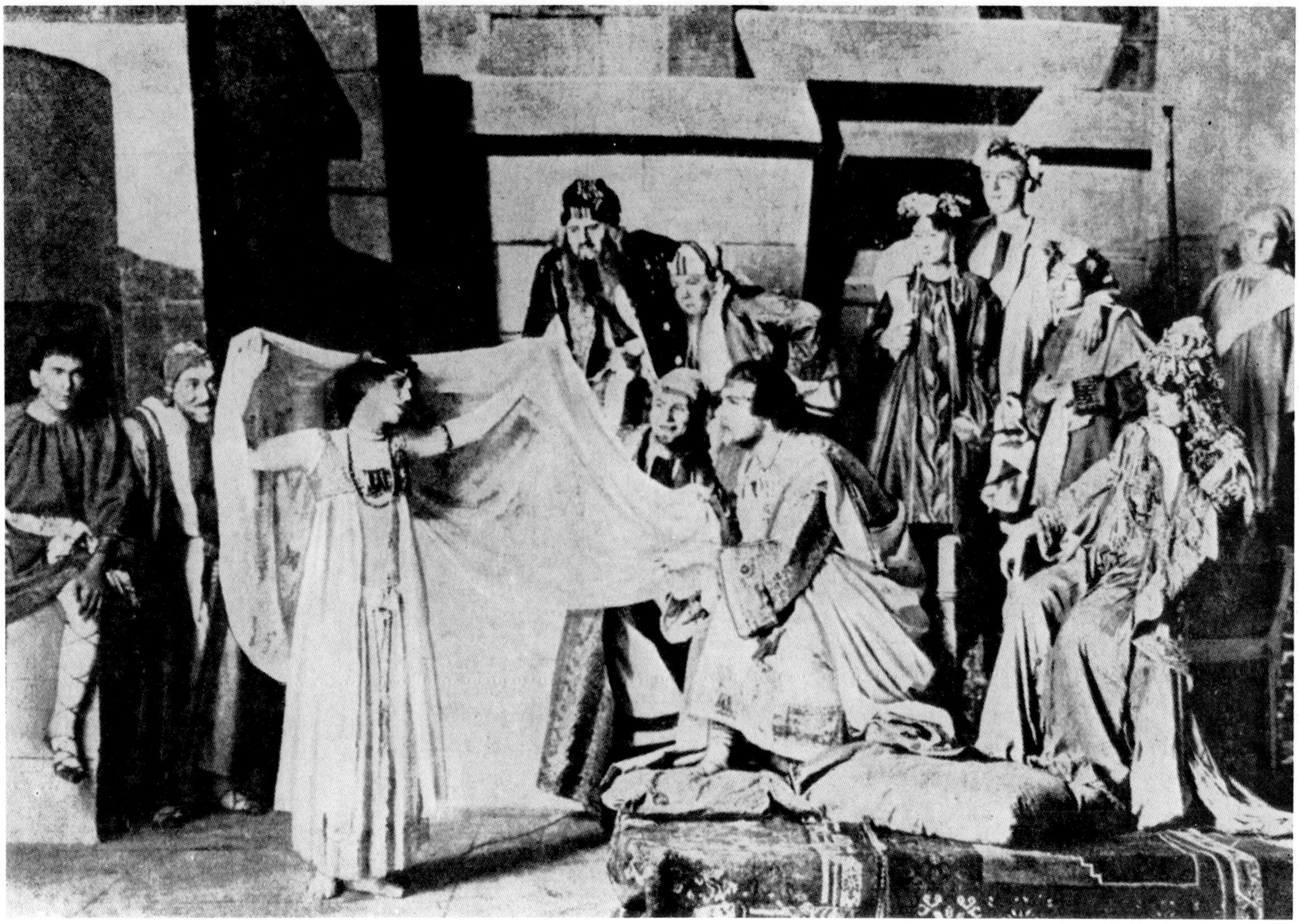

O. Wilde „Salome", G. Eysoldt als Salome, E. v. Winterstein als Herodes, L. Dumont als Herodias, Kleines Theater 1912

„König Lear", erste Szene

Carl Niessen

Carl Czeschka

Carl Czeschka, der lange an der Hamburger Kunstgewerbeschule unterrichtete, war ein Monomane des Ornamentes. Weil die neuromantische Szenenkunst auf ihr Programm geschrieben hatte, daß die Bühne aufhören sollte, Abbild und Widerspiegelung der Natur zu sein, sondern nur noch ein ornamentaler Nachhall der Dinge, kam Reinhardt wohl auf die Idee, diesen Künstler heranzuziehen. Wie Kolo Moders für das 1901 begründete Brettl „Die Jungwiener Bühne zum lieben Augustin" tätig war, hat auch Czeschka ein Wiener Kabarett mit einem bemerkenswerten ornamental gehaltenen Hintergrund und eindrucksvollen Figurinen bereichert. Sichtlich liegt hier schon eine Abhängigkeit von der ornamentalen Schmückung des Gewandes durch Klimt vor, der auch auf Leffler wirkte. (Als Reinhardt das Mirakel in Berlin gab, ließ er diesen virtuosen Zeichner Leffler die Kostüme entwerfen.)

In den „Skizzen für das Wiener Kabarett" hat Czeschka vorweggenommen, was er später im „König Lear" wagte (16.9.1908). Er ging auf dem Wege konsequent weiter, den Orlik schon im „Wintermärchen" beschritten hatte: Das große Königszelt, in dem Lear sein Reich teilt, ist ganz aus Streifen gebildet, deren jeder große primitive bunte Ornamente trägt. Einen niederen Innenraum machen Zickzack-Ornamente aus. Ein Schloß der undankbaren Tochter besteht nur aus einer großen grauen Wand mit vorgelegten plastischen Lisenen. So wurde klug der Verwirrung durch Ornamentik aus dem Wege gegangen. In einem hochemporgezogenen Innenraum mit zwei mächtigen Toren wurde nur schüchtern an die Ornamentik erinnert, indem die Tore und eine Gruppe spitziger Fenster mit Linienbändern umrandet wurden. Dafür hat aber das großflächige Ornament in bunten Farben und Metalltönen fast auf alle Gewänder übergegriffen. Zweifellos hat Czeschka mit einer eindrucksvollen Konsequenz gearbeitet.

Wenn Reinhardt ihn nicht zum zweiten Male holte, lag das wohl daran, daß er fürchten mußte, der Maler sei in seiner Ornamentik festgefahren. Das bestätigt auch die Folge der Entwürfe zu den „Nibelungen". Spätere Wiederholungen waren von Ernst Stern überarbeitet. Aber indem man 1918 noch Czeschka nannte, zeigte sich, daß sich diese eigenwillige Ornamentik bleibende Achtung errungen hatte. Als am 20.4.1923 der „Lear" in den Spielplan des großen Schauspielhauses aufgenommen wurde, durfte dessen Erbauer Hans Poelzig die Dekorationen seinem Bau angleichen.

„König Lear", in Cornwalls Haus

„König Lear", 1908

Carl Niessen

Der Fall Orlik und Craig

Emil Orlik, der Deutschböhme, stand in dem begründeten Rufe, unentwegt zu zeichnen. So hat er sich, indem er von erlebten Dingen erzählte, den „Reigenprozeß" 1921 ebenso in einer Mappe verewigt, wie er auch die Schauspieler in der „Büchse der Pandora" (1919) und in Hamsuns „Vom Teufel geholt" (1929) festhielt. Sogar dem „Zuhörer und Zuschauer" widmete er 1923 eine Mappe.
In Wien hatte sich Emil Orlik zu den jungen Schauspielern gesellt, die von Berlin aus im Sommer auf eigene Faust eine kecke naturalistische Gastspielfahrt unternahmen, unter ihnen auch Max Reinhardt.

„Wintermärchen", Straßenszene, Deutsches Theater 1906

Am 15. September 1906 wurde am Deutschen Theater „Das Wintermärchen" mit der neuen, etwas wagnerisch lauten Musik von Humperdinck und den Bühnenbildern von Orlik gegeben. Das erboste Edward Gordon Craig, der sich 1904 nach Deutschland gewandt hatte, nachdem er über die künstlerische Indolenz seiner Heimat, die seine frühen Experimente mit Licht und krasserer Farbe auf der Bühne so ziemlich unbeachtet ließ, erzürnt war. Zweifellos hat Reinhardt den allerbesten Willen gehabt, die Anregungen Craigs Bühnenraum werden zu lassen. Fünfmal hat er ihn zu Inszenierungen eingeladen (Sturm, Caesar und Cleopatra, Lear, Orestie und Macbeth). In seiner Zeitschrift „The Mask" beschuldigt nun Craig Reinhardt, daß dieser mit seinen Künstlerfreunden sein Atelier besucht, sein Zeichnungswerk genau studiert und darauf einen Begleiter veranlaßt habe, eine Nachahmung zu schaffen. Aus dem späteren scharfen Ausfall gegen Orlik weiß man, daß es sich um ihn und das „Wintermärchen" handelt. Es wird dadurch bestätigt, daß Reinhardt sich freudig äußerte, man habe in dem „Wintermärchen" die berühmte Manier von Craig erreicht.
Den Möglichkeiten der Bühne war die Herrschaft der Senkrechten, diese steil aufragende Monumentalität der Wände fremd und fern. Craig zeichnete Darsteller in seinen Schauplätzen so winzig, daß der Eindruck einer Riesenhaftigkeit der Räume entstand. Es mußte den Naturalisten Brahm verwundern, daß es keine ordentliche Tür und Klinke in den Räumen gab. Craig antwortete nur mit lakonischer Monotonie „da ist nur ein Weg herein und heraus!" Brahm mußte anscheinend Craig ins Hotel schreiben, daß er die weiteren Entwürfe dringend erwarte. Auch hatten sich Zweifel ergeben, ob die Entwürfe so wie sie waren, in die Bühnenwirklichkeit übertragen werden konnten. In einem scharfen Briefe antwortete Craig stark gereizt: „Ich arbeite an den übrigen Entwürfen und glaube, daß die gegenwärtigen Verhältnisse Ihrer Bühne genügen, mit einer so leichten Aufgabe, wie ich sie stellen werde, fertig zu werden. Ich bearbeite die Szenerien und Kostüme so, daß sie auf irgendeiner Bühne deutsch, englisch oder japanisch gebraucht werden können. Ich verberge aber auch nicht vor Ihnen, daß ich bei der Ausführung meiner Entwürfe unter meiner persönlichen Leitung auf geschicktesten Beistand rechne."
Reinhardt hatte aber augenscheinlich, insbesondere von dem böhmischen Teil des „Wintermärchens", Vorstellungen, auf die sich Craig niemals eingelassen hätte. Orlik zeichnete ihm eine lustige Märchenau, die man erst durch einen Schleier nur verdämmert sah, bis die Blütenwiese vor einem Strande mit Schiffen in vollem Sonnenglanz dalag. Nicht nur wirkte diese Dekoration wie eine Illustration aus einem modernen Kinderbilderbuch: Reinhardt ließ Kinder auf dem Rasen tollen und bunte Sträuße pflücken. Hellgewandete Gestalten, deren Tracht mit den farbenfreudigen Mustern der Volkskunst bestickt waren, sind sichtlich aus der Heimatliebe Orliks genährt. Ein solches Idyll würde der Doktrinär Craig als eine unmögliche Zumutung erbittert zurückgewiesen haben,

„Wintermärchen"

„Wintermärchen", Palast des Leontes

„Wintermärchen", Landschaft in Böhmen

Schiller „Die Räuber", das Schlafzimmer des alten Moor

denn seiner Art lag jede Lokalfarbe fern. Wenn Reinhardt seine Zuschauer in diese heiteren Gefilde eines märchenhaften Böhmen führte, wird er sich schmunzelnd erinnert haben, daß eine Glanznummer bei „Schall und Rauch" sein böhmischer Fremdenführer war.

Es ist zuzugeben, daß eine Szene Orliks, ein hoher enger Raum aus weißen Quadern, Craigs Art gleicht. Aber wenn Orlik als Saal im Palast einen Gobelin zwischen mächtigen Steinpfeilern faßt, konnte ebensogut Rollers Mozartbühne von 1905 das Vorbild sein. Die Muster des Gobelins wiederholen sich wie Eigentumsmarken auf dem Kostüm des Königs, so daß Milieu und Bewohner eng verzahnt werden.

Zweifellos liegt kein eigentliches Plagiat vor. Daß von der Bühne suggestive Wirkungen ausgehen sollen, das konnte auch Reinhardt unterschreiben. Aber die Art der Einfachheit, die Craig durch Exstirpation der letzten Reste von Anschaulichkeit anstrebte, drohte zu einer Monotonie zu führen, die nicht nach Reinhardts Sinn war. Schließlich mußte es jeden Theatermann erschrecken, daß Craig die Zerstörung des Theaters forderte, damit sein neues Ideal erstehen konnte. Hatte er die Schauspieler schon in seinen Skizzen zu Pygmäen gemacht, wollte er schließlich ganz auf den Schauspieler verzichten, um mit der „Übermarionette" seinen tyrannischen Willen zu erfüllen, das ganze Werk des Theaters allein zu tun. Ein Landsmann von Craig hat besonnen auseinandergesetzt, welche verschiedene Naturen Reinhardt und Craig waren, so daß sie nicht zueinanderkommen konnten. Wenn auch Reinhardt durch Serienspielerei, die man ihm so oft vorgeworfen hat, ermöglichen konnte, 70 Proben zum „Käthchen" zu halten, so hatte er doch nicht die östliche Geduld, 3 Jahre mit Craig an der Gestaltung des „Hamlet" zu arbeiten Ich habe einmal mit Craig über eine Gastinszenierung verhandelt: er forderte für eine Macbeth-Inszenierung ein ganzes Ensemble junger Leute für ein ganzes Jahr zur uneingeschränkten Verfügung. Bei solchen Auflagen wirkt es erfreulich, daß er auf die Duse für die Inszenierung von „Rosmersholm" und „Elektra" praktischen Einfluß gewann.

Unsere Verteidigung Reinhardts und Orliks soll nun keineswegs den Respekt vor dem fanatischen Wollen Craigs mindern.

Um die erste Inszenierung des „Kaufmanns von Venedig" schwebt ein Geheimnis. Es ist möglich, daß die erste Form der Spielzeit 1906-07 auf Orlik zurückgeht.

Die nächste bescheidene Aufgabe für Orlik war das „Ringelspiel" von Bahr. Ein gelber Sandstrand mit Badekörben vor einem Horizont war ein einfaches Problem geworden.

Als Reinhardt mit Brahm in der Pflege der Dramen Hauptmanns mit dem düsteren „Friedensfest" (7. Januar 1907) zu wetteifern begann, schuf Orliks behender Pinsel einen Raum, in dem der Haß und das Mißtrauen in den Winkeln wie mit Fallstricken lauerten.

Welch wundervolle malerische Formung Orlik der Bühne zu geben hatte, verraten seine Skizzen zu den „Räubern" (10.1.1908). Mit ihrem freien Linienschwung sind diese

Entwürfe wunderbar. Sie sind zugleich eminent bühnenpraktisch, obwohl sie sich in der Wandlung in das Bühnenmaterial manches Reizes begeben mußte, wie der Vergleich mit den Photos zeigt. Inzwischen hatte Orlik das Theaterhandwerk beherrschen gelernt, sodaß er selbst die Verteilung der Schauplätze auf der rotierenden Scheibe bewältigen konnte. Meisterhaft war es, wie sich der Saal im Moorschen Schloß in einen endlosen Gang vertiefte, durch den die abgesandten Rächer vorstürmten. So liebevoll versenkte er sich in die Aufführung, daß die Figurinen die Gesichter der Darsteller gewinnen.

Diese Entwurfsreihe zeigt, wie bedauerlich es ist, daß Orlik nur mit dem Schauspiel befaßt wurde. Er hätte das Zeug gehabt, mit seinen musikalisch ausschwingenden Linien der Oper zu geben, was der Oper war, während Walser doch nur einen kultivierten Realismus in der Oper auf seine gepflegte Art fortsetzte. Zwei von Gersdorff bearbeitete japanische Stücke („Terakoya" und „Kimiko") ermutigten, drei Monate später wieder ein Stück mit japanischer Umwelt zu wählen („Niemand weiß es" von Theodor Wolff, eine Gefälligkeitsaufführung, die es nur auf 9 Wiederholungen brachte). Es war schade um Orliks feingestimmte Verwertung seiner Erinnerungen an eine Reise nach Japan, auf der er 1900-1901 den Farbholzschnitt an der Quelle studiert hatte.

Die Entwürfe für „Die Königin" von dem gleichen Literaten scheinen ohne Liebe abgehaspelt zu sein und wirken wie ein Rückfall in die Konvention, mit der man in dem „Serenissimus" von Leo Feld in einem Rokokomilieu begonnen hatte. Es sieht so aus als ob Orlik die Lust verloren hätte, dem Theater zu dienen.

„Wintermärchen", Böhmen

„Faust", Martes Garten

Carl Niessen

Alfred Roller

Über viele Jahre erstreckt sich die wiederholte Zusammenarbeit mit dem Wiener Architekten Roller.
Rollers Ruhm war durch Bahr ausposaunt worden, der gar sehr die bescheidenen Fortschritte auf die moderne Bühnenkunst hin im „Ring" und im „Tristan" lobte. Die „Mozartbühne" von 1905 mit ihrer architektonischen Rahmung war eine wirkliche Tat gewesen, freilich eine, die sich nicht auf den ganzen Mozart ausdehnen ließ und an der musikalischen Grazie der „Entführung" scheiterte. Zuerst zeigt sich Roller schon mit den Schauplätzen und Kostümen für „Oedipus und die Sphinx" beteiligt. Dieses Drama, das moderne Dekadenz in die antike Tragödie trug, war der zweite Beitrag von Hugo von Hofmannsthal, der zeitweise einer der Dramaturgen Reinhardts war.
Wie überhaupt Roller sein Bestes für den „Rosenkavalier" von Strauss 1911 geleistet hat, enttäuschte die Aufführung von „Oedipus und die Sphinx" in mancher Hinsicht. Die schrecklich lastende Felsschlucht, über die der Sturm braust, wirkte wie ein Ausschnitt aus der sächsischen Schweiz mit echten märkischen Kiefern. Das zweite Bild wirkte statt durch prähistorische Wucht, wie sie Kruse für die „Elektra" fand, wie ein niedliches römisches Frauengemach. Nur der dritte Schauplatz wirkte wie eine Anregung, die von Craig bezogen war; man vermutete wohl mit Recht, daß er durch den Grundrißzwang der Drehbühne so schmal geraten war.
Der erste Teil des „Faust" war vielleicht die geschickteste aller Drehbühnenlösungen (25.3.1909). In den hohen Aufbau waren teils Schauplätze hineingearbeitet, teils lehnten sie sich in wirkungsvollen Staffelungen an ihn an. Die Straße wirkte wie das an den Berg gebaute Marburg. Dem etwas kleinlichen Naturalismus der Häuser und der Stadtmauer an ihrer Rückseite entsagte Roller dann im zweiten Teil (15.3.1911), zu dem Ernst Stern die Kostüme beisteuerte. Diesmal lag auf der Drehbühne lediglich ein großes viereckiges Podest, das von verschiedenen Seiten her gezeigt und wechselnd umbaut werden konnte. Es ist erstaunlich, welch großflächige Bilder durch wenige einfache malerische Zutaten entstanden. Ein von Roller selbst angelegtes Heft der Ausstellung zeigt, wie sorgfältig die dekorative Ökonomie erwogen war.
Nach dieser Bewährung vertraute Reinhardt Roller mehrfach seine Inszenierungen im Zirkus Schumann an. Eine neue Zusammenarbeit bahnte sich dann 1923 im „Theater in der Josefstadt" und für die Salzburger Festspiele an.
(König Ödipus 1911; Orestie 1912)

„Faust I", Deutsches Theater 1909

„Faust II.", Deutsches Theater 1911

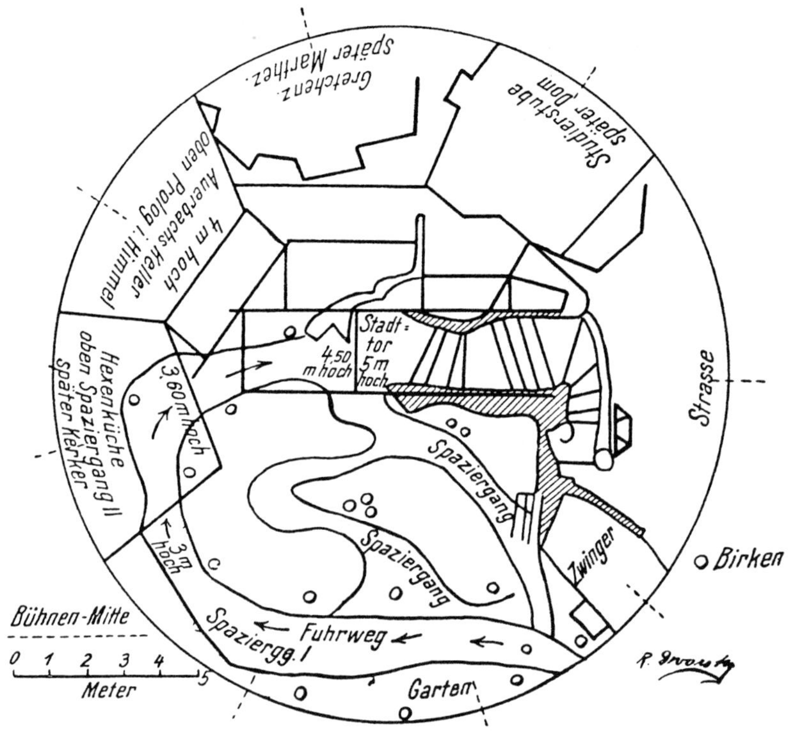

„Faust", Grundriß der Drehbühne, gezeichnet von Maschinerie-Inspektor Dworsky

Alfred Roller

Ausstattungswesen

Wenn ich zusammen mit Reinhardt „Ausstattungen" arbeite, so sind es weniger die Ergebnisse unserer Tätigkeit – die endlichen Aufführungen – die mich interessieren, als vielmehr die, durch seine unvoreingenommene, mutige, unresignierte Art an die Inszenierungsschwierigkeiten heranzutreten, sich während der Arbeit fortwährend ergebenden Zukunftsperspektiven und Ausblicke auf ideale Gestaltungsmöglichkeiten des behandelten Werkes.

Der Dutzendregisseur, der – sei es aus Dünkel, Faulheit oder aus einer dunklen Ahnung seiner eigenen Unfähigkeit – alles ablehnt, was anders ist als er es gelernt hat, als „man" es macht, der an Inszenierungsmethoden glaubt und überhaupt das Theater und dessen Usus als das Feststehende ansieht, nicht das Werk – dieser weitverbreitete, „gewiegte, erfahrene, geniale" Dutzendregisseur, der nicht weiß, daß jedes Kunstwerk die Gesetze seiner Inszenierung in sich trägt, lähmt den bildenden Künstler vollständig. Aber Reinhardts kraftvergeuderische, unmechanische Art zu arbeiten, sein Eifer, dem Werke selbst die Weise, in der es gebracht werden muß, abzulauschen, seine jugendliche Tatkraft, die eigentlich am liebsten für jedes einzelne Werk, das er in die Hand nimmt, eine ganz neue, diesem allein gemäße Art, Theater zu spielen,

„Faust II"

„Faust II"

„Julius Cäsar",Brutus Haus

entdecken möchte, macht das Zusammenarbeiten mit ihm für mich zu einem aufregenden, leidenschaftlichen Vergnügen, das ich sonst, und zwar in noch erhöhtem Maße, einzig im Arbeiten unter Gustav Mahlers Leitung empfunden habe.
Demgegenüber bedeutet es mir wirklich wenig, ob der einzelne Versuch besser oder schlechter gelingt. Wir alle miteinander können ja heute unsere ganze Art, Theater zu spielen, nicht ausstehen. Aber nur die Entwicklung kann uns zu einer anderen verhelfen. Jetzt haben wir einmal angefangen, uns um Inszenierung und Ausstattung zu kümmern, jetzt müssen wir über den Berg hinüber. Umkehr ist bloß Verzögerung, einfacher Verzicht keine Lösung. Reinhardts Verdienst ist es, durch seine rastlose Arbeit, durch seine redlichen Versuche den Gang dieser unvermeidlichen Entwicklung beschleunigt und so die Möglichkeit einer neuen Gestaltung der Bühne nähergerückt zu haben.
Und was läßt sich besseres tun, heute, wo der Spielplan von den Werken vieler Jahrhunderte, von Werken, die unter den verschiedenartigsten Voraussetzungen entstanden sind, beherrscht wird, und wo die neu entstehenden dramatischen Werke selbst keine eigenen, gemeinsamen szenischen Voraussetzungen haben!
Wird uns wieder einmal eine starke, einheitliche zeitgenössische Produktion zuteil, dann, aber erst dann werden wir auch eine selbständige Art, die Werke der Vergangenheit auf die Bühne zu stellen, besitzen.

Sophokles „König Ödipus“, Zirkus Schumann 1910

Arthur Kahane

Edvard Munch und Gustav Knina

Es kam nicht alle Tage vor, daß Harald Harfagr unter den Direktionsmitgliedern und den Schauspielern des Deutschen Theaters auftauchte. „Skaal!" sagte mein Kollege Felix Hollaender, aber auch das genügte noch nicht, um alle Unterschiede völlig zu verwischen.
Unser Wikingerkönig, Harald Harfagr gleich an Wuchs, an Blitz des Auges, an kühnem Schnitt des Gesichts, an Wesen und stolzer, einsamer Haltung, hieß eigentlich Edvard Munch. Und wenn einst der letzte Skalde von jenem sagenhaften Norweger nicht mehr zu singen und zu sagen wissen wird, der Glanz des Namens Edvard Munch wird den Ruhm seines Vaterlandes über die Länder und durch die Jahrhunderte tragen.
Es gab damals schon einige unter uns, die wußten, welcher König in unserer Mitte wandelte. Aber es waren nur wenige. Die anderen lächelten über sein einsilbiges Sonderlingsgebaren oder lachten gar, wenn sie seine Bilder sahen. Diese Bilder, die ein so einzigartig zu ihm gehöriger Ausdruck seiner einzigartigen Persönlichkeit waren, daß sie sich in keiner der damals herrschenden Schulen und Kategorien unterbringen ließen.
Es ist nicht zu schildern, welche unbegreifliche Wut diese Bilder erregten. Ich möchte ein Beispiel für viele erzählen. Damals lebte noch, von allen geliebt, ein kleines, schlichtes und stilles Männchen am Deutschen Theater, Gustav Knina mit Namen, ein zartes und unscheinbares Kerlchen, putzig anzuschauen, aus tausend genialen und tausend schnurrigen Zügen wunderlich gemischt, wie aus einem E. Th. A. Hoffmannschen Märchen in diese aufgeregte Theatergegenwart hineingeweht, ein Tausendkünstler und Zauberer, ein Bastler und Tüftler, der alles probierte und alles verstand, mit Zauberfingern, die alles konnten, und des übrigen eine Seele von Mensch, das reinste, sauberste, harmloseste und selbstloseste Kindergemüt. Er war ursprünglich Elektrotechniker gewesen, hatte sich aber in alle Materien des theatertechnischen Betriebes hineingearbeitet und war schließlich so unentbehrlich geworden, daß ohne ihn keine Bühne und kein Büro eingerichtet, keine Dekoration und kein Interieur feriggestellt wurde, wenn auch sein Name immer bescheiden im Winkel der Anonymität blieb. Er war voll von Einfällen und Erfindungen, die allerdings nie rechtzeitig fertig wurden, was ihn nur wenig genierte: der einzige, der ruhig blieb, wenn's noch so toll um ihn herging, ließ er sich vom rasenden Theatertempo nicht anstecken und nicht mitreißen, sondern schien es kühl und gelassen zu ignorieren, als wäre er völlig gleichgültig und abgestumpft dagegen. Schließlich hat's ihn doch aufgefressen.
Und dieser stille und schüchterne Mensch wurde förmlich rabiat, wenn die Rede auf Munchs Bilder kam. Vor der elementaren Kraft dieser Kunst versagte der sonst so feine, sichere, ja untrügliche Geschmack, zu dem er sich allmählich gebracht hatte. Er hielt uns, die wir an Munch glaubten, für betrogene Selbstbetrüger. „Wenn das Kunst sein soll, dann bin ich auch ein Künstler," spottete er; „so viel kann ich auch!" Und dann kritzelte er schnell etwas hin, was ja auch ganz nett war, aber Munch war es doch nicht, darin täuschte sich unser lieber Knina.
Der Zufall aber wollte, daß die beiden fortwährend gemeinsam zu arbeiten hatten. Sie bildeten zusammen ein drolliges Gespann, der nordische Riese und das fast gnomenhaft kleine Männchen, und sie vertrugen sich auch in ihrer wortkargen Sachlichkeit ganz gut miteinander, ohne daß einer eine Ahnung zu haben brauchte, was in dem andern vorging. Ja, Munch schien den unermüdlichen Helfer mit den lebhaften Äuglein, dem schweigsamen Mund und den geschickten Händen geradezu liebgewonnen zu haben.
Mir ging es merkwürdig mit Munch. Es ist eine alte Gewohnheit von mir, der ich immer wieder unterliege, daß ich bei gewissen Malern, die ich liebe, unwillkürlich an gewisse Dichter, die ich liebe, denken muß, und umgekehrt; und es kommt vor, daß sich beide Gestalten in meinem Gefühl fast bis zur Identität mischen, so unlösbar miteinander verbinden, daß sie mir zu einer werden. So kann ich mir nie van Gogh vorstellen, ohne daß sich mir das Bild Verlaines aufdrängt: der arme Vincent, der arme Lelian bedeuten mir eine Not und ein Schicksal, eine Frömmigkeit und eine Demut. So ging es mir auch mit Munch und Knut Hamsun. Ich war mit den Büchern Hamsuns, in dem ich den größten Dichter unserer Zeit sah und sehe, seit langem vertraut, und darum wurde ich es sofort mit den Bildern Munchs, war sofort in seinem Werke heimisch. Die wunderbare Seelenwanderung der gleichzeitig Lebenden, wie begriff ich sie bei diesen beiden! War es nicht die gleiche leidenschaftliche Durchdringung der geliebten Wirklichkeit bis auf den letzten Grund ihrer Seele und das gleiche sie in Phantastik Auflösen-müssen durch den gleichen Zwang einer fast schmerzlichen Schamhaftigkeit des Gefühls? Das sich um Gottes willen nicht in seiner Nacktheit überraschen lassen konnte und für das die Flucht in seine notwendige Form tiefstes Gebot der Seele bedeutete. Wo gab es noch eine Kunst als bei diesen beiden, die so hautlos persönlichkeitnah und zugleich in ihrer Form so selbstverständliche, organisch gewachsene Notwendigkeit war?
Und natürlich sah ich den ganzen Menschen in seinem täglichen Gehaben unwillkürlich genau so, wie ich seine Kunst sah.

Ibsen „Gespenster", Oswald, Pastor Manders, Frau Alving und Tischler Engstrand, 1906

„Gespenster", Oswald, Frau Alving, Pastor Manders, Tischler Engstrand und Regine

„Gespenster", Oswald, Regine und Frau Alving

Interieur für „Gespenster"

Eigentlich hätte ich vorher erzählen müssen, wie Munch zu Reinhardt und ans Deutsche Theater kam. Aber es ist lange her, und ich kann mich nur noch an die Hauptsachen erinnern. Das Haus der Kammerspiele war eben fertiggestellt, in nächtelangen Unterredungen die noch schwierigere Bildung des Namens endlich vollzogen, dem damals noch kein Mensch voraussagte, wie bald er sich dem Bestande des deutschen Sprachschatzes einbürgern würde, und man stand vor der feierlichen Eröffnung. Als Eröffnungsstück hatte man nach sorgfältiger Überlegung Ibsens „Gespenster"-Drama gewählt, das mit seiner psychischen Konzentration im Gegeneinander seiner fünf Figuren die beste Gelegenheit zu schauspielerischer Kammermusik, zu einem Quintett fünf erlesener Instrumente bot. Die Besetzung stand fest: die Sorma, Moissi, die Höflich, Reinhardt und Kayßler. Der Maler fehlte: nach Reinhardts Prinzip, für jedes Stück nicht bloß den besten, sondern den einzig möglichen zu finden, kam nur Edvard Munch in Frage. Es war schwer, den Eigensinnigen zu gewinnen; es gelang schließlich durch die Möglichkeit, der kein Malergemüt widerstehen könnte, ihm einen Raum in den Kammerspielen, den Festsaal im ersten Stock, zur Ausmalung nach Herzenslust zu überlassen. So entstand, als herrliches Nebenprodukt jenes „Gespenster"-Auftrags, die Bilderreihe, die später unter dem Namen „Reinhardt-Fries" berühmt wurde. Für die „Gespenster"-Aufführung machte er nicht, wie die anderen Maler, Dekorationsentwürfe und Figurinen, sondern malte zwei oder drei Bilder, die Situationen des Stückes darstellten. Aber ich habe Reinhardt hundertmal versichern hören, daß er von keinem Maler so starke und befruchtende Stimmungsanregungen empfangen habe, wie von diesen Munchschen Bildern. Und es gelang Reinhardt in jener denkwürdigen Aufführung lückenlos, die unbeschreiblich eindringliche Haltung und Stimmung der Malervision in die Wirklichkeit der Bühne umzusetzen.

Übrigens hat Munch auch später noch einmal für eine Ibsen-Aufführung der „Kammerspiele" den dekorativen Teil übernommen: für eine „Hedda Gabler"-Inszenierung, bei der Hermann Bahr Regie führte. Ich erinnere mich, daß Munch damals unter anderem für die Tochter des Generals Gabler sehr wirksam und richtig ein Interieur aus wundervollen alten echten norwegischen Bauernmöbeln zusammenstellte, die er selbst in Norwegen für uns aussuchte und aufkaufte. Als sie in Berlin ankamen, stellte sich allerdings heraus, daß die echten alten norwegischen Bauernmöbel eine verdammte Ähnlichkeit mit vielem hatten, was damals in Deutschland unter dem Namen Jugendstil grassierte. Und da man nicht annehmen konnte, daß die Altvorderen uralter norwegischer Bauerngeschlechter die Formen und die Farben ihres Hausrats in München gestohlen haben, wird's wohl umgekehrt gewesen sein, was der Völkerkunde zu denken geben sollte. Immerhin, als Munch die letzte Hand ans Werk legte, standen die Dinge prächtig im Raume, und Frau Hedda Tesman war um ihre Diele zu beneiden.

Kehren wir aber zu den „Gespenstern" zurück.

So war also Edvard Munch täglich im Deutschen Theater, lebte mitten unter uns, arbeitete des Tags und trank des Nachts und malte abwechselnd an den „Gespenster"-Bildern und an seinem Zyklus. Manchmal saß er auch lange, lange ganz still und unbeweglich in meinem Büro da, ganz ernst, sprach fast nichts und mit niemandem, schien nichts zu sehen und zu hören, was um ihn geschah, schien tief in sich versunken und nichts rührte sich in seinem Gesicht: was ging hinter diesen ehernen Zügen vor? Was arbeitete hinter dieser seltsamen, ehernen Stirn? Und dann genügte ein kleiner Anlaß, und er wachte auf und wurde ganz hell und lachte: ein einfaches, heiteres Kinderlachen, mit den Augen, mit den Mundwinkeln, übers ganze Gesicht. Sein Wesen war immer gleichmäßig freundlich und doch irgendwie zugeknöpft, nordisch steif, verschlossen und undurchsichtig. Er blieb der fremde Mann, blieb uns das Rätsel. Er hatte etwas vom Kinde und vom Wilden, eine fast animalische Primitivität; eine parzivalhafte Unschuld. Und dann wieder diese ungeheure Kompliziertheit, dieses Wissen um tiefste Geheimnisse. Man brauchte nur die Bilder zu sehen: wo gab es noch einen, der so ganz Mann war, das Weib zu erleben und am Weibe zu leiden? Er war manchmal von einem lächerlichen Eigensinn, schaute nicht, hörte nicht nach rechts noch links, blieb ungerührt, unbeirrt von Lob und Tadel; aber hinter diesem Eigensinn steckte ein titanisch eiserner, sich seines Weges somnambul bewußter Wille. Und ein Wille zur Freiheit, der alle Grenzen der Gesellschaft zu sprengen schien, wie er nur in einer letzten wirklichen Einsamkeit hatte geboren werden und wachsen können.

Dieser Munch war schon ein seltsamer erratischer Block im Strudel des Theaterbetriebs.

Wir feierten den Triumph der „Gespenster"-Aufführung in größerer Gesellschaft bei Borchardt. Ich saß am unteren Ende der Tafel zwischen Munch und Gordon Craig, dem englischen Maler, Theaterreformator und damals noch jungen Sohne der Ellen Terry. Auch er ein blonder, schlanker Hüne vom Siegfriedtyp. Da Munch nicht englisch sprach oder sprechen wollte, Craig natürlich von Norwegisch noch viel weniger Ahnung hatte, vollzog sich die ein wenig stotternde Unterhaltung auf dem Rücken der geduldigen deutschen Sprache. Es war ein köstliches Deutsch, das mir zu hören vergönnt war. Gordon Craig ließ sich aber durch die fremde Sprache nicht behindern, in seiner immer ein wenig aggressiven und britisch weltbeherrschenden Weise zu bemerken: „Ich habe gesehen in Stockholm eine Ausstellung von Ihre besten Maler. Alle Bilder, die ich habe gesehen von Ihre besten Maler, waren sehr schlecht. Die besten Bilder von diese schlechten Bilder waren von Strindberg." Worauf Munch lakonisch erwiderte: „Das freut mich. Denn wenn Strindberg ist unser bester Maler, dann werde ich sein unser bester Dichter."

Die Landschaft

Skizze zu „Gespenster"

„Gespenster", Oswald und Frau Alving

Eduard Munch

Max Reinhardt an Eduard Munch

Anmerkungen für das Gespenster Interieur:

Ein hoher, im Grundton ernst gehaltener Repräsentationsraum eines altmodischen, norwegischen Hauses, das außerhalb der Stadt liegt. Eine Art Halle, die den Centralraum des Hauses darstellt und zugleich Wohnzimmer, in dem sich Frau Alving am meisten aufhält. Es wird somit etwas durchaus Ernstes, einfaches, fast asketisches haben müssen, zugleich aber etwas von der roheren Genußgier und Brutalität des verstorbenen Kammerherrn verraten, also keineswegs durchaus geschmackvoll sein dürfen.

Gleichzeitig muß dieser Raum Geheimnisse haben, dunkle Winkel und Ecken mit merkwürdigen altmodischen Möbeln, die in der Dunkelheit zum Beispiel unheimlich zu wirken vermögen. Das Zimmer könnte vielleicht bis zur halben Höhe eine Täfelung und darüber eine nicht helle, verblichene Tapete haben. (Eine Skizze davon wäre sehr erwünscht.) Das Blumenzimmer (rückwärts) ist heller und das Treppenhaus, soweit man es durch die Thüre links sieht, ebenfalls lebhafter und speziell an den Kammerherrn und Kapitän Alving erinnernd. Als Farbe der Stuhlüberzüge und Vorhänge (etwa Plüsch) käme vielleicht ein dunkles, etwas abgenütztes Violett in Betracht. Der altmodisch gezeichnete Parkettfußboden ist zum Teil nur (etwa unter'm Mitteltisch und links am Fenster) mit Teppichen belegt. Links am Fenster, vor der Thüre zur Treppe, steht ein großer Lehnstuhl oder ein kleines Sopha; davor ein Nähtisch. Dies ist speziell der Platz der Frau Alving, auch der Platz, wo Osvald zum Schluß wahnsinnig wird. Am Lehnstuhl eine kleine Fußbank. Zur Treppe, die seitlich Licht erhält, eine Flügelthüre, deren einer Flügel stets geschlossen bleibt. In der Mitte des Zimmers ein runder, dunkler und schwerer Familientisch und ringsherum Stühle. Rechts zwei Thüren, von denen eine, die vordere, ins Speisezimmer, die rückwärtige auf den Corridor führt. Zwischen den beiden Thüren ein Kamin auf dem zwei alte Kandelaber und dazwischen eine altmodische Standuhr stehen. Vor dem Kamin zwei Fauteuils. An der linken Seitenwand, die das Treppenhaus gegen die Stube abschließt, ein hoher Schrank und streng stehende, hochlehnige Stühle. Rückwärts führen etwa zwei Stufen in das höher gelegene Blumenzimmer, dessen rückwärtige Wand ganz aus von oben bis unten reichenden Glasfenstern besteht und eine Aussicht auf die Landschaft ermöglicht. Diese durch die rückwärtigen Fenster sichtbare Landschaft ist gewissermaßen die Seele des Raumes, die sich entsprechend verändert und die Stimmung innen wesentlich beeinflußt. Die Decke ist wohl als dunkle Holzbalkendecke zu denken. Zwischen Landschaft und Zimmer könnten Nebelschleier hängen, die sich entsprechend verdichten oder verflüchtigen mögen.

I. Akt: Trübes, graues Regenwetter, draußen heller als innen. Hauptbeleuchtung vom Fenster links. Scheiben: naß, trüb angelaufen. Feuchte fahle Regenatmosphäre. Variationen durch Beleuchtung. Vormittag.

II. Akt: Langsame Dämmerung. Zunehmende, schwere Schatten. Anfangs heller, später immer dunkler, bis es draußen schwarz wird. Innen gegen Schluß Stehlampe, die einen Teil des Zimmers speziell den Tisch hell erleuchtet, die Winkel des Zimmers gespenstisch dunkel läßt. Zum Schluß ein leichter roter Feuerschein hinter den Fenstern. Nachmittag – abends.

III. Akt: Nacht. Lampe. Später ganz langsam: leiser Lichtschimmer, der gegen Schluß stark zunimmt und mit der brennenden Lampe ein merkwürdiges, unheilvolles Zwielicht bildet. Am gänzlichen Schluß, volles, kaltes, trostloses Sonnenlicht von rückwärts, durch das das Stück mit einem grandiosen Schlußsatz wie eine Symphonie endet. Nacht – früher Morgen.

Es wäre zunächst dringend wichtig und sehr wertvoll eine Interieur-Skizze ohne besondere Beleuchtungsstimmung und Skizzen für die wichtigsten Möbel, für das Tapetenmuster, die Holztäfelung und die Fenster zu erhalten und zwar möglichst sofort, ebenso Farben für Vorhänge, Tischdecken und Möbelstoffe, für Holz u. Tapete.

Die einzelnen Stimmungsskizzen und Veränderungen in der Beleuchtung haben später Zeit, etwa im September (Mitte),

„Gespenster", Oswalds Zusammenbruch, Museum Oslo

während wir bereits probieren und werden dann die künstlerische Arbeit sehr wertvoll beeinflussen. Auch die Landschaft später. Die vorgenannten Detailskizzen jedoch sind, der sehr drängenden Bestellungen wegen, möglichst bald, unbedingt nötig, weil die Ausführung der Bestellungen viel Zeit in Anspruch nimmt, die Gespenster aber die Eröffnungsvorstellung des neuen Theaters ist.

Das Interieur bei Ibsen ist bis jetzt unbeschreiblich vernachlässigt und mißhandelt worden. Ich bin aber der Meinung, daß es einen wesentlichen Teil von dem Vielen ausmacht, was bei Ibsen zwischen und hinter den Worten steht und die Handlung nicht nur umrahmt sondern symbolisiert.

Ich glaube fest daran, daß wir gerade mit Ihrer Hülfe Menschen und Scenerie so aufeinander abstimmen und so von einander abheben können, daß wir dadurch noch unerschlossene Tiefen dieses grandiosen Werkes erhellen und im Ganzen eine beachtenswerte Arbeit leisten werden.

Bisher hat die deutsche Bühne eine mehr oder weniger gelungene klinische Irrsinnsstudie in das grelle Rampenlicht gerückt und alles andere im Schatten wirken lassen.

Das Umgekehrte ist meiner Meinung nach das Rechte.

Mit besten Grüßen, verehrungsvoll
Max Reinhardt

„Gespenster", Oswald im Sofa

Ibsen „Hedda Gabler" 1907, Museum Oslo

Sommernacht,
Nationalgalerie Berlin

Der Lebensfries für Max Reinhardt Kammerspiele,
12 Gemälde, sämtlich Tempera auf ungrundierter Leinwand

Aasgaardstrana,
Nationalgalerie Berlin

Benno Fleischmann

Musik bei Reinhardt

Engelbert Humperdinck 1920

Reinhardt hatte, zuerst in Engelbert Humperdinck, später in Einar Nilson, ständige musikalische Mitarbeiter. Zwischen und neben ihnen wirkten andere, wie etwa Mischa Spoliansky, Bernhard Paumgartner, Felix Weingartner. Die Musik war in diesem Theater keine Geräuschkulisse, sondern sie mußte in allem mitschwingen, was auf der Bühne war. Des Künstlers enges Verhältnis zu ihr geht schon aus der „Rosenkavalier"- und „Ariadne"-Inszenierung hervor. Doch dürfte er in sich nur bedingt den Opernregisseur verspürt haben. Wagners Oper war ihm sicherlich ferneliegend. Anders verhielt es sich wohl bei Mozart und Richard Strauss – den Schöpfern musikalischer Komödien.

Im gesprochenen Drama jedoch durfte die Musik nur in das Ganze verwoben hörbar werden. Mendelssohns „Sommernachtstraum"-Musik wurde – wir sprachen davon – in Motive zerteilt, die die Funktion psychologisch deutender Untermalungen hatten. Die Musik im Drama ist die harmonische Vorstufe zum Geräusch, und sie wird ebenso in notwendige Beziehung zum Drama gebracht. Sie ist also nicht Stimmungswert, sondern szenischer Wert, der aufzuklären und, allem anderen parallel, mitzuwirken hat.

Reinhardt wirkte auch darin umwälzend, daß er die Geräusche und die Musik nicht naturalistisch oder selbständig wirken ließ; sie hatte nicht (als Programmusik) etwas vorzustellen, etwas zu bedeuten, sondern ihre Aufgabe lag im Kontrapunktischen, im Steigernden, wobei ihr der abstrakte Charakter belassen wurde. Ein tiefer Orgelton etwa oder ein dumpfer Paukenwirbel wurde in diesem Sinne einer Volksszene unterlegt und einverleibt. Ein bestimmtes Geräusch oder ein Motiv kehrte obstinat wieder. Es hatte unter Umständen die gleiche Bedeutung wie das Aufflammen eines Lichtes oder der Strahl eines Scheinwerfers.

So hatte es eine Aufgabe erhalten, die nicht mehr beiläufig dekorativ oder ornamental („zerstreuend") war, sondern die es in die Harmonie des Ganzen verwob. Eine „Zwischenaktmusik", wie sie früher üblich war – also eine in ihrem Repertoire etwa vom „Nachtlager in Granada" bis zur „Stummen von Portici" reichende –, war unter diesen Umständen völlig unvorstellbar. Daß Strindberg in seinen Dramen ganz bestimmte Musikstücke für die Verwandlungspausen vor-

Einar Nilson

schreibt, denen er eine deutende, aufhellende und klärende Funktion zuerkennt, bedenken wir bei dieser Gelegenheit und finden dies innerhalb der theatralischen Gesamtheit sehr wesentlich.

Einar Nilson

Musik bei Reinhardt

Das Zusammenarbeiten mit Reinhardt ist für den Musiker deshalb so interessant, weil sich für ihn im Probenablauf immer neue Ausblicke eröffnen. Man spürt bei der Arbeit mit diesem Regisseur, wie nahe er dem Wesen der Musik steht, die er in einem Umfange wie vor ihm kein anderer in den Dienst des Theaters gestellt hat. Aber nicht nur im Quantitativen zeigt sich seine Neigung für diese Einzelkunst im Rahmen des Gesamttheaters, man hat manchmal durchaus das Gefühl, daß Reinhardt Letztes, Unaussprechliches auf der Bühne nur glaubt, durch Musik deutlich machen zu können.

Wie sehr er die Musik als zum Werk gehörig betrachtet, wie ganz er sie in seine Schöpfung einzubeziehen sucht, zeigt schon eine äußere Anordnung: die wechselnde Platzierung des Orchesters. Bei Raimund, bei Nestroy, überhaupt bei allen Possen und Volksstücken sollen Dirigent und Musiker mit ihren Instumenten und Lampen sichtbar für das Publikum ihren Platz vor der Bühne haben, im „Sommernachtstraum" ertönt die Musik unsichtbar von unten her und alles scheint auf diesem Untergrunde zu ruhen, aus ihm gewachsen zu sein, in „Viel Lärm um Nichts" klingt sie aus den Büschen und Hekken auf der Bühne selbst. Zumal bei Shakespeare mit seinen unzähligen musikalischen Beziehungen und Anspielungen liebt es Reinhardt, die – kostümierten – Musiker unmittelbar auf die Bühne zu stellen und diese kleinen Orchester spielen dann auch stets selber und markieren nicht etwa bloß auf ihren Instrumenten für eine verborgen aufgestellte Musik. Und bei Molière läßt er mit Vorliebe die im Stil der Zeit gekleideten, von kostümierten Dienern begleiteten Musikanten aus dem Vorhang treten und sich vor der Bühne um ein altes Spinett gruppieren.

Reinhardt gebraucht aber die Musik nicht nur für den Zweck der Begleitung, sondern auch für den nicht minder wichtigen der Bindung. Mit ihr füllt er dunkle Verwandlungspausen und übertönt das Rollen der Drehscheibe. Für wie wichtig er das musikalische Element hält, zeigt unter anderem die Tatsache, daß ihm große Orchester und Riesenchöre nicht für alle Zwecke ausreichend erschienen und er deshalb im Deutschen Theater sogar eine vollständige Orgel einbauen ließ.

Reinhardt legt schon bei der Ausarbeitung seines Regiebuches alles Wesentliche für die Musik fest, hier finden sich Winke für den Komponisten, die an Genauigkeit nichts zu wünschen übrig lassen und über Stimmung, Dauer, Tonstärke und Zusammensetzung Auskunft geben. So erreicht er es, daß Stimmung und Umfang der Musik immer seinen Regieabsichten entsprechen und das Wesen des Werkes, wie er es empfindet und durch seine Inszenierung zum Ausdruck bringt, widerspiegeln. Erinnert sei nur an Humperdincks zarte Begleitung des Liebesspiels in „Was Ihr wollt", an Leo Blechs Jahrmarktsmusik zur „Widerspenstigen", an die barbarischen Urklänge beim Erscheinen des Königs im „Lear".

Oft läßt Reinhardt sein Stilgefühl in solchen Fällen auf alte Musik zurückgreifen oder er stellt einem Komponisten die Aufgabe, Musik in irgend einem Zeitstil zu schreiben. Beispiele für die erste Methode sind die Verwendung altfranzösischer Melodien bei Molière und beim Ballett (Rameau und Lully) und das Einflechten alter walisischer Tänze in „Heinrich IV.", dessen Schenkenszene sie mit warmem und behaglichem Leben erfüllen. Die zweite Art wurde in „Jedermann" durch eine Musik, die mittelalterlichen Weisen angenähert war, erprobt. Noch wichtigere Aufgaben als Untermalung,

Begleitung, Verbindung, werden manchmal der Musik bei Reinhardt gestellt, wenn sie – wie in der „Komödie der Irrungen" – dem ganzen Spiel den Rhythmus anzugeben hat. Hier muß aber wenigstens kurz der Ballett- und Pantomimenmusik gedacht werden, die gleich im Hinblick auf die Handlung geschaffen wird, sich völlig mit ihr verwächst und dann wiederum jeder schauspielerischen Bewegung als Grundlage dient.
Im Reinhardtschen Inszenierungswerk hat aber die Musik auch an Stellen, an denen sie weniger deutlich hervortritt, wichtige Funktionen zu übernehmen. So unterstützt Chopins Impromptu Cis-Moll, das, auf dem Klavier gespielt, aus dem Windtoben herausklingt, sehr stark die Spukstimmung in Strindbergs „Scheiterhaufen"; so gibt die diskrete Musik, die in der Sternheimschen Bearbeitung des „Geizigen" zur Toilette des jungen Lebemanns Cleant ertönt, dem pantomimischen Vorgang nicht nur mehr Fülle, sondern sie verleiht auch ganz von selbst allen Bewegungen der aufwartenden Dienerschaft einen stärkeren Rhythmus; so malt das leise ferne Spiel von Streichern, untermischt mit Singen und unterdrücktem Jauchzen (das auf der Bühne in Grazianos lustigem Trällern und Pfeifen eine Fortsetzung findet) im „Kaufmann von Venedig" das Karnevalstreiben in den Gassen und Kanälen aufs glücklichste.
Damit betreten wir aber bereits ein Gebiet, auf dem Reinhardt durchaus als Reformator gewirkt hat – das große Gebiet der Geräusche auf dem Theater. Keiner vor ihm ahnte auch nur, welche Bedeutung dem Geräusch als Stimmungsfaktor auf der Bühne zukommt. Diese Geräusche, die Reinhardt gleich bei der Lektüre des Stückes in seinem Inneren hört, und die später in der Realität oft mit schwerer Mühe nachgeschaffen und technisch ausgearbeitet werden müssen, komponiert er mit ihrem Anschwellen, Wiederzerfließen, sich zum Höhepunkt-Sammeln, Langsamverhallen, etwa wie man eine Symphonie schreibt. Sie stehen entweder allein, wie in „Macbeth", wo uns ein dunkles – von der Orgel ausgehendes – Grollen, in das sich schauerlich der Käuzchenschrei mischt, die Stimmung der Mordnacht nahebringt, oder sie sind mit anderen Darstellungsmitteln verbunden. So werden große Volksszenen in ihrer Wirkung oft dadurch gesteigert, daß mehrere zu gleicher Zeit angespielte tiefe Orgeltöne, die wenige Schwingungen haben, ausgehalten werden; dies gibt, besonders wenn es durch Wirbel tiefgestimmter Pauken unterstützt wird, ein langgezogenes donnerähnliches Geräusch, das von der Volksmasse auf der Szene selber auszugehen scheint.
Besonders in der Arena, deren gewaltige Dimensionen in jeder Weise gefüllt zu werden verlangen, verwendet Reinhardt das musikalische Geräusch im stärksten Ausmaße. So wird in den durch Gongschläge, Posaunenstöße und Glockenklänge eingeleiteten Aufführungen der „Orestie", des „König Ödipus", des „Jedermann" und des „Mirakel", soweit sie nicht von reiner Musik begleitet werden, die Stimmung durch Geräusche nachdrücklich unterstützt, die ein ganzes reichbesetztes Orchester von Schlaginstrumenten (Pauke, Becken, Triangel), gestopften Hörnern, Bässen und Harmonium hervorzubringen hat. –
Ein besonderes Gebiet musikalischer Gestaltung bei Reinhardt bilden die Sprechchöre, die er – man denke besonders an die „Braut von Messina", an „Ödipus und die Sphinx" und wiederum an „König Ödipus" und an die „Orestie" – ungefähr wie ein Komponist ausarbeitet. Er schreibt sozusagen eine Partitur. Die Chöre werden in Gruppen eingeteilt, die mit den Gesangstimmen in einem mehrstimmigen Chorwerk zu vergleichen sind. Ein Satz des Chortextes wird an verschiedenen Stellen durch Wegnahme von Worten für eine später beginnende Gruppe abgekürzt, und so fort durch mehrere Stufungen, um die Sprechenden dann im geeigneten Moment mit voller Kraft unisono einsetzen lassen zu können. Das alles geschieht nicht willkürlich, sondern ist in seinem Stärkegrade und in seiner Tonhöhe genau abgestimmt. Untermalt wird diese „gesprochene Partitur" noch durch den Klang verschiedener Instrumente, in der Hauptsache durch gebrochene Akkorde auf Harfen, ausgehaltene Akkorde auf Streichinstrumenten, das oben erwähnte Orgelgeräusch und das Dröhnen von Schlaginstrumenten, die, was ihre Mischung anbetrifft, ähnlich wie die Sprechchöre, welche sie begleiten sollen, behandelt werden. All dies entspricht zwar vielleicht nicht immer den exakten Gesetzen musikalischer Struktur und kann es nach Lage der Dinge auch gar nicht tun; aber ausschlaggebend bei diesem Schaffen Reinhardts bleibt, daß es stets aus dem inneren Wesen der Musik gewachsen ist.

Oscar Bie

Musikalisches

Diese Zeilen sollen nichts sein als eine Erinnerung an Eindrücke, die sich nicht immer bestimmt fassen lassen. Ich weiß, daß ich von den Reinhardtschen Vorstellungen stets eine Art musikalischen Eindruck nach Hause trug. Ich sagte mir oft: ich habe eine versteckte Oper genossen und dieser Mann wäre der Rechte, unsere Oper in eine fruchtbare Regie zu bringen. Er würde nicht die Musik zwingen, der Logik des Textes sich zu fügen, sondern das Schauspiel, der Stimmung der Oper nachzugeben.
Eine heimliche Musik liegt in seiner ganzen Kunst, die Szene auf ihr Milieu zu projizieren und die Funktionen ihres Orga-

Richard Strauss um 1906

nismus sinnfällig herauszuholen. Rhythmus kommt so hinein und der Klang singender Atmosphäre. Man könnte von der Symphonie der „Räuber" sprechen und von der Kontrapunktik der Paarszenen im „Sommernachtstraum", doch sind dies schwer zu lehrende Dinge und ich will in das eigentliche Reich des Musikalischen eintreten.
Wenn auch langsam. Es ist eine Stufenleiter von Naturlauten zu Kunstlauten. Es beginnt dort, wo jenes allgemeine musikalische Leben in eine besondere Akustik eintritt, wo es hörbar betont wird, so wie die Orgel Register besitzt, die die von selbst mitklingenden Obertöne physisch verstärken, um in der rechten Mischung den Zauber des Tones und seinen mystischen Glanz künstlich zu erhöhen.
Die Formung der Naturlaute gibt einen akustischen Horizont. Ich meine nicht das Donnern, den Wind oder das Zwitschern der Vögel, die gewohnterweise tragische und idyllische Szenen begleiten, sondern die Stilisierung der Geräusche, die die Kultur als eine Art onomatopoetischer Stimmen aus sich hervorbringt. Dem feinen Ohre streicht ein Laut durch den Sonntag, ein anderer durch den Wochentag, durch Himmel und Hölle. Unwillkürlich spielen wir Instrumente, die von sozialer Akustik sind: ihre Töne und Takte klingen am Rande unserer Tätigkeit und bilden ein Spalier unserer individuellen Reize. Welcher Laut tönt um die Elfen im Sommernachtstraum oder im Walde von Windsor? Ich höre ein Zischen, das die graziöse Zunge zwischen den bübischen Zähnen vollbringt. Welcher Laut ertönt um die revolutionären Studenten, die in den böhmischen Wäldern von einer neuen Ordnung der Freiheit träumen: das Pfeifen, das wir mit spitzem Munde als Erreger der Aufmerksamkeit und Stachler der Leidenschaft hinaussenden. Welcher Laut umgibt die Teufel und Hexen der Faustischen Walpurgisnacht? Ein Heulen, das vielleicht aus einem unbewußten Gequältsein kommt, aber in dem dumpfen Bezirk dieser Wesen zum Motiv eines satanischen Triumphes wird. Ich habe diese und ähnliche Laute mit einer Präzision in den Aufführungen durchgearbeitet bemerkt, die von ihrer beabsichtigten, stimmunggebenden Wirkung zeugte. Indem ich sie jetzt nenne und analysiere, beraube ich sie ihrer augenblicklichen suggestiven Kraft.
Die menschliche Stimme selbst ist für diese Eindrücke von ihrem Naturlaut bis zum Gesang brauchbar. Das Murmeln der Massen gibt eine akustische Perspektive von unendlicher Weite. Es stilisiert sich in bestimmten Momenten feierlicher, zum dionysischen Schrei in der Lysistrata, zum Chorsprechen im Ödipus. Sobald das Wort dazutritt, ist der Rhythmus gegeben; sobald der Rhythmus gegeben ist, schwebt der Ton in der Luft. Es entsteht ein Sprechsingen, das von dem einen Ende dorthin strebt, wohin das Singsprechen vom andern strebt. Die perfekte Musik wird vermieden. Aber die imperfekte in allen ihren Möglichkeiten durchgebildet. Die hinteren Massen halten ihre Deklamation in dumpfen Harmonien, im Tone beinahe bestimmt; die vorderen legen darüber ihr Sprechen, das so musikalisch gebunden erscheint, ohne gesungen zu sein. Wie in der malerischen Landschaft, wird hier in dieser akustischen Landschaft ein Tonfarbenakkord zugrunde gelegt, auf dem sich das Individuelle abhebt; der soziale Masseninstinkt wird stilisiert, wie irgendein künstlerischer Faktor des Bühnenprodukts. Der Effekt ist wundervoll. Tritt zum Wort die Liedform hinzu, so ist der reinen Musik freier Lauf gegeben. Aber der natürliche Instinkt der Masse verleugnet sich auch dann nicht. Die „Räuber" singen ihre Lieder nicht ab, wie die Liedertafelchöre und Konzertgesangvereine, sondern sie lassen sie werden und wachsen, wie die ungeschulte Masse es verlangt – da fängt einer leise eine Strophe an, die anderen fallen ein, da brüllt das ganze Korps zusammen und läßt es wie in Fetzen in die Luft hinausfliegen. Es wird nicht gesungen, sondern der Gesang wird dargestellt. Das Lied wird erlebt. Das Crescendo ist eine Suggestion, das Piano eine Nachdenklichkeit. Das Schauspiel bleibt das Bestimmende, die Musik dient ihm als eines seiner vielen Mittel; die Wahrheit bleibt, solange kein Konzert entsteht.
Solange kein Konzert entsteht – ist auch die Richtschnur für die Instrumental- und Vokalmusik, die vom Komponisten zum Drama, bestellter- oder überlieferterweise, geschrieben ist. Mendelssohns edle und geschmackvolle Musik zum „Sommernachtstraum" bleibt als Muster, sie erfüllt ein aller-

dings stark musikbedürftiges Stück mit tanzenden Klängen. Weingartners Musik zum Faust wird in einigen Partien übernommen. D'Albert komponiert das Geigensolo zu Hofmannsthals „Tor und Tod". Schillings, Fried, Pfitzner werden herangezogen und oft kommt ihnen aus dieser Gelegenheit der Antrieb zu einer selbständigen Musik, die über die Ansprüche des Dramas und der Aufführung hinausgeht und ihnen als dauernder Besitz bleibt, wie besonders die Seiten, die Pfitzner zum „Käthchen von Heilbronn" schrieb. Es scheint mir, daß Humperdinck, der zum „Kaufmann von Venedig" und „Was ihr wollt" die Musik brachte, das Maß am ehesten einhielt. Fein gesponnene Melodien, die wie Seidenfäden in der Luft liegen, leicht bewegte, oft wiederholte Rhythmen, die sich wie unbewußte Taktstriche über die dichterischen Vorgänge spannen, keine aufdringliche Dynamik, ein weiches, durchsichtiges Kleid, das das Drama nicht verhüllt, sondern nur in der Bewegung an seinen akustisch tiefsten Stellen reflektiert, das ist sein Prinzip: es fügt sich organisch ein. Denn die Reinhardtsche Aufführung, seine Dekoration und Regie und das Konzert der Stimmen seiner Künstler, ein Melisandewald, eine Gretchenkirchenszene, die Sprache der Eysoldt, hat zu viel Musikalisches, um noch mehr Noten ertragen zu können. Sie würden die heimliche Musik aus dem Schatten locken, ihr den süß verschlossenen Mund öffnen. Sie würden sie verraten und das Wesen dieses Schauspiels in Gefahr bringen. Ihre Kunst bleibt die der Peripherie.

Hans Pfitzner um 1900

Dirigent Leo Blech

Kapitel 7

Geschäftsleitung und Gastspiele
Architekten und Theaterbauten

Max Epstein

Max Reinhardt, seine Helfer und sein Geschäftsbetrieb

Max Reinhardt hat das Glück, in seinem Bruder ein zweites Ich zu besitzen, das seine geschäftlichen Angelegenheiten erledigt. Freilich fragt man sich wohl manchmal, ob dieser Bruder wirklich ein zweites Ich ist, ob man Max Reinhardt wirklich alles das zur Last legen kann, was gegen die Leitung des Geschäftsbetriebes spricht. In diesem Teil ist nämlich mancherlei vorzubringen, was tiefe Schatten auf die Gesamtleistung wirft.

Max Reinhardts Geschäftsbetrieb ist nicht denkbar ohne Reinhardts Helfer. Es ist eine glückliche Gabe, für alles, was man nicht selbst zu tun braucht, und was man nicht tun kann, Helfer zu finden. Starke selbstherrliche Naturen haben wenig Talent dazu. Sie wollen keine Götter neben sich und dulden höchstens ein schmeichelndes Nepotentum. Max Reinhardt versteht es, sich mit einem Stab von Männern zu umgeben, die ihm die Wünsche von den Augen ablesen, wenn sein schweigsamer Mund sich nicht deutlich ausdrückt. Geschäft und Kunst fließen ineinander. Das schauspielerische Mitglied Maximilian Sladek, Edmund Reinhardt, Max Pallenberg und irgend ein technischer Beamter bilden für die Monate Juni, Juli, August ein Konsortium und spielen Stücke, die sich Max Reinhardt unter seinem Namen nicht zu geben traut. Zugleich hat man eine bequeme Methode, um Schauspieler für einige Monate zu beurlauben. Man engagiert für jedes Theater einen Star und läßt die übrige Vorstellung auf ein Niveau sinken, gegen das die ärgste Provinz zur Weltstadt wird, und das einem Fremden aus Wien ein Lächeln darüber entlockt, daß man Berlin eine Theaterstadt nennt. Dabei geht das Geschäft ausgezeichnet. Max Pallenberg bringt erst durch den Sommer aus seinem Vertrag mit dem Deutschen Theater die seiner Zugkraft entsprechende Einnahme herein, und Sladek genießt die Ehre, für einige Monate Direktor mindestens dreier Theater zu sein. Ein Beispiel dafür, wie die künstlerischen Berater auch zu geschäftlichen Helfern werden.

Die Helfer

Berthold Held, ein Jugendbekannter Reinhardts. Er war ein wenig bedeutender Schauspieler, hat sich aber unter Reinhardt zu einem brauchbaren Hilfsregisseur entwickelt, der die Befehle des Meisters, besonders in der Chorregie, wohl durchzuführen versteht. Er leitet jetzt die Schauspielschule und erweist sich darin nicht untüchtig. Er ist der erste von den vielen Geistern, die stets bejahen, was Reinhardt sagt. Er versucht dessen Willen zu erraten, geht vollständig in der Persönlichkeit des Meisters auf und ist darum für ihn wertvoll. Die Schauspielschule ist an sich eine wertlose Einrichtung. Man wird auf dieser Schule bestimmt kein Schauspieler. Die meisten besuchen sie wohl nur, weil sie glauben, von dort aus leichter ein Engagement, womöglich gar zu Reinhardt zu finden.

Als Max Reinhardt noch jung und unerfahren war, verkehrte er im Cafe Monopol. Dort versammelte sich ein Kreis von jüngeren Schauspielern und jungen Leuten, die sich fürs Theater interessierten. Darunter befand sich auch ein junger Wiener namens Arthur Kahane. Ihm war eigentlich bestimmt, als glücklicher Erbe durch die Welt zu gehen. Aber seine Freude am Kunstgenuß erschütterte die gesunde wirtschaftliche Basis. Er hatte guten Geschmack, Bildung und Liebe zum Theater und war in der Unterhaltung sehr amüsant. Reinhardt spürte in ihm ein brauchbares Werkzeug. Er ist eine Art artistischer Sekretär und arbeitet auch literarisch für Reinhardt.

Otmar Keindl war früher Direktionssekretär bei Bachur in Hamburg, nachdem er sich als Schauspieler versucht hatte. Er ist an erster Stelle im Büro tätig und verhandelt mit der Presse und den Mitgliedern. Er folgt blindlings den Anweisungen aus der höchsten Region und muß sich manches zur Last legen lassen, was die Leitung zu tragen hätte. Er ist der Minister, der für unverantwortliche Handlungen seines Souveräns die Verantwortung übernimmt.

Erich Reiß, Gründer und Besitzer eines Verlags, ist trotz seiner Langsamkeit und Schwächlichkeit ein energischer Verfechter des Reinhardtschen Gedankens. Es ist erstaunlich, wie Reinhardt die Menschen innerlich zu sich zieht und zu ergebenen Dienern macht. Kein Mensch würde in dem phlegmatischen Erich Reiß einen so unbedingten Anhänger des

Meisters vermuten, wie er ist. Er sollte eigentlich Holländer ersetzen, als dieser nach Frankfurt ging. Aber er hat sich als Holländer-Ersatz auch nach dessen Rückkehr für Reklame und Reklamationen bewährt. Da er als Verleger mannigfache Beziehungen zur Presse hat, so darf er Notizen verfassen und für ihre Unterbringung sorgen.

Ungemein wichtig für Reinhardts Arbeit sind die bildenden Künstler. Der wichtigste von ihnen ist der Maler Ernst Stern. Er beherrscht die Bühne und ist nicht nur ein Künstler, der zu erfinden und zu malen versteht, sondern er weiß auch mit den gegebenen Tatsachen und Räumen zu rechnen. Er war in München Zeichner des „Simplizissimus". Dann kam er zur Theatermalerei, fand Anschluß beim Münchner Künstlertheater, und hier lernte ihn Reinhardt kennen, der seine Begabung sofort erfaßte. Sicher ist, daß dieser Ernst Stern für Reinhardt sehr viel bedeutet. Er verläßt sich so sehr auf ihn, daß er, zum Beispiel, die Einstudierung des Balletts „Lillebills Hochzeitsreise", das er in der Spielzeit 1916/17 im Berliner Wintergarten vorführte, gar nicht selbst leitete, obwohl der Zettel ihn nannte. Aber man darf nicht so weit gehen, in Reinhardts Leistung nur die Arbeit Ernst Sterns zu sehen. Fälle, wo der künstlerische Beirat an die Stelle des eigentlichen Schöpfers gesetzt wurde, sind häufig. Die Welt ist stets geneigt, den Ruhm des Großen zu verkleinern. Sterns Bühnenbilder sind oft ausgezeichnete Arbeit, aber sie sind stets angeregt durch Ideen Max Reinhardts. Es ist ja Reinhardts Gabe, andre für sich denken zu lassen und sich das Beste herauszusuchen. Die Auswirkung dieser Gabe wird nur dann bedenklich, wenn Publikum und Presse nicht mehr den Unterschied zwischen Reinhardts Leistung und der seiner Ersatzmänner erkennen. Es ist während des Kriegs vorgekommen, daß Reinhardt lange Zeit in der Schweiz weilte und eine Reihe von Darbietungen unter seinem Namen präsentiert wurden, ohne daß die Menge das merkte.

Von technischen Helfern hat der Oberinspektor Rudolf Dworski die Aufgabe, das Unmögliche möglich zu machen. Für Reisen ist er besonders wichtig. Er muß versuchen, die zerfahrenen Verhältnisse in Ordnung zu bringen. Er ist ein Beispiel dafür, wie Kunst und Geschäft bei Reinhardt durcheinander geht. Im Kriege betätigt er sich durch Besorgung von allerhand Lieferungen. Er hat auch einen Film mit und für Pallenberg geliefert und ist mit Edmund Reinhardt stark liiert.

Der wichtigste Mann in Reinhardts Stab ist sein Unterstaatssekretär, der Dichter und Dramaturg Felix Hollaender. Der jetzt fünfzigjährige Hollaender ist ein Schriftsteller von Begabung. Seine Romane (Thomas Truck, Charlotte Ardutti, Die Selbstbiographie Unser Haus) gehen dann und wann auf die sensationelle Wirkung aus, aber man kann ihm wirklich poetisches Empfinden nicht absprechen. Er entstammt einer großen Familie von Künstlern und künstlerisch Interessierten. Sein Bruder ist der Operettenkomponist Viktor Hollaender, der die Musik zu „Sumurûn" geschrieben hat. Auch ein andrer Bruder, Professor Gustav Hollaender, der Direktor des Sternschen Konservatoriums, hatte reges Interesse für Reinhardts Theater, Hollaenders Neffe Victor Lehmann schrieb Artikel für die „Blätter des Deutschen Theaters" und war als Hilfskapellmeister tätig. Felix Hollaender, äußerlich klein und unbedeutend, dazu unstet und zerfahren, ist unschätzbar für Reinhardt. Als Regisseur nimmt er ihm einen großen Teil der Arbeit ab. Er berät Max Reinhardt in allen künstlerischen und Edmund in allen geschäftlichen Fragen. Oft wirkt er wie ein böser Geist. Seine Bekanntschaft mit Reinhardt stammt aus dem Cafe des Westens. Fürs Theater hatte er stets besonderes Interesse gezeigt. Er war auch eine Zeit Theaterkritiker der „Welt am Montag" gewesen, die er gegründet hatte. Mit seiner Spürnase witterte Reinhardt in dem nicht mehr ganz jungen Hollaender sofort eine Stütze für sich. Für Reinhardt war Hollaender von Anfang an unentbehrlich. Er und Kahane wiesen Reinhardt die literarische Richtung, die er einzuschlagen hatte, um Brahm wirksam Konkurrenz zu machen. Vielleicht hätte seine Entwicklung ohne Hollaender einen ganz anderen Weg genommen. Dieser hatte von Anfang an Reinhardt klar gemacht, daß man, um erfolgreich zu sein, eigentlich das Gegenteil von dem sein müsse, was Brahm war, nämlich nicht nüchtern einseitig, sondern prunkvoll, farbig und vielfältig. An die Stelle einiger großer Künstler müßten neue vielversprechende Darsteller unter einer vollkommnen Regie treten. Hollaender wies Reinhardt auf die Notwendigkeit hin, bildende Künstler für das Theater zu gewinnen. Auch hier half er sich selbst. Er hatte durch Freundschaft mit Paul Cassirer Beziehungen zu dessen Kreis und brachte nun Maler und Bildhauer herbei. Er nannte Reinhardt auch die Namen der Dramatiker, die man nach Überwindung von Ibsen, Halbe, Hauptmann und Hirschfeld ans Licht bringen müsse: Wilde, Shaw, Maeterlinck, Hofmannsthal, Wedekind. Er kannte Schauspieler und Schauspielerinnen, die entdeckt zu werden verdienten, und er war ein unermüdlicher Anbahner persönlicher Beziehungen für Reinhardt.

Die Mitglieder

Die Zahl der Mitglieder, die Reinhardt beschäftigt, wechselt unaufhörlich. Sie richtet sich nach dem Umfang seiner Gastspiele und nach der Zahl der Theater, die er in einer Spielzeit leitet. Zur Zeit sind ungefähr 166 Personen bei ihm fest angestellt:

3 Dramaturgen, 3 Kapellmeister, 1 Vorstand des Ausstattungswesens, 29 für Büro, Inspektion und Kasse, 7 technische Vorstände, 4 Theaterärzte, 1 Rechtsanwalt, 2 Direktionsstellvertreter, 63 männliche Mitglieder, 35 weibliche Mitglieder, 18 technisches Personal.

Auch hier wieder sieht man, daß selbst der größte Theaterbetrieb, volkswirtschaftlich gesehen, nur einen geringen Umfang hat. Max Reinhardt als größter Unternehmer Deutschlands beschäftigt so viele Leute wie ein besseres Konfektionsgeschäft. Wenn man das Durchschnittsgehalt aller von ihm festangestellten Menschen selbst mit fünftausend Mark berechnet, so erhält man nicht einmal eine Million Mark jährlicher Gagen. Mein Durchschnitt wird wohl aber zu reichlich bemessen sein, denn Reinhardt bezahlt nicht am besten von seinen Kollegen. Wiederholt schon ist die Frage erörtert worden, wie es möglich sei, daß Reinhardt seine Mitglieder zum Teil minderwertig entlohne. Da er zweifellos große Einnahmen und Gewinne erzielt und es zu einem stattlichen Vermögen gebracht hat, so müßte es für ihn eine Ehrenpflicht sein, alle andern Direktoren in der sozialen Fürsorge für seine Mitglieder zu übertreffen. Davon kann keine Rede sein. Der Grund? Eine Anstellung bei Reinhardt ist eine Reklame, die dem Mitglied gute Aussichten gewährt. Ein Vertrag mit dem Deutschen Theater ist ein Wechsel für die Zukunft, der freilich nicht immer prompt eingeht. Als der Krieg ausbrach, bekamen auch die Mitglieder des Deutschen Theaters ihre hundert Mark monatlich. Später wurde plötzlich in den Zeitungen ausposaunt, Reinhardt gebe volle Friedensgagen. Man hatte aber ein wichtiges Zwischenglied übersehen. Reinhardt machte nämlich mit den Mitgliedern neue Verträge, die auch für den Frieden wirksam waren, aber Gagen enthielten, die geringer waren als diejenigen, welche die Mitglieder bezogen hätten, wenn der Krieg nicht eingetreten wäre. Auf diese Weise erhielten zwar die Mitglieder dieselben Gagen wie im Frieden, sie waren aber in Wahrheit schlechter gestellt, weil man ihnen zwar für die Zeit des Krieges ein wenig bessere Bezüge, dafür aber für den Frieden schlechtere gab. Man einigte sich nach Kriegsausbruch nicht mit der Gesamtheit der Mitglieder, sondern jedes einzelne Mitglied erhielt einen dauernden Vertrag. Man erklärte dabei, daß mit Rücksicht auf die Zeit beschlossen worden sei, eine allgemeine Reduktion der Gagen um zehn Prozent für das gesamte Personal vorzunehmen. Vor Beginn der Spielzeit 1915 wurde jedem einzelnen Mitglied wieder eröffnet, es sei eine weitere Reduktion der Bezüge um dreißig Prozent für das gesamte Personal bei Vermeidung der Schließung aller Theater beschlossen worden. Langsam sickerte dann aber durch, daß eine Anzahl Mitglieder diesen Abzug abgelehnt hatten. Schonung wird nicht grade geübt. Man sieht zu, wie man seine Leute billig herbeischaffen kann. Braucht man einen Chor, so bemüht man nicht den anspruchsvollen Chorsängerverband, sondern sucht Herren und Damen der Gesellschaft, also gleichsam einen Gesangverein ohne Entgelt mitwirken zu lassen.

So wenig man auf die Kleinen Rücksicht nimmt, so sehr verhätschelt man die Sterne, die den Glanz der Vorstellung bilden. Mitglieder, die nur gute Kräfte des Gesamtspiels sind, erfahren keine übermäßige Honorierung. Paul Hartmann hatte in der Zeit seiner größten Erfolge ein winziges Gehalt und hat es erst jetzt zu einem erträglichen gebracht. Er muß sich aber immerhin mit einem kleinen Teil von dem begnügen, was Waßmann erhält. Dieser einst im Ensemble herrschende Komiker hat es jetzt schon auf eine hohe Gage gebracht, während sich Diegelmann und Winterstein mit angemessenen, wenn auch geringern begnügen müssen. Tief zu beklagen ist die Ausnutzung der Volontäre und der Inhaber kleiner Rollen. Da gibt es Frauen, die mit fünfzig Mark monatlich zufrieden sein müssen. Es soll sogar vorgekommen sein, daß solche Mitglieder überhaupt kein Honorar bekamen. Im Kriege wurde die Not noch größer, da vielen männlichen Mitgliedern daran lag, vom Heeresdienst reklamiert zu werden. Mancher ausgezeichnete Darsteller hatte darunter zu leiden. Eine arge Misere war dann die Sommerdirektion. Einem bekannten Darsteller des Oberon bot man eine Honorierung von fünf Mark für den Abend und erhöhte sie nur ungern auf zehn Mark. Ein andrer Darsteller wurde für den Sommer auf halbes Gehalt gesetzt. Dabei haben diese schlecht bezahlten Mitglieder gedruckte Verträge von vier großen Seiten mit dem Professor Reinhardt und werden womöglich von Provinzkollegen beneidet.

Solche Verhältnisse haben es zuwege gebracht, daß eine Reihe begabter Schauspieler Reinhardt verließen. Dem einen oder andern mag wohl die Arbeit im Deutschen Theater nicht bekommen sein. Reinhardts Regiebücher sind wahre Wunderwerke an Sorgfalt und guten Einfällen. Seine Notizen stehen gewöhnlich auf der Höhe des Werks, das sie kommentieren. Wenn er zur Probe kommt, ist er innerlich bis ins Kleinste fertig. Dieser wertvollen Eigenschaft gegenüber steht aber der Mangel, daß solche Arbeit den schaffenden Künstler lähmt und ihn nicht recht zur Entwicklung kommen läßt. Solange der Schauspieler unter Reinhardt spielt, ist er etwas. Wenn er aber aus seinem Gesichtskreis tritt, muß sich Unselbständigkeit der Auffassung bemerkbar machen. Von großen Temperamenten freilich läßt sich wohl eher Reinhardt selbst führen und anregen. Darum erhalten sie Rechte, die den andern versagt bleiben und können sich künstlerisch fast übermäßig entwickeln. Sie sind ausgezeichnet gestellt. Wegener erhält etwa 4000 Mark Gage im Monat, ebenso Lucie Höflich. Pallenberg hat noch höhere Bezüge, zumal, da er an der Sommerdirektion beteiligt ist. Solche Darsteller können auch Konkurrenten ihres Faches fernhalten; sie habens in ihrem Vertrag. Wenn Wegener nicht will, darf Reinhardt Bassermann nicht aufnehmen. Frau Höflich wieder darf beanspruchen, daß keiner mehr Gage bekommt als sie selbst. Aus solchen Versprechungen entstand ja auch einst ein Prozeß mit Else Lehmann, wie ja überhaupt die Prozesse bei Reinhardt keine Seltenheit sind. Nicht alle hängen mit der Größe des Betriebes zusammen, nur einige mit der Eigenwilligkeit der ersten Kräfte, denen manches nachgesehen wird, und um derentwillen man sich mancherlei Übergriffe gestattet.

Arthur Kahane

Die Berater

H. Thimig während einer Probe mit G. Hauptmann

Max Reinhardt hat das Talent, Menschen anzuziehen. Seitdem er berühmt geworden ist, fällt es ihm gewiß leicht, sich eine Garde zu bilden, die ihm unbedingt folgt. Drei Männer, die nicht nur in Berlin was bedeuten, setzen sich für ihn ein und sind stets mit ihrer machtvollen Hilfe zu seinen Diensten. Es sind Maximilian Harden, Theodor Wolff und der Bürgermeister von Berlin, Geheimrat Reicke, dem er zu Ende des Jahres 1917 noch das „Blutopfer" brachte. Hinter diesen Triariern steht nun eine fast unübersehbare Schar von Hopliten, die unbedingt auf den Meister schwören und den äußern Erfolg jeder Premiere sicherstellen. Auf diese Menschen ist aber kein Verlaß. Sie gehören zur urteilslosen Menge und können plötzlich ihr Idol satt bekommen. Eines Tages kann sich das Gerücht herumsprechen, Reinhardt sei nicht mehr auf der Höhe, oder es kann ein andrer auftauchen, der die Menge interessiert und Reinhardt mit einem Schlage aus der Gunst verdrängt. Derartige Erscheinungen hat Berlin in reichem Maße aufzuweisen. Wenn auch die Bedeutung Reinhardts in seiner Leistung und in seinem Werk liegt, so ist doch damit nicht gesagt, daß ein Umschwung ausgeschlossen ist. Wer die ersten Jahre Otto Brahms mitgemacht hat, weiß, daß die Verhältnisse damals genau so lagen. Für die Zukunft ist nicht ausgesorgt, und wer Reinhardts Genie anerkennt, schätzt und liebt, wird immer nur wünschen und ihn ermuntern können, daß er niemals in seinen Anstrengungen nachlasse und nachlässig werde, und daß er trotz allem wahllosen Beifall an seiner Entwicklung arbeite.

Zu den Stützen Reinhardts zählt Deutschlands größter Musiker Richard Strauß, dessen „Rosenkavalier" er in Dresden als Gastregisseur inszenierte und Deutschlands größter Dramatiker: Gerhart Hauptmann. Es war für Reinhardt selbstverständlich zu versuchen, diesen wirksamen und stärksten Bühnendichter ganz für sich zu gewinnen und die Konkurrenz auszuschalten. Daß es ihm gelang, ist ein nationales Unglück. Gerhart Hauptmann besaß schon mit Otto Brahm einen Vertrag, wonach dieser eine Art Monopol auf die Werke Hauptmanns hatte. Bei Brahm beherrschte aber Hauptmann jahrelang den Spielplan, und es war erträglich, daß die andern Bühnen zum größten Teil von der Aufführung Hauptmannscher Werke ausgeschlossen waren. Als Brahm starb, gelang es der unseligen Sozietät, Hauptmann hinüberzuziehen. Er wurde Sozietär und war auch als Regisseur tätig. Es ist eine der Unbegreiflichkeiten im Berliner Theaterleben, daß Berlin zu jener Zeit nicht ins Deutsche Künstlertheater strömte, wo Gerhart Hauptmann nicht nur den „Wilhelm Tell", sondern auch Kleist inszeniert hatte. Unbegreiflich, weil diese fehlenden Scharen sich zwei Jahre später in demselben Theater drängten, als man Presbers „Selige Exzellenz" dort spielte. Jedenfalls hatte Gerhart Hauptmann als Sozietär keine Freude. Den „Bogen des Odysseus" hatte man ihm zugrunde gerichtet, und er sehnte sich fort. Nun blieben Reinhardt und Barnowsky übrig. Beide bemühten sich um ihn. Barnowsky wünschte aber im Hause Brahms Gerhart Hauptmann nur mit derjenigen Produktion an sich zu fesseln, die der Tradition des Lessingtheaters entsprach. Mit andern Werken wäre Gerhart Hauptmann frei gewesen. Da Barnowsky das freundschaftliche Verhältnis zwischen Hauptmann und Walther Rathenau bekannt war, bat er diesen um seine Vermittlung. Rathenau schrieb zuerst im Auftrage Gerhart Hauptmanns, daß dieser gegen eine solche Verbindung nichts hätte, da seine Gesamtproduktion zu reich sei, um von einer Bühne ausgebeutet zu werden; später jedoch antwortete er Barnowsky auf ein Telegramm, daß er sich überhaupt nicht zu binden gedenke. Reinhardt aber und seine Helfer hatten nur den Wunsch, sich ein Privileg auf Hauptmann zu sichern. Felix Hollaender reiste eines Tages nach Portofino und kam mit einem Vertrag nach seinem Herzen zurück. Das Lessingtheater wurde ausgeschlossen und erhielt nicht einmal die Erlaubnis zu einer gelegentlichen Aufführung des „Michael Kramer".

Mit seinen Regisseuren hat Reinhardt nicht viel Glück gehabt. Einst versuchte man es mit Hans Olden, der Richard Vallentin ersetzen sollte. Aber der Versuch gelang nicht. Andere Experimente mit Max Martersteig, Emil Milan und William Wauer schlugen auch fehl. So hat denn dieses Deutsche Theater Max Reinhardts nur noch die Regisseure Felix Hollaender und Ferdinand Gregori. Da es aber im Deutschen Reich noch Talente gibt, die sich Reinhardt sehr wohl heranbilden könnte,

so ist fast zu vermuten, daß er auf wirkliche Könner keinen Wert legt, um allein zu glänzen. Tüchtige Schauspieler finden sich zur Not auch allein zurecht. Im Burgtheater hat erst Thimig angefangen, Regisseure zu engagieren. Bis dahin gab es dort immer nur regieführende Schauspieler. Reinhardts Unterlassungssünden in dieser Beziehung sind aber besonders bedauerlich. Wo könnte er denn erzieherischer wirken als in der Heranbildung von Regisseuren? Was er jetzt vollbringt, wird in Deutschland und Österreich von allen möglichen mittelmäßigen Köpfen nachgeahmt. Das Provinzpublikum glaubt, wenn es auf der Bühne echt aussehendes grünes Moos erblickt, daß es auch seinen Reinhardt habe. Eine Reihe von auswärtigen und schließlich auch von Berliner Direktoren, die Reinhardt als einen Bluffer bezeichnen, geben Teile seiner Ideen, denen aber das geistige Band fehlt. Es wäre eine der wichtigsten Aufgaben Reinhardts, jetzt, wo er auf des Lebens Höhe steht und den Gipfelpunkt seiner Leistungsfähigkeit erklommen hat, an geistige Nachfolger zu denken und wirklich Schule zu machen. Ich meine keine Regieschule, die er gelegentlich mit seinem Besuch beehrt, sondern die Erzeugung einer geistigen Gemeinschaft mit bildungsfähigen jungen Kräften. Ein solcher Ersatz wäre weit wichtiger als die stete Jagd nach interessanten Schauspielern. Eines Tages wird Reinhardt Pallenberg verlieren, und es könnte ja geschehen, daß auch Moissi ginge. Wegener hat ja schon mit allen in Betracht kommenden Bühnen Berlins Verträge gehabt. Er hat auch schon seine Differenz mit Max Reinhardt hinter sich. Aus all dem ergibt sich für Reinhardt immer nur wieder die Notwendigkeit, an dem zu arbeiten, was ihn groß gemacht hat, nämlich an der künstlerischen Durchdringung des Ganzen und nicht sich auf die für ihn bequemeren Erfolge beliebter Darsteller zu verlassen. Solange er keine Regisseure bildet, hat er nichts für die Dauer geschaffen. Jede Krankheit, jede längere Ausschaltung seiner Person würde die ganze Existenz des Deutschen Theaters in Frage stellen.
Reinhardts Haus bildete den Sammelpunkt einer großen Gesellschaft von Geburts-, Geistes- und Finanzaristokraten. Über den kleinen von Knobelsdorff erbauten Palast, den er bewohnt, hat sogar Geheimrat Lehrs, der Direktor des Dresdner Kupferstichkabinetts, einen historischen Aufsatz mit Illustrationen in „Zeit im Bild“ 1913/14 veröffentlicht. Bilder Reinhardts, seiner Gattin Else Heims, ja sogar seiner Kinder gehen durch die illustrierten Zeitungen. Wie sollen da weniger begüterte und gar unverheiratete Kollegen mitkommen? Sie können eine ganze Leidensgeschichte der Konkurrenz erzählen.
Das wichtigste Kapitel dieser Geschichte ist die schon erwähnte Gründung der Kammerspiele, die eigentlich gegen den Sinn der Übergabe des Kleinen Theaters an Barnowsky verstieß. Barnowsky trat infolge eines Vertrages mit Reinhardt, der Kleines und Neues Theater aufgeben mußte, in den Mietsvertrag für das Kleine Theater ein. Der Mietspreis betrug jährlich etwa 62000 Mark, die Abstandssumme Reinhardts 150000 Mark. Dieser Betrag sollte die Bezahlung für den Fundus, die Überlassung des Kleinen Theaters und einiger Stücke wie „Nachtasyl“ darstellen. Reinhardt verpflichtete sich, Stücke, die im Kleinen Theater gespielt worden waren, im Deutschen Theater nicht aufzuführen. Die Übergabe des Kleinen Theaters fand am 15. Juni statt. Bereits kurze Zeit nach Unterschrift der Verträge wurde deutlich, daß Reinhardt trotzdem versuchte, die Kreise seines Nachfolgers zu stören. Das war für Barnowsky zunächst deshalb sehr peinlich, weil er als Anfänger schwer gegen Reinhardt aufkommen konnte. Eine fast ununterbrochene Reihe von Streitigkeiten und Prozessen folgte daraus. Der erste größere Streit entstand dadurch, daß Reinhardt eines der Stücke, die dem Kleinen Theater vertragsmäßig gehörten, aufführte und Vertragsstrafe bezahlte. Barnowsky hatte „Bunbury“ rechtmäßig erworben. Aber Reinhardt hatte sich, wie er das später beim Traumspiel machen wollte, eine andere Übersetzung des Stücks verschafft und ließ, als Barnowsky die Aufführung für Sylvester ankündigte, am Weihnachtsabend durch eine einstweilige Verfügung die Aufführung inhibieren. Später fand die Vorstellung doch statt, und das Gericht entschied zugunsten Barnowskys.
Agnes Sorma wollte ihren Vertrag mit Reinhardt nicht mehr erneuern und schloß mit Barnowsky ab. Sie sollte im Kleinen Theater als Nora auftreten. Dem Kleinen Theater war bekannt, daß die von Frau Sorma gespielte Übersetzung dem Deutschen Theater gehörte. Man wußte nur nicht, ob die Übersetzung erst erworben war, nachdem man gehört hatte, daß Frau Sorma bei Barnowsky spielen wollte. Nun erwarb Barnowsky die für Berlin noch nicht vergebene Übersetzung der Gesamtausgabe von Ibsens Werken. Da Barnowsky schon Böses ahnte, bat er Frau Sorma, vollständig umzulernen und den Text des Kleinen Theaters zu sprechen. Für die Schauspielerin war das gewiß eine schwere Aufgabe. Nun kam die Aufführung, und es gab jenen Skandal, der wochenlang die Berliner Presse beschäftigte. Unmittelbar vor dem ersten Aktschluß bekam nämlich Frau Sorma einen Schreikrampf auf der Bühne und konnte nur mit Mühe den Akt zu Ende spielen. Erst nach einer Weile konnte sie als Ursache ihrer Aufregung angeben, daß in der ersten Reihe im Parkett mehrere Herren saßen und jedes Wort, das sie sprach, mitstenographierten. Es blieb Barnowsky nichts weiter übrig, als von der Bühne herab diese Tatsache zu berichten und so wenigstens zu veranlassen, daß die Stenographen unter Pfuirufen des Publikums aus der Vorstellung entfernt wurden. Es mag fraglich sein, ob Max Reinhardt oder übereifrige Vertreter in diesem Falle die Hauptschuld trifft. Jedenfalls ist das keine Methode, die Existensberechtigung hat.

Überreichung der Urkunde über die Ehrenmitgliedschaft des Deutschen Theaters durch M. Reinhardt an K.S. Stanislawski im Jahre 1928
sitzend v.l.n.r.: Brodowski, K.S. Stanislawski, M. Reinhardt;
stehend v.l.n.r.: C. Herzberg, M. Tschechow, H. Thimig, E.v. Winterstein, F.v. Unruh

Max Epstein

Die Gastspiele

Kein deutscher Direktor betreibt die Gastspieltätigkeit in einem solchen Umfange wie Max Reinhardt. Er fing mäßig an und erweiterte dann, getrieben durch Erwerbssinn und die peitschende Tätigkeit seiner Helfer, den Kreis seiner Gastspiele ständig. Nicht nur ein Personal, aus einigen Mitgliedern bestehend, wurde in die Provinz und ins Ausland geschickt, sondern man entzog dem Berliner Stammhaus immer mehr Künstler, ließ hier Ersatzleute auftreten und versorgte auch die Gastspiele nur mit dem einen oder andern Stern, ließ aber das Niveau erschreckend sinken. Durch die vielen Gastspiele verlor Reinhardt lange Zeit hindurch das Interesse für das Deutsche Theater in Berlin. Es gab Vorstellungen ohne jeden Wert, die allmählich auch die wirtschaftliche Existenz des Theaters hätte bedrohen können. Aus jenen Zeiten stammen die zweiten Besetzungen, deren Unfug ich wiederholt geschildert habe. Zustände gab es in dieser Richtung bei Reinhardt, die unwürdig zu nennen sind. Da wurde irgend ein Ersatzmime in der Eile herangeschafft. In der Aufführung eines Hauptmannschen Stückes sagte Herr Gülstorff einst ab und man nahm einen Ersatzmann von kleinerer Statur. Der spielte im Anfang. Mitten drin aber erschien Herr Gülstorff wieder und das Publikum mußte seiner Phantasie zumuten, daß der kleine Mann gewachsen wäre. Auch das Repertoire wurde minderwertig. Für Einstudierung wertvoller Stücke hatte man keine Zeit mehr. Im Jahre 1917 zum Beispiel verlangten die ausländischen Tourneen so viel, daß in den Kammerspielen vom Frühjahr an Molnars „Fasching", Lengyels „Tänzerin" und der dramatisierte Schauerroman „Madame d'Ora" zum Entsetzen des Publikums einander folgten. Reinhardt gastierte aber nicht nur im Reich und im Ausland, sondern auch in Berlin. Von Reinhardts Operettenvorstellungen habe ich schon gesprochen. In diesem Zusammenhang will ich nur noch die Aufführung von Offenbachs „Schöner Helena" erwähnen, in der nach dem Muster der Münchner Operettenaufführungen unter Benutzung des Blumenstegs als vierte Wand eine trotz Pallenbergs fast unvergeßlichem König Menelaos langweilige Vorstellung zustande kam. Vor einiger Zeit hat Reinhardt begonnen, sich mit dem Ballett zu befassen. Es sollte auch bald eine Ballettschule gegründet werden. Die Ballettaufführungen der Kammerspiele und des Deutschen Theaters boten recht viel Hübsches und Eigenartiges. Alles aber wurde wieder vernichtet, weil Reinhardt die gute Idee geschäftlich gründlich ausschlachten wollte. Da unter allen Umständen viel Geld verdient werden sollte, so einigte man sich mit dem Berliner Wintergarten. Dort war mit dem Varieté im Kriege nichts anzufangen, da die internationalen Varietékräfte fehlten. Diese Situation nahm Reinhardt wahr und wollte zunächst „Die grüne Flöte" als eine große Nummer des Varietéprogramms zur Aufführung bringen und dann andre Pantomimen folgen lassen. Die geschäftliche Operation war bei der Größe des Hauses und der guten Einstudierung des Wintergartens leicht. Eine große Gage von zweitausend Mark im Monat erhielt lediglich Fräulein Lillebill Christensen; Fräulein Sterna bekam nur achthundert. Im Übrigen aber konnte man die Vorstellung so billig herstellen, daß auf alle Gagen nur 6700 Mark monatlich entfielen. Das technische Personal und das Orchester stellte der Wintergarten, wofür er gegen 9000 Mark berechnete. Hiernach stellten sich die Kosten auf etwa 500 Mark am Abend und für Reinhardt lag eine starke Verdienstmöglichkeit vor. Auch der Wintergarten kam billig fort. Denn diese ganze Pantomime dauerte fast eine Stunde und ersetzte fünf teure Varieténummern. Dabei konnte man auf großen Zulauf rechnen, weil der groß affichierte Name Max Reinhardts in Berlin immer zieht. Was es dann gab, war allerdings betrüblich. Über die Eindrücke der Pantomime „Lillebills Hochzeitsreise" lese man die „Schaubühne", vom 26. April 1917. Dort wird gesagt: „Die Hochzeitsreise war eine Fadesse, richtige Epigonenarbeit der Reinhardt-Schule, vom „Meister" selbst kein Hauch; und als das Unglück da war, hörte man denn auch, daß Reinhardt nicht nur nicht die Sache selbst gemacht habe, sondern in den Wochen der Vorbereitung und Aufführung nicht einmal in Berlin war! Er und die Manager deckten mit dem guten Namen eine Sache, von der er gar nichts wissen konnte." Im Jahre 1917 prangte zwar nicht mehr der Name Reinhardts auf dem Zettel, aber die andern Namen des Deutschen Theaters waren vertreten. Man nahm Vollmoellers Pantomime „Eine venezianische Nacht" auf und beteiligte das Deutsche Theater künstlerisch und materiell. Dabei darf man wohl feststellen, daß Reinhardt nichts für die Vorstellungen getan, sondern daß Ernst Stern die Sache gemacht hat.

Ungeheure Vorbereitungen erforderte die Londoner Erstaufführung der Pantomime „Mirakel". Man las wochenlang, welche Schwierigkeiten Reinhardt zu überwinden hätte und welche Erfolge er erzielte. Letzten Endes aber war es keinem seiner Berliner Verehrer klar, wie entwürdigend es für Reinhardt sein mußte, daß er ein andermal im Londoner Kolosseum einem Rauchvarieté, zwischen Kinderballetts, Barfußtänzerinnen, Verwandlungskünstlern und Athleten als eine „Nummer" mit einer Pantomime gastierte und sich schließlich Hand in Hand mit dem Direktor Mister Oscar Tolle für den Applaus eines minderwertigen Publikums bedankte, um nach dieser Produktion schleunigst in irgend eine große Provinzstadt Deutschlands zu reisen, wo er sich dann mit dem

J. Offenbach „Die schöne Helena", München Künstlertheater, 1911, Szenenfoto mit M. Pallenberg als Menelaus

Ödipus Ferdinand Bonn verbeugte und vielleicht zu gleicher Zeit die Kassenrapporte aus München erhielt, das durch seine Operettenaufführungen beglückt wurde.
Dieses Herumziehen in aller Herren Länder, dieses Anbiedern mit allerhand Journalisten und Beamten paßt überhaupt wenig zu dem schweigsamen Denker, als welchen sich viele Max Reinhardt vorstellen. Es muß in ihm selbst doch eine gewaltige Neigung zu dieser Reklame vorhanden sein. Ganz unerträglich sind ja diese Tourneen während des Krieges gewesen. Die deutsche Regierung hatte wohl den Wunsch, in

neutralen Ländern Vorstellungen zu geben, um dadurch nicht nur zu beweisen, daß wir keine Barbaren sind, sondern auch gewisse geistige Beziehungen herzustellen und aufrecht zu erhalten. Das ist ganz vernünftig und hätte in bescheidenem Maße gewiß Bedeutung gehabt. Max Reinhardt hat es nun verstanden, diese ganze Bewegung völlig an sich zu ziehen und die neutralen Länder Skandinavien, Holland und die Schweiz mit seinen Gastspielen zu überschwemmen. Ganz unwürdig benahm sich dabei ein Teil der Reinhardt-Presse in Berlin. Wenn man, angewidert durch dieses Treiben, fragte, warum denn diese breitgetretenen Lobhudeleien das Berliner Publikum langweilen müßten, wurde einem geantwortet, daß ja schließlich dieses Gastspiel politische Bedeutung habe und von der Regierung geradezu unterstützt würde. Der Einwand ist natürlich töricht. Wenn das Gastspiel politische Bedeutung haben soll, so ist es keineswegs nötig, daß die Berliner Presse Reinhardt als einen „Napoleon des Theaters" feiert, sondern es ist höchstens wünschenswert, daß die großen Blätter des neutralen Auslands günstige Besprechungen liefern. Auf das, was in unsern Zeitungen geschrieben wird, kanns unmöglich ankommen. Dabei soll nicht geleugnet werden, daß Reinhardt, besonders in Skandinavien, gute Erfolge erzielt hat. Aber die skandinavische Presse war naturgemäß bedeutend kritischer, als wir das nach den törichten Übertreibungen der Reinhardt-Presse vermuten könnten. Wenn Reinhardt seine Leute nach langer Fahrt ohne die rechte künstlerische Stimmung sofort auftreten läßt und die auswärtige Presse das merkt oder ihr sonst das eine oder andre nicht gefällt, dann werden solche Tatsachen natürlich unterschlagen. Als Reinhardt zu kurzem Gastspiel im Jahre 1917 nach Malmö kommt, berichtet der Korrespondent des „Berliner Tageblatts" in einem drei Spalten langen Artikel, daß Reinhardt Malmö erobert habe und erzählt, daß er sich nach der Vorstellung in buntem Kreise mit seinen Schauspielern und mit Journalisten und Theaterfreunden versammelt habe. Die Kritiken des skandinavischen Gastspiels von 1917 sind im allgemeinen sehr gut, aber sie loben nicht so ausnahmslos und in solchen Tönen, wie den Berlinern erzählt wird.

So schreibt „Politiken" am 16. Mai 1917: „Malmös Theater war nur halb gefüllt, um Reinhardts Aufführung von Gorkis „Nachtasyl" zu sehen. Das Stück wurde mit Reinhardts besten Kräften gespielt, aber die Dekorationen waren allzudeutlich nur für eine Tournee zurecht gemacht und wirkten daher nicht echt genug. Auch die Schauspieler, die das Stück wohl fünfhundert Mal gegeben haben, schienen etwas müde davon. Der Eindruck des Ganzen war jedenfalls nicht stärker als die Aufführung in unserm Königlichen Theater."

„Stockholms Tidingen" am 3. Mai 1917: „'Othello'. Eine große Enttäuschung war Wegener, der eine schwarze Bestie aus Othello machte."

„Dagens Nyheter" vom 5. Mai: „'Nachtasyl'. Der Abend wurde langweilig und träg".

„Stockholms Dagbladet": „'Othello'. die künstlerische Behandlung dieses Stückes war diesmal bei weitem nicht so groß als bei andern Sachen."

„Dagens Nyheter": „'Othello'. Mit dem ersten Gastspiel führte sich das Programm gerade nicht sehr vorteilhaft ein."

„Stockholms Tidingen": „'Mirakel'. Wenn ich aufrichtig sein darf, muß ich bekennen, daß ich weit entfernt vom Enthusiasmus war. Das Publikum war in zwei Lager geteilt. Eines wollte diese neue Kunstform zu den Sternen erheben, das andre sagte: 'You are a humbug, Sir'."

Man sieht, auch das Ausland ist kritisch.

Den Umfang der Gastspieltätigkeit im Einzelnen aufzuzählen, würde zu weit führen, hat auch keine besondere Bedeutung. Ich gebe nur einige Daten, um wenigstens den Umfang zu charakterisieren:

Mai 1908 „Sommernachtstraum" in Prag. August 1908 „Kaufmann von Venedig" mit Schildkraut in Hamburg. Sommer 1909 München Künstlertheater. Mai 1910 Gastspiel in Budapest. September 1910 „König Oedipus" in München. April 1911 1 Gastspiel in Budapest mit „Bancban" von Catona. März 1911 „Oedipus"-Tournee in Rußland. August 1911 „Sumurun" in London. Januar 1912 „Oedipus" in London. März 1912 „Jederman", in Wien. September 1912 „Mirakel" in Wien. November 1912 „Venetianische Nacht" in London. Januar 1913 „Mirakel" in Prag. März 1913 „Eine glückliche Ehe" in Bremen. Mai 1913 in Chemnitz und andern Städten „Der blaue Vogel". Mai 1913 „Sumurun" in London und Gastspiel in Budapest. September 1913 „Mirakel" in Leipzig und in Breslau, Oktober 1913 in München und Köln, November in Dresden, Dezember in Frankfurt a. M., Januar 1914 „Mirakel" in Hamburg, Mai 1914 in Budapest. Mai 1915 Gastspiel in Budapest mit dem Shakespeare-Zyklus und „Rappelkopf". November 1915 Christiania („Totentanz"). November 1915 Gastspiel in Stockholm (Räuber, Faust, Sommernachtstraum). April 1916 Gastspiel in Holland (Shakespeare, „Totentanz", „Biberpelz"). Diese Tournee war ohne gründliche künstlerische Vorbereitung zustande gekommen. Vor der Biberpelz-Aufführung fanden sich Leute zusammen, die sich gar nicht recht kannten. Man war schließlich ratlos. Aber als der Meister erschien, ging das Ganze doch einigermaßen. Im Mai 1916 Rotterdam („Was Ihr wollt"). Am 8. Mai schreibt die B. Z. am Mittag: „Reinhardts Sieg. Von unserem Korrespondenten." Mai 1916 Gastspiel in Budapest („Vater", „College Crampton", „Fuhrmann Henschel", „Totentanz"). November 1917 Gastspiel in der Hamburger Volksoper („Die grüne Flöte"). Januar 1917 langes Gastspiel in der Schweiz („Orestie" in Zürich, „Kabale und Liebe", „Orestie" in Bern), Mai 1917 Gastspiel in Skandinavien.

„Das Mirakel", New York Century Theatre 1923
Szene: Heilung des Lahmen mit W. Krauss als Lahmer und D. Manners als Madonna

Edmund Reinhardt

Eduard von Winterstein

Edmund Reinhardt

Wenn Reinhardt den Termin der Aufführung festsetzte, hatte einer mitzureden, der die geschäftlichen Belange des Theaters vertrat, nämlich sein Bruder Edmund Reinhardt. Dieser Edmund Reinhardt hat eine so wichtige Rolle in der Geschichte Max Reinhardts gespielt, daß es erforderlich ist, einiges über ihn zu sagen. Und nicht nur erforderlich, sondern auch erfreulich, denn man kann von Edmund Reinhardt als Geschäftsleiter der Unternehmungen seines Bruders in denselben Tönen der Begeisterung reden wie von dem Künstler Max Reinhardt.

Edmund Reinhardt war einige Jahre jünger als sein Bruder Max. Beide Brüder waren 1894 zusammen nach Berlin gekommen. Edmund, ein gelernter Kaufmann, war Angestellter in irgend einem kaufmännischen Büro. Als Max seine Direktionstätigkeit begann, nahm er seinen Bruder Edmund sofort als Geschäftsführer in sein Theater auf. Und das zu seinem Glück. Edmund erwies sich bald als einer der fähigsten und tüchtigsten Köpfe, die jemals die Geschäfte eines Theaters zu führen hatten. Dabei war er von einer geradezu übertriebenen Bescheidenheit. Er trat nie hervor, stand immer im Schatten seines Bruders und war während der ganzen Zeit, die er an dieser Stelle stand, sowohl beim künstlerischen als auch beim technischen Personal und dem des Theaterbüros ungemein beliebt, geschätzt und man kann schon sagen, verehrt. Seine kluge abwägende Behandlung aller Angelegenheiten war ein Gegengewicht zu den weit ausholenden, bisweilen überspitzten Plänen seines Bruders Max, der natürlich andererseits wohl einsah, wieviel er der überlegten Art Edmunds zu verdanken hatte und wie nötig es war, daß er sich seinem Einfluß fügte. Da Max Reinhardt selbst auch ein kluger geschäftlicher Kopf war, so ist es schwer, genau zu sagen, wieweit die beiden Brüder in den geschäftlichen Dingen harmonierten und ob es in dieser Hinsicht Differenzen zwischen ihnen gab. Soviel steht fest, daß wir, ich meine wir Schauspieler und die anderen Angehörigen des Theaters, oft das Gefühl hatten, ohne Edmund könnten die Theater nicht bestehen, wie es sich denn auch zeigte nach dem im Jahre 1929 erfolgten plötzlichen Tode Edmunds. Es war Max Reinhardt nicht mehr möglich, die von ihm geleiteten Theater selbst zu führen. Er setzte andere Direktoren ein und wirkte selbst nur als Regisseur, bis das Katastrophenjahr 1933 allen seinen Unternehmungen ein plötzliches Ende machte. Jedenfalls gebührt in der Geschichte Max Reinhardts und seiner Theater dem Namen seines Bruders Edmund eine hervorragende Stelle.

Arthur Kahane

Edmund Reinhardt

Man sagt „Reinhardt", aber man müßte „die Reinhardts" sagen, denn Bruder Edmund stand Max Reinhardt ergeben bis zur Selbstauslöschung bescheiden hinter seinen rein wirtschaftlichen Funktionen verschanzt, in seiner mit eherner Konsequenz durchgeführten Anonymität ebenbürtig, ebenberechtigt neben ihm, eine unsichtbare, aber überall spürbare, überall wirksame Seele des Ganzen.

Auf dem undankbarsten Posten: der Sparer; der Bremser; das finanzielle Gewissen. In den kritischen Jahren eines beispiellosen Ringens um die ökonomische Erhaltung des Theaters nach Alter, nach Erscheinung fast noch ein Jüngling von zartester Gesundheit, auf dessen schmalen Schultern die ganze wirtschaftliche Verantwortung für so viele Existenzen lastete und weiß Gott nicht leicht. Von einer letzten intrikaten Gewissenhaftigkeit und Korrektheit. Im ständigen Verkehr mit einer Reihe der gewiegtesten und angesehensten Finanzmänner, die sich ausnahmslos vor dieser klaren Besonnenheit des so viel Jüngeren, vor der Schärfe seines Urteils, vor seiner kaufmännischen Ideenfülle beugten. Und, bei aller Vorsicht, großzügig bereit und sich seiner Mission bewußt, den künstlerischen Absichten des Bruders zu einer uneingeschränkten Erfüllung zu verhelfen. In seiner Bescheidenheit hat dieser in seinem Privatleben stille, mädchenhaft empfindliche und eigentlich einsame Mensch nie die Genugtuung empfunden, daß seiner finanzorganisatorischen Arbeit Resultat ein Werk für sich und mehr sein könnte als die bloße Ergänzung und Ermöglichung des künstlerischen.

An dieser gefährlichsten Stelle des Theaterbetriebs den treuesten Mitarbeiter von solcher menschlicher und beruflicher Qualität zu haben, ist freilich ein seltenes Glück, dessen Tragweite für das Reinhardtsche Werk gar nicht abzusehen war. Edmund Reinhardt hat es auf dem Gebiete der Theaterfinanzpolitik allmählich zu einer derartigen Kompetenz gebracht, daß sich städtische und staatliche Institute und Behörden in Fragen der Theatersanierung, der Abonnementsorganisation an ihn mit der Bitte um Ratschläge, Vorschläge und Gutachten wandten.

Und wußte er Fremden Rat, wie erst denen, die ihm näherstanden und seiner Obhut anvertraut waren! Der sehr schüchterne und zurückhaltende, in seinem innersten, beflissentlich versteckten Wesen ganz weiche junge Mann, den die Not hart schmiedete und eine streng gebietende Notwendigkeit zwang, weit öfter nein als ja zu sagen, wurde trotzdem einem ganzen Theater reifer und unreifer, jedenfalls sehr verschiedenartiger und meist nervöser und hilfloser Menschen der Berater und Vertrauensmann, Zuflucht, die jedem offenstand, die letzte Instanz, die nie versagte: gewissermaßen zum pater familias und guten Geist des Hauses.

Bei einer Probe zu G. Hauptmanns „Festspiel in deutschen Reimen", Breslau 1913
am Tisch: E. Stern, M. Reinhardt, E. Nilson
stehend hinter Reinhardt: G. Hauptmann und B. Held

Arthur Kahane

Reinhardt als Bühnenreformator

Von Anfang an war für Reinhardt die äußere Form des Theaters kein ein für allemal Gegebenes und Unwandelbares. Das Theater lebt von der Zeit für die Zeit, das Theater ist Zeit und ist Zeit auch dann noch, wenn es Vergangenes mit den Blutsäften der Gegenwart neu belebt. Warum sollte es nicht alle Errungenschaften der Zeit sich zunutze machen? Warum nicht alle Errungenschaften der Technik?
Nur freilich nicht Technik um der Technik willen. Nur freilich darf das lebenspritzende, das Theater, sich nicht von der Technik mechanisieren lassen. Nur freilich darf der Unterschied, der alle lebendige, menschliche, unmittelbar persönliche Kunst von aller mechanischen Apparattechnik immer trennen wird, nie verwischt werden. Und darum wird die äußere Form des Theaters nur dann wesentlich, wenn sie die innere Form berührt.
Reinhardt griff alles auf, was die Wirkungen der Bühne erhöht und vermehrt; was die Illusion steigert; was die Wirklichkeit verdichtet; was die Spielmöglichkeiten der Schauspieler unterstützt; was den Fluß, die ununterbrochene Bewegung auf der Bühne deutlich machte; und vor allem, was Kontakt mit dem Publikum herstellte, die Einbeziehung der Zuschauer in die Handlung förderte.
Reinhardt war sich wohl bewußt, damit den Guckkastencharakter des Theaters aufzuheben, und er klammerte sich auch nicht an das Dogma vom unüberschreitbaren Bühnenrahmen. Er riß Fenster auf, wo er nur konnte, und erweiterte die Bühne nach vorn und nach rückwärts, in die Welt und zu einer Welt.
Er sprengte den Rahmen der Bühne, weil es ihm mehr um Weite als um Enge ging, weil es ihm darum ging, mit jeder neuen Wirkung dem Theater eine neue Kraft und Anziehung zu schaffen, aber immer aus der Natur des Theaters heraus, im Sinne einer neuen Wirklichkeit oder der dramatischen Dynamik.
Eine ganze Reihe von Neuerungen ist an den Namen Reinhardt geknüpft. Eine ganze Reihe seiner Neuerungen wurde allgemein kopiert und übernommen, wurde Allgemeingut, wobei man allmählich den Urheber vergaß.
Die plastischen Dekorationen, die verdickten Wände: weniger einer erhöhten Illusion zuliebe, als um zwischen Schauspieler und Umgebung dieselbe Wirklichkeitsebene herzustellen, der Aktion des Schauspielers die feste und glaubhafte Stützwand (statt der wackelnden Kulissen) zu verschaffen.
Die Drehbühne: nicht bloß wegen der praktischen Umbaubeschleunigung, sondern weil sich gerade aus der Drehbühne der ideale Zwang zum architektonischen Aufbau einer ganzen Stückwelt ergab; und gerade aus der Drehbühne die zwanglose Auflösung einer Szenenfolge in fortlaufende Bewegung.
Die beiden Seitentürme als fester, unveränderter Rahmen wechselnder Bilder, für die dadurch jede Stilisierung ermöglicht war: schon im „Wintermärchen" verwendet, aber später von unzähligen Theatern als umwälzende Neuerung kopiert; die Treppe, der Auftrittsmöglichkeiten wegen, der Illusion eines von weitem Herankommens, im „König Lear", um die Wirkung einer beispiellosen Distanzierung und Isolierung zu erzielen: lange verwendet, ehe sie sprichwörtlich wurde. Der Rundhorizont mit seinen zahllosen Wirkungen, und damit die Eroberung der Tiefendimension für die Bühne, und damit endlich die Möglichkeit, eine Landschaft auf die Bühne zu stellen, die nicht alle Wirkungen des Spiels und der Gespräche auffrißt. Die indirekte Beleuchtung, mit deren Problemen sich Reinhardt immer wieder und als einer der ersten beschäftigt hat. Der japanische Blumensteg durch den Zuschauerraum, mit den anmutigsten Auftrittsmöglichkeiten und auch er ein spielerisches Mittel, mit dem Publikum Kontakt zu gewinnen.
Und sind nicht aus dieser einen dominierenden Idee neue Formen des Kontaktes entstanden, die beiden neuen Formen des Theaterbaus: die Kammerspielbühne und das große Rundtheater, ein Werk Max Reinhardts?
Beide dienen einer tieferen Absicht: der Verwandlung des Publikums. Das eine der Verwandlung des Publikums in Gesellschaft, das andere der Verwandlung des Publikums in Volk.
Die Kammerspiele – das Wort ist im Deutschen Theater geprägt worden und wurde dann später von Strindberg übernommen – haben Schule gemacht. An allen Ecken und Enden tauchten Kammerspielbühnen auf, viele größere Stadttheater gliederten sich Kammerspiele an, der Name wurde ebenso populär wie die Institution, die den Direktionen die Bequemlichkeit wenig figurenreicher und leicht besetzbarer Spielabende bot. Und eine ganze Literatur von Kammerspielstücken entstand. Das große Rundtheater wird wohl eine Bühne der Zukunft sein. Wenn wirklich wieder einmal die großen geistigen Dinge eine Lebensfrage des ganzen Volkes sein werden und nicht Geschmacksangelegenheiten einzelner Publikumsschichten.
Die Kammerspiele sollten eine Kammermusik des Theaters bieten: feinere und stillere Stücke mit seelischen Inhalten, oder graziöse Spiele des heiteren Geistes und Witzes, von vorzüglichen Schauspielern mit allen Verfeinerungen der Intimität dargestellt, die sich nur in der Nähe der Intimität verstehen und genießen lassen, wie in einem Konzert aufeinander abgestimmter Instrumente, und von einem ebenso

gestimmten Publikum ebenso intim aufgenommen. Der Saal selbst, mit seinen Wänden aus edelstem Geigenholz, erinnerte an die edle Form des Geigenkastens.
Im Großen Schauspielhaus aber, nach dem im gleichen Geiste geglückten Ödipus-Vorversuch, wollte Reinhardt das große Theater der immer unsterblichen, immer wiederkehrenden Antike als Form und Idee, aber gefüllt mit dem Leben unserer Zeit, wieder aufleben lassen. Große Dinge und Leidenschaften von Allgemeingültigkeit, starke Persönlichkeiten, rein auf das Wort gestellt, von allen Seiten belichtet, mitten ins Volk hineingestellt, selbst ein Teil des Volkes, das Volk selbst wie ein Teil der Handlung. Aber noch waren die Darsteller auf das Fresko dieser Schauspielkunst nicht eingestellt, blieben zu sehr naturalistisch, ans Detail, an die kleine Geste verhaftet, das Wort wurde nicht groß, blieb undeutlich, die besondere Art der Sprechkunst, die der Raum verlangte, gelang nur ganz vereinzelt. Und die neuen Werke blieben aus, es fanden sich die neuen Dichter nicht, dem Publikum schien die ungewohnte Nähe der Vorgänge und der Schauspieler unbehaglich, das Verständnis versagte sich.
So blieb Reinhardt nichts übrig als den Versuch vorläufig an eine andere Form, auf einen anderen Boden zu übertragen, im Rahmen der Salzburger Festspiele.
Außerdem baute er seinen Kammerspielgedanken noch in einer zweiten Berliner Bühne aus, im Ziertheater der „Komödie". Hier aber ganz leicht, ganz heiter, ganz Spiel und Fest, ganz Rokoko.
Alle diese Unternehmungen wirkten auch auf das Deutsche Theater zurück: theaterpraktisch und künstlerisch, durch Bereicherung des Ensembles, durch Entlastung und Fixierung des Spielplans.
Und jede der Reinhardtschen Bühnenreformen, jeder neue Schritt bedeutet einen Schritt weiter auf dem Wege zur künstlerischen Vereinfachung.

Paul Zucker

Oskar Kaufmann

Theater am Kurfürstendamm. Berlin 1923.

Entstanden unter engsten Raumverhältnissen aus dem Umbau der früheren Berliner Sezession. Ausbildung eines großen Saales, Bühne und Rückwand, in die Logen und Eingänge eingeschnitten sind, einheitlich behandelt. Überreiche Ornamentik, starkes plastisches Dekor. Einheitlichkeit der Umkränzung des Bühnenrahmens und der Decke durch Gleichmäßigkeit der formalen Durchbildung und raffinierteste farbliche Überleitung des getönten Stucks. Ferner durch das sehr stark verkröpfte Gesims, das Zuschauerraum und Bühnenrahmen zusammenfaßt. Decke baldachinartig behandelt, fast bis an die Grenze der dem Stuck als Material zuzumutenden Wirkung. Im Gegensatz zu der im Sinne der großen architektonischen Form völlig einheitlichen Wirkung des Raumes: im Detail überreichliche Verwendung immer wiederkehrender Verkröpfungen und sehr weitgehende Auflösung in zipfelnde Ornamente.
Farben: zartes lachsrosa, blauviolett, bleu und crême, reiche Versilberungen gegen diese zarten Hintergründe. Vorhang silbergrau-fraise.
Wie Poelzig im Großen Schauspielhaus gegenüber dem konventionellen Theaterfarbendreiklang: rot-crême-gold eine neue Farbenskala anschlägt, so erzielt hier Kaufmann die Intimität der Wirkung durch die Verwendung einer andersartigen Farbenskala, die Assoziationen an eine damenhafte Boudoiratmosphäre erzwingt.

Komödie. Berlin 1925.

Der Raum ursprünglich für ein Café bestimmt, infolgedessen mehrfache Änderung der Bauabsichten, erst zuletzt als Theater projektiert. Daher auffallend bescheidene Höhenmaße.
Die reifste und vollkommenste Lösung, die Kaufmann bis jetzt gegeben hat. Im Gegensatz zu der etwas inflationistischen Atmosphäre des Theaters am Kurfürstendamm wird die Wirkung hier mit reinsten und einfachsten Mitteln erzielt. Das Ganze ebenfalls saalartig zusammengefaßt, die Wände

durch zwei Reihen von Logen aufgeteilt, die in ihrer Gesamtheit doch eine einheitliche Rückwand ergeben. Bei aller festlichen Bewegtheit doch viel strenger und architektonisch struktiver als das Theater am Kurfürstendamm. Ausgesprochen festlicher Charakter, unterstützt durch die lockeren impressionistischen Fresken Hans Meids (Anklänge an Festdekorationen des 18. Jahrhunderts), durch starke Verwendung von Glas bei den Beleuchtungskörpern und reiches Schmiedewerk.
Wände und Decke in leichtem zitronengelb-crême, Vorhang, Dekorationen und Sitze bordeauxrot, Malerei hell weinrot.

Neue freie Volksbühne. Berlin 1914.

Freistehender Theaterbau in städtebaulich bedeutsamer Stellung, dessen Außenerscheinung erst nach Bebauung der jetzt noch freien Platzwände entsprechend in Erscheinung treten kann. Portallösung in der Mitte als Blickpunkt einer langen Straßenzeile. In der Fernwirkung beherrscht das Bühnenhaus in seiner großen Höhe die Gesamterscheinung des Theaters stärker als hier aus den Abbildungen ersichtlich.
Ausstattung der Bühne mit letzten technischen Erfindungen. Verbindung der Drehbühne von außergewöhnlich großem Durchmesser mit zwei Seitenbühnen, Versenkungsanlagen usw. Dadurch räumliche Vielgestaltigkeit. Der Kuppelhorizont bildet gleichzeitig die Umfassungsmauer. Dahinter die Räume für den inneren Betrieb des Theaters. Die ersten Parkettreihen sind zur Vorbühne umzugestalten. Ebenso gibt ein zweites Proszenium die Möglichkeit, die Größe der Bühnenöffnung zu beschränken.
Trotz der sozialen Besonderheit dieses Theaters als einer ausgesprochenen Volksbühne ist der Zuschauerraum nicht als amphitheatralisches Ringtheater, sondern als Rangtheater ausgebildet, wobei nur der Verzicht auf Logen den Charakter des Volkstheaters betont. Auch hier der Versuch, durch geschickte Führung der Raumkurvatur und einheitliche Holztäfelung der Wände die Ränge möglichst zurückzudrängen. Außergewöhnlich zahlreiche Treppenhäuser in Verbindung mit den einzelnen Rängen.
Rötlicher Mahagoniton der Wände durch schwarze Birnbaumintarsien unterbrochen, Vorhang und Stoffe dunkellila.

Hans Poelzig

Großes Schauspielhaus. Berlin 1919.

Letzte Entwicklung des Semper-Wagnerschen Typus des Ringtheaters. Da es sich um den Umbau einer alten, von Hitzig erbauten Markthalle, die später zum Zirkus wurde, handelt, sind Außenmauern und wesentliche Konstruktionen nicht freie Neuschöpfungen des Architekten, der auch im Grundriß gebunden war.
Neben der aus den Grundrissen unmittelbar sich ergebenden technischen Leistung besteht die künstlerische Tat Poelzigs in der Gestaltung der vom Bauherrn nun einmal geforderten Kuppel, die überhaupt erst durch die eigenartigen Stalaktiten eine Akustik im Hause ermöglicht. Also keine freie Formerfindung, sondern sachliche Notwendigkeit! Darüber hinaus Hauptträger der Raumwirkung durch die eigenartige Beleuchtung (Glühbirne in jedem Zapfen und reiche Verwendung der indirekten Beleuchtung bei den Pfeilern). Erreicht ist der Eindruck des Schwebenden, der Unwirklichkeit.
Die Außenansicht: Wirkung eines groß gegliederten Plakates, – eine eigentliche architektonische Durcharbeitung war wegen der gegebenen alten Mauern wohl nicht möglich.
Völlig neue Raumwirkung des Foyers und der Wandelhalle, bestimmt durch die tragende Mittelsäule, die gleichzeitig Lichtquelle ist. Leider durch talentlose Nachahmungen heute schon trivialisiert.
In der Farbe vollkommener Verzicht auf den traditionell gewordenen Farbklang des Theaters: rot-crême-gold, stattdessen: ockergelb und seladongrün in allen Abstufungen.
Wesentlich für den Raumeindruck die Verstellbarkeit der Hauptbühne, der drei verschiedenen Vorbühnen, die zusammen das Proszenium bilden, und der Tiefbühne. Da jede einzelne Bühne in eine andere Höhenlage gebracht werden kann, ist eine große Anzahl räumlicher Variationen möglich.

Schauspielhaus

Oper am Königsplatz

Opernhaus

Wallner-Theater

Schiller-Theater

Volksbühne

Städtische Oper

Deutsches Künstler-Theater

Berliner Theater

Deutsches Theater

Casino-Theater

Kammerspiele des Deutschen Theaters

Großes Schauspielhaus

Komische Oper

Lessing-Theater

Metropol-Theater

Komödienhaus

Neues Theater am Zoo

Renaissance Theater

Thalia-Theater

Rose-Theater

Theater am Kurfürstendamm

Schloßpark Theater

Theater am Nollendorfplatz

Theater am Admiralspalast

Theater in der Königgrätzer Straße

Theater des Westens

Theater am Schiffbauerdamm

Theater in der Kommandantenstraße

Tribüne

Max Reinhardt

Brief an Berthold Held

Lieber Held,
heute einige ausführliche Zeilen. Zunächst die gewünschten Antworten.
I. Die Walser-Skizzen für d. Ornament (Aplic.) bitte mir sofort zu senden.
II. Das Repertoire vom 1. Aug.–15. Sept.: So viel ich weiß, haben wir festgestellt:
1. Aug. bis 15. Sept.: „Jux".
Dann dazwischen „Salome", „Kabale u. Liebe", „Ledige Leute".
Ev. soll vor dem 15. Sept. noch ein leichtes, einfaches, neues Stück kommen, woran ich aber nicht mehr glaube!
„Pelleas" u. „Beatrix" sind wohl auch in Betracht gezogen worden, haben aber im August noch wenig Zweck. *Im September müßte man allerdings damit* rechnen.
Vom 15. Sept. müssen neben den neuen Stücken als Reprisen für Fr. Sorma: „Minna v. Barnhelm" („Candida", „Strom") außer d. „Beatrix" vorbereitet werden.
Neue Stücke sind zu Anfang:
15. Sept. (unverschiebbar!!) „Die lustigen Weiber". Drei, vier Tage später *müssen* „Die Kronprätendenten" sein. (Skizzen Walser) *„Manfred" dagegen fällt weg.*
Im *Kleinen Theater* ab 15. Aug. „Elektra", „Nachtasyl", „Erdgeist", „Frl. Julie", „Pastors Rieke". Davon „Erdgeist" neu besetzt u. neu einstudiert.
Als Novitäten: „Stille Stuben" (Skizzen Walser), zu allererst: Björnsons „Neuvermählte", „Boubouroche", „Ghetto".
Im N. Th. folgt dann: Stehr.
Bitte also dementsprechend zu disponieren u. vorzubereiten. Was nun d. Drehbühne anlangt, *so soll sie unter allen Umständen gebaut werden.* Aber es ist die höchste Zeit! Ich begreife nicht, warum so lange mit dem Anschlag u. der Konstrukt. gezögert wird. Ich lege auf diese Drehbühne den allergrößten Wert und bitte, Dich ihrer sehr energisch anzunehmen. Ich erwarte zunächst postwendend den Kostenanschlag. So lange das „Theater" existiert, haben sich die Leute „vom Bau" gegen Neuerungen gewehrt. Das macht mich nicht irre. Deshalb sind wir ja so weit zurück. In dem trüben Dunkel all der alten Bühnenhäuser haust das konservativste und faulste Pack, die schlimmsten Orthodoxen. Hätte ich all diesen Ochsen Gehör geschenkt, so wären wir heute nicht da, wo wir sind.
Also, ich verlasse mich auf Dich. Die Drehbühne steht funkelnagel fertig, wenn die Saison beginnt! Will Vallentin nicht damit arbeiten, so soll er es bleiben lassen. Ich will ihn, wenn ich's auch könnte, keineswegs zwingen. Er hat seine Pläne mit Slevogt ausgearbeitet und wenn die wesentlich darunter leiden sollten, wäre ich selbst dagegen. Die von Dir angegeb. Änderungen erschienen mir allerdings ganz unwesentlich. Ich bitte Dich, ihm das nun bis ins I-tipfelchen genau zu schreiben und genau, sauber u. deutlich aufzuzeichnen, alle Änderungen *festzulegen* und dann seine Entscheidung zu erbitten. *Entscheiden soll er selbst.* Er soll nachher nicht schimpfen dürfen. Nach der Entscheidung muß ein genaues Modell angefertigt und sofort mit der Arbeit begonnen werden. Hauptsache in der genauen Befolgung der Slevogt'schen Skizze ist die *genaue* Nachahmung und Übertragung der Farben. Ich bin sehr für die Drehbühne, sowohl für „Lust. Weiber" als auch für „Kronprät.".
Erstens: müssen wir gleich zu Beginn der Saison mit dieser Neuerung verblüffen.
Zweitens: wenn schon wieder neue Dekorationen gemacht werden, so sollen sie gleich für die Drehbühne gemacht werden, damit sie, da diese später oft u. oft, so oft als eben möglich u. nötig, Verwendung finden soll, für die Drehb. auch später zu verwenden sein. In Zukunft wird eben gleich auf dem Modell der Drehb. gearbeitet werden u. in allen Skizzen im vornhinein darauf Rücksicht genommen werden. Dann stellt sich die Sache ganz anders. (Es wäre sehr empfehlenswert, dann ein großes praktikables Modell mit allem, was dazu gehört, etwa in der Größe meines runden Tisches (Büro), herzustellen.)
Da diese Vorarbeit hier nicht so möglich war, so soll Vallentin seine Freiheit haben. Aber jedenfalls gib ihm eine genaue schöngezeichnete Einteilung. Ich werde auch noch in diesem Sinne an ihn schreiben. Bei den „Kronprätendenten" werden die Schwierigkeiten größer sein. Daran ist ja kein Zweifel. Trotzdem wäre es mir ungemein wünschenswert, u. es erscheint mir zunächst nicht unmöglich. Lasse Dir von Knina, Walser die Skizzen zeigen und versucht eine Einteilung. Flüchtig und oberflächlich habe ich sie bereits mit Knina, Ober[länder] u. Walser besprochen. Ersterer wird noch verschied. Details wissen. Schickt einen Plan davon. Dann will ich mich entscheiden. Freilich sind hier im Ganzen größere u. weitere Räume nötig, trotzdem gehts vielleicht. Wenn nicht – die Entscheidung behalte ich mir in diesem Fall vor – werde ich eben auch darauf verzichten müssen. Ich lese das Stück eben daraufhin durch, erwarte aber umgehend eure Pläne.
Die Drehbühne aber wird auf jeden Fall gemacht, aus Eisen u. so groß wie möglich, mit der denkbar niedrigsten Erhöhung vom Bühnenpodium, leicht aufstellbar u. leicht regulierbar. Vergeßt eine Versenkungsmöglichkeit nicht. Zur Drehbühne noch gehörig und sehr wichtig ist die Lösung der Plafondfrage für die Drehbühne und die Himmelswölbung. Erstere *muß* irgendwie so gelöst werden, daß die Plafonds nicht von oben hängen und runtergelassen werden, sondern auf den Zim-

mern fest liegen. Das *muß* zu lösen sein. Strengt eure Köpfe an. Das *kann* nicht unlösbar sein und würde nur kolossale Vorteile bringen. Davon *hängt sehr, sehr viel ab.*

Die Himmelswölbung ist, wie ich gerne zugestehe, viel, viel schwieriger. Auch sie wird eines Tages sicher gelöst werden, aber vielleicht nicht von uns, was ja sehr bedauerlich ist. Läßt sich denn das, was wir von Fortuny wissen, nicht benützen? So viel steht fest, es muß transparentes Material sein. Dann kann man *alles* machen. Zu erwägen wäre Shirting, Seide (himmelblau) oder jenes transparente Material, das sonst an Stelle des Fensterglases verwendet wird. Sollte die Kuppelwölbung undurchführbar sein, so müßte die Sache eben in der Art des „Salome"-Himmels gelöst werden. Rund und so hoch als möglich – Panorama. Freilich müßte – und das in jedem Falle – gleich im vorhinein der Schnürboden so eingerichtet werden, daß man alles so hoch ziehen kann, damit man oben nichts sieht. Dann könnte man, wie in d. „Salome", die Wölbung sparen.

In jedem Fall aber, ob Drehbühne, ob nicht, ob Tag oder Nacht, ob Fortuny oder Held oder Knina oder der Teufel selbst – die gottverfluchten Soffitten müssen ein für allemal verschwinden. Diese hundserbärmlichen Fetzen hängen noch in unser heutiges Theater aus jener Zeit hinein, in der man die Wäsche wegtat, wenn die Komödianten kamen.

Diese Fragen müssen aber unbedingt vor Beginn der nächsten Saison gelöst werden. Wir haben ja nun Erfahrung genug und wollen doch nicht wieder nächtelang im Parkett des N. Th. sitzen und trostlos gen „Himmel" starren und diese himmlische Frage zwischen 3–5 Uhr morgens ausbrüten. Also brütet jetzt, brütet! Die Eier sind da, die Sonne auch – also los! Ich will die Hähne schreien hören, wenn ich im August nach Berlin komme.

Also bis jetzt haben wir: Drehbühne, Plafonds, Himmel.

Nun weiter:

Große Versenkung rückwärts.

Ich erwarte sobald als möglich genauen Anschlag. Wenn's nicht zu teuer ist, will ich bei Edmund dafür plädieren.

Orchester

Wie steht's mit der Herrichtung des stabilen Orchesterraums? Interpelliere Knina. Wie stehts mit dem Zusammendrängen der Reihen, so daß keine Reihe verloren geht u. doch die genügende Schallöffnung bleibt (eine Reihe). Es muß die Konstruktion des Bayreuther Schalldeckels hierbei berücksichtigt werden, wie er ja auch im Prinzregenten-Theater angebracht ist. Bei uns würde er *natürlich kleiner sein,* hätte noch den großen Vorteil, nebenbei die geplante Orchesterrampe zu verdecken.

Querschnitt:

Die Wölbung dieses Deckels ist, glaub' ich, genau festgesetzt.

Orchesterrampe

Nach der Drehbühne mir das *Allerwichtigste.*

Die Orchesterrampe löst endlich ein lange bestehendes Problem in der glücklichsten Weise. Diese u. der stabile Orchesterabschnitt muß ebenfalls zum Beginn der Saison fertig werden. Ich weiß nicht, ob Edmund sich inzwischen mit Knina schon über die nötigen Veränderungen im Orchesterraum selbst geeinigt hat. Wenn nicht, so hat das, da der „Manfred" ja verschoben und kein Musikstück die Saison eröffnet, event. noch Zeit! Aber der Spalt und das abschließende Geländer, das natürlich so stabil u. fest als möglich sein muß, sind unbedingt fertigzustellen, da sonst auch die Rampe nicht anzubringen ist. Edm. hat sich, glaub' ich, schon einmal einen Anschlag für ein festes, schönes Geländer im Stil der Sitzreihen machen lassen. Es sollte etwas geschweift, sehr massiv und oben mit Plüsch belegt sein (Nichts zum Draufstellen). Am Besten wäre es, rasch Zeichnung u. Anschlag machen zu lassen. Den Längsschnitt denke ich mir parallel zur bisher. Bühnenrampe, nur i. d. *Mitte womöglich mehr ausgebaucht.*

a) Die Orchesterrampe soll zweiteilig zu regulieren sein, so daß auch nur die rechte oder die linke Hälfte allein brennen kann.

b) Bei dieser Rampe könnte der Versuch mit dem *Spiegel* leicht zu machen sein. Und *hier soll er auch gemacht werden,* da diese Vorderrampe auch nicht genug stark sein kann! Es sollen auch die *stärksten* Lampen hinein.

c) Für diese Rampe bin ich unter allen Umständen, für die Einrichtung des Deutschen Theaters Farbenzylinder. (Dort leicht zu besichtigen).
Das hat den Vorteil, daß stets in jeder Farbe die ganze Stärke der Rampe brennt, nicht nur jede dritte Lampe, auch schönere Übergänge u. Farben.

d) Sehr schön wäre es schließlich, wenn diese Rampe durch einen Mann, der sie im Orchesterraum bedient, so reguliert werden kann, daß sie höher und tiefer zu stellen ist, je nachdem man's auf der Bühne braucht (geräuschlos).

e) Auch der Platz für einen Scheinwerfer u. den ihn bedienenden Mann soll im Orchesterraum *vorgesehen* werden.
All diese Dinge sind mir, wie gesagt, ungemein wichtig!!

Fußrampe (Bühnenrampe). Auch hier hat mir Knina die Zweiteilung versprochen. Auch hier wäre mir die Anbringung der Spiegel und der Zylinder u. der starken Lampen sehr erwünscht, ebenso in der Oberrampe.

Seitenrampen sogenannte Portal-Kul. Wie steht's mit ihnen bei den neuen Mänteln? Ich möchte sie nicht gerne missen.

Bogenlampen, Scheinwerfer

Knina möge sie in genügender Anzahl vorsehen, damit wir keinen Aufenthalt haben, auch günstige Plätze auf den Galerien dafür. Wir brauchen schon in den „Lustigen Weibern" *„Sonne"!*

Elektrizitätsmenge

Knina sagte mir, glaub' ich, einmal, wir hätten nicht so viel Lichtquantum, nicht so viel Strom, um so viel Körper zu speisen. Nun, da müssen wir sicher rechtzeitig disponieren. Das muß doch jetzt bei der A.E.G. leicht zu machen sein. In jedem Falle muß das sofort geschehen.

Licht ist die Hauptsache! „Also mehr Licht"!

Mantel u. Portalkulisse. Sind sie schon mit dem grauen Steinplüsch von Bernheimer überzogen? *Es soll noch etwas unterlegt werden, damit sie recht wuchtig und massiv wirken.*

Die Skizze für das Ornament darauf – habe ich wohl inzwischen. Dieses muß aus Altgold (antik) (Borten oder Schnüre) aufgenäht werden. Die Fenster für den Feuerwehrmann müssen genau in der Farbe des Plüsch graugestrichen werden, damit sie nicht sichtbar sind.

Zwischenvorhang. Dafür habe ich eine sehr schöne Skizze von Walser, über die ich jedoch noch mit ihm sprechen muß. Wie lange kann die Übertragung einer solchen Skizze auf den schon bestehenden Vorhang unter Aufsicht Walsers dauern?

Hauptvorhang. Urgiere bei Cassirer die Skizze. (Slevogt.)

Posten für den Regisseur oder d. Beleucht.-Inspektor neben dem Souffleurkasten.

Er soll für zwei Leute nebeneinander berechnet werden, ein Sprachrohr zum Beleuchter und eins in das Orchester haben. Wenn es geht, ein Guckloch in den Zuschauerraum, das wäre sehr gut.

Teppichspalte. Die wolltest Du doch vorn einrichten u. zw. so, daß man den Teppich, der etwa auf einer Walze aufgerollt ist, vorn hinausziehen kann, oder einfacher. Die Höhenzüge sind ohnehin zu sehr belastet. Auch macht es zu viel Staub, wenn der T. von oben fällt.

Grasteppich. Den wolltest Du doch besorgen in Dresden oder wo. Wie steht's damit?

Hecken. Sind die in München bestellt worden? Was ist mit den Bäumen? Da sollte er eine Skizze bekommen, z.B. von dem Eichbaum im letzten Akt der „Lustigen Weiber". Laß doch Knina eine detail. Skizze für Stamm u. Zweige machen.

Das Bühnenpodium muß gründlich gewaschen und nachgesehen werden, daß es nicht so knarrt und ächzt und staubt.

Die Züge, Versenkung, Vorhänge müssen nachgesehen werden u. geschmiert, daß sie nicht solchen Lärm machen, sondern geräuschlos gehen. Namentlich die Vorhänge zischen. Das wollen wir doch denen vor dem Vorhang überlassen. Dies Vorhangzischen irritiert u. deprimiert oft.

Moos. Ich meine ausnahmsweise Waldmoos! Das wollten wir doch von dem Heckenmann in München beziehen, das soll doch dort sehr viel billiger sein, und wir können es sehr gut gebrauchen.

Hinterbühne. Da muß auch Beleuchtung hin, wenn sie benutzt werden soll. Damit haperte es immer bisher. Zwei kleine Lampen würden sehr gut angebracht sein. Auch Züge sind wohl zu wenig. Kann man dort in die Tiefe? Ich meine ohne Versenkung, wenn man Bretter abhebt? Wir brauchten dort auch zur Abdeckung zwei Panoramazüge links u. rechts a.d. Wand.

Kranz soll nachgesehen werden, ebenso die Beleuchtungskörper im Zuschauerraum, Foyers u. Garderoben.

Bühnendach, Türen zum Magazin müssen gut nachgesehen werden, daß sie gut und sicher zu schließen sind. Da beides offenbar nicht ganz fest ist, donnert es stets, wenn etwas Wind geht. Das ist ungemein störend. Eine genaue Untersuchung und Beseitigung dieses großen Übelstandes ist mir ungemein wichtig.

Magazin u. Bühne etc. müssen so geräumt werden, daß nur das Notwendigste wohl geordnet und leicht auffindbar im Theater ist. Das andere muß im *großen* Magazin lagern.

Das Atelier möge inzwischen an der Ausbesserung der Gastspieldekorationen arbeiten.

Die Kulissenwagen u. die dazu gehör. Stollen etc. sollen nachgesehen und zum Gebrauch alle wieder hergestellt werden. Sie haben sich ja sehr gut bewährt. *Mir sehr wichtig!*

Zuschauerraum. Anfrage bei Edmund?? – Wie steht es schließlich mit den nötigen Reinigungsarbeiten u. Renovierungen seitens der Hausbesitzer? Die Sitze müssen genau nachgesehen werden, geschmiert werden, knarren. Sie sind zerbrochen oder wackeln. Der Stuck kann gereinigt, alles abgestaubt, geputzt und ordentlich gelüftet werden. Sehr wichtig ist, daß die Türen in den Zuschauerraum (Logen u. Gängen) geräuschlos schließen.

Wimmer. Warum hat er abgelehnt. Das tut mit sehr leid. Welchen Maler haben wir nun. Wir müssen einen selbständigen routinierten und guten Dekorat. Maler haben u. zw. sofort. Verständige Dich hierüber mit Edmund.

Notiz. Wer brachte diese Notiz in die Zeitung von der Drehbühne? Wann und wo stand sie? Sehr unangenehm und geradezu unbegreiflich. Wahrscheinlich wieder Kaffeehausklatsch der Mitglieder, vor denen ja alles laut verhandelt wird. Es soll *nichts,* absolut nichts von unseren Vorarbeiten verlauten. Außer Tageblatt, Börsencourier u. Tag lese ich hier nichts. Sollte sonst irgendwo was über uns geschrieben sein, schicke es mir sofort.

Bühnenpläne. Ich bitte Dich, mir verschiedene Bühnenpläne mit eingezeichneter Drehbühne möglichst bald zu senden.

Zirkusteppich. Knina wollte sich nach dem Preis dieser dicken Filzmatten erkundigen, die im Zirkus aufliegen. Die könnten wir großartig gebrauchen.

Und nun noch einiges vom Kleinen Theater

Polizeiliche Verordungen. Wie steht es mit ihnen? Da ist doch keine Gefahr? *Erledigt nur sofort alles, was die Leute verlangen,* damit sie uns ja keine Schwierigkeiten machen können. Ich glaube, sie würden gerne eine Gelegenheit ergreifen. Wir müssen uns höllisch in Acht nehmen und alles sofort u. rasch erledigen.

Was ist mit dem Logenaufgang, den Galerien zwischen den Garderoben etc. etc.

Sitzordnung. Du hast doch einmal eine Veränderung vorgeschlagen und mit ihnen bereits durchgesprochen, die mir sehr gut gefiel. *Rege doch die Sache gleich wieder energisch an.* Das ginge in Einem und wir hätten auch gute Plätze gewonnen. *Wichtig!* Auch die Störungen durch die Zuspätkommenden wären seitlich viel schwächer.

Großes Schauspielhaus, Foyer

Bühne des Kl. Theaters muß auch in allen Details nachgesehen werden. Ich weiß augenblicklich nicht genau, was dort fehlt oder schadhaft geworden ist. Jedenfalls müssen die paar freien Tage genutzt werden. Auch dort tut vor allem Reinigung, Waschen und Lüften gründlich not.

Souffleurkasten. Da soll ein quadratischer Würfel über den bisherigen Kasten kommen, am besten Holz oder Rabitz als Quaderstein bemalt, wie wir ihn im Residenzth. in München sahen. Es wird viel besser aussehen. Wir ersparen uns das spärliche, faule Grünzeug darum, außerdem dämpft das den Schall durch die doppelte Verschalung, die noch etwas über die unsere hinausgehen kann, noch besser ab, und das tut not. Die Kiste kann auch nochmals innen wattiert werden.

Garderoben der Schauspieler müßten endlich tapeziert werden. Bitte verständige Dich mit Edmund dieserhalb sofort per express, damit das noch vor Eintreffen der Mitglieder geschehen kann. Ich halte es für ungemein wichtig. Auch die Türen müssen alle nachgesehen u. verbessert werden. Sie funktionieren nicht. Wie steht's denn mit den Klosetts u. d. Heizung?

Der Zuschauerraum muß genau nachgesehen, abgestaubt, gereinigt und gelüftet werden. Viele Stellen der Malerei sind abgekratzt, die Leinwand rissig u. hängt zum Teil in Fetzen von der Wand. Es wird ein Leichtes sein, das alles gründlich zu reparieren. Ich bitte Dich sehr darum, das nicht zu vergessen. Die Zeit jetzt ist sehr kurz und es sah gerade in dem Kl. Th. schon schandbar aus.

Mittelsäule mit Beleuchtungskörper im Foyer

Kuppel des Zuschauerraums über der Arena-Bühne

Die Krone muß genau nachgesehen und auch ihre Befestigung wieder geprüft werden.

Auch die Sitzreihen sind im Kl. Theater äußerst schadhaft, zum Teil zerbrochen, zum Teil losgelöst, wackelnd, und alles knarrt u. kracht u. ächzt. Ich bitte Dich, lasse alles nachsehen, ausbessern, schmieren, feilen, leimen, befestigen. Auch das Linoleum soll gründlich aufgewaschen, die Teppiche geklopft u. geputzt werden.

Polizeiverordnung Musik. Wie steht es denn eigentlich damit. Ich habe nie wieder etwas gehört. Frage gelegentlich bei Glasenapp an. (Wirtshausmusik.)

Geruch. Daß die Türen u. Fenster zur Küche gut schließen, um diesen scheußlichen Küchengeruch abzuschließen. Wie ist es denn mit der Vermauerung jener Bodentüre, die die Polizei ursprünglich forderte? Auch da müssen Züge, Vorhänge, Aufzüge etc. nachgesehen, geschmiert u. repariert werden. Du wirst ja noch manches wissen. Vieles wird Dir noch selber für beide Theater einfallen. Ich bitte Dich nur dringend, nichts zu unterlassen und nichts außer Acht zu lassen. Die Zeit muß gründlich genutzt werden.

Glasenapp. Sollten noch Untersuchungen stattfinden oder sich sonst Schwierigkeiten ergeben, neue Verordnungen kommen, so weist doch daraufhin, welche Kosten wir speziell schon für dieses Kleine Theater aufgewandt haben, wie wenig Personen das Haus faßt und zu welcher ernsten Höhe wir dieses Kleine Theater in dieser kurzen Zeit gebracht haben. Ich weiß, daß Glasenapp sich diesen künstlerischen Motiven nie verschließt. Wir haben ja bis jetzt wirklich keine Kosten gescheut, allen Anforderungen sofort entsprochen und sind auch selbst, ohne behördliche Nötigung, fortdauernd bestrebt, alles zu bessern, schöner und sicherer zu machen. Das Kleine Theater ist bei seiner geringen Einnahmemöglichkeit wirklich ein *rein* künstlerisches Unternehmen, und nur durch den Zusammenhang *beider Theater* ist der große künstlerische Aufwand möglich, den wir *wie kein zweites Theater* in Berlin treiben.

Aber wir sind damit auch an der Grenze der Möglichkeiten angelangt und können neue erhebliche Belastungen ohne schwere finanzielle Gefährdung nicht ertragen. Die Herren mögen doch nicht vergessen, daß hier *über hundert Menschen wirtschaftlich vom Theater abhängen,* daß diese beiden Theater eine stattliche Menge von Menschen in Brot setzen und dabei eine ernste, künstlerische Mission erfüllen. Gerade jetzt, wo wir Klassiker spielen und so oft für die Schulen ganz unentgeltlich, hätte die Behörde allen Grund, solche Unternehmung zu stützen und ihr keine Hindernisse in den Weg zu legen.

Es wäre sehr gut, wenn Du diese Dinge gelegentlich betontest und sogar irgend eine Gelegenheit dazu suchtest.

Die Herren, die im Residenztheater und im Wintergarten etc. oft ein Auge zudrücken, wie wir wissen, vergessen zu leicht den Unterschied der Qualität, der dort, wo man bei alten Theatern eben Konzessionen machen muß, eine große Rolle spielt.

Im übrigen gibt es kein Theater mit so wenig Sitzen!! Das darf man nie vergessen.
Schließlich bitte ich Dich, diesen Brief mit Knina genau durchzugehen, die Arbeiten und die Verantwortung für alles Einzelne zu verteilen und Punkt für Punkt zu besprechen. Es ist viel, ich weiß, aber es ist ja im Wesentlichen das, was ich mit Dir oder Knina schon selbst besprochen habe. Vieles kann auch der Theatermeister übernehmen. Ich schreibe hier alles an Dich, der Einfachheit wegen und weil wir in München ja schon über das Meiste im Detail gesprochen haben und Du mich daher am raschesten verstehen wirst. Auch möchte ich, daß Du das *Ganze* im Auge behältst und kontrollierst, ob auch alles gemacht und vorwärts geht. Die Zeit ist sehr kurz, und wenn diese Dinge alle ausgeführt werden, von denen ja viele selbstverständlich sind, so ist technisch alles geschehen, was geschehen kann, und das Theater an sich steht gewappnet dem schweren Kampfe gegenüber, den wir zu erwarten haben. Denn es wird in diesem Jahr ein bitterer und harter Kampf! Wir arbeiten auch fortgesetzt in den anderen Ressorts! Ähnliche Briefe schreibe ich an Hollaender, Kahane, Vallentin, Edmund u. Frisch. Im Künstlerischen spielt ja das Glück eine große Rolle, aber technisch müssen wir, wenn die Saison beginnt, firm dastehen, und in *dieser Richtung* dürfen keine Hindernisse liegen!!
Ich habe auch volles Vertrauen zu euch. Habt ihr doch bisher Glänzendes geleistet. Also nehmt euch auch dieser allerwichtigsten Vorarbeit mit aller Energie an und *führt sie Punkt für Punkt durch.*
Grüße Knina herzlich von mir und lege ihm meine Wünsche dringend ans Herz. Für Dich soll es, Deinem Willen zufolge, der Schwanengesang sein. Ich glaube zwar nicht an die „Schwanerei". Aber wie Du willst. Singe nur recht schön. Die Macht des Gesanges hat schon Wunder gewirkt. Vielleicht ergibt sich hieraus noch Manches. Mit herzlichen Grüßen an Deine Frau und Dich bleibe ich Dir in alter, *unveränderter* freundschaftlicher Neigung zugetan.

Dein Max Reinhardt
Madonna di Campiglio 21. Juli 1904
Alpenhaus

Kuppelsäulen und obere Ränge des Zuschauerraums

Bühnenarchitrav und Hauptbühne

Großes Schauspielhaus, Zuschauerraum mit Blick auf Arena- und Hauptbühne

Knut Boeser
In eine heitere und reine Luft der Schönheit

Berlin, Silvester 1900. Einige Schauspieler, die sich unter dem Namen *Die Brille* zusammengeschlossen hatten, unterhielten einige geladene Gäste im Künstlerhaus in der Bellevuestraße mit einem heiteren literarisch-musikalischen Programm. Einer der Schauspieler war Max Reinhardt. Der Abend war ein solcher Erfolg, daß er wenig später öffentlich mit dem gleichen Erfolg unter dem Titel *Schall und Rauch* verschiedene Male wiederholt werden konnte. Im Herbst wurde dann unter der Direktion von Bertold Held und Dr. Hans Oberländer das Theater *Schall und Rauch* Unter den Linden eröffnet. Reinhardt gehörte der Direktion noch nicht an, weil er noch als Schauspieler am Deutschen Theater engagiert war. 1902 erhielt das Theater *Schall und Rauch*, das bis dahin Parodien und Sketche und Einakter aufgeführt hatte, die Erlaubnis, abendfüllende Stücke zu spielen – und man begann sofort unter dem neuen Namen *Kleines Theater* neue Stücke aufzuführen von Bahr, Gorki, Hofmannsthal, Ibsen, Schnitzler, Strindberg, Tschechow, Wedekind, Wilde. Reinhardt kündigte dem Deutschen Theater, wechselte zum Kleinen Theater und übernahm 1903 auch die Direktion des Neuen Theaters am Schiffbauerdamm. Richard Valentin hatte im Kleinen Theater Gorkis Nachtasyl inszeniert und einen sensationellen Erfolg errungen. Reinhardt übernahm das Stück ins Theater am Schiffbauerdamm, weil er den Erfolg geschäftlich nutzen wollte. Er selbst inszenierte Offenbachs Operette „Die schöne Helena", brachte dann Lessings „Minna von Barnhelm", Schillers „Kabale und Liebe" und Shakespeares „Sommernachtstraum" heraus – und hielt sich von Anfang an an den Plan, den er 1901 unter dem Titel „Über ein Theater, wie es mir vorschwebt" niedergeschrieben hatte. Reinhardt wußte sehr früh sehr genau was er wollte. Dieser kleine Aufsatz liest sich wie ein Fahrplan seines Lebens – und er hielt sich daran. Was ihm vorschwebte, war ein Theater, das den Menschen Freude geben sollte. Die Menschen sollten im Theater „über sich selbst hinausgeführt werden in eine heitere und reine Luft der Schönheit." Zwar, schrieb Reinhardt, wollte er nicht auf die Errungenschaften des Naturalismus verzichten – das sei seine Schule gewesen, die ihn gelehrt hätte, daß Kunst immer mit Wahrheit zu tun habe – aber er kritisierte den Naturalismus, weil der das Leben auf der Bühne eingeengt hätte auf den Armeleutegeruch. Er wollte eine tiefe und verfeinerte Seelenkunst, er wollte das Leben von einer anderen Seite als der pessimistischen Verneinung zeigen – allerdings ebenso wahr, wie der Naturalismus das Leben geschildert hatte. Er glaubte das tun zu können, weil eine Reihe neuer Autoren neue Stükke geschrieben hatten, die neue Wege gingen. Er nannte in diesem Aufsatz Tolstoi, der mit seiner Kunst weit über den Naturalismus hinausgewachsen sei, er nannte Strindberg, Hamsun, Maeterlinck und Wilde, Wedekind und Hofmannsthal. Alle neuen Begabungen sollten ihm willkommen sein. Er wollte damit sagen, daß das neue Theater zwar nur möglich sei mit einer neuen dramatischen Literatur, allerdings sollten die literarischen Gesichtspunkte nicht länger die wichtigsten sein. Er sei Schauspieler, schrieb er, und für ihn sei der natürliche Mittelpunkt des Theaters der Schauspieler, allerdings nur dann, wenn er in der Lage sei, das alte Pathos abzulegen und es durch ein „Pathos von heute" zu ersetzen. Reinhardt träumte von einer „Art Kammermusik des Theaters" und meinte damit ein kleines Ensemble hervorragender Schauspieler, die wie in einem Akkord zusammen klingen sollten. So ein Ensemble sollte sein Instrument sein, auf dem er wie ein Geiger auf einer kostbaren alten Geige spielen wollte, er wollte der Dirigent eines Orchesters von Schauspielern sein, die ihm blindlings vertrauen und gehorchen. Und mit so einem Ensemble wollte er Klassiker spielen, „den heiligsten Besitz des Theaters". Schauspieler sei einer erst, schrieb Reinhardt, wenn er Shakespeare spielen könne. Die Schwierigkeit sei nur, die alten Stükke von dem alten Pathos, von der Langeweile, von der erstarrten Deklamation der Hoftheatertradition zu befreien, den Staub, der sich über diese Stücke gelegt hätte, wegzufegen. „Man muß die Klassiker neu spielen; man muß sie so spielen, wie wenn es Dichter von heute, ihre Werke Leben von heute wären. Man muß sie mit dem Geist unserer Zeit begreifen, mit den Mitteln des Theaters von heute, mit den besten Errungenschaften unserer heutigen Schauspielkunst spielen." So sollte neues Leben über die Bühne kommen. Das Theater sollte zum festlichen Spiel werden, denn das sei seine eigentliche Bestimmung. „Farbe und Musik und Größe und Pracht und Heiterkeit." Reinhardt schrieb, wie sehr er sich nach Farbe und Musik sehne, wie sehr nötig es sei, die besten Maler und Musiker im Theater zu beschäftigen, die Besten aus jeder Disziplin, damit der Traum vom Gesamtkunstwerk, das das Theater ja ist, in Erfüllung gehen möge. Und um dieses Theater spielen zu können, müßte man zwei Bühnen haben. Eine große für die Klassiker, eine kleine, intime für die Kammerkunst der modernen Dichter. Und seine Schauspieler sollten an beiden Bühnen spielen, damit sie in der Lage wären, die modernen Stücke wie Klassiker und die Klassiker wie moderne Kammerspiele zu spielen. Und dann wollte er noch eine dritte Bühne dazu haben, ein Festspielhaus, „ein Haus des Lichts und der Weihe, im Geiste der Griechen" für die große Kunst aller Zeiten bestimmt, eine Art Amphietheater, in dem die Zuschauer unmittelbar hineingezogen würden in das Spielgeschehen und so selbst Teil der Handlung würden. Reinhardt wollte den engen Bühnenrahmen sprengen, die theatralische Wirkung erweitern und steigern und zwar sowohl nach der intimen wie auch nach der monumentalen Seite hin, um so die ungeahnten Möglichkeiten des Theaters zu vermehren. Und mit all dem, was er in seinen kleinen und großen Theatern genau ausprobiert haben würde, wollte er auf Reisen gehen, um sich vor einem neuen Publikum erneuern zu können – und auch, so schloß er lakonisch, weil er „sich nirgends so wohl fühle wie auf Reisen."

Ich bin auf diesen kleinen Aufsatz aus dem Jahr 1901 deshalb so ausführlich eingegangen, weil er in erstaunlicher Weise all das vorwegnimmt, was Reinhardt dann später verwirklicht hat, und was den Erfolg seines Theaters ausgemacht hat; und zwar bis zum heutigen Tage.

Theater wirkt unmittelbar. Und das macht die Wirkung des Theaters aus: daß da unmittelbar miterlebt werden kann, was auf der Bühne im flüchtigen Augenblick passiert: dieser einmalige, unwiederbringliche Augenblick, in dem sich ein Konflikt verdichtet in Ausbrüchen der Leidenschaft, in der Gebärde der Angst, in Gesten des Hasses, der Wut, der Ohnmacht, in Worten der Zärtlichkeit und Liebe. Von diesem Augenblick, der die Psyche des Zuschauers in Aufruhr versetzt, geht der Bann des Theaters aus. All das, was das Theater erzählt, kennt jeder an sich. Häufig genug verbirgt man es in sich vor sich. Das macht einem sich selbst fremd und flößt einem Furcht ein. Unterdrückte Aggressionen, verbotene Sehnsüchte, vergessene Träume, verdrängte Hoffnungen – all das macht das Theater wach. Und das macht das Theater so attraktiv, weil es den Zuschauern erlaubt in der Ausnahmesituation der Veranstaltung die ansonsten streng reglementierte Phantasie tatsächlich sensationell frei zu machen von Zwängen des Alltags.

Wer immer Reinhardt und sein Theater beschrieben hat, versuchte hinter das Geheimnis seines Erfolges zu kommen, hinter die Faszination, die er ausgeübt haben muß auf all die, mit deren Hilfe sein Theater zu dem wurde, dessen Spuren wir in diesem Buch sichern wollten. Es ist ein Buch für Liebhaber. Ich habe mir damit einen Wunsch erfüllt. Wenn man das Buch durchblättert, wenn man Reinhardts Briefe, Reden und Aufsätze liest, wenn man liest, wie die einzelnen Inszenierungen zustande gekommen sind, mit wieviel Mühe, wieviel Phantasie, mit wieviel Genauigkeit in der Vorbereitung und Durchführung, mit wieviel Aufmerksamkeit bis in das kleinste Detail, mit welchen hervorragenden Mitarbeitern, wird man sehen, warum Max Reinhardt für uns heute zu einem Mythos geworden ist: weil er das moderne deutsche Theater begründet hat. Er wirkt bis heute auf unseren Bühnen. So erlebt man ihn noch heute unmittelbar. Denn er ist nicht so lebendig, weil er Gegenstand der wissenschaftlichen Forschung und Publizität geworden ist, die ihn und sein Werk detailliert analysiert und beschrieben haben, sondern umgekehrt: Max Reinhardt und sein Theater sind deshalb zum Gegenstand des wissenschaftlichen Interesses geworden, weil all das, was unser Theater heute ausmacht, von ihm kommt und man mit seinem Theater den Beginn unseres Theaters beschreiben kann.

Während der Arbeit an diesem Buch, als wir das verstreute Material aus Büchern, Zeitschriften, Programmheften und Archiven sammelten, kam die Frage auf, ob man heute, nach zwei Weltkriegen, nach all den politischen, ökonomischen und ökologischen Katastrophen, noch so einfach behaupten kann, das Theater soll den Menschen Freude geben, es soll sie über sich selbst hinausführen in die heitere und reine Luft der Schönheit – wenn es doch gleichzeitig wahr sein soll. Ist das heute überhaupt noch möglich, daß man Wahrheit und Schönheit, Wahrheit und glückliche Zeit zusammendenken kann? Ist diese Trias, der sich die Kunst verschrieben hat – das Wahre, Gute und Schöne – eine unmögliche Kopplung, insofern das Eine, die Wahrheit, das Andere, das Gute und Schöne, wenn die Beschreibung der Welt denn wahr sein soll, ausschließt? Ist heute die Behauptung eines Prinzips namens Hoffnung, all das, was das Denken als positive Utopie imaginieren kann, bloß naive Schwärmerei, leichtfertige Ablenkung, falsche Unterhaltung, gehobene Freizeitindustrie, Philosophentinneff, Talmi, falscher Glanz – also schöne Lüge, die, wenn überhaupt, die realen Bedürfnisse nur scheinbar befriedigt und damit stumm macht? Können wir uns, wenn wir zum Beispiel Theater machen, noch einreden, daß wir sinnvoll arbeiten? Die Klassiker sollen nach Reinhardt wie heutige Stücke gespielt werden; die heutigen Stücke wie Klassiker. Geht das?

Auf dem Theater sind schon immer aktuelle Konflikte im historischen Kostüm behandelt worden. Der antike Mythos war ein Fundus, dessen Stoffe von den Dramatikern immer wieder benutzt wurden. Jede Variation des alten Stoffes machte die soziale und politische Differenz deutlich. Dasselbe Sujet verschieden und neu zu erzählen, hat durchaus eine polemische Funktion. Das ist ein altes Mittel der Dramatiker. In der griechischen Antike wurden die immer selben Stoffe immer wieder umgeschrieben. Beispiel: Innerhalb von 10 Jahren schrieben Sophokles und Euripides je ein *Herakles*-Drama. Der erste, Sophokles, um zu beweisen, daß es gut wäre, den Göttern und jeder Autorität zu gehorchen. Bei ihm erledigt Herakles die berühmten Arbeiten und wird dafür von den Göttern mit Unsterblichkeit belohnt. Das war mehr, als eine bloß idealistische Konstruktion. Sophokles gehörte wenige Jahre, nachdem er sein Drama über den Gehorsam geschrieben hatte, als die athenische Demokratie zusammengebrochen war und ein Junta die Macht übernommen hatte, zu den 30 Tyrannen, unter deren kurzer Herrschaft mehr Leute umgebracht wurden, als während des gesamten peloponesischen Krieges gefallen waren. In dieser Zeit mußte Euripides aus Athen flüchten. Er war ein bürgerlicher Revolutionär, ein Republikaner, ein radikaler Demokrat, damit ein gefährliches, subversives Subjekt, was man seinem Heraklesstück schon hatte entnehmen können. Bei ihm erledigte Herakles die Arbeiten, weil sie nötig waren, aus eigener Verantwortung, weil sich sonst niemand, und auch die Götter nicht, darum kümmerte. Als ihn darauf die Götter, denen er unheimlich und damit gefährlich war, zu sich holen wollten, als Zeus ihm anbot, ihn als Sohn anzunehmen, da lehnte Herakles ab. Sein Vater, läßt Euripides sagen, sei der Greis Amphytrion, ein Sterblicher wie er, der die Götter nicht mehr benötige. Euripides hat ein Stück über die Emanzipation der menschlichen Vernunft geschrieben, darüber, wie sich im Prozeß der Zivilisation die Vernunft freimacht von den Gaukelbildern der Magie, und darüber, wie mit der Zunahme des positiven Wissens Religion überflüssig geworden ist, sowohl als Trostmittel wie auch als Mittel der Dressur.

Wenn Sophokles den Mythos von Herakles so erzählt, daß die Götter den menschlichen Helden für seine Arbeit belohnen, wenn Herakles dankbar den Kopf beugt und das Recht der Götter anerkennt, dann ist das ein Stück, das die Herrschaft der Fürsten als göttliches Recht begründen will, gegen den Anspruch der republikanischen Revolutionäre, die demokratische Rechte beanspruchen. Der Held Herakles unterwirft sich; und so soll sich jeder unterwerfen. Wenn Euripides dagegen den Mythos umdreht und Herakles gegen die Götter opponieren und Recht behalten läßt und damit die Ansprüche des Volkes gegen die Ansprüche der Feudalen verteidigt, dann ruft er damit zum Widerstand gegen die Willkürherrschaft der Tyrannis auf. Und man sieht, wozu die aktuelle Uminterpretierung historischer Figuren taugt: für den aktuellen politischen Kampf. Das Ganze setzt aber etwas voraus: historisches Bewußtsein. Jeder muß den Mythos kennen, um die Variation verstehen zu können als Polemik und politischen Zündstoff. Und zweitens setzt das ein lebendiges Theater voraus, das schnell auf politische Veränderungen reagiert. Sonst kann dieses bewährte Theatermittel der Aufklärung nicht mehr funktionieren. Das historische Zitat erlaubt, über sich als Muster zu sprechen, sich gleichsam einen Schritt von sich zu entfernen und so zu sich zu kommen im Nachvollzug der historischen Bewegung.

Ernst Schumacher berichtet in seinem Buch über Brecht von Gesprächen über das aktuelle Theater, in denen auch Brecht immer wieder betont habe, wie schwierig es sei, die Gegenwart, die doch einzig von Interesse für ein Theaterpublikum sein könne, auf der Bühne darzustellen. Er sagte, er neige wie Shakespeare dazu, die Probleme der Gegenwart in die Vergangenheit zu verlegen. Der Grund sei einfach: Die aktuellen Probleme lassen sich in der Distanz leichter zeigen und das erleichtert das Verständnis. Er führte den Gallilei und den Kreidekreis an. Brecht sagte:

„Wenn man das falsche Bewußtsein zerschmettern will, dann muß man die Menschen von sich selbst, wenn sie wollen, zu sich selbst bringen. Das kann man nicht, indem man ihresgleichen vorsetzt. Josef kennt Josef so gut, daß ihm alle Josefs schnuppe sind."

Man soll die Menschen von sich zu sich bringen, sagt Brecht. Und das ist der Sinn jedes historischen Stückes. Das hat zu tun mit der Praxis der Psychoanalyse. Um aktuelle Symptome zu verstehen, muß die Genese der Biografie rekonstruiert werden. Erst mit der Wiederholung der eigenen Geschichte wird die Geschichte zur eigenen und damit bewußten Geschichte, und die ist, wenn die Arbeit erfolgreich war, nicht länger bedrohlich und dunkel, sondern verfügbar, abrufbar, verstehbar und damit beherrschbar. Das ist der Sinn jeder historischen Untersuchung. Wie ein Individuum, so ist die Gattung insgesamt zur Neurosenbildung fähig, zu Zwangshandlungen, die sich verstehen und aufarbeiten lassen in der Wiederholung der Geschichte der Gattung. Das Problem dabei ist allerdings offensichtlich. Es gibt keinen Arzt, der einem dabei helfen könnte. Der Historiker ist Arzt und Patient zugleich. Mit dem Versuch der Beschreibung seiner Geschichte wird er zum Arzt seiner selbst. Das ist das Problem. Freud hat in einem späten Aufsatz über *Konstruktion in der Analyse* geschrieben.

Er sagt da, wie es wirklich gewesen sei, würde man ohnehin nicht in Erfahrung bringen können. Und das sei auch gar nicht so wichtig. Wir sind immer auf Vermutung und Spekulation angewiesen. Wir sind immer nur für uns unsere Interpretation von uns. Wir rekonstruieren niemals Geschichte, wie sie wirklich war, sondern wir machen, was wir können: Wir lesen Texte, und die Interpretation ist immer Vermutung und Konstruktion der Geschichte, die dann für uns richtig ist, wenn unsere Lektüre unserer Geschichte für uns eine Kontinuität im historischen Prozeß ergibt, die folgerichtig zu uns führt. Geschichte ist verschwunden und immer nur erhalten in den Texten und erhalten, unbewußt, in den Köpfen. Was unser Denken denkt, unser Empfinden empfindet, was unser Urteil begründet, all das ist strukturiert von der Kette der Traditionen und Werthaltungen, die, weil sie längst verinnerlicht wurden, unbefragt selbstverständlich wurden. Wenn wir Klarheit in unserem Kopf haben wollen, dann müssen wir denken können, was wir denken wollen, nicht, was wir, ohne daß wir es wissen, müssen. Das ist der Sinn historischer Stücke. In einer konstruierten Wiederholung der Geschichte führen sie uns zu uns. Alles, was möglich sein soll, kann nur gedacht werden, wenn mitgedacht wird, was im Prozeß der Zivilisation eben dieses Mögliche verhindert hat. Freud hat immer wieder auf die historischen Implikationen aktueller Wertvorstellungen hingewiesen. Er schrieb, daß sich im Laufe der Geschichte bestimmte Vorstellungen von Wahrheit und Moral als ethische Normen eingeprägt haben, die zum Beispiel als Gewissen heutiges Handeln kontrollieren und bestimmen. Für den Dramatiker heißt das: Er muß seine Dramaturgie zur Geschichtsphilosophie verdichten. Geschichte wird zur aktuellen Voraussetzung des aktuellen Dramatikers. Sie wird aus ihrer toten Distanz in die Jetztzeit geholt.

Der Dramatiker Hartmut Lange hat über das historische Drama viel nachgedacht. Er schrieb:

„Aktuelle Kunst, auch das aktuelle Drama, begreift seine Aktualität als historisches Kontinuum. Er begreift seine Voraussetzung, das historische Gedächtnis, und verformt alle Überlieferung zur aktuellen Metamorphose."

Das alles ist nicht neu. Shakespeare wußte das, und wir können das von ihm lernen. Shakespeare wußte, daß die konkreten Vorkommnisse der Welt nicht komisch sind, sondern konfliktreich, widersprüchlich, blutig und häufig genug barbarisch. Das kann man in seinen Königsdramen nachlesen. Ganz unsentimental hat er da die Mechanik der Macht analysiert. Und trotz dieser Einsicht hat er dem Realismus der Geschichte Komödien abgetrotzt von lyrischer Heiterkeit, von großer

Musikalität, von poetischer Phantasie, daß zumindest während der Dauer des Komödienspiels der Zauber der Komödie die Phantasie freimacht. Der Zauber der Komödie ist die Wirklichkeit der Möglichkeit einer besseren Zukunft. Kein Zweifel: die Poesie, insbesondere die dramatisch komische, ist die Anwesenheit von sonst real unmöglicher Versöhnung.

Die Lüge der Komödie ist die Wahrheit der Hoffnung. Shakespeare war ein großer Realist. Er wußte, daß die schöne Geste der Versöhnung am Ende des Komödienspiels Märchen ist. Und er ließ das Spiel in *Wie es euch gefällt* folgerichtig in einem Zauberwald spielen. Die Komödie hält den Widerspruch von Mord- und Greueltat am Fürstenhof und von Wundermagie des Glücks im Ardenner Wald aus. Was hat er gemacht: Er hat die Brutalität der Geschichte gezeigt, und er hat die bessere Möglichkeit als Traum gezeigt. Das hat was von der Phantasie der Urgroßmutter, die dem Enkel Geschichten aus dem Zauberwald erfindet. Da gibt es immer viel Greuel und Grusel und Spuk, und zum Schluß gibt es, simsalabim, immer den guten Schluß. Von dieser Naivität hat Shakespeares Welt etwas: nämlich die Weisheit der Volksphantasie, die sich mit ihren Traumspielen freimacht. Die Freiheit des Traums hat mit Phantasie zu tun. Und die Phantasie mit Sprache. Das ist die Freiheit der Sprache: sie kann das Unmögliche aussprechen, sie kann Gewalt aufkündigen und Glück beschwören. Das ist die Magie der Sprache: sie hat tatsächlich Zauberkraft, wenn man sie nicht abtut, wenn sie so spricht. So ein Drama, ein lyrisch komödiantisches, beschreibt die Widersprüche der Gegenwart in Bildern der Vergangenheit mit Trauminhalten der Zukunft. Dreierlei Zeit verdichtet sich hier im Zauberspiel, und das hält unser Kopf aus, die schier unglaubliche Verdichtung der Kontinuität, den einen Augenblick, das ist der dramatische Augenblick, in dem alles möglich sein können soll.

Bei Shakespeare kann man das studieren, bei Molière und bei Lessing auch. Das alles sind Katastrophenphantasien. Die individuellen und gesellschaftlichen Widersprüche sind so, daß die handelnden Figuren in tragische Konflikte gestürzt werden. Und ihnen hilft nur die Gnade des Dichters. Und diese Gnade der Erlösung ist immer Behauptung. Da wird ein glückliches Ende behauptet, im Tartuffe, im Bürger als Edelmann, im Nathan. Die Phantasie des Dramatikers setzt gegen die genaue Beobachtung der Realität den glücklichen Ausgang. Die Sprache behauptet das unerwartet Unmögliche. Und die so behauptete Versöhnung der Komödie ist der utopische Befreiungsschlag aus dem sozialen Zwang. Da gibt es eine Glücksvision, und Zukunft wird möglich als reale Möglichkeit – denn wenn man sie behaupten kann, dann gibt es ein Ziel, auf das hin Praxis sich orientieren kann trotz aller resignierten Einsicht in den Weltenlauf. Solange der Dramatiker die Frechheit hat, den glücklichen Komödienschluß zu lügen, gibt es Zukunft, und die hermetische Zeit auf dem Theater bekommt einen Riß. Das Stück hat kein Ende, denn das Glück soll endlos sein.

Das große Drama verdichtet das Kontinuum der Zeit. Vergangenheit, Gegenwart und Zukunft fallen da zusammen. In der Gegenwartsdramatik aber gibt es diese Verdichtung selten. Das mag daran liegen, daß es keine Vision mehr gibt, die stark und glaubwürdig ist. Shakespeare hat die Emanzipation des Bürgertums noch vor sich und die ganze Massenemanzipation, deren theoretische Begründung der Marxismus-Leninismus ist. Aber da ist inzwischen, nach den stalinistischen Massakern, nach den barbarischen Befreiungskriegen der letzten Jahre, siehe Kambodscha, viel Resignation und wenig Hoffnung, daß Zukunft je mit glücklicher Zeit zu tun haben kann. Wenn es aber keine Vision mehr gibt, fehlt schon eine Zeitdimension, ohne Zukunft. Und das aktuelle Drama neigt nun auch dazu, eine weitere Dimension, nämlich die Vergangenheit, zu streichen und sich auf die Gegenwart zu reduzieren. Der Naturalismus, der Psychologismus auf der Bühne, der soziale Ausschnitt ist gekennzeichnet von der Zeitarmut. Das Gegenwartsstück spielt in der Gegenwart. Da werden Versatzstücke der Realität montiert. Da gibt es keinen großen dramatischen Konflikt, keine Kollision, da gibt es Alltag, Alltag, der genau beobachtet und genau beschrieben ist. Beiläufiges, Jetztzeitiges, Modisches, eine kurzatmige Epik ist auf dem Theater zu sehen, viel Resignation, viel Sentimentalität, die sensible Kraftlosigkeit der Verzweiflung, keine Tragik, kaum noch Trauer. Das sind resümierende, resignierte Bestandsaufnahmen dessen, was so passiert, eigentlich nicht wert, daß das alles überhaupt notiert wird, was anfällt und abfällt und verfällt: die dumme Rede, die kluge Rede, die eitle Rede, die verzweifelte Rede, die zweifelnde Rede, das wird montiert, wie man es hört: zufällig und inflationär und monoman, kein Ziel mehr, keine Hoffnung. Das ist der sensible Reflex, die empfindsame Bestandsaufnahme dessen, was ist, wie gesagt: was so passiert – und das ist wenig, so scheint es, weil es nichts mehr gibt, worauf hin es zugeht. Die Götter sind gefallen. Die Dämonen sind gefallen. Jetzt sind wir allein mit uns, und die Wehklage ist kraftlos geworden, so scheint es. Der Film mit seiner differenzierenden Optik taugt eher dazu, das psychologische Detail, den Ausschnitt des Milieus, den ganz privaten Konflikt zu zeigen als das Theater. Theater ist, gerade weil es live ist, das undifferenzierte Kunstmittel, was nicht heißt, daß es zur Differenzierung nicht taugt. Es hat nur eine andere Annäherungsweise an die Konflikte, und dadurch hat es zwangsläufig auch andere Konflikte im Blickpunkt. Das Theater ist gröber und braucht größere Konflikte als der Film. Die Aufmerksamkeit des Publikums wird im Kino leichter wachgehalten als im Theater, der Zuschauer im Kino ist leichter zu beschäftigen als der im Theater, einfach, weil mehr technische Möglichkeiten vorhanden sind, die Aufmerksamkeit zu erregen. Im Theater gibt es keinen Schnitt, keine Rückblende – da, wo es versucht wurde, wie bei Thornton Wilder, war es Kinoimitation und schwerfällig –, es gibt keine Zeitlupe, keine Verschnellerung und keine Großaufnahme. Das Theater muß mit einfacheren Mitteln auskommen. Und das wichtigste Mittel auf dem Theater ist die Sprache, der sprechende Schauspieler.

Es gibt eine große Sehnsucht nach Geschichte. Da wir wenig neue Stücke haben, die uns in der Kontinuität unserer Entwicklung zeigen, gibt es seit Jahren einen Ausweg: die Aktualisierung alter Stücke. Die Regisseure nahmen klassische Stükke und deuteten sie neu. Sie wurden zu Autoren. Ihre Phantasie, ihre Obsession ersetzen das nötige neue Wort durch das neue Bild. Die große Sehnsucht nach Geschichte wird von den neuen Dramatikern selten gestillt. Heiner Müller ist da eine Ausnahme, Hartmut Lange und Peter Hacks, da findet man den Versuch der Selbstverständigung über den historischen Umweg – etwa wenn Lange den Stalinismus mit der Metapher des Trojanischen Pferdes beschreibt. Das neue Drama tendiert zur Geschichtslosigkeit. Jetztzeit soll beschrieben werden. Das mag auch damit zu tun haben, daß das heutige Publikum kein ausgebildetes historisches Bewußtsein mehr hat und deshalb die Chiffren der Geschichte nicht mehr unmittelbar und polemisch verstehen kann. Aber das reicht sicher nicht zur Erklärung hin. Das neue Drama ist gekennzeichnet durch Totalitätsverlust. Es gibt keine Vergangenheit mehr und es gibt keine Zukunft, keine glaubhafte und beglaubigte Utopie. Zeit wird arm. Aber viel radikaler noch als in den neuen Stücken wird Zeit gestrichen in all den Theaterprojekten, wo gruppendynamische Erfahrungen Thema sind. Dabei kommt es sehr häufig nicht auf die Qualität des Textes an, sondern auf etwas ganz anderes: die kollektive Phantasie, der kollektive Produktionsprozeß sind das eigentliche Spannende der Arbeit. Die Arbeit selbst, nicht das fertige Produkt, ist das Ziel der Anstrengung. Vorlage ist kein Text, der zu interpretieren ist, sondern gemeinsame Erfahrung, häufig auch gemeinsame Erfahrung im Zusammenleben. Das *Living Theatre* hat da über Jahre eine sehr extreme Position eingenommen. Die Mehrzahl der Produktionen waren Gruppenprojekte – und da kam viel zusammen: Antonin Artauds Theorie des Theaters der Grausamkeit, Grotowskis, psychotherapeutische Rollenspiele, Religiöses, Magisches. Artaud hat dabei einen besonderen Stellenwert. In seinen programmatischen Texten hat er geschrieben: Dem Theater werde erst dann wieder sein spezifisches Wirkungsvermögen zurückgegeben, wenn man dem Theater seine spezifische Sprache zurückgäbe. Das heißt:
„Anstatt auf Texte zurückzugreifen, die als endgültig, als geheiligt angesehen werden, kommt es vor allem darauf an, die Unterwerfung des Theaters unter den Text zu durchbrechen und den Begriff einer Art von Sprache zwischen Gebärde und Denken wiederzufinden."
Artaud konstatierte die Krise des Theaters und machte verantwortlich zunächst die Hörigkeit gegenüber den Theatertexten. Es ging ihm darum, „eine Metaphysik des Wortes, der Gebärde, des Ausdrucks zu schaffen. Aber all dies nützt nichts, wenn hinter einem derartigen Bemühen nicht so etwas wie eine echte metaphysische Versuchung steht, eine Anrufung gewisser Ideen, die ungewohnt sind und deren Bestimmung eben darin liegt, daß sie weder begrenzt noch ausdrücklich dargestellt werden können. Diese Ideen, die mit der Schöpfung, dem Werden, dem Chaos zu tun haben und alle kosmischer Natur sind, liefern eine erste Ahnung von einem Bereich, dem sich das Theater völlig entwöhnt hat."
Dieses neue Theater soll Wörter zu Zauberformeln machen. Die Sensibilität soll gesteigert und betäubt werden. Die Unterwerfung unter die Sprache soll durchbrochen werden. Das Empfinden für eine neue, tiefgründigere Geistigkeit soll wachgemacht werden. Artaud schrieb: „Wir werden keine geschriebenen Stücke spielen, sondern im Umkreis von bekannten Themen, Tatsachen und Werken Versuche einer direkten Inszenierung unternehmen."
Artaud sprach von einem Theater der Aktion, zwischen Zuschauer und Schauspiel, zwischen Schauspieler und Zuschauer sollte wieder eine direkte Verbindung geschaffen werden, denn, so Artaud, „bei dem Degenerationszustand, in dem wir uns befinden, wird man die Metaphysik via Haut wieder in die Gemüter einziehen lassen müssen". Worauf Artaud zielt, ist klar. Er will die Wahrnehmungsfähigkeit verfeinern. Und er sagt, dies sei der Inhalt der Magie und der Riten, deren bloßer Abglanz das Theater ist. Theater soll magisch sein und rituell. Und das ist ein problematischer Satz. Denn zwischen einer Theaterveranstaltung, auch schon einer sehr frühen antiken, und einem Ritual besteht ein substantieller Unterschied. Im Ritual, wenn es denn gelingt, gibt es keine Zuschauer, sondern nur Teilnehmer. Unter der hypnotischen Wirkung des Rhythmus zieht sich jeder Mitwirkende aus seinem individuellen Bewußtsein in das seiner Phantasie zurück, die nicht mehr die seine, sondern eine kollektive ist.
Das ist die Kraft des Rituals: daß es zurückführt in die Natur und so ein Naturbewußtsein schafft, das die Bewegung der Natur an sich erfährt. Marcel Mauss hat sich in seiner *Theorie der Magie* mit den rituellen Formen beschäftigt. Er schreibt, daß die Wurzeln der Magie affektive Zustände seien, die Illusionen erzeugen, und diese Zustände resultieren aus gesamtgesellschaftlichen Gefühlsbündeln: „Wo ein magisches Urteil vorliegt, gibt es keine kollektive Synthesis, in einem gegebenen Augenblick und in einer bestimmten Gesellschaft gibt es einen einhelligen Glauben an die Wahrheit bestimmter Ideen und an die Wirksamkeit bestimmbarer Gebärden."
Die Magie ist der Versuch der universellen Erklärung der Welt. Das Ritual ist die Praxis. Die Magie ist die kindliche Technik der Weltbeschreibung und Weltbewältigung. Da ist viel dunkles Phantasieren und viel Angst, die im kollektiven Ritual verschwindet, weil die Individualität verschwindet. Rauschzustände sind zu beobachten, Phasen der Bewußtlosigkeit, und darinnen sind wohl Zustände dunklen Glücks. Das gelungene Ritual läßt sich nicht beschreiben, weil es sich entzieht. Wer nüchtern bleibt und beobachtet, ist ausgeschlossen und erfährt nichts von der allgemeinen Bewegung. Und wer darinnen aufgegangen ist in dem Strom der glücklichen Bewußtlosigkeit, vermag sich, wenn er wieder ganz er und bewußt ist, nur dunkel zu erinnern, daß da eine Bewegung war, die ihn davongetragen hat in Bereiche, die schon wieder entschwunden sind. Das Ritual kennt keine Zuschauer. Wer nicht mitmacht, hat nicht daran teil. Die Teil-

nehmer an einem Ritual sind für sich, nicht für andere. Schauspieler aber sind immer für andere und auf Dialog aus. Das Ritual aber ist ein kollektiver Monolog. Da gibt es keine Widerrede und keinen Widerspruch und keinen Konflikt und keine Kollision und keine Politik und keine Moral. Das alles aber gibt es beim Theater, denn das Theater ist die Rede und Widerrede über Konflikt und Politik und Moral. Das Ritual kennt keine Zeit. Das Ritual saugt alle Zeit in sich auf und ist absolute Gegenwart, immerwährende Gegenwart. Das ist das Ziel des Rituals: nicht aufwachen, nicht in Zonen des Bewußtseins zurück müssen, denn da gibt es nur noch Erinnerung an verlorenes, unnennbares Glück. Das Theater des *Living Theatre* hatte etwas davon. Da war die Gruppe, und die führte magische Techniken vor. Und wenn das auch gelang, die Zuschauer blieben draußen, wenn auch fasziniert von der dunklen Kraft, die sich ihnen mitteilte. Da war ein Sog. Und jeder stand vor der Wahl, sich anzuschließen oder sich zu distanzieren. Es kam auf den Vollzug an, nicht auf das Zusehen. Die Vorstellungen dauerten solange sie dauerten. Da gab es kein Reglement, keinen festgesetzten Ablauf, kein Ziel. Das Ziel war die Sache selbst, der immerwährende Augenblick der Gegenwart. Es war der Versuch, sich über theatralische Mittel zurückzuziehen in die kindlichen Regionen der Vorzeit, um sich von der Tortur der Vernunft und von den Folgen der Herrschaft der Vernunft zu befreien. Es war der Versuch, Zeit zu vernichten: Zeit im Sinn des Prozesses der Zivilisation wie auch im Sinn des kontinuierlichen Verfalls. Todesangst und Todessehnsucht gingen da eine Allianz ein. Jetztzeit sollte ewig sein, keine Zukunft, keine Vergangenheit, nicht einmal Gegenwart, das Wissen sollte bewußtlos sein.

Das große Drama verdichtet das Kontinuum der Zeit. Vergangenheit, Gegenwart und Zukunft fallen da zusammen. Das gelungene Ritual vernichtet Zeit. Keine Vergangenheit, keine Zukunft, sondern ewige Gegenwart ist das Ziel, nicht Moral, sondern Rausch, nicht Politik, sondern Mystik. Das kann man wollen – aber wenn man das will, will man das Theater nicht, denn das Theater ist nicht mystisch, sondern politisch, nicht rauschhaft, sondern moralisch. Und es ist ein untauglicher Weg der Selbstverständigung, wenn das Theater versucht, in frühe Phasen der Geschichte zurückzutauchen.

Es gibt auch heute noch politische Intrige und Massenmord, Massaker und Machtspiel von der gleichen Brutalität wie Shakespeare das beobachtet und beschrieben hat. Und auch bei Shakespeare gibt es solche Resignation wie wir sie heute kennen. Sein letztes Stück *Der Sturm* gibt darüber Auskunft. Prospero, der weise Herrscher, der jahrelang in der Verbannung auf Rache sann, verzweifelt am Schluß des Stückes, weil eigentlich sein Hirn im Schädel sinnlos kocht. Ihm bleibt nichts mehr, nur Alpträume und Katastrophenbilder und jeder dritte Gedanke ist sein Grab. Und die Sprache, wozu taugt die? Zum Fluchen und Verfluchen, das sagt Caliban, der von Prospero die Sprache lernte: Das ist der Fluch, daß der Mensch das Denken lernte und vernünftig wurde, zu vernünftig, so vernünftig, daß er sich die Gaukelbilder, die Lügen vom möglichen Glück nicht mehr glauben kann. Und dennoch hat Shakespeare, trotz der großen Verzweiflung, dieses Stück über die große Verzweiflung geschrieben. Und das ist der kleine Trost: daß er das geschafft hat. In der Wiederholung der Geschichte der Gattung endet er in der Verzweiflung. Aber auf dem Weg dorthin gibt es Augenblicke großen Glücks, Augenblicke der Verzückung und der Lust.

Für Artauds Theater des rituellen Vollzugs war der Text die Region des Todes. Und das hat den Tod des Theaters zur Folge. Das Theater sollte mit untauglichen, nämlich mit untheatralischen Mitteln gerettet werden. Heute muß ein Plädoyer für das Theater ein Plädoyer für den Theatertext sein – und zwar für einen Text, der die gattungsspezifischen Besonderheiten des Theaters bedenkt. Der große Konflikt muß auf die Bühne, die Kollision der sich widersprechenden individuellen Ansprüche. Ein großes Stück heute muß von der Pflicht reden, Zukunft zu behaupten, wo uns die Vergangenheit lehrt, daß es keine gibt. Im Trauerspiel verstummen die Protagonisten. In der Tragödie und in der Komödie leisten sie Widerstand, und der ist zwar vernunftlos – aber die Hoffnung ist vernunftlos, weil die Vernunft sich keine glückliche Lüge und keine List mehr glaubt. Der Text selbst, der die allgemeine Resignation zu beschreiben hat, wenn er wahr sein will, ist der Gegenbeweis seines verzweifelten Resümees. Adorno hat einmal gesagt, seine Texte ließen sich nicht resümieren. Denn wenn sie sich resümieren lassen würden, wäre das Resümee der Text, den er zu schreiben gehabt hätte. Die Wirksamkeit und Wahrheit eines dramatischen Textes mißt sich daran, wie er den Widerspruch zu seinem Fazit thematisiert und aushält. Und die Wirksamkeit eines Theaterabends mißt sich daran, inwieweit es gelingt, vor allen den Schauspielern, den Sonderstatus der Veranstaltung zu behaupten und gleichzeitig vergessen zu machen. Das macht das Glück aus, wenn man einen „gelungenen“ Theaterabend miterlebt: daß man zu sich kommt, gerade wenn man außer sich ist.

1933 schrieb Max Reinhardt aus dem englischen Exil der nationalsozialistischen Regierung einen Brief, in dem er seine Ablehnung, weiter in Deutschland zu arbeiten, begründet. Am Ende des Briefes kommt er auf finanzielle Probleme zu sprechen. Reinhardt hatte mit Hilfe seines Bruders Edmund alle seine Theater privat geführt, ohne Subventionen. „Aber – schrieb er – die Zeit, derartige Institutionen privat durchzuführen, ist vorbei. Es wird in Zukunft bestimmt nicht mehr möglich sein, ohne staatliche Sicherstellung ein künstlerisches Unternehmen zu führen.“ Auch damit hat Reinhardt recht gehabt. Es ist heute tatsächlich unmöglich, ein Theater rein privat zu führen, es sei, man möchte reines Unterhaltungstheater machen, das auch nur dann Geld verdient, wenn man die Produktion auf Tournee schickt und so zusätzlich Geld verdient. Jedes andere Theater aber ist auf Geld angewiesen, auf öffentliche Subventionen. Die aber werden angesichts der allgemeinen Wirtschaftskrise, angesichts des knappen Geldes knapper. Subventionen werden überall gekürzt. Und die Theaterleiter müssen heute neben der künstlerischen Phanta-

sie eine finanzpolitische haben, um das verwirklichen zu können, was sie eigentlich wollen.
Als Heribert Sasse, Xenia Hausner und ich vor drei Jahren im Renaissance-Theater anfingen, bekam das Theater jährlich 750.000 DM. Damit war das Programm, was wir vorhatten – und was auch die wenigen Subventionen, die wir bekamen, gerechtfertigt hätte, nicht zu realisieren. Wir haben dennoch angefangen und waren auf die Hilfe aller Mitarbeiter angewiesen, auf deren Enthusiasmus und Solidarität. Ohne die Bereitschaft zum Beispiel der Technik, die zu Billigpreisen Höchstleistungen vollbrachte, ohne das Angebot der Schauspieler, auf ihre marktüblichen Gagen zu verzichten, wären wir nicht weit gekommen. Trotz aller Sparsamkeit, trotz allen Einsatzes waren wir dennoch schon in der ersten Spielzeit pleite. Ohne die Hilfe des Senats den drohenden Konkurs in einen Vergleich umzuwandeln, ohne zusätzliche Subventionen hätte dieses Theater nicht überlebt, obwohl wir schon alles taten, um zusätzliches Geld zu verdienen durch Gastspiele und Fernsehaufzeichnungen. Ein volles Haus finanziert heute keinen Theaterabend. Die Kosten steigen, die Möglichkeiten der öffentlichen Haushalte sind begrenzt. Deshalb müssen private Gelder mobilisiert werden. Sponsoren müssen gefunden werden, die bereit sind, ihr Geld im Theater zu investieren, wobei sie sicher sein können, daß Theater heute fabelhafte Abschreibeposten und insofern ein Geschäft sein können, weil man mit einem Theater keine gewinnbringenden Geschäfte mehr machen kann. Die Möglichkeiten der Theater selbst sind sehr beschränkt. Im Renaissance-Theater zum Beispiel ist kein Geld einzusparen, da ohnehin alles viel zu knapp bemessen ist. Wir werden mit anderen Theatern koproduzieren, damit wir durch doppelte oder dreifache Auswertung die Qualität halten können, wir werden Gastspiele machen, Tourneen und Fernsehaufzeichnungen, wir werden Videokassetten herstellen und auf dem freien Markt anbieten, wir werden alles tun, was marktwirtschaftlich möglich ist, um den Etat des Theaters aufzustocken – und dennoch wird all das nicht ausreichen, den Finanzbedarf des Hauses zu decken, obwohl das Renaissance-Theater eines der sehr wenigen Theater ist, in dem der Anteil für die Kunst weitaus größer ist als der Anteil für Verwaltung und Technik. So sehr die Theater sich also anstrengen müssen, zusätzliche Gelder zu verdienen, so wenig darf man den Subventionsgeber aus seiner Verantwortung entlassen, trotz finanzieller Sorgen, sich entschlossener um die Finanzierung der Kunst zu kümmern. Wenn die allgemeinen Lebenshaltungskosten steigen, steigen logischerweise auch die Kosten für einen Theaterbetrieb. Und es wäre kurzsichtig, in diesem Bereich Geld einsparen zu wollen, weil das so leicht geht, weil es keine starke Lobby gibt, die ihre Interessen nachhaltig durchsetzen kann. Berlin ist ein Beispiel. Kulturpolitik ist hier Außenpolitik. Die Attraktivität der Stadt hängt von ihrem kulturellen Angebot ab. Dazu gehören die Kneipen, die die ganze Nacht geöffnet sind, dazu gehören die Ausstellungen, Konzerte und Theaterabende – und wenn manche Politiker vielleicht auch nicht verstehen mögen, warum das kulturelle Angebot für sie wichtig sein soll, so sollten sie doch zumindest den kulturpolitischen Aspekt verstehen, der sich, zumindest in dieser Stadt, auch finanziell niederschlägt, insofern durch ein attraktiveres Angebot mehr Touristen in die Stadt kommen und Geld bringen. Warum dieser tiefe Absturz in die Trivialität des ordinären Geschäftes am Ende eines Buches über eine Epoche der Berliner Theatergeschichte? Max Reinhardt hätte wenig von den Vorstellungen verwirklichen können, die ihm 1901 vorschwebten, wenn er nicht seinen Bruder Edmund gehabt hätte, der für ihn die finanziellen Angelegenheiten geregelt hätte. Und auch heute kann niemand Theater machen, wenn er sich nicht gleichzeitig zeitaufwendig um die Finanzierung seiner Pläne kümmert. Einen Vorteil hat diese Mühsal: man lernt Politik praktisch und lernt, daß es ohne Politik kein Theater gibt, so, wie es kein Theater ohne Politik gibt; gerade dann, wenn es darum geht, die Menschen über sich hinauszuführen in die heitere und reine Luft der Schönheit, dorthin, wo das Wahre, das Schöne und das Gute sich nicht widersprechen.
Dieses Buch ist eine Liebeserklärung an Max Reinhardt, an seine Schauspieler, seine Bühnenbildner, seine Musiker und seine Dichter; viel mehr haben wir nicht, was an diese große Zeit des Theaters erinnert: Bilder, Texte und allerdings das Bewußtsein davon, daß vieles von dem, was Max Reinhardt und seine Mitarbeiter verwirklichten, noch heute in unserer aller Theaterarbeit lebendig ist.

Foto: Peter Drust

Max Reinhardts
Berliner Inszenierungen

Theater	Stück und Autor	Hauptdarsteller	Bühnenbild	Premieren-datum	Dernieren-datum	Anzahl der Aufführungen
Neues Theater	PELLEAS UND MELISANDE Maurice Maeterlinck M Friedrich Bermann	Reinhardt, Hartwig, Ekert, v. Winterstein, Höflich, Rothe, Licho	Leo Impekoven Kostüme Lovis Corinth	3. 4. 1903 EA	2. 6. 1904	57
Neues Theater	SALOME Oscar Wilde	Reicher, Dumont, Eysoldt, Eisfeldt, Spira	Max Kruse Lovis Corinth	29. 9. 1903	29. 9. 1904	102
Kleines Theater	ELEKTRA Sophokles N Hugo von Hofmannsthal M Richard Wagner	Bertens, Eysoldt, Höflich, Klein, Licho, v. Winterstein	Gustav Knina Kostüme Lovis Corinth	30. 10. 1903 UA	28. 6. 1905	90
Neues Theater	MINNA VON BARNHELM oder DAS SOLDATENGLÜCK Gotthold Ephraim Lessing M Wolfgang Amadeus Mozart	v. Winterstein, Sorma, Nollet, Höflich, Reinhardt, Kayßler, Engels, Wangel	[Gustav Knina] Kostüme [Lovis Corinth] nach Kupferstichen von Daniel Chodowiecki	14. 1. 1904	14. 4. 1905	68
Neues Theater	SCHWESTER BEATRIX Maurice Maeterlinck M Max Marschalk	Sorma, Eisfeldt, Wangel, Höflich, Eibenschütz, Hus, Flanz	Max Kruse Kostüme Lovis Corinth	10. 2. 1904 UA	8. 4. 1904	12
Neues Theater	KABALE UND LIEBE Friedrich von Schiller	Reicher, v. Winterstein, Engels, Vallentin, Reinhardt, Wangel, Hus, Licho	Gustav Knina	22. 4. 1904	10. 5. 1905	38
Neues Theater	EINEN JUX WILL ER SICH MACHEN Johann Nestroy M Adolf Müller sen.	Arnold, Eibenschütz, Sachs, Kühne, Mallowan, Reicher	Karl Walser	18. 5. 1904	4. 1. 1905	80
Neues Theater	DIE MORGENRÖTE Josef Ruederer	Fehdmer, Eisfeldt, Wassmann, Höflich, Kayßler, Engels, Arnold	Karl Walser	15. 11. 1904 UA	1. 3. 1906	33
Kleines Theater (NT)	SALOME Oscar Wilde	Wüllner, Korn, Durieux, v. Winterstein, Jacobi, Hartau, Conradi	Max Kruse Lovis Corinth	17. 12. 1904	23. 8. 1905	36
Neues Theater	DER GRAF VON CHAROLAIS Richard Beer-Hofmann	Kayßler, Steinrück, Höflich, Moissi, Eisfeldt, Hartau, Wassmann	Gustav Knina	23. 12. 1904	26. 12. 1905	37
Neues Theater	EIN SOMMERNACHTSTRAUM William Shakespeare M Felix Mendelssohn-Bartholdy M Friedrich Bermann	Kayßler, Licho, Ekert, v. Winterstein, Nollet, Höflich, Heims, Durieux, Eibenschütz, Eysoldt	[Max Reinhardt] [Gustav Knina] [Karl Walser] Kostüme Karl Walser	31. 1. 1905	10. 5. 1906	305
Kleines Theater	SANNA Hermann Bahr	Nollet, Sauermann, v. Winterstein, Wangel, Durieux, Höflich, Eysoldt, Berger, Licho	Atelier NT	10. 3. 1905	30. 3. 1905	6
Eröffnungs-vorstellung Deutsches Theater	DAS KÄTHCHEN VON HEILBRONN oder DIE FEUERPROBE Heinrich von Kleist M Hans Pfitzner	Winds, Kühn, Kayßler, Wohlgemuth, Wüllner, Hartau, Engels, Wangel, Durieux, Burger, Reinhardt, Höflich, v. Jacobi	Karl Walser	19. 10. 1905	19. 5. 1906	30
Deutsches Theater (KT)	ELEKTRA Sophokles N Hugo von Hofmannsthal	Bertens, Eysoldt, Höflich, Moissi, Nollet	Max Kruse Kostüme Lovis Corinth	21. 10. 1905	7. 11. 1905	3
Deutsches Theater (NT)	KABALE UND LIEBE Friedrich von Schiller	Steinrück, v. Winterstein, Engels, Durieux, Lind, Reinhardt, Wangel	Berthold Held Gustav Knina	30. 10. 1905	20. 5. 1906	7
Deutsches Theater	DER KAUFMANN VON VENEDIG William Shakespeare M Engelbert Humperdinck	Wilhelmi, Steinrück, Wassmann, Kayßler, v. Winterstein, Moissi, Hartau, Ekert, Schildkraut, Herzfeld, Pagay, Arndt	Obronski, Impekoven u. Co Kostüme Emil Orlik	9. 11. 1905	23. 1. 1911	206

Theater	Stück und Autor	Hauptdarsteller	Bühnenbild	Premieren-datum	Dernieren-datum	Anzahl der Aufführungen
Deutsches Theater (NT)	MINNA VON BARNHELM oder DAS SOLDATENGLÜCK	v. Winterstein, Sorma, Marlow, Höflich, Herzfeld, Kayßler, Engels, Wangel, Conradi, Steinrück	[Gustav Knina] Kostüme [Lovis Corinth]	20. 11. 1905	23. 9. 1907	6
Deutsches Theater	ÖDIPUS UND DIE SPHINX Hugo von Hofmannsthal	Kayßler, v. Winterstein, Landsberg, Techel, Steinrück, Schütz, v. Bischof, Sorma, Moissi, Eysoldt, Pagay, R. Schildkraut, Großmann	Alfred Roller	2. 2. 1906	30. 4. 1906	24
Neues Theater	SALOME Oscar Wilde	Lind, Korn, Durieux, v. Winterstein, Henrich	Max Kruse Lovis Corinth	3. 2. 1906 NE	22. 4. 1906	12
Deutsches Theater (NT)	DER GRAF VON CHAROLAIS Richard Beer-Hofmann	Kayßler, v. Winterstein, Steinrück, Höflich, Wohlgemuth, Moissi, Hartau, Sabo, Wassmann, Herzfeld, Arnold, Reinhardt	Gustav Knina	8. 3. 1906 NE	30. 5. 1906	8
Deutsches Theater	DIE MITSCHULDIGEN Johann Wolfgang von Goethe	Engels, Höflich, Biensfeldt, v. Winterstein, Techel	[Gustav Knina]	25. 4. 1906	10. 5. 1906	7
Deutsches Theater	DER TARTÜFF Molière	Wangel, Engels, Durieux, Höflich, Ekert, v. Winterstein, Frank Wedekind, Heims, Arnold, Hartau		25. 4. 1906	10. 5. 1906	7
Neues Theater	ORPHEUS IN DER UNTERWELT Hector Crémieux N Arthur Pserhofer M Jacques Offenbach	Ekert, Moissi, Engels, Pagay, Arnold, Wassmann, Wangel, Durieux	Ernst Stern	13. 5. 1906	30. 6. 1906	49
Deutsches Theater (NT)	EIN SOMMERNACHTSTRAUM William Shakespeare M Felix Mendelssohn-Bartholdy	Hartau, Richard, Ekert, v. Winterstein, Techel, Korn, Kupfer, Heims, Henrich, Burger, Eysoldt	[Karl Walser]	7. 6. 1906	26. 5. 1913	122
Deutsches Theater	DAS WINTERMÄRCHEN William Skakespeare M Engelbert Humperdinck	Kayßler, Sorma, Rothe, Höflich, Hartau, Traeger, Schütz, v. Winterstein, Ekert	Emil Orlik	15. 9. 1906	11. 9. 1911	120
Eröffnungs-vorstellung Kammerspiele	GESPENSTER Henrik Ibsen	Sorma, Moissi, Kayßler, Höflich, Reinhardt	Edvard Munch	8. 11. 1906	17. 2. 1924	72
Kammerspiele (NT)	SALOME Oscar Wilde	Wegener, Sandrock, Eysoldt, Moissi, Henrich, v. Jacobi, Schütz, Arnold	[Max Kruse] [Lovis Corinth]	10. 11. 1906	13. 11. 1906	3
Kammerspiele (DT)	ELEKTRA Sophokles N Hugo von Hofmannsthal	Durieux, Eysoldt, Höflich, Steinrück, Moissi, Schütz	[Max Kruse] Kostüme [Lovis Corinth]	17. 11. 1906	4. 1. 1908	5
Kammerspiele	FRÜHLINGS ERWACHEN Frank Wedekind	v. Jacobi, Moissi, Sterler, Sabo, Eibenschütz, Kupfer, Eysoldt, Steinrück, Wangel, Kurz, Berger, Arnold, Tiedtke, Großmann	Karl Walser	20. 11. 1906	29. 5. 1914	387
Deutsches Theater	DIE MITSCHULDIGEN Johann Wolfgang von Goethe	Arnold, Höflich, Biensfeldt, v. Winterstein, Hötzel		4. 1. 1907	24. 1. 1907	9
Kammerspiele	DAS FRIEDENSFEST Gerhart Hauptmann	Reinhardt, Wangel, Durieux, Biensfeldt, Heims, Arnold, Kayßler, Ilse Sauer	Emil Orlik	7. 1. 1907	19. 1. 1908	20

Theater	Stück und Autor	Hauptdarsteller	Bühnenbild	Premieren-datum	Dernieren-datum	Anzahl der Aufführungen
Deutsches Theater	ROMEO UND JULIA William Shakespeare	Hartau, Henrich, Steinrück, Schildkraut, Moissi, Wegener, Traeger, v. Winterstein, Pagay, Eibenschütz	Karl Walser	29. 1. 1907	17. 6. 1913	67
Kammerspiele (DT)	MINNA VON BARNHELM oder DAS SOLDATENGLÜCK Gotthold Ephraim Lessing	v. Winterstein, Heims, Hartau, Höflich, Herzfeld, Kayßler, Arnold, Wangel	Atelier DT	5. 3. 1907	10. 3. 1907	3
Kammerspiele	AGLAVAINE UND SELYSETTE Maurice Maeterlinck	Kayßler, Heims, Eysoldt, Wangel, Rothe	[Ludwig von Hofmann]	15. 4. 1907	6. 9. 1912	34
Deutsches Theater	PRINZ FRIEDRICH VON HOMBURG Heinrich von Kleist M Oskar von Chelius	Diegelmann, Sandrock, Heims, Blümner, Kayßler, Wegener, Kühne, Conradi, v. Winterstein,	Richard Knötel	14. 9. 1907	9. 12. 1907	27
Deutsches Theater	WAS IHR WOLLT oder FASTNACHT William Shakespeare M Engelbert Humperdinck	Beregi, Ekert, Hartau, Schütz, Conradi, Diegelmann, Wassmann, Moissi, Heims, Höflich, Wangel, Tiedtke	Gustav Knina Kostüme Ernst Stern	17. 10. 1907	19. 9. 1911	140
Deutsches Theater	DIE RÄUBER Friedrich von Schiller	Schildkraut, Beregi, Wegener, Höflich, Moissi, Diegelmann, v. Jacobi, Biensfeldt, Hartau, v. Winterstein, Steinrück, Feldhammer, Pagay	Emil Orlik	10. 1. 1908	31. 8. 1914	82
Kammerspiele	LYSISTRATA Aristophanes N Leo Greiner M Engelbert Humperdinck	Eysoldt, Kupfer, Eibenschütz, Schildkraut, Arnold, Wassmann, Großmann, Feldhammer, Pagay	Ernst Stern	27. 2. 1908	5. 10. 1909	76
Kammerspiele	DER TOR UND DER TOD Hugo von Hofmansthal M Eugen d'Albert	Beregi, Moissi, Kühne, Eysoldt, Eibenschütz, Wegener	Ernst Stern	30. 3. 1908	19. 5. 1908	9
Deutsches Theater	KÖNIG LEAR William Shakespeare M Friedrich Bermann	Schildkraut, v. Jacobi, Momber, Hartau, Henrich, Wegener, Walden, Beregi, v. Winterstein, Moissi, Kühne, Richard, Conradi	Carl Czeschka	16. 9. 1908	5. 4. 1909	34
Deutsches Theater	KABALE UND LIEBE Friedrich von Schiller	Wegener, Walden, Wassmann, Durieux, Abel, Diegelmann, Wangel, Höflich, Lorm, Pagay	[Berthold Held] [Gustav Knina]	29. 9. 1908 NE	14. 9. 1914	10
Kammerspiele	CLAVIGO Johann Wolfgang von Goethe	Walden, Abel, Beregi, Eysoldt, Wangel, Dumont, v. Jacobi, Momber	Ernst Stern	16. 10. 1908	15. 11. 1909	23
Deutsches Theater	REVOLUTION IN KRÄHWINKEL Johann Nestroy	Arnold, Bendow, Tiedtke, Gottowt, Walden, Blümner, Biensfeldt, Kupfer, Hartau, Abel, Pagay, Großmann, Sophie Pagay	Ernst Stern	14. 11. 1908	11. 10. 1909	108
Kammerspiele	ELEKTRA Sophykles N Hugo von Hofmannsthal	Durieux, Eysoldt, Höflich, Momber, Moissi		15. 12. 1908	13. 11. 1914	7
Deutsches Theater	DIE LEHRERIN Alexander Brody	Höflich, Schildkraut, Sandrock, Beregi, Pagay, Biensfeldt, Tiedtke, Wangel, Abel, Hartau, Großmann, Schiff	Ernst Stern	29. 1. 1909	12. 2. 1909	7

Theater	Stück und Autor	Hauptdarsteller	Bühnenbild	Premierendatum	Dernierendatum	Anzahl der Aufführungen
Bühne des Motivhauses Berlin	JUDITH UND HOLOFERNES Johann Nestroy	Orbson, Krähe, Schmidt, Hake, Pohlheim	Ernst Stern	2. 3. 1909		1
Deutsches Theater	FAUST [ERSTER TEIL] Johann Wolfgang von Goethe M Felix Weingartner	Diegelmann, Henrich, Feldhammer, Moissi, Schildkraut, Kayßler, Höflich, Wangel, v. Winterstein, Arnold, Wassmann, Hartau, Biensfeldt, Tiedtke, Wegener, Sandrock, Kupfer, Urfus, Kühne	Alfred Roller	25. 3. 1909	27. 5. 1924	323
Kammerspiele	WOLKENKUCKUCKHEIM Josef Ruederer	Diegelmann, Hartberg, v. Jacobi, Ebert, v. Winterstein, Durieux, Moissi, Wegener, Wassmann, Dumont, Tiedtke, Arnold, Blümner, Hartau, Großmann, Kühne	Ernst Stern	25. 4. 1909	30. 4. 1909	3
Deutsches Theater (KS)	MINNA VON BARNHELM oder DAS SOLDATENGLÜCK Gotthold Ephraim Lessing	v. Winterstein, Heims, Kühne, Höflich, Conradi, Arnold, Diegelmann	Atelier DT [Gustav Knina] Kostüme [Lovis Corinth]	13. 10. 1909	8. 10. 1916	25
Deutsches Theater	HAMLET, PRINZ VON DÄNEMARK William Shakespeare M Anton Beer-Walbrunn	Wegener, Moissi, Arnold, v. Winterstein, Beregi, Kühne, Wassmann, Bendow, Liedtke, Feldhammer, Sandrock, Eibenschütz, Hartau, Hans Pagay, Großmann	Fritz Erler	16. 10. 1909	9. 1. 1910	75
Deutsches Theater	DON CARLOS Friedrich von Schiller	Bassermann, Heims, Walden, Weirauch, Durieux, Moissi, Wegener, Diegelmann, Hartau, Kühne, Pagay	Ernst Stern	10. 11. 1909	26. 10. 1913	52
Deutsches Theater	DER WIDERSPENSTIGEN ZÄHMUNG William Shakespeare M Leo Blech	Licho, Wassmann, Sophie Pagay, Bendow, Arnold, Liedtke, Hans Pagay, Bassermann, Holthaus, Ekert, Biensfeldt, Großmann, Kühne, Höflich, Konstantin-Strakosch, Weirauch	Ernst Stern	15. 12. 1909	14. 11. 1910	56
Kammerspiele (DT)	WAS IHR WOLLT oder FASTNACHT William Shakespeare M Engelbert Humperdinck	Beregi, Feldhammer, Hartau, Ingenohl, Wassmann, Schildkraut, Weirauch, Bassermann	Wilhelm Schulz	31. 12. 1909	9. 11. 1910	2
Kammerspiele (DT)	DER KAUFMANN VON VENEDIG William Shakespeare M Engelbert Humperdinck	Diegelmann, Hartau, Beregi, v. Winterstein, Moissi, Schildkraut	[Obronski, Impekoven u. Co] Kostüme [Emil Orlik]	15. 1. 1910.	16. 2. 1910	5
Deutsches Theater	CHRISTINAS HEIMREISE Hugo von Hofmannsthal	Hans Pagay, Heims, Kupfer, Konstantin, Diegelmann, Schildkraut, Moissi, Bendow, Arnold, Kühne	Ernst Stern	11. 2. 1910 UA	19. 2. 1910	5
Deutsches Theater	JUDITH Friedrich Hebbel	Durieux, Wegener, Kühne, Hartau, Gottowt, Liedtke, Schildkraut, Klein, Feldhammer, Schlüter, Urfus, Kupfer, Hans Pagay	Julius Diez	25. 2. 1910	6. 9. 1912	71

Theater	Stück und Autor	Hauptdarsteller	Bühnenbild	Premieren-datum	Dernieren-datum	Anzahl der Aufführungen
Deutsches Theater	DIE BRAUT VON MESSINA oder DIE FEINDLICHEN BRÜDER Gotthold Ephraim Lessing	Sandrock, Moissi, Beregi, Heims, Kühne, Diegelmann, Wegener, Ebert, Hartau, Liedtke, Feldhammer	Robert Engels	12. 4. 1910	3. 5. 1910	10
Kammerspiele	SUMURÚN nach orientalischen Märchenmotiven Friedrich Freska M Victor Hollaender	Wegener, v. Winterstein, Grete und Else Wiesenthal, Hans Pagay, Karchow, Moissi, Schildkraut, Konstantin, Großmann, Kühne	Ernst Stern	24. 4. 1910 UA	30. 5. 1914	45
Deutsches Theater (KS)	SUMURÚN nach orientalischen Märchenmotiven Friedrich Freska M Victor Hollaender	Wegener, v. Winterstein, Grete und Else Wiesenthal, Hans Pagay, Karchow, Moissi, Schildkraut, Konstantin, Großmann, Kühne	Ernst Stern	26. 4. 1910	16. 12. 1910	29
Deutsches Theater (KS)	FRÜHLINGS ERWACHEN Frank Wedekind	Karchow, Buschmann, Heim, Berndt, Assmann, Barth, Rothe, Hahlo, Edel	Karl Walser	27. 5. 1910	1. 1. 1920	17
Deutsches Theater (KS)	GESPENSTER Henrik Ibsen	Neustädter, Bassermann, Stange, Gottowt	Edward Munch	29. 9. 1910		1
Kammerspiele	DIE KOMÖDIE DER IRRUNGEN William Shakespeare M Einar Nilson	Wörz, v. Winterstein, Wassmann, Moissi, Arnold, Großmann, Heims, Eibenschütz, Konstantin, Matray	Ernst Stern	7. 10. 1910	4. 10. 1911	58
Kammerspiele	DIE HEIRAT WIDER WILLEN Molière M Einar Nilson	Arnold, Kühne, Konstantin, Moissi, Liedtke, Wassmann, Großmann, Lorm, Fuchs	Ernst Stern	7. 10. 1910	27. 10. 1913	62
Zirkus Schumann	KÖNIG ÖDIPUS Sophokles N Hugo von Hofmannsthal	Wegener, Durieux, v. Winterstein, Moissi, Kühne, Diegelmann	Franz Geiger Kostüme Ernst Stern	7. 11. 1910	12. 3. 1913	35
Kammerspiele	DER VERWUNDETE VOGEL Alfred Capus	v. Winterstein, Blümner, Wörz, Biensfeldt, Karchow, Laubert, Eibenschütz, Fehdmer, Kurz, Weirauch, Konstantin, Else Bassermann, Kundinger	Gustav Knina Kostüme Ernst Stern	18. 11. 1910 EA	2. 11. 1911	31
Deutsches Theater	OTHELLO William Shakespeare	Pagay, Diegelmann, Kühne, Bassermann, Liedtke, Wegener, Biensfeldt, Heims, Kupfer, Konstantin	Ernst Stern	10. 12. 1910	28. 9. 1912	38
Deutsches Theater	DER BÖSE GEIST LUMPAZIVAGABUNDUS oder DAS LIEDERLICHE KLEEBLATT Johann Nestroy M Adolph Müller	Diegelmann, Konstantin, Weirauch, Kühne, Liedtke, Biensfeldt, Ekert, Bonn, Bassermann, Tiedtke, Kupfer, Eibenschütz, Bachrich, Sophie Pagay, Bendow, Kurz	Ernst Stern	31. 12. 1910	31. 1. 1911	7
Schloß Bellevue	MINNA VON BARNHELM oder DAS SOLDATENGLÜCK Gotthold Ephraim Lessing M Einar Nilson	v. Winterstein, Heims, Tiedtke, Verden, Diegelmann, Kayßler, Arnold, Weirauch	Ernst Stern	7. 2. 1911		1

Theater	Stück und Autor	Hauptdarsteller	Bühnenbild	Premieren-datum	Dernieren-datum	Anzahl der Aufführungen
Deutsches Theater	WIELAND Karl Gustav Vollmoeller	v. Winterstein, Schlüter, Else Bassermann, Feldhammer, Albert Bassermann, Kurz, Ekert, Bendow, Biensfeldt	Gustav Knina	7. 2. 1911 UA	9. 2. 1911	2
Deutsches Theater	FAUST (ZWEITER TEIL) Johann Wolfgang von Goethe M Robert Schumann	Kayßler, Bassermann, Eibenschütz, Heims, Eysoldt, Rothe, Moissi, Kühne, Diegelmann, Richard, Karchow, Bendow, Feldhammer, Biensfeldt, Konstantin, Tiedtke, Weirauch, Gottowt, Schlüter, Kupfer, Danegger, v. Winterstein, Höflich	Alfred Roller Kostüme Ernst Stern	15. 3. 1911	24. 4. 1916	99
Deutsches Theater	BANKBAN József Katona	Ebert, Dietrich, Henrich, v. Winterstein, Konstantin, Müller, Klein, Tiedtke, Kühne, Danegger	Ernst Stern	24. 5. 1911 EA	28. 5. 1911	3
Zirkus Schumann	DIE ORESTIE Aischylos N Karl Gustav Vollmoeller M Einar Nilson	Diegelmann, Klein, Dietrich, Danegger, Breiderhoff, Kortner, Moissi, Mayer	Alfred Roller	13. 10. 1911	24. 11. 1911	5
Deutsches Theater	TURANDOT Carlo Gozzi M Ferrucio Busoni	Eysoldt, Diegelmann, Terwin, Eibenschütz, Kurz, Kühne, Moissi, Hans Pagay, Danegger, Arnold, Biensfeldt, Tiedtke, Wassmann	Ernst Stern	27. 10. 1911	9. 4. 1912	52
Zirkus Schumann	DAS ALTE SPIEL VON JEDERMANN N Hugo von Hofmannsthal	Moissi, v. Winterstein, Wegener, Dietrich, Rosen, Konstantin, Diegelmann, Kühne, Klein, Breiderhoff	Alfred Roller Ernst Stern	1. 12. 1911 UA	22. 3. 1913	18
Deutsches Theater	OFFIZIERE Fritz von Unruh	Wegener, Fiebag, Paul Paulsen, Biensfeldt, Kayßler, Bassermann, Ebert, Liedtke, v. Winter-stein, Wassmann, Bendow, Breiderhoff, Diegelmann, Schott, Gebühr, Mayer, Martin	Gustav Knina	15. 12. 1911 UA	8. 1. 1912	10
Kammerspiele (DT)	OFFIZIERE Fritz von Unruh	Fiebach, Hartberg, Fielitz, Biensfeldt, Bassermann, Henrich, Liedtke, Lassen, Wassmann	Gustav Knina	13. 1. 1912	4. 3. 1912	9
Deutsches Theater (Zirkus Schumann)	DIE ORESTIE Aischylos N Karl Gustav Vollmoeller	Diegelmann, Klein, Dietrich, Danegger, Briederhoff, Kortner, Moissi	Alfred Roller	25. 1. 1912		1
Deutsches Theater	VIEL LÄRM UM NICHTS William Shakespeare M Einar Nilson	Ebert, Diegelmann, Biensfeldt, Wörz, Bassermann, Tiedtke, Kühne, Wassmann, Arnold, Bendow, Heims, Terwin, Else Bassermann	Ernst Stern	23. 2. 1912	4. 10. 1912	37
Theater des Westens	DIE SCHÖNE HELENA Henri Meilhae Ludovic Halévy M Jacques Offenbach	Kutzner, Pallenberg, Hajdu, Stoeckel, Bötticher, Kreibich, Poldi Deutsch	Ernst Stern	23. 3. 1912	26. 8. 1912	93

Theater	Stück und Autor	Hauptdarsteller	Bühnenbild	Premieren-datum	Dernieren-datum	Anzahl der Aufführungen
Deutsches Theater	GEORGE DANDIN Molière N Karl Gustav Vollmoeller	Arnold, Heims, Tiedtke, Kurz, Liedtke, Terwin, Biensfeldt, Lubitsch, Moissi, Danegger, Gillberg-Gade, Hesterberg	Ernst Stern	13. 4. 1912 EA	16. 9. 1912	30
Deutsches Theater	TOTENTANZ August Strindberg	Wegener, Eysoldt, Biensfeldt, Brabenetz, Kurz	Gustav Knina	27. 9. 1912	28. 11. 1912	15
Deutsches Theater	KÖNIG HEINRICH DER VIERTE [ERSTER TEIL] William Shakespeare	Wegener, Moissi, Schott, Conradi, Ebert, Momber, Breiderhoff, Bassermann, Henrich, Wörz, Danegger, Diegelmann, Liedtke, Lubitsch, Heims, Mayer, Matray	Ernst Stern	12. 10. 1912	25. 3. 1913	39
Deutsches Theater	KÖNIG HEINRICH DER VIERTE [ZWEITER TEIL] William Shakespeare M Einar Nilson	Wegener, Moissi, Schott, Schröder, Rothauser, Ebert, Breiderhoff, Momber, Kortner, Diegelmann, Kühne, Biensfeldt, Eckersberg, Liedtke, Arnold, Hans Pagay, Lubitsch, Heims, Sophie Pagay, Else Bassermann	Ernst Stern	18. 10. 1912	31. 3. 1913	34
Deutsches Theater	DER BLAUE VOGEL Maurice Maeterlinck M Engelbert Humperdinck	Rosen, Math. Danegger, Dietrich, Klein, Heims, Hans Pagay, Kurz, Kühne, Eysoldt, Diegelmann, Arnold, Biensfeldt, Matray, Terwin, Prager, Roos, Hesterberg, Murnau, Lubitsch, Eibenschütz, Eckersberg	Ernst Stern	23. 12. 1912 NV	23. 12. 1913	54
Deutsches Theater	DER LEBENDE LEICHNAM Lev Tolstoj	Moissi, Höflich, Mayer, Kupfer, v. Winterstein, Bertens, Terwin, Breiderhoff, Wagner, Diegelmann, Ebert, Kühne, Klein, Roos, Bendow	Gustav Knina	7. 2. 1913 EA	30. 11. 1913	128
Kammerspiele	BÜRGER SCHIPPEL Carl Sternheim	Kaiser-Titz, Diegelmann, Cornelie Gebühr, Höflich, Biensfeldt, Arnold, Abel, Prager	Gustav Knina	5. 3. 1913 UA	20. 5. 1914	27
Kammerspiele	VENEZIANISCHE ABENTEUER EINES JUNGEN MANNES Pantomime Karl Gustav Vollmoeller M Friedrich Bermann	Carmi, Klein, Felix, Biensfeldt, Reissig, Matray, Hoetzel	Ernst Stern	29. 8. 1913 EA	27. 10. 1913	8
Deutsches Theater	TORQUATO TASSO Johann Wolfgang von Goethe	v. Winterstein, Heims, Konstantin, Moissi, Abel	Ernst Stern	27. 9. 1913	2. 12. 1913	24
Kammerspiele	DER VERLORENE SOHN Wilhelm Schmidtbonn M Aladar Radó	Rudolf u. Josef Schildkraut, Bertens, Danegger, Hans Pagay, Wagner, Eckersberg	Ernst Stern	24. 10. 1913 UA	8. 9. 1914	29
Deutsches Theater	EMILIA GALOTTI Gotthold Ephraim Lessing	Höflich, v. Winterstein, Anna Feldhammer, Moissi, Bassermann, Hans Pagay, Danegger, Ebert, Dietrich, Kühne, Roos	Ernst Stern	31. 10. 1913	4. 11. 1914	12
Deutsches Theater	Shakespeare-Zyklus I EIN SOMMERNACHTSTRAUM William Shakespeare M Felix Mendelssohn-Bartholdy	Danegger, Kühne, Lotz, Dumke, Murnau, Klein, Diegelmann, Wassmann, Arnold, Lubitsch, Matray, Dietrich, Terwin, Heims, Moissi, Konstantin, Eysoldt	Ernst Stern	14. 11. 1913 NE	12. 9. 1918	62

Theater	Stück und Autor	Hauptdarsteller	Bühnenbild	Premierendatum	Dernierendatum	Anzahl der Aufführungen
Deutsches Theater	Shakespeare-Zyklus II VIEL LÄRM UM NICHTS William Shakespeare	Ebert, Diegelmann, Biensfeldt, Bassermann, Klein, Kühne, Wassmann, Arnold, Lubitsch, Gebühr, Heims Wagner	Ernst Stern	21. 11. 1913 NE	15. 4. 1916	20
Deutsches Theater	Shakespeare-Zyklus III HAMLET, PRINZ VON DÄNEMARK William Shakespeare M Anton Beer-Walbrunn	Krauss, Moissi, Arnold, v. Winterstein, Delius, Wassmann, Dumke, Bertens, Eckersberg, Schildkraut, Hans Pagay, Lubitsch	[Fritz Erler] [Ernst Stern]	1. 12. 1913 NE	29. 5. 1924	100
Kammerspiele	WETTERLEUCHTEN August Strindberg	Albert Bassermann, v. Winterstein, Biensfeldt, Else Bassermann, Eysoldt, Zander	Gustav Knina	10. 12. 1913	3. 9. 1917	100
Deutsches Theater	Shakespeare-Zyklus IV DER KAUFMANN VON VENEDIG William Shakespeare M Engelbert Humperdinck	Diegelmann, Breiderhoff, Wassmann, Ebert, Delius, Josef Schildkraut, Moissi, Bassermann, Arnold, Krauss, Hans Pagay, Heims, Else Bassermann, Eibenschütz	Ernst Stern	15. 12. 1913 NE	16. 4. 1916	38
Kammerspiele (DT)	TORQUATO TASSO Johann Wolfgang von Goethe	v. Winterstein, Heims, Konstantin, Moissi, Abel	Ernst Stern	14. 1. 1914	7. 10. 1914	4
Deutsches Theater	Shakespeare-Zyklus V KÖNIG LEAR William Shakespeare M Friedrich Bermann	Bassermann, Lotz, Müthel, Breiderhoff, Ebert, Klein, Krauss, Danegger, v. Winterstein, Moissi, Kühne, Veidt, Granach, Konstantin, Anna Feldhammer, Eibenschütz	Ernst Stern nach Carl Czeschka	15. 1. 1914 NE	20. 4. 1916	27
Deutsches Theater	Shakespeare-Zyklus VI ROMEO UND JULIA William Shakespeare M Friedrich Bermann	Ebert, Unterkircher, Rothauser, Diegelmann, Moissi, Danegger, Delius, v. Winterstein, Hans Pagay, Lubitsch, Wassmann, Eibenschütz, Kupfer, Terwin	Ernst Stern	28. 1. 1914 NE	12. 4. 1916	18
Kammerspiele	DER SNOB Carl Sternheim	Arnold, Cornelia Gebühr, Albert Bassermann, v. Winterstein, Konstantin, Else Bassermann	Gustav Knina	2. 2. 1914 UA	22. 5. 1914	55
Deutsches Theater	Shakespeare-Zyklus VII KÖNIG HEINRICH DER VIERTE [ERSTER TEIL] William Shakespeare	Klein, Moissi, Müthel, Veidt, Ebert, Breiderhoff, Bassermann, Delius, Danegger, Diegelmann, Dumke, Lubitsch, Kühne, Heims, Else Bassermann, Sophie Pagay	Ernst Stern	11. 2. 1914 NE	10. 6. 1914	5
Deutsches Theater	Shakespeare-Zyklus VIII KÖNIG HEINRICH DER VIERTE [ZWEITER TEIL] William Shakespeare M Einar Nilson	Klein, Moissi, Müthel, Veidt, Ebert, Breiderhoff, v. Winterstein, Witte, Diegelmann, Biensfeldt, Eckersberg, Dumke, Arnold, Hans Pagay, Lubitsch, Matray, Heims, Sophie Pagay, Else Bassermann, Konstantin	Ernst Stern	20. 2. 1914 NE	11. 6. 1914	5
Kammerspiele	VOM TEUFEL GEHOLT Knut Hamsun M Ilja Saz	Arnoldt, Eysoldt, Abel, Schildkraut, Biensfeldt, Terwin, Prager, Moissi, Granach	Gustav Knina	6. 3. 1914 EA	27. 3. 1914	6

Theater	Stück und Autor	Hauptdarsteller	Bühnenbild	Premieren-datum	Dernieren-datum	Anzahl der Aufführungen
Deutsches Theater	Shakespeare-Zyklus IX WAS IHR WOLLT oder FASTNACHT William Shakespeare M Engelbert Humperdinck	Ebert, Müthel, Klein, Breiderhoff, Diegelmann, Wassmann, Bassermann, Lubitsch, Moissi, Heims, Terwin, Höflich	Ernst Stern	13. 3. 1914 NE	28. 5. 1922	83
Metropol Theater	DIE SCHÖNE GALATHÉE Operette Poly Henrion M Franz von Suppé	Jadlowker, Moissi, Lieban, Alfermann	Ernst Stern	20. 3. 1914		1
Kammerspiele	DIE GELBE JACKE aus dem Chinesischen N George Cochrane Hazelton J. Harry Benrimo	Schildkraut, Arnold, Breiderhoff, Konstantin, Terwin, Diegelmann, Eysoldt, Witte, Kühne, Eibenschütz, Kupfer	Paul von Schlippenbach	30. 3. 1914	24. 4. 1914	13
Kammerspiele (DT)	SCHEITERHAUFEN August Strindberg	Bertens, Moissi, Else Bassermann, Abel, Kurz	Ernst Stern	14. 4. 1914	3. 1. 1921	31
Metropol Theater	DAS ALTE SPIEL VON JEDERMANN N Hugo von Hofmannsthal M Einar Nilson	Veindt, Breiderhoff, Biensfeldt, Moissi, Bertens, v. Winterstein, Klimm, Techel	Ernst Stern	11. 4. 1914		1
Zirkus Busch	DAS MIRAKEL Karl Gustav Vollmoeller M Engelbert Humperdinck	Carmi, Dietrich, Matray, Klein, Rocholl	Ernst Stern	30. 4. 1914	14. 6. 1914	46
Deutsches Theater	Shakespeare-Zyklus X OTHELLO William Shakespeare	Klein, Diegelmann, Kühne, Delius, Bassermann, Danegger, v. Winterstein, Biensfeldt, Ebert, Veidt, Heims, Kupfer	Ernst Stern	18. 5. 1914 NE	29. 10. 1914	5
Deutsches Theater	PRINZ FRIEDRICH VON HOMBURG Heinrich von Kleist	Diegelmann, Bertens, Höflich, Delius, Krauss, Kühne, v. Winterstein, Eckersberg		28. 8. 1914 NE	8. 10. 1914	9
Kammerspiele	DAS ALTE SPIEL VON JEDERMANN N Hugo von Hofmannsthal	Breiderhoff, Lubitsch, v. Winterstein, Krauss, Ebert, Techel, Nemetz, Kühne, Klimm, Terwin, Konstantin	Ernst Stern	19. 9. 1914	22. 11. 1914	14
Deutsches Theater	DIE PICCOLOMINI Friedrich von Schiller	Bassermann, v. Winterstein, Hartmann, Klein, Diegelmann, Kühne, Decarli, Benzinger, Veidt, Danegger, Pauly, Heims, Bertens	Ernst Stern	9. 10. 1914	3. 9. 1915	36
Kammerspiele	DIE DEUTSCHEN KLEINSTÄDTER August von Kotzebue	Baselt, Heims, Eckersberg, Biensfeldt, Konstantin, Höflich, Wassmann, Dumcke, Kopp, Rasp, Haag, Roos	Ernst Stern	30. 10. 1914 NV	9. 3. 1924	246
Deutsches Theater	WALLENSTEINS TOD Friedrich von Schiller	Bassermann, v. Winterstein, Hartmann, Klein, Diegelmann, Kühne, Decarli, Veidt, Krauss, Danegger, Breiderhoff, Ebert, Pauly, Bertens, Heims	Ernst Stern	13. 11. 1914	19. 3. 1915	27
Deutsches Theater	DAS WINTERMÄRCHEN William Shakespeare M Engelbert Humperdinck	v. Winterstein, Heims, Hackelberg, Klein, Diegelmann, Rasp, Kupfer, Ebert, Müthel, Breiderhoff, Wassmann, Krauss, Eckersberg, Terwin	Emil Orlik	30. 12. 1914 NE	15. 9. 1918	28

Theater	Stück und Autor	Hauptdarsteller	Bühnenbild	Premieren-datum	Dernieren-datum	Anzahl der Aufführungen
Deutsches Theater	RAPPELKOPF oder [DER] ALPENKÖNIG UND [DER] MENSCHENFEIND Ferdinand Raimund M Adolph Müller	Danegger, Matray, Breiderhoff, Pallenberg, C. Gebühr, Terwin, Klein, Hartmann, Eibenschütz, Diegelmann, Kühne, Kupfer	Ernst Stern	18. 1. 1915	26. 4. 1915	46
Deutsches Theater	SCHLUCK UND JAU Gerhart Hauptmann M Max Marschalk	v. Winterstein, Decarli, Danegger, Eckersberg, C. Gebühr, Wassmann, Pallenberg, Müthel	Ernst Stern	18. 3. 1915	8. 1. 1916	42
Kammerspiele	DER WEIBSTEUFEL Karl Schönherr	Pallenberg, Höflich, Hartmann	Gustav Knina	6. 4. 1915	28. 3. 1920	285
Deutsches Theater	DIE MITSCHULDIGEN Johann Wolfgang von Goethe	Wassmann, Terwin, Biensfeldt, v. Winterstein,	[Ernst Stern]	21. 5. 1915 NE	31. 5. 1915	9
Deutsches Theater	DAS JAHRMARKTSFEST ZU PLUNDERSWEILERN Johann Wolfgang von Goethe mit der Originalmusik der Ettersburger Erstaufführung 1778	Kühne, Krauss, Sophie Pagay, Kurz, Lubitsch, Eckersberg, Sterna, Danegger, Wagner, Terwin, Biensfeldt, Wassmann, Konstantin, Baselt	Ernst Stern	21. 5. 1915	31. 5. 1915	9
Volksbühne	DIE RÄUBER Friedrich von Schiller	Wlach, Hartmann, Wegener, Pünkösky, Biensfeldt, Danegger, Gynt, Wohlbrück, Lubitsch, Breiderhoff, Schweizer, Müthel, Jannings, Richard, Gülstorff	Emil Orlik	1. 9. 1915	27. 1. 1916	16
Volksbühne (KS)	DIE DEUTSCHEN KLEINSTÄDTER August von Kotzebue	Rameau, Kuhn, Eckersberg, Biensfeldt, Kurz, Athan, Rasp, Delius, Lubitsch	Ernst Stern	3. 9. 1915	27. 4. 1918	13
Deutsches Theater	JUDITH Friedrich Hebbel	Fein, Wegener, Kühne, Schildkraut, Wagner		13. 9. 1915 NE	28. 1. 1916	29
Volksbühne (DT)	DER KAUFMANN VON VENEDIG William Shakespeare M Engelbert Humperdinck	Koenig, Breiderhoff, Gülstorff, Decarli, Delius, v. Winterstein, Schildkraut, Nunberg, Heims, Terwin, Dulong	Ernst Stern	15. 9. 1915	2. 12. 1915	20
Volksbühne	DER STURM William Shakespeare M Engelbert Humperdinck	Wlach, Hartmann, Delius, Wüllner, Breiderhoff, Nunberg, Gülstorff, Fein, Schildkraut, Biensfeldt, Diegelmann, Eibenschütz, Sterna	Ernst Stern	8. 10. 1915	12. 12. 1915	30
Volksbühne	FAUST [ERSTER TEIL] Johann Wolfgang von Goethe M Felix Weingartner	v. Winterstein, Krauss, Eibenschütz, Pagay, Delius, Nunberg		18. 10. 1915	27. 5. 1918	34
Deutsches Theater	MARIA STUART Friedrich von Schiller	Körner, Fein, Bonn, v. Winterstein, Decarli, Bildt, Pünkösdy	Ernst Stern	29. 10. 1915	2. 9. 1916	53
Volksbühne (DT)	HAMLET, PRINZ VON DÄNEMARK William Shakespeare M Anton Beer-Walbrunn	Kühne, Delius, Rameau, Zistig, Schweizer, Liedtke, Müthel, Wilhelmi	Ernst Stern Fritz Erler	24. 11. 1915	23. 5. 1918	34
Volksbühne (DT)	WALLENSTEINS TOD Friedrich von Schiller	Decarli, v. Winterstein, Delius, Zistig, Diegelmann, Kühne, Wilhelmi, Breiderhoff	Ernst Stern	13. 12. 1915	19. 1. 1916	11
Volksbühne	DAS MIRAKEL Carl Gustav Vollmoeller M Engelbert Humperdinck	Konstantin, Dietrich, Santen, Matray, Rameau, Müthel	Ernst Stern Kostüme Heinrich Leffler	17. 12. 1915	22. 4. 1916	32

Theater	Stück und Autor	Hauptdarsteller	Bühnenbild	Premieren-datum	Dernieren-datum	Anzahl der Aufführungen
Deutsches Theater	DER STERN VON BETHLEHEM N Otto Falckenberg M Bernara Stavenhagen Johann Sebastian Bach Georg Schumann Heinrich Reimann	Heims, Decarli, Hartmann, Bley, Sterna, Witte, Müthel, Breiderhoff, Rex, Kühne, Terwin, Lubitsch, Gülstorff, Diegelmann,	Ernst Stern	27. 12. 1915 UA	5. 1. 1916	10
Deutsches Theater	DER BIBERPELZ Gerhart Hauptmann	Wassmann, Pallenberg, Hartmann, Jannings, Kühne, Lehmann, Eckersberg, Diegelmann, Eibenschütz, Krauss, Gülstorff, Biensfeldt	Ernst Stern	12. 1. 1916	2. 5. 1920	59
Volksbühne (DT)	VIEL LÄRM UM NICHTS William Shakespeare M Einar Nilson	Lietke, Diegelmann, Biensfeldt, Delius, Bonn, Wallauer, Danegger, Wassmann, Kronert, Lubitsch, Pünkösdy, Körner, Wagner	Ernst Stern	25. 1. 1916	13. 3. 1916	13
Volksbühne	KÖNIG ÖDIPUS Sophokles N Hugo von Hofmannsthal	Wegener, Bertens, v. Winterstein, Kühne, Danegger, Witte	Ernst Stern	5. 2. 1916	22. 2. 1918	13
Deutsches Theater	MACBETH William Shakespeare	Kühne, Hartmann, Müthel, Wegener, Jannings, Decarli, Delius, Witte, Diegelmann, Körner, Pünkösdy, Santen, Fein, Breiderhoff, Biensfeldt, Gülstorff	Ernst Stern	29. 2. 1916	17. 4. 1916	27
Kammerspiele	DER EINGEBILDETE KRANKE Molière	Pallenberg, Konstantin, Eibenschütz, Müller, Klein, Müthel, Biensfeldt, Gülstorff, Krauss, Richard, Kühne, Terwin	Ernst Stern	10. 3. 1916	21. 2. 1918	87
Volksbühne	Abschluß des Shakespeare-Zyklus ROMEO UND JULIA William Shakespeare	Wittig, Gynt, Witte, Diegelmann, Hartmann, Decarli, Liedtke, Jannings, Eibenschütz	Ernst Stern	20. 4. 1916	18. 5. 1916	14
Deutsches Theater	DIE GRÜNE FLÖTE M Wolfgang Amadeus Mozart	Christensen, Matray, Lubitsch, Sterna	Ernst Stern	26. 4. 1916	31. 5. 1916	30
Deutsches Theater	DIE LÄSTIGEN Molière N Hugo von Hofmannsthal	Konstantin, Hartmann, Delius, Eibenschütz, Kühne, Danegger, Pallenberg, Gülstorff, Terwin	Ernst Stern	26. 4. 1916 EA	1. 6. 1916	30
Volksbühne	DER BIBERPELZ Gerhart Hauptmann	Wassmann, Rickelt, Hartmann, Jannings, Zachow-Vallentin, Kuhn, Diegelmann, Eckersberg, Bock, Krauss	Ernst Stern	16. 5. 1916	30. 9. 1917	16
Deutsches Theater (KS)	DER EINGEBILDETE KRANKE Molière	Pallenberg, Bäck, Eibenschütz, Müller, Klein, Müthel, Danegger, Uhlmann	Ernst Stern	1. 6. 1916	31. 5. 1918	8
Volksbühne	EIN SOMMERNACHTSTRAUM William Shakespeare M Felix Mendelssohn-Bartholdy	Danegger, Nunberg, Hartmann, Delius, Lübbert, Roos, Wallauer, Wassmann, Bock, Holberg	Ernst Stern	21. 6. 1916	28. 8. 1918	99
Volksbühne	SCHLUCK UND JAU Gerhart Hauptmann M Max Marschalk	Hartmann, Decarli, Danegger, Eckersberg, Wagner, Wassmann, Hermann Thimig, Müthel	Ernst Stern	4. 9. 1916	14. 9. 1916	8

Theater	Stück und Autor	Hauptdarsteller	Bühnenbild	Premieren-datum	Dernieren-datum	Anzahl der Aufführungen
Kammerspiele	HEDDA GABLER Henrik Ibsen	v. Winterstein, Körner, Eberty, Eibenschütz, Jannings, Krauss	Gustav Knina	16. 9. 1916 NE	24. 3. 1918	10
Volksbühne	DAS WINTERMÄRCHEN William Shakespeare M Engelbert Humperdinck	Delius, Fein, Falkenthal, Holberg, Klein, Benzinger, Kurz, Biedermann	Emil Orlik	18. 9. 1916	13. 10. 1917	25
Deutsches Theater	Deutscher Zyklus SOLDATEN Jacob Michael Reinhold Lenz	Diegelmann, Eberty, Eibenschütz, Pünkösdy, Hermann Thimig, Sophie Pagay, Riemann, Stifter, v. Winterstein, Krauss, Jannings, Wenzler, Körner, Müthel, Wagner, Terwin	Ernst Stern	13. 10. 1916	13. 9. 1917	16
Kammerspiele	GESPENSTERSONATE August Strindberg	Wegener, Hartmann, Welcker, Heydecker, Decarli, Eysoldt, Bahn, Kronert, Straßmann-Witt, Wagner	Gustav Knina	20. 10. 1916 EA	27. 2. 1920	98
Volksbühne (KS)	DER EINGEBILDETE KRANKE Molière	Klaproth, Bäck, Eibenschütz, Müller, Stiffer, Müthel, Biensfeldt	Ernst Stern	22. 10. 1916 NV	24. 2. 1917	14
Deutsches Theater (KS)	Deutscher Zyklus DAS LEIDENDE WEIB Drama nach Friedrich Maximilian Klinger Carl Sternheim	Decarli, Höflich Delius, v. Bastineller, Jürgens, Riemann, Veidt, v. Winterstein, Wenzler, Hartmann, Müthel	[Gustav Knina]	30. 10. 1916	4. 11. 1916	2
Deutsches Theater	Deutscher Zyklus MINNA VON BARNHELM oder DAS SOLDATENGLÜCK Gotthold Ephraim Lessing	v. Winterstein, Heims, König, Höflich, Diegelmann, Klein, Wassmann, Körner, Bonn	[Gustav Knina]	9. 11. 1916 NE	20. 5. 1918	19
Deutsches Theater	Deutscher Zyklus KABALE UND LIEBE Friedrich von Schiller	Wegener, Hartmann, Wassmann, Körner, Krauss, Diegelmann, Eberty, Eibenschütz, Klein	Ernst Stern	17. 11. 1916 NE	16. 11. 1920	13
Deutsches Theater	Deutscher Zyklus DANTONS TOD Georg Büchner	Bonn, Klein, Danegger, Delius, Goetzke, Veidt, Wenzler, Kühne, Decarli, Krauss, Riemann, Bernhardt, Biensfeldt, Wagner, Gülstorff, Pünkösdy, Fein, Toelle, Welcker, Witte	Ernst Stern	15. 12. 1916	4. 3. 1919	62
Deutsches Theater	FIGAROS HOCHZEIT oder DER TOLLE TAG Pierre-Augustin Caron de Beaumarchais M [André Ernest Modeste Grétry u. zeitgenössische Komponisten]	Gebühr, Heims, Pallenberg, Eibenschütz, Bertens, Biensfeldt, Toelle, Eckersberg, Jannings, Kühne, Gülstorff	Ernst Stern	31. 12. 1916	31. 5. 1917	27
Volksbühne (DT)	WAS IHR WOLLT oder FASTNACHT William Shakespeare M Engelbert Humperdinck	Hartmann, Müthel, Klein, Wilhelmi, Kunz, Hofbauer, Diegelmann, Wassmann, Krauss, Duval, Holberg, Eibenschütz		20. 1. 1917		1
Volksbühne (DT)	MACBETH William Shakespeare	Werner, Hartmann, v. Wangenheim, Wegener, Jannings, Decarli, Körner, Pünkösdy	Ernst Stern	27. 1. 1917	9. 4. 1917	15

Theater	Stück und Autor	Hauptdarsteller	Bühnenbild	Premieren-datum	Dernieren-datum	Anzahl der Aufführungen
Wintergraten	LILLEBIL'S HOCHZEITSREISE Ägyptische Burleske in sieben Bildern M George Bizet Einar Nilson	Wassmann, Christensen, Sterna, Matray	Ernst Stern	1. 2. 1917 UA	31. 3. 1917	67
Volksbühne	DER EINGEBILDETE KRANKE Molière	in der Besetzung des DT	Ernst Stern	3. 2. 1917 NV	24. 2. 1917	4
Deutsches Theater	OTHELLO William Shakespeare	Richard, Koenig, Wegener, Riemann, v. Winterstein, Biensfeldt, Welcker, Straßmann, Witt	Ernst Stern	15. 2. 1917 NE	19. 11. 1920	37
Volksbühne (DT)	MARIA STUART Friedrich von Schiller	Körner, Fein, Delius, Koenig, Decarli	Ernst Stern	25. 2. 1917		1
Deutsches Theater	Deutscher Zyklus JUDITH Friedrich Hebbel	Fein, Wegener, Beering, Kalkum, Martiensen, Kurz, Huch, Nadler, Kühne, v. Gruner	[Ernst Stern]	8. 3. 1917	12. 3. 1917	3
Deutsches Theater	JOHN GABRIEL BORKMAN Henrik Ibsen	Wegener, Bertens, Hartmann, Lehmann, Fein, Pallenberg, Somary, Felden	Ernst Stern	14. 3. 1917	28. 5. 1917	19
Deutsches Theater	DER GEIZIGE Molière eingerichtet von Carl Sternheim	Pallenberg, Wisser, Hermann Thimig, Müthel, Christians, Eberty, Nunberg, Lubitsch, Danegger, Gülstorff, Rameau	Ernst Stern	16. 4. 1917 EA	23. 5. 1917	28
Volksbühne	VOLK IN NOT Karl Schönherr	v. Winterstein, Klein, Lehmann, Krauss, Hartmann, Pünkösdy, Witte, Götzke, Diegelmann, Bahr-Mildenburg, Wagner, Koch	Ernst Stern	20. 4. 1917	9. 5. 1917	15
Volksbühne	WAS IHR WOLLT oder FASTNACHT William Shakespeare M Engelbert Humperdinck	Schönfeld, Lübbert, Wendt, Hartmann, Bendorff, Nadler, Wassmann, Hermann Thimig, Rasp		1. 9. 1917 NE	12. 5. 1918	33
Volksbühne	HEDDA GABLER Henrik Ibsen	v. Winterstein, Körner, Eberty, Eibenschütz, Jannings, Krauss	Gustav Knina	5. 9. 1917	19. 2. 1918	23
Volksbühne (DT)	OTHELLO William Shakespeare	Wendt, Koenig, Hartmann, Krauss, Hermann, Wegener, Riemann, v. Winterstein	Ernst Stern	21. 9. 1917	14. 5. 1918	9
Deutsches Theater	DER LEBENDE LEICHNAM Lev Tolstoj M Einar Nilson nach Zigeunerlieder und Originalmelodien	Moissi, Höflich, Leiko, Kupfer, v. Winterstein, Bertens, Gregori, Terwin, Wagner, Diegelmann, Klein	Gustav Knina	25. 9. 1917 NE	15. 5. 1924	109
Deutsches Theater	WINTERBALADE (HERRN ARNES SCHATZ) (BLUT) Gerhart Hauptmann	Diegelmann, Wagner, Krauss, Leiko, v. Winterstein, Kupfer, Helene Thimig, Wegener, Jannings, Decarli, Klein	Ernst Stern	17. 10. 1917 UA	7. 12. 1917	16
Deutsches Theater	DON CARLOS Friedrich von Schiller	Wegener, Heims, Hartmann, Wisser, Fein, Moissi, Decarli, Krauss	Ernst Stern	9. 11. 1917 NE	10. 1. 1921	80
Großes Schauspielhaus	MINNA VON BARNHELM oder DAS SOLDATENGLÜCK Gotthold Ephraim Lessing	v. Winterstein, Körner, Rameau, Höflich, Diegelmann, Klein, Wassmann		16. 11. 1917		1

Theater	Stück und Autor	Hauptdarsteller	Bühnenbild	Premierendatum	Dernierendatum	Anzahl der Aufführungen
Deutsches Theater	Das junge Deutschland DER BETTLER Reinhard Johannes Sorge	Deutsch, Wegener, Eysoldt, Welcker, Helene Thimig, Decarli, Jannings, Kühne	Ernst Stern	23. 12. 1917 UA NV	22. 1. 1918	4
Volksbühne	RAPPELKOPF oder [DER] ALPENKÖNIG UND [DER] MENSCHENFEIND Ferdinand Reimund M Adolf Müller	Bergen, Matray, Krüger, Pallenberg, Helene v. Sonnenthal, Pünkösdy, Gebühr, Eckersberg, Diegelmann, Kühne, Pagay, Holberg	Ernst Stern	31. 12. 1017	7. 4. 1918	12
Volksbühne	DAS ALTE SPIEL VON JEDERMANN N Hugo von Hofmannsthal	Veidt, Lubitsch, v. Winterstein, Kromer, Schönfeld, Hertel, Hartmann, Richard, Klein		23. 1. 1918	24. 3. 1918	4
Volksbühne	DIE HERMANNSSCHLACHT Heinrich von Kleist	Decarli, Pünkösdy, Diegelmann, Götzke, Stifter	Ernst Stern	25. 1. 1918	24. 4. 1918	19
Deutsches Theater	DIE MACHT DER FINSTERNIS Lev Tolstoj	Gregori, Höflich, Pünkösdy, Eckersberg, Moissi, Pallenberg, Sandrock, Helene Thimig, Wagner, v. Winterstein, Sophie Pagay	Ernst Stern	9. 2. 1918	24. 9. 1918	43
Volksbühne	HANNELES HIMMELFAHRT Gerhart Hauptmann M Max Marschalk	Helene Thimig, Moissi, Welcker, Eberty, Kupfer, Kronert, Jannings, Leiko, Gülstorff, Christians, Nunberg	Ernst Stern	23. 2. 1918	2. 6. 1918	43
Deutsches Theater	SEESCHLACHT Reinhard Goering	Jannings, Krauss, Hermann Thimig, Veidt, Wegener	Ernst Stern	3. 3. 1918 NV		1
Kammerspiele	SUMURÚN Friedrich Freska M Victor Hollaender	Klein, Bergen, Christensen, Sterna, Zickner, Hermann, Krüger, Huch	Ernst Stern	18. 3. 1918 NE	31. 5. 1918	65
Deutsches Theater	DER BÜRGER ALS EDELMANN Molière N Hugo von Hofmannsthal M Richard Strauss	Pallenberg, Helene Thimig, Wanka, Riemann, Bergen, Heims, Kupfer, Hermann Thimig, Gülstorff, Kühne, Toelle	Ernst Stern	9. 4. 1918 EA	24. 5. 1918	30
Kammerspiele (VB)	HANNELES HIMMELFAHRT Gerhart Hauptmann M Max Marschalk	Helene Thimig, Gebühr, Welcker, Eberty, Kupfer, Kronert, Rennspies, Nunberg, Stifter, Mothes	Ernst Stern	4. 9. 1918	21. 9. 1918	5
Kleines Schauspielhaus	CLAVIGO Johann Wolfgang von Goethe M [Oskar v. Chelius]	Moissi, Wegener, Deutsch, Helene Thimig, Bré, Götzke, Wendt	[Ernst Stern]	13. 9. 1918	24. 9. 1918	4
Kleines Schauspielhaus	DER WEIBSTEUFEL Karl Schönherr	Richard, Höflich, Lange	Gustav Knina	17. 9. 1918	21. 4. 1919	9
Deutsches Theater	MARIA STUART Friedrich von Schiller	Körner, Heims, v. Winterstein, Decarli, Götzke, Deutsch	[Ernst Stern]	18. 9. 1918 NE	14. 11. 1918	13
Deutsches Theater (KLS)	CLAVIGO Johann Wolfgang von Goethe M Oskar v. Chelius	Moissi, Wegener, Decarli, Helene Thimig, Bré, Beder, Wendt	Ernst Stern	28. 9. 1918	7. 11. 1922	34
Kleines Schauspielhaus	FRÜHLINGS ERWACHEN Frank Wedekind	Ewald, Deutsch, Toelle, Voelcker, Klein, Kupfer, Wagner, Richard, v. Winterstein,	Ernst Stern	29. 9. 1918	19. 12. 1918	51
Deutsches Theater	DER KAUFMANN VON VENEDIG William Shakespeare	Kühne, Decarli, Wassmann, Veidt, Lange, Achaz, Gebühr, Moissi, Graetz Hermann Thimig, Kronert, Heims, Terwin, Welcker	Ernst Stern	8. 11. 1918 NE	15. 11. 1920	39

Theater	Stück und Autor	Hauptdarsteller	Bühnenbild	Premieren-datum	Dernieren-datum	Anzahl der Aufführungen
Kleines Schauspielhaus	GESPENSTERSONATE August Strindberg	Wegener, Brockmann, v. Sonnenthal, Bethge, Zickner, Härtig, Stifter		9. 11. 1918	23. 11. 1918	5
Deutsches Theater	UND DAS LICHT SCHEINT IN DER FINSTERNIS Lev Tolstoj	Moissi, Höflich, Christians, Brockmann, Bertens, Diegelmann, v. Sonnenthal, Körner, Deutsch, Gregori	Ernst Stern	13. 12. 1918	31. 10. 1922	79
Kleines Schausspielhaus (KS)	DER EINGEBILDETE KRANKE Molière	Pallenberg, Wisser, Leiko, Müller, Gregori, Hofmann, Beder, Gülstorff,	Ernst Stern	31. 12. 1918		1
Deutsches Theater	WIE ES EUCH GEFÄLLT William Shakespeare M Einar Nilson	Czimeg, Lange, Kühne, Moissi, Voelcker, Diegelmann, Deutsch, Schweikart, Brockmann, Nunberg, Wassmann, Graetz, Hermann Thimig, Toelle, Helene Thimig, Christians, Terwin, Pünkösdy,	Ernst Stern	27. 2. 1919	28. 11. 1919	67
Kammerspiele (KLS)	FRÜHLINGS ERWACHEN Frank Wedekind	Ewald, Deutsch, Krüger, Bethge, Düwel, Feld, Toelle, Cabanis, Schlegel, Hambach, Stifter, Kupfer	Ernst Stern	1. 9. 1919	6. 4. 1925	169
Deutsches Theater	JAÁCOBS TRAUM Richard Beer-Hofmann	Fein, Moissi, Hartmann, Heims, Christians, Deutsch, Lange, Schweikart, Brockmann	Ernst Stern	7. 11. 1919	16. 1. 1921	59
Großes Schauspielhaus	DIE ORESTIE Aischylos N Karl Gustav Vollmoeller M Einar Nilson, Chöre einstudiert von B. Held	Gregori, Straub, Brockmann, Czimeg, Heims, Klein, Wüllner, Moissi, Fein, Kupfer, Lange	Ernst Stern	29. 11. 1919	2. 6. 1920	73
Großes Schauspielhaus	HAMLET William Shakespeare M Heinz Tiessen	Wegener, Moissi, Krauss, Hermann Thimig, Gülstorff, Straub, Helene Thimig, Wüllner, Kronert	Ernst Stern	17. 1. 1920	28. 10. 1923	75
Großes Schauspielhaus	Athenäum-Gesellschaftsabend JUDITH UND HOLOFERNES Johann Nestroy N Theobald Tiger M Friedrich Hollaender	Pallenberg, Graetz, Lange, Stein, Richard, Döblin	Ernst Stern	9. 2. 1920	4. 12. 1920	2
Großes Schauspielhaus	DANTON Romain Rolland	Wegener, Krauss, Janssen, Delius, Deutsch, Kühne, Voelcker, Wäscher, Gregori, Helene Thimig, Christians, Bertens	Ernst Stern	14. 2. 1920 EA	29. 2. 1920	6
Großes Schauspielhaus	KÖNIG ÖDIPUS Sophokles N Hugo von Hofmannsthal	Moissi, Heims, Klein, Jeßner, Kühne, Rameau, Kandner	Kostüme Ernst Stern	6. 3. 1920	24. 10. 1920	7
Deutsches Theater (KLS)	FRÜHLINGS ERWACHEN Frank Wedekind	Ewald, Achaz, Arndt, Feld, Krüger, Toelle, Schlegel, Kasten, Petzold		31. 3. 1920	30. 1. 1925	28
Deutsches Theater	DAME KOBOLD Pedro Calderon de la Barca	Heims, Aslan, v. Alten, Christians, Hartmann, Hermann Thimig, Krüger, Toelle, Liebrecht	Ernst Stern	3. 4. 1920 EA	30. 5. 1920	29
Kammerspiele	STELLA Johann Wolfgang von Goethe	Helene Thimig, Straub, Aslan, Kasten, Nunberg, Kupfer, Schlegel	Ernst Stern	13. 4. 1920	16. 4. 1921	54
Deutsches Theater	GESPENSTER Henrik Ibsen	Bertens, Deutsch, Gregori, Günther, Terwin	Ernst Stern	4. 5. 1920	10. 2. 1924	19

Theater	Stück und Autor	Hauptdarsteller	Bühnenbild	Premieren-datum	Dernieren-datum	Anzahl der Aufführungen
Großes Schauspielhaus	JULIUS CÄSAR William Shakespeare M Klaus Pringsheim	Krauss, Moissi, Dieterle, Janssen, Jannings, Richard, Hermann Thimig, Straub, Heims, Achaz	Ernst Stern	28. 5. 1920	29. 12. 1920	70
Großes Schauspielhaus	LYSISTRATA Aristophanes N Leo Greiner M Friedrich Hollaender	Heims, Eckersberg, Jannings, Gülstorff, Graetz, Achaz, Kühn	Ernst Stern	11. 6. 1920	26. 11. 1920	55
Deutsches Theater	ROMEO UND JULIA William Shakespeare	Katsch, Harald, Paulsen, Diegelmann, Daghover, Moissi, Lange, Achaz, Terwin, Kupfer		4. 9. 1920 NE	25. 1. 1921	14
Großes Schauspielhaus	DANTON Romain Rolland	Dieterle, Krauss, Schweikart, Deutsch, v. Meyerinck, Kühne	Alfred Roller	4. 9. 1920 NE	25. 9. 1921	96
Großes Schauspielhaus	JEDERMANN Hugo von Hofmannsthal	Lange, Krauss, Moissi, Prasch-Grevenberg, Dieterle, Daghofer, Diegelmann, Terwin, Kühne, George, Eysoldt, Lenz	Ernst Stern und Alfred Roller	18. 9. 1920	9. 1. 1921	46
Deutsches Theater	STELLA Johann Wolfgang von Goethe	Helene Thimig, Straub, Dieterle, Kasten, Roos, Kupfer, Müller	Ernst Stern	3. 10. 1920	21. 12. 1920	2
Deutsches Theater	URFAUST (Goethes Faust in ursprünglicher Fassung) Johann Wolfgang von Goethe M Klaus Pringsheim [nach mittelalterlichen Weisen]	Hartmann, Deutsch, Helene Thimig, Straub, Dieterle, Graetz, Hermann Thimig, Lange, Kronert, Diegelmann, Kühne	Otto Baumberger	22. 10. 1920	7. 11. 1920	11
Deutsches Theater (KS)	SCHEITERHAUFEN August Strindberg	Straub, Deutsch, Helene Thimig, George, Stein		10. 11. 1920 NE	6. 2. 1921	6
Deutsches Theater	KABALE UND LIEBE Friedrich von Schiller	Dieterle, Hartmann, Gülstorff, Straub, Deutsch, v. Winterstein, Stein, Helene Thimig, Kasten, Graetz, Fritsch		22. 1. 1921	5. 2. 1923	36
Großes Schauspielhaus	DER KAUFMANN VON VENEDIG William Shakespeare M Engelbert Humperdinck	Kühne, Dieterle, Gülstorff, Delius, Lange, Janssen, Krauss, Schweikart, Graetz, Hermann Thimig, Straub, Terwin, Körner	Harold Beugen	12. 3. 1921	30. 5. 1921	47
Deutsches Theater	WOCZECK Georg Büchner	Klöpfer, Pünkösdy, Diegelmann, Dieterle, Kühne, Kampers	John Heartfield Franz Dworsky	5. 4. 1921	1. 5. 1921	9
Kammerspiele	KRÄFTE August Stramm	Klöpfer, Straub, Helene Thimig, Hermann Thimig, Martienssen	Franz Dworsky Kostüme Haas-Heye	12. 4. 1921 UA	22. 4. 1921	4
Großes Schauspielhaus	EIN SOMMERNACHTSTRAUM William Shakespeare M Felix Mendelssohn-Bartholdy	Bergmann, Weinmann, Hartmann, Dieterle, Diegelmann, Hermann Thimig, Krauss, Kronert, Lenz, Denera, Mewes, Lange, Helene Thimig, Eysoldt	Hans Meid Kostüme Max Rée	19. 4. 1921	6. 7. 1921	58
Deutsches Theater	EIN TRAUMSPIEL August Strindberg	Lange, Helene Thimig, Hermann Thimig, Klöpfer, Krauss, Hagenbruch, Unda, Voelcker	Franz Dworsky	13. 12. 1921	8. 3. 1922	35
Großes Schauspielhaus	DANTONS TOD Georg Büchner	Dieterle, Lucas, Hartmann, Framer, Kampers, Decarli, Krauss, Körner, Lossen, Hagenbruch		17. 12. 1921 NE	29. 10. 1922	49

Theater	Stück und Autor	Hauptdarsteller	Bühnenbild	Premieren-datum	Dernieren-datum	Anzahl der Aufführungen
Großes Schauspielhaus	ORPHEUS IN DER UNTERWELT Hector Crémieux M Jacques Offenbach	Pallenberg, Kupfer, Clewing, Henke, Rethberg, Holl, Wassmann, Ruß, Christians, Diegelmann,	Max Rée	31. 12. 1921	26. 3. 1922	45
Kammerspiele (DT 22. 1. 1921)	KABALE UND LIEBE Friedrich von Schiller	Aart, Hartmann, Gülstorff, Deppe, Garrison, Pagay, Stobrawa, Thies		7. 5. 1922	19. 11. 1924	9
Großes Schauspielhaus	ORPHEUS IN DER UNTERWELT Hector Crémieux M Jacques Offenbach	Wassmann, M. Grimm-Einödshofer, Goltz, Stelzer, Escher, Arco, Treptow, Polwin, Illing, Chandony	Max Rée	11. 8. 1922 NE	9. 1. 1923	73
Kammerspiele	SCHÖNE FRAUEN Etienne Rey		Gustav Singer	23. 12. 1922	10. 1. 1923	16
Großes Schauspielhaus (DT)	KABALE UND LIEBE Friedrich von Schiller	Dieterle, Brockmann, Rasp, Duval, Zander, Diegelmann, Albrecht		30. 3. 1923		1
Deutsches Theater	DON CARLOS Friedrich von Schiller	Steinrück, Hagenbruch, Hartmann, Moissi, Gregori, Manning		27. 4. 1923 NE	13. 5. 1923	7
Kammerspiele	WETTERLEUCHTEN August Strindberg	Bassermann, Wolfgang, Nunberg, John, Else Bassermann, Eysoldt		17. 4. 1924 NE	12. 5. 1924	13
Deutsches Theater	DIE HEILIGE JOHANNA George Bernard Shaw	Bergner, Forster, Hartmann, Otto, v. Ledebour, Brandt, Wiemann, v. Alten, Sterler, Kühne, Vallentin, Frank, Gronau, Müthel, Wolfgang, Kampers, Bildt	Oskar Strnad	14. 10. 1924 NE 19. 9. 1925	13. 12. 1925	168
Komödie	DER DIENER ZWEIER HERREN Carlo Goldoni M Wolfgang Amadeus Mozart und alte Weisen zu Texten von Kurz-Bernadon	Hugo Thimig, Hermann Thimig, Helene Thimig, Servaes, Binder, Hartmann, Waldau, Janssen, Th. Danegger, Voelcker	Bühnen-architektur Oskar Kaufmann Bühnenbild Hermann Krehan Kostüme O. Laske	1. 11. 1924	7. 4. 1925	32
Komödie	AIMÉE Paul Géraldy	Helene Thimig, Hartmann, Janssen	Oskar Kaufmann	18. 11. 1924	3. 12. 1924	9
Komödie	DER EINGEBILDETE KRANKE Molière M [Einar Nilson] nach Jean-Philipe Rameau und Jean-Baptiste Lully	Pallenberg, Binder, Spira, Dieterle, Amendt, Friedell, v. Meyerinck, Bildt, Delius, Eckersberg, Matray, Solveg, Sterna, Schilling	Architektur Oskar Kaufmann Kostüme Hermann Krehan	26. 11. 1924	28. 12. 1924	29
Deutsches Theater (KOM)	AIMÉE Paul Géraldy	Helene Thimig, Hartmann, Janssen		5. 12. 1924	29. 12. 1924	6
Komödie	SECHS PERSONEN SUCHEN EINEN AUTOR Luigi Pirandello	Pallenberg, Höflich, Gülstorff, Kinz, Wiemann, Kupfer, Kanitz, Diegelmann, Delius, Amendt, Nunberg, Richard	Hermann Krehan	30. 12. 1924	8. 3. 1925	52
Kammerspiele (KOM)	SECHS PERSONEN SUCHEN EINEN AUTOR Luigi Pirandello	Bildt, Gülstorff, Braut, Kinz, Weimann, Lehrmann, Volta, Kupfer, Sondinger, Eberhardt, Rémond	Hermann Krehan	13. 3. 1925	25. 12. 1925	72

Theater	Stück und Autor	Hauptdarsteller	Bühnenbild	Premieren-datum	Dernieren-datum	Anzahl der Aufführungen
Kammerspiele (KOM)	DER DIENER ZWEIER HERREN Carlo Goldoni M Wolfgang Amadeus Mozart und alte Weisen zu Texten von Kurz-Bernadon	Elzer, Servaes, Friedell, Rémond, G. v. Wangenheim, Binder, Voelcker, Mewes	Hermann Krehan	8. 4. 1925	16. 4. 1925	6
Komödie	GESELLSCHAFT (LOYALITÄT) (LOYALTIES) John Galsworthy	Otto, Ralph, Deutsch, Hartmann, Helene Thimig, Eckersberg, Schroth, Wangenheim, Schnell, Hollmann, Klöpfer, Stifter, Romanowsky, Goetz, Berber, Weinmann, Huch, Kühne, Benzinger	Franz Dworsky Kostüme AK	25. 9. 1925	2. 3. 1926	161
Deutsches Theater	DER KREIDEKREIS Klabund M Pantscho Wladigeroff	Bergner, Wangel, Frank, Gronau, Hans Thimig, Klöpfer, Koppenhöfer, Schaufuß, Bildt, Stein, Brausewetter, Berber, Kampers	R. C. Neher Kostüme Lotte Pritzel	20. 10. 1925	25. 12. 1925	66
Kammerspiele	DAS APOSTELSPIEL Max Mell	Goetz, Helene Thimig, Hans Thimig, Homolka	Franz Dworsky	29. 10. 1925	9. 11. 1925	7
Lessing-Theater	DIE GRÜNE FLÖTE Ballettpantomime Hugo von Hofmannsthal M Wolfgang Amadeus Mozart	Gregori, Matray, Blum, Solveg, Sterna	Ernst Stern	6. 11. 1925	12. 11. 1925	7
Lessing-Theater	DAS LEBEN HÄNGT AN EINEM FADEN Marionettenspiel M Georg Muffat	Lingner, Pohl, Sterna, Bergeest, Blum	Fritz Rumpf	6. 11. 1925	12. 11. 1925	7
Theater am Kurfürstendamm	REGEN William Somerset Maughan John B. Colton Clemence Randolph	Wangel, Hollmann, Schnell, Brausewetter, Homolka, Höflich, Klöpfer, Dorsch	Ernst Schütte	24. 11. 1925 EA		[48]
Theater am Nollendorfplatz (Lessing Theater)	DIE GRÜNE FLÖTE Hugo von Hofmannsthal M Wolfgang Amadeus Mozart	Matray, Sterna, Solveg		3. 12. 1925	20. 12. 1925	18
Deutsches Theater	JUAREZ UND MAXIMILIA Franz Werfel M Pantscho Wladigeroff	Hartmann, Binder, Gregori, Kühne, Henckels, Hartberg, Steckel, Bildt, Vallentin, Dirmoser, Koppenhöfer, Bonn, Hermann-Schaufuß, Wolfgang, Homolka, Wiemann, Deutsch, Lange	Ernst Schütte Kostüme Karl Hollitzer	29. 1. 1926	22. 3. 1926	53
Komödie	VICTORIA William Somerset Maughan M Mischa Spoliansky	Otto, Goetz, Darvas, Bleibtreu, Romanowsky, Bois, Gülstorff, Sandrock, Denera, Rodenberg	Ludwig Kainer	5. 3. 1926 [EA?]	13. 5. 1926	70
Deutsches Theater (KOM)	VICTORIA William Somerset Maughan M Mischa Spoliansky			14. 5. 1926	31. 5. 1926	18
Komödie	DIE GEFANGENE Edouard Bourdet	Helene Thimig, Mosheim, Otto, Deutsch, Loos, Dagover	Franz Dworsky Kostüme AK	3. 9. 1926	17. 1. 1927	136
Deutsches Theater	PERIPHERIE František Langer	Hermann Thimig, Kinz, Homolka, Hörbiger, Gülstorff, Biensfeldt, Wallburg, Sokoloff, Kühne	Oskar Strnad Kostüme AK	1. 10. 1926 [EA?]	25. 10. 1926	25

Theater	Stück und Autor	Hauptdarsteller	Bühnenbild	Premieren-datum	Dernieren-datum	Anzahl der Aufführungen
Deutsches Theater (KOM)	GESELLSCHAFT (LOYALITÄT) (LOYALTIES) John Galsworthy	Otto, Rilla, v. Meyerinck, Grinau, Hörbiger, Mosheim	Franz Dworsky	31. 10. 1926 NV	14. 11. 1926	3
Kammerspiele (KOM)	DIE GEFANGENE Edouard Bourdet	Schröder-Schrom, Helene Thimig, Mosheim, Deutsch, Gregor, Loos	Franz Dworsky	27. 2. 1927	15. 3. 1927	17
Deutsches Theater	DOROTHEA ANGERMANN Gerhart Hauptmann	Krauss, Helene Thimig, Kayßler, Wiemann, Homolka, Eysoldt, Richard, van Eyck, Schultz, Henckels	Franz Dworsky	18. 10. 1927	5. 1. 1928	81
Deutsches Theater	ARTISTEN Georg Watters Arthur Hopkins N Ossip Dyrmow M Werner R. Heymann Chansontexte von Marcellus Schiffer	Sokoloff, Mosheim, Moser, Evans, v. Halmay, Servaes, Seidl, Jarno, Tiedtke, Wassmann, Gülstorff, Hörbiger, Solveg, Ellyn, Hansen, Ellis, Douglas, Admirals, Presco und Campo, Chiang	Ernst Schütte Kostüme AK	9. 6. 1928 EA	21. 10. 1928	96
Berliner Theater	DER LEBENDE LEICHNAM Lev Tolstoj	Moissi, Helene Thimig, Rehmann, Bertens, Loos, Servaes, Diegelmann, Kühne, Schroth	Ernst Schütte Kostüme AK	6. 9. 1928	23. 10. 1928	48
Berliner Theater	ROMEO UND JULIA William Shakespeare M Einar Nilson (nach alten Motiven)	Bergner, Lederer, Schroth, v. Winterstein, Lange, Rehmann, Wangenheim, Danegger, Hart, Krahn, Wüst	Ernst Schütte	25. 10. 1928	17. 12. 1928	54
Deutsches Theater	DIE GEFANGENE Edouard Bourdet	Helene Thimig, Deutsch, Otto, Evans, Loos, Dagover	Franz Dworsky	19. 5. 1929 NE	6. 6. 1929	19
Deutsches Theater	DIE FLEDERMAUS Henri Meilhac Ludovic Halévy N Carl Rößler Marcellus Schiffer M Johann Strauß	Rajdl, Kern, Hermann Thimig, Karlweis, Wallburg, Moser, Jöken, v. Halmay, Danegger	Ludwig Kainer Kostüme AK	8. 6. 1929	30. 5. 1930	136
Deutsches Theater	DER KAISER VON AMERIKA George Bernard Shaw	Krauss, Bard, Gülstorff, Kühne, Gerron, Friedell, v. Winterstein, v. Meyerinck, Helene Thimig, Lion, Krahn, v. Twardowski, Forst	Ernst Schütte Kostüme AK	19. 10. 1929 EA	8. 10. 1930	226
Theater am Lendorfplatz 81	DIE FLEDERMAUS Henri Meilhac Ludovic Halévy N Carl Rößler Marcellus Schiffer M Johann Strauß	Hermann Thimig, Schrecker, Steinbeck, Karlweis, Priem, v. Halmay, Danegger, Frind, Kemp, Schanda	Ludwig Kainer	24. 10. 1929	12. 1. 1930	81
Komödie	VOM TEUFEL GEHOLT Knut Hamsun N Julius Sandmeier	Höflich, Romanowsky, Klöpfer, Homolka, Mosheim, Graetz, Falkenstein, Sokoloff, Paulmüller	R. C. Neher	11. 11. 1929	23. 1. 1930	74
Komödie	VICTORIA William Somerset Maugham M Mischa Spoliansky	Darvas, Romanowsky, Hermann Thimig, Gründgens, Bois, Wüst, Falkenstein, Höflich	Ernst Schütte	25. 1. 1930	9. 3. 1930	44

Theater	Stück und Autor	Hauptdarsteller	Bühnenbild	Premieren-datum	Dernieren-datum	Anzahl der Aufführungen
Komödie	DIE KREATUR Ferdinand Bruckner	Helene Thimig, Höflich, Forster, v. Eyck, Grautoff	Oskar Strnad	10. 3. 1930	1. 5. 1930	53
Deutsches Theater	PHAEA Fritz von Unruh M Friedrich Hollaender	Tschechow, v. Winterstein, v. Halmay, v. Meyerinck, Bois, Paulsen, George, Gerron, Wassmann, Licho, Kühne	Ernst Schütte	13. 5. 1930 UA	31. 8. 1930	110
Deutsches Theater	DIE FLEDERMAUS Henri Meilhac Ludovic Halévy N Carl Rößler Marcellus Schiffer M Johann Strauß	Hermann Thimig, Rajdl, Wallburg, Karlweis, Jöken, v. Halmay	Ludwig Kainer	30. 5. 1930		1
Komödie	DER DIENER ZWEIER HERREN Carlo Goldoni M Wolfgang Amadeus Mozart und alte Weisen	Danegger, Servaes, Friedell, Lange, Staudte, Solveg, v. Winterstein, Mewes, Hermann Thimig	Hermann Krehan	7. 9. 1930 (Wieder-aufnahme)	8. 2. 1931	30
Komödie	DER SCHWIERIGE Hugo von Hofmannsthal	Waldau, v. Hagen, Hermann Thimig, Helene Thimig, Storm, Eckersberg	Oskar Strnad Kostüme AK	18. 9. 1930	18. 12. 1930	94
Deutsches Theater	EIN SOMMERNACHTSTRAUM William Shakespeare M Felix Mendelssohn-Bartholdy	Wagner, Kähnert, Degischer, Forster-Larrinaga, Andersen, Liebeneiner, Nicklisch	Oskar Strnad Kostüme Ernest de Weerth	9. 10. 1930	31. 10. 1930	23
Lessing-Theater (DT)	EIN SOMMERNACHTSTRAUM William Shakespeare M Felix Mendelssohn-Bartholdy	Wagner, Kähnert, Degischer, Forster-Larrinaga, Gernot, Liebeneiner	Oskar Strnad Kostüme Ernest de Weerth	7. 11. 1930	6. 12. 1930	30
Kammerspiele (KOM)	DER DIENER ZWEIER HERREN Carlo Goldoni M Wolfgang Amadeus Mozart und alte Weisen	Danegger, Servaes, Friedell, Lange, v. Wangenheim, Gregor, Voelcker, Mewes, Hermann Thimig	Hermann Krehan	3. 12. 1930	22. 12. 1930	20
Deutsches Theater	DER SCHWIERIGE Hugo von Hofmannsthal	Waldau, v. Hagen, Karlweis, Bierkowski, Weimann, Eckersberg, Schwanneke	Oskar Strnad Kostüme AK	[25. 12. 1930] NV	8. 2. 1931	8
Theater am Kurfürstendamm	DAS SCHWACHE GESCHLECHT Edouard Bourdet	Körner, Bard, Döder-Lein, Dénes, Liebeneiner, Serda, Eckersberg	Ernst Schütte Kostüme Ludwig Kainer	24. 1. 1931 EA	7. 4. 1931	71
Theater am Kurfürstendamm	DIE SCHÖNE HELENA Henri Meilhac Ludovic Halévy N Egon Friedell und Hanns Sassmann M Jacques Offenbach	Moser, Novotna, van Diemen, Niemar, Wallburg, Schützendorf, Schuster, Olsson, Fleischer	Ernst Schütte Kostüme Ladislaus Czettel	15. 6. 1931	15. 11. 1931	144
Deutsches Theater	KABALE UND LIEBE Friedrich von Schiller	Forster, Hartmann, Gründgens, Darvas, Sokoloff, Klöpfer, Höflich	Ernst Schütte	21. 9. 1931	6. 12. 1931	49
Großes Schauspielhaus	HOFFMANNS ERZÄHLUNGEN Jules Barbier M Jacques Offenbach (Musikalische Bearbeitung Leo Blech)	Fischer, Hermann Thimig, Schuster, Baklanoff, Lange, Danegger, Anders, v. Steglin, Kühne, Graetz	Oskar Strnad Kostüme Paul Scheurich	27. 11. 1931	18. 4. 1932	
Deutsches Theater	VOR SONNENUNTERGANG Gerhart Hauptmann	Krauss, Wiemann, Brausewetter, v. Mendelson, Haack, Sima, Koppenhöfer	Ernst Schütte	16. 2. 1932 UA	11. 5. 1932	85

Theater	Stück und Autor	Hauptdarsteller	Bühnenbild	Premieren-datum	Dernieren-datum	Anzahl der Aufführungen
Großes Schauspielhaus	DIE SCHÖNE HELENA Henri Meilhac Ludovic Halévy N Egon Friedell und Hanns Sassmann M Jacques Offenbach M Erich Wolfgang Korngold (Bearbeitung)	Novotna, Graetz, v. Meyerinck, Schuster, Schützendorff, Alexandra, Rodin	Ernst Schütte Kostüme Ladislaus Czettel	19. 4. 1932	31. 5. 1932	43
Plaza Berlin	KABALE UND LIEBE Friedrich von Schiller	Solveg, Fein, Mewes, Edwards, Schroth, Stahl-Nachbaur		16. 8. 1932	31. 8. 1932	
Deutsches Theater	PRINZ FRIEDRICH VON HOMBURG Heinrich von Kleist M Mark Lothar	Kayßler, Fehdmer, Helene Thimig, v. Winterstein, Fröhlich, Wegener, Kühne	Ernst Schütte	19. 10. 1932	28. 11. 1932	41
Deutsches Theater	HARMONIE Ferenz Molnar M Theo Mackeben	Pallenberg, Terwin, Mosheim, Breuer, Thiele, Etlinger	Ernst Schütte	1. 12. 1932	22. 12. 1932	22
Deutsches Theater	DAS GROSSE WELTTHEATER nach Pedro Calderon de la Barca Hugo von Hofmannsthal M Einar Nilson Mark Lothar	Danegger, Schuster, Alwar, Abel, Kauffmann, Lange, Körner, Reiner, Sokoloff	Oskar Strnad Kostüme Ernst Schütte	1. 3. 1933	31. 3. 1933	31

Abkürzungen

AK Atelierkostüm
BTH Berliner Theater, Berlin
DT Deutsches Theater, Berlin
GS Großes Schauspielhaus, Berlin
KLS Kleines Schauspielhaus, Berlin
KFD Theater am Kurfürstendamm, Berlin
KOM Komödie, Berlin
KS Kammerspiele des Deutschen Theaters, Berlin
KT Kleines Theater, Berlin
NT Neues Theater, Berlin
VB Volksbühne, Berlin
EA Erstaufführung
M Musik · Komponist
N Neufassung · Bearbeitung
NE Neueinstudierung
NV Nachmittagsvorstellung
UA Uraufführung

LITERATURVERZEICHNIS

Adler, Gusti: Max Reinhardt, Sein Leben, Salzburg 1964
Bab, Julius: Das Theater der Gegenwart, Leipzig 1928
Baumgartner, Franz Ferdinand: Zirkus Reinhardt, Potsdam 1920
Bergmann, Ernst: Der Fall Reinhardt oder der künstlerische Bankrott des Deutschen Theaters zu Berlin, Berlin 1906
Braulich, Heinrich: Max Reinhardt, Theater zwischen Traum und Wirklichkeit, 2. Aufl., Berlin 1969
Carter, Huntley: The theatre of Max Reinhardt, London 1914
Devrient, Eduard: Geschichte der deutschen Schauspielkunst, neu bearbeitet von Intendant Willy Stuhlfeld
Epstein, Max: Max Reinhardt, Berlin 1918
Fetting, Hugo (Hrsg.): Schriften, Briefe, Reden, Aufzeichnungen, Interviews, Gespräche und Auszüge aus Regiebüchern, Berlin 1975
Fiedler, Leonhard M.: Max Reinhardt, Rowohlt 1975
Fleischmann, Benno: Max Reinhardt, Die Wiedererweckung des Barocktheaters, Wien 1948
Grossmann, Manfred (Hrsg.): Max Reinhardts Regiebuch zu „Macbeth", Basel 1966
Hadamowsky, Franz (Hrsg.): Ausgewählte Briefe, Reden, Schriften und Szenen aus Regiebüchern, Wien 1963
Herald, Heinz: Max Reinhardt, Ein Versuch über das Wesen der modernen Regie, Berlin 1915
Hofmannsthal, Hugo von: Jedermann, Das Spiel vom Sterben des reichen Mannes und Max Reinhardts Inszenierungen, Texte, Dokumente, Bilder, vorgelegt unter Mitwirkung von Edda Leisler und Gisela Prossnitz, Frankfurt a.M. 1973
Hollaender, Felix: Lebendiges Theater, Eine Berliner Dramaturgie, Berlin 1932
Horch, Franz (Hrsg.): Die Spielpläne Max Reinhardts 1905–1930, München 1930
Huesmann, Heinrich: Welttheater Reinhardt. Bauten, Spielstätten, Inszenierungen, München 1983
Jacobson, Siegfried: Max Reinhardt, Berlin 1919 – Veränderte Aufl. Berlin 1921
Jhering, Herbert: Regisseure und Bühnenmaler, Berlin 1921
Kahane, Arthur: Tagesbuch des Dramaturgen, Berlin 1928
Koeppler, Paul: Max Reinhardt auf der Probe, Im Spiegel der zeitgenössischen Autobiographien, Wien 1973
Kronacher, Alwin: Das Deutsche Theater zu Berlin und Goethe, Leipzig 1908
Leisler, Edda und Gisela Prossnitz (Hrsg.): Max Reinhardt und die Welt der Commedia dell'arte, Text- und Bilddokumentation, Salzburg 1970
Loewy, Siegfried: Deutsche Theaterkunst von Goethe bis Reinhardt, Wien 1923
Lothar, Ernst: Max Reinhardt, Wien 1947
Midbøe, Hans: Max Reinhardt iscenesettelse av Ibsens Gespenster i Kammerspiele des Deutschen Theater Berlin – Dekor Edvard Munch, Trondheim 1969
Niessen, Carl: Max Reinhardt und seine Bühnenbildner, Köln 1958
Parma, Clemens: Max Reinhardt, Ein Lebensbild, Bad Homburg v.d.H. 1959
Passow, Wilfried: Max Reinhardt Regiebuch zu „Faust I" Untersuchungen zum Inszenierungsstil auf Grundlage einer kritischen Edition. 2 Bde. München 1971
Reinhardt, Gottfried: Der Liebhaber, Erinnerungen seines Sohnes Gottfried Reinhardt an Max Reinhardt, München 1973
Max Reinhardt, Sein Theater in Bildern, Hrsg. von der Max-Reinhardt-Forschungsstätte Salzburg, Velber/Wien 1968
Max Reinhardt Ausstellung: 1968/69, Hrsg. von Gisela Prossnitz, Max Reinhardt-Forschungs- und Gedenkstätte
Max Reinhardt 1873–1943, Katalog University Art Gallery State University of New York at Binghamton 1968
Rothe, Hans (Hrsg.): Max Reinhardt, 25 Jahre Deutsches Theater, München 1930
Fünfundzwanzig Jahre Schauspielschule des Deutschen Theaters zu Berlin, 1905 bis 1930, Eine Festschrift, Berlin 1930
Sayler, Oliver M.: Max Reinhardt and his theatre, New York 1924
Springer, Willy: Das Gesicht des deutschen Theaters, Gerhard Stalling Verlag 1926
Stern, Ernst: Bühnenbildner bei Max Reinhardt, Berlin 1955
Stern, Ernst und Herald, Heinz (Hrsg.): Reinhardt und seine Bühne. Bilder von der Arbeit des Deutschen Theaters, Berlin 1918
Thimig-Reinhardt, Helene: Wie Max Reinhardt lebte, Percha 1973
Tischler, Viktor: Max Reinhardt und seine Schauspieler, 20 Original-Steinzeichnungen, Geleitwort von Richard Specht, Wien 1924
Walk, Cynthia: Hofmannsthals Großes Welttheater, Drama und Theater, Heidelberg 1980
Walser, Karl: Das Theater, Bühnenbild und Kostüme, Berlin 1912
Winds, Adolf: Geschichte der Regie, Berlin 1925
Zielske, Harald: Deutsche Theaterbauten bis zum zweiten Weltkrieg, Berlin 1971

Ullstein-Bilderdienst Berlin: 70, 155, 179, 204, 222 / Archiv für Kunst und Geschichte Berlin: 9, 66, 122, 123, 132, 133, 134, 135, 139, 144, 145, 281, 284, 285 / Kunstbibliothek Berlin: 253 / Edvard Munch, Der Lebensfries für Max Reinhardts Kammerspiele, Nationalgalerie Berlin 1978 / Private Sammlung

BILDVERZEICHNIS

NAMENSREGISTER

(Die in den Aufstellungen „Max Reinhardts Inszenierungen“, Seite 325–347, enthaltenen Namen, sind hier nicht aufgeführt.)